ACCESO GRATIS *a la Lectura en la Nube*

Para visualizar el libro electrónico en la nube de lectura envíe junto a su nombre y apellidos una fotografía del código de barras situado en la contraportada del libro y otra del ticket de compra a la dirección:

ebooktirant@tirant.com

En un máximo de 72 horas laborables le enviaremos el código de acceso con sus instrucciones.

La visualización del libro en **NUBE DE LECTURA** excluye los usos bibliotecarios y públicos que puedan poner el archivo electrónico a disposición de una comunidad de lectores. Se permite tan solo un uso individual y privado

LA INTEGRACIÓN NORMATIVA DE LOS DERECHOS LABORALES FUNDAMENTALES EN LOS SISTEMAS COMERCIALES INTERNACIONALES

LA INTEGRACIÓN NORMATIVA DE LOS DERECHOS LABORALES FUNDAMENTALES EN LOS SISTEMAS COMERCIALES INTERNACIONALES

Carmen Martínez San Millán

tirant lo blanch
Valencia, 2024

En caso de erratas y actualizaciones, la Editorial Tirant lo Blanch publicará la pertinente corrección en la página web www.tirant.com.

La presente obra ha sido sometida a la revisión de pares ciegos según el protocolo de publicación de la editorial a efectos de ofrecer el rigor y calidad correspondiente tanto en su contenido como en su forma, aplicándose los criterios específicos aprobados por la Comisión Nacional E 016 (BOE num. 286, de 26 de noviembre de 2016).

Obra financiada por PID2020-17611 GB-I00/AEI/10.13039/501100011033 de la Universidad de Valladolid

EDITA: TIRANT LO BLANCH
C/ Artes Gráficas, 14 - 46010 - Valencia
TELFS.: 96/361 00 48 - 50
FAX: 96/369 41 51
Email: tlb@tirant.com
www.tirant.com
Librería virtual: www.tirant.es
DEPÓSITO LEGAL: V-4244-2023
ISBN: 978-84-1169-791-0
MAQUETA: Disset Ediciones

Si tiene alguna queja o sugerencia, envíenos un mail a: *atencioncliente@tirant.com*. En caso de no ser atendida su sugerencia, por favor, lea en *www.tirant.net/index.php/empresa/politicas-de-empresa* nuestro procedimiento de quejas.

Responsabilidad Social Corporativa: http://www.tirant.net/Docs/RSCTirant.pdf

Índice

Listado de abreviaturas

AAE	Acuerdos de Asociación Económica
ACAAN	Acuerdo de Cooperación Ambiental de América del Norte
ACLAN	Acuerdo de Cooperación Laboral de América del Norte
ACP	África, Caribe y Pacífico
AEA	Acuerdos de Estabilización y Asociación
ALC	Acuerdos de Libre Comercio
APC	Acuerdos de Promoción Comercial
ASEAN	Asociación de Naciones del Sudeste Asiático
BM	Banco Mundial
CA	Consejo de Administración
CAFTA-DR	Acuerdo de Libre comercio entre EEUU, Centroamérica y la República Dominicana
CARIFORUM	Foro del Caribe
CCL	Comisión de Cooperación Laboral
CdE	Consejo de Europa
CDI	Comisión de Derecho internacional
CDS	Comercio y Desarrollo Sostenible
CE	Comunidad Europea
CEACR	Comisión de Expertos en Aplicación de Convenios y Recomendaciones
CEE	Comité de Evaluación de Expertos
CESE	Comité Económico y Social Europeo
CETA	Acuerdo de Libre Comercio entre la UE y Canadá
CF	Convenios Fundamentales
CIDH	Corte Interamericana de Derechos Humanos

CIJ	Corte Internacional de Justicia
CIOSL	Confederación Internacional de Organizaciones Sindicales Libres
CIT	Conferencia Internacional del Trabajo
CLS	Comité de Libertad Sindical
CTACR	Comisión Tripartita de Aplicación de Convenios y Recomendaciones
DESC	Derechos Económicos, Sociales y Culturales
DLF	Derechos Laborales Fundamentales
DUDH	Declaración Universal de los Derechos Humanos
EEUU	Estados Unidos
FDSC	Foros de Diálogo con la Sociedad Civil
FMI	Fondo Monetario Internacional
GATS	Acuerdo General sobre el Comercio de Servicios
GATT	Acuerdo General sobre Aranceles Aduaneros y Comercio
GCN	Grupos Consultivos Nacionales
GE	Grupo Especial
IALL	Asociación Internacional para la Legislación Laboral
IFTU	Federación Sindical Internacional
IPEC	Programa Internacional para la Erradicación del Trabajo Infantil
MERCOSUR	Mercado Común del Sur
NMF	Nación Más Favorecida
OA	Órgano de Apelación
OAN	Oficinas Administrativas Nacionales
OCDE	Organización para la Cooperación y Desarrollo en Europa
OEA	Organización de Estados Americanos
OfIT	Oficina Internacional del Trabajo

OIC	Organización Internacional del Comercio
OIT	Organización Internacional del Trabajo
OJI	Ordenamiento Jurídico Internacional
OMC	Organización Mundial del Comercio
OMS	Organización Mundial de la Salud
ONG	Organización No Gubernamental
ONU	Organización de las Naciones Unidas
OPEP	Organización de Países Exportadores de Petróleo
OSD	Órgano de Solución de Diferencias
PCC	Política Comercial Común
PCD	Política de Cooperación al Desarrollo
PD	Países Desarrollados
PE	Parlamento Europeo
PKCD	Proceso Kimberley de Certificación de Diamantes
PMA	Países Menos Adelantados
PVD	Países en Vías de Desarrollo
RSE	Responsabilidad Social Empresarial
SN	Sociedad de Naciones
SPG	Sistema de Preferencias Generalizadas
SSD	Sistema de Solución de Diferencias
TC	Tribunal Constitucional
TEDH	Tribunal Europeo de Derechos Humanos
TFUE	Tratado de Funcionamiento de la Unión Europea
TLCAN	Tratado de Libre Comercio de América del Norte
TMA	Todo Menos Armas
TN	Trato Nacional
TPA	Autoridad de Promoción Comercial
TPIY	Tribunal Penal Internacional para la ex-Yugoslavia
TPP	Acuerdo Transpacífico de Cooperación Económica

TRILS	Acuerdo sobre los Aspectos de los Estándares Laborales Internacionales relacionados con el Comercio
TRIPS	Aspectos de los Derechos de Propiedad Intelectual relacionados con el Comercio
TTIP	Tratado Transatlántico de Comercio e Inversiones
TUE	Tratado de la Unión Europea
UE	Unión Europea
UNCTAD	Conferencia de Naciones Unidas sobre Comercio y Desarrollo
UNICEF	Fondo de las Naciones Unidas para la Infancia
USTR	Representante comercial estadounidense
ZLCAP	Zonas de Libre Comercio de Alcance Amplio y Profundo

Prólogo

La monografía que tengo el placer de presentar es el resultado de la tesis doctoral que fue defendida el día 3 de junio de 2022 en la Facultad de Derecho de la Universidad de Valladolid ante un tribunal integrado por el Dr. Luis Miguel Hinojosa Martínez (Catedrático de Derecho Internacional Público y Relaciones Internacionales de la Universidad de Granada), el Dr. José Ángel Rodrigo Hernández (Profesor Titular de Derecho Internacional Público y Relaciones Internacionales la Universidad Pompeu Fabra) y el Dr. José Gustavo Prieto Muñoz (Investigador Posdoctoral en la Universidad de Gante). Aprovecho estas líneas para agradecerles su disponibilidad y, sobre todo, el rigor académico de sus intervenciones, que han servido para mejorar el trabajo de la profesora Carmen Martínez San Millán. La tesis obtuvo la calificación de sobresaliente *cum laude* por unanimidad y recientemente ha recibido el Premio Extraordinario de Doctorado (2023).

La autora posee dos grados universitarios (Derecho y Administración y Dirección de Empresas). Completó su formación con un Máster Oficial en Altos Estudios Internacionales y Europeos en la Universidad de Granada. Inició su carrera académica como Investigadora contratada predoctoral por la Junta de Castilla y León y actualmente es profesora en la Universidad de Valladolid, donde imparte diferentes asignaturas de grado y máster en dos Facultades (Comercio y Derecho). Es miembro del Comité Coordinador de la Red AEPDIRI de investigadores/as, del Observatorio de Estudios Africanos y de la Clínica Jurídica de la Universidad de Valladolid. Forma parte del Grupo de Investigación Reconocido "Protección Jurídica de la Familia" de la UVA. Actualmente es miembro del Proyecto de Investigación "La incidencia de la jurisprudencia de los tribunales europeos y de los órganos de expertos en el derecho interno", PID2020-17611 GB-I00 (Proyecto Nacional). Ha escrito cerca de treinta publicaciones científicas (libros, capítulos de libros y artículos de revista) y ha presentado otras tantas comunicaciones y ponencias invitadas.

Todo este bagaje académico le ha permitido abordar este tema de investigación desde una perspectiva pluridisciplinar, pues, junto al análisis estrictamente jurídico, ha tenido en cuenta la realidad política y económica que condicionan el curso de las relaciones internacionales. Creo que lo hace, además, con un manejo notable tanto del Derecho internacional general como de las normas de sectores especializados, entre otros del régimen internacional del trabajo y del régimen internacional del comercio.

Todos los enfoques del trabajo han buscado una misma idea: cómo contribuir a que la tutela de los derechos laborales fundamentales sea más efectiva. Así, estudia, en primer lugar, la naturaleza jurídica de dichos derechos, recurriendo a posturas ciertamente arriesgadas para llegar a afirmar que algunos de ellos poseen naturaleza imperativa. En segundo lugar, examina, como era lógico, cómo se articula su protección en el seno de la Organización Internacional del Trabajo, tanto desde una perspectiva normativa, donde se plantea la necesidad de codificar todo el complejo conjunto de convenios, recomendaciones y declaraciones, como desde la óptica de su control, poniendo de relieve la infrautilización de sus instrumentos coercitivos. En tercer lugar, explora la posibilidad de integrar normativamente esta serie de derechos fundamentales en otros regímenes del Derecho internacional, entre otros, en el sistema multilateral de comercio internacional tutelado por la Organización Mundial del Comercio. En cuarto lugar, analiza las cláusulas laborales en los Acuerdos de Libre Comercio, y, por último, dadas las insuficiencias anteriores, acomete un último análisis centrándose en uno de los principales instrumentos unilaterales o autónomos comerciales, esto es, los sistemas de preferencias arancelarias generalizadas.

El estudio emplea una metodología clásica de las ciencias jurídicas, combinado los métodos inductivos y deductivos, pero acompañado de una dimensión axiológica. La autora no se limita a describir las normas de todos estos sectores del ordenamiento jurídico internacional, sino que realiza un ejercicio sintético, de abstracción, comparando las instituciones y normas jurídicas. Presenta, asimismo, argumentaciones de *lege ferenda*, muy creativas y viables, con la finalidad de mejorar la sociedad mediante la promoción de valores esenciales como son la defensa de los derechos fundamentales.

Mi labor en la dirección de este estudio se ha limitado ciertamente a acompañar a la autora en su tarea investigadora, donde ha tenido plena autonomía, aunque hemos tenido la oportunidad de intercambiar sugerencias y opiniones que ha dado lugar a una experiencia muy enriquecedora por ambas partes. Tarea muy sencilla por la sólida formación de la autora, a la que no ha sido necesaria instruir en la búsqueda de materiales documentales o doctrinales (escasos en esta materia), ni tan siquiera en la lectura crítica de los textos manejados. No quisiera terminar estas palabras sin agradecer a Carmen toda su confianza y su paciencia, dándole mi más sincera enhorabuena por haber concluido este trabajo de manera tan rigurosa, sorteando con serenidad no solo las dificultades propias de esta tarea investigadora, sino también las derivadas de la pandemia ocasionada por el Covid-19. Este es solo el inicio del que espero y deseo sea una brillante carrera académica.

ENRIQUE J. MARTÍNEZ PÉREZ
Profesor Titular de Derecho Internacional Público de la Universidad de Valladolid

Introducción

1. EL DILEMA DE LA BÚSQUEDA DE COHERENCIA NORMATIVA ANTE LA FRAGMENTACIÓN DEL DERECHO INTERNACIONAL PÚBLICO

Unidad y pluralismo son las dos caras de una misma moneda. El Derecho internacional público contemporáneo, único, universal y complejo, se caracteriza por su eventual fragmentación en una pluralidad de regímenes o subsistemas normativos particulares y relativamente autónomos que se ocupan de la mayoría de las más diversas formas de actividad internacional (Casanovas, 1998). La fragmentación del Derecho internacional fue estudiada a comienzos de milenio por la Comisión de Derecho Internacional (CDI) como un problema que había de ser resuelto, aunque la solución aportada por la Comisión fue pragmática y limitada a gestionarlo de manera técnico-jurídica, derivando en la "hermeneutización del embrollo de la fragmentación" (Martín, 2008: 474). Con el paso del tiempo, la propia Comisión deja de considerar la fragmentación como una patología y pasa a entenderla como el resultado lógico de la evolución de la comunidad internacional y del Derecho internacional (Rodrigo, 2011: 322). No obstante, continúa tratándolo desde la óptica del formalismo jurídico, obviando aproximarse a los cambios en la base social que han originado este fenómeno. Fruto de esta nueva concepción se publica el Informe sobre la "Fragmentación del Derecho internacional: dificultades derivadas de la diversificación y expansión del Derecho internacional"[1].

---

[1] ONU: Fragmentación del Derecho internacional: Dificultades derivadas de la Diversificación y Expansión del Derecho internacional. Anuario de la Comisión de Derecho internacional, 2006, vol. II, 2ª Parte (A/CN.4/L.702, pp. 3-4).

La consecuencia principal de la fragmentación del Derecho internacional público redunda en la aparición de una pluralidad de sectores normativos que han recibido la denominación de regímenes internacionales particulares o especiales, o subsistemas (Remiro, 2011: 168) y que buscan la hegemonía de sus reglas (Koskenniemi, 2012: 320). Según el profesor Oriol Casanovas y la Rosa, se entiende por régimen internacional, en un sentido amplio, "todo conjunto de pautas de comportamiento, reglas y orientaciones políticas referentes a cualquier cuestión internacional que hacen posible que los Estados destinatarios alcancen fórmulas de concertación sustantivas o de procedimiento". De manera más estricta, estos regímenes internacionales o subsistemas normativos pueden ser definidos como la "reglamentación de un ámbito determinado que, fundada en tratados internacionales, forma parte del orden internacional (Casanovas, 2011: 45-46). Estos regímenes internacionales se caracterizan por constituir un conjunto de normas que protegen intereses generales o recursos globales de la comunidad internacional, por la existencia de obligaciones no sometidas a reciprocidad, y por la interacción de normas primarias sustantivas y normas secundarias de aplicación (Casanovas, 2011: 48-51). En la presente obra vamos a trabajar con dos de estos regímenes internacionales o subsistemas normativos: por un lado, el Derecho[2] laboral internacional, cuyas obligaciones se derivan, principalmente, de los convenios de la Organización Internacional del Trabajo (OIT), y, por otro lado, el Derecho comercial internacional, que se divide, al mismo tiempo, en diversos subsistemas en función del número de partes que participan en ellos, aunque en el presente trabajo nos referiremos a ellos, simplemente, como "sistemas": el sistema multilateral de comercio internacional, cuyas obligaciones se derivan de los acuerdos de la Organización Mundial del Comercio (OMC), los sistemas bilaterales o regionales de comercio internacional, cuyas obligaciones

---

2 Utilizamos la expresión "Derecho" como sinónimo de régimen, sistema u orden, dado que son vocablos que responden al mismo concepto (Remiro, 2011: 167).

se derivan de los acuerdos de libre comercio (ALC) y los sistemas unilaterales o autónomos, dentro de los cuáles estudiaremos los sistemas de preferencias arancelarias generalizadas (SPG). En el seno del Derecho comercial internacional se dan relaciones intrasistémicas de complementariedad entre todos estos subsistemas normativos (Bermejo, 2011: 223-224).

Cabe apuntar que estos regímenes internacionales especiales no tienen una autonomía ilimitada, pues las normas y principios que los conforman no están aislados clínicamente del resto del ordenamiento jurídico internacional (OJI) y, especialmente, del Derecho internacional general, del que depende su interpretación y aplicación[3]. Tampoco se encuentran desconectados del resto de regímenes o subsistemas internacionales especiales con los que, en ocasiones, interactúan, ya sea positiva o negativamente.

La existencia de una pluralidad regímenes internacionales relativamente autónomos hace que el Derecho internacional público pase a estar "constituido por partes y elementos dispares que tienen estructuras diferentes (...) un compuesto de sistemas universales, regionales o, incluso, bilaterales (...) y de subsistemas de diverso nivel de integración jurídica"[4], lo que hace que, en ocasiones, se genere una pérdida de seguridad jurídica (Echaide, 2014: 144) y conflictos[5] entre las normas de un mismo o de dife-

---

3 OMC: Informe del Órgano de Apelación de la OMC: Estados Unidos – Pautas para la gasolina reformulada y convencional (WT/DS2/AB/R, de 29 de abril de 1996, párr. 31.1).

4 ONU: Informe de la Comisión de Derecho internacional, 52° periodo de sesiones, Ginebra, 1 de mayo a 9 de junio y 10 de julio a 18 de agosto de 2000, Suplemento 10 (A/55/10, Anexo, p. 151).

5 Como afirma la CDI, "una noción estricta presumiría que existe conflicto si para una parte en los tratados solo resulta posible cumplir con una norma dejando de cumplir con otra norma. Esta es la situación básica de la incompatibilidad: cuando una obligación solo puede cumplirse dejando de cumplir otra obligación. Sin embargo, existen otras formas más laxas de entender la noción de conflicto (...) conflicto entendido como situación en la que dos normas o principios indican maneras diferentes de tratar un problema". Vid. ONU: Fragmentación del Derecho

rentes regímenes internacionales cuando se contradicen entre sí y se haga imprescindible el recurso a diversas técnicas jurídicas para evitarlos. Cuando los conflictos se dan dentro de un mismo subsistema normativo, su resolución pasa por aplicar las conocidas reglas de *lex specialis derogat generalis* o *lex posterior derogat anterior*. Sin embargo, cuando los conflictos surgen entre diferentes subsistemas normativos del Derecho internacional público, cuyas fuentes carecen de jerarquía, conviene acudir a otra serie de técnicas jurídicas para crear "puentes" que comuniquen sus diversas áreas y creen diálogos entre los regímenes fragmentados (Echaide, 2014: 144-145). En estos casos, como apunta el profesor Oriol Casanovas y la Rosa, más que de un conflicto de normas se trata de un conflicto de regímenes internacionales (Casanovas, 2011: 52).

Las herramientas jurídicas que pueden emplearse para resolver estos conflictos y crear estos puentes son de diversa índole (reglas, principios, conceptos, técnicas, etc.), y en la presente obra, para solventar los posibles conflictos originados por la interacción del régimen internacional del trabajo y del régimen internacional del comercio, vamos a prestar especial atención a la integración normativa, definida por el profesor Ángel Rodrigo Hernández como la "incorporación en la redacción, en el contenido o en el proceso de interpretación y aplicación de una norma jurídica internacional en otras normas o de todo o parte del contenido de otras normas existentes en instrumentos de diversa naturaleza existentes en el mismo o diferentes regímenes o en el Derecho internacional general con el objetivo de modificar sus efectos jurídicos materiales, subjetivos o de otro tipo de las normas intervinientes. En síntesis, consiste en la incorporación en una norma jurídica internacional de normas externas a la misma que producen nuevos efectos jurídicos" (Rodrigo, 2011: 324). Las diferentes

---

internacional: Dificultades Derivadas de la Diversificación y Expansión del Derecho internacional: Informe del Grupo de Estudio de la Comisión de Derecho internacional, elaborado por Martti Koskenniemi, 58° período de sesiones, Ginebra, 1 de mayo a 9 de junio y 3 de julio a 11 de agosto de 2006 (A/CN.4/L.682, de 13 de abril de 2006, pp. 20-21).

modalidades o técnicas de integración normativa son: la legislación por referencia, ya sea por referencia genérica o por reenvío normativo global o parcial, la incorporación del contenido material de una norma en otra norma (lo que se conoce como normas relacionales), la interpretación, tanto dinámica o evolutiva como el principio de integración sistémica, y, por último, la integración institucional (Rodrigo, 2011: 326-344).

Ante la eventual fragmentación del Derecho internacional y la aparición de una pluralidad de regímenes internacionales relativamente autónomos, la búsqueda de la unidad, tanto formal como material, y de la coherencia normativa, entendida como el proceso histórico de ordenación y construcción de una arquitectura estable de las relaciones entre reglas y entre autoridades (Zapatero, 2003: 391), se convierte en un dilema que las mencionadas técnicas jurídicas pretenden solucionar, aunque para ello han de formularse de manera correcta y efectiva, y es que, como afirma Pierre Marie Dupuy, "los iusinternacionalistas han de ser los guardianes de la unidad del Derecho internacional público, antes que los especialistas en medio ambiente, derechos humanos, comercio internacional, etc." (Dupuy, 2003: 205).

2. EL PLANTEAMIENTO DEL DILEMA EN UN CASO CONCRETO: EL VÍNCULO ENTRE COMERCIO Y TRABAJO.

2.1. La aparición y consolidación del régimen internacional del trabajo y del régimen internacional del comercio

Uno de los grandes hitos del Derecho internacional en el transcurso del pasado siglo XX fue reconocer a la persona humana como titular de una serie de derechos básicos, inalienables e imprescriptibles con independencia de su lugar de procedencia, género, edad, raza, situación económica, religión o convicción política. Los denominados derechos humanos, basados en la dignidad de la persona, han constituido, desde entonces, uno de los ejes estructurales de la sociedad internacional y del OJI. Desde la adopción de la Declaración Universal de los Derechos del Hombre por parte de la Asamblea General de la Organización de las Naciones Unidas (ONU) en París, el 10 de diciembre de 1948[6], conocida actualmente como la Declaración Universal de los Derechos Humanos (DUDH), numerosos instrumentos jurídicos internacionales han positivado estos derechos y han ampliado su alcance material.

Los derechos laborales no han sido ajenos a este proceso, pues contribuyeron a la formación y consolidación de lo que hoy conocemos como Derecho internacional de los derechos humanos. Los primeros tratados internacionales que se adoptaron para proteger los derechos laborales de los trabajadores de todo el mundo surgieron en el seno de la Organización Internacional del Trabajo (OIT), creada en 1919 en virtud de la Parte XIII del Tratado de Versalles que puso fin a la Primera Guerra Mundial. Estos primeros convenios, muchos de los cuales todavía permanecen vigentes, tutelaban derechos relativos a horas de trabajo, desempleo, maternidad, trabajo nocturno o edad mínima, entre otros. Tras ellos, la actividad codificadora de la Organización no ha cesado en ningún momento y, a lo largo de todo el siglo XX, se ha ido conformando un código de normas laborales internacionales que, a día de hoy, forma parte del Derecho laboral internacional.

Un reducido grupo de derechos laborales fue escogido para formar parte de la mencionada DUDH de 1948, pues se entendió que el mundo del trabajo en el que participan las personas debía ser protegido por una serie de derechos laborales básicos que asegurasen el respeto a la dignidad humana. Dicha convicción fue reafirmada posteriormente a través de la inclusión de dichos derechos en sucesivos instrumentos internacionales vinculantes

---

6 ONU: Declaración Universal de los Derechos del Hombre, 183ª sesión plenaria de la Asamblea General de las Naciones Unidas, 10 de diciembre de 1948 (A/RES/217(III)).

de derechos humanos, como el Pacto de Derechos Económicos, Sociales y Culturales de 1966[7], el Convenio Europeo de Derechos Humanos de 1950[8] o la Convención Americana de Derechos Humanos de 1969[9], de ahí que parte de la doctrina comenzase a hablar de "derechos humanos laborales", aunque dicha categoría no es compartida por todos los autores, pues hay quienes piensan que los derechos laborales no pueden ser considerados derechos humanos.

En las últimas décadas y, especialmente, tras la adopción de la Declaración relativa a los Principios y Derechos Fundamentales en el Trabajo y su Seguimiento en 1998 por parte de la OIT[10], se ha identificado un "núcleo duro" dentro de esos derechos humanos laborales que han recibido la denominación de derechos laborales fundamentales (DLF), a los que se les ha otorgado un valor singular por considerar que su garantía en el trabajo "reviste una importancia y un significado especiales al asegurar a los propios interesados la posibilidad de reivindicar libremente y en igualdad de oportunidades una participación justa en las riquezas a cuya creación han contribuido, así como la de desarrollar plenamente su potencial humano"[11]. Estos DLF constituirán el objeto de estudio de la presente obra.

Al tiempo que aumenta la importancia de la protección de los DLF y se consolida el Derecho laboral internacional como régimen o subsistema normativo, también lo hace el régimen in-

---

7 ONU: Pacto Internacional de Derechos Económicos, Sociales y Culturales, adoptado en la 1496ª sesión plenaria de la Asamblea General de las Naciones Unidas, 16 de diciembre de 1966 (A/RES/2200(XXI)).

8 CdE: Convenio de Roma para la Protección de los Derechos Humanos y de las Libertades Fundamentales, 4 de noviembre de 1950 (ETS núm. 005).

9 ONU: Convención Americana sobre Derechos Humanos (Pacto de San José de Costa Rica), 22 noviembre 1969 (U.N.T.S., vol. 1144, p. 1979).

10 OIT: Declaración relativa a los Principios y Derechos Fundamentales en el Trabajo y su Seguimiento, adoptada por la Conferencia Internacional del Trabajo en su 86ª reunión, Ginebra, 18 de junio de 1998.

11 *Ibíd.*, preámbulo.

ternacional del comercio. Aunque el comercio internacional ha existido siempre, su liberalización y regulación es más reciente y se fundamenta en teorías económicas como las elaboradas por Adam Smith sobre la ventaja absoluta (Smith, 1776) o la elaborada por David Ricardo sobre la ventaja comparativa, según la cual, de la unión del comercio y de la especialización surge una mejora en el nivel de vida para la mayoría de la población (Ricardo, 1955). Según Antonio Blanc Altemir, "el libre comercio contribuye de manera significativa a un mayor crecimiento sostenible y a la creación de empleo, y con ello a la mejora del nivel de vida" (Blanc, 2020b: 23-24), siendo uno de los mejores criterios para medir la prosperidad de una sociedad (Ávila, 2021: 81). No obstante, la liberalización del comercio internacional debe atenerse a una serie de reglas y principios para que no solo sea libre comercio (*free trade*) sino también un comercio justo (*fair trade*).

Finalizada la Segunda Guerra Mundial, surge un sentimiento de solidaridad y cooperación internacional que se ve reflejado en la creación de organizaciones internacionales destinadas a mejorar las mermadas economías de los Estados involucrados en la Guerra. Junto con las instituciones económicas y financieras surgidas de la Conferencia de Bretton Woods de 1944[12], se plantea la creación de una Organización Internacional Comercial (OIC). De esta manera, de la Conferencia de Naciones Unidas sobre Comercio y Empleo resultó lo que hoy conocemos como la Carta de La Habana[13], que pretendía ser el tratado constitutivo de una OIC que completase el panorama de organizaciones internacionales económicas de la época y se comprometiese con el objetivo de una mayor liberalización del comercio mundial. Esta Carta de La

---

12 De la que surgen el Fondo Monetario Internacional (FMI), encargado de regular las transacciones financieras y monetarias internacionales, y el Banco Mundial (BM), encargado de prestar asistencia técnica y financiera a los PVD.

13 OMC: Carta de la Habana para una Organización Internacional del Comercio, Lake Succes, Nueva York, abril de 1948. Disponible en: http://www.wto.org/spanish/docs_s/legal_s/havana_s.pdf

Habana finalmente no entró en vigor, pero su Capítulo IV, relativo a "Política Comercial", sin embargo, sí lo hizo en el año 1948 bajo el nombre de Acuerdo General sobre Aranceles Aduaneros y Comercio[14] o GATT por sus siglas en inglés. Este GATT de 1947 consiguió sobrevivir y perduró casi medio siglo con la finalidad de regular la liberalización del comercio internacional, a través de la progresiva reducción de los aranceles aduaneros entre las Partes Contratantes, hasta que, en el año 1995, entra en vigor el tratado constitutivo que da vida a la actual OMC, organización internacional encargada de adoptar y controlar el cumplimiento de las normas y principios que rigen el comercio internacional de carácter multilateral.

De manera complementaria al sistema multilateral de comercio internacional, a medida que los Estados concluyen acuerdos de libre comercio, se ha ido tejiendo una tupida red de sistemas bilaterales y regionales de comercio internacional al amparo del art. XXIV del GATT. Asimismo, desde hace décadas, algunos Estados cuentan con sistemas de preferencias arancelarias generalizadas de carácter autónomo o unilateral.

2.2. El vínculo material entre comercio y trabajo: ¿interacción positiva o negativa?

El *linkage* o vínculo material entre comercio y trabajo ha sido objeto de numerosos estudios. Dado que el trabajo es un factor productivo imprescindible para la fabricación de los bienes que se comercializan mundialmente, el fenómeno denominado como globalización económica[15] y el consecuente aumento de los in-

---

14 OMC: Acuerdo General sobre Aranceles Aduaneros y Comercio (GATT de 1947), 30 de octubre de 1947 (LT/UR/A-1A/1/GATT/2, de 15 de abril de 1994).

15 No existe un consenso generalizado a la hora de definir el fenómeno de la globalización. A los efectos de este trabajo, se entiende por globalización económica el proceso de integración internacional de las economías nacionales, en el que confluyen el aumento de los flujos co-

tercambios internacionales han incidido en las condiciones laborales de los trabajadores de todo el mundo. Determinar si esta incidencia ha sido positiva o negativa continúa abierto a debate.

Diversos trabajos empíricos refuerzan la teoría de que el comercio internacional, impulsado por la globalización económica, se correlaciona con mejoras en las condiciones laborales en los sectores orientados al exterior (Lee, 1997: 185; Salem y Rozental, 2012: 20). El problema surge cuando un grupo de Estados focaliza su ventaja comparativa en la elaboración de manufacturas y semimanufacturas con bajos costes de mano de obra, resultado del empeoramiento de las condiciones laborales de sus trabajadores, para aumentar la productividad (Rodrik, 1997: 45). En este caso, el aumento de la productividad y las exportaciones se consigue gracias a la devaluación de los estándares laborales más elementales, lo que comúnmente se conoce como *dumping* social[16]. Según Pierre Lemieux, los Estados que, para remediar su baja produc-

---

merciales internacionales, de las inversiones directas en el extranjero, de los intercambios tecnológicos y de las migraciones de trabajadores y de sus familias (Albi, 2005: 9). Así, esta globalización implica, como afirma el profesor Luis Miguel Hinojosa Martínez, "no solo el incremento de los intercambios internacionales, sino la conexión directa (la interpenetración) entre los mercados y las economías de los distintos países, así como la desaparición de las fronteras entre los distintos sectores tradicionales del mercado" (Hinojosa, 2005: 2-3).

16 El término *dumping* proviene del inglés "*to dump*", que se traduce como arrojar. La primera vez que se utilizó dicho término en el campo del Derecho económico internacional fue para dar un nombre a la práctica estatal que implicaba "arrojar" mercancías de bajo precio al mercado con la finalidad de ganar competitividad o limitar la competencia (Meza-Salas, 2017: 681). En función de cuál sea el motivo que produce esos precios bajos, podemos hablar de *dumping* de precios (cuando se exportan bienes a terceros países a un precio inferior al valor normal de mercado), de *dumping* ecológico (cuando se contravienen normas medioambientales que conducen a producir de manera más barata), de *dumping* monetario (si los gobiernos utilizan devaluaciones competitivas de sus monedas nacionales para impulsar la exportación), etc. (Hinojosa y Fajardo, 2010: 223).

tividad, se especializan en la producción de bienes intensivos en mano de obra barata y practican este *dumping* social suelen ser los más pobres y subdesarrollados (Lemieux, 2017: 2), esto es, los Países en Vías de Desarrollo (PVD) y Países Menos Adelantados (PMA), cuyas economías dependen de manera significativa de sus relaciones comerciales con los Estados más ricos e industrializados, los Países Desarrollados (PD). En el peor de los escenarios, una generalización del *dumping* social puede conllevar una "carrera a la baja" (*race to the bottom*) en la protección de los DLF (Chan y Ross, 2003: 1011).

2.3. El vínculo formal entre comercio y trabajo: la condicionalidad laboral en el Derecho comercial internacional

Si bien existe un vínculo por razón de materia entre el comercio y el trabajo, dado que, como hemos mencionado anteriormente, el trabajo es un factor productivo imprescindible para la fabricación de los bienes que se comercializan mundialmente, la formalización de ese vínculo a través de normas no se produce de manera automática. No existe un vínculo formal primigenio entre las normas laborales y comerciales internacionales. Sin embargo, a medida que se consolidan ambos regímenes internacionales y aumenta su autonomía, comienza a surgir la idea, no por todos

---

En cuanto al *dumping* social, numerosos autores han tratado de definirlo. Cleopatra Doumbia-Henry y Eric Gravel, lo definen como la práctica "que consiste en vulnerar los DLF para abaratar el costo de la mano de obra y ganar así competitividad internacional" (Doumbia-Henry y Gravel, 2006: 211). Según el profesor Lobejón Herrero, el *dumping* social es un fenómeno que implica la comercialización de "productos en cuya fabricación no se han respetado siquiera los derechos laborales más elementales y que, consecuentemente, tienen un coste de producción extraordinariamente bajo" (Lobejón, 2008: 150). En otras palabras, aunque no existe todavía una definición universalmente aceptada por la doctrina, podemos afirmar que estamos ante *dumping* social cuando se comercializan productos a precios extraordinariamente bajos como consecuencia de la inobservancia de los DLF.

compartida, de la necesaria formalización jurídica del vínculo entre el Derecho laboral internacional y el Derecho comercial internacional para evitar que la fragmentación del Derecho internacional público redunde en incoherencias normativas entre ambos regímenes (nuestro "dilema"). En este caso, como afirma Oriol Casanovas y la Rosa, no estaríamos ante un conflicto de normas (las normas del Derecho comercial internacional no contradicen *per se* las normas del Derecho laboral internacional), sino ante un conflicto de regímenes internacionales (Casanovas, 2011: 52), pues, mientras que el Derecho laboral internacional persigue la efectiva protección de los derechos de los trabajadores, el Derecho comercial internacional tiene como finalidad la liberalización de los intercambios comerciales que, enturbiada con prácticas como el *dumping* social, puede derivar en incumplimientos de los DLF.

Como decíamos al comienzo de la introducción, las herramientas jurídicas que pueden emplearse para resolver estos conflictos son de diversa índole y en el presente trabajo de investigación, para solventar las posibles incoherencias normativas originadas por la interacción del régimen internacional del trabajo y del régimen internacional del comercio, vamos a prestar especial atención a la integración normativa y sus modalidades. La integración normativa de los DLF en los subsistemas comerciales internacionales ha recibido la denominación de "condicionalidad social", aunque nosotros preferimos hablar de "condicionalidad laboral" porque el concepto de "condicionalidad social" no solo incluye las normas laborales fundamentales, sino también la protección de otros aspectos sociales como el derecho a la salud, a la seguridad alimentaria o a un medio natural no contaminado (Remiro, 2002: 1071). Según el profesor Luis Miguel Hinojosa Martínez, la "condicionalidad social" consiste en la "subordinación de la adopción de determinadas medidas comerciales a la garantía de ciertos derechos sociales en el proceso de producción de las mercancías importadas" (Hinojosa, 2002: 35).

3. LA SOLUCIÓN DEL DILEMA EN NUESTRO CASO CONCRETO: HIPÓTESIS PRINCIPAL Y ESTRUCTURA DEL TRABAJO

La hipótesis principal de la presente investigación se basa en la idea de que ante el dilema de la búsqueda de coherencia entre el Derecho comercial internacional y el Derecho laboral internacional se hace necesario el recurso a técnicas jurídico-formales como la integración normativa para evitar posibles conflictos y reforzar la unidad del Derecho internacional público ante su eventual fragmentación. Asimismo, la integración normativa de los DLF en los diferentes subsistemas comerciales internacionales tiene como finalidad una mejora de la tutela de toda esta serie de derechos.

De esta forma, en el primer capítulo delimitaremos nuestro objeto de estudio: "¿qué son los derechos laborales fundamentales?". Para ello prestaremos especial atención al concepto y base normativa de estos derechos, la cual encontramos en la mencionada Declaración de la OIT de 1998. Antes de la adopción de la Declaración, el derecho de asociación y negociación colectiva, la eliminación del trabajo forzoso u obligatorio, la abolición del trabajo infantil, la no discriminación en el empleo y la seguridad y salud en el trabajo no eran más que principios contenidos en la Constitución de la OIT de 1919 que se fueron positivando con el tiempo en diferentes convenios vinculantes de la Organización. No obstante, tras la aprobación de la Declaración, a estos derechos y a los convenios que los desarrollan se les confiere el estatus de "fundamentales" y se les otorga un mayor nivel de protección en el seno de la OIT. El contenido de estos DLF será asimismo analizado en este primer capítulo, junto con su naturaleza jurídica, muy debatida por la doctrina, pues hay quienes los consideran derechos humanos y quienes no, y, dentro de los autores que afirman su pertenencia al conjunto de derechos humanos, los hay quienes argumentan que dichos DLF constituyen normas de *ius cogens* o de derecho imperativo. La aclaración de la naturaleza jurídica de esta serie de derechos reviste especial importancia de cara a argumentar que estos merecen una tutela más efectiva que la que ostentan actualmente dentro de la OIT y que su integración normativa en otros subsistemas o regímenes autónomos del Derecho internacional, como el Derecho comercial internacional, mejoraría su promoción y cumplimiento, y, en último término, dotaría de una mayor coherencia y unidad al OJI.

El segundo capítulo tiene la finalidad de analizar la protección de los DLF en la organización "competente para establecer esas normas y ocuparse de ellas"[17]. La OIT cumplió el pasado año 2019 un siglo, lo que la convierte en la organización internacional más longeva de todas las existentes y hace interesante el estudio de su historia, así como de su estructura orgánica de composición tripartita y de sus actos normativos, es decir, los convenios, las recomendaciones y las declaraciones que conforman el Derecho laboral internacional. Dado que, hasta la fecha, la OIT ha adoptado 190 convenios y 206 recomendaciones, algunos autores se preguntan si resulta pertinente su codificación (Lyutov, 2014: 275; Ojeda, 2019: 9), propuesta que será debatida en este segundo capítulo. Si bien la codificación en un único cuerpo normativo de todos los convenios de la OIT es discutible, de lo que no cabe duda es de que su seguimiento es muy complejo. Para acometer dicho seguimiento, la OIT dispone de diversos mecanismos de control periódico y de procedimientos especiales que adolecen de serios límites y que merecen un profundo análisis. Aunque dentro de este capítulo se realizan diversas propuestas para mejorar el sistema de control de los DLF en el seno de la OIT, la hipótesis principal de este capítulo es que la tutela de estos derechos dentro del subsistema normativo del Derecho internacional del trabajo es, en la actualidad, insuficiente e inefectiva. A pesar de los esfuerzos llevados a cabo tanto por parte de los Estados como por parte de la propia OIT, la protección que desde esta Organización se otorga a los derechos de todos los trabajadores del mundo continúa siendo muy limitada, debido, en gran parte, a la infrautilización de sus instrumentos coercitivos, como el contenido en el art. 33

---

[17] OMC: Declaración Ministerial de Singapur, 18 de diciembre de 1996 (WT/MIN(96)/DEC, de 18 de diciembre de 1996, párr. 4).

de su Constitución, aspecto que merece una profunda revisión cuando lo que se pretende es asegurar la dignidad de la persona en el trabajo.

Esta insuficiencia e inefectividad de la tutela de los DLF en la OIT ha conducido a que, desde hace aproximadamente tres décadas, se esté explorando la posibilidad de integrar normativamente esta serie de derechos fundamentales en otros regímenes o subsistemas del Derecho internacional, siendo el Derecho comercial internacional al que prestaremos especial atención. De esta forma, en los últimos tres capítulos de esta obra analizaremos de manera pormenorizada la integración normativa de los DLF en los diferentes subsistemas comerciales internacionales bajo la hipótesis de que dicha integración mejora la efectividad de la tutela de esta serie de derechos y refuerza la unidad y la coherencia del Derecho internacional público. Sin embargo, como tendremos ocasión de comprobar, la configuración actual de las disposiciones y cláusulas que se utilizan para integrar normativamente los DLF en los diversos subsistemas del comercio internacional adolecen de una serie de límites que hacen imprescindible el planteamiento de propuestas de mejora para lograr una tutela más efectiva de esta serie de derechos.

En el tercer capítulo del trabajo abordaremos el fallido intento de integrar disposiciones laborales en el sistema multilateral de comercio internacional, es decir, en la OMC. Si bien la Carta de la Habana de 1947 contenía una referencia a las "normas de trabajo equitativas", esta no llegó a ser aprobada y las discusiones acerca de la pertinencia de incluir alusión alguna a las normas fundamentales del trabajo en el GATT no cesaron en las décadas siguientes. Con la creación en 1994 de la OMC, el debate se reavivó y tuvo profundas repercusiones en las sucesivas Conferencias Ministeriales, como la celebrada en Singapur en 1996. Sin embargo, dada la falta de consenso entre los PD firmes defensores de la integración normativa de los DLF en el Derecho comercial internacional, y los PVD, temerosos de perder su ventaja comparativa en el comercio mundial derivada de la devaluación de los estándares laborales para atraer inversión extranjera, en la actualidad no existen disposiciones laborales en el Derecho comercial internacional de carácter multilateral. Esto no impide, no obstante, proponer modelos de integración normativa de los DLF, basándonos en sus diferentes modalidades, en el sistema multilateral de comercio internacional. Esta propuesta, además, resulta muy pertinente en el tiempo, pues la OMC se encuentra a día de hoy sumida en una profunda crisis institucional, con su Órgano de Apelación (OA) bloqueado debido a que, para la renovación del mandato de sus miembros, es necesario llegar a un consenso que no se da como consecuencia de la negativa de Estados Unidos (EEUU). En este contexto, otros Estados y organizaciones internacionales regionales, como la Unión Europea (UE), están llevando a cabo reuniones en las que se trata de llegar a un acuerdo sobre la reforma de la Organización. Esta "nueva" OMC no puede pretender aumentar su legitimidad alejada de las demandas actuales de la sociedad internacional, entre las que se incluye la tutela de los DLF. Por ello, integrar disposiciones laborales en las normas multilaterales de comercio internacional se hace cada vez más necesario.

Como consecuencia del fracaso de los intentos por integrar disposiciones laborales en el Derecho de la OMC, desde la década de 1990, los PD vienen integrando cláusulas laborales en los sistemas bilaterales y regionales de comercio internacional, es decir, vienen integrando a través de la técnica del reenvío normativo la tutela de los DLF en sus tratados comerciales bilaterales y regionales. El objeto de estudio del cuarto capítulo lo constituyen, por tanto, las cláusulas laborales que se han integrado en los acuerdos de libre comercio (ALC), en tanto en cuanto estos acuerdos comerciales crean sus propios subsistemas jurídicos de normas. En dicho capítulo realizaremos un ejercicio de derecho comparado de los máximos exponentes de condicionalidad laboral en los sistemas bilaterales y regionales de comercio internacional, contraponiendo el modelo de cláusula laboral propuesto por EEUU, a quien se le acusa de "unilateralismo agresivo" (Bhagwati y Patrick, 1991), y el modelo propuesto por la UE, que desde hace décadas aboga por el desarrollo sostenible y la protección de los DLF en el comercio internacional[18], para evidenciar sus límites y proponer un nuevo modelo híbrido que aúne las ventajas de ambos y supere las deficiencias de cara a mejorar su efectividad.

También como consecuencia de la falta de disposiciones laborales en el sistema multilateral de comercio internacional, los Estados vienen incluyendo desde hace décadas cláusulas laborales en sus sistemas unilaterales o autónomos de comercio internacional. En el quinto y último capítulo de esta obra nos centraremos en uno de los principales instrumentos unilaterales o autónomos de comercio internacional: los sistemas de preferencias arancelarias generalizadas (SPG) a través de los cuales los Estados, generalmente los PD, otorgan, sin exigencia de reciprocidad y de manera no discriminatoria, ventajas arancelarias a la generalidad de los PVD con la finalidad de estimular su capacidad exportadora y promover su industrialización y su crecimiento económico a través del comercio. Dichas preferencias arancelarias comportan una reducción o, incluso, eliminación de los aranceles aduaneros que sus productos han de soportar al entrar en los mercados de los PD. En este capítulo estudiaremos la historia, definición y caracteres de estos sistemas, así como su compatibilidad con el GATT. Posteriormente, al igual que en el capítulo anterior, realizaremos un ejercicio de derecho comparado exponiendo las similitudes y diferencias de las cláusulas laborales integradas en los SPG de EEUU y de la UE, así como los límites inherentes a estas para proponer un nuevo modelo de cláusula laboral que tutele de manera más efectiva los DLF a través de los SPG. Como tendremos ocasión de comprobar, si bien tanto el SPG de EEUU como el de la UE contemplan, en la actualidad, la retirada de las preferencias arancelarias con ocasión de una violación de los DLF, el uso de estas medidas resulta arbitrario, pues existen Estados sobre los que pesan demandas fundadas de violación de los DLF, como es el

---

18 UE: Comunicación de la Comisión al Consejo, al Parlamento Europeo y al Comité Económico y Social: Promover las normas fundamentales del trabajo y mejorar la gobernanza social en el contexto de la mundialización (COM (2001) 416 final, Bruselas, de 18 de julio de 2001).

caso de Pakistán en relación al trabajo infantil, a los que no se les retiran las ventajas comerciales, lo que demuestra que, además de una mejora en la configuración de estas cláusulas laborales, debe concurrir la voluntad política de proteger de manera efectiva los DLF.

Por tanto, con esta obra se trata de contrastar la hipótesis de que la fragmentación del Derecho internacional público en regímenes internacionales especiales puede originar conflictos intersistémicos y surge el dilema de la búsqueda de coherencia normativa entre todos ellos para garantizar la unidad del OJI. Atendiendo a nuestro caso concreto, estos conflictos pueden derivar en incumplimientos de los DLF causados por el deseo de los Estados de mejorar su participación en el comercio mundial. La aparición de estos conflictos, unida al hecho de que la tutela de los DLF en el seno de la organización internacional competente para tal fin, esto es, la OIT, resulte, a día de hoy, insuficiente e inefectiva, hacen imprescindible el recurso a la integración normativa de los DLF en el Derecho comercial internacional para mejorar su efectividad al tiempo que se refuerza la unidad y la coherencia del OJI.

Conviene poner de relieve que, si bien las partes propositivas de esta obra se centran en los aspectos jurídicos de las cláusulas laborales, no podemos obviar que su efectividad no solo depende de su correcta configuración legal, deseo al que aspiramos, sino también de la voluntad política de los Estados y del curso de las relaciones internacionales, cuestión que se escapa al alcance del presente trabajo. Que una cláusula laboral integrada en un ALC que prevea contramedidas comerciales con ocasión del incumplimiento de los convenios que contienen los DLF sea efectiva depende de su configuración legal, pero también depende de que el Estado parte en ese ALC realmente tenga la voluntad de proteger estos derechos, voluntad que en muchas ocasiones se encuentra mediada o condicionada por numerosas cuestiones políticas y sociales.

Capítulo 1

Los derechos laborales fundamentales internacionalmente reconocidos y su posición en el ordenamiento jurídico internacional

En el presente capítulo trataremos de definir nuestro objeto de estudio, los DLF, y de explicar por qué merecen una protección más efectiva dentro y fuera de la OIT. Para ello, en primer lugar, conceptualizaremos los DLF y analizaremos su base normativa, esto es, la Declaración de la OIT de 1998, teniendo en cuenta la historia de su adopción, su naturaleza jurídica (cuestión diferente a la naturaleza jurídica de los DLF), al contenido de dicha Declaración, a los mecanismos de seguimiento creados por esta y a su importancia e implicaciones prácticas. Este análisis resulta importante porque es a partir de la adopción de esta Declaración cuando, dentro del Derecho internacional, se empieza a hablar de los DLF como una nueva categoría de derechos. Asimismo, estudiaremos el contenido de cada uno de los DLF internacionalmente reconocidos y consagrados en la Declaración de 1998, a saber: la libertad de asociación y negociación colectiva, la eliminación de todo trabajo forzoso u obligatorio, la eliminación del trabajo infantil, la no discriminación en el empleo y la seguridad y salud en el trabajo. Dicho contenido lo encontraremos en diferentes convenios fundamentales y recomendaciones de la OIT. En este capítulo aclararemos, también, la controvertida naturaleza jurídica de los DLF. Muchos autores asumen la pertenencia de estos DLF al grupo de derechos humanos e incluso, algunos de ellos, llegan a calificar a las normas que contienen estos DLF como normas de *ius cogens* o normas imperativas. De esta manera, en el cuarto epígrafe de este capítulo trataremos de argumentar si los DLF son realmente derechos, si estos pueden ser considerados derechos humanos y, en último lugar, si se puede hablar de un *ius cogens* laboral. La aclaración de la naturaleza jurídica de los DLF resulta de gran importancia para la posterior defensa de una integración normativa de estos derechos en otros subsistemas normativos del Derecho internacional, como el Derecho comercial internacional.

1.1. EL CONCEPTO DE DERECHOS LABORALES FUNDAMENTALES COMO NÚCLEO DURO DE LOS DERECHOS HUMANOS LABORALES

El conjunto de derechos laborales consagrados en instrumentos jurídicos internacionales de derechos humanos que reconocen universalmente como titular a la persona ha sido denominado por la doctrina como "derechos humanos laborales"[19] (Canessa, 2008a; Santos, 2012; Lantarón, 2017). Se trata de una categoría

---

[19] Este término se consolidó a través de la Opinión Consultiva de la Corte Interamericana de Derechos Humanos (CIDH) sobre la "Condición Jurídica y Derechos de los Migrantes Indocumentados" del año 2003, en la que la Corte afirmó que "Una persona que ingresa a un Estado y entabla relaciones laborales, adquiere sus derechos humanos laborales en ese Estado de empleo, independientemente de su situación migratoria, puesto que el respeto y garantía del goce y ejercicio de esos derechos deben realizarse sin discriminación alguna". Vid. CIDH: *Condición Jurídica y Derechos de los Migrantes Indocumentados*, Opinión Consultiva OC-18/03, 17 de septiembre de 2003, párr. 133.
Existen otras denominaciones como "derechos fundamentales en el trabajo", "derechos humanos de los trabajadores" o "derechos sociales fundamentales". No obstante, evitaremos estas denominaciones porque, por un lado, el término "derechos sociales" engloba más realidades que las puramente laborales, como el derecho a la salud, a la seguridad alimentaria o a un medio natural no contaminado (Remiro, 2002: 1071; Rivera, 2018: 35-36), y, por otro lado, muchos autores entienden los "derechos fundamentales" como los derechos humanos positivados en las constituciones estatales (Pérez, 1999: 31).

dinámica que incrementa su alcance material a medida que los Estados y las organizaciones internacionales concluyen nuevos tratados internacionales y declaraciones que positivan derechos humanos e incorporan derechos laborales.

Como vemos, la principal característica de los derechos humanos laborales es su significativa amplitud, lo que ha hecho que, en los últimos años, se centre la atención en un grupo más reducido de derechos laborales cuando de lo que se trata es de mejorar su protección en el Derecho internacional. En este contexto, desde la adopción por parte de la OIT de la Declaración relativa a los Principios y Derechos Fundamentales en el Trabajo y su Seguimiento[20], en adelante Declaración de la OIT de 1998, se viene hablando de "derechos fundamentales en el trabajo" o "derechos laborales fundamentales", sin suponer ningún cambio esencial esta diferencia terminológica.

Elena Pariotti define los DLF como "un conjunto de estándares internacionales que hacen referencia a un pequeño grupo de derechos humanos en el trabajo que proporcionan una guía para hacer del trabajo un entorno civilizado, digno y sostenible" (Pariotti, 2018: 171). Estos derechos, los cuales se encuentran recogidos en diferentes convenios de la OIT considerados por esta como "fundamentales" y sistematizados en la Declaración de 1998, son la libertad de asociación y el derecho a la negociación colectiva, la abolición del trabajo forzoso u obligatorio, la eliminación del trabajo infantil, la no discriminación en el empleo y la seguridad y salud en el trabajo, aunque sobre el alcance de su contenido volveremos más adelante.

El término DLF o, en inglés, *core labour rights*, no se encuentra exento de críticas y límites, pues, dado que el instrumento jurídico en el que aparecen sistematizados se titula "Declaración relativa a los Principios y Derechos Fundamentales en el Trabajo", numerosos autores, entre los que sobresale Philip Alston, se

---

20 OIT: Declaración relativa a los Principios y Derechos Fundamentales en el Trabajo y su Seguimiento, *op. cit.*, nota 10.

han preguntado si estamos, entonces, ante principios o ante derechos. La cuestión no es baladí y será resuelta a propósito de la naturaleza jurídica de los DLF. Asimismo, el hecho de traducir "*core*" como "fundamentales" también origina problemas en tanto en cuanto los derechos fundamentales son aquellos derechos humanos normalmente recogidos en constituciones estatales (Pérez, 1999: 31). A pesar de los límites identificados, preferimos seguir utilizando la expresión "derechos laborales fundamentales", dado que es la que mejor representa el "núcleo duro" de los derechos humanos laborales (Canessa, 2009: 372), porque, como veremos más adelante, estamos ante verdaderos derechos, y porque es la terminología empleada por la propia OIT y por la mayor parte de la doctrina.

1.2. LA BASE NORMATIVA DE LOS DERECHOS LABORALES FUNDAMENTALES: LA DECLARACIÓN DE LA ORGANIZACIÓN INTERNACIONAL DEL TRABAJO DE 1998

La base o el sustento normativo de lo que en esta obra consideramos DLF lo encontramos, principalmente, en la Declaración de la OIT relativa a los Principios y Derechos Fundamentales en el Trabajo y su Seguimiento de 18 de junio de 1998[21] o Declaración de la OIT de 1998. Esta Declaración supone la culminación de un proceso que, dentro de la OIT, tiene sus orígenes en propuestas orientadas a establecer un procedimiento de control similar al del Comité de Libertad Sindical (CLS) creado en 1951[22] para otros

---

21 OIT: Declaración relativa a los Principios y Derechos Fundamentales en el Trabajo y su Seguimiento, *op. cit.*, nota 10.

22 Tras la adopción del Convenio núm. 87 sobre la libertad sindical y la protección del derecho de sindicación de 1948 y del Convenio núm. 98 sobre el derecho de sindicación y de negociación colectiva de 1949, la OIT determinó que el derecho de libertad sindical precisaba de un procedimiento de control especial para garantizar su cumplimiento en los Estados que no habían ratificado los Convenios. Así, en 1951, la OIT creó el CLS con la finalidad de examinar las quejas sobre las violaciones

derechos laborales considerados como fundamentales por la propia Organización (Kellerson, 1998: 223). Con ella, la OIT pretende reafirmar la obligación que tienen sus Estados miembros de respetar los DLF contenidos en los diez Convenios fundamentales (CF) de la Organización sin, en ningún caso, crear obligaciones jurídicas nuevas, y asegurar su protección por medio de los procedimientos de control institucional (Canessa, 2009: 372).

Gran parte de la doctrina ha defendido el significativo valor de esta Declaración al representar la confirmación de la universalidad de los DLF en un momento en el que, debido al auge del proceso de globalización, la tutela de dichos derechos se estaba viendo mermada. Por un lado, uno de los aspectos más importantes de este enfoque, según Hilary Kellerson, lo constituye el representar una decisión colectiva de perseguir justicia social, buscando la equidad, la erradicación de la pobreza y el progreso de la sociedad (Kellerson, 1998: 227). Por otro lado, la Declaración destaca, según Alain Supiot, no por enumerar derechos sino por haber roto el *self-service* normativo que autoriza el procedimiento de ratificaciones (Supiot, 2010: 541-558). Por último, tal y como afirma Philippe Auvergnon, la Declaración de 1998 tiene la virtud de erigirse como una respuesta alternativa al tradicional *soft-law* de carácter débil frente a la fuerte globalización económica (Auvergnon, 2012: 121).

---

de la libertad sindical, hubiese o no ratificado el Estado en cuestión los mencionados Convenios. Dicho procedimiento de control se encuentra recogido en el Anexo I de los Procedimientos especiales de la OIT para el examen de quejas por violaciones al ejercicio de la libertad sindical. A día de hoy, los procedimientos de control de la Declaración de 1998 y del CLS operan de manera paralela, dado que el primero establece un seguimiento promocional y el segundo un procedimiento de quejas individuales. Vid. OIT: Derecho sindical de la OIT: normas y procedimientos, Ginebra, 1995. Disponible en: https://www.ilo.org/wcmsp5/groups/public/---ed_norm/---normes/documents/publication/wcms_087999.pdf

No obstante, como veremos más adelante, la Declaración de 1998 no se halla exenta de críticas, pues al enumerar únicamente cinco derechos como DLF, la OIT dejó otros derechos humanos laborales fuera del alcance de la Declaración, y esto es importante, no solo simbólicamente, sino también prácticamente, pues el procedimiento de control de la Declaración obliga a los Estados a informar sobre sus obligaciones en virtud de los CF independientemente de que los hayan ratificado o no, pero nada les obliga a informar sobre el resto de Convenios no ratificados en el seno de este procedimiento de control (Mantouvalou, 2012: 154).

1.2.1. Hacia la consagración de la categoría de derechos laborales fundamentales: la historia de la Declaración de 1998

La Declaración relativa a los Principios y Derechos Fundamentales en el Trabajo y su Seguimiento de 1998[23] es la tercera declaración solemne adoptada por la OIT tras la Declaración relativa a los Fines y Objetivos de la Organización o Declaración de Filadelfia de 1944[24] y la Declaración referente a la Política de "Apartheid" de la República Sudafricana o Declaración sobre el "Apartheid" de 1964[25] (Kellerson, 1998: 223). El pasado junio de 2023, esta Declaración ha cumplido 25 años (Lobato, 2023: 1).

La primera vez que se menciona el término "derechos fundamentales de los trabajadores" dentro de la OIT fue en el informe

---

23 OIT: Declaración relativa a los Principios y Derechos Fundamentales en el Trabajo y su Seguimiento, *op. cit.*, nota 10.

24 OIT: Declaración relativa a los Fines y Objetivos de la Organización (Declaración de Filadelfia), adoptada por la Conferencia Internacional del Trabajo en su 26ª reunión, Filadelfia, 10 de mayo de 1944.

25 OIT: Declaración referente a la Política de "Apartheid" de la República Sudafricana, adoptada por la Conferencia Internacional del Trabajo en su 48ª reunión, Ginebra, 8 de julio de 1964.
Esta Declaración fue derogada en 1995 cuando se cumplió con su objetivo primordial, esto es, suprimir toda discriminación por motivo de raza instituida por ley en materia laboral.

del Director General para la Conferencia Internacional del Trabajo (CIT) de 1994[26], en el que Michel Hansenne incluyó diferentes propuestas para protegerlos de manera más efectiva (Alston, 2004: 465), y en la Resolución sobre el 75° aniversario de la Organización del mismo año 1994[27], en la que "se invita a los gobiernos a ratificar y aplicar las Convenciones de la OIT y, en especial, las relativas a los derechos fundamentales de los trabajadores"[28], señalando la especial relevancia de los Convenios núm. 29, 87, 98, 100, 105 y 111, relativos a abolición del trabajo forzoso, libertad sindical y no discriminación en el empleo (Canessa, 2008b: 124), siendo significativa la ausencia de los Convenios relativos a la edad mínima para acceder al empleo.

Fuera de la OIT, la protección de esta serie de derechos también constituía objeto de debate. Así, en la Cumbre Mundial sobre el Desarrollo Social de Copenhague de 1995 se adopta un Programa de Acción[29] en el que se afirma la necesidad de "proteger y fomentar el respeto de los derechos básicos de los trabajadores, incluidos la prohibición del trabajo forzado y el trabajo de los niños; la libertad de asociación y el derecho de organización y negociación colectiva, y la no discriminación en el empleo, aplicando plenamente los Convenios de la OIT en el caso de los Estados partes en esos Convenios, y habida cuenta de los principios consagra-

---

26 OIT: *Defending Values, Promoting Change: Social Justice in Global Economy: An ILO Agenda.* Informe del Director General para la Conferencia Internacional del Trabajo en su 81ª reunión, Ginebra, 7 a 24 de junio de 1994.

27 OIT: *Resolution concerning the 75th anniversary of the ILO and the promotion of international labour law, submitted by the following Workers' delegates: Mr. Ba (Burkina Faso); Mr. Melgarejo (Uruguay); Mr. Ould Brahim (Mauritania); and Mr. Peirens (Belgium),* adoptada por la Conferencia Internacional del Trabajo en su 81ª reunión, Ginebra, 7 a 24 de junio de 1994.

28 *Ibíd.*, p. I/2.

29 ONU: Programa de Acción de la Cumbre Mundial sobre el Desarrollo Social. En el Informe de la Cumbre Mundial sobre Desarrollo Social, Copenhague, 6 a 12 de marzo de 1995 (A/CONF.166/9, Distr. General, 19 de abril de 1995).

dos en ellos, en el caso de los Estados que no sean partes en esos Convenios para lograr verdaderamente un crecimiento económico sostenido y un desarrollo sostenible"[30]. En este documento se utilizó la palabra "derechos básicos" como sinónimo de "derechos fundamentales" (Charnovitz, 2000: 151). Respecto de este Programa de Acción cabe resaltar que, por primera vez, se impone a los Estados el compromiso de respetar estos derechos básicos de los trabajadores, incluso si no han ratificado los correspondientes Convenios de la OIT. Además, se incluye en el listado de DLF la abolición del trabajo infantil. La Cumbre Mundial sobre el Desarrollo Social tuvo el mérito, en palabras de Anne Trebilcock, de fijar un consenso en torno a la identificación de los DLF (Trebilcock, 2002: 726). Philip Alston, por su parte, llama la atención, en primer lugar, sobre el hecho de que tanto en el desarrollo de la Cumbre como en el Programa de Acción se utilizase la palabra "derechos", y no estándares o principios (Alston, 2004: 465), y, en segundo lugar, sobre el hecho de que se prefiriese el término "básicos" en lugar de "fundamentales" (Alston, 2004: 466).

La Conferencia Ministerial de la OMC celebrada en Singapur en 1996 supuso otro importante precedente en la formulación de la Declaración de la OIT de 1998 (Helfer, 2006: 709). Como analizaremos en el tercer capítulo de esta obra, en el seno de la recién creada OMC se estaba debatiendo la posibilidad de integrar disposiciones laborales en los acuerdos vinculantes de la Organización, esto es, la posibilidad de condicionar la concesión de ventajas comerciales multilaterales al cumplimiento de las normas fundamentales del trabajo. Dicha Conferencia Ministerial terminó con una Declaración en la que los Miembros de la Organización renuevan su "compromiso de respetar las normas fundamentales del trabajo internacionalmente reconocidas", afirmando que la OIT "es el órgano competente para establecer esas normas y ocuparse de ellas" e insistiendo en el "apoyo a su labor de promoción de las mismas"[31].

---

[30] *Ibíd.*, pp. 69-70.

[31] OMC: Declaración Ministerial de Singapur, *op cit.*, nota 17, párr. 4.

En ese mismo año, la Organización para la Cooperación y el Desarrollo en Europa (OCDE), publica un estudio sobre comercio, empleo y estándares laborales[32] en el que se llega a la conclusión de que los DLF no tienen un impacto significativo en el desempeño económico, con la única posible excepción del trabajo infantil "no peligroso", esto es, que los DLF no modifican negativamente la actuación de un Estado en el comercio internacional y que no resulta empíricamente demostrado que unos estándares laborales más elevados equivalgan a mayores costes laborales. No obstante, la importancia de este estudio para el tema que nos atañe recae en los DLF seleccionados y su justificación. Tal y como enuncia el propio estudio, "se identifican un pequeño grupo de derechos laborales denominados `fundamentales´ que resultan ampliamente reconocidos por su especial importancia, a saber: la eliminación del trabajo infantil, la prohibición del trabajo forzoso, la libertad de asociación y el derecho de sindicación y de negociación colectiva, y la no discriminación en el empleo[33]. La elección de estas normas laborales se basa principalmente en el hecho de que incorporan importantes derechos humanos y se derivan de la DUDH. La universalidad de estos DLF se desprende también de lo concluido en la Cumbre Mundial sobre el Desarrollo Mundial y de diversos tratados internacionales sobre derechos humanos adoptados por la ONU, que contienen disposiciones relativamente detalladas sobre las normas fundamentales del trabajo y que han sido ratificados por más de 120 Estados, lo que sugiere que estos estándares reciben una adhesión casi universal"[34].

---

32 OCDE: *Trade, Employment and Labour Standards: A Study of Core Workers´ Rights and International Trade,* París, 1996. Disponible en: https://www.oecd-ilibrary.org/docserver/9789264104884-en.pdf?expires=1606731710&id=id&accname=ocid56029563&checksum=B25E3D0822156FF4ED3FC0173EC8C549

33 Coincidiendo los DLF seleccionados por la OCDE con los seleccionados por la ONU en la Cumbre Mundial sobre Desarrollo Social de 1995.

34 OCDE: *Trade, Employment and Labour Standards: A Study of Core Workers´ Rights and International Trade,* op. cit., nota 32, p. 10.

Por último, también en 1996, en la 83ª reunión anual de la CIT de la OIT la posición de EEUU fue relevante en relación a su férrea defensa de la tutela de los DLF a través de lo que el país denominó como "mecanismos puramente promocionales y no basados en tratados internacionales vinculantes" (Alston, 2004: 466). EEUU únicamente ha ratificado, hasta junio de 2023, dos de los diez Convenios considerados en la actualidad por la OIT como fundamentales[35], por lo que la adopción de una Declaración como la de 1998 y de un sistema de control que persiguiese únicamente la promoción de los DLF y no un cumplimiento obligatorio jurídicamente resultaba para EEUU un camino ideal para escapar del dilema de no haber ratificado los CF pero, al mismo tiempo, aplicar medidas comerciales unilaterales en los diferentes subsistemas del comercio internacional con ocasión de la violación de DLF por parte de terceros Estados (Alston, 2004: 467). La postura de EEUU resultaba en aquel momento de imperativa importancia porque de este Estado dependía un cuarto del presupuesto total de la OIT (Bellace, 2001: 279).

Todos estos acontecimientos hicieron que la CIT propusiese en su 85ª reunión de 1997 la adopción de una declaración solemne recogiendo la importancia de la protección de estos DLF, independientemente de la ratificación de los oportunos CF de la OIT[36], declaración que finalmente fue adoptada en la siguiente CIT el 19 de junio de 1998[37], 50 años después de la adopción de la DUDH, con 273 votos a favor, ninguno en contra y 43 abstencio-

35 Concretamente, EEUU solo ha ratificado el Convenio núm. 105 sobre la abolición del trabajo forzoso de 1957, y el Convenio núm. 182 sobre las peores formas de trabajo infantil de 1999. Vid. OIT: Ratificaciones de Estados Unidos de América. Disponible en: http://ilo.org/dyn/normlex/es/f?p=1000:11200:0::NO:11200:P11200_COUNTRY_ID:102871 (última consulta: 27 de junio de 2023).

36 OIT: Memoria del Director General, 85ª reunión de la Conferencia Internacional del Trabajo, Ginebra, 3 a 20 de junio de 1997.

37 OIT: Declaración relativa a los Principios y Derechos Fundamentales en el Trabajo y su Seguimiento, *op. cit.*, nota 10.

nes, provenientes en su mayoría de países árabes y asiáticos, junto con Perú y Méjico (Swepston, 2002: 4; Bonet, 2007: 167).

Cabe destacar que el pasado 10 de junio de 2022 la CIT en su 110ª reunión aprobó la enmienda de la Declaración de la OIT de 1998 relativa a los principios y derechos fundamentales del trabajo para incluir en su texto el derecho a un entorno de trabajo seguro y saludable como nuevo DLF tras un proceso que se inició formalmente en el año 2019 con ocasión del centenario de la Organización[38].

1.2.2. La naturaleza jurídica de la Declaración de 1998 como instrumento de soft-law

Es importante aclarar la naturaleza jurídica de la Declaración de la OIT de 1998, pues de ella depende el tipo de control llevado a cabo por la OIT y las consecuencias derivadas de su incumplimiento: ¿ante qué tipo de instrumento jurídico internacional nos encontramos? A continuación, vamos a comprobar que la CIT de la OIT adoptó una declaración solemne y no un tratado internacional porque lo que realmente quería era destacar la superior jerarquía normativa de algunos derechos laborales, considerados en la actualidad como fundamentales, pero a través de un instrumento que hiciese hincapié en su promoción, es decir, sin crear nuevas obligaciones jurídicas vinculantes y sin sanciones aparejadas a su incumplimiento[39]. En otras palabras, la Declaración de la

---

[38] OIT: *Proposed resolution on the inclusion of a safe and healthy working environment in the ILO's framework of fundamental principles and rights at work*, adoptada por la Conferencia Internacional del Trabajo en su 110ª reunion, Ginebra, 3 de junio de 2022.

[39] Concretamente, el grupo de empresarios y el grupo de Estados de Asia-Pacífico fueron los que más apoyaron la adopción de una declaración de naturaleza promocional.
Los empresarios, por un lado, defendieron que "i) la Declaración debería incorporar los valores y principios fundamentales de la OIT que son inherentes a la pertenencia a la Organización. Además, la Declaración

OIT de 1998 no es, formalmente, un tratado internacional, sino

no debería establecer nuevas obligaciones legales para los Miembros, sino reflejar las obligaciones de política contraídas en virtud de su membresía; (ii) la Declaración no debería ir más allá del texto actual de la Constitución de la OIT en términos de mecanismos de seguimiento, no debiendo imponer nuevas obligaciones de presentación de informes a los Estados miembros; iii) la Declaración no debería imponer a los Estados miembros obligaciones detalladas derivadas de los convenios que no hayan ratificado libremente, ni debería imponer a los países que no han ratificado los convenios fundamentales los mecanismos de control que se aplican a los convenios ratificados; iv) la aplicación de los principios de la Declaración no debería preocuparse por cuestiones técnicas y jurídicas, sino únicamente por realizar una evaluación general de las políticas de si los Estados miembros están logrando las metas y objetivos de los principios y valores fundamentales de la OIT; (v) la Declaración no debería dar lugar a nuevos órganos basados en denuncias como el Comité de Libertad Sindical; vi) no deberían establecerse vínculos con cuestiones de comercio internacional y el mecanismo de seguimiento debería limitarse a la OIT". Vid. OIT: *Report of the Committee on the Declaration of Principles,* adoptado en la 86ª reunión de la Conferencia Internacional del Trabajo, Ginebra, junio de 1998, párr. 10.

Los Estados de Asia-Pacífico, por otro lado, defendieron que "i) la Declaración debería reafirmar que la OIT es la única organización internacional competente con el mandato de establecer y abordar las normas laborales; (ii) la Declaración y cualquier seguimiento debe ser promocional y no basado en quejas; (iii) cualquier seguimiento de la Declaración no debe apuntar a países específicos ni utilizarse para criticar situaciones específicas de países; (iv) la asistencia técnica y los servicios de asesoramiento deben ser elementos clave de la Declaración y de cualquier procedimiento de seguimiento; (v) la Declaración debería incluir una referencia especial a la creación de empleo, la formación, la educación y el suministro de información y la erradicación de la pobreza; (vi) no deben establecerse nuevos mecanismos de supervisión, a fin de evitar el doble escrutinio; (vii) la Declaración y su seguimiento no deben justificar el uso de normas laborales con fines proteccionistas, ni para introducir medidas comerciales unilaterales o multilaterales; (viii) debe haber una afirmación clara en la Declaración en la que se tengan en cuenta las circunstancias económicas, sociales y culturales de cada país; (ix) la Declaración y el seguimiento deben ser discutidos a fondo y adoptados por consenso, a fin de que tengan el peso moral y político

un instrumento internacional de *soft-law* o de "derecho blando"[40] que trata de resaltar el compromiso de respetar, promover y hacer realidad los principios y derechos fundamentales en el trabajo (Kellerson, 1998: 225; Alston, 2004: 458; Langille, 2005: 421; Adams, 2006: 9).

La primera muestra de que estamos ante un instrumento de derecho "blando" nos la da la propia adopción de una declaración y no de un convenio. El art. 19 de la Constitución de la OIT, en la que se detallan los actos típicos de la Organización, establece que "cuando la Conferencia se pronuncie a favor de la adopción de proposiciones relativas a una cuestión del orden del día, tendrá que determinar si dichas proposiciones han de revestir la forma: a) de un convenio internacional, o b) de una recomendación, si la cuestión tratada, o uno de sus aspectos, no se prestare en ese momento para la adopción de un convenio"[41], es decir, que los actos normativos típicos que la OIT puede adoptar atienden a dos categorías: convenios internacionales, que son tratados internacionales con fuerza vinculante tal y como se definen en el art. 2.1.a) de la Convención de Viena de 1969[42], y recomendaciones, que son instrumentos que no requieren ratificación formal

---

necesario; y (x) la Declaración debería centrarse en principios y no en derechos". *Ibíd.*, párr. 21

40 Andrew Guzman y Timothy Meyer definen el *soft-law* como "aquellas reglas o instrumentos jurídicos no vinculantes que interpretan o informan nuestra comprensión de las reglas legales vinculantes o representan promesas que a su vez crean expectativas sobre la conducta futura" (Guzman y Meyer, 2010: 174). Por lo tanto, se puede decir que el *soft-law* se encuentra a medio camino entre los tratados internacionales vinculantes y las promesas políticas.

41 OIT: Constitución de la Organización Internacional del Trabajo (Parte XIII del Tratado de Paz de Versalles), Versalles, 28 de junio de 1919. Disponible en: https://www.ilo.org/dyn/normlex/es/f?p=1000:62:0::NO:62:P62_LIST_ENTRIE_ID:2453907:NO

42 Art. 2.1.a) de la Convención de Viena de 1969: "Acuerdo internacional celebrado por escrito entre Estados y regido por el Derecho internacional, ya conste en un instrumento único o en dos o más instrumentos conexos y cualquiera que sea su denominación particular". Vid. ONU:

y que imponen únicamente obligaciones de información sobre los Estados miembros[43]. No obstante, tal y como afirma la propia OIT, no estamos ante ninguno de estos dos instrumentos o actos normativos, pues “las declaraciones son resoluciones de la CIT utilizadas a fin de hacer una declaración formal y autoritativa y reafirmar la importancia que los mandantes atribuyen a ciertos principios y valores. A pesar de que las declaraciones no están sujetas a la ratificación, pretenden tener una amplia aplicación y contienen los compromisos simbólicos y políticos de los Estados miembros”[44]. Estamos, por tanto, ante un acto atípico de una organización internacional.

Convención de Viena sobre el Derecho de los Tratados, 23 de mayo de 1969 (U.N.T.S., vol. 1155, p. 451).

43 Concretamente, el art. 19 de la Constitución de la OIT detalla que “no recaerá sobre los Miembros ninguna otra obligación, a excepción de la de informar al Director General de la Oficina Internacional del Trabajo, con la frecuencia que fije el Consejo de Administración, sobre el estado de su legislación y la práctica en lo que respecta a los asuntos tratados en la recomendación, precisando en qué medida se han puesto o se propone poner en ejecución las disposiciones de la recomendación, y las modificaciones que se considere o pueda considerarse necesario hacer a estas disposiciones para adoptarlas o aplicarlas. Vid. OIT: Constitución de la Organización Internacional del Trabajo, *op cit.*, nota 41, art. 19.

44 OIT: Declaraciones de la OIT. Disponible en: https://www.ilo.org/global/about-the-ilo/how-the-ilo-works/departments-and-offices/jur/legal-instruments/WCMS_432225/lang--es/index.htm (última consulta: 27 de junio de 2023).
Las Declaraciones adoptadas hasta la fecha son la Declaración relativa a los fines y objetivos de la Organización Internacional del Trabajo o Declaración de Filadelfia de 1944, la Declaración referente a la política de "apartheid" de la República Sudafricana de 1964, la Declaración sobre la igualdad de género de 1975, la Declaración de la OIT relativa a los principios y derechos fundamentales en el trabajo de 1998, la Declaración de la OIT sobre la justicia social para una globalización equitativa del 2008 y la Declaración del centenario de la OIT para el Futuro del Trabajo del 2019.

La segunda muestra del deseo de los Estados miembros de la OIT de crear un instrumento normativo no vinculante se halla en la deliberada inclusión del término "principios" dentro del título de la Declaración. Esta cuestión ha sido analizada por Philip Alston, quien afirma que al utilizar la palabra "principio" para referirse a los derechos fundamentales que todo trabajador ha de poder disfrutar, los Estados miembros de la OIT pretendían poder demandar el cumplimiento de estos derechos a Estados que no habían ratificado los CF (Alston, 2004: 479). No obstante, lo que a día de hoy se entiende por "principios" dentro del Derecho internacional público son nociones legales relativamente abstractas que sugieren un estatus inferior al de "derechos" y que, en el contexto de la Declaración de la OIT de 1998, suponen, en opinión de Philip Alston, "una regresión terminológica y la puesta en duda de su superioridad normativa" (Alston, 2004: 483). Para evitar poner en entredicho esta superioridad normativa de los DLF dentro del Derecho laboral internacional, según Janice Bellace, sería necesario caracterizar estos derechos únicamente como "derechos" y no como "principios" (Bellace, 2001: 272-273). No obstante, sobre esta cuestión volveremos a propósito de la naturaleza jurídica de los DLF.

La tercera muestra la encontramos dentro del propio texto de la Declaración, en cuyo párr. 2 se afirma que "todos los Miembros, aun cuando no hayan ratificado los convenios aludidos, tienen un *compromiso* que se deriva de su mera pertenencia a la Organización de respetar, promover y hacer realidad, de buena fe y de conformidad con la Constitución, los principios relativos a los derechos fundamentales que son objeto de esos convenios"[45]. Como vemos, los Estados miembros de la OIT tienen el compromiso político, que no la obligación jurídica vinculante, de respetar los DLF. Asimismo, el párr. 4 establece que "para hacer plenamente efectiva la presente Declaración, se pondrá en marcha un seguimiento

---

45 OIT: Declaración relativa a los Principios y Derechos Fundamentales en el Trabajo y su Seguimiento, *op. cit.*, nota 10, párr. 2.

promocional, que sea creíble y eficaz"[46]. De nuevo, la naturaleza promocional de la Declaración se pone de manifiesto en relación con su sistema de seguimiento.

Si bien la Declaración de la OIT de 1998 es formalmente un instrumento de *soft-law* y no produce obligaciones jurídicas vinculantes, esto no quiere decir que materialmente carezca de otra serie de implicaciones, pues como afirman Andrew Guzman y Timothy Meyer, "el derecho blando configura las expectativas de los Estados sobre lo que constituye un comportamiento de cumplimiento de lo acordado" (Guzman y Meyer, 2010: 175). Además, según Philip Alston, los DLF son considerados en la actualidad como "normas internacionales fundamentales", esto es, parte de un conjunto de normas que son vistas como constitutivas de la sociedad internacional y entre las cuales figuran los principios de la Carta de las Naciones Unidas (Alston, 2004: 493). Es por ello que la naturaleza jurídica de los DLF debe ser analizada de manera separada a la naturaleza jurídica de la Declaración de la OIT de 1998 que les sirve de sustento normativo, análisis que será retomado en epígrafes posteriores.

1.2.3. El contenido de la Declaración de 1998: ¿por qué estos derechos y no otros?

Todo el contenido de la Declaración de la OIT 1998, estructurada en un preámbulo, 5 párrafos y un anexo, gira en torno al compromiso de los Estados miembros de la OIT de respetar, promover y hacer realidad los DLF[47].

En el preámbulo, se comienza defendiendo la importancia de la justicia social y el crecimiento económico para el logro de la paz mundial, la equidad, el progreso social y la erradicación de la pobreza. Asimismo, se pone de relieve la especial importancia

---

46 *Ibíd.*, párr. 4.
47 *Ibíd.*, párr. 2.

y significado de garantizar los principios y derechos fundamentales en el trabajo, dado que dicha garantía asegura a los propios interesados la posibilidad de reivindicar libremente y en igualdad de oportunidades una participación justa en las riquezas a cuya creación han contribuido, así como la de desarrollar plenamente su potencial humano. Por último, se afirma que la OIT es la organización internacional competente para establecer normas internacionales del trabajo y ocuparse de ellas[48].

El primer párrafo de la Declaración recuerda que la pertenencia a la OIT es voluntaria y que dicha pertenencia implica la aceptación de los principios enunciados en su Constitución y en la Declaración de Filadelfia, habiendo sido dichos principios posteriormente expresados y desarrollados en forma de derechos y obligaciones específicos contenidos en convenios internacionales que han sido reconocidos como fundamentales dentro y fuera de la Organización[49].

El párrafo segundo y, quizá, el más importante de la Declaración, "declara que todos los Miembros, aun cuando no hayan ratificado los convenios aludidos, tienen un compromiso que se deriva de su mera pertenencia a la Organización de respetar, promover y hacer realidad, de buena fe y de conformidad con la Constitución, los principios relativos a los derechos fundamentales que son objeto de esos convenios, es decir: (a) a libertad de asociación y la libertad sindical y el reconocimiento efectivo del derecho de negociación colectiva; (b) la eliminación de todas las formas de trabajo forzoso u obligatorio; (c) la abolición efectiva del trabajo infantil; (d) la eliminación de la discriminación en materia de empleo y ocupación; y (e) un entorno de trabajo seguro y saludable"[50]. En el momento de adopción de la Declaración, siete eran los convenios que la OIT consideraba como fundamentales y que fueron reflejados en esta: el Convenio núm. 87 sobre la liber-

---

48 *Ibíd.*, preámbulo.

49 *Ibíd.*, párr. 1.

50 *Ibíd.*, párr. 2.

tad sindical y la protección del derecho de sindicación de 1948, el Convenio núm. 98 sobre el derecho de sindicación y de negociación colectiva de 1949, el Convenio núm. 29 sobre el trabajo forzoso de 1929, el Convenio núm. 105 sobre la abolición del trabajo forzoso de 1957, el Convenio núm. 138 sobre la edad mínima de 1973, el Convenio núm. 100 sobre la igualdad de remuneración de 1951, y el Convenio núm. 111 sobre la discriminación (empleo y ocupación) de 1958. Con posterioridad, en el año 1999, se adopta el Convenio núm. 182 sobre las peores formas de trabajo infantil, que entró en vigor en el año 2000 y en la actualidad se encuentra incluido también en la categoría de CF. Finalmente, desde el 10 de junio de 2022, los Convenios núm. 155 sobre seguridad y salud de los trabajadores de 1981 y núm. 187 sobre el marco promocional para la seguridad y la salud en el trabajo del año 2006 han pasado a considerarse también como fundamentales tras la enmienda de la Declaración de la OIT de 1998.

Debemos detenernos en este segundo párrafo para responder a dos importantes cuestiones: ¿Por qué estos derechos y no otros y cuáles son sus implicaciones? ¿Cuál es el contenido de estos derechos? En primer lugar, la selección de estos cuatro DLF, aunque *a priori* parece arbitraria, tiene su razón de ser. Como hemos podido comprobar en el epígrafe relativo a la historia de la Declaración, existe un consenso mundial sobre la importancia de los DLF, hecho que se ha materializado en la referencia a estos en diferentes instrumentos y declaraciones internacionales, tanto de la propia OIT como de otros organismos como la OCDE, y en el elevado número de ratificaciones que reciben los Convenios que los desarrollan (Canessa, 2008b: 125). Asimismo, los derechos fundamentales en el trabajo se encuentran consagrados como principios en la Constitución de la OIT, diferenciándolos, como afirma Francisco Miguel Canessa Montejo, de otros derechos laborales (Canessa, 2008b: 126). Numerosos autores han criticado que un instrumento internacional como la Declaración de 1998 seleccione unos pocos derechos laborales y los categorice como fundamentales, pues implica que puede llegar a "ensombrecer" al resto de derechos humanos laborales (Canessa, 2008b: 126) o a "relegarlos" a un estatus inferior (Alston, 2004: 488). Concretamente, Francisco Miguel Canessa Montejo trata de desmontar los argumentos que justifican la selección de estos cuatro DLF: en primer lugar, la gran cantidad de ratificaciones no se puede considerar un argumento sólido porque existen otros derechos humanos laborales que también cuentan con un elevado número de ratificaciones que no se encuentran incluidos en la Declaración; en segundo lugar, el número de ratificaciones nada tiene que ver con la importancia de los derechos; en tercer lugar, la Constitución de la OIT y la Declaración de Filadelfia recogen más principios que los finalmente contenidos en la Declaración de 1998 (Canessa, 2009: 371). No obstante, para otros autores, reducir la Declaración de 1998 a un mero instrumento que privilegia unos derechos sobre otros supone obviar la compleja interacción entre derechos humanos y, concretamente, entre derechos humanos laborales (Langille, 2005: 434). Además, en palabras de Brian Langille, la idea de diferenciar a los DLF en un instrumento normativo independiente está bien porque si quieres conseguir el respeto de los derechos laborales "no fundamentales" primero debes conseguir el respeto de los fundamentales (Langille, 2005: 435).

Ahora bien, el hecho de que en 1998 los derechos laborales anteriormente citados fuesen los considerados como fundamentales no impide que en el futuro se puedan identificar otros nuevos y se haga necesaria una nueva enmienda de la Declaración de 1998, siempre que sea políticamente posible, como de hecho ha ocurrido en junio de 2022 para incluir la seguridad y salud en el trabajo dentro del catálogo de DLF. La razón por la que este derecho no se incluyó inicialmente en la Declaración de 1998, según Francis Maupain, es porque la Declaración pretendía recoger únicamente derechos que confiriesen a los trabajadores las herramientas necesarias para la "conquista" de otros derechos, es decir, *enabling rights*, no perteneciendo en aquel momento la seguridad y salud en el trabajo a ese grupo de derechos (Maupain, 2005: 448-449).

Respecto del contenido de los derechos enunciados en el segundo párrafo de la Declaración, de nuevo, muchos autores identifican como un límite importante su falta de concreción dentro del texto (Alston, 2004: 518). Sin embargo, para otros autores, esta indefinición es necesaria porque si se hubiesen especificado tanto como los propios CF en los que se basan, muchos Estados que no han ratificado dichos Convenios por la imposibilidad de cumplir con su contenido tampoco habrían firmado la Declaración (Simpson, 2004: 48; Langille, 2005: 426). Esta falta de detalle del contenido de estos derechos es preferible, también, porque una concepción más amplia de los derechos laborales no requiere necesariamente un nivel determinado de desarrollo económico y posiblemente no afecta la ventaja comparativa de los PVD (Kolben, 2010: 454).

No obstante, que el contenido de los DLF no aparezca detallado en la Declaración no quiere decir que esta serie de derechos carezca de contenido, pues este viene dado por los diez CF de la OIT que les sirven de base (Alston, 2004: 490) y que serán estudiados posteriormente. Respecto del dilema sobre si estos diez CF reflejan efectivamente el contenido necesario e indisponible de cada derecho, Jordi Bonet Pérez responde afirmativamente basándose en tres razones: primero, así se ha establecido en la propia Declaración de la OIT de 1998; segundo, todo el alcance del DLF en cuestión no se encuentra únicamente recogido en el CF, que se encarga de reflejar los elementos mínimos de su contenido jurídico, pues las recomendaciones también constituyen objeto de complementación; y tercero, porque, en general, todos los convenios de la OIT son tratados internacionales de mínimos, cuestión igualmente aplicable a los CF de la Organización. De esta manera, según Jordi Bonet Pérez, "todo parece apuntar a que la OIT identifica ese contenido necesario e indisponible con los principios jurídicos contenidos en los CF" (Bonet, 2007: 176-177). A este respecto, Francisco Miguel Canessa Montejo apunta que puede interpretarse la Declaración de 1998 en términos más amplios, no solo utilizando los diez CF, sino cualquier otro convenio internacional que regule de manera clara y precisa los principios laborales contenidos en la Declaración (Canessa, 2008b: 134).

En los siguientes párrafos de la Declaración de la OIT de 1998 se afirma la obligación que la OIT tiene de ayudar con sus recursos a los Estados miembros para hacer plenamente efectiva la Declaración[51] y se instaura un mecanismo de seguimiento promocional[52] que estudiaremos en el epígrafe subsiguiente.

El quinto y último párrafo de la Declaración de 1998, consecuencia de la Conferencia Ministerial de la OMC celebrada en Singapur en 1996 y de la postura del grupo de empresarios y de algunos Estados del Asia-Pacífico, "subraya que las normas de trabajo no deberían utilizarse con fines comerciales proteccionistas y que nada en la presente Declaración y su seguimiento podrá invocarse ni utilizarse de otro modo con dichos fines; además, no debería en modo alguno ponerse en cuestión la ventaja comparativa de cualquier país sobre la base de la presente Declaración y su seguimiento"[53]. Con este párrafo, lo que los PVD pretenden es conservar su ventaja comparativa en el comercio mundial derivada del uso de mano de obra barata. En otras palabras, lo que buscan es que esta Declaración no entorpezca la práctica del *dumping* social.

1.2.4. El seguimiento promocional de la Declaración de 1998

Cuando en la 85ª reunión de la CIT de 1997 se propuso adoptar una Declaración que recogiese los derechos y principios fundamentales en el trabajo, algunos Estados, como EEUU o Reino Unido, defendieron la necesidad de un mecanismo de seguimiento de dicha Declaración, pues, en su defecto, esta "no tendría ningún sentido"[54]. Según EEUU, era necesario crear un mecanismo de seguimiento "creíble, útil, y efectivo"[55]. Para Reino Unido, "la

---

51 OIT: Declaración relativa a los Principios y Derechos Fundamentales en el Trabajo y su Seguimiento, *op. cit.*, nota 10, párr. 3.

52 *Ibíd.*, párr. 4.

53 *Ibíd.*, párr. 5.

54 OIT: *Report of the Committee on the Declaration of Principles, op. cit.*, nota 39, párr. 101.

55 *Ibíd.*

falta de un mecanismo de seguimiento transformaría la Declaración en una colección de palabras bonitas"[56].

Finalmente, en un anexo, la Declaración de 1998 recoge el mecanismo de su seguimiento, cuyo objetivo "es alentar los esfuerzos desplegados por los Miembros de la Organización con vistas a promover los principios y derechos fundamentales consagrados en la Constitución de la OIT y la Declaración de Filadelfia, que la Declaración reitera"[57].

En cuanto a las herramientas previstas en este mecanismo de seguimiento encontramos, por un lado, el seguimiento anual relativo a CF no ratificados por los Estados miembros de la OIT, cuya finalidad consiste en que dichos Estados informen de la situación de cumplimiento de los DLF en su territorio independientemente de la ratificación de los Convenios[58], y el informe global sobre los principios y derechos fundamentales en el trabajo, que tiene por objeto ofrecer una imagen generalizada del cumplimiento de los DLF para poder establecer planes de acción futuros de cara a promover su cumplimiento[59]. En términos funcionales, estos instrumentos de seguimiento de la Declaración representan, según Anne Trebilcock, "un refuerzo significativo de la cooperación técnica en la OIT, realizada a través de diferentes vías, que pretende conseguir un mayor respeto de los principios y derechos fundamentales en el trabajo" (Trebilcock, 2002: 718). No obstante, para otros autores como Philip Alston, estos informes "de cientos de páginas" son "puramente descriptivos y están desprovistos de todo tipo de interés" (Alston, 2004: 512).

Además, este Anexo se encarga de dejar claro en su art. 2 la naturaleza "estrictamente promocional" del mecanismo de seguimiento, debiendo dirigirse a "contribuir a identificar los ámbitos

---

56 *Ibíd.*, párr. 98.

57 OIT: Declaración relativa a los Principios y Derechos Fundamentales en el Trabajo y su Seguimiento, *op. cit.*, nota 10, art. I.1 del Anexo.

58 *Ibíd.*, art. II.1 del Anexo.

59 *Ibíd.*, art. III.A.1 del Anexo.

en que la asistencia de la Organización, por medio de sus actividades de cooperación técnica, pueda resultar útil a sus Miembros con el fin de ayudarlos a hacer efectivos esos principios y derechos fundamentales", no pudiendo, en ningún caso, "sustituir los mecanismos de control establecidos [en la Constitución de la OIT] ni obstaculizar su funcionamiento"[60]. Esta última coletilla refleja una doble preocupación: por un lado, evitar que los mecanismos preexistentes de control de la OIT se vean menoscabados, y, por otro lado, evitar el posible "doble escrutinio" de los Estados miembros de la Organización (Trebilcock, 2002: 719).

Que el mecanismo de control de la Declaración de 1998 sea promocional quiere decir, como bien explica Susana Borràs Pentinat, que la intención consiste en "prevenir las violaciones del derecho a través de procedimientos que exigen a los Estados rendir cuentas de sus respectivos comportamientos" (Borràs, 2007: 483). Precisamente, por centrarse en la prevención y no en el castigo de los incumplimientos, algunos autores como Philip Alston han criticado este mecanismo de seguimiento y lo han comparado con "la decoración de un escaparate" (Alston, 2004: 518). Para este autor, la OIT se va convirtiendo, poco a poco, en una institución que únicamente maneja papeles, dejando la aplicación de los DLF a actores privados, como los grupos de empresarios o de trabajadores (Alston, 2004: 513). También muy crítico, Laurence Helfer sostiene que este mecanismo de seguimiento resulta muy limitado por el fracaso de la OIT en desarrollar un proceso políticamente potente para debatir y priorizar las violaciones de los DLF (Helfer, 2006: 711). En el lado opuesto, otros autores defienden que existe un gran potencial en una Declaración que depende de una implementación dinámica de su seguimiento. Según Hilary Kellerson, "el esfuerzo promocional contenido en esta Declaración implica una reorientación de los recursos constitucionales, operativos y financieros de la OIT hacia las prioridades establecidas en los informes anuales y globales" (Kellerson, 1998: 227). Philip Alston

60 *Ibíd.*, art. I.2 del Anexo.

responde a los autores que alaban el mecanismo de seguimiento afirmando que "si un mecanismo de control efectivo y creíble es condición *sine qua non* llenar de sentido la Declaración, entonces el veredicto debe ser que esta ha fracasado" (Alston, 2004: 512).

Como tendremos ocasión de comprobar en el segundo capítulo de esta obra, uno de los grandes límites de la OIT es la infrautilización de sus instrumentos punitivos, como el art. 33 de su Constitución, y su reticencia a crear otros nuevos, cuestión que resulta de aplicación a la Declaración de 1998. Si bien es cierto que el mecanismo de seguimiento creado por esta Declaración es útil para obtener una visión global de la situación de cumplimiento de los DLF en todo el mundo, no lo es tanto para evitar incumplimientos, como año tras año se desprende de los informes. En nuestra opinión, el denominado "*naming and shaming*" debe ser completado con otra serie de desincentivos de carácter sancionador para evitar incumplimientos graves y sistemáticos de las normas laborales fundamentales.

1.2.5. La importancia e implicaciones de la Declaración de 1998

Si bien la Declaración de la OIT 1998 es formalmente un instrumento de *soft-law* cuya finalidad consiste únicamente en promocionar el cumplimiento de los DLF, materialmente se trata de un documento que introduce cambios esenciales en el régimen del Derecho internacional del trabajo e, incluso, lo transforma, como defiende Philip Alston (Alston, 2004), para adaptarse al proceso de mundialización (Bonet, 2007: 168). En torno a la importancia e implicaciones de la Declaración de la OIT de 1998 y a la eventual transformación del régimen del Derecho internacional del trabajo se han originado intensos debates doctrinales entre autores críticos con la Declaración y con estos cambios, como Philip Alston (2004), autores que defienden las positivas consecuencias de la Declaración en la "revitalización" de la OIT, como Francis Maupain (2005), y autores que defienden que a pesar de que la Declaración tuvo consecuencias importantes, no se ha dado ningún tipo de transformación del régimen, como Brian Langille (2005) o Kevin Kolben (2010).

En primer lugar, según Philip Alston, "una nueva jerarquía fue establecida [con la adopción de la Declaración de 1998] en la que se privilegia cuatro `estándares laborales fundamentales´ (...) extremadamente selectivos e, incluso, arbitrarios". Para este autor, esto tiene el efecto de reforzar la primacía de un núcleo muy reducido de DLF, relegando a un estatus inferior el resto de derechos de los trabajadores (Alston, 2004, 514). En la misma línea se sitúa Miguel Francisco Canessa Montejo, quien afirma que este "núcleo duro" puede ensombrecer al resto de derechos humanos laborales porque se podría llegar a interpretar que únicamente estos cuatro derechos laborales son fundamentales dentro de una relación laboral cuando la realidad es que lo son todos los derechos humanos laborales (Canessa, 2008b: 132). No obstante, según Francis Maupain, lo que hace la Declaración no es establecer una "jerarquía" sino reforzar la promoción de los DLF. Para este autor, "los derechos fundamentales son derechos habilitantes y su mayor aplicación brinda mayores posibilidades para que los trabajadores de todo el mundo `reclamen´ los derechos de otros trabajadores" (Maupain, 2005: 439). Por otro lado, Brian Langille apunta que Philip Alston, en su argumentación, olvida la compleja interconexión entre todos los derechos humanos y afirma que, si uno desea obtener el respeto de los "no fundamentales", primero debe conseguir el respeto de los "fundamentales". Para este autor "existe una evidente y positiva relación pragmática entre derechos laborales fundamentales y no fundamentales" (Langille, 2005: 435). Asimismo, Anne Trebilcock defiende esta selección de DLF, pues reafirma un consenso que ya existía dentro y fuera de la OIT[61] (Trebilcock, 2002: 722). Como veremos en el tercer capítulo de este trabajo, uno de los principales puntos de fricción cuando en la década de 1990 se debatía la inclusión de

61 No hay que olvidar que la propia OIT ya reconocía con anterioridad la existencia de una jerarquía de convenciones en la que aquellas que regulaban derechos humanos se encontraban en la cúspide (Jenks, 1963: 103).

disposiciones laborales en los diferentes subsistemas comerciales internacionales era, precisamente, la falta de consenso en torno a los derechos laborales que debían ser considerados como fundamentales, aspecto que queda resuelto con la adopción de esta Declaración.

Asimismo, según Philip Alston, "el foco de atención se ha trasladado desde derechos cuyo contenido se encontraba relativamente bien definido en convenciones hacia principios formulados de manera más genérica". Al hablar de estándares o principios, para este autor, la Declaración legitima el uso de una terminología regresiva que denota un estatus inferior con respecto a los derechos contenidos en los CF de la OIT (Alston, 2004: 483). No obstante, Francis Maupain apunta que la utilización de la palabra "principios" tiene su razón de ser, pues pretende trasladar el foco de atención a la dimensión "metaconstitucional" de la palabra principios, a los principios como objetivos constitucionales (Maupain, 2005: 450). Además, el uso de la palabra principio facilita deliberadamente ciertas dosis de ambigüedad, necesarias en este caso para que los Estados que no han ratificado los CF se presten a su seguimiento (Maupain, 2005: 451). En palabras de Francis Maupain, "el lenguaje `opaco´ utilizado en el párrafo 2 de la Declaración está diseñado para establecer una distinción bastante clara entre la existencia de una obligación o un derecho y su alcance y contenido específico. Así, este párrafo reconoce, por un lado, que existen obligaciones fundamentales basadas en los principios de la Constitución que existen para todos los miembros independientemente de las obligaciones específicas (sustantivas y de procedimiento) a las que están sujetos los países que han ratificado los convenios en cuestión; y, por otro, que existen derechos fundamentales cuyo alcance y contenido específicos han sido elaborados en los convenios pertinentes, pero que existen para todos los trabajadores incluso cuando no pueden reclamar el beneficio de disposiciones específicas de los convenios" (Maupain, 2005: 451). De esta manera, para este autor, está, por un lado, la Declaración que contiene los "principios" de los derechos – expresión empleada en la propia Declaración – como obligaciones fundamentales basadas en los objetivos constitucionales, y, por otro lado, los "derechos" contenidos en los CF que los dotan de un contenido específico y de un procedimiento y, aunque ambos deban leerse conjuntamente, la disociación y la ambigüedad en la Declaración son necesarias para que los Estados que no los han ratificado estén dispuestos a informar de su seguimiento. Además, Brian Langille apunta que si los CF aún no han sido ratificados por todos los Miembros de la OIT es, precisamente, por su detallado contenido y exigencias, que hace imposible a muchos Estados su cumplimiento. Para este autor, la Declaración de 1998 tiene la virtud de hacer posible un seguimiento de la situación de cumplimiento de estos derechos en Estados que no han ratificado los CF (Langille, 2005: 426). Por último, en relación a las ratificaciones de los CF de la OIT tras la adopción de la Declaración en el año 1998, Anne Trebilcock señala que su seguimiento ha contribuido a estimular a los Estados para que ratifiquen los Convenios que aún no habían ratificado (Trebilcock, 2002: 722).

Por último, para Philip Alston, el cambio de preferencia en favor de mecanismos de control promocionales en lugar de punitivos ha "descentralizado" el poder de control de la OIT (Alston, 2004: 458). Según este autor, "la Declaración de la OIT de 1998 y su implementación se basan en gran medida, o incluso exclusivamente, en una variedad de acuerdos de promoción establecidos que se centran completamente en el Derecho nacional más que en el internacional, generando una presión muy limitada [sobre los Estados] para ajustarse a los principios internacionales que quedan esencialmente indefinidos" (Alston, 2004: 509). Maupain entiende que Alston no acogió de buena manera este mecanismo de seguimiento porque esperaba un sistema de quejas similar al que sigue el CLS (Maupain, 2005: 445). No obstante, para este autor, el hecho de que no se haya optado por un sistema de quejas no quiere decir que este mecanismo de seguimiento carezca de toda utilidad (Maupain, 2005: 445). Por su parte, Brian Langille responde a Philip Alston afirmando que la OIT nunca ha poseído ningún tipo de poder coercitivo ("*the ILO has never enforced anything*") y que el cambio ha consistido en reorganizar las técnicas de control promocionales (Langille, 2005: 423). A diferencia de lo que opina Brian Langille, en este trabajo, como se podrá comprobar en el segundo capítulo, defendemos que la OIT sí posee un poder coercitivo. No obstante, este se encuentra infrautilizado y el mecanismo de seguimiento promocional creado por la Declaración de 1998 no lo ayuda a "salir a flote". En nuestra opinión, en el momento en que refuerzas y privilegias el estatus de una serie de derechos laborales y los pasas a considerar fundamentales, debes articular un mecanismo de seguimiento que realmente los haga efectivos y persuada a los Estados de su necesario cumplimiento. Como defenderemos a lo largo de esta obra, la mejor manera de hacer efectivos los DLF es a través de un mecanismo de seguimiento o de control que prevea sanciones, en el sentido más genérico el término, en caso de incumplimiento. Dado que el poder coercitivo de la OIT ha caído en desuso, exploraremos la posibilidad de contemplar estas sanciones en los diferentes subsistemas comerciales internacionales a través de la integración normativa.

Obviando los debates doctrinales sobre aspectos concretos de la Declaración, lo que no se puede negar es que la adopción de la Declaración de la OIT de 1998 tuvo una serie de implicaciones para el reconocimiento universal de los DLF que es necesario resaltar. Por un lado, se trata de una decisión colectiva ampliamente respaldada orientada a dar un paso más en el logro de la justicia social, basada en la aspiración de la gente a conseguir la erradicación de la pobreza, equidad y progreso social (Kellerson, 1998: 227). Por otro lado, la Declaración de 1998 pretende obtener el más alto grado de consenso moral, político y legal dentro de la comunidad internacional sobre lo que constituyen derechos laborales universalmente reconocidos (Kolben, 2010: 454). Además, estos derechos laborales universalmente reconocidos ven reforzada con la Declaración su naturaleza de derechos humanos (Langille, 2005: 422). Asimismo, el hecho de que esta serie de derechos se encuentren contenidos en una declaración y no en un tratado internacional aporta flexibilidad y evita el "legalismo" al que se encuentran sometidos el resto de derechos laborales en el seno de la OIT (Alston, 2004: 460). Finalmente, que exista un núcleo reducido e identificable de DLF facilita los debates en torno a la integración normativa en otros regímenes internacionales como el Derecho comercial internacional.

1.3. EL CONTENIDO DE LOS DERECHOS LABORALES FUNDAMENTALES: ESTÁNDARES MÍNIMOS Y EXCEPCIONES

Antes de continuar con el análisis de la tutela de los DLF en la OIT, primero es necesario delimitar el contenido estos derechos para determinar qué es lo que se trata de proteger. Como se ha mencionado con anterioridad, si bien la base normativa la encontramos en la Declaración de la OIT de 1998, instrumento que sistematiza esta serie de derechos y consagra su carácter fundamental, su contenido y alcance debemos buscarlo en los convenios que completan la mencionada Declaración, esto es, los diez CF de la OIT, que, a diferencia de la Declaración de 1998, constituyen tratados internacionales que obligan a los Estados que los han ratificado.

El análisis del contenido de los DLF y, sobre todo, de sus excepciones es importante de cara a determinar si estamos o no ante normas de *ius cogens*, análisis que se retomará en el siguiente epígrafe de la presente obra. Si bien ha quedado patente el consenso internacional en torno a la importancia de catalogar a ciertos derechos laborales como fundamentales, esto no impide que su aplicación goce de ciertos límites recogidos en los CF que completan la Declaración de 1998 de la OIT y que estudiamos a continuación.

1.3.1. La libertad de asociación y la libertad sindical y el reconocimiento efectivo del derecho de negociación colectiva

El derecho a asociarse en el ámbito del trabajo y a crear sindicatos para defender de manera colectiva los intereses de los trabajadores antecede a la propia creación de la OIT. Los expertos fijan el comienzo del movimiento sindical en la Revolución Industrial que tuvo lugar en el siglo XVIII en la Europa occidental (Adams, 2006: 3). Si bien es cierto que en ese momento no existían sindicatos tal y como hoy los conocemos, los trabajadores de sectores muy importantes para la economía de un Estado empezaron a unirse en grupos organizados que no fueron bien acogidos por gobiernos y empleadores, sufriendo, como consecuencia, importantes limitaciones (Dunning, 1998: 150-151). A pesar de las prohibiciones, se alzaron numerosas e importantes voces en favor del movimiento sindical[62] que permitieron que, tiempo después, la asociación en el trabajo y la negociación colectiva constituyesen derechos fundamentales de los trabajadores.

Durante los siglos XVIII y XIX, los sindicatos fueron consolidándose a nivel nacional en Europa. A nivel internacional, sin embargo, no podemos hablar de sindicación transfronteriza hasta el siglo XX, siendo el Secretariado Internacional, creado en 1901 el primer sindicato internacional[63]. Hágase notar que la apari-

---

62 Una de estas importantes voces fue la del Papa Leo XIII, quien, en su *Rerum novarum* ("sobre derechos y deberes del capital y el trabajo") del año 1891, afirmó que constituye un derecho inherente a los trabajadores el formar asociaciones para ayudarse mutuamente (Dunning, 1998: 151; Charnovitz, 2000: 166). Vid. VATICANO: "*Rerum Novarum: Encyclical of Pope Leo XIII on Capital and Labor*", 15 de mayo de 1891. Disponible en: https://www.vatican.va/content/leo-xiii/en/encyclicals/documents/hf_l-xiii_enc_15051891_rerum-novarum.html (última consulta: 27 de junio de 2023).

63 En 1913 este Secretariado se transforma en la Federación Sindical Internacional y tras la Segunda Guerra Mundial, la Federación Sindical Internacional fue sucedida por la Federación Sindical Mundial en 1945.

ción de sindicatos internacionales confluye con la creación de la OIT en 1919, de estructura tripartita, en la que estos participan. Gracias a la participación de estos recién creados sindicatos internacionales en la estructura orgánica de la OIT, la libertad de asociación y negociación colectiva comenzó a ser consagrada en instrumentos internacionales, como el Convenio núm. 11 sobre el derecho de asociación en el sector de la agricultura de 1921, que goza en la actualidad de 123 ratificaciones[64]. No obstante, de entre todos estos instrumentos, únicamente los Convenios núm. 87 sobre la Libertad Sindical y la Protección del Derecho de Sindicación, del año 1948, y núm. 98 sobre el Derecho de Sindicación y de Negociación Colectiva, del año 1949, son considerados como fundamentales y son los que dotan de contenido a la libertad de asociación y la libertad sindical y el reconocimiento efectivo del derecho de negociación colectiva, uno de los DLF contenidos en la Declaración de la OIT de 1998.

El Convenio núm. 87 sobre el Derecho de Sindicación y Negociación Colectiva fue adoptado en 1948[65], gracias a la labor de un Comité creado en el seno de la OIT para tal fin (Dunning, 1998: 162). Para algunos autores, lo más destacable en relación a este Convenio es el hecho de que transforma uno de los principios contenidos en la Constitución de la OIT y en la Declaración de Filadelfia en un derecho específico capaz de ser aplicado en la práctica, pues sus 10 artículos son claros, precisos, y no dejan lugar a dudas, motivo por el cual han sido reproducidos en todas las legislaciones laborales nacionales (Dunning, 1998: 163).

---

64 OIT: Ratificación del C011 - Convenio sobre el derecho de asociación (agricultura), 1921 (núm. 11). Disponible en: https://www.ilo.org/dyn/normlex/es/f?p=NORMLEXPUB:11300:0::NO:11300:P11300_INSTRUMENT_ID:312156:NO (última consulta: 27 de junio de 2023).

65 OIT: Convenio núm. 87 sobre la Libertad Sindical y la Protección del Derecho de Sindicación, adoptado por la Conferencia Internacional del Trabajo en su 31ª reunión, San Francisco, 9 de julio de 1948. Disponible en: https://www.ilo.org/dyn/normlex/es/f?p=NORMLEXPUB:12100:0::NO::P12100_INSTRUMENT_ID:312232

El art. 2 del Convenio núm. 87 establece que "los trabajadores y los empleadores, sin ninguna distinción y sin autorización previa, tienen el derecho de constituir las organizaciones que estimen convenientes, así como el de afiliarse[66] a estas organizaciones, con la única condición de observar sus estatutos"[67]. Si bien es cierto que la inclusión del término "empleadores" siempre ha sido motivo de controversia[68], a día de hoy este derecho a establecer y a unirse a sindicatos es un derecho humano universal que ha sido reproducido con posterioridad en tratados internacionales de derechos humanos[69] y en todos los ordenamientos jurídicos nacionales[70]. Además, el art. 10 aclara lo que el Convenio entien-

66 Si bien afiliarse es un derecho de todos los trabajadores, no afiliarse también lo es, es decir, también existe la libertad de asociación negativa. Esta realidad fue afirmada por el Tribunal Europeo de Derechos Humanos (TEDH) en el asunto *Young, James and Webster vs. United Kingdom*, en el que tres empleados fueron despedidos sin compensación por no querer afiliarse al sindicato con el que la empresa había firmado un convenio colectivo (Collins, 2020: 497). Vid. TEDH: *Young, James and Webster vs. United Kingdom*, núm. 7601/76 y 7806/77, § 29, ECHR 1982 (Tol 9051916).

67 OIT: Convenio núm. 87 sobre la Libertad Sindical y la Protección del Derecho de Sindicación, *op. cit.*, nota 65, art. 2.

68 Algunos autores critican la "bilateralidad" de este art. 2, al considerar que el derecho de sindicación tiene como titulares a los trabajadores únicamente, que son quienes necesitan defender sus intereses de manera colectiva frente a los empleadores. Para Óscar Ermida, la razón de incluir el término "empleadores" es pragmática y política, pues era necesario contar con el apoyo de los empleadores para la adopción de este Convenio (Ermida, 2012: 40).

69 El art. 23.4 de la DUDH consagra el derecho de toda persona a "fundar sindicatos y a sindicarse para la defensa de sus intereses". Vid. ONU: Declaración Universal de los Derechos del Hombre, *op cit.*, nota 6, art. 23.

70 En la Constitución Española de 1978, el art. 7 establece que "los sindicatos de trabajadores y las asociaciones empresariales contribuyen a la defensa y promoción de los intereses económicos y sociales que les son propios. Su creación y el ejercicio de su actividad son libres dentro del respeto a la Constitución y a la ley. Su estructura interna y funciona-

de por "organización" como "toda organización de trabajadores o de empleadores que tenga por objeto fomentar y defender los intereses de los trabajadores o de los empleadores"[71]. Para Harold Dunning, el valor intrínseco de este Convenio sobre Libertad Sindical va mucho más allá del simple derecho a afiliarse a un sindicato, pues incluye otros importantes derechos de los sindicatos como redactar sus propias constituciones y normas, elegir a sus propios representantes, formular sus propios programas y afiliarse a federaciones nacionales e internacionales sin injerencia de las autoridades públicas (Dunning, 1998: 149-150).

Por su parte, el Convenio núm. 98 sobre el Derecho de Sindicación y de Negociación Colectiva del año 1949[72], complementario al Convenio núm. 87 y considerado también por la OIT como CF, trata de blindar la libertad de sindicación frente a actos de carácter discriminatorio o limitativo de este derecho. A tenor de lo dispuesto en el art. 1, "los trabajadores deberán gozar de adecuada protección contra todo acto de discriminación tendiente a menoscabar la libertad sindical en relación con su empleo"[73]. No son pocos los autores que afirman que muchas discriminaciones arbitrarias se dan dentro de los propios sindicatos, que muchas veces actúan por motivos partidistas más que por la defensa de los intereses de los trabajadores. Sin embargo, para Jonathan Lang, "no existe ningún interés legítimo del sindicato que pueda justificar una exclusión totalmente arbitraria de trabajadores que bus-

---

miento deberán ser democráticos". Vid. ESPAÑA: Constitución Española, 6 de diciembre de 1978 (BOE núm. 311, de 29 de diciembre de 1978).

71 OIT: Convenio núm. 87 sobre la Libertad Sindical y la Protección del Derecho de Sindicación, *op. cit.*, nota 65, art. 10.

72 OIT: Convenio núm. 98 sobre el Derecho de Sindicación y de Negociación Colectiva, adoptado por la Conferencia Internacional del Trabajo en su 32ª reunión, Ginebra, 1 de julio de 1949. Disponible en: https://www.ilo.org/dyn/normlex/es/f?p=NORMLEXPUB:12100:0::NO:12100:P12100_INSTRUMENT_ID:312243:NO

73 *Ibíd.*, art. 1.

can ser miembros" (Lang, 1977: 36), por lo que, cualquier otro tipo de exclusión, será considerada ilegítima.

Como vemos, la OIT ha dotado a la libertad sindical y a la negociación colectiva de un enfoque liberal, en el que los países tienen libertad para determinar la forma precisa en que estos derechos se institucionalizan, siempre que la legislación nacional no viole la esencia de los convenios. En palabras de Teri Caraway, "esta interpretación liberal de la libertad sindical considera la `libertad´ como un mercado para los sindicatos en el que se deben respetar las barreras de entrada, la competencia y la igualdad de trato" (Caraway, 2006: 219). Para esta autora, esta aproximación a la libertad sindical conlleva ciertos riesgos, pues "podría constituir un ariete que abre espacio para la formación de sindicatos independientes pero débiles y fragmentados en los Estados recientemente democráticos, pero también podría considerarse un caballo de Troya en Estados donde los movimientos sindicales poderosos se han beneficiado de leyes que inhiben la fragmentación sindical y exigen una negociación centralizada" (Caraway, 2006: 212). "Una comprensión liberal de la libertad sindical debilita los movimientos laborales en países como Argentina y obstaculiza la consolidación de los sindicatos en nuevas democracias como Indonesia" (Caraway, 2006: 227).

Aunque trataremos la cuestión con más detalle a propósito de la tutela de los DLF en la OIT, es necesario mencionar los mecanismos que esta Organización ha articulado para tratar de otorgar una efectiva protección a la libertad sindical y la negociación colectiva, pues algunos de ellos carecen de precedentes dentro del Derecho internacional (Swepson, 1998: 174-175; Von Potobsky, 1998: 201 y 212-216). En primer lugar, la Comisión de Expertos en Aplicación de Convenios y Recomendaciones (CEACR), creada en 1926 y compuesta por 20 expertos nombrados por el Consejo de Administración (CA) por un periodo de 3 años, tiene como principal cometido realizar una evaluación técnica imparcial de la aplicación de las normas internacionales del trabajo a través de las memorias remitidas por parte de los Estados miembros sobre los Convenios ratificados. Esta Comisión efectúa dos tipos de comentarios: observaciones, que contienen comentarios sobre las cuestiones fundamentales planteadas por la aplicación de un determinado Convenio, y solicitudes directas, que tienen que ver con cuestiones más técnicas o con peticiones de más información[74]. En sus informes y comentarios, la CEACR analiza la situación de cumplimiento de los Convenios núm. 87 y 98 sobre libertad sindical y negociación colectiva en los Estados que los han ratificado. En segundo lugar, las comisiones de encuesta, previstas en el art. 26 de la Constitución de la OIT y compuestas por expertos independientes elegidos por el CA, tienen por objeto examinar una queja con respecto a la aplicación de un Convenio y "redactar un informe en el cual expondrá el resultado de sus averiguaciones sobre todos los hechos concretos que permitan precisar el alcance del litigio, así como las recomendaciones que considere apropiado formular con respecto a las medidas que debieran adoptarse para dar satisfacción al gobierno reclamante, y a los plazos dentro de los cuales dichas medidas debieran adoptarse"[75]. Únicamente el CA puede decidir someter la queja a una comisión de encuesta. En tercer lugar, en el año 1950, adoptados los Convenios núm. 87 y 98, el CA de la OIT crea las Comisiones de Investigación y de Conciliación en materia de Libertad Sindical, cuya misión consiste en analizar quejas sobre la libertad sindical y la negociación colectiva, aunque el Estado presuntamente infractor no haya ratificado los mencionados Convenios. Estas Comisiones no comenzaron a operar hasta 1964 y, en la actualidad, únicamente han emitido 6 informes[76]. Para facilitar la labor de estas Comisiones,

---

74 OIT: La Comisión de Expertos en Aplicación de Convenios y Recomendaciones. Disponible en: https://www.ilo.org/global/standards/applying-and-promoting-international-labour-standards/committee-of-experts-on-the-application-of-conventions-and-recommendations/lang–es/index.htm (última consulta: 27 de junio de 2023).

75 OIT: Constitución de la Organización Internacional del Trabajo, *op cit.*, nota 41, art. 28.

76 Concretamente en relación con Japón en 1966, a Grecia en 1966, a Chile en 1975, a Lesoto en 1975, a Estados Unidos en 1981 y a Sudáfrica en 1992. Vid. OIT: Informes de las Comisiones de Investigación y de

el CA crea un año después, en 1951, el CLS, cuya misión inicial consistía en servir de "filtro" de las quejas que finalmente llegaban a las Comisiones de Investigación y de Conciliación en materia de Libertad Sindical. No obstante, dado que para que las Comisiones de Investigación y de Conciliación puedan actuar es necesario el consentimiento previo del Estado afectado por la investigación, pero para que el CLS pueda actuar este consentimiento previo no es necesario, finalmente el CLS se ha transformado en un órgano de control independiente que se reúne 3 veces al año y analiza quejas remitidas por sindicatos y organizaciones de empleadores en relación a la situación de la libertad sindical en un Estado, haya dicho Estado ratificado o no los Convenios núm. 87 y 98, y haya dicho Estado aceptado o no la competencia del CLS. En la actualidad, este Comité está compuesto por un presidente independiente y por tres representantes de los gobiernos, tres de los empleadores y tres de los trabajadores, esto es, tiene una estructura tripartida, a diferencia de la CEACR. Si el CLS acepta el caso, se pone en contacto con el Estado afectado para establecer los hechos. Si finalmente decide que se ha producido una violación de la libertad sindical, emite un informe a través del CA y formula recomendaciones sobre cómo podría solucionarse dicha violación. Con posterioridad, se solicita a los gobiernos que informen sobre la aplicación de sus recomendaciones[77]. Este CLS goza de gran aceptación y popularidad (Von Potobsky, 1998: 213) y, hasta la fecha, ha resuelto más de 3.400 casos[78] (la mayoría de ellos prove-

---

Conciliación en materia de Libertad Sindical. Disponible en: https://www.ilo.org/global/standards/information-resources-and-publications/WCMS_168350/lang--es/index.htm (última consulta: 27 de junio de 2023).

77 OIT: Libertad sindical: El Comité de Libertad Sindical. Disponible en: https://www.ilo.org/global/standards/applying-and-promoting-international-labour-standards/committee-on-freedom-of-association/lang--es/index.htm (última consulta: 27 de junio de 2023).

78 OIT: Casos sobre Libertad Sindical. Disponible en: https://www.ilo.org/dyn/normlex/es/f?p=NORMLEXPUB:20060:0::NO::: (última consulta: 27 de junio de 2023).

nientes de sindicatos de América) y ha contribuido a desarrollar el alcance de la libertad sindical y la negociación colectiva en lo que se refiere al establecimiento de sindicatos sin autorización, a la adhesión a un sindicato de libre elección, a la no interferencia de los poderes públicos en la administración y actividades de los sindicatos, al derecho de huelga, a la disolución y suspensión de sindicatos, a la definición de "organización", etc. (Swepson, 1998: 181-193).

Analizados todos los mecanismos de control, como afirma Harold Dunning, sería idóneo poder concluir que la existencia de los Convenios núm. 87 y 98 y de dichos mecanismos han conducido a una mejora universal del respeto a los derechos sindicales, pero, por desgracia, este no es el caso (Dunning, 1998: 165), pues al examinar los informes de la CEACR año tras año nos damos cuenta de que la situación de libertad sindical en muchos países continua siendo una de las cuestiones que más preocupan a la Comisión. En su último informe del año 2023[79], en las observaciones relativas a las memorias remitidas por los Estados miembros de la OIT que han ratificado los convenios sobre libertad sindical, negociación colectiva y relaciones de trabajo, la CEACR centra su atención en determinados Estados para resaltar la situación de manifiesto incumplimiento de estos derechos laborales. Por citar un ejemplo, en Sudáfrica, la CEACR toma nota con "preocupación" de "los presuntos casos de violencia, como las amenazas, el uso de balas de goma y los ataques con cócteles Molotov contra los trabajadores del sector lácteo en huelga, miembros del Sindicato de Trabajadores de Industrias Generales de Sudáfrica tras un mes de huelga"[80] . En relación con Brasil, la Comisión expresa su "profunda preocupación" por los asesinatos de diferentes miembros de Federaciones de Trabajadores[81] .Por último, otra de las grandes

---

79 OIT: Aplicación de las normas internacionales del trabajo: Informe de la Comisión de Expertos en Aplicación de Convenios y Recomendaciones, adoptado por la Conferencia Internacional del Trabajo en su centésimo décimo primera reunión, 2023 (ILC.111/III(A)).

80 *Ibíd.*, p. 300.

81 *Ibíd.* p. 131.

preocupaciones de la CEACR en la mayoría de Estados incluidos en el informe no tiene que ver con la violación de los Convenios núm. 87 y núm. 98, sino más bien con la falta de recepción de las memorias en tiempo y forma.

1.3.2. La eliminación de todas las formas de trabajo forzoso u obligatorio

Todos los expertos en la materia coinciden: la abolición del trabajo forzoso u obligatorio es un mandato central dentro del Derecho internacional de los derechos humanos en la actualidad, pero este concepto de trabajo forzoso u obligatorio ha pasado por una evolución larga y compleja, y a menudo se confunde con otras prácticas abusivas conexas como la esclavitud, la servidumbre o la trata de personas, todas ellas englobadas bajo el paraguas de la "explotación humana", por lo que es necesario delimitar de manera precisa su contenido y diferenciarlo del resto de fenómenos (Espaliú, 2014; Swepston, 2014; Alain, 2017; Bonet, 2017; Rojo, 2017; Rivas, 2021).

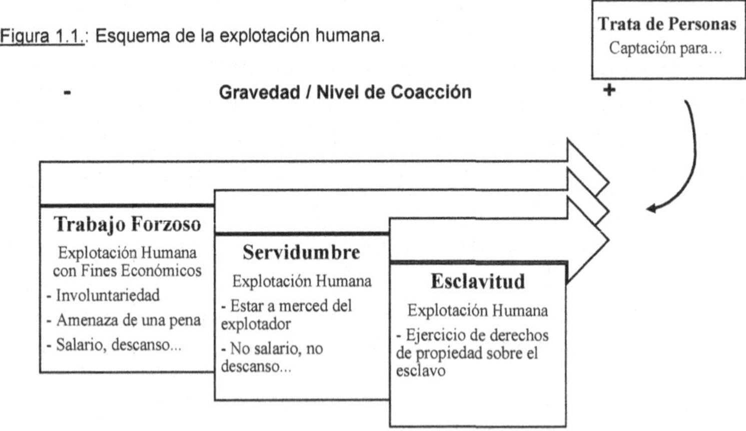

Figura 1.1.: Esquema de la explotación humana.

* Fuente: Elaboración propia.

Las diferentes formas de explotación humana, como se ve en la Figura 1.1., se pueden ordenar en función de su grado de gravedad, entendida esta como nivel de coacción que sufren las víctimas. Dentro de las formas "menos graves" de la explotación humana, tenemos aquella que persigue fines económicos, esto es, aquella que pretende explotar la fuerza de trabajo de la víctima, sin que esta se haya ofrecido voluntariamente y mediando la amenaza de una pena, para obtener beneficios económicos, sin perjuicio de que esta víctima reciba una remuneración o disfrute de periodos de descanso. Esto es lo que en la actualidad se entiende por trabajo forzoso u obligatorio y sobre la abolición de este tipo de explotación humana nos detendremos con posterioridad, por constituir el objeto de estudio del presente epígrafe. Cuando la víctima, además, ve suprimidas ciertas contraprestaciones de la relación laboral, como el salario o los periodos de descanso, y se encuentra "a merced" del explotador, hablamos de servidumbre[82], que es una práctica abusiva análoga a la esclavitud, pero no idéntica, pues en esta última figura, además, el explotador ejerce atributos del derecho de propiedad, la víctima es propiedad del explotador[83]. Por último, la figura denominada como "trata de

---

82 Las categorías de servidumbre más compartidas por la doctrina son la servidumbre por deudas, la servidumbre de la gleba, el matrimonio servil y la explotación infantil (Espaliú, 2014: 29; Alain, 2017: 165; Bonet, 2017: 185; López, 2018: 402).

83 Dado que la OIT no aclara la diferencia entre servidumbre y esclavitud, conviene acercarse a la jurisprudencia de otros sistemas internacionales para encontrarla. De esta manera, el Tribunal Penal Internacional para la ex-Yugoslavia (TPIY), en su sentencia de primera instancia, estableció los siguientes criterios para determinar la existencia de una situación de esclavitud, entendida esta por el tribunal en sentido amplio como: "a) restricción o control de la autonomía individual, la libertad de elección o la libertad de movimiento de una persona; b) la obtención de un provecho por parte del perpetrador; c) la ausencia de consentimiento o de libre albedrío de la víctima, o su imposibilidad o irrelevancia debido a la amenaza de uso de la violencia u otras formas de coerción, el miedo de violencia, el engaño o las falsas promesas; d) el abuso de poder; e) la posición de vulnerabilidad de la víctima; f) la detención o cautiverio, y g) la opresión psicológica por las condiciones socioeconómicas. Otros indicadores de esclavitud serían: h) la explotación; i) la

personas" debe entenderse como la "captación, el transporte, el traslado, la acogida o la recepción de personas, recurriendo a la amenaza o al uso de la fuerza u otras formas de coacción, al rap-

---

exacción de trabajo o servicios forzosos u obligatorios, por lo general sin remuneración y ligados frecuentemente –aunque no necesariamente– a la penuria física, el sexo, la prostitución y la trata de personas". Vid. TPIY: *Fiscal vs. Kunarac*, núm. IT-96-23-T y IT-96-23/1-T, de 22 de febrero de 2001, párr. 542.

Como vemos, estos indicadores pueden ser aplicados tanto a la esclavitud como a la servidumbre y, de hecho, para otros tribunales, como CIDH, ambas figuras también son análogas. Vid. CIDH: *Trabajadores de la Hacienda Brasil Verde vs. Brasil* (Excepciones Preliminares, Fondo, Reparaciones y Costas), Serie C, núm. 318, de 20 de octubre de 2016. En este asunto, la CIDH hace referencia, precisamente, a la sentencia de la TPIY para argumentar que ambos conceptos son análogos y afirma que "la servidumbre es una forma análoga de esclavitud y debe recibir la misma protección y conlleva las mismas obligaciones que la esclavitud tradicional" (párr. 276).

Dentro del ámbito europeo, aunque el Convenio Europeo de Derechos Humanos trata la esclavitud y la servidumbre en el mismo art. 4.1, el TEDH sí ha establecido diferencias entre ambas categorías. Para el TEDH, "servidumbre significa la obligación de proporcionar los servicios que se imponen por el uso de la coerción, y debe estar vinculada con el concepto de esclavitud", aunque para este Tribunal no son lo mismo. Vid. TEDH: *Siliadin vs. Francia*, núm. 73316/01, § 545, ECHR 2005, párr. 124 (Tol 9086073). En esta sentencia, la solicitante, una nacional de Togo que llegó a Francia en 1994 para estudiar, acabó trabajando como criada en una casa en París. En dicha casa confiscaron su pasaporte y trabajó sin percibir salario ni días de descanso. El TEDH concluyó que sobre ella no se daban las características de la esclavitud porque, aunque había control sobre ella, no se habían dado las notas de propiedad ni se la había reducido a un mero objeto, siendo su condición la de una sirviente y no la de una esclava. Vid. TEDH: *Factsheet – Slavery, servitude and forced labour*, diciembre de 2021. Disponible en: https://www.echr.coe.int/Documents/FS_Forced_labour_ENG.pdf

En esta investigación nos posicionamos del lado del TEDH y de los autores que opinan que en el caso de la esclavitud se dan unas notas de propiedad que en el caso de la servidumbre no se dan y, por tanto, ambos conceptos, aunque vinculados, no son equiparables (Espaliú, 2014; Swepston, 2014; Alain, 2017; Bonet, 2017; Rojo, 2017; Rivas, 2021).

to, al fraude, al engaño, al abuso de poder o de una situación de vulnerabilidad o a la concesión o recepción de pagos o beneficios para obtener el consentimiento de una persona que tenga autoridad sobre otra, con fines de explotación"[84], por lo que podríamos afirmar que la trata de personas es un paso previo (aunque no imprescindible) a cualquiera de las formas de explotación humana anteriormente mencionadas. Si bien la servidumbre, la esclavitud o la trata son figuras cuyo análisis resulta realmente interesante, en el presente trabajo nos centraremos únicamente en la eliminación de todas las formas de trabajo forzoso u obligatorio, labor encomendada a la OIT y contenida en la Declaración de 1998, constitutiva de uno de los DLF.

El trabajo forzoso fue el primer derecho humano cuya competencia cayó en manos de la OIT. Dada la estrecha relación histórica e institucional entre la esclavitud y el trabajo forzoso, la acción internacional contra este último fue vista durante muchos años como una extensión de las medidas anteriores dirigidas a la supresión de la esclavitud (Swepston, 2014: 7). Por este motivo, para esclarecer los precedentes históricos y normativos de la abolición del trabajo forzoso u obligatorio, se hace necesario mencionar los primeros instrumentos internacionales que pretendían la abolición de la esclavitud.

Algunas formas de explotación humana como la esclavitud, la servidumbre y el trabajo forzado u obligatorio no siempre han sido objeto de regulación por el Derecho internacional. No obstante, la Conferencia Antiesclavista de Bruselas de 1890 marcó un punto de inflexión al imponer límites a la práctica de la esclavitud[85], y, tras ella, los Estados comenzaron a consensuar la pro-

---

84 ONU: Protocolo para Prevenir, Reprimir y Sancionar la Trata de Personas, especialmente Mujeres y Niños, que complementa la Convención de las Naciones Unidas contra la Delincuencia Organizada Transnacional, 15 de noviembre de 2000 (A/RES/55/25, de 8 de enero de 2001, art. 3).

85 Por ejemplo, en el art. V del Acta General de la Conferencia Antiesclavista de Bruselas, "Las Potencias contratantes se obligan (...) a pro-

gresiva abolición de este fenómeno y a consagrarla en instrumentos internacionales de carácter vinculante. El primero de ellos fue la Convención sobre la Esclavitud de 1926, aprobada por la Asamblea General de la Sociedad de Naciones[86] a propuesta de Comisión Temporal de Esclavitud (Goudal, 1929: 622), en cuyo art. 1 se define "esclavitud" como "el estado o condición de un individuo sobre el cual se ejercitan los atributos del derecho de propiedad o algunos de ellos"[87]. En el art. 2 de esta Convención, "las Altas Partes contratantes se obligan, en tanto no hayan tomado ya las medidas necesarias, y cada una en lo que concierne a los territorios colocados bajo su soberanía, jurisdicción, protección, dominio o tutela (…) A procurar, de una manera progresiva y tan pronto como sea posible, la supresión completa de la esclavitud en todas sus formas"[88]. El trabajo forzoso aparece incluido en el art. 5 de la Convención sobre la Esclavitud, en el que las "Altas Partes contratantes reconocen que el recurso al trabajo forzoso u obligatorio puede tener graves consecuencias y se comprome-

---

mulgar o proponer a sus Cámaras respectivas (…) una ley que haga aplicables, por una parte, las disposiciones de su legislación penal, concernientes a los atentados graves contra las personas, a los organizadores y cooperadores de las cazas de hombres, a los autores de la mutilación de adultos y niños y a cualesquiera individuos que contribuyan a la captura de esclavos por medios de violencia; y por otra parte, las disposiciones concernientes a los atentados a la libertad individual, a los que guían los convoyes, a los conductores y traficantes de esclavos". Vid. OTROS: Acta General de la Conferencia Antiesclavista de Bruselas, para Reprimir la Trata, Proteger las Poblaciones Aborígenes del África y Asegurar a dicho Continente los Beneficios de la Paz y la Civilización. Firmada en Bruselas el 2 de julio de 1890.

86 SN: Convención sobre la Esclavitud, 60 L.N.T.S. 253.
Esta Convención ha sido enmendada por el Protocolo para modificar la Convención sobre la Esclavitud firmada en Ginebra el 25 de septiembre de 1926 (A/RES/794/(VIII), de 23 de octubre de 1953) y por la Convención suplementaria sobre la Abolición de la Esclavitud, la Trata de Esclavos y las Instituciones y Prácticas Análogas a la Esclavitud (A/RES/608/(XXI), de 30 de abril de 1956).

87 *Ibíd.*, art. 1.

88 *Ibíd.*, art. 2.

ten, cada una en lo que concierne a los territorios sometidos a su soberanía, jurisdicción, protección, dominio o tutela a tomar las medidas pertinentes para evitar que el trabajo forzoso u obligatorio lleve consigo condiciones análogas a la esclavitud", aclarando, asimismo, que se entiende que "el trabajo forzoso u obligatorio no podrá exigirse más que para fines de pública utilidad" y que "se empleará a título excepcional, con una remuneración adecuada y a condición de que no pueda imponerse un cambio del lugar habitual de residencia[89].

La Convención de 1926 no prohibía el trabajo forzoso, pero abría la puerta a su limitación, por lo que constituye el precedente más directo del primer instrumento internacional cuyo objetivo primigenio era la abolición del trabajo forzoso u obligatorio impuesto por los poderes coloniales dentro de las comunidades indígenas: el Convenio núm. 29 de la OIT sobre el Trabajo Forzoso del año 1930[90], uno de los convenios más ratificados de la OIT[91]. Para Lars Thomann, si bien la adopción este Convenio se justificó desde una perspectiva moral, en realidad atendía a un claro fin económico: eliminar las ventajas comparativas de aquellos Estados y territorios[92] que aún participaban en estas prácticas (Thomann, 2011: 190). Cabe advertir, como lo hace Jean Alain,

---

89 *Ibíd.*, art. 5.

90 OIT: Convenio núm. 29 sobre el Trabajo Forzoso, adoptado por la Conferencia Internacional del Trabajo en su 14ª reunión, Ginebra, 28 de junio de 1930. Disponible en: https://www.ilo.org/dyn/normlex/es/f?p=NORMLEXPUB:12100:0::NO::P12100_ILO_CODE:C029

91 OIT: Ratificación del C029 - Convenio sobre el trabajo forzoso, 1930 (núm. 29). Disponible en: https://www.ilo.org/dyn/normlex/es/f?p=NORMLEXPUB:11300:0::NO:11300:P11300_INSTRUMENT_ID:312174:NO (última consulta: 27 de junio de 2023).
Con fecha de agosto de 2021, el Convenio núm. 29 cuenta con 179 ratificaciones, aunque, como apunta Alina-Paula Larion, hay significativas ausencias como EEUU, China o Corea del Norte (Larion, 2017: 7). Para este último, entrará en vigor en abril de 2022.

92 Recordemos que durante la primera mitad del siglo XX todavía muchas Potencias conservaban territorios coloniales que explotaban con fines económicos.

que la mayoría de las disposiciones del Convenio sobre Trabajo Forzoso son "medidas transitorias" en la que los Estados parte pretendían "suprimir lo más pronto posible, el empleo del trabajo forzoso u obligatorio en todas sus formas"[93] (Alain, 2017: 158). No obstante, estas medidas fueron derogadas en virtud del Protocolo de 2014 relativo al Convenio sobre el trabajo forzoso[94], en

---

93 OIT: Convenio núm. 29 sobre el Trabajo Forzoso, *op. cit.*, nota 91, art. 1.

94 OIT: Protocolo de 2014 relativo al Convenio sobre el Trabajo Forzoso, 1930, adoptado por la Conferencia Internacional del Trabajo en su 103ª reunión, Ginebra, 11 de junio de 2014. Disponible en: https://www.ilo.org/dyn/normlex/es/f?p=NORMLEXPUB:12100:0::NO::P12100_ILO_CODE:P029

Este Protocolo surge como respuesta a las importantes lagunas en la efectiva aplicación de la abolición del trabajo forzoso y a la necesidad abordar urgentemente la prevención, la protección de las víctimas, la indemnización, la coherencia de las políticas y la cooperación internacional en materia de abolición del trabajo forzoso u obligatorio. Vid. OIT: Reunión tripartita de expertos sobre trabajo forzoso y trata de personas con fines de explotación laboral: Informe para la discusión en la Reunión tripartita de expertos sobre la posible adopción de un instrumento de la OIT que complemente el Convenio sobre el trabajo forzoso, 1930 (núm. 29), Ginebra, 11 a 15 febrero de 2013 (TMELE/2013). No obstante, los expertos, no pudieron llegar a un consenso sobre si la medida debería adoptar la forma de un protocolo vinculante al Convenio núm. 29 o una directriz en forma de recomendación de la OIT (Anton, 2014: 1228). Finalmente se optó por la forma de un Protocolo vinculante.

Dentro de este nuevo Protocolo el art. 2 prevé medidas que deben incluir: "a) educación e información destinadas en especial a las personas consideradas particularmente vulnerables, a fin de evitar que sean víctimas de trabajo forzoso u obligatorio; b) educación e información destinadas a los empleadores, a fin de evitar que resulten involucrados en prácticas de trabajo forzoso u obligatorio; c) esfuerzos para garantizar que: i) el ámbito de la legislación relativa a la prevención del trabajo forzoso u obligatorio y el control de su cumplimiento, incluida la legislación laboral si procede, abarquen a todos los trabajadores y a todos los sectores de la economía, y (ii) se fortalezcan los servicios de inspección del trabajo y otros servicios responsables de la aplicación de esta legislación; d) la protección de las personas, en particular los traba-

el que se reafirma la definición de "trabajo forzoso u obligatorio" contenida en el Convenio de 1930: "A los efectos del presente Convenio, la expresión trabajo forzoso u obligatorio designa todo trabajo o servicio exigido a un individuo bajo la amenaza de una pena cualquiera y para el cual dicho individuo no se ofrece voluntariamente"[95]. Todos los autores coinciden en determinar dos elementos que deben darse siempre que hablamos de trabajo forzoso u obligatorio: el primero de ellos es la "involuntariedad" del individuo para realizar el trabajo o servicio, entendida como la falta de un consentimiento libre e informado en el contexto de una relación de trabajo y a su libertad para rescindir la relación laboral en cualquier momento, y el segundo es la "amenaza de una pena", debiendo entender esta pena no como una sanción penal, sino como la pérdida de derechos o privilegios[96] (Bakirci, 2009: 162; Thomann, 2011: 191; Alain, 2017: 159; López, 2018:

---

jadores migrantes, contra posibles prácticas abusivas y fraudulentas en el proceso de contratación y colocación; e) apoyo a los sectores público y privado para que actúen con la debida diligencia a fin de prevenir el trabajo forzoso u obligatorio y de responder a los riesgos que conlleva; y f)acciones para abordar las causas generadoras y los factores que aumentan el riesgo de trabajo forzoso u obligatorio. *Ibíd.*, art. 2.

95 OIT: Convenio núm. 29 sobre el Trabajo Forzoso, *op. cit.*, nota 91, art. 2.1.

96 Las situaciones examinadas por la OIT han incluido amenazas de denunciar a las víctimas a la policía o las autoridades de inmigración cuando su situación laboral es irregular, o denuncias a los ancianos del pueblo en el caso de niñas obligadas a prostituirse en ciudades lejanas. Otras sanciones pueden ser de carácter económico, incluidas las económicas vinculadas a deudas, la falta de pago de salarios o la pérdida de salarios acompañada de amenazas de despido si los trabajadores se niegan a realizar horas extraordinarias más allá del alcance de su contrato o de la legislación nacional. Los empleadores a veces también exigen a los trabajadores que entreguen sus documentos de identidad y pueden utilizar la amenaza de confiscación de estos documentos para exigir trabajo forzoso. Vid. OIT: *A Global Alliance Against Forced Labour, Global Report under the Follow-up to the ILO Declaration on Fundamental Principles and Rights at Work,* adoptado por la Conferencia Internacional del Trabajo en su 93ª reunión, Ginebra, 2005. Disponible en: https://www.ilo.org/public/english/standards/relm/ilc/ilc93/pdf/rep-i-b.pdf

392; García, 2018: 20-21; Rivas, 2021: 110). La duración del trabajo o la posibilidad de que el individuo perciba una remuneración por el mismo son indiferentes a la hora de calificarlo como forzoso u obligatorio (García, 2018: 22), siempre que sea injusto y opresivo (Naidu, 1987: 111). Asimismo, el Convenio núm. 29 prevé una serie de excepciones que, constituyendo trabajo forzoso tal y como se ha definido, se encuentran excluidas expresamente, manteniéndose invariables en el Protocolo de 2014: "a) cualquier trabajo o servicio que se exija en virtud de las leyes sobre el servicio militar obligatorio y que tenga un carácter puramente militar; b) cualquier trabajo o servicio que forme parte de las obligaciones cívicas normales de los ciudadanos de un país que se gobierne plenamente por sí mismo; c) cualquier trabajo o servicio que se exija a un individuo en virtud de una condena pronunciada por sentencia judicial, a condición de que este trabajo o servicio se realice bajo la vigilancia y control de las autoridades públicas y que dicho individuo no sea cedido o puesto a disposición de particulares, compañías o personas jurídicas de carácter privado; d) cualquier trabajo o servicio que se exija en casos de fuerza mayor, es decir, guerra, siniestros o amenaza de siniestros, tales como incendios, inundaciones, hambre, temblores de tierra, epidemias y epizootias violentas, invasiones de animales, de insectos o de parásitos vegetales dañinos, y en general, en todas las circunstancias que pongan en peligro o amenacen poner en peligro la vida o las condiciones normales de existencia de toda o parte de la población; e) los pequeños trabajos comunales, es decir, los trabajos realizados por los miembros de una comunidad en beneficio directo de la misma, trabajos que, por consiguiente, pueden considerarse como obligaciones cívicas normales que incumben a los miembros de la comunidad, a condición de que la misma población o sus representantes directos tengan derecho a pronunciarse sobre la necesidad de esos trabajos"[97]. La mención de estas excepciones

---

[97] OIT: Convenio núm. 29 sobre el Trabajo Forzoso, *op. cit.*, nota 91, art. 2.2. Para un mayor análisis del alcance de estas excepciones: Thomann, 2011: 192-195; Alain, 2017: 159-160; Rivas, 2021: 113.

es importante de cara a la posterior determinación de la naturaleza jurídica de los DLF y, en concreto, de la abolición del trabajo forzoso u obligatorio, como norma de *ius cogens* o no, la cual abordaremos en epígrafes subsiguientes.

En el año 1953, la OIT y la ONU decidieron crear conjuntamente un Comité *ad hoc* sobre Trabajo Forzoso para revisar los postulados del Convenio núm. 29[98] (Swepston, 2014: 8). Como resultado de los estudios e informes de este Comité, un año después de la adopción de la Convención Suplementaria sobre la Abolición de la Esclavitud de 1956, la CIT adoptó en 1957[99] el Convenio núm. 105 sobre la Abolición del Trabajo Forzoso[100], que complementa – más que revisa – del Convenio núm. 29. Este Convenio mantiene invariables la definición de trabajo forzoso u obligatorio y las excepciones, y obliga a los Estados que lo han ratificado[101] a "suprimir y a no hacer uso de ninguna forma de

98 OIT: Informe del Comité Especial sobre Trabajo Forzoso, Estudios y Documentos, núm. 36 (Nueva Serie), Oficina Internacional del Trabajo, Ginebra, 1953.

99 La adopción de este Convenio tiene un trasfondo histórico digno de mención: en el contexto de la Guerra Fría, se dio un intercambio de acusaciones entre los Estados occidentales y socialistas de que ambos estaban haciendo uso del trabajo forzoso u obligatorio. En el caso de los Estados occidentales, con fines económicos. En el caso de los Estados socialistas, como medio de ejercer presión política contra los opositores ideológicos. Los hechos quedaron reflejados en el Informe del Comité Especial sobre Trabajo Forzoso (*Ibíd.*), y es por ello por lo que el Convenio núm. 105, en sus art. 1.a) y 1.b) menciona el trabajo forzoso como medio de coerción política y como método de utilización de mano de obra con fines económicos (Thomann, 2011: 196; Alain, 2017: 160-161).

100 OIT: Convenio núm. 105 sobre la Abolición del Trabajo Forzoso, adoptado por la Conferencia Internacional del Trabajo en su 40ª, Ginebra, 25 de junio de 1957. Disponible en: https://www.ilo.org/dyn/normlex/es/f?p=NORMLEXPUB:12100:0::NO::P12100_INSTRUMENT_ID:312250

101 Este Convenio núm. 105 ha sido ratificado por 178 Estados y denunciado por 2: Malasia y Singapur (Larion, 2017: 8). China y Japón han

trabajo forzoso u obligatorio: a) como medio de coerción o de educación políticas o como castigo por tener o expresar determinadas opiniones políticas o por manifestar oposición ideológica al orden político, social o económico establecido; b) como método de movilización y utilización de la mano de obra con fines de fomento económico; c) como medida de disciplina en el trabajo; d) como castigo por haber participado en huelgas; e) como medida de discriminación racial, social, nacional o religiosa"[102]. Como afirma Pilar Rivas Vallejo, "el Convenio no incide sobre el concepto en sí, pero sí sobre la finalidad que pueda perseguir el sometimiento a trabajo forzoso u obligatorio, elemento que permite asimismo construir el concepto, que en realidad definen los casos en los que puede considerarse prohibido el trabajo forzoso (...) Este matiz aleja si cabe más claramente el trabajo forzoso del concepto de esclavitud laboral o trata y parece acercarlo más a una situación de instrumentalidad transitoria, vinculada a regímenes políticos que emplean el trabajo forzoso como forma de doblegar ideologías políticas principalmente" (Rivas, 2021: 115).

En el año 2001, el CA de la OIT adoptó un Programa Especial de Acción para Combatir el Trabajo Forzoso[103], dentro de la labor de promoción y seguimiento de la Declaración de la OIT relativa a los principios y derechos fundamentales en el trabajo de 1998. El origen de este Programa se halla en el Informe global del Di-

---

sido los últimos en ratificarlo en 2022. Vid: OIT: Ratificación del C105 - Convenio sobre la abolición del trabajo forzoso, 1957 (núm. 105). Disponible en: https://www.ilo.org/dyn/normlex/es/f?p=NORMLEXPUB:11300:0::NO:11300:P11300_INSTRUMENT_ID:312250:NO (última consulta: 27 de junio de 2023).

102 OIT: Convenio núm. 105 sobre la Abolición del Trabajo Forzoso, *op. cit.*, nota 100, art. 1.

103 OIT: Seguimiento de la Declaración de la OIT relativa a los principios y derechos fundamentales en el trabajo: prioridades y programas de acción en materia de cooperación técnica, adoptado por el Consejo de Administración en su 282ª reunión, Ginebra, 2001 (GB 282/TC/5).

rector General titulado "Alto al trabajo forzoso"[104], y en los debates mantenidos en la 89ª reunión de la CIT del año 2001 (Plant y O´Reilly, 2003: 82). La idea de este Programa Especial de Acción es adaptar los postulados de los Convenios núm. 29 y 105 a las nuevas formas contemporáneas de trabajo forzoso u obligatorio. Para ello, el Programa cuenta con una plantilla básica de personal y un presupuesto para realizar actividades de sensibilización, de realización de estudios e investigaciones, de organización de seminarios y de difusión de resultados (Plant y O´Reilly, 2003: 84).

1.3.3. La abolición efectiva de (las peores formas de) trabajo infantil

De todas las violaciones de DLF, aquellas que involucran a un colectivo tan vulnerable como el de los niños y niñas resultan las más despreciables, y, en torno a esta idea, se ha generado un consenso internacional en relación a la necesidad de proteger la infancia de manera efectiva a través de distintos instrumentos, programas y enfoques. Sin embargo, a pesar de este consenso in ternacional y de la progresiva adopción de un marco regulador a nivel nacional, el trabajo infantil[105] continúa siendo una práctica muy extendida a nivel mundial (Mendelievich, 1979: 558; Alston,

---

104 OIT: Alto al trabajo forzoso. Informe global del Director General con arreglo al seguimiento de la Declaración de la OIT relativa a los principios y derechos fundamentales en el trabajo, adoptado por la Conferencia Internacional del Trabajo en su 89ª reunión, Ginebra, 2001.

105 A los efectos de este trabajo, se entiende por "trabajo infantil" " todo trabajo que priva a los niños de su niñez, su potencial y su dignidad, y que es perjudicial para su desarrollo físico y psicológico. Así pues, se alude al trabajo que es peligroso y prejudicial para el bienestar físico, mental o moral del niño; interfiere con su escolarización puesto que les priva de la posibilidad de asistir a clases, les obliga a abandonar la escuela de forma prematura, o les exige combinar el estudio con un trabajo pesado y que insume mucho tiempo". Vid. OIT: ¿Qué se entiende por trabajo infantil? Disponible en: https://www.ilo.org/ipec/facts/lang--es/index.htm (última consulta: 28 de junio de 2023).

1989: 35). Según la OIT, en el año 2020 160 millones de niños y niñas entre 5 y 17 años se encontraban en situación de trabajo infantil, de los que 79 millones desempeñaban un trabajo peligroso[106]. Por esta razón, desde hace décadas, se viene tratando de buscar soluciones efectivas a este mal endémico. En el presente epígrafe estudiaremos aquellas ofrecidas por la OIT, sin perjuicio de mencionar otras que se encuentran estrechamente vinculadas.

Entre los objetivos contenidos en el preámbulo de la Constitución de la OIT de 1919 aparece la "protección de los niños" como una de las "condiciones de trabajo que entrañan tal grado de injusticia, miseria y privaciones para gran número de seres humanos"[107]. El activismo de la OIT en relación con la abolición del trabajo infantil se puede dividir, siguiendo la sistemática propuesta por David Smolin (2000) en cuatro etapas diferenciadas que estudiaremos a continuación.

Entre 1919 y 1932, la CIT de la OIT adopta los primeros convenios sobre trabajo infantil. El primer grupo[108] se centró en precisar una edad mínima para determinados sectores sobre los que se poseía información. En estos instrumentos se fijó la edad mínima en 14 años para el empleo infantil en las empresas industriales, tanto públicas como privadas, y en 18 años para el trabajo noctur-

---

106 OIT: Trabajo Infantil: Estimaciones mundiales 2020, tendencias y camino a seguir. Disponible en: https://www.ilo.org/wcmsp5/groups/public/—ed_norm/—ipec/documents/publication/wcms_800301.pdf

107 OIT: Constitución de la Organización Internacional del Trabajo, *op cit.*, nota 41, preámbulo.

108 OIT: Convenio núm. 5 sobre la Edad Mínima (Industria), adoptado por la Conferencia Internacional del Trabajo en su 1ª reunión, Washington, 28 de noviembre de 1919. Disponible en: https://www.ilo.org/dyn/normlex/es/f?p=NORMLEXPUB:12100:0::NO:12100:P12100_INSTRUMENT_ID:312150:NO
OIT: Convenio núm. 6 sobre el Trabajo Nocturno de los Menores (Industria), adoptado por la Conferencia Internacional del Trabajo en su 1ª reunión, Washington, 28 de noviembre de 1919. Disponible en: https://www.ilo.org/dyn/normlex/es/f?p=NORMLEXPUB:12100:0::NO:12100:P12100_INSTRUMENT_ID:312151:NO

no, con excepción de algunas industrias en las que la edad mínima se fijó en 16 años. Además, como característica singular, estas normas incluyeron excepciones especiales para Japón (art. 5) y la India (art. 6), reduciendo la edad mínima a partir de la cual los niños y niñas podían acceder al trabajo (Thomas, 2019: 255-256). En las reuniones de la CIT llevadas a cabo entre 1920 y 1921 se adoptaron nuevos convenios relativos al trabajo infantil[109]. A

---

[109] OIT: Convenio núm. 7 sobre la Edad Mínima (Trabajo Marítimo), adoptado por la Conferencia Internacional del Trabajo en su 2ª reunión, Génova, 9 de julio de 1920. Disponible en: https://www.ilo.org/dyn/normlex/es/f?p=NORMLEXPUB:12100:0::NO:12100:P12100_INSTRUMENT_ID:312152:NO
OIT: Convenio núm. 10 sobre la Edad Mínima (Agricultura), adoptado por la Conferencia Internacional del Trabajo en su 3ª reunión, Ginebra, 16 de noviembre de 1921. Disponible en: https://www.ilo.org/dyn/normlex/es/f?p=NORMLEXPUB:12100:0::NO:12100:P12100_INSTRUMENT_ID:312155:NO
El Convenio núm. 10 sobre la edad mínima en el sector de la agricultura fue el más complejo de adoptar, pues numerosos Estados no consideraban realista o deseable abolir el trabajo infantil en el campo. Algunos, incluso, defendían que este tipo de labor era saludable para los niños y niñas (Thomas, 2019: 256).
En su momento, este Convenio contó únicamente con 72 ratificaciones, aunque fue denunciado automáticamente por 70 Estados cuando estos ratificaron el Convenio núm. 138 sobre la edad mínima que estudiaremos más adelante. Vid. OIT: Ratificación del C005 - Convenio sobre la edad mínima (industria), 1919 (núm. 5). Disponible en: https://www.ilo.org/dyn/normlex/es/f?p=NORMLEXPUB:11300:0::NO:11300:P11300_INSTRUMENT_ID:312150:NO (última consulta: 28 de junio de 2023).
OIT: Convenio núm. 15 sobre la Edad Mínima (Pañoleros y Fogoneros), adoptado por la Conferencia Internacional del Trabajo en su 3ª reunión, Ginebra, 16 de noviembre de 1921. Disponible en: https://www.ilo.org/dyn/normlex/es/f?p=NORMLEXPUB:12100:0::NO:12100:P12100_INSTRUMENT_ID:312160:NO
Este Convenio fue derogado por decisión de la CIT en su 106ª reunión en el año 2017.
OIT: Convenio núm. 16 sobre el Examen Médico de los Menores (Trabajo Marítimo), adoptado por la Conferencia Internacional del Trabajo

lo largo de estos años, Constance Thomas afirma un incremento del interés de la OIT por abolir el trabajo infantil más allá de la industria (Thomas, 2019: 257). No obstante, otros autores argumentan que lo que realmente subyace a estos convenios es el deseo de proteger el trabajo adulto frente a la alternativa de un trabajo infantil más barato y flexible en el que los sujetos, en este caso los niños y niñas, no crean ni participan en asociaciones que defienden sus derechos y generan una mayor tasa de desempleo (Mendelievich, 1979: 563; Alston, 1989: 37; Grootaert y Kanbur, 1995: 194; Davidson, 2001: 214; Myers, 2001: 46; Mavunga, 2013: 125; Sil, 2017: 12 y 16).

En la segunda etapa, entre 1932 y 1973, la CIT se dedicó a revisar y actualizar los convenios anteriores sobre edad mínima para elevarla a 14 o 15 años para trabajos a tiempo completo fuera del contexto familiar (Smolin, 2000: 944).

Tal y como destaca David Smolin, durante las dos primeras etapas del activismo de la OIT, la retórica y la terminología de la "abolición del trabajo infantil" estaban totalmente ausentes de los convenios de este período. De hecho, la Declaración de Filadelfia de 1944, que aclaró los propósitos de la OIT cuando la ONU estaba a punto de nacer, no incluyó la abolición del trabajo infantil dentro de los principios básicos de la Organización y se refirió a los niños solo en el contexto de la protección de la maternidad[110] (Smolin, 2000: 944).

La tercera etapa se caracteriza por la adopción por parte de la CIT del Convenio núm. 138 sobre la edad mínima de 1973[111],

---

en su 3ª reunión, Ginebra, 16 de noviembre de 1921. Disponible en: https://www.ilo.org/dyn/normlex/es/f?p=NORMLEXPUB:12100:0::NO:12100:P12100_INSTRUMENT_ID:312161:NO

110 OIT: Declaración relativa a los Fines y Objetivos de la Organización Internacional del Trabajo (Declaración de Filadelfia), *op cit.*, nota 24, apartado III.h.

111 OIT: Convenio núm. 138 sobre la Edad Mínima, adoptado por la Conferencia Internacional del Trabajo en su 58ª reunión, Ginebra, 26 de

conjuntamente con la Recomendación núm. 146[112], que pretendían revisar y consolidar las normas existentes con anterioridad (Swepston, 1992: 11). En el preámbulo del Convenio, la Conferencia deja constancia de que había llegado el momento de adoptar un instrumento general sobre el tema que reemplazase gradualmente a los instrumentos vigentes, aplicables a sectores económicos limitados, con miras a lograr la total abolición del trabajo de los niños[113].

El art. 1 del Convenio, tendente a fijar su objeto, afirma que "todo Miembro para el cual esté en vigor el presente Convenio se compromete a seguir una política nacional que asegure la abolición efectiva del trabajo de los niños y eleve progresivamente la edad mínima de admisión al empleo o al trabajo a un nivel que haga posible el más completo desarrollo físico y mental de los menores"[114]. El primer problema en relación con este artículo es la falta de una definición para el "trabajo de los niños", lo que dejaría la puerta abierta a una definición arbitraria por parte de los Estados Parte (Mavunga, 2013: 126). Para algunos autores, este artículo refleja un compromiso más laxo que el adoptado en convenios anteriores en relación con el trabajo infantil (Creighton, 1997: 371). Además, este artículo 1 no impone la obligación de tomar ninguna medida específica nacional más allá de las descritas en las disposiciones posteriores, por lo que, según algunos expertos, el cumplimiento quedaría demostrado a través de la

junio de 1973. Disponible en: https://www.ilo.org/dyn/normlex/es/f?p=NORMLEXPUB:12100:0::NO::P12100_INSTRUMENT_ID:312283

112 OIT: Recomendación núm. 146 sobre la Edad Mínima, adoptada por la Conferencia Internacional del Trabajo en su 58ª reunión, Ginebra, 26 de junio de 1973. Disponible en: https://www.ilo.org/dyn/normlex/es/f?p=NORMLEXPUB:12100:0::NO::P12100_ILO_CODE:R146
Cabe apreciar que, si bien el convenio es vinculante para los Estados que lo ratifican, la recomendación, por su naturaleza, no es en ningún caso vinculante.

113 OIT: Convenio núm. 138 sobre la edad mínima, *op. cit.*, nota 111, preámbulo.

114 *Ibíd.*, art. 1.

simple ratificación de los requisitos sustantivos del Convenio, aunque no se esté garantizando con medidas nacionales concretas la abolición del trabajo infantil (Creighton, 1997: 372; Zada y Kansi, 2003: 72; Mavunga, 2013: 126), por lo que habría sido deseable incluir medidas prácticas de carácter social a nivel nacional para implementar este Convenio (Mendelievich, 1979: 566; Alston, 1989: 40).

El art. 3 del Convenio fija en 18 años la edad mínima para la admisión a todo tipo de empleo o trabajo que por su naturaleza o las condiciones en que se realice pueda resultar peligroso para la salud, la seguridad o la moralidad de los menores[115], dejando abierta a la discrecionalidad de las autoridades nacionales la determinación de estos tipos de empleo. Sin embargo, el apartado tercero de este art. 3 matiza que "la legislación nacional o la autoridad competente (...) podrán autorizar el empleo o el trabajo a partir de la edad de dieciséis años, siempre que queden plenamente garantizadas la salud, la seguridad y la moralidad de los adolescentes, y que estos hayan recibido instrucción o formación profesional adecuada y específica en la rama de actividad correspondiente"[116]. Si bien el alcance del Convenio es significativamente más amplio que todos los anteriores, pues se extiende a todos los sectores de la economía y a todos los tipos de trabajo (Creighton, 1997: 372; Smolin, 2000: 945; Thomas, 2019: 259), este art. 3 falla en determinar de manera más exacta qué trabajos son aquellos que resultan peligrosos para los niños y niñas, aunque esta información la encontramos en la Recomendación núm. 146[117], que especifica que en esta clase de trabajos se incluyen todos aquellos en los que los niños tratan con sustancias, agentes o procesos peligrosos (incluidas las radiaciones ionizantes), o las operaciones en que se alcen cargas pesadas y el trabajo subterráneo.

---

[115] *Ibíd.*, art. 3.1.

[116] *Ibíd.*, art. 3.3.

[117] OIT: Recomendación núm. 146 sobre la Edad Mínima, *op cit.*, nota 112, apartado III.

El art. 4 prevé la posibilidad de excluir de la aplicación del Convenio categorías limitadas de empleos o trabajos respecto de los cuales se puedan presentar problemas especiales e importantes de aplicación y cumplimiento[118]. Aunque no se especifican qué trabajos o empleos son los que pueden presentar problemas de aplicación[119], este art. 4 no autoriza la exclusión de la aplicación del Convenio para los trabajos que por su naturaleza o las condiciones en que se realice pueda resultar peligroso para la salud, la seguridad o la moralidad de los menores. De esta forma, este artículo abre la posibilidad de la especificación por parte de las autoridades competentes de excepciones a las edades mínimas fijadas siempre que estas sean necesarias, limitadas, presenten problemas de aplicación, se adopten previa consulta a organizaciones de trabajadores y empleadores, y se comuniquen a la OIT (Creighton, 1997: 374-375), lo que resulta importante para la caracterización del principio de abolición del trabajo infantil como norma de *ius cogens.* Para algunos autores, la inclusión en el Convenio de este art. 4 conllevaba el peligro de alentar a los Estados a notificar un gran número de excepciones que hiciese prácticamente inoperativo el instrumento (Swepston, 1982: 582; Creighton, 1997: 375; Borzaga, 2008: 49).

Otro límite a la aplicación del Convenio núm. 138 la encontramos en el art. 5, que establece que "el Miembro cuya economía y cuyos servicios administrativos estén insuficientemente desarrollados podrá, previa consulta con las organizaciones interesadas de empleadores y de trabajadores, cuando tales organizaciones existan, limitar inicialmente el campo de aplicación del presente Convenio"[120]. Este artículo se incluyó pensando en la situación económica de los países más desfavorecidos en aquel momento que dependían del trabajo infantil para mejorar su situación. Si

---

118 OIT: Convenio núm. 138 sobre la Edad Mínima, *op. cit.*, nota 111, art. 4.1.

119 Breen Creighton apunta que dentro de estos trabajos que pueden ser excluidos se encuentran los empleos en empresas familiares, el servicio doméstico en hogares privados, tareas a domicilio y otros trabajos fuera de la supervisión y control del empleador (Creighton, 1997: 374).

120 OIT: Convenio núm. 138 sobre la Edad Mínima, *op. cit.*, nota 111, art. 5.1.

bien en el tercer apartado del art. 5 se especifican los sectores a los que se puede aplicar este artículo[121], Rufaro Audrey Mavunga apunta que las particularidades del sector agrícola no aparecen bien descritas (Mavunga, 2013: 136). Por último, cabe apuntar que la diferencia principal entre las excepciones incluidas en el art. 4 y las incluidas en el art. 5 radica en que las primeras se aplican a trabajos concretos y las segundas a sectores enteros de la economía (Swepston, 1982: 582).

Una última excepción a las disposiciones generales sobre edad mínima la encontramos en los arts. 7 y 8, relativos al trabajo ligero y al trabajo en representaciones artísticas. De nuevo, estos artículos fallan en especificar qué se entiende por "trabajo ligero" y por "trabajo en representaciones artísticas" otorgando un elevado grado de discrecionalidad y flexibilidad a las autoridades competentes. Lo único que se requiere es que estos trabajos "no sean susceptibles de perjudicar su salud o desarrollo; y no sean de tal naturaleza que puedan perjudicar su asistencia a la escuela, su participación en programas de orientación o formación profesional aprobados por la autoridad competente o el aprovechamiento de la enseñanza que reciben"[122]. David Smolin sostiene que el art. 7 sobre trabajo ligero presupone desacertadamente que los niños entre las edades de 12 y 15 años estarán recibiendo educación de manera efectiva (Smolin, 2000: 960).

Como acertadamente advierte Rufaro Audrey Mavunga, "el problema real no consiste en si se debería permitir que los jóvenes realicen un trabajo a la edad de catorce, quince o dieciséis años, sino más bien cuál es la mejor manera de crear un entorno en el que no se considere necesario ni apropiado que los niños de

---

121 "Las disposiciones del presente Convenio deberán ser aplicables, como mínimo, a: minas y canteras; industrias manufactureras; construcción; servicios de electricidad, gas y agua; saneamiento; transportes, almacenamiento y comunicaciones, y plantaciones y otras explotaciones agrícolas que produzcan principalmente con destino al comercio, con exclusión de las empresas familiares o de pequeñas dimensiones que produzcan para el mercado local y que no empleen regularmente trabajadores asalariados". *Ibíd.*, art. 5.3.

122 *Ibíd.*, art. 7.1.

cualquier edad trabajen muchas horas por un salario inadecuado en condiciones abusivas, insalubres e inseguras" (Mavunga, 2013: 142). Precisamente, por las dificultades que en 1973 suponía para muchos PVD – y algún PD[123] – adoptar en el plano nacional edades mínimas tan rígidas, el Convenio núm. 138 sobre edad mínima fue el que menos ratificaciones recibió en los inicios. En 1996 había recibido únicamente 49 ratificaciones (Creighton, 1997: 382). No obstante, cabe advertir, tal y como se desprende de la figura 1.2., que la situación cambió radicalmente tras la adopción de la Declaración de la OIT de 1998 y la inclusión de cláusulas laborales en los diferentes subsistemas comerciales internacionales. En la actualidad, el Convenio núm. 138 goza de 173 ratificaciones[124].

<u>Figura. 1.2.</u>: Número de ratificaciones de los Convenios núm. 138 y núm. 182 (1975-2022).

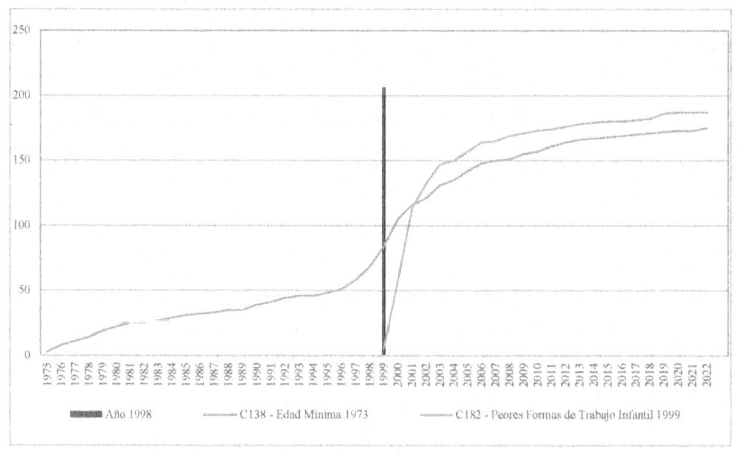

* Fuente: Elaboración propia.

---

123 Reino Unido fue uno de los grandes detractores de la instauración de una edad mínima en la regulación nacional (Hobbs *et al.*, 1992).

124 OIT: Ratificación del C138 - Convenio sobre la edad mínima, 1973 (núm. 138). Disponible en: https://www.ilo.org/dyn/normlex/es/f?p=NORMLEXPUB:11300:0::NO:11300:P11300_INSTRUMENT_ID:312283:NO (última consulta: 28 de junio de 2023).

A pesar de sus limitaciones, todos los expertos coinciden en afirmar que el Convenio núm. 138 supuso un paso importante en el reconocimiento por parte de la OIT del problema que supone el recurso al trabajo infantil y en el activismo de la Organización encaminado a su efectiva abolición (Creighton, 1997: 390).

En la cuarta etapa de este activismo, la OIT cambia de estrategia y en lugar de centrar su atención en fijar una edad mínima, traslada sus esfuerzos a la abolición de las peores formas de trabajo infantil, objeto del Convenio núm. 182[125] y de la Recomendación 190[126], ambos del año 1999.

Este Convenio estuvo precedido por una serie de iniciativas importantes destinadas a mejorar la protección de los niños y niñas. En primer lugar, cabe señalar la adopción por parte de la Asamblea General de la ONU de la Convención sobre los Derechos del Niño[127], uno de los tratados internacionales sobre derechos humanos que cuenta con una ratificación prácticamente universal[128], fiel reflejo del consenso internacional existente en relación con la protección de la infancia, a pesar del gran número de reservas y declaraciones interpretativas formuladas por los Estados

---

125 OIT: Convenio núm. 182 sobre las Peores Formas de Trabajo Infantil, adoptado por la Conferencia Internacional del Trabajo en su 87ª reunión, Ginebra, 17 de junio de 1999. Disponible en: https://www.ilo.org/dyn/normlex/es/f?p=NORMLEXPUB:12100:0::NO::P12100_INSTRUMENT_ID:312327

126 OIT: Recomendación núm. 190 sobre las Peores Formas de Trabajo Infantil, adoptada por la Conferencia Internacional del Trabajo en su 87ª reunión, Ginebra, 17 de junio de 1999. Disponible en: https://www.ilo.org/dyn/normlex/es/f?p=NORMLEXPUB:12100:0::NO::P12100_ILO_CODE:R190

127 ONU: Convención sobre los Derechos del Niño, 20 de noviembre de 1989 (A/RES/44/25, de 20 de noviembre de 1989).

128 La Convención sobre los Derechos del Niño está ratificada por 196 Estados. Vid. ONU: United Nations Treaty Collection: Convention on the Rights of the Child. Disponible en: https://treaties.un.org/Pages/ViewDetails.aspx?src=TREATY&mtdsg_no=IV-11&chapter=4&clang=_en (última consulta: 28 de junio de 2023).

(Martínez, 2019: 8). En el art. 1 de esta Convención se define como "niño" a "todo ser humano menor de dieciocho años de edad, salvo que, en virtud de la ley que le sea aplicable, haya alcanzado antes la mayoría de edad"[129]. En el art. 32 de la Convención sobre los Derechos del Niño se afirma que "los Estados Partes reconocen el derecho del niño a estar protegido contra la explotación económica y contra el desempeño de cualquier trabajo que pueda ser peligroso o entorpecer su educación, o que sea nocivo para su salud o para su desarrollo físico, mental, espiritual, moral o social"[130]. Como vemos, con este artículo no se pretende abolir el trabajo infantil ni fijar una edad mínima universal, sino evitar que los niños y niñas desempeñen trabajos peligrosos. Además, en el segundo párrafo del art. 32 de esta Convención se hace una referencia indirecta a los Convenios de la OIT ("teniendo en cuenta las disposiciones pertinentes de otros instrumentos internacionales"), dando cuenta de la importancia de la interrelación y el reforzamiento mutuo entre las disposiciones de la Convención y la actividad de la Organización (Swepston, 1992: 10). El alcance de la Convención sobre los Derechos del Niño se concreta, en la práctica, a través de las observaciones elaboradas por el Comité de Derechos del Niño, creado en virtud del art. 43 de la Convención. En dichas observaciones se incluyen recomendaciones dirigidas a los Estados Parte de la Convención, versando muchas de ellas sobre el trabajo infantil[131] (Martínez, 2019: 10).

---

129 *Ibíd.*, art. 1.

130 *Ibíd.*, art. 32.

131 Por citar un ejemplo reciente, en su Observación Final a Túnez, el Comité de Derechos del Niño muestra preocupación por la situación de trabajo infantil en el territorio del citado Estado y recomienda, entre otros, que "establezca normas claras sobre el horario de trabajo de los niños, y sanciones para quienes las infrinjan, y armonice toda la legislación relativa al trabajo infantil; prohíba de forma explícita el empleo de niños en trabajos nocivos o peligrosos y elabore una lista de trabajos peligrosos prohibidos para los niños; garantice la aplicación efectiva del Plan de Acción nacional para combatir el Trabajo Infantil, etc." Vid. COMITÉ DE LOS DERECHOS DEL NIÑO: Observaciones fina-

Además, la OIT creó en el año 1992 un Programa Internacional para la Erradicación del Trabajo Infantil (IPEC por sus siglas en inglés), una iniciativa de cooperación técnica dedicada exclusivamente a prevenir y combatir el trabajo de los niños y niñas, cuyo objetivo consiste en "impulsar el proceso de eliminación del trabajo infantil a través de acciones conjuntas con gobiernos, organizaciones de empleadores, de trabajadores, organizaciones no gubernamentales y otros grupos sociales"[132], para lo cual se basó en metodologías de investigación estadística mejoradas (Cullen, 2009: 102). Aunque inicialmente contó con 7 Estados y un único donante, Alemania, en la actualidad este programa abarca 90 Estados y numerosos donantes involucrados (Davidson, 2001: 211; Standing, 2008: 376; Rodgers *et al.*, 2009: 73; Thomas, 2019: 262) y ha resultado especialmente exitoso en algunos sectores como la industria del fútbol en Pakistán (Johnson, 1999: 172-175; Dillon, 2015: 313).

Otros informes sobre la situación de cumplimiento de los derechos de los niños y niñas, como el Informe de UNICEF de 1997[133] o el Programa de Acción de la Cumbre Mundial sobre el Desarrollo Social[134] también sirvieron para cambiar el paradigma y comenzar a prestar atención a las peores formas de trabajo infantil (Blagbrough, 1997: 127; Noguchi, 2010: 518; Thomas, 2019: 262).

Finalmente, la Declaración de la OIT de 1998[135], si bien solo hace referencia a la abolición efectiva del trabajo infantil y no a

---

les sobre los informes periódicos cuarto a sexto combinados de Túnez (CRC/C/TUN/CO/4-6, de 2 de septiembre de 2021).

132 OIT: Programa Internacional para la Erradicación del Trabajo Infantil-IPEC en América Latina. Disponible en: https://www.ilo.org/americas/programas-y-proyectos/WCMS_178570/lang--es/index.htm (última consulta: 28 de junio de 2023).

133 UNICEF: *UNICEF's 1997 State of the World's Children*. Disponible en: https://www.unicef.org/media/84761/file/SOWC-1997.pdf

134 ONU: Programa de Acción de la Cumbre Mundial sobre el Desarrollo Social, *op. cit.*, nota 29.

135 OIT: Declaración relativa a los Principios y Derechos Fundamentales en el Trabajo y su Seguimiento, *op. cit.*, nota 10.

las peores formas de trabajo infantil, también supone una reafirmación de la importancia de considerar los derechos, en este caso laborales, de los niños y niñas como fundamentales.

Dados los precedentes, la fundamentalidad de estos derechos y la poca repercusión que, en la práctica, había obtenido el Convenio núm. 138 sobre la edad mínima, la OIT consideró necesario aprobar un nuevo Convenio que centrase los esfuerzos de los Estados y organizaciones de trabajadores y empleadores en la abolición de las peores formas de trabajo infantil como nuevo estándar de carácter internacional, sobre la que existía un consenso mayor que en el caso de la instauración de una edad mínima de carácter universal[136], a la cual se le relegó a objetivo de largo plazo dependiente de una mejora del desarrollo económico y social de algunos Estados. De esta manera, el Convenio núm. 182 se adopta como como herramienta complementaria al Convenio núm. 138 de movilización y priorización, más que de expansión de las obligaciones de los Estados miembros de la OIT (Smolin, 2000: 946), basándose esta priorización en la gravedad de la necesidad, la visibilidad, la política y consideraciones ideológicas (Smolin, 2000: 975).

Siguiendo el precedente de la Convención sobre los Derechos del Niño, el art. 2 del Convenio define como "niño" a "toda persona menor de 18 años"[137], aunque sin matizar la posible existencia de excepciones según la legislación nacional. La excepción debemos buscarla en la Recomendación núm. 190, en cuyo apartado II se especifica que "la legislación nacional o la autoridad compe-

---

136 Prueba de ello es el índice de ratificación del Convenio núm. 182: 187 ratificaciones, esto es, todos los Estados miembros de la OIT lo han ratificado. Vid. OIT: Ratificación del C182 - Convenio sobre las peores formas de trabajo infantil, 1999 (núm. 182). Disponible en: https://www.ilo.org/dyn/normlex/es/f?p=NORMLEXPUB:11300:0::NO:11300:P11300_INSTRUMENT_ID:312327:NO (última consulta: 28 de junio de 2023).

137 OIT: Convenio núm. 182 sobre las Peores Formas de Trabajo Infantil, *op. cit.*, nota 125, art. 1.

tente, previa consulta con las organizaciones de empleadores y de trabajadores interesadas, podrán autorizar el empleo o el trabajo a partir de la edad de 16 años, siempre que queden plenamente garantizadas la salud, la seguridad y la moralidad de esos niños, y que estos hayan recibido instrucción o formación profesional adecuada y específica en la rama de actividad correspondiente"[138]. Sin embargo, Franz Ebert apunta que esta definición de "niño" es únicamente a los efectos del Convenio y que, por tanto, los Estados ratificantes no tienen por qué incorporarla a las legislaciones internas (Ebert, 2018: 1169).

También se definen en el art. 3 lo que para la OIT significan las "peores formas de trabajo infantil", a saber: "(a) todas las formas de esclavitud o las prácticas análogas a la esclavitud, como la venta y la trata de niños, la servidumbre por deudas y la condición de siervo, y el trabajo forzoso u obligatorio, incluido el reclutamiento forzoso u obligatorio de niños para utilizarlos en conflictos armados[139]; (b) la utilización, el reclutamiento o la oferta de niños para la prostitución, la producción de pornografía o actuaciones pornográficas; (c) la utilización, el reclutamiento o la oferta de niños para la realización de actividades ilícitas, en particular la producción y el tráfico de estupefacientes, tal como se definen en los tratados internacionales pertinentes, y (d) el trabajo que, por su naturaleza o por las condiciones en que se lleva a cabo, es probable que dañe la salud, la seguridad o la moralidad de los niños"[140]. Como podemos observar, las tres primeras letras con-

---

138 OIT: Recomendación núm. 190 sobre las Peores Formas de Trabajo Infantil, *op. cit.*, nota 126, apartado II.4.

139 La posibilidad de incluir reclutamiento forzoso u obligatorio de niños para utilizarlos en conflictos armados fue origen de numerosos desencuentros. El secretario de Trabajo de EEUU, Alexis Herman, defendió el texto propuesto, asegurando que no afectaría a los jóvenes de diecisiete años que se ofreciesen como voluntarios con el consentimiento de los padres, afirmando que el énfasis estaba puesto en el trabajo forzoso, no en el voluntario (Davidson, 2001: 218).

140 OIT: Convenio núm. 182 sobre las Peores Formas de Trabajo Infantil, *op. cit.*, nota 125, art. 3.

tienen, más que formas de trabajo, crímenes internacionales tales como la esclavitud, la prostitución infantil y la utilización de menores para actividades ilegales a los que la doctrina ha calificado como peores formas de trabajo infantil "incondicionales", porque no existe ninguna condición que pueda justificar el empleo de niños y niñas en estos ámbitos (Noguchi, 2002: 358; Humbert, 2009: 102; Mavunga, 2013: 145; Ebert, 2018: 1170). Únicamente la cuarta letra se refiere a una forma de trabajo, aquella que es susceptible de dañar la salud o la seguridad de los niños y niñas. Según el art. 4, este tipo de trabajo debe ser determinado por la legislación nacional o por la autoridad competente, previa consulta con las organizaciones de empleadores y de trabajadores interesadas y tomando en consideración la Recomendación núm. 190 (que no es vinculante)[141]. En el caso del art. 3.d) nos encontramos ante una disposición "condicional", pues el trabajo puede dejar de considerarse peligroso y ser legal alterando las condiciones en las que se realiza dicho trabajo (Mavunga, 2013: 145). Algunos autores alaban el hecho de que, a diferencia del Convenio núm. 138, el Convenio núm. 182 no se centra en determinados sectores de la economía, sino que abarca las peores formas de trabajo infantil sin importar el sector o si el trabajo es formal o informal (Davidson, 2001: 219; Humbert, 2009: 98).

En los siguientes artículos, el Convenio núm. 182 obliga a los Estados ratificantes a establecer o designar mecanismos apropiados para vigilar la aplicación de las disposiciones[142], a elaborar y poner en práctica programas de acción[143], y a adoptar cuantas medidas sean necesarias para garantizar la aplicación y el cumpli-

---

141 En las negociaciones del Convenio se propuso elaborar una lista de las actividades más relevantes que podrían resultar peligrosas para los niños y niñas que habría de ser incluida en el propio texto del Convenio o en un Anexo, pero finalmente esta propuesta fue denegada (Ebert, 2018: 1173-1174).

142 OIT: Convenio núm. 182 sobre las Peores Formas de Trabajo Infantil, *op. cit.*, nota 125, art. 5.

143 *Ibíd.*, art. 6.

miento efectivos de las disposiciones (incluidos el establecimiento y la aplicación de sanciones penales)[144] y para ayudarse recíprocamente por medio de una mayor cooperación y/o asistencia internacionales[145]. Estas disposiciones hacen a parte de la doctrina afirmar que se trata de un Convenio orientado a la acción práctica y a la abolición efectiva de las peores formas de trabajo infantil (Noguchi, 2002: 360). No obstante, otros autores critican este Convenio, precisamente, por la falta de consideración de la competencia, la utilidad o cualquier otra forma de efectividad de sus disposiciones (Smolin, 2000: 979). Para David Smolin, "el Convenio núm. 182, si bien es útil como símbolo de la necesidad de priorizar en el campo del trabajo infantil en particular, y en el campo de los derechos humanos en general, es en gran medida irracional como herramienta para movilizar y priorizar los esfuerzos del movimiento contra el trabajo infantil. Algunos asuntos incluidos en la Convención no deberían ser prioridades del movimiento laboral, mientras que otros no incluidos deberían seguir siendo prioritarios" (Smolin, 2000: 980). Otras críticas a este Convenio núm. 182 se centran en la dificultad de obtener datos realmente fiables acerca de las peores formas de trabajo infantil, uno de los requerimientos contenidos en la Recomendación núm. 190 (Ritualo *et al.*, 2003: 402). En este sentido, David Smolin plantea con sarcasmo la imposibilidad de que un inspector laboral pudiese citar a un narcotraficante para verificar si a su cargo tiene niños o niñas traficando con droga (Smolin, 2000: 962).

Como hemos podido comprobar a lo largo de las cuatro etapas de activismo de la OIT en relación al trabajo infantil, ha habido un cambio de prioridades y la abolición efectiva del trabajo infantil a través de la instauración de una edad mínima de carácter

---

144 *Ibíd.*, art. 7.
En este artículo se resalta la importancia de la educación para la eliminación del trabajo infantil y se especifica que las medidas han de tener en cuenta su rehabilitación e inserción social, los niños en situación de riesgo especial o la situación particular de las niñas.

145 *Ibíd.*, art. 8.

universal se ha relegado a un segundo plano para permitir centrar los esfuerzos, tanto de la Organización, como de los Estados y las organizaciones de trabajadores y empleadores, en la abolición de las peores formas de trabajo infantil, considerada como uno de los pilares fundamentales del Derecho internacional de los derechos humanos (Alston, 1989: 35). *Sensu contrario*, podríamos afirmar que la abolición de otras formas de trabajo infantil que no sean "las peores" no tendría este carácter fundamental, por lo que en esta obra consideramos pertinente modificar o matizar formalmente la Declaración de la OIT de 1998, anterior a la adopción del Convenio fundamental núm. 182, que establece como un DLF la "abolición efectiva del trabajo infantil"[146], para que lo que constituya la "abolición efectiva de las peores formas de trabajo infantil", de ahí el título escogido en el presente epígrafe. Asimismo, sería interesante reconsiderar la inclusión del Convenio núm. 138 en los considerados como fundamentales, dada la falta de consenso en torno a la instauración de una edad mínima.

1.3.4. La eliminación de la discriminación en materia de empleo y ocupación

Tanto en el preámbulo de la Constitución de la OIT[147] como en la Declaración de Filadelfia de 1944[148] el reconocimiento del principio de igual remuneración por un trabajo de igual valor y la no discriminación por razón de raza, credo o sexo están presentes. Con posterioridad, la Declaración de la OIT de 1998[149] señala como DLF la eliminación de la discriminación en materia de

---

[146] OIT: Declaración relativa a los Principios y Derechos Fundamentales en el Trabajo y su Seguimiento, *op. cit.*, nota 10, art. 2.c).

[147] OIT: Constitución de la Organización Internacional del Trabajo, *op cit.*, nota 41.

[148] OIT: Declaración relativa a los Fines y Objetivos de la Organización Internacional del Trabajo (Declaración de Filadelfia), *op cit.*, nota 24.

[149] OIT: Declaración relativa a los Principios y Derechos Fundamentales en el Trabajo y su Seguimiento, *op. cit.*, nota 10.

empleo y ocupación, y la Organización ha otorgado el estatus de fundamentales a los Convenios núm. 100 sobre Igualdad de Remuneración de 1951[150] y núm. 111 sobre la Discriminación (Empleo y Ocupación) de 1958[151], complementarios entre sí. Si bien aspectos concretos de la no discriminación en el empleo como la situación de segregación ocupacional de las mujeres (O´Reilly *et al.*, 2015), de las madres (Grimshaw y Rubery, 2015) o de los trabajadores migrantes (Abella, 2000) han recibido mucha atención por parte de la doctrina, la igualdad de remuneración entre hombres y mujeres y la no discriminación en el empleo como DLF y su regulación por parte de la OIT no han suscitado tanto interés a pesar de los altos índices de ratificación de estos Convenios[152], a diferencia de lo que ha ocurrido, por ejemplo, con la abolición de las peores formas de trabajo infantil.

El principio de igualdad de remuneración por un trabajo de igual valor entre hombres y mujeres se remonta a principios del siglo XX y fue defendido por feministas como Millicent Fawcett (1918). A día de hoy, esta igualdad de remuneración constituye uno de los aspectos específicos de la no discriminación en el em-

---

150 OIT: Convenio núm. 100 sobre Igualdad de Remuneración, adoptado por la Conferencia Internacional del Trabajo en su 34ª reunión, Ginebra, 29 de junio de 1951. Disponible en: https://www.ilo.org/dyn/normlex/es/f?p=NORMLEXPUB:12100:0::NO::P12100_ILO_CODE:C100

151 OIT: Convenio núm. 111 sobre la Discriminación (Empleo y Ocupación), adoptado por la Conferencia Internacional del Trabajo en su 42ª reunión, Ginebra, 25 de junio de 1958. Disponible en: https://www.ilo.org/dyn/normlex/es/f?p=1000:12100:0::NO::P12100_ILO_CODE:C111

152 El Convenio núm. 100 ha recibido 173 ratificaciones y el Convenio núm. 111 ha recibido 175 ratificaciones. Vid. OIT: Ratificaciones por convenio. Disponible en: https://www.ilo.org/dyn/normlex/es/f?p=1000:12001:::NO::: (última consulta: 28 de junio de 2023).

pleo y se encuentra contenida en el Convenio núm. 100 de la OIT[153] y la Recomendación núm. 90 que lo acompaña[154].

El art. 1 define, por un lado, el término "remuneración" a los efectos del Convenio como "el salario o sueldo ordinario, básico o mínimo, y cualquier otro emolumento en dinero o en especie pagados por el empleador, directa o indirectamente, al trabajador, en concepto del empleo de este último" y afirma que "la expresión igualdad de remuneración entre la mano de obra masculina y la mano de obra femenina por un trabajo de igual valor designa las tasas de remuneración fijadas sin discriminación en cuanto al sexo"[155]. Cabe matizar que este principio no implica pagar la misma remuneración a hombres y mujeres únicamente por el mismo trabajo, sino por cualquier otro trabajo de igual valor (Fredman, 2013: 21), debiendo entenderse el término "valor" como "valor relativo del trabajo a ser tenido en cuenta para calcular la remuneración"[156]. Asegurando el principio de igualdad de remuneración no solo para trabajos idénticos, sino también para diferentes trabajos que entrañan el mismo valor, se estará garantizando la igualdad de remuneración entendida como justicia retributiva (Teklé, 2018: 606).

---

153 OIT: Convenio núm. 100 sobre Igualdad de Remuneración, *op. cit.*, nota 152.

154 OIT: Recomendación núm. 90 sobre Igualdad de Remuneración, adoptada por la Conferencia Internacional del Trabajo en su 34ª reunión, Ginebra, 29 de junio de 1951. Disponible en: https://www.ilo.org/dyn/normlex/es/f?p=NORMLEXPUB:12100:0::NO::P12100_ILO_CODE:R090

155 OIT: Convenio núm. 100 sobre Igualdad de Remuneración, *op. cit.*, nota 152, art. 1.

156 OIT: Informe de la Comisión de Expertos en Aplicación de Convenios y Recomendaciones, Informe III (Parte 1A), adoptado por la Conferencia Internacional del Trabajo en su 89ª reunión, Ginebra, 5 a 21 de junio de 2001. Disponible en: https://www.ilo.org/public/libdoc/ilo/P/09663/09663(2001-89-1A).pdf

El art. 2 especifica el alcance subjetivo del Convenio, que será aplicable a "todos los trabajadores"[157], sin importar si tienen un contrato de trabajo o no, por lo que se extiende a los trabajadores públicos y privados, nacionales y extranjeros, e, incluso, a aquellos que trabajan en sectores informales (Fredman, 2013: 6; Teklé, 2018: 608). No obstante, la posibilidad de medir la diferencia de salarios entre hombres y mujeres en sectores informales es mucho mayor (Arese, 2019: 92). Además, en este artículo, se obliga a los Estados ratificantes a promover y adoptar medidas encaminadas a la aplicación efectiva de este principio. Entre las posibles medidas, el Convenio enuncia las siguientes: "a) la legislación nacional; b) cualquier sistema para la fijación de la remuneración, establecido o reconocido por la legislación; c) contratos colectivos celebrados entre empleadores y trabajadores; o d) la acción conjunta de estos diversos medios"[158]. Estas medidas son las que, anualmente, la CEACR reitera en sus informes ante el incumplimiento de numerosos Estados[159].

El último de los artículos sustantivos del Convenio, el art. 3, prevé la promoción de "la evaluación objetiva del empleo, tomando como base los trabajos que este entrañe, cuando la índole de

---

157 OIT: Convenio núm. 100 sobre Igualdad de Remuneración, *op. cit.*, nota 152, art. 2.

158 *Ibíd.*

159 Por ejemplo, en las observaciones realizadas a Grecia, la CEACR "habida cuenta de la persistente brecha salarial entre géneros y de la segregación ocupacional por motivos de género en el mercado de trabajo, pide al Gobierno que proporcione información sobre las medidas adoptadas" y "pide al Gobierno que adopte medidas proactivas para promover la igualdad de oportunidades y de trato de las personas con discapacidad en la educación, la formación profesional y el empleo, incluso mejorando su acceso a una gama más amplia de empleos en el mercado laboral abierto". Vid. OIT: Aplicación de las normas internacionales del trabajo: Informe de la Comisión de Expertos en Aplicación de Convenios y Recomendaciones, adoptado por la Conferencia Internacional del Trabajo en su centésimo décimo primera reunión, op. cit., nota 81, pp. 451-452.

dichas medidas facilite la aplicación del Convenio"[160]. Además, otorga cierta flexibilidad a los Estados en relación a los métodos analíticos de evaluación que se pueden utilizar, siempre que se incluyan los siguientes factores: habilidades, condiciones de trabajo, responsabilidades y esfuerzo (Oelz *et al.*, 2013: 25). Si la evaluación objetiva del empleo determina que existen diferencias entre un puesto y otro, entonces tiene cabida una diferencia de remuneración (Oelz *et al.*, 2013: 25).

Los datos contenidos en el último Informe sobre Salarios de la OIT[161] reflejan que las principales afectadas por la crisis económica derivada de la pandemia de la COVID-19 en términos de remuneración han sido las mujeres, que han perdido de media un 8,1% de sus salarios, frente al 5,4% perdido por los hombres[162]. Además, en este informe se apunta que, mientras las brechas de género continúan representando una de las mayores fuentes de desigualdad en la actualidad, en muchos países las diferencias entre otros grupos, por ejemplo, entre migrantes y nacionales, también contribuyen a una creciente desigualdad, ya que los trabajadores migrantes constituyen una proporción relativamente grande de las poblaciones de ingresos bajos[163].

Precisamente para evitar estas desigualdades en función del colectivo al que se pertenece, la OIT aprobó en 1958 el Convenio núm. 111 sobre Discriminación en el Empleo y Ocupación[164], al

---

160 OIT: Convenio núm. 100 sobre Igualdad de Remuneración, *op. cit.*, nota 152, art. 3.

161 OIT: *Global Wage Report 2020-21: Wages and Minimum wages in the time of COVID-19*. Disponible en: https://www.ilo.org/wcmsp5/groups/public/@dgreports/@dcomm/@publ/documents/publication/wcms_762534.pdf

162 *Ibíd.*, p. 47.

163 *Ibíd.*, p. 130.

164 OIT: Convenio núm. 111 sobre la Discriminación (Empleo y Ocupación), *op. cit.*, nota 151.

que acompaña la Recomendación núm. 111[165], cuyo alcance subjetivo, al igual que en el caso del Convenio núm. 100, es universal, extendiéndose a todos los trabajadores, sea cual sea su sector de ocupación (Nielsen, 1994: 829; Maldonado, 2019: 277).

El art. 1 del Convenio define como "discriminación" "a) cualquier distinción, exclusión o preferencia basada en motivos de raza, color, sexo, religión, opinión política, ascendencia nacional u origen social que tenga por efecto anular o alterar la igualdad de oportunidades o de trato en el empleo y la ocupación; y b) cualquier otra distinción, exclusión o preferencia que tenga por efecto anular o alterar la igualdad de oportunidades o de trato en el empleo u ocupación que podrá ser especificada por el Miembro interesado previa consulta con las organizaciones representativas de empleadores y de trabajadores, cuando dichas organizaciones existan, y con otros organismos apropiados"[166]. De esta definición se pueden extraer tres elementos que deben estar presentes para calificar un acto como discriminatorio a los efectos del Convenio: un elemento objetivo, la existencia de una distinción, exclusión o preferencia; un elemento subjetivo, la base sobre la cual la distinción, exclusión o preferencia se realiza (sexo, edad, raza, religión, etc.); y un elemento de efecto, la anulación o menoscabo de la igualdad de oportunidades (Nielsen, 1994: 830). Para Henrik Nielsen, el tercer elemento entendido *sensu contrario* abre la puerta a la adopción de medidas inicialmente discriminatorias, pero que tienen como efecto último la consecución de la igualdad de oportunidades en un determinado sector o actividad (Nielsen, 1994: 844; Tomei, 2003: 446). Esto es en la actualidad lo que se co-

---

[165] OIT: Recomendación núm. 111 sobre la Discriminación (Empleo y Ocupación), adoptada por la Conferencia Internacional del Trabajo en su 42ª reunión, Ginebra, 25 de junio de 1958. Disponible en: https://www.ilo.org/dyn/normlex/es/f?p=NORMLEXPUB:55:0:::55:P55_TYPE,P55_LANG,P55_DOCUMENT,P55_NODE:REC,es,R111,/Document

[166] OIT: Convenio núm. 111 sobre la Discriminación (Empleo y Ocupación), *op. cit.*, nota 151, art. 1.

noce como "discriminación positiva", aunque el término ha sido objeto de controversia, por lo que progresivamente se sustituye por otros como "equidad en el empleo", "participación equitativa" o "acceso equitativo" (Hepple, 2001: 9). Volviendo al concepto de discriminación, violaría de manera directa el Convenio núm. 100 una oferta de empleo para ser reponedor en un supermercado, por ejemplo, que restrinja las candidaturas exclusivamente a los hombres. No obstante, la doctrina apunta que también existen discriminaciones indirectas, entendidas como aquellas en las que *a priori* no se contraviene lo dispuesto en el Convenio pero que tienen el efecto final de crear una situación de discriminación y que son igualmente contrarias a este, como podría ser el exigir acudir a cursos de formación fuera de las horas de trabajo, lo que discrimina a trabajadores con carga familiar (Tomei, 2003: 442-443; Sheppard, 2012: 8; Teklé, 2018: 612; Maldonado, 2019: 279). Asimismo, se considera que una persona sufre "discriminación múltiple" o "discriminación interseccional" cuando concurren varias causas de discriminación a la vez (Tomei, 2003: 448; Maldonado, 2019: 292), como ocurre en el caso de las mujeres madres y afrodescendientes.

El segundo apartado del art. 1 establece una excepción: "las distinciones, exclusiones o preferencias basadas en las calificaciones exigidas para un empleo determinado no serán consideradas como discriminación"[167]. Este podría ser el caso de restringir una oferta de empleo para la enseñanza de la asignatura de religión católica únicamente a los candidatos que profesen dicha fe. Sin embargo, esta excepción se encuentra mediada por los principios de necesidad y proporcionalidad (Nielsen, 1994: 845; Maldonado, 2019: 283). Una segunda excepción la encontramos en el art. 4 del Convenio, que afirma que "no se consideran como discriminatorias las medidas que afecten a una persona sobre la que recaiga sospecha legítima de que se dedica a una actividad perjudicial a la seguridad del Estado, o acerca de la cual se haya establecido que

---

167 *Ibíd.*, art. 1.2.

de hecho se dedica a esta actividad, siempre que dicha persona tenga el derecho a recurrir a un tribunal competente conforme a la práctica nacional"[168]. La Constitución de la OIT no contiene un principio general que permita a los Estados miembros apartarse de lo dispuesto en los convenios ratificados en casos de emergencia, por lo que el art. 4 contenido en el Convenio núm. 111 resulta *rara avis* (Nielsen, 1994: 852-853). Junto con el art. 1.2., estos artículos constituyen una justificación de la imposición de condiciones especiales de confianza, integridad y lealtad para el empleo en determinados puestos, como aquellos en los que se desempeña una función pública. Una última excepción la encontramos en el art. 5, que tampoco considera como discriminatorias las "medidas especiales de protección o asistencia previstas en otros convenios o recomendaciones", como las relativas a pueblos indígenas o trabajadores con discapacidad (Teklé, 2018: 626; Maldonado, 2019: 281), así como "medidas especiales destinadas a satisfacer las necesidades particulares de las personas a las que, por razones tales como el sexo, la edad, la invalidez, las cargas de familia o el nivel social o cultural, generalmente se les reconozca la necesidad de protección o asistencia especial"[169]. Este artículo 5.2. constituye la positivación de la "discriminación positiva" (Teklé, 2019: 627).

El resto de artículos contenidos en el Convenio núm. 111 están encaminados a obligar a los Estados ratificantes a "formular y llevar a cabo una política nacional que promueva, por métodos adecuados a las condiciones y a la práctica nacionales, la igualdad de oportunidades y de trato en materia de empleo y ocupación, con objeto de eliminar cualquier discriminación a este respecto"[170].

Dado el carácter dinámico del Derecho internacional, con el tiempo, la CIT ha dejado constancia de nuevas formas de discriminación que no aparecen expresamente contenidas en el Convenio núm. 111, pero que igualmente constituyen una violación de

---

[168] *Ibíd.*, art. 4.

[169] *Ibíd.*, art. 5.

[170] *Ibíd.*, art. 2.

su articulado, como lo son la discriminación por razón de edad, orientación sexual, discapacidad o infección por el VIH/SIDA[171] (Maldonado, 2019: 291).

1.3.5. Un entorno de trabajo seguro y saludable

Cuando finalmente se decidió enmendar la Declaración de la OIT de 1998 para incluir la seguridad y salud en el trabajo como nuevo DLF, determinar el contenido que un entorno de trabajo seguro y saludable habría de tener para ser considerado como tal no fue tarea fácil para el Consejo de Administración y los demás órganos encargados de elaborar la propuesta.

El derecho a la seguridad y salud en el trabajo se encuentra desarrollado en los Convenios núm. 155 sobre seguridad y salud de los trabajadores, núm. 161 sobre los servicios de salud en el trabajo, núm. 164 sobre la protección de la salud y la asistencia médica (gente de mar), núm. 167 sobre seguridad y salud en la construcción, núm. 176 sobre seguridad y salud en las minas, núm. 184 sobre la seguridad y la salud en la agricultura y núm. 187 sobre el marco promocional para la seguridad y la salud en el trabajo. Finalmente, con un gran apoyo, solo los convenios núm. 155 sobre seguridad y salud de los trabajadores de 1981 y núm. 187 sobre el marco promocional para la seguridad y la salud en el trabajo del año 2006 han pasado a considerarse como fundamentales tras la enmienda de la Declaración de la OIT de 1998 el pasado junio de 2022.

---

[171] OIT: Informe del Director General "La igualdad en el trabajo: afrontar los retos que se plantean", Informe global con arreglo al seguimiento de la Declaración de la OIT relativa a los principios y derechos fundamentales en el trabajo, Ginebra, 2007. Disponible en: https://www.ilo.org/wcmsp5/groups/public/—americas/—ro-lima/—ilo-brasilia/documents/publication/wcms_226900.pdf
En este informe también se deja constancia de "manifestaciones incipientes de discriminación" derivadas de la posibilidad de obtener información sobre el estatus genético de la persona, o, incluso, de su estilo de vida (si fuma, si tiene sobrepeso, etc.).

El Convenio núm. 155 sobre seguridad y salud de los trabajadores de 1981, a diferencia de otros convenios como el 167, 176 o 184, que tienen carácter sectorial, tiene naturaleza holística, pues, este se aplica a todos los trabajadores de todas las ramas de actividad económica. Por este motivo ha pasado a considerarse fundamental y el resto no. Según el art. 4 este Convenio, los Estados miembros de la OIT que lo ratifican están obligados a "formular, poner en práctica y reexaminar periódicamente una política nacional coherente en materia de seguridad y salud de los trabajadores y medio ambiente de trabajo. Esta política tendrá por objeto prevenir los accidentes y los daños para la salud que sean consecuencia del trabajo, guarden relación con la actividad laboral o sobrevengan durante el trabajo, reduciendo al mínimo, en la medida en que sea razonable y factible, las causas de los riesgos inherentes al medio ambiente de trabajo"[172]. Además, esta política nacional se encuentra sometida a seguimiento a través de "exámenes globales o relativos a determinados sectores, a fin de identificar los problemas principales, elaborar medios eficaces de resolverlos, definir el orden de prelación de las medidas que haya que tomar, y evaluar los resultados"[173]. No obstante, el art. 2 de este Convenio prevé la posibilidad de excluir parcial o totalmente categorías limitadas de trabajadores respecto de las cuales se presenten problemas particulares de aplicación.

Por su parte, el Convenio núm. 187 sobre el marco promocional para la seguridad y la salud en el trabajo del año 2006, amplía las obligaciones de los Estados miembros e introduce la necesidad de "prevenir las lesiones, enfermedades y muertes ocasionadas

---

172 OIT: Convenio núm. 155 sobre seguridad y salud de los trabajadores, adoptado por la Conferencia Internacional del Trabajo en su 67ª reunión, Ginebra, 22 de junio de 1981, art. 4. Disponible en: https://www.ilo.org/dyn/normlex/es/f?p=NORMLEXPUB:12100:0::NO::P12100_ILO_CODE:C155

173 *Ibíd.*, art. 7.

por el trabajo"[174]. Precisamente, el enfoque preventivo, más que el correctivo, es la idea central en torno a la cual gira todo el contenido del derecho a un entorno de trabajo seguro y saludable, pues "la protección plena de los trabajadores contra los riesgos para su salud no es comprensible sin una legislación que consagre unos principios preventivos e incluya previsiones respecto a la evaluación de riesgos, la planificación de medidas para evitar o reducir al máximo los riesgos y los sistemas de gestión de dichos riesgos" (Páramo y Bueno 2018, 204).

Actualmente, nos encontramos en un contexto en el que alrededor de 2 millones de personas mueren al año en el trabajo[175] y 360 millones de personas sufren accidentes laborales[176], constituyendo cifras que aumentan año a año. Además, desde el año 2019, la pandemia mundial de la COVID19 ha acelerado el proceso de adaptación de las normas laborales a las necesidades reales de los trabajadores y trabajadoras, entre las que sobresale un entorno de trabajo seguro frente a enfermedades mortales altamente contagiosas. Asimismo, la reafirmación de la salud mental como parte indisoluble de la salud en general de los trabajadores ha promovido avances en su protección a nivel normativo. Finalmente, la lucha contra la violencia ejercida sobre mujeres y niñas ha tenido su fiel reflejo en la normativa interna e internacional y en el mundo del trabajo, en el que la abolición del acoso laboral se

---

174 OIT: Convenio núm. 187 sobre el marco promocional para la seguridad y salud en el trabajo, adoptado por la Conferencia Internacional del Trabajo en su 95ª reunión, Ginebra, 15 de junio de 2006, art. 2. Disponible en: https://www.ilo.org/dyn/normlex/es/f?p=NORMLEXPUB:12100:0::NO::P12100_ILO_CODE:C187

175 OIT: *WHO/ILO Joint Estimates of the Work-related Burden of Disease and Injury*, 2000–2016, Ginebra, 2021, p. v. Disponible en: https://www.ilo.org/wcmsp5/groups/public/---ed_dialogue/---lab_admin/documents/publication/wcms_819788.pdf

176 OIT: *Technical note of clarification regarding joint WHO/ILO Joint Estimates of the Work-related Burden of Disease and Injury*. Disponible en: https://www.ilo.org/global/topics/safety-and-health-at-work/resources-library/publications/WCMS_819804/lang--en/index.htm

ha convertido en parte integrante e importante del derecho a la seguridad y salud en el trabajo. Por todo lo anterior, la reciente consideración de un entorno de trabajo seguro y saludable como nuevo DLF constituye un paso importante en el logro del objetivo de la dignidad de la persona en el trabajo.

1.4. LA POSIBLE NATURALEZA JURÍDICA IMPERATIVA DE LAS NORMAS LABORALES FUNDAMENTALES

Las normas imperativas de Derecho internacional general o normas de *ius cogens,* como normas que protegen valores esenciales de la comunidad internacional en su conjunto, requieren una mayor y más efectiva observancia en el Derecho internacional y en todos sus subsistemas normativos, por lo que, si la naturaleza jurídica de las normas laborales fundamentales fuese imperativa, quedaría justificado el reforzamiento de su tutela no solo en el subsistema del Derecho internacional del trabajo, sino también en otros como los diferentes subsistemas comerciales internacionales, tutela que se podría conseguir a través de diversas técnicas jurídicas como la integración normativa en cualquiera de sus modalidades. Sin embargo, para proceder al ejercicio de estas técnicas, primero es necesario confirmar la naturaleza jurídica de las normas laborales fundamentales como normas de *ius cogens,* la cual ha sido objeto de intensos debates doctrinales a lo largo de las últimas décadas. Por todo lo anterior, resulta interesante su estudio en profundidad. Para facilitar la comprensión de este análisis, responderemos a una secuencia lógica de preguntas: ¿nos encontramos ante normas que protegen verdaderos derechos o ante normas que contienen principios internacionales?; si se trata de normas que protegen verdaderos derechos, ¿nos encontramos ante normas que protegen derechos humanos?; si nos encontramos ante normas que protegen derechos humanos, ¿son estas normas, además, normas de *ius cogens* o de derecho imperativo? La respuesta a estas cuestiones nos permitirá aclarar la naturaleza jurídica de las normas laborales fundamentales y entender la importancia de su efectiva protección en el Derecho internacional, tanto dentro del Derecho internacional del trabajo como fuera, en otros regímenes autónomos como el Derecho comercial internacional.

1.4.1. ¿Las normas laborales fundamentales protegen derechos o contienen principios?

En relación con la primera pregunta, se han adelantado algunas notas a propósito de la base normativa de los DLF, es decir, de la Declaración relativa a los Principios y Derechos Fundamentales en el Trabajo del año 1998. Antes de adoptarse la mencionada Declaración, lo que hoy conocemos como DLF eran principios[177] contenidos en la Constitución de la OIT de 1919 y en la Declaración de Filadelfia que, con posterioridad se positivaron y se convirtieron en derechos[178] en diversos convenios de la Organización.

---

177 En este epígrafe, cuando hablamos de "principios", no debemos entender por estos los "los principios generales de derecho reconocidos por las naciones civilizadas" incluidos en el art. 38 del Estatuto de la Corte Internacional de Justicia, que han sido definidos como "las normas de naturaleza general que brindan orientación al comportamiento estatal, pero no son directamente aplicables. A pesar de ser parte del ordenamiento jurídico internacional, la violación de tales principios no se puede perseguir en los tribunales internacionales, a menos que sean operativos mediante normas más concretas" (Lang, 1995: 52). Siguiendo la sistemática propuesta por Alexandre Kiss, existen tres grupos de "principios": los principios que reflejan o confirman normas consuetudinarias, los principios que muestran normas jurídicas internacionales emergentes y, los principios o directrices políticas que requieren un desarrollo ulterior de normas o reglas jurídicas (Kiss, 1994: 55-64). En este epígrafe, cuando hablemos de principios, estaremos haciendo referencia al último grupo. Por ejemplo, la libertad de asociación y negociación colectiva es un principio que requiere un desarrollo posterior en normas jurídicas para hacerlo operativo.

178 En este epígrafe, cuando hablamos de "derechos" nos referimos al desarrollo y concreción del principio en un tratado internacional que determina su alcance y lo hace operativo. Por ejemplo, el derecho de

Sin embargo, tras la adopción de la Declaración de 1998, surge un debate en torno a si debemos hablar entonces de principios o de derechos laborales fundamentales, pues el propio título de la Declaración no aclara – es más, dificulta – la cuestión.

Entre los años 2004 y 2005 se produjo un intenso debate doctrinal en el seno de la *European Journal of International Law* entre Philip Alston (2004), Francis Maupain (2005) y Brian Languille (2005) en torno a si la Declaración de 1998 contiene principios o derechos que es importante traer a colación, ya que se trata de tres de los más importantes expertos en Derecho laboral internacional y derechos humanos. Según Philip Alston, la Declaración de 1998 da demasiada importancia al término "principios" cuando lo que dicha Declaración contiene, en realidad, son derechos consagrados como tal hace más de 70 años en la DUDH (Alston, 2004: 483). Para este autor, el lenguaje utilizado en esta Declaración constituye una "regresión terminológica" y un cambio de preferencia por conceptos más indefinidos bajo el paraguas de "principios" (Alston, 2004: 483).

Por su parte, Francis Maupain defiende la inclusión de la palabra "principios" en el título de la Declaración, pues lo que pretende es centrar la atención en la dimensión "metaconstitucional" de la palabra principios, a los principios como objetivos constitucionales (Maupain, 2005: 450). Además, el uso de la palabra principio facilita deliberadamente ciertas dosis de ambigüedad, necesarias en este caso para que los Estados que no han ratificado los CF se presten a su seguimiento (Maupain, 2005: 451). En palabras de Francis Maupain, "el lenguaje `opaco´ utilizado en el párrafo 2 de la Declaración está diseñado para establecer una distinción bastante clara entre la existencia de una obligación o un derecho y su alcance y contenido específico". Así, este párrafo reconoce, por un lado, que hay obligaciones fundamentales basadas en los principios de la Constitución [de la OIT] que existen

asociación y negociación colectiva es aquel contenido en los Convenios núm. 87 y núm. 98 de la OIT.

para todos los miembros independientemente de las obligaciones específicas a las que están sujetos los países que han ratificado los convenios en cuestión [esto serían los "principios" del título de la Declaración]; y, por otro, que existen derechos fundamentales cuyo alcance y contenido específicos (las obligaciones sustantivas y de procedimiento) han sido fijados en los convenios pertinentes [esto serían los "derechos" del título de la Declaración], pero que existen para todos los trabajadores incluso cuando no pueden reclamar el beneficio de disposiciones específicas de los convenios" (Maupain, 2005: 451). De esta manera, para este autor, está, por un lado, la Declaración que contiene los "principios" de los derechos – expresión empleada en la propia Declaración – como obligaciones fundamentales basadas en los objetivos constitucionales, y, por otro lado, los "derechos" contenidos en los CF que los dotan de un contenido específico y de un procedimiento y, aunque ambos deban leerse conjuntamente, la disociación y la ambigüedad en la Declaración son necesarias para que los Estados que no los han ratificado estén dispuestos a informar de su seguimiento.

Por último, Brian Langille responde a Philip Alston en la misma línea que Francis Maupain y afirma que está omitiendo la existencia de dos concepciones distintas de la palabra "derecho", a saber: el concepto de derecho como derecho fundamental o constitucional (el derecho en esencia), como puede serlo el derecho de negociación colectiva, y el concepto de derecho como derecho legal, detallado, estatutario y ejecutable, como pueden serlo todas las normas internacionales o internas que otorgan al derecho de negociación colectiva una concreta aplicabilidad práctica, pues hay numerosas vías por las cuales el derecho fundamental puede ser concretado en estatutos que lo hacen operativo. En otras palabras, se trata de un cambio en el centro de atención desde unos derechos laborales más detallados en diversos convenios hacia la idea más básica de ese derecho particular, el "principio" o "base" de ese derecho (Langille, 2005: 422). Además, este autor apunta que si los CF aún no han sido ratificados por todos los Miembros de la OIT es, precisamente, por su detallado contenido y exigencias, que hace imposible a muchos Estados su cumplimiento. Para

Brian Langille, la Declaración de 1998 tiene la virtud de hacer posible un seguimiento de la situación de cumplimiento de estos derechos en Estados que no han ratificado los CF (Langille, 2005: 426).

El hecho de que en la Declaración de la OIT de 1998 se utilizase el término "principio" ha originado numerosos problemas incluso dentro de la OIT a la hora de interpretar dicha Declaración. Quizá muchos problemas se habrían evitado si el título de la Declaración, en lugar de ser "Declaración relativa a los Principios *y* Derechos Fundamentales..." hubiese sido "Declaración sobre los Principios *relativos a los* Derechos Fundamentales..." (expresión empleada en el párrafo segundo), porque esta Declaración no enumera principios *y* derechos, sino que resalta el estatus superior y la especial protección que merecen los principios, entendidos como los objetivos primordiales en materia laboral establecidos en la Constitución de la OIT, que se refieren (*relativos*) a los derechos fundamentales de los trabajadores que se encuentran contenidos en los diferentes CF de la Organización.

De lo expuesto anteriormente se puede concluir que lo que la Declaración de 1998 de la OIT sistematiza son normas que contienen derechos laborales en el sentido jurídico del término que han sido categorizados como fundamentales por referirse a los principios contenidos en la Constitución de la OIT y en la Declaración de Filadelfia, los cuales ostentan un especial valor. No obstante, el contenido de estas normas, entendido como las obligaciones específicas que se derivan de esos derechos, debemos buscarlo en los CF de la OIT que los desarrollan y los hacen operativos.

1.4.2. ¿Los derechos laborales fundamentales son derechos humanos?

Habiendo concluido que cuando hablamos de negociación colectiva, no discriminación en el empleo o abolición del trabajo forzoso e infantil y seguridad y salud en el trabajo estamos ante normas que contienen derechos en el sentido jurídico del término, es el momento de responder a la segunda pregunta: ¿estos derechos son derechos humanos? Esta cuestión ha sido muy debatida por la doctrina. En este debate, los más conservadores consideran que únicamente los derechos civiles y políticos, es decir, los derechos individuales, son derechos humanos, mientras que otro importante sector defiende que los derechos económicos, sociales y culturales, los derechos colectivos, entre los que se incluyen los derechos laborales, también son derechos humanos. Si bien es cierto que este debate se encuentra casi completamente superado en la actualidad (Compa, 2009: 38; Tomuschat, 2014: 148), es necesario tener en cuenta los argumentos de los expertos que se han pronunciado sobre la materia.

Inicialmente, conviene que aclarar lo que se entiende por derechos humanos antes de discernir si los DLF pertenecen a esta categoría o no. La Teoría de los derechos humanos parte de la idea de que existen una serie de derechos fundamentales que el hombre posee por el mero hecho de ser hombre, por su propia naturaleza y dignidad; derechos que le son inherentes y que, lejos de nacer de una concesión de la sociedad política, han de ser por esta consagrados y garantizado (Truyol y Serra, 1982: 11). Como afirma María Paz Andrés Sáenz de Santamaría, "esta nueva dimensión del Derecho internacional entraña dos consecuencias: de un lado, la universalidad de los derechos humanos, pues todos los Estados tienen el deber de promoverlos y respetarlos, con independencia tanto de cualquier particularidad nacional o regional como de las concepciones propias de las distintas culturas y religiones existentes (...). De otro, la obligación de promover y respetar los derechos humanos es una obligación *erga omnes*, por lo que le incumbe al Estado respecto a la comunidad internacional en su conjunto, al tener todos los Estados un interés jurídico en la protección de los derechos humanos, estando facultados para reclamar su respeto frente a una vulneración grave, allí donde ocurra, incluso aunque no afecte a sus nacionales" (Andrés, 2018: 447-448).

La universalidad de un determinado derecho de cara a su caracterización como derecho humano ha sido uno de sus rasgos característicos más difíciles de argumentar. Para los positivistas, si el derecho se encuentra recogido en una norma de carácter universal, entonces será universal. Para los iusnaturalistas, hay que tener en cuenta las dimensiones éticas y filosóficas previas que sirven para formar la idea de derechos humanos. No obstante, para saber si un derecho puede ser considerado universal (condición necesaria para poder ser considerado derecho humano), siguiendo la corriente procedimentalista, este debe superar lo que Habermas denomina "prueba del principio de universalización" (Habermas, 1983: 310), cuya finalidad consiste en establecer las reglas que aseguren que una norma puede ser considerada como válida y universal dentro de la Comunidad en que esta sea propuesta. Según Habermas, "válidas son aquellas normas a las que todos los que puedan verse afectados por ellas pudiesen prestar su asentimiento como participantes en discursos racionales (Habermas, 1998: 172). Pongamos como ejemplo la DUDH de 1948: ¿es realmente válida y universal teniendo en cuenta que en su día fue adoptada por únicamente 58 Estados existiendo en la actualidad muchos nuevos Estados que no participaron en su redacción? Siguiendo la prueba del principio de universalización habermasiano, de manera sencilla, deberíamos preguntarnos si, en un discurso abstracto y racional, y en una situación ideal libre de todo tipo de condicionamientos (económicos, culturales, religiosos…) los individuos aceptarían en cualquier momento como válidas las normas contenidas en la Declaración (consenso intersubjetivo). Así, para que el planteamiento alcance un posible asentimiento universal, tendría que cumplir con dos requisitos: ser formulado bajo un interés generalizable y no provocar un rechazo legítimo (Canessa, 2006: 28). La DUDH, concretamente, se formula en términos universales para todos los seres humanos, recogiendo un interés general e igualitario y no provocando ningún rechazo legítimo, por lo que pasaría la prueba y podría ser considerada una norma válida y universal que contiene derechos encaminados a proteger la dignidad humana[179].

---

179 Si bien la universalidad de la DUDH no se cuestiona en la actualidad, ha habido autores muy críticos con esta idea, como Antonio Cassese, que afirma que la idea de universalidad es una "cómoda cobertura para

Además de su universalidad, otro de los rasgos característicos de los derechos humanos es su naturaleza dinámica y evolutiva: lo que hoy consideramos derechos humanos no era así hace décadas (Fernández de Casadevante, 2007: 66; Andrés, 2018: 451). Es por ello que los expertos en esta materia hablan de "generaciones" de derechos humanos en términos históricos (Vasak, 1974; Van Boven, 1984), correspondiendo la primera generación a los derechos civiles y políticos, de carácter individual (derechos de la libertad); la segunda a los derechos económicos, sociales y culturales, de carácter colectivo (derechos de la igualdad); y la tercera a los derechos de la "solidaridad", aún en fase de desarrollo, en la que podríamos incluir el derecho a un medio ambiente cuidado (Vasak, 1974: 344; Carrillo, 2001: 81; Andrés, 2018: 451). No obstante, algunos autores contradicen esta teoría argumentando, por ejemplo, que el preámbulo de la Constitución de la OIT de 1919 contiene verdaderos derechos humanos, en este caso, derechos sociales, y, por tanto, estos anteceden a los derechos civiles y políticos, en contra de lo que propone la teoría de las generaciones (Ermida, 2012: 38). Otros autores prefieren evitar hablar de generaciones, pues la historia de la evolución de los derechos humanos no puede ser dividida herméticamente en etapas. Asbjørn Eide y Allan Rosas defienden que los derechos económicos y sociales fueron aceptados como derechos humanos en algunos Estados mucho antes que algunos derechos políticos (Eide y Rosas, 2001: 4).

Asimismo, la indivisibilidad e interdependencia de los derechos humanos es otra de sus características esenciales (Remiro, 2007: 1183), debiendo entender que la efectividad de un deter-

ocultar las divergencias de fondo" (Cassese, 1991: 75). Para este autor, la Declaración no era más que un testamento moral de Roosevelt que lo único que consiguió fue dividir aún más a los países occidentales, firmes defensores de la libertad, y a los socialistas, defensores de la igualdad. A pesar de las críticas, Cassese reconoce que esta Declaración no es solo una victoria de Occidente, sino de la Sociedad internacional en su conjunto (Cassese, 1991: 52).

minado derecho se halla condicionada, en buena medida, por el progreso alcanzado en los restantes (Andrés, 2018: 451). Sin embargo, este rasgo característico de los derechos humanos fue cuestionado cuando la Asamblea General de Naciones Unidas adoptó dos Pactos Internacionales diferenciando, por un lado, los derechos civiles y políticos, y, por otro lado, los derechos económicos, sociales y culturales. Esta distinción dio pie a pensar que los primeros eran "más derechos humanos" que los segundos por su carácter individual. No obstante, la propia Asamblea General se encargó de dejar claro, incluso antes de su adopción en 1966, que todos los derechos humanos son indivisibles e interdependientes[180]. Esta interrelación entre todos los derechos humanos también fue consagrada en los preámbulos de ambos Pactos[181].

La cuarta característica de los derechos humanos, aunque, en este caso, únicamente de los derechos económicos, sociales y culturales (DESC), es su realización progresiva (Carrillo, 2001: 82; Pariotti, 2018: 162). Este principio de progresividad aparece consagrado en el art. 2.1 del Pacto Internacional de Derechos Económicos, Sociales y Culturales de 1966, que afirma que "cada

---

180 "Por cuanto el goce de las libertades cívicas y políticas y el de los derechos económicos, sociales y culturales están vinculados entre sí y se condicionan mutuamente". Vid. ONU: Proyecto de Pacto Internacional de Derechos del Hombre y medidas de aplicación: labor futura de la Comisión de Derechos del Hombre, 417ª sesión plenaria de la Asamblea General de las Naciones Unidas, 4 de diciembre de 1950 (A/RES/421(V)G).

181 "Reconociendo que, con arreglo a la Declaración Universal de Derechos Humanos, no puede realizarse el ideal del ser humano libre en el disfrute de las libertades civiles y políticas y liberado del temor y de la miseria, a menos que se creen condiciones que permitan a cada persona gozar de sus derechos civiles y políticos, tanto como de sus derechos económicos, sociales y culturales". Vid. ONU: Pacto Internacional de Derechos Civiles y Políticos, 1496ª sesión plenaria de la Asamblea General de las Naciones Unidas, 16 de diciembre de 1966 (A/RES/2200A(XXI)) y ONU: Pacto Internacional de Derechos Económicos, Sociales y Culturales, 1496ª sesión plenaria de la Asamblea General de las Naciones Unidas, 16 de diciembre de 1966 (A/RES/2200A(XXI)).

uno de los Estados Partes en el presente Pacto se compromete a adoptar medidas, tanto por separado como mediante la asistencia y la cooperación internacionales, especialmente económicas y técnicas, hasta el máximo de los recursos de que disponga, para lograr progresivamente, por todos los medios apropiados, inclusive en particular la adopción de medidas legislativas, la plena efectividad de los derechos aquí reconocidos"[182]. En el año 2007, el Alto Comisionado de las Naciones Unidas para los Derechos Humanos elaboró un informe en el que desarrolló el concepto de la realización progresiva de los DESC[183]. En dicho informe el Alto Comisionado afirma que "el concepto de la realización progresiva puede describirse en esencia como las obligaciones de los Estados partes de: a) adoptar todas las medidas pertinentes para la aplicación, o la plena realización, de los derechos económicos, sociales y culturales; y b) hacerlo hasta el máximo de los recursos de que dispongan"[184]. No obstante, la expresión "el máximo de los recursos disponibles" es la que más controversia ha causado, aunque finalmente el Alto Comisionado entiende que el término no se refiere solo a la capacidad financiera de un Estado, sino también a otros tipos de recursos relacionados con la realización de los derechos económicos, sociales y culturales, como los recursos humanos, tecnológicos y de información[185]. Por su parte, el Comité de DESC, órgano principal de control del Pacto, ha descrito el concepto de la realización progresiva como "un dispositivo de flexibilidad necesaria que refleje las realidades del mundo real y las dificultades que implica para cada país el asegurar la plena efectividad de los derechos económicos, sociales y culturales"[186]. Como

---

182 *Ibíd.*

183 ONU: Informe del Alto Comisionado de las Naciones Unidas para los Derechos Humanos (E/2007/82, de 25 de junio de 2007).

184 *Ibíd.*, p. 3.

185 *Ibíd.*, p. 5.

186 ONU: Observación General núm. 3 del Comité de Derechos Económicos, Sociales y Culturales: "La índole de las obligaciones de los Estados Partes (párrafo 1 del artículo 2 del Pacto)". Disponible en: https://tbinternet.ohchr.org/_layouts/15/treatybodyexternal/TBSearch.aspx

algunos autores señalan, el problema de la cláusula de realización progresiva de los DESC es que para controlar si los Estados están adoptando las medidas a las que se comprometen hasta el máximo de sus recursos disponibles se requiere una ingente cantidad de datos fiables y de sofisticación estadística que no todos poseen y que, de poseer, resulta muy difícil de manejar (Chapman and Russel, 2002: 4-5).

Por último, la quinta característica de los derechos humanos es su exigibilidad, el hecho de poder ser exigibles a través de diversas vías a los encargados de su efectivo cumplimiento. La primera vez que se habla de exigibilidad es respecto de los DESC en la Declaración de Quito de 1998[187], que pretendía reafirmar la importancia de estos derechos como derechos humanos, recordando que

---

?Lang=en&TreatyID=9&DocTypeID=11 (última consulta: 28 de junio de 2023).

Precisamente, el Comité de DESC emitió un Dictamen contra España en el año 2014 en materia de derecho a una vivienda adecuada, el único en el que se hace mención al art. 2.1 del Pacto y a la cláusula de realización progresiva, en el que recuerda que esta cláusula incluye "la adopción de medidas que garanticen el acceso a recursos judiciales efectivos para la protección de los derechos reconocidos en el Pacto (…) Por tanto, los Estados partes deben garantizar que las personas cuyo derecho a la vivienda adecuada pudiera ser afectado debido, por ejemplo, a desalojos forzados o ejecuciones hipotecarias, dispongan de un recurso judicial efectivo y apropiado" Vid. ONU: Comunicación núm. 2/2014: Dictamen aprobado por el Comité de Derechos Económicos Sociales y Culturales en su 55° período de sesiones, 1 a 19 de junio de 2015 (E/C.12/55/D/2/2014, de 13 de octubre de 2015, p. 13).

187 OTROS: Declaración de Quito acerca de la Exigibilidad y Realización de los Derechos Económicos, Sociales y Culturales en América Latina y el Caribe, 24 de julio de 1998.

Esta Declaración fue el resultado del Encuentro Latinoamericano para la Promoción de los Derechos Económicos, Sociales y Culturales (DESC) celebrado en julio de 1998 en Quito, Ecuador. El evento fue organizado por el Centro de Derechos Económicos y Sociales y en él participaron 50 organizaciones y 5 redes de 16 países latinoamericanos, así como otros expertos, activistas y representantes de organizaciones no gubernamentales (ONG) comprometidas con los DESC.

estos son "universales, indivisibles, interdependientes y *exigibles*" y que son los Estados quienes tienen "la primordial obligación de respetar, proteger y promover los DESC frente a la comunidad internacional y frente a sus pueblos". Concretamente, la Declaración de Quito define la exigibilidad como un proceso social, político y legal. Se trata de poder someter individual o colectivamente al escrutinio de los órganos de verificación del cumplimiento de las normas que consagran los DESC la forma y medida en que un Estado cumple con sus obligaciones respecto de estos derechos. En este sentido, José María Martínez de Pisón Cavero afirma que cuando hablamos de exigibilidad nos referimos a "los procedimientos de reclamación para que los poderes públicos cumplan sus obligaciones de actuar" (Martínez, 2009: 102). Las vías por las que esta exigibilidad puede materializarse son diversas, a saber: política (a través de la formulación de acciones o programas para mejorar la información y la realización de estos derechos), legislativa (a través de la adecuación del marco legal existente y de la creación y mejora de los instrumentos que definen el contenido de estos derechos), administrativa (a través de la provisión de recursos efectivos), etc. Por lo que respecta a la exigibilidad jurídica o justiciabilidad, esta se encuentra relacionada no solo con la capacidad de reclamar judicialmente, ante un juez o tribunal, el cumplimiento de las obligaciones que se derivan de un derecho concreto (Abramovich y Courtis, 2002: 37), sino también ante comités nacionales o internacionales de expertos o, incluso, defensores del pueblo, en la medida en que se les atribuyan competencias en la materia (Bonet, 2016: 15). En este contexto, hablar de justiciabilidad de los derechos humanos tiene una utilidad limitada, pues su concreción depende del sistema en el que nos movamos[188]: ni la definición y alcance del derecho en cues-

---

188 Entiéndase por "sistema" los diferentes sistemas jurídicos de protección de derechos humanos nacionales, en función del Estado en cuestión, e internacionales, coexistiendo el sistema universal de protección de los DESC, cuyo tratado internacional es el Pacto Internacional de los DESC y su órgano de control el Comité de DESC, pero también diversos sistemas jurídicos regionales como el americano, cuyo tratado es la Con-

ción es la misma en todos los sistemas, ni los sujetos que pueden reclamar su cumplimiento, ni los mecanismos de control configurados para tal fin. No obstante, de manera paulatina, lo que hace décadas constituían sistemas de protección de derechos humanos estancos, se van conectando a través de técnicas jurídicas, como el control de convencionalidad[189], que mejoran su justiciabilidad.

---

vención Americana sobre Derechos Humanos y sus órganos de control son la Comisión y la Corte Interamericana de Derechos Humanos, el europeo, con dos organizaciones internacionales (Consejo de Europa y Unión Europea), dos tratados (Convenio Europeo de Derechos Humanos y Carta de Derechos Fundamentales de la Unión Europea) y dos órganos jurisdiccionales de control (Tribunal Europeo de Derechos Humanos y Tribunal de Justicia de la Unión Europea), además de diversos comités como el Comité de los Derechos Sociales, y el sistema africano, cuyo órgano de control principal es la Corte Africana de Derechos Humanos y de los Pueblos.

189 Dado que en cada sistema se aplica de una determinada forma, el control de convencionalidad no se puede definir de manera única. En España, para el Tribunal Constitucional (TC), el control de convencionalidad consiste en "una mera regla de selección de derecho aplicable", es decir, en caso de hallarse una posible incompatibilidad entre una norma interna y un tratado internacional, aplicando el control de convencionalidad, la norma interna se inaplicaría. Vid. TC: STC 140/2018, de 20 de diciembre de 2018 (Tol 6978681). F. J. 6. Para el TC, el control de convencionalidad surge de la jurisprudencia de la CIDH, en el asunto Almonacid Arellano y otros contra Chile del año 2006, en el que se afirma que "Cuando un Estado ha ratificado un tratado internacional como la Convención Americana, sus jueces, como parte del aparato del Estado, también están sometidos a ella, lo que les obliga a velar porque los efectos de las disposiciones de la Convención no se vean mermadas por la aplicación de leyes contrarias a su objeto y fin, y que desde un inicio carecen de efectos jurídicos. En otras palabras, el Poder Judicial debe ejercer una especie de "control de convencionalidad" entre las normas jurídicas internas que aplican en los casos concretos y la Convención Americana sobre Derechos Humanos". Vid: CIDH: *Almonacid Arellano y otros vs Chile* (Excepciones Preliminares, Fondo, Reparaciones y Costas), Serie C, núm. 154, de 26 de septiembre de 2006, párr. 124.
En esta STC del año 2018, y basándose en la jurisprudencia de la CIDH, el TC atribuye este control de convencionalidad como selección de la

Siendo, por tanto, los derechos humanos todos aquellos derechos universales que pretenden proteger la dignidad humana y que tienen un carácter dinámico, indivisible e interdependiente, progresivo y exigible, cabe preguntarse, entonces: ¿los DLF son

---

norma aplicable a los jueces ordinarios, lo cual ha sido criticado por la doctrina por varias razones: en primer lugar, de la jurisprudencia de la CIDH no se desprende tal conclusión, pues deja en manos de cada sistema jurídico nacional la elección del juez competente para llevar a cabo el control de convencionalidad; en segundo lugar, el concepto del control de convencionalidad utilizado en la jurisprudencia de la CIDH va mucho más allá del ofrecido por la jurisprudencia constitucional española (Alonso, 2020: 22). Además, la STC acota el ejercicio del control de convencionalidad a la aplicabilidad o inaplicabilidad de la norma interna, dando a entender que el juez – ordinario en este caso – debe tener en cuenta únicamente la norma interna e internacional a la hora de determinar la incompatibilidad, pero de la jurisprudencia americana a la que el TC precisamente se refiere, añade que "en esta tarea, el Poder Judicial debe tener en cuenta no solamente el tratado, sino también la interpretación que del mismo ha hecho la Corte Interamericana, intérprete última de la Convención Americana". Como apunta Luis Jimena Quesada, "el ejercicio del control difuso de convencionalidad impone tener presente que, cuando nos situamos en la esfera del Derecho internacional de los derechos humanos, la eventual divergencia entre el canon doméstico y el estándar de producción externa no se producirá normalmente en el plano normativo, dado que las normas internacionales suelen contener cláusulas generales que devienen instrumentos vivos a través de la interpretación dinámica o evolutiva de las correspondientes instancias internacionales de control, monitoreo o garantía. En otros términos, la prevalencia del parámetro exterior vendrá dado por la asunción interna del texto y la interpretación internacionales, lo cual no debe sino entenderse como un acto de prevalencia de la misma fuerza normativa de la Constitución nacional, vigorizada a través de su apertura internacional" (Jimena, 2019: 460). Por tanto, al llevar a cabo el control de convencionalidad, el juez ordinario debería, además, tener en cuenta la práctica subsiguiente y los tratados subsiguientes como medio de interpretación auténtico. Vid. ONU: Informe de la Comisión de Derecho internacional, 70º período de sesiones (30 de abril a 1 de junio y 2 de julio a 10 de agosto de 2018), Suplemento núm. 10 (A/73/10, p. 13).

derechos humanos? Como mencionábamos al inicio, existe un intenso debate en torno a esta cuestión, donde el principal punto de fricción lo constituye el determinar si los DLF son derechos universales.

Dentro de los autores que niegan la universalidad de los DLF están, en primer lugar, los que defienden que únicamente son derechos humanos aquellos derechos de carácter individual como lo son los derechos civiles y políticos y, por tanto, los derechos laborales, de carácter colectivo, no lo son (Savage, 2008; Youngdahl, 2009; Kolben, 2010). Los detractores afirman, en segundo lugar, que, dado que solo los que son trabajadores son titulares de los derechos laborales, estos no pueden ser considerados universales (Kolben, 2010: 453). En tercer lugar, hay autores que basan sus argumentos en cuestiones culturales, sosteniendo que los DLF, como derechos humanos, son una creación de las culturas occidentales impuesta al resto de países del mundo (Mende, 2021: 38-39)[190].

---

[190] Además de no considerarlos universales, los autores que no consideran a los DLF como derechos humanos esgriman otra serie de argumentos. Por ejemplo, Larry Savage, opositor a Roy Adams, afirma que "el enfoque de los derechos laborales como derechos humanos amenaza con socavar las respuestas de clase a la globalización neoliberal al contribuir a la despolitización del movimiento sindical. El enfoque de los derechos de los trabajadores como derechos humanos tiende a restar importancia o ignorar por completo la dimensión material de la acción colectiva de los trabajadores y el papel central del conflicto económico en la relación laboral (Savage, 2008: 68). Según este autor, tratar de considerar los DLF como derechos humanos constituye una "legalización de la política" (Savage, 2008: 74). Por su parte, Kevin Kolben se posiciona en contra de lo que él considera un discurso estratégico de derechos humanos: "sindicatos y académicos desean aprovechar el estatus hegemónico del discurso de derechos humanos y la efectividad relativa de algunas estrategias de defensa de los derechos humanos para apoyar otra serie de objetivos (...) Es una respuesta estratégica e instrumental al declive de la afiliación sindical y a la pérdida de apoyo moral, político e intelectual a los movimientos laborales, tanto en Estados Unidos como en el extranjero" (Kolben, 2010: 451). Finalmente,

Los autores que afirman la universalidad de los DLF responden a los anteriores argumentos de la siguiente manera. En primer lugar, respecto de la división de los derechos humanos entre derechos individuales y colectivos, algunos autores recuerdan la indivisibilidad e interdependencia de esta categoría de derechos (Adams, 2006; Canessa, 2006; Compa, 2009; Mantouvalou, 2012; Collins, 2020). Además, Lance Compa responde nominativamente a Jay Youngdahl afirmando que la Teoría contemporánea de los Derechos Humanos ya no solo contempla derechos individuales sino también colectivos (Compa, 2009: 38) y que los derechos humanos y la solidaridad se refuerzan mutuamente (Compa, 2009: 39). En segundo lugar, en relación con que únicamente los trabajadores son titulares de los derechos laborales, Francisco Miguel Canessa Montejo aclara que un derecho es universal cuando todos los seres humanos son titulares de ese derecho "con la diferencia de que el ejercicio del derecho beneficia a las personas a las que satisface la necesidad básica" (Canessa, 2006: 64-65). En otras palabras: dado que todos podemos llegar a ser trabajadores y desear DLF, estos adquieren un carácter universal, rasgo esencial para su caracterización como derechos humanos (Mantouvalou, 2012: 166). En tercer lugar, en relación al componente cultural de los DLF, Christian Tomuschat responde a quienes niegan la universalidad de los derechos humanos porque "buscan reintroducir la hegemonía occidental" que no están teniendo en cuenta "más de 60 años de historia en los que los países en desarrollo han contribuido en gran medida al conocimiento y a la práctica actuales de los derechos humanos" (Tomuschat, 2014: 72). Janne

Jay Youngdahl prefiere hablar de "solidaridad" más que de DLF como derechos humanos. Para este autor, cuya visión da pie a pensar que para él solo los derechos individuales (civiles y políticos) son derechos humanos, "la sustitución de la solidaridad y la unidad como pilar básico de la justicia laboral por `derechos humanos individuales´ significará el fin del movimiento sindical tal como lo conocemos (...) Pensar en los derechos laborales como un manojo de derechos individuales deja a los trabajadores sin preparación para lidiar con el poder" (Youngdahl, 2009: 31).

Mende, además de defender que los derechos humanos no son exclusivamente occidentales, añade que "universalidad y pluralismo pueden ir de la mano" (Mende, 2021: 51).

Ahora bien, en nuestro trabajo preferimos argumentar la pertenencia de los DLF a la categoría de los derechos humanos no teniendo en cuenta únicamente un aspecto concreto de estos derechos, como su carácter colectivo, su inclusión en instrumentos internacionales de derechos humanos, la titularidad de estos o su componente cultural, ya que esta aproximación puede llegar a obstaculizar la consideración de nuevos DLF como derechos humanos. En otras palabras, si nos acogiésemos a las ideas de estos autores y, por ejemplo, la no discriminación en el empleo no formase parte de instrumentos internacionales de derechos humanos, ¿no estaríamos, entonces, ante un derecho humano? En su lugar, vamos a optar por argumentar la pertenencia de los DLF a la categoría de los derechos humanos desde un enfoque teórico que nos permita obtener conclusiones generalizables.

Como ya sabemos, existen diferentes enfoques teóricos para aproximarse a esta cuestión: los positivistas defienden que los DLF son derechos humanos porque se mencionan en instrumentos universales de derechos humanos; los iusnaturalistas afirman que hay que tener en cuenta las dimensiones éticas y filosóficas previas que sirven para formar la idea de DLF; los instrumentistas argumentan que los DLF son derechos humanos porque así los reconocen los tribunales y las organizaciones de la sociedad civil; o los normativistas, que afirman que tanto los DLF como los derechos humanos comparten objetivos normativos y morales mutuos (Albin, 2012: 11).

La cuestión principal, como sabemos, es determinar si los DLF son universales o no. Los Estados occidentales de ideología liberal tratan de defender la universalidad de los DLF basándose en un enfoque positivista, esto es, en su inclusión en instrumentos universales de derechos humanos, pero para Elena Pariotti, esta forma de argumentar su universalidad es errónea (Pariotti, 2018: 171), pues hay DLF que no están recogidos en estos instrumentos y hay que tratar de justificarla por otras vías. En nuestro trabajo compartimos su opinión y consideramos que la mejor manera de argumentar la universalidad de los DLF es a través del enfoque procedimentalista, utilizando la prueba del principio de universalización habermasiano: en un discurso racional, abstracto e ideal se podría llegar a un consentimiento intersubjetivo y afirmar que estos derechos defienden un interés generalizable. Además, dicho consentimiento no provocaría un rechazo legítimo[191]. Por tanto, siguiendo la visión procedimentalista podríamos llegar a la conclusión de que los DLF son universales y pueden ser considerados derechos humanos, dado que también cumplen con las notas de dinamismo, indivisibilidad e interdependencia, progresividad y exigibilidad.

A pesar de las críticas, la reafirmación de los DLF como derechos humanos puede entenderse, en palabras de Hugh Collins, "como una expresión contemporánea de la máxima de que `el trabajo no es una mercancía´" (Collins, 2020: 519). En un momento histórico en el que el proceso de globalización económica convierte a los trabajadores en un mero factor productivo, es más importante que nunca garantizar y dotar de efectividad los DLF, que, como se ha defendido en este epígrafe, son universales y tratan de proteger la dignidad humana en el trabajo. En definitiva, es importante proteger de manera efectiva los DLF como derechos humanos que son.

1.4.3. ¿Las normas laborales fundamentales son normas de derecho imperativo o de ius cogens?

El pasado 17 de mayo de 2022, la Comisión de Derecho internacional (CDI), en su 3582ª sesión, aprobó en segunda lectura un Proyecto de conclusiones sobre la identificación y las consecuen-

---

191 Es importante matizar que el rechazo que muchas empresas manifiestan en relación con los DLF por considerar que perjudican sus intereses no es un rechazo legítimo.

cias jurídicas de las normas imperativas de derecho internacional general *(ius cogens)*, incluido el anexo que contenía una lista no exhaustiva de este tipo de normas[192]. Para responder a la posible identificación de las normas laborales fundamentales como normas de *ius cogens* procederemos, por tanto, a aplicar las conclusiones elaboradas por la Comisión. La cuestión resulta de significativa importancia, pues una identificación afirmativa respaldaría la propuesta de dotar a los DLF de una efectiva protección, no solo dentro del Derecho laboral internacional, sino en cualquier otro subsistema normativo del Derecho internacional, como, por ejemplo, dentro del Derecho comercial internacional, y es que las normas de *ius cogens* generan, en palabras del profesor José Ángel Rodrigo Hernández, efectos sistémicos en aspectos fundamentales como la unidad material del OJI o la universalidad de ciertas normas (Rodrigo, 2018: 131).

No obstante, primero es preciso aclarar el significado de lo que hoy se entiende por normas de *ius cogens* o de derecho imperativo o perentorio[193] y sus características, así como diferenciar estas de otros conceptos como las obligaciones *erga omnes* y las normas fundamentales del OJI.

La única definición de las normas de *ius cogens* ofrecida por el OJI la encontramos en el art. 53 de la Convención de Viena de 1969 sobre el Derecho de los Tratados: "Para los efectos de la presente Convención, una norma imperativa de Derecho internacional general es una norma aceptada y reconocida por la comunidad internacional de Estados en su conjunto como norma

---

192 ONU: Informe de la Comisión de Derecho internacional, 73° período de sesiones (18 de abril a 3 de junio y 4 de julio a 5 de agosto de 2022), Suplemento núm. 10 (A/77/10).

193 En inglés, el término imperativo o perentorio (*peremptory*) ha sido equiparado al de fundamental, esencial, inalienable o inherente (Parker, 1989: 415). Sin embargo, como explicaremos más adelante, conviene no relacionar estos conceptos, pues existen normas fundamentales del OJI que no tienen por qué ser, al mismo tiempo, normas de *ius cogens* (Tomuschat, 2005: 431).

que no admite acuerdo en contrario y que solo puede ser modificada por una norma ulterior de Derecho internacional general que tenga el mismo carácter"[194]. Este artículo debe leerse conjuntamente con el art. 64 de la Convención de Viena: "Si surge una nueva norma imperativa de Derecho internacional general, todo tratado existente que esté en oposición con esa norma se convertirá en nulo y terminará"[195]. Aunque el art. 53 de la Convención de Viena define las normas de ius cogens "a los efectos de la Convención", esta también es aplicable en otros contextos, entre ellos en relación con la responsabilidad del Estado[196], por lo que debe entenderse que tiene un alcance más general (Gutiérrez, 2021: 2). De esta definición se pueden extraer dos elementos que toda norma de *ius cogens* debe poseer para ser considerada como tal: en primer lugar, ser "una norma de Derecho internacional general" y, en segundo lugar, estar "aceptada y reconocida por la comunidad internacional de Estados en su conjunto como norma que no admite acuerdo en contrario y que solo puede ser modificada por una norma ulterior de Derecho internacional general que tenga el mismo carácter"[197]. Cabe resaltar que, según la doctrina, la Convención de Viena define las normas de *ius cogens* únicamente prestando atención a sus consecuencias legales: sobre estas normas no cabe excepción posible, ni siquiera por consenso (Kadelbach, 2005: 29). Además de la definición contenida en la Convención

194 ONU: Convención de Viena sobre el Derecho de los Tratados, *op. cit.*, nota 42, p. 456.
Esta definición ha sido reproducida por la CDI sin variaciones en su último informe. Vid. ONU: Informe de la Comisión de Derecho internacional, *op. cit.*, nota 192, p. 12.
Dado que el art. 53 contiene la única definición jurídica que existe por escrito de los efectos de las normas de *ius cogens*, así como del proceso por el cual surgen, este constituye el punto de partida necesario para analizar dicho concepto (Knuchel, 2015: 19).

195 ONU: Convención de Viena sobre el Derecho de los Tratados, *op. cit.*, nota 42, p. 459.

196 ONU: Informe de la Comisión de Derecho internacional, *op. cit.*, nota 192, p. 30.

197 *Ibíd.*, p. 31

de Viena de 1969, otros expertos y autores han tratado de definir estas normas prestando atención a diferentes aspectos como su naturaleza vinculante (Parker, 1989: 414), su superior estatus dentro del OJI (Focarelli, 2008: 439) o su limitación de la autonomía de la voluntad (Cebada, 2002: 4). Otra definición relevante, centrada en la importancia de estas normas para la coexistencia pacífica de los Estados en la comunidad internacional, es la ofrecida por el representante Mejicano en la Conferencia de las Naciones Unidas sobre el Derecho de los Tratados de 1968, según la cual, "las normas de *ius cogens* son aquellos principios que la conciencia jurídica de la humanidad, revelada por sus manifestaciones objetivas, considera como absolutamente indispensables para la coexistencia y la solidaridad de la comunidad internacional en un momento determinado de su desarrollo orgánico"[198]. Finalmente, para el profesor Juan Antonio Carrillo Salcedo, las normas de derecho imperativo son "principios de Derecho internacional que hoy tienen un carácter de *ius cogens* por responder al mínimo jurídico esencial que la comunidad internacional precisa para su pervivencia en cuanto tal, así como a las necesidades morales de nuestro tiempo". Entre ellos caben incluir "unos derechos fundamentales de la persona humana que todo Estado tiene el deber de respetar y proteger, no tanto a través de pomposas declaraciones políticas como por medio de reglas procesales que garanticen la puesta en práctica de aquellos derechos fundamentales (Carrillo, 1976: 279; Carrillo, 2001: 151; Quel, 2007: 97).

Una primera característica de las normas de *ius cogens* es su naturaleza imperativa u obligatoria. El carácter imperativo de esta serie de normas viene dado por su objeto de protección, esto es, valores fundamentales de la comunidad internacional en su conjunto (Kolb, 2015: 32). Este elemento espiritual o valorativo,

---

198 ONU: Intervención de Sr. Eduardo Suarez, representante de México. Actas resumidas de las sesiones plenarias y de las sesiones de la Comisión Plenaria. Conferencia de las Naciones Unidas sobre el Derecho de los Tratados, Primer período de sesiones, Viena, 26 de marzo al 24 de mayo de 1968 (A/CONF.39/11, p. 325)

en palabras de Carlos Espaliú Berdud, es más importante que el técnico jurídico o positivo (Espaliú, 2015: 118), es decir, lo importante es la consideración de ciertos valores o derechos como fundamentales de la comunidad internacional independientemente de su inclusión en instrumentos jurídicos internacionales. Pero en este punto debemos aclarar lo siguiente: así como todas las normas de *ius cogens* consagran valores fundamentales de la comunidad internacional, no todas las normas fundamentales del OJI constituyen normas de *ius cogens*.

Una segunda característica de esta categoría de normas, derivada de la definición ofrecida por el art. 53 de la Convención de Viena de 1969, es que "no admiten acuerdo en contrario" ni "pueden ser derogadas por otra norma que no sea imperativa". Con ello se admite y garantiza la primacía de estas normas sobre el resto de normas internacionales (Gutiérrez, 2021: 3).

Una tercera característica de esta clase de normas internacionales tiene que ver con su producción de obligaciones *erga omnes*, debido a que estas normas "interesan a todos" (Gutiérrez, 2021: 4). Todas las normas de *ius cogens* generan obligaciones *erga omnes*, esto es, conductas exigibles al Estado en relación con la comunidad internacional en su conjunto, que incorporan valores esenciales para los miembros de esta comunidad[199] y cuya violación obliga al Estado infractor a adoptar medidas más allá de la

---

[199] Estos son los dos elementos constitutivos de las obligaciones *erga omnes* según la CIJ. Vid. CIJ: *Barcelona Traction, Light and Power Company, Limited* (Belgium v. Spain), Sentencia de 5 de febrero de 1970, I.C.J. Reports 1970.
Así como la CIJ se ha pronunciado en varias ocasiones sobre la existencia de obligaciones *erga omnes*, sin embargo, es más cautelosa a la hora de declarar la existencia de normas de *ius cogens* (Ripoll, 2011: 478). Curiosamente, la primera vez que lo hizo fue en relación a la prohibición del genocidio en una sentencia sobre competencia y admisibilidad (Espaliú, 2015: 109). Vid. CIJ: *Armed Activities on the Territory of the Congo* (Democratic Republic of the Congo v. Uganda), Sentencia de 3 de febrero de 2006, I.C.J. Reports 2006.

reparación bilateral del daño (Carrillo, 2001: 154; Kadeblach, 2005: 26; Echaide, 2014: 150-151; Echaide, 2018: 339). Además, una violación grave de una norma de *ius cogens*, según se recoge en el Proyecto de artículos sobre la responsabilidad del Estado por hechos internacionalmente ilícitos del año 2001[200], obliga al resto de Estados a no reconocer las situaciones generadas por la violación grave de normas imperativas, a no ayudar o asistir a su autor a mantenerla y a cooperar para poner fin a la violación grave[201]. Respecto de esta última obligación, la CDI no ha aclarado si esta cooperación permite el uso de contramedidas (Gutiérrez, 2021: 14), aunque podrían entenderse permitidas siempre que no implique el uso de la fuerza armada. En otras palabras, la violación grave de una norma de *ius cogens* abre la posibilidad a la comunidad internacional de Estados en su conjunto al recurso a las contramedidas para poner fin a dicha situación.

Si bien se ha afirmado que todas las normas de *ius cogens* generan obligaciones *erga omnes*, no todas las obligaciones *erga omnes* derivan de normas de *ius cogens*, por lo que, antes de continuar con nuestro análisis de las características de las normas de *ius cogens*, conviene diferenciar los términos "normas de *ius cogens*", "obligaciones *erga omnes*" y "normas fundamentales del ordenamiento jurídico internacional". En la obra *The Fundamental Rules of the International Legal Order*, Christian Tomuschat y otros expertos en la materia teorizan acerca de estos conceptos. Para ellos, el concepto de "normas fundamentales del ordenamiento jurídico internacional" hace referencia a "preceptos legales jerárquicamente superiores a las normas `ordinarias´ de Derecho internacional, preceptos que ni siquiera pueden ser ignorados o derogados por la voluntad soberana de dos o más Estados, siempre que la comunidad internacional defienda los valores en ellos encapsulados" (Tomuschat, 2005: 425). Estas

200 ONU: Proyecto de artículos sobre responsabilidad del estado por hechos internacionalmente ilícitos, adoptado por la Comisión de Derecho Internacional en su 53º período de sesiones (A/56/10) y anexado por la Asamblea General en su Resolución 56/83, de 12 de diciembre de 2001.

201 *Ibíd.*, art. 41.

normas fundamentales del OJI son las normas que producen obligaciones *erga omnes* y las normas de *ius cogens* (Tavernier, 2005: 1), sin que ambos conceptos sean equiparables[202].

Figura 1.3.: Diferencias entre "normas fundamentales del ordenamiento jurídico internacional", "normas de *ius cogens*" y obligaciones *erga omnes*".

Normas Fundamentales del ordenamiento jurídico internacional

Normas que generan obligaciones *erga omnes*	Normas de *ius cogens*
• No están definidas en ningún instrumento normativo internacional. • Definición en base a la responsabilidad del Estado (deberes especiales de reparación para los Estados que violan normas que contienen obligaciones *erga omnes*). • Obligaciones contenidas en normas sobre las que se pueden hacer excepciones o no. • No hay criterios de identificación. • La CIJ ha declarado formalmente su existencia.	• Definidas en los arts. 53 y 64 de la Convención de Viena de 1969. • Definición en base a sus efectos legales (nulidad de un tratado contrario a una norma de *ius cogens*). • Normas sobre las que no cabe ninguna excepción. • Hay criterios de identificación. • La CIJ no ha declarado formalmente su existencia.

* Fuente: Elaboración propia en base a Kadelbach, 2005.

202 Es cierto que parte de la doctrina continúa tratando ambos conceptos de manera simultánea, en parte, "porque las normas primarias que pertenecen al *ius cogens* y *erga omnes* son básicamente las mismas" (Kadelbach, 2005: 27). El hecho de que la CIJ sea reacia a declarar la existencia de normas de *ius cogens* y, sin embargo, sí enuncie normas que producen obligaciones *erga omnes*, también alienta la percepción de que ambos conceptos son sinónimos (Kadelbach, 2005: 27). No obstante, cabe advertir que este debate puede darse finalmente por cerrado tras el Informe de la CDI de 2022, en el que la propia Comisión ha afirmado lo siguiente: "Aunque todas las normas imperativas de Derecho internacional general (*ius cogens*) generan obligaciones *erga omnes*, en general se considera que no todas las obligaciones *erga omnes* emanan de normas imperativas de Derecho internacional general (*ius cogens*). Por ejemplo, algunas normas relativas a los espacios comunes, en particular los regímenes que regulan el patrimonio común, pueden generar obligaciones *erga omnes* con independencia de que tengan carácter imperativo". Vid. ONU: Informe de la Comisión de Derecho internacional, *op. cit.*, nota 192, p. 72.

Como vemos, las "normas fundamentales del ordenamiento jurídico internacional" son todas aquellas normas que consagran valores dignos de ser protegidos por la comunidad internacional en su conjunto, por lo que estas normas fundamentales siempre producen obligaciones *erga omnes*, es decir, obligaciones que, en caso de ser violadas, imponen al Estado unos deberes adicionales de reparación. Dentro de las normas fundamentales del OJI, aquellas sobre las que no hay excepción posible y cuya contradicción en un tratado internacional hace que dicho tratado sea nulo, constituyen normas de *ius cogens*. Por tanto, todas las normas de *ius cogens* son normas fundamentales y producen obligaciones *erga omnes*, pero no a la inversa.

La cuarta y última de las características de las normas de derecho imperativo o de *ius cogens* es su carácter dinámico o evolutivo (Parker, 1989: 427-428; Espaliú, 2015: 107). Ni la Convención de Viena de 1969 ni ningún otro instrumento normativo internacional recoge un listado cerrado de normas de *ius cogens*, precisamente porque se entiende que los valores esenciales de la comunidad internacional se van modificando con el tiempo. Tampoco los diversos tribunales internacionales se han atrevido a ofrecer una lista cerrada. Es más, algunos de ellos, como el TEDH, adoptan un enfoque muy restringido en relación a las normas de *ius cogens* (Vanneste, 2010: 419). Sin embargo, en el Proyecto de conclusiones de la CDI del año 2022, la Comisión enumera por primera vez en un Anexo las normas a las que se ha referido anteriormente como normas que han obtenido el estatus de *ius cogens*, a saber: la prohibición de la agresión, la prohibición del genocidio, la prohibición de los crímenes de lesa humanidad, las normas básicas del Derecho internacional humanitario, la prohibición de la discriminación racial y el *apartheid*, la prohibición de la esclavitud, la prohibición de la tortura y el derecho a la libre determinación[203]. Con

[203] ONU: Informe de la Comisión de Derecho internacional, *op. cit.*, nota 192, p. 96.

relación a esta lista, la CDI insiste en su carácter no exhaustivo[204]. El profesor Cesáreo Gutiérrez Espada recuerda, en este sentido, que ya la propia CDI en 1976 incluía como uno de los crímenes internacionales "la contaminación masiva de la atmósfera o de los mares", por considerarlo una violación grave de la norma de importancia fundamental para la comunidad internacional como la que consagra la salvaguardia del medio ambiente humano (Gutiérrez, 2021: 24-25).

Si bien hemos constatado que existe un consenso sobre normas concretas, cuando se plantea la cuestión de determinar si un conjunto de normas, como lo puede ser las normas que protegen los derechos humanos, constituyen normas de *ius cogens*, la doctrina se encuentra dividida: por un lado, algunos expertos afirman que todo el Derecho internacional de los derechos humanos puede llegar a ser considerado de *ius cogens*[205] (Parker, 1989: 442;

---

204 "Sin perjuicio de la existencia o la aparición ulterior de otras normas imperativas de Derecho internacional general (*ius cogens*), en el anexo del presente proyecto de conclusiones figura una lista no exhaustiva de normas a las que la Comisión de Derecho internacional se ha referido anteriormente como normas que han obtenido dicho estatus". *Ibíd.* La propia CDI aclara que no es exhaustiva por dos razones: "no es exhaustiva, en primer lugar, en el sentido de que, más allá de las normas indicadas en la lista, existen o pueden existir otras normas imperativas de Derecho internacional general (*ius cogens*). En segundo lugar, no es exhaustiva en el sentido de que, además de las normas enumeradas en el anexo, la Comisión también se ha referido con anterioridad a otras normas como normas de carácter imperativo. Por lo tanto, no se debe considerar que el anexo excluye el carácter imperativo de esas otras normas". *Ibíd.*

205 Para argumentar esta afirmación, Karen Parker hace alusión a la opinión disidente del Juez de la CIJ Tanaka en el asunto del África Sudoccidental, en la que este afirma que "si podemos introducir en el campo internacional una categoría de derecho, el *ius cogens*, recientemente examinado por la Comisión de Derecho internacional, una especie de derecho imperativo que constituye el contraste con el *jus dispositivum*, susceptible de ser modificado mediante acuerdo entre Estados, sin duda, el derecho relativo a la protección de los derechos huma-

Petersmann, 2004: 617; Remiro, 2007: 1182); por otro lado, otros autores opinan que solo un grupo de normas relativas a derechos humanos recogidas en instrumentos internacionales puede ser considerado de *ius cogens* (Carrillo, 2001: 153; Quel, 2007: 100). ¿Qué ocurre entonces con las normas laborales fundamentales?

En relación a la cuestión inicial, sobre si las normas laborales fundamentales (libertad de asociación y negociación colectiva, abolición del trabajo forzoso, abolición del trabajo infantil, no discriminación en el empleo y seguridad y salud en el trabajo) pueden ser consideradas normas de *ius cogens* o no, en el presente trabajo proponemos evitar buscar la respuesta en instrumentos normativos internacionales o en pronunciamientos jurisprudenciales, y prestar atención a la Segunda Parte del Capítulo IV del Informe de la CDI del año 2022 sobre "Identificación de las normas imperativas de Derecho internacional general *(ius cogens)*", pues, así como afirma Frédéric Vanneste, si bien existe un consenso en torno a que las normas de *ius cogens* son necesarias para la protección de los valores más básicos de la humanidad, el proceso de identificación de las normas es más controvertido (Vanneste, 2010: 410).

En la Conclusión 4, la CDI afirma que "para identificar una norma imperativa de Derecho internacional general *(ius cogens)*, es necesario establecer que la norma en cuestión cumple los siguientes criterios: a) es una norma de Derecho internacional general; y b) es aceptada y reconocida por la comunidad internacional de Estados en su conjunto como norma que no admite acuerdo en contrario y que solo puede ser modificada por una norma ulterior de Derecho internacional general que tenga el mismo carácter"[206]. En los comentarios sobre la Conclusión 4, la CDI aclara que cuando se dice que "es necesario", quiere decir

---

nos puede considerarse perteneciente al *ius cogens*". Vid. CIJ: *South West Africa* (Liberia v. South Africa), Sentencia de 18 de julio de 1966, I.C.J. Reports 1966.

206 ONU: Informe de la Comisión de Derecho internacional, *op. cit.*, nota 192, p. 12.

que ambos criterios deben estar presentes y no se debe presumir su existencia[207].

Así, en primer lugar, ¿forman parte las normas laborales fundamentales del Derecho internacional general? Para responder a esta pregunta, debemos tener en cuenta dos aspectos: lo que ha de entenderse por "Derecho internacional general" y las fuentes que sirven de base para la creación de este Derecho internacional general.

Por un lado, tal y como se expone en el informe de la CDI, no existe una definición ampliamente aceptada de "Derecho internacional general"[208], aunque en momentos anteriores la propia Comisión ha sugerido la necesidad de aclararla (Vanneste, 2010: 23). El significado de Derecho internacional general siempre dependerá del contexto. Sin embargo, en el contexto de las normas imperativas de Derecho internacional general (*ius cogens*), las normas de "Derecho internacional general" deben entenderse como todas aquellas normas de Derecho internacional que, en palabras de la CIJ, "deben tener la misma fuerza para todos los miembros de la comunidad internacional"[209]. Algunos autores prefieren, no obstante, argumentar que la generalidad no depende de la fuerza de la norma, sino de su contenido, en el sentido de que se trate de una norma cuyo contenido pueda estar sujeto a "generalización" (Vanneste, 2010: 29). Habiendo afirmado la universalidad de los derechos humanos, responder a esta pregunta resulta sencillo: la universalidad de los derechos humanos, entre los que hemos encuadrado los DLF, la vocación universal de la OIT como organismo especializado de la ONU y la cantidad de ratificaciones de los CF indican que estamos ante normas cuyo contenido puede estar sujeto a "generalización" y que tienen la misma fuerza para todos los miembros de la comunidad internacional. No obstante, llama

---

207 *Ibíd.*, p. 31.

208 *Ibíd.*, p. 33.

209 CIJ: *North Sea Continental Shelf* (Alemania v. Dinamarca / Alemania v. Países Bajos), Sentencia de 20 de febrero de 1969, I.C.J. Reports 1969, p. 39, párr. 63.

la atención la facilidad con la que la doctrina afirma la caracterización del Derecho internacional de los derechos humanos como Derecho internacional general sin una detallada argumentación posterior[210]. Algunos autores concretos, sin embargo, solo incluyen dentro del Derecho internacional general aquellas normas internacionales relativas al "núcleo inalienable" de los derechos humanos, no a todo el Derecho internacional de los derechos humanos (Petersmann, 2004: 625-626).

Por otro lado, hay que tener en cuenta la Conclusión 5 del Informe, en la que, si bien se afirma que la base más común de las normas de *ius cogens* es el Derecho internacional consuetudinario, esto es, la costumbre, "las disposiciones de los tratados (...) también pueden servir de base de las normas imperativas de Derecho internacional general". Las normas laborales fundamentales no forman parte del Derecho internacional consuetudinario, pues, como sabemos, esta categoría nace con la adopción de la Declaración de 1998 de la OIT que les sirve de base normativa y toman su contenido de los CF de esta Organización. Así, aunque el hecho de que las normas laborales fundamentales surjan de disposiciones de tratados internacionales no supone ningún obstáculo para su caracterización como Derecho internacional general, dado que así lo confirma la Comisión, conviene analizar, como hace Bob Hepple, si dichas normas se han convertido en costumbre, lo cual reforzaría aún más la idea de que las normas laborales fundamentales forman parte del Derecho internacional general y pueden llegar a ser considerados como normas de *ius cogens*. Para afirmar que una norma forma parte del Derecho internacional consuetudinario se debe probar que dicha norma responde a una práctica habitual de los Estados y que esta práctica se deriva de la

---

210 Por ejemplo, Araceli Mangas Martín afirma que "es bien sabido que la Declaración Universal [de los Derechos Humanos] no es un tratado y que su valor jurídico es fundamental en el reconocimiento generalizado de su naturaleza de Derecho internacional general" (Mangas, 2016: 245). Sin embargo, no especifica de dónde parte ese reconocimiento generalizado de su naturaleza de Derecho internacional general.

convicción su requerimiento por el Derecho internacional (*opinio iuris*). Desde 1986, la CIJ exige que la práctica sea ampliamente consistente (*broadly consistent*)[211]. ¿Es la práctica de la protección de los DLF ampliamente consistente? Como afirma Bob Hepple, no se puede realizar tal afirmación del conjunto de DLF, pero sí de algunos de ellos, como respecto de la prohibición del trabajo forzoso u obligatorio (Hepple, 2005: 60). En este trabajo añadimos, además, la prohibición de las peores formas de trabajo infantil y la no discriminación en el empleo por motivos raciales. De otros DLF como el derecho de asociación y negociación colectiva no se puede concluir que exista una práctica estatal ampliamente consistente.

En segundo lugar, ¿están las normas laborales fundamentales aceptadas y reconocidas por la comunidad internacional de Estados en su conjunto como norma que no admite acuerdo en contrario y que solo puede ser modificada por una norma ulterior de Derecho internacional general que tenga el mismo carácter? Esta segunda pregunta requiere un análisis más pormenorizado. Primeramente, "aceptados y reconocidos por la comunidad internacional de Estados en su conjunto", como aclara la propia CDI, no quiere decir que absolutamente todos los Estados deban aceptar y reconocer estas normas, basta con "una mayoría muy amplia de Estados". Del estudio del número de ratificaciones de los CF de la OIT se puede inferir el amplio consenso internacional en torno a la aceptación y el reconocimiento de las normas fundamentales del trabajo. Además, la adopción de la Declaración de la OIT de 1998 es, asimismo, fiel reflejo de este consenso. Ahora bien, no basta con reconocer y aceptar estas normas como valores esenciales de la comunidad internacional en su conjunto, sino que, además, estas normas no deben admitir acuerdo en contrario, excepciones. Es en este punto cuando debemos retomar las excepciones contenidas en los CF de la OIT que completan el alcance la

---

211 CIJ: *Military and Paramilitary Activities in and against Nicaragua* (Nicaragua v. United States of America), Sentencia de 26 de noviembre de 1984, I.C.J. Reports 1984.

noción de DLF y analizar caso por caso las normas laborales fundamentales que pueden llegar a constituir normas de *ius cogens.*

En relación con la libertad de asociación y el derecho de negociación colectiva, el Convenio núm. 87 sobre la libertad sindical, en su art. 9.1. establece que "la legislación nacional deberá determinar hasta qué punto se aplicarán a las fuerzas armadas y a la policía las garantías previstas por el presente Convenio"[212], es decir, que las legislaciones nacionales pueden limitar el derecho de sindicación para las fuerzas armadas y la policía, se entiende que para preservar el orden público. Una disposición similar se incluye en el Convenio núm. 98. También cabe advertir que el derecho de asociación y negociación colectiva es uno de los menos respetados en la práctica, como se deduce del número de quejas sometidas al CLS.

En cuanto a la eliminación de todas las formas de trabajo forzoso u obligatorio, aquí conviene recordar la diferencia entre la abolición de la esclavitud, consagrada en la Convención de 1926, y la abolición del trabajo forzoso, regulada en los Convenios núm. 29 y 105 de la OIT, pues, así como la primera se encuentra incluida entre las normas de *ius cogens* reconocidas por la CDI en su Proyecto de conclusiones de 2022[213], la segunda no. Para saber si la norma que prohíbe el trabajo forzoso es una norma de *ius cogens,* debemos analizar si admite acuerdo en contrario. Como ya se ha mencionado con anterioridad, el Convenio núm. 29 detalla una serie de situaciones que no se encuentran comprendidas en el concepto de trabajo forzoso[214] y que el Protocolo de 2014 no ha

---

212 OIT: Convenio núm. 87 sobre la Libertad Sindical y la Protección del Derecho de Sindicación, *op. cit.*, nota 65.

213 ONU: Informe de la Comisión de Derecho internacional, *op. cit.*, nota 192, p. 17.

214 Art. 2.1.: "a) cualquier trabajo o servicio que se exija en virtud de las leyes sobre el servicio militar obligatorio y que tenga un carácter puramente militar; b) cualquier trabajo o servicio que forme parte de las obligaciones cívicas normales de los ciudadanos de un país que se gobierne plenamente por sí mismo; c) cualquier trabajo o servicio que se

eliminado. Dadas las claras excepciones contenidas en un tratado internacional a la abolición del trabajo forzoso, resulta complicado concluir que dicha norma constituya una norma de *ius cogens.* Sin embargo, sí podrían serlo aquellas situaciones de trabajo forzoso en las que, en un momento dado, se lleguen a reunir las características propias de la esclavitud. Algo así como "las peores formas de trabajo forzoso" sí constituirían normas de *ius cogens,* a nuestro juicio. Algunos autores han manifestado estar a favor de considerar la abolición del trabajo forzoso como una norma de *ius cogens* (Kadelbach, 2005: 30; Canessa, 2008b: 144; Rodríguez-Piñero, 2011: 4) pero, para nosotros, solo algunos casos concretos podrían llegar a serlo, no se puede encuadrar de manera generalizada la abolición del trabajo forzoso dentro de las normas de *ius cogens,* dadas sus excepciones.

En tercer lugar, dentro del trabajo infantil debemos distinguir la abolición progresiva del trabajo infantil a través de la elevación de la edad mínima para trabajar (con numerosas excepciones contenidas en el Convenio núm. 138) de la abolición de las

exija a un individuo en virtud de una condena pronunciada por sentencia judicial, a condición de que este trabajo o servicio se realice bajo la vigilancia y control de las autoridades públicas y que dicho individuo no sea cedido o puesto a disposición de particulares, compañías o personas jurídicas de carácter privado; d) cualquier trabajo o servicio que se exija en casos de fuerza mayor, es decir, guerra, siniestros o amenaza de siniestros, tales como incendios, inundaciones, hambre, temblores de tierra, epidemias y epizootias violentas, invasiones de animales, de insectos o de parásitos vegetales dañinos, y en general, en todas las circunstancias que pongan en peligro o amenacen poner en peligro la vida o las condiciones normales de existencia de toda o parte de la población; e) los pequeños trabajos comunales, es decir, los trabajos realizados por los miembros de una Comunidad en beneficio directo de la misma, trabajos que, por consiguiente, pueden considerarse como obligaciones cívicas normales que incumben a los miembros de la Comunidad, a condición de que la misma población o sus representantes directos tengan derecho a pronunciarse sobre la necesidad de esos trabajos" . Vid. OIT: Convenio núm. 29 sobre el Trabajo Forzoso, *op. cit.*, nota 92.

peores formas de trabajo infantil, cuyo Convenio núm. 182 no contiene excepciones y está ratificado por la totalidad de Estados miembros de la OIT. En este trabajo nos inclinamos por afirmar que la abolición de las peores formas de trabajo infantil podría llegar a constituir norma de *ius cogens*, aún no declarada por la CDI, pero cuya contradicción en un tratado internacional haría que dicho tratado fuese considerado nulo. En esta misma línea se pronuncian numerosos autores (Carmona, 2012; Bullard, 2013; Pomerance, 2013).

En cuarto lugar, la eliminación de la discriminación en el empleo también genera dudas en cuanto a su caracterización como norma de *ius cogens*, dadas las excepciones contenidas en el Convenio núm. 11. Relacionando este Convenio con la lista de normas de *ius cogens* contenida en el Proyecto de conclusiones de la CDI del año 2022, podríamos afirmar que únicamente la discriminación en el empleo por motivos raciales podría ser considerada una norma de *ius cogens*, dado que la propia CDI considera la discriminación racial una norma de derecho imperativo.

Por último, en relación con el derecho a un entorno de trabajo seguro y saludable, conviene recordar que el el art. 2 del Convenio núm. 155 prevé la posibilidad de excluir parcial o totalmente categorías limitadas de trabajadores respecto de las cuales se presenten problemas particulares de aplicación, lo que supone la posibilidad de que los Estados deroguen parcialmente el contenido de esta norma.

Teniendo en cuenta todo lo anterior, así como el conjunto de DLF son derechos humanos universales, no se puede llegar a la conclusión, sin embargo, de que las normas que los protegen puedan ser consideradas normas de *ius cogens* o "*ius cogens laboral*"[215], sino simplemente algunas figuras como la abolición de las peores formas de trabajo infantil, la discriminación en el empleo por cuestiones raciales o el trabajo forzoso con tintes de esclavitud.

---

[215] Expresión utilizada por Miguel Francisco Canessa Montejo (2006; 2008b; 2009).

Esto no impide, sin embargo, que en un futuro las normas laborales fundamentales en su conjunto puedan llegar a ser consideradas como tal si se eliminan *de iure* y *de facto* todas las excepciones de las que gozan en la actualidad. De hecho, en nuestra opinión, poco a poco se van dando los pasos necesarios para ello, por lo que es importante defender una tutela efectiva y sin fisuras del conjunto de los DLF, no solo dentro del Derecho laboral internacional, sino en todos los subsistemas normativos del Derecho internacional, pues aun no estando aceptados en su totalidad por la comunidad internacional de Estados en su conjunto como normas que no admiten acuerdo en contrario, continúan recogiendo y consagrando valores esenciales.

Tras el análisis anterior, y habiendo afirmado que no estamos ante normas de *ius cogens*, quedaría por resolver la siguiente cuestión: ¿se trata de normas que producen obligaciones *erga omnes*? De ser afirmativa la respuesta, todavía podríamos incluir las normas laborales fundamentales entre las normas fundamentales del OJI según la clasificación ofrecida por Christian Tomuschat y el resto de los autores de su obra (aunque ya el propio nombre nos da una pista). Si bien es cierto que, a diferencia de las normas de *ius cogens*, no existe una definición comúnmente aceptada para las obligaciones *erga omnes*, obligaciones que se contraen *hacia todos*, muchos autores coinciden en señalar la sentencia de la CIJ en el caso *Barcelona Traction* como aquella que contiene su principal definición: "*the obligations of a State towards the international community as a whole (...) By their very nature the former are the concern of all States. In view of the importance of the rights involved, all States can be held to have a legal interest in their protection; they are obligations erga omnes*"[216]. En otras palabras, se trata de conductas exigibles al Estado en relación con la comunidad internacional en su conjunto, que incorporan valores esenciales para los miembros de esta comunidad y cuya violación obliga al Estado infractor a adoptar medidas más allá de la reparación bilateral del daño (Cebada, 2002:

---

216 CIJ: *Barcelona Traction, Light and Power Company, Limited* (Belgium v. Spain), *op. cit.*, nota 199, párr. 33.

3; Kadeblach, 2005: 26). La propia CIJ se encarga de aclarar que tales obligaciones se derivan, por ejemplo, de la prohibición de los actos de agresión y de genocidio, así como de los principios y normas relativos a los derechos básicos de la persona humana, incluida la protección contra la esclavitud y la discriminación racial[217]. Resulta de interés, asimismo, examinar la definición de obligaciones *erga omnes* ofrecida por el Instituto de Derecho Internacional en su sesión de Cracovia del año 2005: "(a) una obligación en virtud del derecho internacional general que un Estado debe en cualquier caso dado a la comunidad internacional, en vista de sus valores comunes y su preocupación por el cumplimiento, de modo que el incumplimiento de esa obligación permite que todos los Estados tomen medidas; o (b) una obligación en virtud de un tratado multilateral que un Estado parte en el tratado debe en un caso dado a todos los demás Estados partes en el mismo tratado, en vista de sus valores comunes y preocupación por el cumplimiento, de modo que una violación de esa obligación permite a todos estos Estados tomar medidas"[218]. En el segundo caso nos encontramos ante lo que la doctrina denomina obligaciones *erga omnes partes*, aunque para el Instituto de Derecho Internacional, ambas son obligaciones *erga omnes*. Como apunta Maurizio Ragazzi, la CIJ, en el caso *Barcelona Traction*, identifica dos características que toda obligación *erga omnes* debe poseer: en primer lugar, universalidad, en el sentido de obligar a todos los Estados sin excepción y, en segundo lugar, la solidaridad, en el sentido de que todos los Estados tienen un interés legal en su protección (Ragazzi, 1997: 17). ¿Producen las normas laborales fundamentales obligaciones con estas características? En cuanto a la universalidad, en el sentido de obligar a todos los Estados sin excepción, en epígrafes anteriores hemos llegado a la conclusión de que los DLF son universales. Aunque los CF no están ratificados por absolutamente todos los Estados, la Declaración de la OIT de 1998

---

217 *Ibíd.*, párr. 34.

218 IDI: *Obligations and rights erga omnes in international law*, Fifht Commission, Krakow session, 2005.

marca un punto de inflexión al reflejar un consenso mundial y al fijar un procedimiento de seguimiento independientemente de que los Estados hayan ratificado los Convenios o no. En cuanto a la solidaridad, entendida como el interés legal de todos los Estados en la protección de estos derechos, el mismo sistema de seguimiento de la Declaración de 1998 de la OIT, organización de vocación universal, que permite controlar la situación de cumplimiento de los DLF con independencia de la ratificación de los CF por parte de los Estados, nos sirve como argumento para afirmar la existencia de esta característica dentro de las normas laborales fundamentales. Asimismo, siguiendo a otros autores, dado que muchos afirman que "la obligación de promover y respetar los derechos humanos es una obligación *erga omnes*" (Echaide, 2014: 146-147; Andrés, 2018: 448; Echaide, 2018: 338), y los DLF son derechos humanos, podemos concluir que las normas laborales fundamentales producen obligaciones *erga omnes*, por lo que, siguiendo la clasificación de Christian Tomuschat, estas normas son normas fundamentales del OJI, aunque no constituyan – todavía – normas de *ius cogens*, y el hecho de que produzcan obligaciones *erga omnes*, hace que "todos los Estados a los que se debe esta obligación tienen derecho a adoptar contramedidas no coercitivas en condiciones análogas a las aplicables a un Estado especialmente afectado por la infracción"[219].

---

219 *Ibíd.*, art. 5(c).

Capítulo 2

La tutela de los derechos laborales fundamentales en la Organización Internacional del Trabajo

Uno de los acontecimientos más notables tras el fin de la Segunda Guerra Mundial y la creación de la ONU en 1945 fue el aumento exponencial de las organizaciones internacionales existentes de carácter universal, de fines específicos y de composición gubernamental, encargadas de facilitar la cooperación interestatal en muy diversas materias. Sin embargo, la OIT constituye la excepción que confirma la regla. Normalmente referida como "la hija de la guerra", por su nacimiento al término de la Primera Guerra Mundial en el año 1919, la OIT es la organización internacional encargada de crear, promover y controlar el cumplimiento de los tratados internacionales que consagran derechos laborales internacionalmente reconocidos. Expresión de las tradiciones liberales occidentales, con influencias de la Segunda Internacional y del movimiento sindical nacional e internacional iniciado hace más de dos siglos (Maul, 2019: 4), la centenaria OIT se enfrenta a tiempos particularmente difíciles, caracterizados por una ausencia sin precedentes de consenso entre los representantes de esta Organización de composición tripartita (Trebilcock, 2010: 566-567). Asimismo, los cambios en la economía global y en las relaciones laborales de carácter transfronterizo, debidos, en gran parte, al proceso de globalización, donde la aparición de las cadenas de suministro globales ha supuesto un cambio de paradigma, evidencian más si cabe la necesaria renovación del mandato de la OIT.

En el presente capítulo vamos a analizar las características inherentes a la OIT, prestando especial atención a los aspectos más relevantes de sus cien años de historia, a su estructura orgánica de composición tripartita, a sus actos normativos y, en particular, a los mecanismos de control de las normas internacionales del trabajo, pues de estos últimos depende la efectividad de la protección de los DLF en el seno de la OIT. Como tendremos ocasión de comprobar, este sistema de control adolece de una serie de límites que deben ser analizados para, posteriormente, proponer soluciones de mejora que hagan más efectiva la tutela de los DLF en esta Organización.

Si bien parte de la doctrina considera a la OIT un "tigre sin dientes" (Lyutov, 2014: 256), es decir, una organización internacional sin carácter coercitivo, incapaz de sancionar los incumplimientos de las importantes normas que adopta y promueve, la hipótesis que en este capítulo pretendemos argumentar es que esta Organización sí posee mecanismos para hacer cumplir las normas laborales fundamentales, aunque, en la actualidad, se encuentran infrautilizados por cuestiones de diversa índole, mermando, de esta manera, la efectividad de los DLF en el seno de la OIT. En otras palabras, la OIT sí posee dientes, pero, como consecuencia de no haberlos utilizado en 100 años, se le ha atrofiado la dentadura.

2.1. LA CENTENARIA ORGANIZACIÓN INTERNACIONAL DEL TRABAJO

Dado que la OIT ha cumplido en el año 2019 un centenario de vida y se ha convertido en la organización internacional más longeva de todas las existentes, sobreviviendo a una guerra mundial, a una guerra fría y a numerosas crisis económicas, estudiar su historia resulta interesante e ilustrativo para entender su papel actual (Van Daele, 2008: 486; Maupain, 2019: 292-293). Como veremos a continuación, a pesar de su capacidad de adaptación a los cambios, en la actualidad, esta Organización está atravesando una crisis institucional, en gran medida derivada de la falta de consenso entre los representantes de los Estados, empleadores y trabajadores que la componen, que puede comprometer su supervivencia futura y frente a la que conviene realizar propuestas de mejora.

2.1.1. La Historia de la Organización Internacional del Trabajo: Resiliencia y Adaptación

La creación de la OIT se nutre de varios precedentes. En primer lugar, en epígrafes anteriores ya hemos hablado de la aparición del movimiento sindical en la Revolución Industrial que tuvo lugar en el siglo XVIII en la Europa occidental (Adams, 2006: 3; Rodgers *et al.*, 2009: 4). No obstante, no fue sino hasta 1901 cuando se crea el primer sindicato internacional, el Secretariado Sindical Internacional, que se transformó en la Federación Sindical Internacional (IFTU por sus siglas en inglés) en 1913, con sede en Berlín y de marcado carácter socialista (Dunning, 1998: 152; Rodgers *et al.*, 2009: 4; Maul, 2019: 20). Los Estados occidentales temían que la Revolución comunista de 1917 afectase directamente a Europa, por lo que comenzaron a pensar en formas de canalizar y neutralizar estas aspiraciones (Helfer, 2006: 679; Standing, 2008: 356). En segundo lugar, a medida que crecía la interdependencia entre Estados, el miedo a una "carrera a la baja" en la protección de los derechos laborales con el objetivo de aumentar las exportaciones hizo que muchos países comenzasen a concluir acuerdos bilaterales (Helfer, 2019: 396; Maul, 2019: 16). En tercer lugar, aunque no se llegó a ningún acuerdo formal, la Conferencia Internacional del Trabajo celebrada en Berlín en 1890 también supuso un evento significativo (Wisskirchen, 2005: 279). Por último, de gran importancia fue el papel de la Asociación Internacional para la Legislación Laboral (IALL por sus siglas en inglés), fundada en 1900 con sede en Basilea, Suiza. Se trató de una organización privada en la que participaban mayoritariamente académicos, pero en la que el Estado tenía un papel central. En 1901 se creó la Oficina Internacional del Trabajo como secretaría permanente de la IALL y en el centro de sus actividades se encontraba el esfuerzo por tratar de adoptar convenios internacionales relacionados con el trabajo, como la Convención sobre la prohibición del uso de fósforo blanco en la fabricación de fósforos o la Convención sobre la prohibición del trabajo nocturno para las mujeres. Sin embargo, ambas Convenciones no llegaron a entrar en vigor porque en el año 1914 estalló la Primera Guerra Mundial, aunque la IALL se las dejó en herencia a la futura OIT (Hepple, 2005: 28; Maul, 2019: 17-19).

A punto de finalizar la Primera Guerra Mundial en 1918, la Triple Entente y los Aliados comenzaron a preparar los tratados de paz. Aunque en los 14 puntos de Wilson no se menciona de manera específica la creación de una política social internacional, algunos Estados, de entre los que sobresalía Reino Unido, consideraban que el nuevo orden internacional debía contemplar la creación de estándares laborales internacionales (Maul, 2019: 23). A principios de 1919 se crea la Comisión del Trabajo, compuesta por 15 miembros, muchos de ellos conectados a la antigua IALL, y presidida por Samuel Gompers, presidente de la Federación Estadounidense del Trabajo, que durante 2 meses se reunieron en París y en Versalles con la intención de preparar la creación de una organización internacional relacionada con el trabajo. Aunque hubo que superar numerosos puntos de fricción, como la composición tripartita y el peso de cada uno de los componentes, el valor jurídico de sus normas, los Estados que podían llegar a ser miembros o los principios que la Carta rectora debía contener, finalmente, se consensuó un documento que constituiría la Parte XIII del Tratado de Versalles de 1919 (artículos 387 a 427) y, posteriormente, la Constitución que dio vida a la OIT[220] (Hepple, 2005: 29-30; Wisskirchen, 2005: 278; Maul, 2019: 23-30).

Tras su creación, la primera CIT se celebró en Washington en octubre de ese mismo año 1919 y en ella se adoptaron los 6 primeros convenios vinculantes, relativos a horas de trabajo en la industria, desempleo, protección de la maternidad, trabajo nocturno de las mujeres, edad mínima y trabajo nocturno de los menores

---

220 OIT: Constitución de la Organización Internacional del Trabajo, *op cit.*, nota 41.

en la industria[221]. La razón detrás de la elección de Washington como sede de la Primera CIT tenía que ver con los deseos de los participantes de asegurar el interés estadounidense en el futuro, aunque aún no fuese miembro de la Organización. No obstante, a pesar de los esfuerzos del presidente Wilson, la Conferencia se encontró con un clima muy hostil (Maul, 2019: 33-34).

Un año después, en el verano de 1920, la OIT estableció su sede en Ginebra (al igual que la SN) y nombró al francés Albert Thomas, antiguo miembro de la IALL, como primer Presidente de la Oficina Internacional del Trabajo, secretaría permanente de la Organización[222]. Desde el principio, Albert Thomas se tomó muy en serio su labor de promoción de las actividades de la Organización y de la necesidad de adherirse como miembro y de ratificar los recién adoptados convenios (Helfer, 2006: 681-682). El propio Albert Thomas se referiría a su papel en 1930 como el de "vendedor ambulante de política social" (Maul, 2019: 38).

Durante la década de los años 20, la OIT creció moderadamente, tanto en número (pasó a tener 250 empleados), como en desarrollo de estándares laborales internacionales (se siguieron aprobando convenios y recomendaciones en diversas áreas), como en influencia en todo el mundo (con visitas a países en Latinoamérica, Asia y África). De especial importancia fue, en 1925, la creación de la CEACR como mecanismo de supervisión periódico de la aplicación de las normas de la OIT[223]. No obstante, la crisis de 1929 puso en una encrucijada la supervivencia de la Organización, pues su presupuesto se vio aminorado y la salida de Alemania e Italia como consecuencia del ascenso de gobiernos de corte autoritario pusieron en peligro el desarrollo de sus actividades. Si la OIT consiguió sobrevivir a esta embestida fue gracias a la adhesión de la antigua Unión Soviética y de EEUU en el año

221 OIT: Historia. Disponible en: https://www.ilo.org/global/about-the-ilo/history/lang--es/index.htm (última consulta: 3 de julio de 2023).

222 *Ibíd.*

223 *Ibíd.*

1934. Particularmente, Franklin D. Roosevelt fue el causante de lo que algunos autores denominan "americanización" de la OIT, que recibió la elección del presidente como un regalo y un seguro de vida (Maul, 2019: 100).

Tras la dirección de Albert Thomas y Harold Butler, el estadounidense John Winant asumió el cargo en el año 1939 cuando la Segunda Guerra Mundial estaba a punto de estallar. Por motivos de seguridad se trasladó la sede de la OIT de forma temporal a Canadá en 1940[224] y en 1941 se celebró una Conferencia extraordinaria en Nueva York cuyo objetivo fue que la OIT lograse sobrevivir a la Guerra (Rodgers *et al.*, 2009: 1). En 1944, cuando la Guerra tocaba su fin, la Conferencia Internacional del Trabajo se reunió en Filadelfia y aprobó la Declaración de Filadelfia relativa a los fines y objetivos de la Organización Internacional del Trabajo[225], complementaria de la Constitución de 1919 e importante punto de inflexión en la historia de la OIT con el que se pretendía renovar el mandato de la Organización y reafirmar que "el trabajo no es una mercancía" (Hepple, 2005: 32; Carrillo, 2001: 59; Standing, 2008: 358; Rodgers *et al.*, 2009: 7). Para algunos autores, la Conferencia de Filadelfia supuso un "segundo establecimiento" de la OIT (Maul, 2019: 111) y una redefinición de sus objetivos (Helfer, 2006: 691).

Con el fin de la Segunda Guerra Mundial y la creación de la ONU, la OIT se convirtió en un organismo especializado, reinstauró su sede en Ginebra y continuó su labor en los años siguientes, época denominada como "*Golden Age*" de la OIT (Rodgers *et al.*, 2009: 30), en la que la adopción de nuevos convenios y recomendaciones se vio incrementada exponencialmente, así como el presupuesto y el número de Estados miembros hasta convertirse en la Organización de vocación universal que es hoy en día, gracias, en parte, a la recuperación del comercio internacional. Si

---

224 *Ibíd.*

225 OIT: Declaración relativa a los Fines y Objetivos de la Organización Internacional del Trabajo (Declaración de Filadelfia), *op cit.*, nota 24.

bien, a lo largo de este periodo de tiempo, la OIT ha tenido que superar numerosas dificultades, como la adhesión de nuevos Estados miembros con diferentes niveles de desarrollo económico y social debido al proceso de descolonización, la retirada temporal de EEUU entre 1977 y 1980 – y la pérdida, como consecuencia, de un cuarto de su presupuesto – o las tensiones derivadas de la Guerra Fría, el papel desempeñado por los diferentes Directores Generales de la Organización y la importancia y repercusiones prácticas de los estándares laborales internacionales adoptados, como la ya estudiada Declaración de 1998, han hecho que la OIT haya conseguido superar todas las adversidades hasta convertirse en la organización internacional más longeva de todas, que cuenta con más de 100 años de interesante e ilustrativa historia a sus espaldas y con un Premio Nobel de la Paz otorgado en 1969.

2.1.2. La crisis actual de la Organización Internacional del Trabajo: nuevas realidades en las relaciones laborales y propuestas de mejora

Si bien la capacidad de adaptación de la OIT a todos los cambios sufridos en el último siglo es digna de mención, esto no quiere decir que su continuidad en el tiempo esté asegurada permanentemente. Nuevas realidades y cambios en el mundo del trabajo, como la aparición de las cadenas de suministro globales, las consecuencias derivadas de pandemias mundiales o del cambio climático, el ascenso de populismos o las formas contemporáneas de esclavitud, continúan amenazando su mandato (Helfer, 2019: 398). Alain Supiot ha descrito este nuevo panorama de las relaciones laborales como una traición al "espíritu de Filadelfia" (Supiot, 2010) y Emilios Christodoulidis añade que la OIT debería volver a posicionar los principios contenidos en la Declaración de Filadelfia en el centro de su actuación[226] (Christodoulidis, 2019: 51).

---

226 No solo mencionándolos en sus últimos documentos, como en la (OIT:) Declaración del Centenario de la OIT para el Futuro del Trabajo, adop-

Por su parte, Francis Maupain afirma que la "hiperglobalización", al tiempo que supone una amenaza, puede constituir una oportunidad (Maupain, 2019: 293). Además, la función de desarrollo de nuevos estándares laborales internacionales de la OIT se halla en la actualidad inmersa en una profunda crisis: tanto la adopción de nuevos convenios como la ratificación de los ya existentes se encuentran en descenso (Hepple, 2005: 35), lo que hace a algunos expertos preguntarse si el papel de la OIT ha quedado relegado al debate interestatal sobre cuestiones laborales (Ojeda, 2019: 2-3). Por último, el sistema tripartito que caracteriza a la Organización, al tiempo que supone un elemento de sofisticación, también genera numerosos obstáculos a medida que los intereses del grupo de trabajadores y empleadores se distancian cada vez más y las tensiones se hacen más palpables (Ojeda, 2019: 6). Esta estructura de gobernanza hace muy difícil a la OIT reclamar su misión de regular el mercado de trabajo y la inspección laboral (Standing, 2008: 379).

Algunos autores se han aventurado a proponer mejoras para garantizar la supervivencia de la OIT en el futuro. En concreto, Antonio Ojeda Avilés ha propuesto los siguientes cambios: "1) replantear un Código de normas OIT, cuestión que trataremos en el epígrafe relativo a los actos normativos de la Organización; 2) impulsar textos refundidos para las familias de convenios; 3) aumentar los derechos laborales considerados como fundamentales con la prevención de riesgos laborales y la seguridad social; 4) crear un Tribunal de Justicia Laboral para consolidar la eficacia de los convenios; 5) elaborar una lista pública de Estados incumplidores; 6) abordar los nuevos temas relacionados con la globalización (plataformas digitales, cadenas de suministro globales, etc.); 7) adoptar un convenio sobre competencia desleal laboral (*dumping* social); 8) impregnar de bilateralismo la transnaciona-

---

tada por la Conferencia Internacional del Trabajo en su 108ª reunión, 21 de junio de 2019, en la que la Conferencia recuerda y afirma "los fines, objetivos, principios y mandato establecidos en la Constitución de la OIT y en la Declaración de Filadelfia".

lidad; 9) aumentar las cláusulas sociales en los acuerdos de libre comercio y los códigos de conductas de las empresas multinacionales; 10) regular las excepciones a la aplicación de las normas laborales (zonas francas de exportación y exoneraciones legales)" (Ojeda, 2019: 9). Como vemos, se trata de propuestas muy ambiciosas que, si bien tendrían el potencial de reforzar el mandato de la OIT y renovar su legitimidad, en la práctica resultan muy complicadas de llevar a cabo, entre otros, por la actual estructura tripartita de la Organización, en la que el grupo de empleadores va a obstaculizar cualquier tipo de propuesta que pretenda aumentar las obligaciones internacionales de las empresas multinacionales.

Con motivo de su centésimo cumpleaños, la CIT adoptó el 21 de junio de 2019 la Declaración del Centenario de la OIT para el Futuro del Trabajo[227]. En el preámbulo de la Declaración, la OIT recuerda los motivos por los que fue creada, con la justicia social como telón de fondo, y exhorta a todos los "mandantes" de la Organización a renovar su compromiso con la misma. A lo largo de las cuatro partes de que se compone el texto, la OIT da cuenta de los cambios que acontecen al mundo del trabajo y pone de relieve la necesidad de actuar multilateralmente y en conjunción con otras organizaciones y organismos para evitar injusticias. Asimismo, los DLF, otros derechos humanos laborales o el trabajo decente están presentes en el texto de la Declaración. Sin embargo, la teórica voluntad de la OIT de renovar su mandato y de servir de centro de creación de nuevos estándares laborales internacionales y de actualización de los ya existentes, no se ha visto acompañada de medidas prácticas. Desde el año 2019 solo se ha aprobado un convenio, el relativo a la violencia y el acoso (núm. 190)[228], ratificado por 31 Esta-

---

227 *Ibíd.*

228 OIT: Convenio núm. 190 sobre la Violencia y el Acoso, adoptado por la Conferencia Internacional del Trabajo en su 108ª reunión, Ginebra, 21 de junio de 2019. Disponible en: https://www.ilo.org/dyn/normlex/es/f?p=NORMLEXPUB:12100:0::NO:12100:P12100_INSTRUMENT_ID:3999810:NO

dos en la actualidad[229]. En la última CIT, llevada a cabo en junio de 2023, únicamente se ha adoptado una recomendación sobre los aprendizajes de calidad.

2.2. LA ESTRUCTURA ORGÁNICA DE LA ORGANIZACIÓN INTERNACIONAL DEL TRABAJO: RELEVANCIA DE SU COMPOSICIÓN TRIPARTITA

Para poder entender cómo se lleva a cabo la tutela de los DLF en el seno de la OIT, primero es necesario entender el funcionamiento interno de la Organización y, para ello, en el presente epígrafe ofrecemos, en líneas generales, una explicación de su estructura orgánica. La OIT está compuesta por tres órganos principales de gobierno, a saber: la Conferencia Internacional del Trabajo (CIT), el Consejo de Administración (CA) y la Oficina Internacional del Trabajo (OfIT). En todas ellas participan representantes de los trabajadores, empleadores y Estados miembros, lo que otorga a la estructura orgánica de la OIT una composición tripartita.

En primer lugar, la CIT es el órgano con funciones legislativas encargado de adoptar las normas internacionales del trabajo, esto es, los convenios y las recomendaciones cuya finalidad es regular las relaciones laborales y establecer estándares mínimos, así como las actividades y el presupuesto de la OIT. Además, la Conferencia tiene atribuidas otras funciones de supervisión de la aplicación de los convenios y recomendaciones en el plano nacional[230], de defi-

---

229 Aunque solo para 18 Estados está en vigor. Vid. OIT: Ratificación del C190 - Convenio sobre la Violencia y el Acoso, 2019 (núm. 190). Disponible en: https://www.ilo.org/dyn/normlex/es/f?p=NORMLEXPUB:11300:0::NO:11300:P11300_INSTRUMENT_ID:3999810:NO (última consulta: 3 de julio de 2023).

230 La CIT examina las memorias que todos los Estados miembros han de presentar para facilitar información detallada acerca del cumplimiento de las obligaciones contraídas en virtud de los convenios que han rati-

nición de las políticas generales de la Organización y de presentación del Informe Global en virtud de la Declaración de 1998. Esta Conferencia se reúne una vez al año, generalmente en el mes de junio, en Ginebra para discutir los temas fijados en la agenda. En las reuniones de la CIT, cada Estado miembro está representado por una delegación integrada por dos delegados gubernamentales, un delegado empleador y un delegado trabajador, de acuerdo con las organizaciones nacionales más representativas. A la hora de votar la adopción de una norma, todos gozan de los mismos derechos y libertades de expresión. Asimismo, a estas reuniones están invitadas otras organizaciones internacionales y otros representantes de la sociedad civil[231]. Uno de los mayores problemas de la CIT es la infrarrepresentación de los países más pobres, pues llevar a Ginebra delegados gubernamentales, de los trabajadores y de los empleadores, así como a diversos asesores a menudo conlleva unos gastos que estos países no pueden costear (Thomann, 2011: 46). Lo mismo ocurre con los actores de la sociedad civil (Helfer, 2019: 399).

En segundo lugar, el CA es el órgano con funciones ejecutivas encargado de tomar decisiones sobre la política de la OIT y de establecer el programa de actividades y el presupuesto de la Organización que posteriormente es sometido a la aprobación de la CIT. Asimismo, el CA es el encargado de elegir al Director General. El CA se reúne tres veces al año en Ginebra, en marzo, junio y noviembre, y está compuesto por 56 miembros principales (28 representantes de los Estados, 14 representantes de los trabajadores y 14 representantes de los empleadores) y 66 miembros adjuntos (28 representantes de los Estados, 19 representantes de los trabajadores y 19 representantes de los empleadores). Diez de los puestos gubernamentales quedan reservados a los Miembros de

---

ficado, y acerca de su legislación y práctica respecto de los convenios (ratificados o no) y recomendaciones sobre los cuales el Consejo de Administración haya solicitado la presentación de memorias.

231 OIT: Acerca de la CIT. Disponible en: https://www.ilo.org/ilc/AbouttheILC/lang--es/index.htm (última consulta: 3 de julio de 2023).

mayor importancia industrial (Alemania, Brasil, China, Estados Unidos, Francia, India, Italia, Japón, Reino Unido y Federación de Rusia). Los demás miembros gubernamentales son elegidos por la Conferencia cada tres años. Por su parte, los representantes de los empleadores y trabajadores son elegidos en su capacidad individual[232]. Del CA dependen, finalmente, varios comités permanentes y *ad hocs*, de entre los que destacan la CEACR y el CLS (Thomann, 2011: 49).

Finalmente, la OfIT es la secretaría permanente de la OIT, encargada de llevar a cabo las labores de la Organización bajo la supervisión del CA y del Director General. La Oficina emplea a 3.381 funcionarios en 107 Estados. Entre estos funcionarios, 1.698 trabajan en programas y proyectos de cooperación técnica[233]. La Oficina también prepara los primeros borradores de normas internacionales del trabajo y realiza investigaciones y estudios bajo los auspicios del Instituto Internacional de Estudios Laborales. Por último, la OfIT se encarga de organizar y ejecutar proyectos de cooperación técnica (Thomann, 2011: 49).

El Director General de la OIT, situado en la cúspide de la OfIT, es la cara pública y el responsable, en última instancia, de las actividades y el personal de la Organización. Como hemos podido ver en el epígrafe relativo a la historia de la OIT, el rumbo de sus actividades depende en gran medida de la personalidad y la implicación del Director General, así como a Albert Thomas, el primer Director General de la OIT se le denominó "vendedor ambulante de política social" (Maul, 2019: 38), otros Directores han pasado más desapercibidos. En la actualidad, el inglés Guy Ryder ocupa

---

232 OIT: Acerca del Consejo de Administración. Disponible en: https://www.ilo.org/gb/about-governing-body/lang--es/index.htm (última consulta: 3 de julio de 2023).

233 OIT: Departamentos y oficinas. Disponible en: https://www.ilo.org/global/about-the-ilo/how-the-ilo-works/departments-and-offices/lang--es/index.htm (última consulta: 3 de julio de 2023).

el cargo desde 2012, aunque está previsto que el 1 de octubre de 2022 inicie el mandato su sucesor[234].

Como mencionábamos al inicio, uno de los buques insignia de la OIT es su composición tripartita, consagrada en el art. 3 de su Constitución, que queda fielmente reflejada en su estructura orgánica. El tripartismo en la OIT implica que los representantes de los empleadores y de los trabajadores participan junto con los gobiernos en las estructuras de toma de decisiones de la Organización (Maupain, 2019: 297). En todos los órganos de la Organización participan y cooperan representantes de los trabajadores, de los empleadores y de los Estados miembros, dotando a las normas adoptadas, políticas y programas de una superior legitimidad. La independencia con la que actúan cada una de las partes, sobre todo los grupos de empleadores y trabajadores respecto de los gobiernos, merece especial mención (Wisskirchen, 2005: 280). Además, con el tripartismo, la participación de los delegados de los trabajadores y empleadores en las discusiones de la CIT conecta la realidad laboral con la realidad económica, aspecto que no puede reproducirse en ninguna otra organización donde los gobiernos son los únicos interlocutores (Rodgers *et al.*, 2009: 15). No obstante, este mismo tripartismo es el culpable de que, en muchas ocasiones, se obstaculicen la toma de decisiones y la creación de nuevos estándares laborales internacionales, pues los delegados de los empleadores y trabajadores tienen intereses contrapuestos en numerosas cuestiones, como el derecho de huelga (La Hovary, 2018: 38; Helfer, 2019: 399; Morales y Lobato, 2022: 8). Por un lado, para los trabajadores la OIT es un instrumento con el que perseguir sus objetivos y, por otro lado, los empleadores desempeñan el papel de "freno" en relación con muchas de las medidas que se proponen en el seno de la Organización para ralentizar las acciones que consideran apresuradas o que irían en contra de los intereses empresariales (Rodgers *et al.*, 2009: 16).

---

234 OIT: Nombramiento del Director General de la OIT. Disponible en: https://www.ilo.org/gb/about-governing-body/appointment-of-director-general/lang--es/index.htm (última consulta: 3 de julio de 2023).

A pesar de todas las diferencias entre el grupo de trabajadores y de empleadores, el tripartismo ha demostrado ser una institución resistente durante los últimos 100 años. Sin embargo, en las últimas décadas, se está viendo amenazada como consecuencia de la globalización económica y sus manifestaciones, como la aparición de las cadenas de suministro globales o las nuevas formas de trabajo. Por un lado, las organizaciones de empleadores no pueden representar adecuadamente a las grandes corporaciones multinacionales y tampoco pueden ejercer presión sobre ellas de manera efectiva para que se ajusten a las normas internacionales del trabajo. Por otro lado, las nuevas formas de trabajo, dentro de las cuales destacan las plataformas de "*riders*", amenazan la clásica representación sindical, pues estos trabajadores no se afilian a sindicatos, sino que forman sus propias asociaciones *sui generis*. Como apunta Francis Maupain, la correcta representación de los intereses de cada grupo cada vez es más problemática, pues, si bien el requisito de la representación cuantitativa[235] se encuentra debidamente cubierto, al ser las organizaciones y sindicatos "más representativos" los que acuden a la CIT, la representación cualitativa[236] ha sido cuestionada en numerosas ocasiones desde que la OIT adquirió carácter universal (Maupain, 2019: 297). En otras palabras: ¿representa adecuadamente el grupo de empleadores que participa en la CIT a los empresarios que forman parte de las cadenas de suministro globales? O ¿representan adecuadamente los sindicatos que participan en la CIT a los "*riders*"? Adaptar el tripartismo a este nuevo escenario se ha convertido en todo un reto para la OIT y sus miembros. En el caso de las mencionadas organizaciones de empleadores y trabajadores, dichas organizaciones deberían ser conscientes de que, a menos de que flexibilicen su membresía, las personas y grupos que se quedan fuera (in-

---

235 Debemos entender la representación cuantitativa como la cantidad de trabajadores o empleadores a los que representan las organizaciones que acuden a la CIT.

236 Debemos entender la representación cualitativa como la caracterización personal como "trabajador" o "empleador" de los representantes que acuden a la CIT.

cluyendo los desempleados) continuarán formando sus propias asociaciones, denominadas por Jordi Bonet Pérez como "nuevas solidaridades transfronterizas organizadas" (Bonet, 2021: 284) y amenazando la representatividad, ya no solo cualitativa sino cuantitativa de las organizaciones más tradicionales (Maupain, 2019: 302).

En definitiva, aunque el tripartismo otorga a la OIT una "ventaja comparativa" sobre el resto de las organizaciones internacionales (Maupain, 2019: 302), dicha ventaja comparativa debe ser protegida a nivel constitucional, es decir, la Constitución de la OIT debe adaptarse a las nuevas realidades laborales y ofrecer espacio y representación adecuada para todos los trabajadores.

2.3. EL DERECHO DE LA ORGANIZACIÓN INTERNACIONAL DEL TRABAJO: ¿NECESARIA CODIFICACIÓN DE SUS CONVENIOS?

El derecho de la OIT existe desde que las delegaciones de Reino Unido y EEUU lo propusieron en la Comisión del Trabajo encargada de redactar la Parte XIII del Tratado de Versalles tras la Primera Guerra Mundial[237]. Aunque el sistema ha evolucionado a lo largo del tiempo, los principios básicos permanecen invariables (Rodgers *et al.*, 2009: 19). El art. 19 de la Constitución de la OIT establece que "cuando la Conferencia se pronuncie a favor de la adopción de proposiciones relativas a una cuestión del orden del día, tendrá que determinar si dichas proposiciones han

---

237 El diseño británico original proponía la adopción únicamente de convenios, que serían vinculantes una vez ratificados por los Estados miembros. EEUU adoptó una postura contraria, sosteniendo que los instrumentos adoptados por la CIT deberían ser meras recomendaciones. Las negociaciones en la Comisión del Trabajo eventualmente dieron como resultado un acuerdo que permitiría la adopción tanto de convenios como de recomendaciones, que serían sometidos a la autoridad nacional competente para su ratificación o aplicación (Rodgers *et al.*, 2009: 19).

de revestir la forma: a) de un convenio internacional, o b) de una recomendación, si la cuestión tratada, o uno de sus aspectos, no se prestare en ese momento para la adopción de un convenio"[238]. En otras palabras, y atendiendo a la teoría general de las organizaciones internacionales[239], los actos que la OIT puede adoptar son, por un lado, los convenios, como actos convencionales o tratados internacionales (tal y como se definen en el art. 2.1.a) de la

[238] OIT: Constitución de la Organización Internacional del Trabajo, *op cit.*, nota 41.

[239] Según la teoría general de las organizaciones internacionales, una de las manifestaciones de la personalidad jurídica internacional de las organizaciones consiste en adoptar diversos tipos de actos, aunque no todos sean jurídicos (Sobrino, 2016b: 140).

Atendiendo a la clasificación ofrecida por Manuel Díez de Velasco, estos actos se pueden dividir en: a) actos unilaterales o individuales de la organización internacional en cuestión, que son aquellos que adopta la organización sin necesidad de que intervengan terceros sujetos para que sean aplicables y b) actos convencionales o contractuales, cuyo perfeccionamiento requiere la concurrencia de declaraciones de voluntad emanadas de otros sujetos de Derecho distintos a la organización Dentro de los actos individuales o unilaterales, los más comunes son las decisiones (que suelen llevar aparejada la obligatoriedad de su cumplimiento) y las recomendaciones (que no suelen llevar aparejada la obligatoriedad de su cumplimiento). Dentro de los actos convencionales o contractuales, encontramos los tratados internacionales que la organización elabora pero que los Estados ratifican, y los contratos con otros sujetos de Derecho privado (Díez, 1995: 123). A estos tratados internacionales se les denomina "tratados vinculados", pues se caracterizan porque existe una relación directa entre el tratado y la esfera institucional y competencial de la organización internacional en cuestión (Rodrigo, 2021: 105).

Otra clasificación de los actos que una organización internacional puede adoptar diferencia entre actos típicos, si estos se encuentran previstos en el tratado constitutivo, o actos atípicos, si estos no se encuentran recogidos en el tratado constitutivo de la organización en cuestión. Vid. UE: Actos atípicos. Disponible en: https://eur-lex.europa.eu/legal-content/ES/TXT/?uri=LEGISSUM%3Aai0037 (última consulta: 3 de julio de 2023).

Convención de Viena de 1969[240]) vinculados a la Organización, para cuyo perfeccionamiento se requiere la ratificación por parte de los Estados Miembros, y las recomendaciones, que son actos unilaterales de la OIT de competencia externa que no requieren ratificación formal y que imponen únicamente obligaciones de información sobre los Estados miembros[241]. Como apunta Steve Charnovitz, este art. 19 ofrece muy pocas claves para determinar cuándo un estándar laboral internacional debe adoptar la forma de un convenio o de una recomendación (Charnovitz, 2000: 172). En última instancia, le corresponde a la CIT decidirlo, aunque el CA y la OfIT puedan realizar propuestas al respecto (Bonet, 2007: 134). En ambos casos, para que la CIT adopte en votación final el convenio o la recomendación será necesaria una mayoría de dos tercios de los votos emitidos por los delegados presentes[242]. Una vez aprobados, el convenio o la recomendación, todos los Estados miembros están obligados a presentarlo ante las autorida-

---

240 Art. 2.1.a) de la Convención de Viena de 1969: "Acuerdo internacional celebrado por escrito entre Estados y regido por el Derecho internacional, ya conste en un instrumento único o en dos o más instrumentos conexos y cualquiera que sea su denominación particular". Vid. ONU: Convención de Viena sobre el Derecho de los Tratados, *op. cit.*, nota 42, p. 451.

241 Concretamente, el art. 19 de la Constitución de la OIT detalla que "no recaerá sobre los Miembros ninguna otra obligación, a excepción de la de informar al Director General de la Oficina Internacional del Trabajo, con la frecuencia que fije el Consejo de Administración, sobre el estado de su legislación y la práctica en lo que respecta a los asuntos tratados en la recomendación, precisando en qué medida se han puesto o se propone poner en ejecución las disposiciones de la recomendación, y las modificaciones que se considere o pueda considerarse necesario hacer a estas disposiciones para adoptarlas o aplicarlas". Vid. OIT: Constitución de la Organización Internacional del Trabajo, *op cit.*, nota 41, art. 19.

242 *Ibíd.*

Generalmente se suele alcanzar esta mayoría de dos tercios, pues, aunque un Estado no tenga la intención de ratificar dicha norma, prevalece la idea de permitir al resto de Estados que sí lo puedan hacer (Wisskirchen, 2005: 281).

des competentes de su país (por ejemplo, un parlamento nacional), aunque estas no tengan la obligación de ratificar el convenio (Charnovitz, 2000: 171).

Además de estos actos normativos típicos, la CIT también puede adoptar otros actos atípicos – no recogidos en su Constitución – como las declaraciones, que, de acuerdo con la propia OIT, son resoluciones utilizadas a fin de hacer una "declaración formal y autoritativa y reafirmar la importancia que los mandantes atribuyen a ciertos principios y valores"[243]. En otras palabras, las declaraciones de la OIT constituyen instrumentos de *soft-law* externo[244] de carácter intergubernamental que tienen la finalidad de reafirmar los compromisos adquiridos por los miembros sin ampliar sus obligaciones jurídicas. A pesar de que las declaraciones no están sujetas a la ratificación, pretenden tener una amplia aplicación y contienen los compromisos simbólicos y políticos de los

---

243 OIT: Declaraciones de la OIT. Disponible en: https://www.ilo.org/global/about-the-ilo/how-the-ilo-works/departments-and-offices/jur/legal-instruments/WCMS_432225/lang--es/index.htm (última consulta: 12 de noviembre de 2022).

244 Expresión empleada por Ángel Rodrigo Hernández para describir los instrumentos adoptados por una organización internacional que no son jurídicamente obligatorios y proporcionan una "normatividad atenuada por motivos formales" (Rodrigo, 2021: 115). Dentro de estos instrumentos se encuentran los de carácter intergubernamental (adoptados por los Estados, como las declaraciones finales de conferencias diplomáticas), los adoptados por los órganos de la organización internacional (recomendaciones, salvaguardias, códigos de conducta, guías directrices, etc.), y los adoptados por actores no estatales como las ONG (Rodrigo, 2021: 116).
Según este autor, los actos de las organizaciones internacionales han contribuido de manera significativa a uno de los rasgos que caracterizan el Derecho internacional actual: la normatividad relativa, entendida esta como la "existencia de distintos grados de normatividad en el sistema jurídico internacional en el sentido de autoridad o fuerza jurídica de las normas". Una de las manifestaciones de la normatividad relativa es la normatividad atenuada, que, generalmente, se denomina *soft-law* (Rodrigo, 2019: 114-115).

Estados miembros[245]. Este sería el caso de la Declaración relativa a los Principios y Derechos Fundamentales en el Trabajo y su Seguimiento de 1998[246] o la Declaración del Centenario de la OIT para el Futuro del Trabajo del pasado 2019[247].

Hasta la fecha, la CIT ha aprobado 191 convenios[248] y 208 recomendaciones[249] que cubren la práctica totalidad de aspectos de las relaciones laborales. Respecto de este sistema normativo, numerosos autores han alzado voces críticas y evidenciado tres límites importantes. El primer límite es la sobreproducción de normas (Donoso, 1998: 209; Hepple, 2005: 35) y, en consecuencia, la pérdida de un enfoque organizacional. En palabras de Efrén Córdova, "si bien es cierto que la función normativa es uno de los sellos distintivos de la OIT y ha contribuido en gran medida al progreso social en muchos países, lo más probable es que la OIT haya superado sus límites normales y esperados, tanto en términos de cantidad como de calidad de los estándares. De continuar la tendencia actual, la aplicación de un conjunto tan voluminoso de normas podría volverse inmanejable y aparecerían diferencias notables entre los Estados miembros con respecto al cumplimiento de las obligaciones internacionales y al grado de desarrollo social" (Córdova, 1992: 138). Aunque la OIT ha operado con más "prudencia" normativa en los últimos años (Bonet, 2007: 121), lo cierto es que el número de convenios en vigor sigue siendo muy elevado, lo que puede originar la devaluación de los más importantes (Donoso, 1998: 209). El segundo de los límites a este sistema normativo es su sectorialidad, pues para cada cuestión concreta de las relaciones laborales existe un convenio o una

245 OIT: Declaraciones de la OIT, *op. cit.*, nota 243.

246 OIT: Declaración relativa a los Principios y Derechos Fundamentales en el Trabajo y su Seguimiento, *op. cit.*, nota 10.

247 OIT: Declaración del Centenario de la OIT para el Futuro del Trabajo, *op. cit.*, nota 226.

248 OIT: Convenios. Disponible en: https://www.ilo.org/dyn/normlex/es/f?p=1000:12000:::NO::: (última consulta: 3 de julio de 2023).

249 OIT: Recomendaciones. Disponible en: https://www.ilo.org/dyn/normlex/es/f?p=1000:12010:::NO::: (última consulta: 3 de julio de 2023).

recomendación de la OIT. Según Antonio Ojeda Avilés, "la actividad legislativa de la OIT padece de un particularismo excesivo" (Ojeda, 2019: 6). Un tercer límite es la flexibilidad inherente a los estándares adoptados por la CIT. Esta flexibilidad se predica, en primer lugar, de la posibilidad de ratificar o no los convenios (Standing, 2008: 356); en segundo lugar, del lenguaje utilizado en los convenios, siempre poco preciso y detallado (Helfer, 2006: 686); y, en tercer lugar, de las disposiciones transitorias (Wisskirchen, 2005: 284) y de las excepciones que muchas veces se incluyen en ellos (Charnovitz, 2000: 173). Estas excepciones aparecen consagradas en el art. 19 de la Constitución de la OIT, que afirma que "al elaborar cualquier convenio o recomendación de aplicación general, la Conferencia deberá tener en cuenta aquellos países donde el clima, el desarrollo incompleto de la organización industrial u otras circunstancias particulares hagan esencialmente diferentes las condiciones de trabajo, y deberá proponer las modificaciones que considere necesarias de acuerdo con las condiciones peculiares de dichos países"[250]. Un ejemplo práctico de esta flexibilidad lo encontramos en los primeros convenios sobre la edad mínima, que establecían excepciones para Japón y la India. Esta flexibilidad origina problemas de incoherencia normativa (Helfer, 2006: 698) y de falta de ratificación de convenios muy relevantes. No obstante, a pesar de estas altas dosis de flexibilidad, todavía muchos Estados, generalmente subdesarrollados, continúan encontrando difícil poder ratificar los convenios de la OIT porque muchos de ellos exigen el empeño de una serie de recursos de los que carecen.

Para superar estos límites relacionados con la sobreproducción de normas, su sectorialidad y su flexibilidad, algunos autores han propuesto la codificación de los convenios de la OIT para crear una especie de Código Laboral Internacional (Lyutov, 2014: 275; Ojeda, 2019: 9), es decir, una única norma que codificase, sistematizase y actualizase todos los convenios existentes. Si bien esta pro-

---

250 OIT: Constitución de la Organización Internacional del Trabajo, *op cit.*, nota 41, art. 19.

puesta es deseable, se topa con numerosos obstáculos. Laurence Helfer, por ejemplo, apunta que codificar todos los convenios devaluaría a los considerados como fundamentales por la OIT (Helfer, 2006: 698). No obstante, en nuestra opinión, esto no tendría por qué ocurrir si dentro del nuevo Código los DLF apareciesen en primer lugar y con una posición reforzada (como hace, por ejemplo, la Constitución Española con los derechos fundamentales). Un segundo obstáculo tiene que ver con la sucesión de tratados en la misma materia, regulado en el art. 30 de la Convención de Viena sobre el Derecho de los Tratados, entendida esta como la "sustitución de un tratado por otro como consecuencia de la revisión global de instrumentos marcados por el paso del tiempo que interesa más reemplazar que enmendar" (Remiro, 2007: 498). Si la CIT adoptase un Código Laboral Internacional con la finalidad de actualizar y desarrollar el contenido de los convenios de la OIT, pero no derogase dichos convenios, se daría el caso de que algunos miembros se encontrarían obligados por los convenios sectoriales (tratados causantes) y otros miembros, los que decidiesen ratificar el Código Laboral Internacional, se encontrarían obligados por este Código (tratado sucesor), dando lugar a una asimetría de obligaciones, aunque esto se podría solucionar si, como establece el art. 30.2 de la Convención de Viena, el Código Laboral Internacional especifica que se encuentra subordinado a los convenios anteriores y que no existe compatibilidad entre ellos. Como apunta Antonio Remiro Brotóns, "solo el trasvase de todas las partes de uno a otro produciría la terminación del tratado causante", esto es, de los convenios de la OIT, requisito que parece difícil de conseguir. Precisamente, este es el tercer obstáculo: lograr un amplio número de ratificaciones. Si ya muchos convenios sectoriales de la OIT sufren de falta de ratificación por parte de algunos Estados miembros y, de manera añadida, hay Estados, como EEUU, que son típicamente reacios a la aceptación de normas laborales internacionales vinculantes, nos encontramos con que la idea de una ratificación universal de un Código Laboral Internacional es más bien utópica. En lugar de pensar en una codificación de todos los convenios de la OIT en un mismo texto vinculante, para superar los límites identificados a su sistema normativo, nos posicionamos del lado de autores que han propuesto mantener las bases del sistema, esto es, mantener la adopción de convenios y las recomendaciones sectoriales, pero cambiar la dinámica, en el sentido de disminuir la producción de convenios y utilizarlos solo en casos particulares, aumentar la adopción de recomendaciones más específicas que actualicen dichos convenios periódicamente y realizar un mayor esfuerzo en la labor de promoción de las normas laborales vigentes a través de programas de acción (Charnovitz, 2000: 172; Bonet, 2007: 121-122).

2.4. LOS MECANISMOS DE CONTROL DE LOS DERECHOS LABORALES FUNDAMENTALES EN LA ORGANIZACIÓN INTERNACIONAL DEL TRABAJO: ¿UN SISTEMA EFECTIVO?

El sistema de control institucionalizado de las normas laborales internacionales es uno de los aspectos más destacables de la OIT y tiene como finalidad asegurar que los Estados cumplan con los convenios ratificados e, incluso, informen de la situación de cumplimiento con lo dispuesto en convenios que no han ratificado en su territorio. Si la Organización detecta disfunciones en el cumplimiento de una norma internacional del trabajo en un determinado Estado, se pone en marcha un programa de asistencia técnica. En otras palabras, "su finalidad de base es mejorar la aplicación de los estándares jurídicos internacionales en materia de relaciones laborales a través del examen de su correcto o no cumplimiento" (Bonet, 2007: 181). Para algunos autores, a este régimen se le atribuye el logro de haber desarrollado los métodos de control más efectivos de entre todos los existentes en el seno de las organizaciones internacionales de vocación universal (Van Dervort, 1997: 214; Wisskirchen, 2005: 294-295). No obstante, para otros, este sistema se encuentra lejos de ser de los más efectivos (Lyutov, 2014: 256).

En el presente epígrafe estudiaremos los diferentes mecanismos de control, tanto periódicos como especiales, creados por la OIT para hacer efectivos los convenios, prestando especial atención a los convenios que contienen los DLF. Para ello, seguiremos la sistemática propuesta por la propia OIT[251].

2.4.1. El sistema de control periódico

En virtud del art. 22 de la Constitución de la OIT, "cada uno de los Miembros se obliga a presentar a la OfIT una memoria anual[252] sobre las medidas que haya adoptado para poner en ejecución los convenios a los cuales se haya adherido. Estas memorias serán redactadas en la forma que indique el CA y deberán contener los datos que este solicite"[253].

El mecanismo de control periódico se basa en el examen de estas memorias regulares relativas a la situación de cumplimiento de los convenios ratificados remitidas por los Estados al CA y de las observaciones a ese respecto formuladas por las organizaciones de trabajadores y de empleadores. Los órganos subsidiarios de la OIT que llevan a cabo ese examen son la Comisión de Expertos

---

251 OIT: Aplicación y promoción de las normas. Disponible en: https://www.ilo.org/global/standards/applying-and-promoting-international-labour-standards/lang--es/index.htm (última consulta: 3 de julio de 2023).

252 En la práctica, las memorias no se envían anualmente. Cada tres años, los Estados remiten información detallada sobre las medidas que se han adoptado para aplicar cualesquiera de los diez CF y los cuatro convenios de gobernanza que hubiesen ratificado. En cuanto a los demás convenios, las memorias deben presentarse cada seis años. Vid. OIT: La Comisión de Expertos en Aplicación de Convenios y Recomendaciones. Disponible en: https://www.ilo.org/global/standards/applying-and-promoting-international-labour-standards/committee-of-experts-on-the-application-of-conventions-and-recommendations/lang--es/index.htm (última consulta: 3 de julio de 2023).

253 OIT: Constitución de la Organización Internacional del Trabajo, *op cit.*, nota 41, art. 22.

en Aplicación de Convenios y Recomendaciones (CEACR) y la Comisión Tripartita de Aplicación de Convenios y Recomendaciones (CTACR) de la Conferencia Internacional del Trabajo.

2.4.1.1. La Comisión de Expertos en Aplicación de Convenios y Recomendaciones: el control técnico

La Parte XIII del Tratado de Versalles de 1919, actual Constitución de la OIT, no creó ningún órgano de control periódico encargado de examinar las memorias que el art. 22 obligaba a los Estados a remitir para controlar el cumplimiento de los convenios ratificados, por lo que le correspondía a la CIT tal labor. Sin embargo, con la progresiva adopción de nuevos convenios y el aumento del número de Estados miembros, pronto la CIT se vio desbordada (Maupain, 1999: 276; Wisskirchen, 2005: 297; Lyutov, 2014: 269). Por este motivo, en el año 1926, se crea la CEACR, una comisión técnica de expertos creada por el Director de la OIT por encargo de la CIT[254].

Además de aliviar la carga de trabajo de la CIT, otra de las razones fundamentales de la creación de la CEACR se sustentaba en la necesidad de crear un sistema de control que no dependiese de los órganos deliberativos y políticos de la Organización, integrados por representantes de diversos intereses, nacionalidades o profesiones, sino más bien de un órgano técnico de expertos que examinasen el cumplimiento de los convenios ratificados por los Estados de manera objetiva e imparcial[255]. Pronto se comprendió que el mejor sistema de control de las normas internacionales del trabajo habría de combinar un examen técnico e imparcial, labor

---

254 OIT: Control de Cumplimiento de las Normas Internacionales del Trabajo: El Papel Fundamental de la Comisión de Expertos en Aplicación de Convenios y Recomendaciones de la OIT, 2019. Disponible en: https://www.ilo.org/wcmsp5/groups/public/—ed_norm/—normes/documents/publication/wcms_730880.pdf

255 *Ibíd.*, p. 13.

atribuida a la CEACR, y un examen político posterior, función consignada a la CTACR que estudiaremos con posterioridad.

Tras su creación, en mayo de 1927, la CEACR celebró su primera reunión, que estuvo compuesta únicamente por 8 expertos que examinaron 180 memorias provenientes de los Estados miembros de la Organización en aquel momento. Por aquel entonces, la CIT había adoptado 23 convenios y 28 recomendaciones, y el número de ratificaciones de convenios ascendía a 229[256].

En la actualidad, la CEACR está compuesta por 20 eminentes expertos juristas, nombrados por el CA por periodos de tres años con posibilidad de reelección hasta 15 años y provenientes de diferentes regiones del mundo y sistemas jurídicos. La imparcialidad y la competencia técnica son las notas indispensables para garantizar que la labor de la CEACR goza de la máxima autoridad y credibilidad[257].

La función de estos 20 expertos es examinar, por un lado, las memorias remitidas por los Estados miembros sobre la situación de cumplimiento de los convenios ratificados en virtud del mencionado art. 22 de la Constitución de la OIT, pero también la información y memorias sobre los convenios y recomendaciones comunicadas por los miembros de conformidad con el art. 19, que obliga a los Estados a informar sobre la situación de cumplimiento de los convenios y recomendaciones no ratificados en su territorio[258], así como la información y memorias sobre las medi-

---

256 *Ibíd.*

257 *Ibíd.*, pp. 17-18.

258 Los convenios no ratificados por un Estado no pueden dar lugar a obligaciones internacionales, a tenor de lo dispuesto en el art. 34 de la Convención de Viena de 1969 ("Un tratado no crea obligaciones ni derechos para un tercer Estado sin su consentimiento"). Vid. ONU: Convención de Viena sobre el Derecho de los Tratados, *op. cit.*, nota 42, p. 452.
Laurence Helfer (2008) analiza el poder de la OIT para controlar el cumplimiento de los convenios no ratificados por los Estados miembros y afirma que, desde el momento en que un Estado decide formar parte

das adoptadas por los miembros de conformidad con el art. 35, que obliga a los Estados a informar sobre la situación de cumplimiento de los convenios y recomendaciones no ratificados en los territorios no metropolitanos de cuyas relaciones internacionales sean responsables[259].

A la hora de proceder a dicho examen, la CEACR tiene total independencia para fijar sus métodos y, en la actualidad, se reúne una vez al año en Ginebra durante 3 semanas para examinar las memorias de los Estados y efectuar dos tipos de comentarios al respecto: observaciones y solicitudes directas. Por un lado, las observaciones se usan, generalmente, en las situaciones más graves o más persistentes de incumplimiento de las obligaciones. Sirven para evidenciar disconformidad de la legislación o las prácticas de un Estado con las obligaciones que se derivan de un convenio, aunque también se utilizan para poner de relieve los progresos realizados por dicho Estado. Estas observaciones se incluyen en el informe anual de la Comisión[260] que, en los últimos años, ronda las 800 páginas de extensión. Por otro lado, las solicitudes directas tienen como finalidad pedir más información técnica a los gobiernos o aclarar una determinada cuestión y permiten entablar un diálogo continuado en el tiempo. A diferencia de las observaciones, las solicitudes directas no se incluyen en el informe anual de la Comisión[261].

Por último, al finalizar su reunión, la CEACR elabora un informe anual que se presenta al CA a título informativo y consta de tres partes: La Parte I contiene el Informe general, que incluye los

---

de la OIT y acepta las obligaciones contenidas en la Constitución y desde el momento en el que dicho Estado comienza a remitir las memorias anuales, está aceptando la obligación de informar sobre la situación de cumplimiento de los convenios no ratificados (Helfer, 2008: 199-200).

259 OIT: Control de Cumplimiento de las Normas Internacionales del Trabajo: El Papel Fundamental de la Comisión de Expertos en Aplicación de Convenios y Recomendaciones de la OIT, *op. cit.*, nota 254, p. 18.

260 *Ibíd.*, pp. 20-21.

261 *Ibíd.*, p. 21.

comentarios acerca del cumplimiento de los Estados miembros de sus obligaciones; la Parte II contiene las observaciones sobre la aplicación de las normas internacionales del trabajo; y la Parte III contiene un estudio general sobre un tema particular elegido por el CA[262], aunque en los últimos informes se viene prescindiendo de esta Parte. Este informe anual se presenta posteriormente en la sesión plenaria de la CIT, donde lo examina la CTACR y somete a debate alguna de sus partes.

Conviene aclarar, como lo hace la propia OIT, que, aunque la CEACR desempeña funciones que implican la interpretación de las normas de la Organización, la interpretación definitiva de los convenios le corresponde a la CIJ, en virtud del art. 37 de la Constitución[263]. Por tanto, "resulta más preciso subrayar que las observaciones de la Comisión de Expertos constituyen evaluaciones de la conformidad de la legislación nacional de un Estado miembro con los convenios que ha ratificado, y no así interpretaciones definitivas"[264]. Sin embargo, la realidad es que, desde

262 *Ibíd.*, p. 20.

263 Art. 37: "Todas las cuestiones o dificultades relativas a la interpretación de esta Constitución y de los convenios ulteriormente concluidos por los Miembros en virtud de las disposiciones de esta Constitución serán sometidas a la Corte Internacional de Justicia para su resolución". Vid. OIT: Constitución de la Organización Internacional del Trabajo, *op cit.*, nota 41.

264 OIT: Control de Cumplimiento de las Normas Internacionales del Trabajo: El Papel Fundamental de la Comisión de Expertos en Aplicación de Convenios y Recomendaciones de la OIT, *op. cit.*, nota 246, p. 24. Tal y como relata Alfred Wisskirchen, "sorprende que, en su informe de 1990, la Comisión dijera que sus interpretaciones eran vinculantes siempre que la Corte no las contradijese. Esta tesis suscitó un acalorado debate, no exento de reprobaciones, en la reunión de la Conferencia de junio de 1990. En su informe del año siguiente, los expertos matizaron su propia tesis y llegaron a la conclusión, que siguen manteniendo actualmente, de que las opiniones de la Comisión de Expertos no pueden considerarse como dictámenes obligatorios, de que sus apreciaciones no tienen efectos *erga omnes* y de que el hecho de que los miembros empleadores de la Comisión de la Conferencia se reserven el derecho

su creación en 1926, la CEACR se ha convertido en la verdadera intérprete técnica de los convenios de la OIT con su labor y sus interpretaciones han adquirido cierta significación o autoridad moral (Bonet, 2013: 24), aunque no sean vinculantes, lo que ha hecho que algunos grupos dentro de la Organización, como el grupo de empleadores, se muestren disconformes respecto a su mandato (Bonet, 2013: 12), al entender que la CEACR está dando lugar a una especie de jurisprudencia "*soft-law*" (Bonet, 2013: 14; La Hovary, 2015: 319; La Hovary, 2018: 46) que, en algún momento dado, podría llegar a convertirse en "*hard-law*" y perjudicarles (Maupain, 2014: 125-126; La Hovary, 2015: 328).

Si bien las observaciones de la CEACR en ningún caso conllevan aparejadas sanciones por incumplimiento, este órgano, a diferencia de otros, ha logrado con su labor de control periódico repercutir en la práctica de los Estados miembros de la OIT y, especialmente, mejorar el cumplimiento de las normas laborales internacionales y, especialmente, de las fundamentales, en las legislaciones nacionales de los Estados miembros de la OIT. Prueba de ello son los numerosos progresos anotados por la propia Comisión en sus informes anuales en relación con Estados donde la situación de cumplimiento de los derechos laborales preocupaba en momentos anteriores. En su último informe anual[265], la CEACR ha elaborado una lista de los casos en los que la Comisión ha podido expresar su "satisfacción" por algunas medidas adoptadas por los gobiernos de los países como Colombia, Pakistán o Turquía[266]. No obstante, en dicho informe también "lamenta" incumplimientos graves, como el hecho de que algunos Estados

a contradecir las opiniones de la Comisión de Expertos no es incompatible con los enunciados de esta Comisión" (Wisskirchen, 2005: 299).

265 OIT: Aplicación de las normas internacionales del trabajo: Informe de la Comisión de Expertos en Aplicación de Convenios y Recomendaciones, adoptado por la Conferencia Internacional del Trabajo en su centésimo décimo primera reunión, *op. cit.*, nota 79.

266 *Ibíd.*, pp. 102, 203 y 228.

no hayan remitido su memoria anual[267] o la violación de los CF por parte de Estados que previamente los han ratificado.

En este sentido, la labor de la CEACR es únicamente de examen técnico-legal de la información remitida por los Estados miembros de la OIT y de proposición de mejoras de la legislación nacional para adecuarla a las obligaciones contenidas en los convenios de la Organización. En ningún caso se pretende aleccionar a los Estados ni someter si comportamiento al escrutinio público ni, mucho menos, imponer sanciones por las violaciones detectadas. Para llevar a cabo un debate político sobre la situación de cumplimiento – o incumplimiento – detectada por la CEACR, la OIT cuenta con la CTACR que estudiaremos a continuación.

2.4.1.2. La Comisión Tripartita de Aplicación de Convenios y Recomendaciones de la Conferencia Internacional del Trabajo: el control político

Cuando en 1926 la CIT se dio cuenta de que no podía asumir de manera efectiva el control de las normas internacionales del trabajo creó de simultáneamente la CEACR, con una naturaleza eminentemente técnica, y la CTACR, órgano permanente de la CIT de carácter político y composición tripartita, cuyo mandato se inscribe en el art. 7 del Reglamento de la CIT[268]. El hecho de

---

267 La mayoría de estos Estados son países subdesarrollados que, más por falta de dinero que por falta de compromiso, no pueden asumir ciertas obligaciones como la de elaborar año tras año un informe detallado de la situación de cumplimiento de los derechos laborales en sus territorios.

268 Art. 7: "1. La Conferencia constituirá, tan pronto sea posible, una comisión encargada de examinar: a) las medidas adoptadas por los Miembros para dar efecto a las disposiciones de los convenios en que sean parte, así como las informaciones proporcionadas por los Miembros sobre el resultado de las inspecciones; b) las informaciones y memorias relativas a los convenios y a las recomendaciones, enviadas por los Miembros de conformidad con el artículo 19 de la Constitución, con excepción de las informaciones solicitadas en virtud del apartado e)

que el sistema de control de las normas internacionales del trabajo combine un examen técnico e imparcial y, posteriormente, un examen político proveniente de un órgano de composición tripartita basado en el diálogo hace este sistema el más elaborado en el nivel internacional[269].

La CTACR es uno de los pocos órganos incorporados en la CIT de carácter permanente compuesto por delegados de todos los gobiernos de los Estados miembros de la OIT, de los empleadores y de los trabajadores (Wisskirchen, 2005: 364).

La función principal de la CTACR consiste en examinar el informe anual de la CEACR, que le son remitidos generalmente en diciembre, y abrir un debate político – e iniciar la "movilización de la culpa" (Maupain, 2014: 120) – sobre sus observaciones en la siguiente CIT que suele celebrarse en el mes de junio. La CTACR, recibido dicho informe anual, entabla un debate general de apertura sobre los temas tratados por la CEACR en su informe. Posteriormente, selecciona del mismo 25 observaciones sobre Estados concretos que serán objeto de debate en el seno de la Conferencia. Como apuntan algunos autores, "no existen procedimientos del todo satisfactorios para confeccionar la lista de los gobiernos a los que se debe invitar a contestar. La lista presentada suele fundamentarse en una serie de consideraciones gene-

---

del párrafo 5 de dicho artículo, cuando el Consejo de Administración haya decidido adoptar un procedimiento diferente para su examen; c) las medidas adoptadas por los Miembros de conformidad con el artículo 35 de la Constitución. 2. La Comisión presentará un informe a la Conferencia". Vid. OIT: Reglamento de la Conferencia Internacional del Trabajo, adoptado por la Conferencia Internacional del Trabajo en su primera reunión, Suiza, 21 de noviembre de 1919. Disponible en: https://www.ilo.org/ilc/Rulesfortheconference/lang--es/index.htm (última consulta: 3 de julio de 2023).

269 OIT: La Comisión de Aplicación de Normas de la Conferencia Internacional del Trabajo. Dinámica e impacto: décadas de diálogo y persuasión, Ginebra, 2011, p. 12. Disponible en: https://www.ilo.org/wcmsp5/groups/public/---ed_norm/---normes/documents/publication/wcms_154194.pdf

ralmente admisibles, entre ellas el principio de la distribución geográfica equitativa", así como tampoco "existen criterios de referencia objetivos y acreditados para determinar cabalmente la gravedad del incumplimiento de una norma" (Wisskirchen, 2005: 308). Los gobiernos de los Estados miembros mencionados en dichas observaciones son invitados a responder ante la CTACR y a aclarar la información sobre la situación en examen. Tras el examen, la Comisión elabora unas conclusiones en las que incluye recomendaciones a los gobiernos para que adopten medidas específicas para solucionar las deficiencias encontradas en relación con la situación de cumplimiento de los convenios de la OIT. Las situaciones especialmente preocupantes se destacan en párrafos especiales. Por último, el informe de la CTACR se presenta a la CIT y es discutido en sesión plenaria, lo que da a los delegados de los gobiernos involucrados una nueva oportunidad de realizar las aclaraciones oportunas[270].

En el último informe de la CTACR[271] los casos individuales seleccionados fueron Ecuador, Guatemala, Hungría, Iraq, Kazajistán, Liberia, Malasia, Myanmar, Nicaragua, Nueva Zelanda y Países Bajos en relación a la libertad sindical; Fiji en relación al trabajo forzoso; Benin, Islas Salomón y República Centroafricana en relación al trabajo infantil; China y Malawi en relación a la no discriminación en el empleo; Nigeria en relación a los salarios mínimos; El Salvador en relación a la consulta tripartita; y Yibuti en relación al empleo. Como vemos, muchos de los casos tienen que ver con la violación de los DLF (Wisskirchen, 2005: 308; Lyutov, 2014: 271).

Aunque la función de la CTACR es "señalar" a los Estados que incumplen sus obligaciones contraídas al ratificar los convenios

---

270 *Ibíd.*

271 OIT: Comisión de Aplicación de Normas de la Conferencia: Actas 2022, adoptadas por la Conferencia Internacional del Trabajo en su centésimo décima reunión, Ginebra, junio de 2022. Disponible en: https://www.ilo.org/wcmsp5/groups/public/---ed_norm/---normes/documents/publication/wcms_724771.pdf

de la OIT y abrir un debate político en el que se les pone en evidencia, cabe recalcar que, al igual que ocurre con la CEACR, la declaración de un incumplimiento no conlleva aparejada ningún tipo de sanción en el seno de la OIT.

2.4.2. Los procedimientos especiales

A diferencia del sistema de control periódico, los procedimientos especiales de la OIT únicamente se activan cuando surge una reclamación, una queja, o una controversia concreta en relación con la libertad sindical.

2.4.2.1. El procedimiento de reclamación

El art. 24 de la Constitución de la OIT prevé la posibilidad de presentar lo que la Organización denomina "reclamaciones" al afirmar que "toda reclamación dirigida a la OfIT por una organización profesional de empleadores o de trabajadores en la que se alegue que cualquiera de los Miembros no ha adoptado medidas para el cumplimiento satisfactorio, dentro de su jurisdicción, de un convenio en el que dicho Miembro sea parte podrá ser comunicada por el CA al gobierno contra el cual se presente la reclamación y podrá invitarse a dicho gobierno a formular sobre la materia la declaración que considere conveniente"[272]. En palabras más sencillas, los sindicatos y organizaciones de empleadores[273] pueden remitir una reclamación a la OfIT[274] en la que se afirma que un Estado no está cumpliendo con sus obligaciones derivadas

---

272 OIT: Constitución de la Organización Internacional del Trabajo, *op cit.*, nota 41, art. 24.

273 Los individuos no pueden presentar reclamaciones de manera directa ante la OIT, pero pueden comunicar la información pertinente a su sindicato u organización de empleadores.

274 En la página web de la OIT se encuentra el "formulario en línea para la presentación de una reclamación" que los sindicatos y organizaciones de empleadores deben rellenar y remitir a la OfIT.

de los convenios ratificados para que el CA pida explicaciones a dicho Estado. Según se puede deducir del tenor del art. 24, el CA goza de grandes dosis de discrecionalidad en relación con el seguimiento de la reclamación (Maupain, 1999: 278).

Según el Reglamento relativo al procedimiento para la discusión de reclamaciones presentadas con arreglo a los artículos 24 y 25 de la Constitución de la OIT[275], el CA, en el seno de este procedimiento, puede, en primer lugar, establecer un comité tripartito, compuesto por tres miembros, para examinar la reclamación y la respuesta del gobierno del Estado involucrado. El informe que el comité tripartito somete al CA contempla los aspectos jurídicos y prácticos del caso, examina la información presentada y concluye formulando observaciones y recomendaciones. El CA, posteriormente, puede o bien hacer observaciones, publicar el informe y remitir el caso a la CEACR para su seguimiento (función que la CEACR no tiene atribuida formalmente), o bien pedir que una comisión de encuesta trate la cuestión como una queja. En segundo lugar, si la reclamación tiene que ver con la libertad sindical, el CA puede remitir dicha reclamación al CLS. En tercer lugar, si el CA considera dicha reclamación infundada, puede no dar trámite a la reclamación presentada por los representantes de los trabajadores o empleadores[276]. El procedimiento puede verse representado a continuación en la Figura 2.1.

---

275 OIT: Reglamento relativo al procedimiento para la discusión de reclamaciones presentadas con arreglo a los artículos 24 y 25 de la Constitución de la OIT, adoptado por el Consejo de Administración en su quincuagésimo séptima reunión, 8 de abril de 1932. Disponible en: https://www.ilo.org/wcmsp5/groups/public/—ed_norm/—normes/documents/meetingdocument/wcm_041901.pdf

276 OIT: Reclamaciones. Disponible en: https://www.ilo.org/global/standards/applying-and-promoting-international-labour-standards/representations/lang--es/index.htm (última consulta: 3 de julio de 2023).

Figura 2.1.: Procedimiento de reclamación en la OIT.

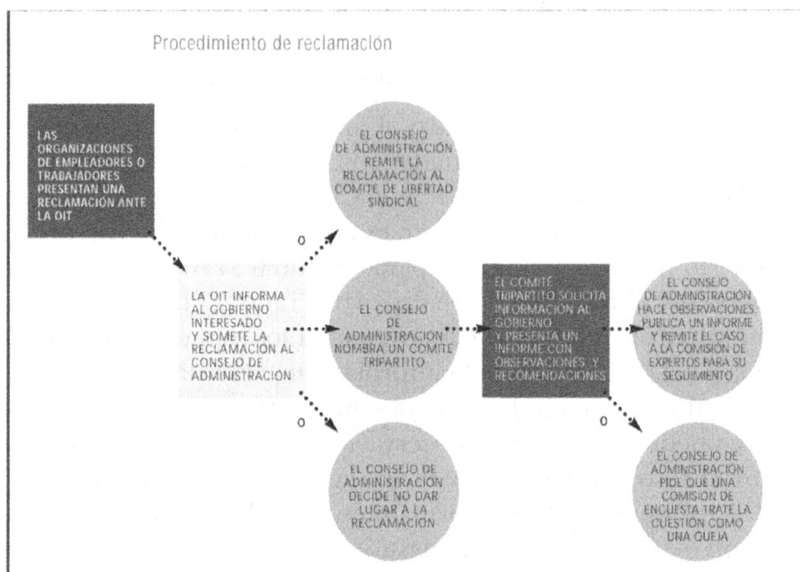

* Fuente: Organización Internacional del Trabajo.

El art. 25 de la Constitución establece la posibilidad de hacer dicha reclamación pública si el gobierno del Estado al que se dirige la reclamación no hace ninguna declaración o si dicha declaración no es satisfactoria en un plazo prudencial de tiempo[277]. Si bien esto se ha mantenido así hasta el decenio del 2000, en la actualidad los informes de los comités tripartitos se han hecho públicos sistemáticamente y se pueden consultar en la web de la OIT.

En la página web de la OIT se pueden consultar todos los informes de los comités tripartitos, presentados en el marco de las reclamaciones en virtud del art. 24 de su Constitución, por año, por país o por estatus[278]. En las últimas reclamaciones presentadas,

---

277 OIT: Constitución de la Organización Internacional del Trabajo, *op cit.*, nota 41, art. 25.

278 OIT: Reclamaciones (artículo 24). Disponible en: https://www.ilo.org/dyn/normlex/es/f?p=1000:50010:17410086860011::::P50010_DISPLAY_BY:1 (última consulta: 3 de julio de 2023).

aún en fase de instancia, se alega el incumplimiento por parte del Uruguay del Convenio sobre la protección del salario y el Convenio sobre la seguridad social (norma mínima), y el incumplimiento por parte de Francia del Convenio sobre la libertad sindical y la protección del derecho de sindicación. Como apunta Jordi Bonet Pérez, "a pesar de apreciarse un ligero incremento de su utilización, no puede decirse que, en la práctica, sea un procedimiento de control muy empleado, aunque brinde una oportunidad de denunciar los incumplimientos estatales" (Bonet, 2007: 194). Esto tiene su origen en que las organizaciones de empleadores y sindicatos prefieren acudir al sistema de control periódico y evidenciar los incumplimientos en los informes de la CEACR, pues ofrece mayor agilidad y eficacia, curiosamente (Bonet, 2007: 194).

Por último, cabe indicar nuevamente que la declaración de un incumplimiento por parte del comité tripartito creado por el CA no da lugar a ningún tipo de sanción, únicamente a observaciones y recomendaciones por su parte.

2.4.2.2. El procedimiento de queja

Según el art. 26 de la Constitución de la OIT, "cualquier Miembro podrá presentar ante la Oficina Internacional del Trabajo una queja contra otro Miembro que, a su parecer, no haya adoptado medidas para el cumplimiento satisfactorio de un convenio que ambos hayan ratificado en virtud de los artículos precedentes"[279]. Como vemos, en este caso, quien formula la queja es el gobierno de un Estado contra otro Estado por el incumplimiento de un convenio que ambos hayan ratificado.

Recibida la queja, el CA puede, o bien derivarla al CLS si se trata de una queja relativa a los convenios sobre libertad sindical, o bien nombrar una comisión de encuesta, aunque, de manera previa, el CA puede, si lo considera conveniente, ponerse en contacto

---

[279] OIT: Constitución de la Organización Internacional del Trabajo, *op cit.*, nota 41, art. 26.1.

con el gobierno contra el cual se presente la queja, en la forma prevista en el art. 24[280]. Por el contrario, si el CA no considerase necesario comunicar la queja al gobierno contra el cual se haya presentado, o si, hecha la comunicación, no se recibiere dentro de un plazo prudencial una respuesta que le satisfaga, el CA puede nombrar una comisión de encuesta encargada de estudiar la cuestión planteada e informar al respecto[281]. Según el art. 27, en caso de que se decidiera someter a una comisión de encuesta una queja, cada miembro, le concierna o no directamente la queja, se obliga a poner a disposición de la comisión todas las informaciones que tuviere en su poder relacionadas con el objeto de dicha queja[282]. Esta comisión de encuesta, examinada la queja, elabora un informe en el cual expondrá el resultado de sus averiguaciones sobre todos los hechos concretos que permitan precisar el alcance del litigio, así como las recomendaciones que considere apropiado formular con respecto a las medidas que debieran adoptarse para dar satisfacción al gobierno reclamante, y a los plazos dentro de los cuales dichas medidas debieran adoptarse[283]. Elaborado el informe, El Director General se lo remite al CA y a los gobiernos a los cuales concierne la queja y procede a publicarlo. Cada uno de los gobiernos interesados debe comunicar al Director General, dentro de un plazo de tres meses, si acepta o no las recomendaciones contenidas en el informe de la comisión y, en caso de que rechazarlas, si desea someter la queja a la CIJ[284]. Si el gobierno de que se trate acepta las recomendaciones y las medidas que contienen dichas recomendaciones, el CA remite el caso a la CEACR para su seguimiento (función que, nuevamente, la CEACR no tiene atribuida formalmente). No obstante, si la CEACR observa que no se está dando cumplimiento a las recomendaciones propuestas, el CA puede, finalmente, tomas las medidas incluidas en el

---

280 *Ibíd.*, art. 26.2.

281 *Ibíd.*, art. 26.3.

282 *Ibíd.*, art. 27.

283 *Ibíd.*, art. 28.

284 *Ibíd.*, art. 29.

art. 33 que estudiaremos más adelante. El procedimiento puede verse representado a continuación en la Figura 2.2.

Figura 2.2.: Procedimiento de queja en la OIT.

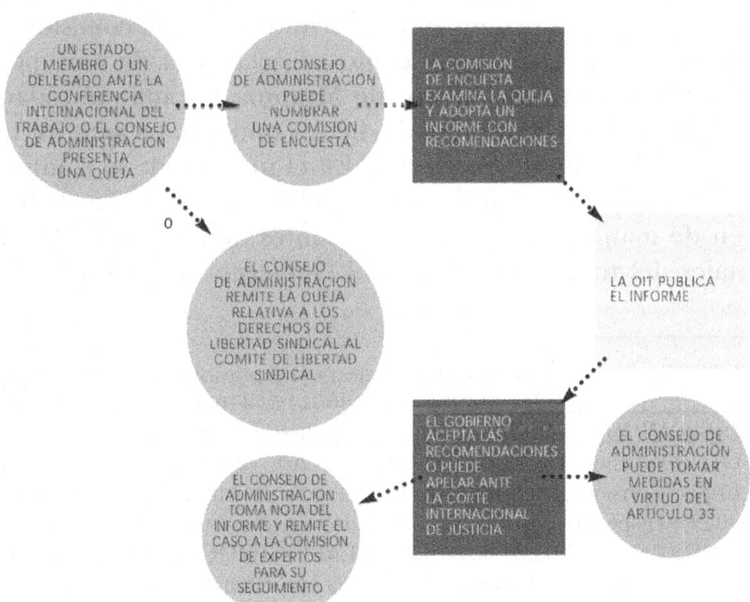

* Fuente: Organización Internacional del Trabajo.

Como afirma la propia OIT, la comisión de encuesta es el procedimiento de investigación en materia laboral de más alto nivel dentro de la Organización. Generalmente, se recurre a ella únicamente cuando un Estado miembro es acusado de cometer violaciones graves y persistentes, y no presente intención alguna de cambiar su comportamiento[285]. Los informes de las comisiones de

[285] OIT: Quejas. Disponible en: https://www.ilo.org/global/standards/applying-and-promoting-international-labour-standards/complaints/lang–es/index.htm (última consulta: 12 de noviembre de 2022).

encuesta suelen lidiar con cuestiones que remueven la conciencia política de la comunidad internacional, como veremos más adelante en relación con el caso del trabajo forzoso en Myanmar (Maupain, 1999: 282).

Hasta octubre del año 2021 se han presentado 35 quejas, de las cuales 14 han derivado en la creación de una comisión de encuesta[286]. La última vez que el CA decidió crear una comisión de encuesta fue en el año 2022 como consecuencia de una queja presentada contra el Gobierno de Myanmar[287], aunque todavía no se ha publicado el informe de dicha Comisión. La anterior fue contra el Gobierno de Venezuela. En el informe de la comisión de encuesta de este último caso [288], publicado en el año 2019, se ponen de manifiesto los incumplimientos de las normas fundamentales del trabajo por parte del Gobierno de Venezuela[289] y

---

286 OIT: Quejas/Comisiones de encuesta. Disponible en: https://www.ilo.org/dyn/normlex/es/f?p=1000:50011:17410086860011::::P50011_DISPLAY_BY:1 (última consulta: 3 de julio de 2023).

287 OIT: Comisión De Encuesta (artículo 26) - 2022 - Myanmar - C029, C087. Consejo de Administración en su 344.a reunión (marzo de 2022). Disponible en: https://www.ilo.org/dyn/normlex/es/f?p=1000:50012:0::NO:50012:P50012_COMPLAINT_PROCEDURE_ID,P50012_LANG_CODE:4287224,es:NO (última consulta: 4 de julio de 2023).

288 OIT: Por la reconciliación nacional y la justicia social en la República Bolivariana de Venezuela. Informe de la Comisión de Encuesta instituida en virtud del artículo 26 de la Constitución de la Organización Internacional del Trabajo para examinar la observancia por parte del Gobierno de la República Bolivariana de Venezuela del Convenio sobre los métodos para la fijación de salarios mínimos, 1928 (núm. 26), del Convenio sobre la libertad sindical y la protección del derecho de sindicación, 1948 (núm. 87) y del Convenio sobre la consulta tripartita (normas internacionales del trabajo), 1976 (núm. 144), Ginebra, 2019. Disponible en: https://www.ilo.org/wcmsp5/groups/public/—ed_norm/—relconf/documents/meetingdocument/wcms_722037.pdf

289 Vulneraciones de las libertades civiles, tales como violencia física, persecución y hostigamiento contra dirigentes empleadores y sindicalistas y otros interlocutores sociales, persecución judicial de dirigentes empleadores y sindicalistas, actos de acoso a líderes empleadores y sindicales; ausencia de consulta tripartita, en particular sobre la fijación del salario

se hacen recomendaciones como “el cese inmediato de todos los actos de violencia, amenazas, persecución, estigmatización, intimidación u otra forma de agresión a personas u organizaciones en relación con el ejercicio de actividades gremiales o sindicales legítimas, y la adopción de medidas para garantizar que tales actos no se repitan en el futuro; la no utilización de los procedimientos judiciales y las medidas cautelares y sustitutivas con el propósito de coartar la libertad sindical, incluido el sometimiento de civiles a la jurisdicción militar; la liberación inmediata de todo empleador o sindicalista que pudiese permanecer en prisión en relación con el ejercicio de las actividades legítimas de sus organizaciones, etc.”[290]. En adelante, será la CEACR la encargada de realizar el seguimiento de la implementación de estas medidas por parte de Venezuela y, en caso de constatar que la situación permanece invariable, el CA podría determinar hacer uso de las medidas que se derivan del art. 33 que estudiaremos más adelante.

Como ya advertía Francis Maupain en 1999, quizá la característica más interesante de este procedimiento de queja es la posible vinculatoriedad del informe de la comisión de encuesta (Maupain, 1999: 278), pues, de observar la CEACR que el Estado afectado no está cumpliendo las recomendaciones en él incluido, el CA puede decidir acudir al procedimiento del art. 33, que, como estudiaremos más adelante, permite a este órgano recomendar a la CIT la adopción de *todas las medidas* que estime convenientes para obtener el cumplimiento de dichas recomendaciones. Dentro de estas medidas pueden considerarse incluidas las sanciones.

En la actualidad, la vinculatoriedad de las decisiones de los órganos de expertos creados en virtud de tratados internacionales es un tema que ha generado profundo debate doctrinal. En el seno de la OIT, si bien ha quedado claro que las observaciones de la

---

mínimo y la promoción de la aplicación de las normas internacionales del trabajo, y exclusión del diálogo social; otros alegatos de injerencia estatal en la independencia de las organizaciones de empleadores y de trabajadores y en las relaciones entre ellas. *Ibíd.*

290 *Ibíd.*, p. 229-230.

CEACR no son vinculantes y que este órgano no está autorizado a hacer recomendaciones a los Estados (Maupain, 2014: 130), no se puede decir lo mismo de los informes de las comisiones de encuesta, pues este órgano sí se encuentra autorizado formalmente a formular recomendaciones en virtud del art. 28 de la Constitución de la OIT y dichas recomendaciones son jurídicamente obligatorias, por lo que deben ser ejecutadas de manera efectiva (Maupain, 2014: 130; Bonet, 2016: 23). De no ejecutarse, se puede acudir al procedimiento establecido en el art. 33 para tomar *todas las medidas* que se estimen oportunas. Como matiza Jordi Bonet Pérez, "la duda sobre la naturaleza del informe de la comisión de encuesta podría resolverse entendiendo que no es *per se* el citado informe el que resulta jurídicamente vinculante y posee fuerza ejecutiva, sino que a partir del mismo se genera un título jurídico en favor de la CIT conforme a la Constitución de la OIT; pero tampoco resulta tan sencillo deslindar nítidamente una hipotética fase cuasi-contenciosa, cuyo fruto son meras recomendaciones, de una fase ejecutiva interrelacionada con la anterior en la que es factible la adopción de medidas institucionalizadas" (Bonet, 2016: 23).

2.4.2.3. El artículo 33 de la Constitución de la Organización Internacional del Trabajo: el caso de Myanmar

Según el art. 33 de la Constitución de la OIT "en caso de que un Miembro no dé cumplimiento dentro del plazo prescrito a las recomendaciones que pudiere contener el informe de la comisión de encuesta o la decisión de la Corte Internacional de Justicia, según sea el caso, el Consejo de Administración recomendará a la Conferencia las medidas que estime convenientes para obtener el cumplimiento de dichas recomendaciones"[291]. En otras palabras, cuando un

---

[291] OIT: Constitución de la Organización Internacional del Trabajo, *op cit.*, nota 41, art. 33.
La redacción actual de este artículo data de una enmienda introducida a la Constitución en el año 1946 que entró en vigor dos años más tarde por la cual se modificaba la fórmula original que establecía que todo

Estado se niega a cumplir con las recomendaciones contenidas en el informe de una comisión de encuesta, el CA puede recomendar a la CIT tomar *todas las medidas* que sean necesarias para obtener el cumplimiento, incluidas las sanciones económicas. Como vemos, no se trata de un procedimiento especial de control *per se*, sino de un instrumento institucionalizado de coerción vinculado a un procedimiento de control como lo es el procedimiento de queja, al hilo del cual debe estudiarse (Bonet, 2003: 685).

Sería de gran utilidad para determinar el alcance del poder coercitivo de la OIT contar con numerosas experiencias de aplicación del art. 33 pero, por desgracia, hasta la fecha solo se ha invocado una única vez en el año 2000 en relación al trabajo forzoso en Myanmar (antigua Unión de Birmania). Sin embargo, vamos a analizar detenidamente este caso concreto para ver hasta dónde puede llegar la OIT cuando se detecta que un Estado miembro no está cumpliendo con sus obligaciones en materia laboral y cómo funcionan los procedimientos especiales anteriormente analizados.

Myanmar ratificó el Convenio núm. 29 sobre el trabajo forzoso en 1955, entrando en vigor en su territorio en el año 1956. Desde este año, en virtud del art. 22 de la Constitución de la OIT, la CEACR es competente para realizar un seguimiento de su cumplimiento. Ya en el año 1960 la Comisión mostró su preocupación por la Ley de Aldeas y la Ley de Ciudades, que preveían la posibilidad de obligar a los civiles a ponerse a disposición de las fuerzas de seguridad del Estado. No obstante, Myanmar alegó que aquellas leyes estaban en desuso (Bollé, 1998: 423).

En 1991, la Confederación Internacional de Organizaciones Sindicales Libres (CIOSL) remitió información a la CEACR en la que se constataba que el ejército de Myanmar estaba empleando civiles como cargadores para el transporte de cargas forzoso en condiciones extenuantes (Bollé, 1998: 423).

Estado miembro podía adoptar sanciones económicas si así se derivaba del informe de la comisión de encuesta (Bonet, 2003: 686; Helfer, 2006: 712).

En enero de 1993, la CIOSL presentó una reclamación en virtud del art. 24 de la Constitución de la OIT para denunciar que Myanmar estaba incumpliendo el Convenio núm. 29 sobre el trabajo forzoso al permitir que su ejército reclutase forzosamente civiles para la construcción de vías férreas y carreteras[292]. En marzo de ese mismo año 1993, el CA declaró la admisibilidad de la reclamación e instauró un comité tripartito que habría de solicitar información al Gobierno de Myanmar y elaborar un informe con recomendaciones. En respuesta a las peticiones de este comité tripartito, el Gobierno de Myanmar recalcó que estos trabajos eran totalmente voluntarios y se circunscribían en la creencia compartida de que el trabajo voluntario constituye "un acto noble y que el mérito que de él se deriva para quien lo cumple lo ayuda a mejorar su bienestar personal y adquirir mayor fuerza espiritual"[293]. El proceso se complicó al no conseguir testimonios neutrales y, finalmente, el comité tripartito basó sus conclusiones en el hecho de que la Ley de Aldeas y la Ley de Ciudades "establecen

---

292 "Según informa la organización querellante, hombres, mujeres y niños son atrapados al azar en las redadas que la policía local o los militares organizan (...) los jefes de las aldeas deben proveer tantos cargadores como lo requieran las cuotas que les fueron asignadas (...). Se obliga a los cargadores a transportar pesados cargamentos de municiones, alimentos y otros suministros de un campamento del ejército a otro (...). Los cargadores están expuestos al fuego enemigo y son víctimas de malos tratos por parte de los soldados a quienes sirven: los hombres son golpeados como cuestión de rutina y las mujeres violadas repetidamente. Aunque andan desarmados, se los obliga a caminar al frente de las columnas para hacer saltar minas (...) muchos de los cargadores mueren como consecuencia de los malos tratos, la carencia de agua y alimentos o porque se los usan como rastreadores humanos de minas". Vid. OIT: Trabajo forzoso en Myanmar (Birmania): Informe de la Comisión de Encuesta instituida en virtud del artículo 26 de la Constitución de la Organización Internacional del Trabajo para examinar la observancia por Myanmar del Convenio sobre el trabajo forzoso, 1930 (núm. 29), Ginebra, 2 de julio de 1998, párr. 135. Disponible en: https://www.ilo.org/public/libdoc/ilo/P/09648/09648(1998-81-serie-B-supl-especial).pdf

293 *Ibíd.*, párr. 138.

que, bajo amenaza de sanciones, las personas que residen en las circunscripciones y que no se ofrecen voluntariamente están obligadas a realizar determinados trabajos y cumplir ciertos servicios, sobre todo los de transporte de cargas, es decir, el trabajo forzoso u obligatorio que se exige a un individuo"[294]. En el informe final del comité tripartito se recomendó derogar dichas leyes y así se lo trasladó el CA al Gobierno de Myanmar. Dicha petición fue reiterada de 1993 a 1996 por la CEACR en sus informes sin obtener ningún resultado.

En 1996, 25 delegados de los trabajadores en la CIT presentaron una queja formal contra el Gobierno de Myanmar, en virtud del art. 26 de la Constitución de la OIT, que fue admitida por el CA que instituyó una comisión de encuesta para examinar dicha queja. Cuando la comisión de encuesta se puso en contacto con las autoridades de Myanmar, estas no presentaron testigos ni nombraron representantes, por lo que la comisión solicitó autorización por parte del Gobierno para realizar una visita al país, a lo cual el Gobierno se negó alegando que suponía una injerencia en los asuntos internos del Estado que no resolvería la situación[295]. Como consecuencia, los expertos de la comisión de encuesta decidieron trasladarse a los países vecinos (India, Bangladesh y Tailandia), donde obtuvieron los testimonios de 250 personas (Bollé, 1998: 426). Finalmente, la comisión de encuesta elaboró en 1998 su informe final en el que se consideran probados ciertos hechos[296] que demuestran "que las autoridades y el ejército re-

---

294 *Ibíd.*, párr. 148.

295 *Ibíd.*, párr. 519.

296 "Hombres, mujeres y niños (algunos de ellos muy jóvenes) son obligados a trabajar sin retribución ni compensación alguna por su trabajo, salvo en circunstancias excepcionales. Esos trabajadores son además sometidos a diversas formas de abusos verbales y físicos, entre ellos la violación, la tortura y el asesinato". *Ibíd.*, párr. 274.
"La información disponible pone de manifiesto una gran variedad de otros trabajos para los que la población de Myanmar es requisada y puesta al servicio de los militares, como hacer de guías, montar guardias y detectar minas. También revela que esas personas han sido utili-

curren de manera intensiva a la imposición del trabajo forzoso a la población civil en todo Myanmar"[297] violando, por tanto, de manera grave y persistente las obligaciones contenidas en el Convenio núm. 29 sobre el trabajo forzoso. Las recomendaciones de la comisión tripartita incluidas en su informe final fueron las siguientes: "que el Gobierno de Myanmar 1) derogue o enmiende inmediatamente la Ley de aldeas, de 1908, y la Ley de ciudades, de 1907; 2) promulgue inmediatamente disposiciones de carácter penal contra todas las prácticas que impliquen un trabajo forzoso en contravención del Convenio núm. 29; 3) proceda diligentemente con las investigaciones y los procesamientos penales, de conformidad con las normas reconocidas internacionalmente contra todo

---

zadas como escudos humanos, al ser obligadas a marchar delante de las tropas para atraer el fuego enemigo, hacer saltar las minas disimuladas o convertirse en rehenes para evitar los ataques contra determinadas columnas o campamentos militares". *Ibíd.*, párr. 277.

"También se tiene información sobre la utilización de civiles en varios proyectos emprendidos por las autoridades de Myanmar (generalmente por las autoridades militares) que parecen tener objetivos de generación de ingresos. Los proyectos van desde la utilización de trabajadores forzosos en el cultivo y producción de bienes hasta la extorsión y el robo de propiedades particulares". *Ibíd.*, párr. 279.

"Las informaciones han puesto también de manifiesto que durante los últimos diez años el Gobierno de Myanmar ha realizado un gran número de proyectos de infraestructura nacional y local, en particular la construcción y reparación de diversas carreteras y vías férreas, y obras afines tales como puentes. Estos proyectos parecen haber sido llevados a cabo en gran parte recurriendo al trabajo forzoso, lo que a veces suponía cientos de miles de trabajadores". *Ibíd.*, párr. 280.

"Las informaciones de que dispone la Comisión indican que las sanciones por el no cumplimiento de las imposiciones de trabajo forzoso son muy duras, pues consisten en la detención en un campamento militar, muchas veces con un cepo en las piernas o confinados en un hoyo, todo ello acompañado por palizas y otras formas de tortura, así como de privación de alimentos, agua, atención médica y otros derechos fundamentales. En estos casos, las mujeres suelen ser sometidas a violaciones y otras formas de abuso sexual". *Ibíd.*, párr. 292.

[297] *Ibíd.*, párr. 528.

aquel – comprendidos los miembros del cuerpo militar – que recurra al trabajo forzoso en contradicción con el Convenio núm. 29, incluido cualquier delito penal descubierto en el curso de la investigación de la OIT; 4) indemnice adecuadamente a las aldeas y a las familias que hubiesen sufrido pérdidas de vidas, de salud, de propiedad y de ingresos en el curso de la realización del trabajo forzoso que se les hubiese impuesto; y 5) promulgue leyes o reglamentos que prevean que las autoridades admitan, examinen y consideren las quejas presentadas por toda persona que alegue sujeción a prácticas de trabajo forzoso"[298]. Este informe fue remitido al Gobierno de Myanmar el 27 de julio de 1998, fecha desde la cual Myanmar contaba con 3 meses para aceptar o rechazar las recomendaciones y, en el caso de rechazarlas, someter la queja a la CIJ, tal y como prescribe el art. 29 de la Constitución de la OIT. El 23 de septiembre, el Gobierno de Myanmar respondió que "las autoridades harán todo lo que esté a su alcance para completar el proceso dentro del plazo fijado en el informe"[299].

¿Cumplió Myanmar con las recomendaciones contenidas en el informe de la comisión de encuesta? Según se desprende del Informe del Director General a los miembros del CA sobre las medidas adoptadas por el Gobierno de Myanmar a raíz de las recomendaciones de la comisión de encuesta "no obstante la ordenanza emitida por el Gobierno de Myanmar el 14 de mayo de 1999, no hay indicación alguna de que se haya dado curso a las tres recomendaciones hechas por la Comisión de Encuesta, pues: a) no se han enmendado ni la Ley de aldeas, ni la Ley de ciudades; b) en la práctica, el trabajo forzoso u obligatorio sigue imponiéndose de

---

298 *Ibíd.*, p. 199.

299 OIT: Trabajo forzoso en Myanmar (Birmania): Informe de la Comisión de Encuesta instituida en virtud del artículo 26 de la Constitución de la Organización Internacional del Trabajo para examinar la observancia por Myanmar del Convenio sobre el trabajo forzoso, 1930 (núm. 29), Ginebra, 23 de septiembre de 1998 (GB.273/5). Disponible en: https://www.ilo.org/public/spanish/standards/relm/gb/docs/gb273/gb-5.htm

manera generalizada, y c) al parecer, no se han tomado medidas con arreglo al artículo 374 del Código Penal para imponer sanciones a quienes practiquen el trabajo forzoso"[300]. Esto hizo que en la CIT celebrada en ese mismo año 1999 se adoptase una Resolución sobre el recurso generalizado al trabajo forzoso en Myanmar en la que la Conferencia "lamenta profundamente que el Gobierno no haya adoptado las medidas oportunas", "reafirma que el Consejo de Administración debería examinar de nuevo esta cuestión en noviembre de 1999" y "decide a) que la actitud y el comportamiento del Gobierno de Myanmar son totalmente incompatibles con las condiciones y principios inherentes a la calidad de Miembro de la Organización; b) que el Gobierno de Myanmar debería dejar de beneficiarse de cualquier tipo de asistencia o cooperación técnica de la OIT, salvo la que tenga como finalidad la asistencia directa para poner en práctica inmediatamente las recomendaciones de la Comisión de Encuesta, hasta que haya puesto en práctica dichas recomendaciones, y c) que el Gobierno de Myanmar no debería recibir en adelante invitaciones para asistir a reuniones, coloquios y seminarios organizados por la OIT, excepto aquellas reuniones que tengan como único fin conseguir el cumplimiento total e inmediato de dichas recomendaciones, hasta que haya puesto en práctica las recomendaciones de la Comisión de Encuesta" [301]. Como vemos, en esta Resolución se imponen medidas disciplinarias pero que nada tienen que ver con lo contenido en el art. 33 de la Constitución porque el CA no había incluido en el orden del día de la CIT un punto dedicado a tal cuestión, cosa que sí

---

300 OIT: Informe del Director General a los miembros del Consejo de Administración sobre las medidas adoptadas por el Gobierno de Myanmar a raíz de las recomendaciones de la Comisión de Encuesta instituida para examinar la queja relativa a su observancia del Convenio sobre el trabajo forzoso, 1930 (núm. 29), Ginebra, 21 de mayo de 1999 (GB. 276/6, Anexo I). Disponible en: https://www.ilo.org/public/spanish/standards/relm/gb/docs/gb274/dg-myanm.htm

301 OIT: Resolución sobre el recurso generalizado al trabajo forzoso en Myanmar, Ginebra, 17 de junio de 1999. Disponible en: https://www.ilo.org/public/spanish/standards/relm/ilc/ilc87/com-myan.htm

que hizo un año después (Bonet, 2003: 692). Así, en el año 2000, la CIT adoptó la Resolución relativa a las medidas recomendadas por el Consejo de Administración en virtud del artículo 33 de la Constitución de la OIT con respecto a Myanmar. Las medidas propuestas por el CA incluían, entre otros, "recomendar al conjunto de los mandantes de la Organización, gobiernos, empleadores y trabajadores que (...) examinen las relaciones que puedan mantener con el Estado miembro en cuestión y adopten medidas adecuadas con el fin de asegurarse de que dicho miembro no pueda valerse de esas relaciones para perpetuar o desarrollar el sistema de trabajo forzoso u obligatorio" (y) "en lo que respecta a las organizaciones internacionales, invitar al Director General a que informe a las organizaciones internacionales (...) sobre el incumplimiento del miembro y solicite a las instancias competentes de estas organizaciones que examinen (...) toda cooperación que eventualmente mantengan con el miembro en cuestión y, dado el caso, pongan fin lo más rápidamente posible a toda actividad que pueda redundar en forma directa o indirecta en la consolidación del trabajo forzoso u obligatorio" [302]. Estas medidas habrían de entrar en vigor el 30 de noviembre de 2000.

En cuanto a las medidas propiamente dichas que los Estados y organizaciones internacionales pueden adoptar para dar cumplimiento a la Resolución, Jordi Bonet Pérez apunta una serie de condiciones que han de reunir: deben adecuarse al marco competencial de la CIT; deben desprenderse de las recomendaciones contenidas en el informe de la comisión de encuesta; y deben parecer oportunas para garantizar la ejecución de las recomendaciones de la comisión de encuesta (Bonet, 2003: 688). El principio de proporcionalidad subyace a las condiciones apuntadas por este autor, pues el fin último de las medidas que los Estados y or-

---

302 OIT: Resolución relativa a las medidas recomendadas por el Consejo de Administración en virtud del artículo 33 de la Constitución de la OIT con respecto a Myanmar, Ginebra, 14 de junio de 2000. Disponible en: https://www.ilo.org/public/spanish/standards/relm/ilc/ilc88/resolutions.htm#II

ganizaciones internacionales deben adoptar no debe ser castigar a Myanmar, sino hacer que este Estado cumpla con los convenios de la OIT relativos al trabajo forzoso. A la hora de examinar las relaciones que cualquier Estado pueda tener con Myanmar, aquellas relacionadas con el intercambio de bienes y servicios son las que más interesa analizar, pues contienen grandes dosis de coerción sin conllevar la pérdida directa de vidas humanas.

¿Qué hicieron finalmente el resto de Estados miembros y organizaciones internacionales para dar efecto a esta Resolución? La actitud de la ONU apenas varió y, en relación con el resto de Estados miembros de la OIT, tampoco se dieron cambios importantes, pues la mayoría apenas mantenían relaciones comerciales con Myanmar (Bonet, 2003: 695). Además, el hecho de que las medidas comerciales adoptadas pudiesen colisionar con las normas del sistema multilateral de comercio internacional, esto es, con el GATT de 1947, disuadía todavía más a los Estados de adoptarlas (Langille, 2009: 79). Sin embargo, es importante dejar constancia de que algunos Estados, como EEUU, y organizaciones internacionales, como la UE, ya venía imponiendo medidas coercitivas sobre Myanmar de manera unilateral antes de la adopción de esta Resolución y no con motivo del trabajo forzoso, sino con ocasión de la situación política y de incumplimiento de los derechos humanos en el país. Una de estas medidas fue la retirada temporal de Myanmar como beneficiario del Sistema de Preferencias Arancelarias Generalizadas de la Unión, herramienta que estudiaremos más adelante (Portela y Orbie, 2014: 70).

Como vemos, no es la CIT la que impone medidas coercitivas (dado que la OIT carece de medios propios de acción que le permitan ejecutar sus decisiones), únicamente recomienda a los Estados miembros el adoptar dichas medidas con el fin de que Myanmar cumpla con sus obligaciones. No obstante, los Estados miembros y el resto de organizaciones internacionales tienen absoluta libertad para adoptar las medidas o no y discrecionalidad para configurarlas, por lo que la capacidad de la OIT de sancionar a sus Estados miembros es dependiente de la voluntad y capacidad de los restantes (Bonet, 2003: 690), de ahí que se califique a la OIT como un “tigre sin dientes” (Lyutov, 2014: 256) y se afirme que la tutela de los DLF en la OIT está lejos de ser efectiva.

¿Qué ha ocurrido después? A pesar de algunas mejoras que han cristalizado en la aceptación por parte de las autoridades de Myanmar de una mayor presencia de la OIT en el país y en la adopción de reformas laborales nacionales específicas en la dirección correcta (Helfer, 2006: 712-713), todavía falta mucho para lograr un avance significativo hacia la erradicación del trabajo forzoso en Myanmar (Wisskirchen, 2005: 295), pues este Estado continúa incumpliendo el Convenio núm. 29 sobre el trabajo forzoso, al reportar la CEACR y la CTACR la presencia de este tipo de trabajo en algunas zonas concretas en circunstancias de crueldad y brutalidad severas (Chartres y Mercurio, 2012: 691). En el Informe de la CEACR del año 2020, la Comisión insta a Myanmar a “adoptar las medidas necesarias para garantizar la aplicación estricta de la legislación nacional, especialmente de las disposiciones de la Ley sobre la Administración de Distritos y Aldeas de 2012 y el Código Penal, a fin de que en todos los casos se impongan y apliquen a los responsables penas de prisión lo suficientemente disuasorias (…) También solicita al Gobierno que continúe transmitiendo información detallada sobre las medidas adoptadas para garantizar que, en la práctica, ni los militares ni las autoridades civiles ni las empresas del sector privado imponen trabajo forzoso, tales como medidas de sensibilización y de creación de capacidades dirigidas a los administradores locales, el personal militar, otras partes interesadas y el público en general”[303]. Por su parte, la CTACR instó al Gobierno de Myanmar en su último informe a “adoptar todas las medidas necesarias para cerciorarse de que, en la práctica, los militares o las autoridades civiles ya no impongan el trabajo forzoso; hacer cumplir estrictamente la Ley sobre la Administración de Distritos y Aldeas de 2012 y el Código Penal; asegurar que las

303 OIT: Aplicación de las normas internacionales del trabajo: Informe de la Comisión de Expertos en Aplicación de Convenios y Recomendaciones, adoptado por la Conferencia Internacional del Trabajo en su centésimo novena reunión, 2020 (ILC.109/III(A), p. 249).

víctimas de trabajo forzoso tengan acceso a recursos efectivos y a servicios integrales de apoyo a las víctimas sin temor a represalias; abstenerse de imponer cualquier castigo a aquéllos que se hayan pronunciado en contra de los incidentes de trabajo forzoso o los que hayan denunciado; aumentar la visibilidad de las actividades de sensibilización y de creación de capacidad; proporcionar información detallada sobre los progresos realizados en el marco del Programa de Trabajo Decente por País; e intensificar su cooperación con la OIT mediante la elaboración de un plan de acción de duración determinada, con miras a establecer un procedimiento efectivo para la tramitación de quejas"[304].

2.4.2.4. El Comité de Libertad Sindical

Como ya hemos analizado en el epígrafe relativo al contenido de la libertad de asociación y negociación colectiva, en el año 1950, adoptados los Convenios núm. 87 y 98, el CA de la OIT crea las Comisiones de Investigación y de Conciliación en materia de Libertad Sindical, cuya misión consiste en analizar quejas sobre la libertad sindical y la negociación colectiva, aunque el Estado presuntamente infractor no haya ratificado los mencionados Convenios. Estas Comisiones no comenzaron a operar hasta 1964 y, en la actualidad, únicamente han emitido 6 informes[305]. Para facilitar la labor de estas Comisiones, el CA crea un año después, en 1951, el CLS, cuya misión inicial consistía en servir de "filtro" de las quejas que finalmente llegaban a las Comisiones de Investigación

---

304 OIT: Comisión de Aplicación de Normas de la Conferencia: Actas 2019, *op. cit.*, nota 271, p. 266-267.

305 Concretamente con relación a Japón en 1966, a Grecia en 1966, a Chile en 1975, a Lesoto en 1975, a Estados Unidos en 1981 y a Sudáfrica en 1992. Vid. OIT: "Informes de las Comisiones de Investigación y de Conciliación en materia de Libertad Sindical". Disponible en: https://www.ilo.org/global/standards/information-resources-and-publications/WCMS_168350/lang--es/index.htm (última consulta: 4 de julio de 2023).

y de Conciliación en materia de Libertad Sindical. No obstante, dado que para que las Comisiones de Investigación y de Conciliación puedan actuar es necesario el consentimiento previo del Estado afectado por la investigación, que se ha demostrado muy difícil de obtener (Maupain, 1999: 277; Helfer, 2008: 202), pero para que el CLS pueda actuar este consentimiento previo no es necesario, finalmente el CLS se ha transformado en un órgano de control independiente que analiza quejas remitidas por sindicatos y organizaciones de empleadores en relación a la situación de la libertad sindical en un Estado, haya dicho Estado ratificado o no los Convenios núm. 87 y 98, y haya dicho Estado aceptado o no la competencia del CLS.

En la actualidad, este Comité se reúne 3 veces al año y está compuesto por un presidente independiente y por tres representantes de los gobiernos, tres de los empleadores y tres de los trabajadores, esto es, tiene una estructura tripartida[306].

En cuanto al procedimiento, son las organizaciones de empleadores y trabajadores quienes someten una queja al CLS. Si el CLS acepta el caso, se pone en contacto con el Estado afectado para esclarecer los hechos. En este punto, se puede iniciar una misión de contactos directos. Si finalmente determina que se ha producido una violación de la libertad sindical, emite un informe en el que formula recomendaciones sobre cómo podría solucionarse dicha violación. Este informe con las recomendaciones ha de ser aprobado por el CA. Con posterioridad, se solicita a los gobiernos que informen sobre la aplicación de sus recomendaciones[307] y, si el Estado había ratificado los Convenios, quien realiza el seguimiento es la CEACR, pero si el Estado no había ratificado los Convenios, quien realiza el seguimiento es el propio CLS. El procedimiento puede verse resumido en la Figura 2.3.

---

306 OIT: Libertad sindical: El Comité de Libertad Sindical. Disponible en: https://www.ilo.org/global/standards/applying-and-promoting-international-labour-standards/committee-on-freedom-of-association/lang--es/index.htm (última consulta: 12 de noviembre de 2022).

307 *Ibíd.*

Figura 2.3.: El procedimiento de la libertad sindical.

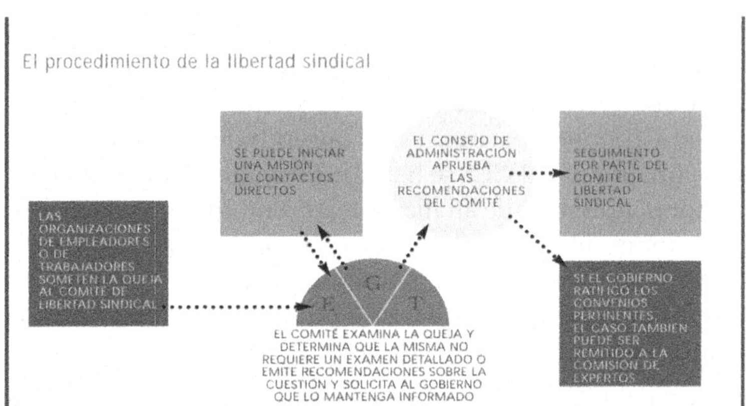

* Fuente: Organización Internacional del Trabajo.

Este procedimiento ante el CLS no tiene por finalidad señalar y criticar a los gobiernos de los Estados miembros que no aplican correctamente los Convenios relativos a la libertad de asociación y negociación colectiva, y , mucho menos, imponer sanciones una vez detectados los incumplimientos, sino más bien entablar un diálogo tripartito constructivo para mejorar el respeto de los derechos de las organizaciones de trabajadores y de empleadores en la legislación y en la práctica[308].

Este CLS goza de gran aceptación y popularidad (Von Potobsky, 1998: 213) y, hasta la fecha, ha resuelto más de 3.400 casos[309] (la mayoría de ellos provenientes de sindicatos de América) y ha contribuido a desarrollar el alcance de la libertad sindical y la

[308] OIT: Libertad sindical: El Comité de Libertad Sindical: un procedimiento innovador en Derecho internacional. Disponible en: https://www.ilo.org/global/standards/applying-and-promoting-international-labour-standards/committee-on-freedom-of-association/lang--es/index.htm (última consulta: 4 de julio de 2023).

[309] OIT: Casos sobre Libertad Sindical. Disponible en: https://www.ilo.org/dyn/normlex/es/f?p=NORMLEXPUB:20060:0::NO::: (última consulta: 4 de julio de 2023).

negociación colectiva en lo que se refiere al establecimiento de sindicatos sin autorización, a la adhesión a un sindicato de libre elección, a la no interferencia de los poderes públicos en la administración y actividades de los sindicatos, al derecho de huelga, a la disolución y suspensión de sindicatos, a la definición de "organización", etc. (Swepson, 1998: 181-193).

2.4.3. Estudios generales

El art. 19 de la Constitución de la OIT impone a los Estados miembros la obligación de informar de las medidas adoptadas para hacer efectivas las disposiciones de los convenios que han ratificado, así como de "informar al Director General de la OfIT, con la frecuencia que fije el CA, sobre el estado de su legislación y la práctica en lo que respecta a los asuntos tratados en el convenio, precisando en qué medida se ha puesto o se propone poner en ejecución cualquiera de las disposiciones del convenio, por vía legislativa o administrativa, por medio de contratos colectivos, o de otro modo, e indicando las dificultades que impiden o retrasan la ratificación de dicho convenio"[310], es decir, así como de informar de las medidas que tengan que ver con los convenios no ratificados. Este art. 19.5.e) supone toda una novedad con respecto al resto de organizaciones internacionales, en las que los miembros únicamente poseen obligaciones respecto de las normas que han ratificado, no respecto de aquellas que no han ratificado (Maupain, 1999: 274).

Es la CEACR quien, anualmente, se encarga de publicar un "estudio general" exhaustivo sobre la legislación y la práctica nacionales de los Estados miembros en relación con ciertos convenios o recomendaciones elegidos por el CA. Estos estudios generales toman como base toda la información remitida por los gobiernos

---

310 OIT: Constitución de la Organización Internacional del Trabajo, *op cit.*, nota 41, art. 19.5.e)

de los Estados miembros y por las organizaciones de trabajadores y empleadores[311].

Los últimos estudios generales han versado sobre “Instrumentos sobre el tiempo de trabajo” en el año 2018, sobre “Pisos de protección oficial” en el año 2019 y sobre “Promoción del empleo y el trabajo decente en un panorama cambiante” en el año 2021[312].

Por otro lado, aunque no se encuadre estrictamente dentro de los “estudios generales” no podemos olvidar el mecanismo de seguimiento de la Declaración de la OIT de 1998, que también prevé la elaboración de un Informe Global sobre los Principios y Derechos Fundamentales en el Trabajo, basado en la información remitida por los gobiernos en relación con los CF, estén o no estén estos Convenios ratificados previamente. Este informe global está sujeto, además, a discusión tripartita por la CIT en la sesión independiente consagrada al informe.

2.5. LÍMITES DE LA TUTELA DE LOS DERECHOS LABORALES FUNDAMENTALES EN LA ORGANIZACIÓN INTERNACIONAL DEL TRABAJO: ¿UN MODELO EN CRISIS?

La OIT, organización internacional principalmente competente para la tutela de los DLF en el ámbito internacional, creó tras su nacimiento en 1919 un complejo sistema de control de las normas internacionales del trabajo que continúa operativo en la

[311] OIT: Estudios Generales. Disponible en: https://www.ilo.org/global/standards/applying-and-promoting-international-labour-standards/general-surveys/lang--es/index.htm (última consulta: 4 de julio de 2023).

[312] OIT: Estudios generales desde 1985. Disponible en: https://www.ilo.org/global/standards/information-resources-and-publications/WCMS_164243/lang--es/index.htm (última consulta: 4 de julio de 2023).

actualidad. No obstante, este sistema de seguimiento centenario lleva años mostrando numerosos límites que hacen que la tutela de DLF en la OIT resulte menos efectiva y que algunos autores hablen de "crisis" del modelo de control de la Organización (La Hovary, 2018: 47). Ahora bien, ¿se trata de una crisis momentánea o de una disrupción sistémica? Según Francis Maupain, estamos ante una disrupción sistémica por dos motivos: fuera de la OIT, los cambios en las relaciones laborales derivados de la aparición de las cadenas de suministro globales y de la evolución de la economía de mercado acontecen con una velocidad tan pasmosa que la OIT carece de tiempo para adaptarse a ellos; dentro de la OIT, los mecanismos de seguimiento pierden, paulatinamente, su poder de control creado el siglo pasado (Maupain, 2014: 118). En este epígrafe vamos a analizar los límites que, dentro de la OIT, hacen que la tutela de los DLF dentro de esta Organización sea cada vez menos efectiva (Maupain, 2014: 133), lo cual no quiere decir, en ningún momento, que esta carezca de toda efectividad (Emmert, 2003: 108).

En primer lugar, como se ha podido comprobar en el epígrafe relativo a los mecanismos de control de la OIT, se trata de un sistema de control especialmente complejo, en el que se combina un control periódico o regular, llevado por un órgano técnico (la CEACR) y, posteriormente, un órgano político (la CTACR), así como una serie de procedimientos especiales. Son numerosos los autores que han apuntado a la complejidad de este sistema como una de las causas principales de su inefectividad (Hepple, 2005: 55; Thomann, 2011; Lyutov, 2014; Maupain, 2014). La cantidad de mecanismos y procedimientos existentes hacen que, en muchas ocasiones, sus labores se solapen (Maupain, 1999: 285; Lyutov, 2014: 270). Este es el caso, por ejemplo, de la CEACR y del procedimiento de reclamación. En la actualidad se marginaliza el procedimiento de reclamación y, cuando el grupo de empleadores o los sindicatos quieren poner de relieve el incumplimiento de un Estado, incluyen sus pruebas en los informes que remiten a la CEACR (Maupain, 2014: 133), por ser este último mecanismo más ágil y rápido.

En segundo lugar, para que el seguimiento fuese más efectivo, los órganos de control periódico deberían contar con buena información, aspecto que no se da en la actualidad. Basta un simple vistazo a las memorias anuales de la CEACR para darse cuenta de que muchos Estados fallan en su obligación de remitir la información a tiempo o de manera completa. Asimismo, la información remitida por algunos Estados es de dudosa calidad (Bonet, 2007: 192).

En tercer lugar, es, precisamente, la CEACR el órgano de control que más problemas ha generado hasta convertirse, en la actualidad, en una "víctima de su propio éxito" (Maupain, 2014: 128). Como se ha explicado con anterioridad, aunque la CEACR desempeña funciones que implican la interpretación de las normas de la Organización, la interpretación definitiva de los convenios le corresponde a la CIJ, en virtud del art. 37 de la Constitución[313]. Por tanto, "resulta más preciso subrayar que las observaciones de la Comisión de Expertos constituyen evaluaciones de la conformidad de la legislación nacional de un Estado miembro con los convenios que ha ratificado, y no así interpretaciones definitivas"[314].

---

313 Art. 37: "Todas las cuestiones o dificultades relativas a la interpretación de esta Constitución y de los convenios ulteriormente concluidos por los Miembros en virtud de las disposiciones de esta Constitución serán sometidas a la Corte Internacional de Justicia para su resolución". Vid. OIT: Constitución de la Organización Internacional del Trabajo, *op cit.*, nota 41.

314 OIT: Control de Cumplimiento de las Normas Internacionales del Trabajo: El Papel Fundamental de la Comisión de Expertos en Aplicación de Convenios y Recomendaciones de la OIT, *op. cit.*, nota 254.
Tal y como relata Alfred Wisskirchen, "sorprende que, en su informe de 1990, la Comisión dijera que sus interpretaciones eran vinculantes siempre que la Corte no las contradijese. Esta tesis suscitó un acalorado debate, no exento de reprobaciones, en la reunión de la Conferencia de junio de 1990. En su informe del año siguiente, los expertos matizaron su propia tesis y llegaron a la conclusión, que siguen manteniendo actualmente, de que las opiniones de la Comisión de Expertos no pueden considerarse como dictámenes obligatorios, de que sus apreciaciones no tienen efectos *erga omnes* y de que el hecho de que los miembros

Sin embargo, la realidad es que, desde su creación en 1926, la CEACR se ha convertido en la verdadera intérprete técnica de los convenios de la OIT con su labor y sus interpretaciones han adquirido cierta significación o autoridad moral (Bonet, 2013: 24), aunque no sean vinculantes, lo que ha hecho que algunos grupos dentro de la Organización, como el grupo de empleadores, se muestren disconformes respecto a su mandato (Bonet, 2013: 12), al entender que la CEACR está dando lugar a una especie de jurisprudencia "*soft-law*" (Bonet, 2013: 14; La Hovary, 2015: 319; La Hovary, 2018: 46) que, en algún momento dado, podría llegar a convertirse en "*hard-law*" y contravenir sus intereses (Maupain, 2014: 125-126; La Hovary, 2015: 328). Concretamente, cuando cayó el comunismo, el grupo de empleadores comenzó a alzar voces críticas en relación con la labor interpretativa de la CEACR y a su falta de transparencia (Lyutov, 2014: 270), pues entendían que excedía su mandato y creaba efectos no deseados (había tribunales nacionales muy susceptibles a la autoridad de la CEACR) que les perjudicaban (Maupain, 2014: 127). Este descontento cristalizó alrededor del derecho de huelga[315] y, en la CIT del año 2012, el grupo de empleadores solicitó que en el informe anual de la CEACR se incluyese la afirmación de que dicho trabajo no provenía de ningún órgano tripartito de la Organización. Además, este grupo se negó a incluir ningún caso relacionado con el derecho de huelga en la lista de casos que anualmente debate la CTACR (Bonet, 2013: 2-3). Dado que los sindicatos no aceptaron la petición del grupo de empleadores, en la CIT del año 2012 la CTACR no discutió ningún caso (La Hovary, 2018: 45). Tras la crisis de 2012, se pudieron percibir algunos cambios en los informes anuales de la CEACR que el grupo de empleadores acogió con

empleadores de la Comisión de la Conferencia se reserven el derecho a contradecir las opiniones de la Comisión de Expertos no es incompatible con los enunciados de esta Comisión" (Wisskirchen, 2005: 299).

315 La CEACR venía reiterando la opinión de que el derecho de huelga se infería del Convenio núm. 87 sobre la libertad sindical y la protección del derecho de sindicación, pese a la ausencia en sus disposiciones de cualquier mención expresa al mismo (Bonet, 2013: 3).

satisfacción, a diferencia de los sindicatos, a quienes preocupa la "autocensura" del Comité porque puede dar lugar a una mayor impunidad de los gobiernos infractores (Maupain, 2014: 121-122; La Hovary, 2018: 48).

Tras esta crisis del año 2012 algunos autores apuntaron que toda esta situación se podría haber evitado si se hubiese acudido a los mecanismos de interpretación auténtica previstos en el art. 37 de la Constitución de la OIT (Maupain, 1999: 293; Bonet, 2013: 46; La Hovary, 2015: 317), esto es, o bien acudir a la CIJ para que determinase el alcance del Convenio núm. 87 en relación al derecho de huelga, o bien crear un tribunal encargado de solucionar rápidamente cualquier cuestión o dificultad relacionada con la interpretación de un convenio. Como apunta Francis Maupain, al grupo de empleadores le podría interesar más esta segunda opción, la de creación de un tribunal, pues les brinda la oportunidad de exponer sus argumentos en un procedimiento contenciosos y evitarían el perjuicio que podría suponer una decisión por parte de la CIJ para sus intereses (Maupain, 2014: 146). No obstante, si bien la opción de creación de un tribunal para la solución de una cuestión interpretativa incrementaría el diálogo entre las partes, podría acabar derivando en un aumento de las tensiones entre los "ganadores" y los "perdedores", es decir, en un incremento de las tensiones entre empleadores y sindicatos. Con todo, la falta de uso de estos métodos de interpretación auténtica está haciendo que estos recursos se "marchiten" (Maupain, 2014: 135).

En cuarto lugar, el hecho de que, aunque en teoría el art. 33 permita imponer sanciones en caso de incumplimiento, como hemos visto en el caso relativo a Myanmar (Chartres y Mercurio, 20212: 687), el hecho de que solo se haya utilizado una única vez y que, en su lugar, se prefieran otros métodos de coerción, hace a algunos autores calificar a la OIT de "tigre sin dientes" (Lyutov, 2014: 256). La efectividad de todo este sistema depende, casi en su totalidad, del "*naming and shaming*", es decir, de la vergüenza pública como elemento disuasorio, entendida esta como un perjuicio a la imagen internacional y a la reputación de un Estado (Weisband, 2000: 648). Si bien este tipo de "castigo" puede llegar a influenciar a algunos Estados miembros de la OIT hasta hacerles cumplir con las normas internacionales del trabajo y responder positivamente a sus obligaciones internacionales (Charnovitz, 2000: 175; Weisband, 2000: 643), en una sociedad internacional en la que existen muchos Estados "desvergonzados" cuyo comportamiento, a falta de sanciones, es incorregible, no se puede confiar únicamente en la vergüenza pública como herramienta de coerción (Weisband, 2000: 665).

2.6. PROPUESTAS DE MEJORA DE LA TUTELA DE LOS DERECHOS LABORALES FUNDAMENTALES EN LA ORGANIZACIÓN INTERNACIONAL DEL TRABAJO

¿Cuál es la salida al "punto muerto" en el que se encuentra el sistema de control de la OIT? Si algo está claro, es que cualquier posible solución deberá conciliar dos objetivos estrechamente relacionados: en primer lugar, restaurar el pacto tripartito sin el cual la Organización no podrá seguir desempeñando su labor; y, en segundo lugar, racionalizar las prácticas de supervisión en un marco coherente que pueda aumentar su efectividad sin incurrir en mayores costes (Maupain, 2014: 136). En otras palabras, no se trata de destruir el actual sistema de control de la OIT y crear uno nuevo, sino de hacer el existente más sencillo y efectivo. Para tratar de simplificar este sistema, algunos autores, de entre los que sobresale Francis Maupain, han propuesto soluciones concretas que pasamos a analizar a continuación.

En primer lugar, respecto del número y funcionamiento de los mecanismos de supervisión, tanto periódicos como especiales, que muchas veces se solapan, Francis Maupain afirma que la solución principal pasaría por "abrir la caja de pandora", aunque en realidad esta contiene únicamente la Constitución de 1919, es decir, habría que enmendar la Constitución, pero se trata de un texto que en realidad nadie discute, por lo que carece de sentido (Maupain, 2014: 148). Para este autor, los esfuerzos deben centrarse en hacer el sistema existente más efectivo. No obstante, existen otros autores que sí están más por la labor de reformar el tratado constitutivo de la OIT para racionalizar los mecanismos de control a través de la supresión de los menos utilizados "que solo sirven para dificultar la comprensión del sistema de control de la Organización" (Lyutov, 2014: 274).

En segundo lugar, para mejorar la efectividad del sistema de control y, sobre todo, de los mecanismos de control periódico, los órganos competentes para esta labor deberían contar con información detallada, fiable y a tiempo, cosa que no ocurre en la actualidad. Si bien es cierto que muchas veces esta falta de información por parte de los Estados miembros se debe a su incapacidad para recabarla por falta de medios financieros, técnicos y humanos, y no por falta de voluntad, en muchas otras ocasiones es la falta de voluntad política el problema. Una posible solución al respecto consistiría en aumentar los recursos destinados a la asistencia técnica de los Estados sin medios para cumplir con sus obligaciones de información (aunque para ello habría que proveer a la OIT de mayores recursos financieros), y, al mismo tiempo, retirar las ayudas de que disfrutan los Estados que no cumplen con sus obligaciones como parte de una estrategia política (Charnovitz, 2000: 177).

En tercer lugar, dentro de los mecanismos de control periódico, ya se ha puesto de manifiesto que el mandato de la CEACR ha sido motivo de crisis institucional en momentos anteriores. Si bien tratar de evitar que la Comisión incluya interpretaciones de los convenios de la OIT en sus informes resulta contraproducente, ya que esta interpretación es necesaria para la elaboración de observaciones[316], además de dejar claro en todos sus informes

[316] En el informe del año 2020, la propia CEACR lo deja claro al afirmar que "para el control de la aplicación también es preciso cierto grado de interpretación de las normas. La Comisión de Expertos es el garante de que estas interpretaciones, inevitables y necesarias, sean coherentes". Vid. OIT: Aplicación de las normas internacionales del trabajo: Informe de la Comisión de Expertos en Aplicación de Convenios y Recomendaciones, *op. cit.*, nota 303, p. 10.

que dichas interpretaciones no son auténticas y que sus opiniones y recomendaciones no son vinculantes[317], algunos autores han propuesto que la solución que se adoptó en el año 2012 se haga permanente, esto es, incluir en los informes de la CEACR una cláusula de exclusión de la responsabilidad (*disclaimer*) cuando algún grupo de representantes considere que la Comisión se ha excedido en su labor interpretativa y que esta no es conforme a sus intereses. La cláusula, según Francis Maupain, debería ser redactada de la siguiente manera: "*is part of the regular supervisory process and is the result of the Committee of Experts' analysis. It is not an agreed or determinative text of the ILO tripartite constituents*" (Maupain, 2014: 139). No obstante, el propio Francis Maupain duda de la eficacia de esta propuesta para evitar que otros tribunales internacionales o nacionales doten de autoridad a las interpretaciones de la CEACR, lo cual era una de las preocupaciones principales del grupo de empleadores en relación a este órgano (Maupain, 2014: 139-140). Por otro lado, en cuanto a las demandas de una mayor transparencia, eficacia y gobernanza tripartita en el seno de la CEACR, incluidas en la Declaración del Centenario, el Grupo de los Empleadores presentó una serie de propuestas para que el informe de la Comisión resulte más pertinente, transparente y fácil de leer. Entre ellas, se encuentra la organización del informe por países en vez de por materias o, al menos, de una forma que permita realizar un examen exhaustivo de los comentarios pendientes por país y de manera electrónica, la redacción de comentarios en un lenguaje directo y llano, y la elaboración de las conclusiones en torno a recomendaciones concretas cuya aplicación sea fácil de verificar[318].

Por lo que respecta a la CTACR, se ha evidenciado la necesidad de mayor claridad y transparencia en los criterios para elaborar la lista de casos que se debaten anualmente, debiendo intervenir en su elaboración los representantes de trabajadores y empleadores en consenso (Maupain, 2014: 137-138). A tal fin, algunos autores

---

317 *Ibíd.*, p. 11.
318 *Ibíd.*, p. 9.

han propuesto utilizar el sistema de rotación automática de países para que sea menos discrecional, propuesta inspirada por el Comité de Derechos Humanos (Maupain, 2014: 137). Asimismo, se ha propuesto que la lista esté siempre encabezada por los casos respecto de los cuales se han presentado reclamaciones o quejas (Maupain, 2014: 161).

En cuarto lugar, en relación con los procedimientos especiales de control, esto es, el procedimiento de reclamación, el de queja y el CLS, Francis Maupain es firme defensor de la necesidad de retornar el centro de gravedad de la supervisión de las normas internacionales del trabajo hacia los procedimientos contenciosos, en especial, hacia el procedimiento de reclamación, de acuerdo con las disposiciones de la Constitución, para hacer el control más efectivo y aligerar la carga de los órganos de seguimiento periódico (Maupain, 1999: 287; Maupain, 2014: 157). En relación al procedimiento de reclamación, este autor propone: revisar las condiciones de admisibilidad aplicables a las reclamaciones, con miras a evitar un exceso de presentación de solicitudes de reclamación; sustituir los comités tripartitos que ahora son nombrados por el CA de manera *ad hoc* para cada representación por un comité permanente que mejore la efectividad, la profesionalidad y la continuidad de los procedimientos; y revisar el papel de la CEACR con respecto a la consideración sustantiva de las representaciones (Maupain, 2014: 157). El fortalecimiento y racionalización del procedimiento de reclamación podría contribuir, al mismo tiempo, a hacer un uso más selectivo del procedimiento de quejas, el cual resulta muy costoso en términos de tiempo, burocracia y recursos, que conviene dejar únicamente para determinados casos graves de violación de normas internacionales del trabajo (Maupain, 1999: 287).

Por último, muchos otros autores han defendido la necesidad de acudir a los mecanismos que ofrece la Constitución de la OIT de 1919 y que, o no se han usado, o se han usado solo una vez (Charnovitz, 2000: 176; Hepple, 2005: 56; Lyutov, 2014: 275). Hablamos de la posibilidad, en primer lugar, de recurrir al procedimiento consagrado en el art. 33 de la Constitución, que permite a la CIT recomendar al resto de Estados y organizaciones internacionales la adopción de todas las medidas que estimen oportunas y que únicamente se utilizó en el caso de Myanmar – no de forma muy exitosa – para disuadir a los Estados de violar de manera grave y persistente los DLF. En segundo lugar, tampoco conviene olvidar la posibilidad que ofrece el art. 37 de remitir las cuestiones o dificultades relativas a la interpretación de la Constitución y de los convenios a la CIJ para su resolución, o a un tribunal creado *ad hoc* por el CA. No obstante, como apunta Maupain, esta opción podría tener como consecuencia un aumento de las tensiones entre ganadores-perdedores y un debilitamiento del pacto tripartito (Maupain, 2014: 146).

Con todo, si algo está claro, es que si lo que se pretende es tutelar de manera efectiva los DLF dentro de la organización internacional competente para tal fin, es decir, la OIT, es necesario simplificar, actualizar y racionalizar los diferentes mecanismos de control que, recientemente, han cumplido un centenario. En este trabajo no creemos que la OIT sea un “tigre sin dientes”, sino que, por falta de uso, estos dientes se han estropeado y se hace necesaria una dentadura nueva, combinada con otras formas de tutela de los DLF en otros subsistemas o regímenes autónomos del Derecho internacional, para reforzar y dotar de coherencia a todo el ordenamiento.

Capítulo 3

El sistema multilateral de comercio internacional: la inclusión de disposiciones laborales en el derecho de la Organización Mundial del Comercio

El sistema multilateral de comercio internacional es uno de los logros más representativos que la cooperación económica global institucionalizada ha podido presenciar. Cuando hablamos del sistema multilateral de comercio internacional hacemos referencia al régimen o subsistema de Derecho internacional público constituido por un conjunto de normas primarias y secundarias especiales de aplicación, y por una serie de principios sistematizados de manera coherente y relacionados entre sí que rigen la cooperación multilateral entre Estados soberanos sobre cuestiones comerciales (Fernández, 2006: 32-33), en su día positivados en el GATT de 1947, y hoy contenidos en el acervo normativo o derecho de la OMC[319]. Este derecho de la OMC es *sui generis*, pues, como afirma Pascal Lamy, antiguo Director General de la OMC, en determinados aspectos se asemeja a los sistemas normativos propios de las organizaciones internacionales de cooperación, pero en otros se encuentra más próximo a los sistemas de las organizaciones internacionales de integración (Lamy, 2007: 12).

Sin embargo, este sistema multilateral de comercio internacional, no se encuentra "clínicamente aislado", pues ha de ser interpretado en armonía con los principios del Derecho internacional

---

319 En el presente capítulo, cuando hablemos del Derecho de la OMC estaremos haciendo referencia a todos los acuerdos, multilaterales y plurilaterales, adoptados por dicha Organización, así como a su tratado constitutivo: el Acuerdo de Marrakech de 1994.

público[320]. La eficacia y la legitimidad del derecho de la OMC dependen, en gran medida, de cómo este se interprete y relacione con las normas de los demás regímenes internacionales, así como de la naturaleza y la calidad de las relaciones de la OMC con las demás organizaciones internacionales (Petersmann, 2004: 607; Lamy, 2007: 19), debido a que difícilmente se pueden aplicar normas jurídicas de forma razonable y equitativa si no se tiene en cuenta el entorno normativo en el que operan y las relaciones que mantienen con él (Rodrigo, 2011: 353). De esta manera, siguiendo las afirmaciones de Pascal Lamy, el recurso a técnicas de integración normativa para incorporar el contenido de las normas laborales fundamentales, esto es, los DLF en el derecho de la OMC, o una mayor coordinación de los esfuerzos y de las actividades de la OMC y la OIT, vendrían a reforzar la eficacia y la legitimidad del sistema multilateral de comercio internacional. Quienes apuestan por la tutela de los DLF en el sistema multilateral de comercio internacional se basan, también, en la conclusión a la que se ha llegado en el presente trabajo de investigación en el anterior capítulo: que la tutela de los derechos de los trabajadores internacionalmente reconocidos en la organización internacional competente *prima facie* para la protección de los, esto es, la OIT, resulta insuficiente e inefectiva, en parte debido a la falta de poder punitivo necesario para imponer sanciones a los Estados miembros que incumplen los CF de la Organización, poder del que, por otro lado, sí que goza la OMC, capaz de "imponer sanciones comerciales"[321] a sus Estados miembros (Shuterland y Sewell, 2001: 104).

---

320 OMC: Informe del Órgano de Apelación de la OMC: Estados Unidos – Pautas para la gasolina reformulada y convencional, *op. cit.*, nota 3, párr. 31.1.

321 Entrecomillamos la expresión "imponer sanciones comerciales" porque como veremos, en realidad, no es la OMC quien sanciona verticalmente a los Estados infractores, sino que habilita a los Estados perjudicados a recurrir a contramedidas de carácter horizontal.

La primera vez que se planteó la integración de disposiciones laborales[322] en el sistema multilateral de comercio internacional a través de técnicas de integración normativa fue durante las primeras negociaciones para la creación de una OIC. Posteriormente, la cuestión ha estado siempre presente, con mayor o menor protagonismo, en la esfera de las negociaciones comerciales entre los Estados miembros que actualmente componen la OMC, sin avances significativos hasta la fecha como consecuencia de la oposición ferviente de los PVD, que argumentan que la integración de disposiciones laborales en el derecho de la OMC es una argucia de los PD para eliminar su ventaja comparativa en el comercio mundial con fines proteccionistas.

Una de las principales cuestiones de fondo del debate es la delimitación de la misión de la actual OMC, pues para poder afirmar la pertinente integración de disposiciones laborales en los diferentes acuerdos comerciales multilaterales que componen el derecho de la Organización, primero es necesario aclarar el fin último de esta. Así, si atendemos al principio de especialidad que rige el funcionamiento de las organizaciones internacionales, todas ellas deben ceñirse al logro de los objetivos para los que fue-

322 En el presente capítulo, las "disposiciones laborales" se definen de manera amplia, siguiendo lo establecido por la OIT, como: "a) Toda referencia a cualquier norma que reglamente las relaciones laborales o los términos o condiciones mínimas de trabajo; b) Todo mecanismo destinado a la vigilancia y promoción de la observancia de las normas de trabajo, como los grupos consultivos para la facilitación del diálogo, ya sean permanentes o temporales; y c) Los marcos para actividades de cooperación, como la asistencia técnica, el intercambio de buenas prácticas, la formación y otras". En posteriores capítulos haremos referencia a cláusulas laborales, cuya definición es más limitada, circunscribiéndose únicamente a las referencias a normas laborales fundamentales en los textos de los acuerdos comerciales bilaterales o regionales, lo que en este trabajo se han denominado "normas relacionales". Vid: OIT: *Assesment of Labour Provisions in Trade and Investment Agreements,* Ginebra, 2016. Disponible en: https://www.ilo.org/wcmsp5/groups/public/—dgreports/—inst/documents/publication/wcms_498944.pdf

ron creadas (Sobrino, 2016a: 65) que, en el caso de la OMC, vendría a coincidir con la liberalización del comercio internacional. No obstante, prestando atención al preámbulo del Acuerdo de Marrakech de 1994 por el que se establece la OMC[323], el profesor Steve Charnovitz identifica otros posibles objetivos subyacentes, como la justicia en el comercio internacional (Charnovitz, 2002: 36), y afirma que si una determinada cuestión puede ser justificada bajo el paraguas de estos objetivos, entonces tiene cabida en el derecho de la OMC (Charnovitz, 2002: 54). De esta forma, una posible integración de disposiciones laborales en el sistema multilateral de comercio internacional de cara a evitar el *dumping* social, práctica que entorpece el logro del objetivo de un comercio internacional libre y justo, para lograr, así, la justicia en el comercio internacional, resultaría justificada. El preámbulo de este Acuerdo también menciona el objetivo de un desarrollo sostenible, concepto que incluye la protección de los DLF.

En la actualidad, y teniendo en cuenta lo anterior, existen pocas dudas sobre la posible cabida de disposiciones laborales en el derecho de la OMC. Los desafíos para dicha integración son otros: por un lado, la oposición a lo largo del tiempo de los PVD temerosos de perder su ventaja comparativa en el comercio internacional y la crisis que está atravesando la Organización, lo que constituye el objeto de estudio del epígrafe 3.1 del presente capítulo, y, por otro lado, la elección de la mejor técnica de integración de las normas laborales fundamentales en los acuerdos de la OMC, siendo dichas técnicas el objeto de análisis del epígrafe 3.2. de este mismo capítulo. Finalmente, en el epígrafe 3.3. nos posicionaremos por el mejor modelo posible.

---

323 OMC: Acuerdo de Marrakech por el que se establece la Organización Mundial del Comercio, Marrakech, 15 de abril de 1994 (LT/UR/A/2, de 15 de abril de 1994).

3.1. EL FALLIDO INTENTO DE INTEGRAR DISPOSICIONES LABORALES EN EL DERECHO DE LA ORGANIZACIÓN MUNDIAL DEL COMERCIO: ¿UN DEBATE ACABADO?

Las discusiones acerca de la pertinencia de la integración de disposiciones laborales, entendidas en sentido amplio, en los diferentes acuerdos que componen el sistema multilateral de comercio internacional se han sucedido a lo largo del tiempo desde el fracasado intento de creación de una OIC al término de la Segunda Guerra Mundial, hasta las últimas rondas de negociación llevadas a cabo en el seno de la actual OMC. La balanza del debate siempre se ha inclinado en favor de la postura de los PVD que, temerosos de perder su ventaja comparativa en el comercio internacional consistente en una mayor producción a costa de la devaluación de sus estándares laborales, argumentan que la OMC debe servir únicamente a la liberalización del comercio internacional y que el foro más adecuado para la protección de los DLF internacionalmente reconocidos es la OIT (Ehrenberg, 1995: 403).

La crisis en la que la OMC se halla actualmente inmersa, sin embargo, ha paralizado el debate y lo ha relegado a un segundo plano, pues resultan prioritarias cuestiones como el desbloqueo del OA del Sistema de Solución de Diferencias (SSD), la infrarrepresentación de los PVD en la estructura orgánica de la Organización o el papel que juegan potencias mundiales como EEUU o China en el sistema multilateral de comercio internacional y las guerras comerciales entre ellos. Todos los desafíos que en la actualidad enfrenta la OMC, unidos a la reciente crisis la COVID-19, que ha puesto en jaque la economía mundial, pueden tener como consecuencia: o bien el fracaso de la OMC y su potencial desaparición si los Estados optan por el unilateralismo, o bien su refuerzo y su supervivencia en el tiempo si sus Estados miembros muestran una verdadera voluntad de superar tales desafíos y cooperar entre ellos para lograr los objetivos para los que la OMC fue creada en el año 1994.

3.1.1. El fracaso de la Carta de la Habana y del primer intento de vincular formalmente comercio y trabajo

El debate acerca de la integración de disposiciones laborales en el derecho de la OMC es previo a la propia creación de la OMC. Aunque es cierto que existen atisbos anteriores[324], sus orígenes debemos buscarlos al término de la Segunda Guerra Mundial, tras la que surge un sentimiento de solidaridad y cooperación internacional que se ve reflejado en la creación de organizaciones internacionales destinadas a mejorar las mermadas economías de los Estados involucrados en la Guerra. Junto con las instituciones económicas y financieras surgidas de la Conferencia de Bretton Woods de 1944[325], se plantea la creación de una OIC, propuesta especialmente respaldada por EEUU[326]. De esta manera, de la Conferencia de Naciones Unidas sobre Comercio y Empleo, celebrada en la Habana entre el 21 de noviembre de 1947 y el 24 de marzo de 1948, resultó lo que hoy conocemos como la Carta de La Habana[327], que pretendía ser el tratado constitutivo de una OIC que completase el panorama de organizaciones internacionales

---

324 En la Conferencia Económica Internacional convocada por la Sociedad de Naciones en 1927 surgen los primeros debates en torno a los problemas que puede generar la competencia entre productos elaborados en Estados con mercados cuyas condiciones laborales son diferentes (Caire, 1996: 813; Lobejón, 2008: 151).

325 De la que surgen el Fondo Monetario Internacional (FMI), encargado de regular las transacciones financieras y monetarias internacionales, y el Banco Mundial (BM), encargado de prestar asistencia técnica y financiera a los PVD.

326 Las negociaciones para la creación de la OIC se encontraron con dos grandes impedimentos: la diferencia de intereses entre EEUU, que quería una reducción de aranceles rápida y sin cuotas, y los países de Europa, que querían una reducción de aranceles paulatina y con cuotas especiales para sus colonias y excolonias; y las grandes disparidades económicas y comerciales entre los PD y los PVD (Ibáñez y García-Durán, 2021: 56-57).

327 OMC: Carta de la Habana para una Organización Internacional del Comercio, *op. cit.*, nota 13.

económicas de la época[328] y se comprometiese con el objetivo de una mayor liberalización del comercio mundial.

Dentro de esta Carta, el art. 7, promovido especialmente un grupo de países latinoamericanos (Charnovitz, 1986: 63), hacía referencia a las "normas de trabajo equitativas", afirmando que "los miembros reconocen que las medidas relativas al empleo deben tener plenamente en cuenta los derechos de los trabajadores, conforme a las declaraciones, convenciones y convenios intergubernamentales. Reconocen también que todos los países tienen un interés común en el logro y mantenimiento de normas de trabajo equitativas en relación con la productividad y, por consiguiente, en el mejoramiento de los salarios y de las condiciones de trabajo en la medida en que lo pueda permitir la productividad. Los miembros reconocen que las condiciones inequitativas de trabajo, especialmente en la producción destinada a la exportación, crean dificultades en el comercio internacional y, por consiguiente, cada Miembro adoptará cualesquiera medidas que sean apropiadas y factibles para hacer desaparecer tales condiciones dentro de su territorio"[329]. Para dar efectividad a este compromiso, se reconoce igualmente en este art. 7 la importancia de cooperar con la OIT y de coordinar sus actividades (Hinojosa y Fajardo, 2010: 224), incluso, cuando se tuviese que acudir al mecanismo de solución de controversias previsto en la Carta de la Habana. En opinión del profesor Luis Miguel Hinojosa Martínez, esta referencia a la posibilidad de recurrir al mecanismo de solución de controversias de la Carta de la Habana refleja la "seriedad"[330] con la que los redactores de la Carta incluyeron las normas equitativas

---

328 OMC: Los años del GATT: de La Habana a Marrakech. Disponible en: https://www.wto.org/spanish/thewto_s/whatis_s/tif_s/fact4_s.htm (última consulta: 15 de noviembre de 2022).

329 OMC: Carta de la Habana para una Organización Internacional del Comercio, *op. cit.*, nota 13, p. 13.

330 Un incumplimiento de las normas equitativas de trabajo podía conllevar un resarcimiento de carácter económico para el Estado infractor en el marco de una organización internacional de carácter comercial (Hinojosa, 2002: 81).

de trabajo en el texto del documento (Hinojosa, 2002: 80). Recordemos, por otro lado, que en el año 1948 todavía no se había producido el proceso de descolonización, por lo que los Estados existentes en aquella época poseían un grado de desarrollo similar, características homogéneas y aspiraciones comunes, lo que facilitó la inclusión de una disposición de este tipo en la Carta de la Habana.

Asimismo, resulta interesante advertir que una propuesta de enmienda a la Carta de la Habana pretendía que el art. 45, relativo a las "excepciones generales", incluyese la posibilidad de los Estados miembros de la Organización de adoptar medidas unilaterales para protegerse contra el *dumping* social. No obstante, dicha propuesta fue finalmente rechazada al considerar que dicha posibilidad ya se encontraba prevista en otros artículos de la Carta[331], como el ya mencionado art. 7 (Hinojosa, 2002: 81).

Esta Carta de La Habana, a pesar de ser negociada inicialmente por más de 50 Estados, finalmente no entró en vigor por la falta de ratificación de algunos de ellos. Significativa fue la ausencia de ratificación del principal precursor de la OIC: EEUU. En el año 1950, cuando se sometió la Carta a la votación del Senado estadounidense, el órgano competente en su Constitución nacional para la ratificación de tratados internacionales y, en ese momento, de composición mayoritariamente republicana, este mostró su oposición a la creación de una organización internacional que regulase el comercio internacional (Ávila, 2019: 26; Ibáñez y García-Durán, 2021: 58-59), por considerar que se trataba de un modelo económico excesivamente intervencionista y de una estructura institucional demasiado fuerte (Fernández, 2021: 194). No obstante, el hecho de que el presidente Truman fuese demócrata también influyó en la decisión (Prieto, 2012: 17).

---

331 GATT: *Reports of Committees and Principal Sub-Committees, United Nations Conference on Trade and Employment, held at Havana, Cuba, from 21 November 1947 to 24 March 1948, published in Geneva, September 1948* (Doc. ICITO/I/8, p. 92).

La ausencia de EEUU en el proceso de creación de la OIC fue una de las principales razones de su fracaso (Arnold, 2005, 84), porque, ¿qué sentido tiene una organización internacional comercial en la que la mayor potencia económica de la época no es miembro? (Emmert, 2003: 123). No obstante, dicho fracaso también se debe a otras cuestiones de fondo, y es que, como hemos visto, en la Carta de la Habana se contenían aspectos relativos al empleo, pero también a acuerdos acerca de productos básicos, a prácticas comerciales restrictivas, a inversiones en el extranjero, así como a cuestiones referentes al sector de los servicios. La Carta de La Habana pretendía regular temas que, en cierta medida, se encontraban bajo el paraguas de la soberanía de los Estados, y si dicha Carta hubiese llegado a entrar en vigor, los Estados negociadores habrían visto cómo su capacidad decisoria en estos temas mermaba mientras esta era ejercida por una organización internacional de vocación universal. En otras palabras, los Estados no ratificaron La Carta, y, lo que constituiría la OIC, no llegó a entrar en vigor porque los Estados negociadores no querían perder su soberanía nacional en temas relacionados con el comercio exterior. Este fue el principal argumento esgrimido por el Senado estadounidense para no ratificar la Carta de la Habana (Sampson, 2018: 454).

El posterior proceso descolonizador y, por consiguiente, el nacimiento de nuevos Estados soberanos con diferentes grados de desarrollo – y subdesarrollo – e intereses contrapuestos que querían verse involucrados en el sistema multilateral de comercio internacional, representado en aquél momento por el GATT de 1947, complicarán el debate acerca de la integración de disposiciones laborales en dicho sistema hasta apartarlo del escenario de negociaciones, de manera que aquél art. 7 de la fallecida Carta de la Habana constituye, hasta la fecha, el único intento real – y fallido – de tutela de los derechos laborales más elementales en el sistema multilateral de comercio internacional.

3.1.2. Los años del GATT de 1947: stand by de la condicionalidad laboral

A pesar de que la Carta de la Habana no consiguió entrar en vigor, su Capítulo IV, relativo a "Política Comercial", surgido de la primera Ronda de negociaciones y firmado en Ginebra el 30 de octubre de 1947 por 23 Estados (Partes Contratantes según su redacción), sin embargo, sí lo hizo en el año 1948 en base a un Protocolo Provisional de Aplicación de 1946 bajo el nombre de Acuerdo General sobre Aranceles Aduaneros y Comercio[332] o GATT por sus siglas en inglés (Emmert, 2003: 123; Sampson, 2018: 454). Este GATT de 1947 consiguió sobrevivir y perduró casi medio siglo con la finalidad de liberalizar el comercio internacional, a través de la progresiva reducción de los aranceles aduaneros entre las Partes Contratantes, hasta que, en el año 1995, entra en vigor el tratado constitucional que da vida a la actual OMC, organización internacional que cuenta con una estructura institucional y un procedimiento cuasi-jurisdiccional de solución de controversias comerciales en detrimento de las técnicas diplomáticas o políticas de solución de diferencias (Martínez, 2002: 204; Fernández, 2021: 194).

El principio básico en torno al cual gira todo el contenido del GATT, y, por extensión, el sistema multilateral de comercio internacional, es el principio de no discriminación, que aparece reflejado, por un lado, en la cláusula de Nación Más Favorecida (NMF), a tenor de la cual, una mejora en las preferencias arancelarias concedidas a un Estado debe ser inmediata, incondicional y automáticamente concedida al resto de Estados miembros de la OMC[333], y, por otro lado, en la cláusula de Trato Nacional (TN), a tenor de la cual, una vez que el producto traspasa las fronteras del

---

332 OMC: Acuerdo General sobre Aranceles Aduaneros y Comercio (GATT de 1947), *op. cit.*, nota 14.

333 Art. I del GATT de 1947: "… cualquier ventaja, favor, privilegio o inmunidad concedido por una parte contratante a un producto originario de otro país o destinado a él, será concedido inmediata e incondicio-

Estado importador miembro de la OMC, este no puede ser objeto de discriminación cuando compite con productos nacionales similares[334]. El art. XXIV, relativo a "Uniones aduaneras y zonas de libre comercio", que permite la adopción de ALC bilaterales o regionales para avanzar en la liberalización del comercio entre las Partes, supone una excepción a estos principios que, como veremos más adelante, parece estar convirtiéndose en la actualidad en la regla general, más que en una excepción.

Dado que el GATT de 1947 era un simple acuerdo internacional y no una organización con personalidad jurídica propia, a diferencia de la fallida OIC, no poseía un sistema de solución de diferencias institucionalizado. Sin embargo, a finales de los años 50, surgió un procedimiento consistente en la constitución de Grupos Especiales o "paneles" para resolver las controversias comerciales entre las Partes Contratantes del GATT. Con el tiempo, esta práctica consuetudinaria adquirió matices jurisdiccionales que quedaron plasmados en el Entendimiento firmado en 1979[335], adoptado en el seno de la Ronda de Tokio (Martínez, 1999: 604; Martínez, 2002: 204). En palabras de Xavier Fernández Pons, el GATT se convirtió en una organización internacional *de facto* (Fernández, 2021: 194-195).

Dentro de las disposiciones contenidas en el GATT de 1947, si bien es cierto que en el preámbulo se hace referencia al logro

---

nalmente a todo producto similar originario de los territorios de todas las demás partes contratantes o a ellos destinado". *Ibíd.*, p. 505.

334 Art. III.4. del GATT de 1947: "Los productos del territorio de toda parte contratante importados en el territorio de cualquier otra parte contratante no deberán recibir un trato menos favorable que el concedido a los productos similares de origen nacional, en lo concerniente a cualquier ley, reglamento o prescripción que afecte a la venta, la oferta para la venta, la compra, el transporte, la distribución y el uso de estos productos en el mercado interior". *Ibíd.*, p. 509.

335 OMC: Entendimiento relativo a las Notificaciones, las Consultas, la Solución de Diferencias y la Vigilancia, 28 de noviembre de 1979 (IBDD 26S/210, de 28 de noviembre de 1979). Disponible en: https://www.wto.org/spanish/docs_s/legal_s/tokyo_notif_s.pdf

de niveles de vida más altos y a la consecución del pleno empleo, a diferencia de la Carta de la Habana, no encontramos ningún artículo relativo a las "normas de trabajo equitativas" ni ninguna otra disposición que establezca una obligación expresa para las Partes Contratantes de salvaguardar los estándares laborales más elementales internacionalmente convenidos. La única referencia que se hace en el articulado a las condiciones laborales la encontramos en el art. XX.e), dentro de las excepciones generales, en el que el GATT exceptúa las medidas relativas a los artículos fabricados en prisiones de los principios generales que rigen el comercio multilateral (Meza-Salas, 2017: 735). No obstante, sobre este artículo nos detendremos con posterioridad.

Esta falta de disposiciones laborales en el GATT de 1947 preocupaba a algunos Estados y, especialmente, a EEUU. Fue el presidente Dwight D. Eisenhower quien, ya en 1953, calificó los derechos laborales como una de las cuestiones que debían ser abarcadas en la negociación de acuerdos comerciales bilaterales, lo que constituye el embrión de las cláusulas laborales en los ALC estadounidenses, que estudiaremos más adelante. En ese mismo año, EEUU realizó una propuesta informal para modificar el art. XXIII del GATT de 1947, relativo al menoscabo de ventajas comerciales con ocasión de prácticas contrarias al derecho Comercial Internacional, con la finalidad de precisar que "las condiciones de trabajo no equitativas constituían un obstáculo al comercio internacional" (Hinojosa, 2002: 113; Hinojosa y Fajardo, 2010: 225). No obstante, dicha propuesta fue finalmente rechazada por no conseguir un consenso acerca de la definición de "no equitativas" (Charnovitz, 1986: 64, Kolben, 2006: 5). Un año más tarde, la Comisión estadounidense de Política Económica Exterior, la Comisión "Randall", recomendó no conceder ventajas aduaneras a productos realizados por trabajadores que recibían salarios "deficientes"[336] en el Estado exportador (Charnovitz, 1986: 64).

[336] El término "deficiente", en este contexto, hacía referencia a salarios que se encontraban significativamente por debajo de los salarios medios aceptados en el Estado exportador (Charnovitz, 1986: 64).

Por último, en el año 1971, la Comisión estadounidense de Comercio Internacional y Política de Inversiones, la Comisión "Williams", recomendó apoyar los esfuerzos multilaterales por incluir un código de estándares laborales equitativos, recomendación que sería posteriormente incluida en la *Trade Act* de 1974 (Charnovitz, 1986: 65), que estudiaremos también más adelante.

Las sucesivas rondas de negociaciones comerciales del GATT[337], en las que cada vez participaban más Estados soberanos debido al proceso de descolonización, se centraron en la reducción progresiva de los aranceles y en elaborar acuerdos y códigos anti-*dumping* y anti-subvención, no dando lugar a una profunda discusión acerca de la inclusión de disposiciones laborales en el articulado del Acuerdo. Sin embargo, EEUU continuó proponiendo la consideración multilateral de unos estándares laborales mínimos internacionalmente convenidos a finales de la década de 1970 (Charnovitz, 1986: 66). Concretamente, en la Ronda de Tokio, celebrada entre 1973 y 1979, EEUU intentó que el articulado de GATT recogiese una prohibición relativa a determinadas formas de trabajo que pudiesen resultar perjudiciales para la vida y la salud de las personas, aunque fue totalmente ignorado (Hinojosa, 2002: 113; Lobejón, 2008: 152). En el año 1987, al comienzo de la Ronda de Uruguay (1986-1994), en la que participaron 123 Estados y que fue la que dio vida a la actual OMC, EEUU realizó una proposición formal al Consejo del GATT de creación de un grupo de trabajo para en estudio de la relación entre el comercio internacional y los DLF que fue rechazada por la oposición de los PVD. En el año 1994, esta vez con el apoyo de las Comunidades Europeas, EEUU insistió en su propuesta obteniendo el mismo resultado (Hinojosa, 2002: 113; Lobejón, 2008: 152; Meza-Salas, 2017: 737).

---

337 Las celebradas en Annecy en 1949, en Turquía en 1951, en Ginebra en 1956, en Ginebra en 1962 (Ronda Dillon), en Ginebra en 1967 (Ronda Kennedy) y en Ginebra entre 1973-1979 (Ronda Tokio).

Como vemos, entre 1947 y 1994, las discusiones en el seno del comercio internacional de carácter multilateral, representado por el GATT de 1947, se centraron en la liberalización del comercio internacional y la supresión de barreras arancelarias y de cualquier otro tipo, no siendo la consideración de la integración de disposiciones laborales en dicho sistema multilateral una prioridad en aquella época, a pesar de los esfuerzos llevados a cabo por algunos Estados, como EEUU, lo que supuso un *stand by* o un periodo de estancamiento del debate. El proceso descolonizador y el aumento del número de Estados soberanos con diferentes niveles de desarrollo deseosos de participar en este sistema multilateral del comercio y reacios a la integración de esta serie de disposiciones laborales por considerarlas una herramienta proteccionista y un ataque a su ventaja comparativa, fueron los principales causantes de que el debate acerca de la inclusión de disposiciones laborales en el sistema de comercio multilateral quedase relegado a un segundo plano por casi medio siglo. Con la creación de la OMC este debate vuelve a resurgir y, como podremos comprobar a continuación, consigue posicionarse en algunas rondas de negociación entre las prioridades de la agenda negociadora.

3.1.3. El Acuerdo de Marrakech de 1994 y la creación de la Organización Mundial del Comercio

La organización internacional con personalidad jurídica propia, con una estructura institucional permanente y con un sistema de solución de diferencias de carácter cuasi-judicial cuya finalidad es regular el comercio internacional que hoy conocemos como OMC nació en el seno de la Ronda de Uruguay (1986-1994), a propuesta de Francia[338]. Esta Ronda se celebró, en palabras de

---

338 En esta ronda de negociaciones no estaba inicialmente prevista la creación de una organización internacional comercial, pero Francia lanzó la propuesta para entorpecer las negociaciones con la finalidad de evitar la adopción de un acuerdo relativo a agricultura. Sin embargo, EEUU, en un giro inesperado de los acontecimientos, aceptó la pro-

Marc Ibáñez y Patricia García-Durán, en un momento tanto de cambio ideológico, con el Consenso de Washington que promovía la liberalización interna y externa, como tecnológico, con la aparición de internet y de las nuevas tecnologías de la información y la comunicación (Ibáñez y García-Durán, 2021: 63). En este contexto, había que fortalecer el sistema multilateral de comercio internacional con la finalidad de promover el proceso de globalización económica (Fernández, 2021: 198).

El tratado constitutivo que contiene las reglas de la Organización es el Acuerdo de Marrakech de 15 de abril de 1994[339], que entró en vigor el 1 de enero de 1995. Este Acuerdo de Marrakech se completa con cuatro Anexos que contienen los diferentes acuerdos comerciales sectoriales[340].

En cuanto a la estructura orgánica, la OMC desarrolla sus funciones, según lo previsto en los arts. IV y VI del Acuerdo de Marrakech de 1994, a través de una Conferencia Ministerial y un Consejo General, compuestos por representantes de todos los Estados miembros que adoptan sus decisiones por consenso, Con-

puesta, mostrando únicamente una gran preocupación por el establecimiento de un sistema de solución de diferencias y un órgano de apelación capaz de erosionar su soberanía nacional (Ávila, 2019: 26).

339 OMC: Acuerdo de Marrakech por el que se establece la Organización Mundial del Comercio, *op. cit.*, nota 323.

340 Dentro del Anexo 1 encontramos los Acuerdos Multilaterales sobre el Comercio de Mercancías (entre los cuales se contempla el GATT de 1947 entre otros relacionados con Agricultura, Textiles, Obstáculos Técnicos al Comercio, Normas de Origen, etc.), el Acuerdo General sobre Comercio de Servicios y Anexos (GATS por sus siglas en inglés) y el Acuerdo sobre los Aspectos de los Derechos de Propiedad Intelectual relacionados con el Comercio (TRIPS por sus siglas en inglés). El Anexo 2 contiene el Entendimiento relativo a las Normas y Procedimientos por los que se rige la Solución de Diferencias. El Anexo 3 es el relativo al Mecanismo de Examen de Políticas Comerciales. Por último, dentro del Anexo 4 encontramos los Acuerdos Plurilaterales relativos a Comercio de Aeronaves Civiles, Contratación Pública, Productos Lácteos y Carne de Bovino.

sejos sectoriales para Mercancías, Servicios y Aspectos de los Derechos de Propiedad Intelectual relacionados con el Comercio, diversos Comités para determinadas materias y, por último, una secretaría al frente de la cual está el Director General de la OMC.

De obligada mención resulta el SSD contenido en el Anexo 2 del Acuerdo de Marrakech de 1994, sobre el Entendimiento relativo a las Normas y Procedimientos por los que se rige la Solución de Diferencias[341], una *lex especialis* que se aparta del Derecho internacional general en relación a la responsabilidad de los Estados por hechos ilícitos internacionales y que contiene normas especiales de determinación de la responsabilidad (Fernández, 2005: 110). Este Entendimiento configura un mecanismo de solución de diferencias cuya jurisdicción es vinculante para todos los Estados miembros de la OMC (Zapatero, 2003: 41). El procedimiento dentro de este SSD se inicia con la solicitud de consultas bilaterales o multilaterales cuando un Estado miembro de la Organización percibe que otro Miembro ha adoptado una medida comercial que va en contra de los principios contenidos en el Acuerdo (Zapatero, 2003: 44; Fernández, 2006: 73). Una vez que las partes en la controversia han finalizado la fase de consultas sin haber llegado a un acuerdo, el Estado que considera vulnerados sus derechos acude al Órgano de Solución de Diferencias[342] (OSD) requiriendo la formación de un Grupo Especial (GE) compuesto por 3 o 5 miembros de las delegaciones de otros Estados miembros de la OMC cuya misión es realizar un informe provisional y un informe final. Respecto de este informe final, si ningún miembro manifiesta su intención de no apelarlo, se convoca al OSD para que se reúna y lo adopte por consenso negativo, esto es, su adopción

---

341 OMC: Entendimiento relativo a las Normas y Procedimientos por los que se rige la Solución de Diferencias, 15 de abril de 1994 (LT/UR/A-2/DS/U/1, de 15 de abril de 1994).

342 Las funciones del OSD son desempeñadas por el Consejo General de la OMC, según lo previsto en el art. IV.3 del Acuerdo de Marrakech de 1994. Vid. OMC: Acuerdo de Marrakech por el que se establece la Organización Mundial del Comercio, *op. cit.*, nota 332, p. 13.

es automática salvo que el OSD decida lo contrario por consenso (Fernández, 2006: 82; Fernández, 2021: 200; Hinojosa, 2021: 68). No obstante, las partes en la controversia pueden decidir apelar el informe y este se remite al OA, órgano de carácter permanente y judicial, compuesto por 7 jueces, que se divide en tres subgrupos integrados por 3 miembros elegidos al azar, lo que, en opinión de Liñán Nogueras, aporta una mayor "juridicidad" al sistema multilateral de comercio internacional (Liñán, 2016: 774). Tanto el informe final del GE como el informe del OA tienden a determinar la obligación que tiene el Estado infractor de modificar o eliminar la medida objeto de la diferencia. Si, tras la expiración de los plazos señalados, el Estado infractor no cumple con lo determinado en los informes, el Estado demandante puede solicitar la suspensión de concesiones aduaneras en términos equivalentes al nivel de anulación o menoscabo de los derechos de que ha sido objeto la parte que inició la diferencia[343] (Rodríguez, 2005: 51), que deberán ser autorizadas por el OSD (Pauwelyn, 2001: 535-578; García-Matamoros y Arévalo-Ramírez, 2018: 672-689; Sanz, 2019: 76). La suspensión de las concesiones aduaneras es lo que generalmente se denominan "sanciones" en el ámbito de la OMC, aunque en rigor se trata de contramedidas *sui generis* sometidas a sus propias reglas especiales (Fernández, 2005: 118-119). Que, tanto los informes del GE como del OA, como las medidas impuestas al Estado infractor en caso de incumplimiento de los informes, tengan que ser aprobadas por el OSD cuyas funciones,

343 La suspensión de concesiones y otras obligaciones contra el Estado miembro que ha infringido las normas multilaterales de comercio internacional consiste, normalmente, en la imposición de aranceles aduaneros más elevados con la finalidad de presionarlo causándole un perjuicio económico equivalente a los daños causados. Esta equivalencia de los daños es controlada a través de un arbitraje, tal y como prescribe el art. 22. 6 del Acuerdo relativo al Entendimiento para la Solución de Diferencias. La lógica de esta "sanción", como apunta Xavier Fernández Pons, se inspira en las contramedidas del Derecho internacional general, aunque, en este caso, quede sujeto a las normas específicas, procedimientos y controles de la OMC (Fernández, 2021: 201).

recordemos, son llevadas a cabo por el Consejo General, órgano de carácter político, plenario y representativo, convierte al SSD en un sistema de naturaleza cuasi-judicial (Fernández, 2006: 81; Lamy, 2007: 18). Entender este SSD es importante porque, cuando posteriormente analicemos la técnica de integración normativa de disposiciones laborales relacionada con la interpretación dinámica o evolutiva de los acuerdos de la OMC, son estos órganos, el OSD, los GE y el OA quienes interpretan los acuerdos y pueden llegar a dar pie a dicha integración.

Por lo que respecta a las disposiciones en materia laboral, a pesar de que casi todas las delegaciones presentes en la Ronda de Uruguay trajeron a colación la cuestión en las negociaciones, finalmente, no se consiguió que el Acta Final de Marrakech incluyese una cláusula que condicionase la concesión de ventajas o preferencias comerciales al cumplimiento de los DLF[344], principalmente por la polarización del debate (Arnold, 2005: 85). La única mención que se hace al respecto, además de la contenida en el art. XX.e) del GATT, se encuentra en el preámbulo del Acuerdo de Marrakech de 1994 (Ward, 1996: 593; Warikandwa y Osode, 2014a: 257; Warikandwa y Osode, 2014b: 491; Warikandwa y Osode, 2017: 58), en el que se afirma que los Estados, en "sus relaciones en la esfera de la actividad comercial y económica deben tender a elevar los niveles de vida, a lograr el pleno empleo (...) permitiendo al mismo tiempo la utilización óptima de los recursos mundiales de conformidad con el objetivo de un desarrollo sostenible"[345], constituyéndose, de esta manera, el "desarrollo sostenible" como un objetivo con el que equilibrar las pretensiones puramente económicas (Chartres y Mercurio, 2012: 673).

---

344 Lo cual no significa que no existan referencias al trabajo y al logro del pleno empleo en los diversos Anexos y Acuerdos resultantes de la Ronda de Uruguay o que, como afirma el profesor Luis Miguel Hinojosa Martínez, no se manejen criterios sociales en el momento de activar ciertos procedimientos (Hinojosa, 2002: 114).

345 OMC: Acuerdo de Marrakech por el que se establece la Organización Mundial del Comercio, *op. cit.*, nota 323, p. 11.

3.1.4. Las sucesivas Conferencias Ministeriales: reavivación del debate

3.1.4.1. La Conferencia Ministerial de Singapur de 1996

La primera Conferencia Ministerial de la OMC, celebrada en Singapur entre el 9 y el 13 de diciembre de 1996, fue uno de los escenarios donde el debate acerca de la integración de disposiciones laborales en el derecho de la OMC encabezó la agenda negociadora.

Ya, incluso, durante los trabajos preparatorios de la Conferencia, la fuerte polarización del debate y la férrea oposición entre PD y PVD en torno a la cuestión se dejó entrever. Así, por ejemplo, EEUU y, en esta ocasión, Noruega, insistieron en su propuesta de creación de un grupo de trabajo a través de documentos no oficiales[346], obteniendo la misma respuesta por parte de los PVD que en anteriores intentos (Von Schöppenthau, 2001: 225; Hinojosa, 2002: 114). En relación con la postura de la entonces Comunidad Europea (CE), aunque es cierto que inicialmente la Comisión se unió a la propuesta de creación de un grupo de trabajo, finalmente el Consejo descartó la idea y se limitó a "destacar la importancia de las medidas positivas destinadas a ayudar a los PVD a fortalecer su capacidad institucional para controlar el cumplimiento de las normas laborales fundamentales" (Hinojosa, 2002: 114-115). Como tendremos ocasión de comprobar más adelante, la postura de lo que a día de hoy es la UE ha cambiado mucho a lo largo de los años en torno a la integración de los DLF en el seno de la OMC.

A lo largo de la celebración de la Conferencia Ministerial, los delegados de los PD defendieron la integración de la cuestión social en la estructura institucional de la OMC, que habría de

---

346 Estos documentos pueden consultarse en el Anexo I de UE: Comunicación de la Comisión la Consejo sobre la relación entre el sistema comercial y las normas laborales internacionalmente reconocidas (COM (96) 402 final, de 24 de julio de 1996).

materializarse a través de la creación de un grupo de trabajo[347], mientras que los PVD, apoyados, curiosamente, por algún Estado desarrollado como Reino Unido (Leary, 1997: 119), argumentaban en sus declaraciones que los fines de los PD eran puramente proteccionistas y en su deseo de integrar disposiciones laborales en el derecho de la OMC se escondía su intención de acabar con la ventaja comparativa de toda esta serie de Estados[348].

Finalmente, el cuarto párrafo de la Declaración Ministerial de la Conferencia Ministerial de Singapur en 1996[349] renueva el compromiso de los Estados miembros de la OMC de respetar

---

347 Dentro de la opinión de los PD, resaltan algunas declaraciones al respecto, como la efectuada por el Ministro de Comercio Internacional de Canadá, el Sr. Arthur C. Eggleton , que afirmó la necesidad de promocionar los estándares laborales mínimos, no solo en instituciones laborales, sino también en el plano comercial internacional: "Si bien la OIT constituye el foro principal en el que se abordan las normas fundamentales del trabajo, nosotros, en la OMC (...) debemos apoyar a un sistema basado en normas que, junto con una mayor liberalización del comercio, impulsa el crecimiento económico en beneficio de todos". Vid. OMC: Declaración del Ministro de Comercio Internacional de Canadá, el Sr. Arthur C. Eggleton, en la Conferencia Ministerial de Singapur de 1996 (WT/MIN(96)/ST/1, de 9 de diciembre de 1996).

348 En este sentido, es ilustrativa de la posición global de todos los PVD la declaración realizada por el Ministro de Comercio de la India, el Dr. B. B. Ramaiah, que afirmaba lo siguiente: "Muchos países se han opuesto a la incorporación al programa futuro de la OMC de los derechos e intereses básicos de los trabajadores, denominados también `normas del trabajo fundamentales´ (...) creemos que las medidas comerciales no deben utilizarse para alcanzar objetivos no comerciales, por encomiables que estos sean. Creemos además que no cabe duda de que la OIT es la institución a la que corresponden exclusivamente la función de ocuparse de esa cuestión el mandato de hacerlo y la competencia para ello". Vid. OMC: Declaración del Ministro de Comercio de la India, el Dr. B. B. Ramaiah, en la Conferencia Ministerial de Singapur de 1996 (WT/MIN(96)/ST/27, de 9 de diciembre de 1996). Cierto es también que la India en Singapur mostró una posición más moderada que en momentos anteriores del debate (Kolben, 2006: 11).

349 OMC: Declaración Ministerial de Singapur, *op cit.*, nota 17, párr. 4.

los estándares mínimos internacionales en materia laboral (sin una obligación específica que lleve aparejada una sanción a su incumplimiento), pero afirma que la organización internacional competente para la observancia de estos temas es la OIT y que los PVD tienen derecho a mantener la ventaja comparativa que les reportan sus bajos salarios, inclinando así la balanza en favor de los intereses y pretensiones de los PVD en el debate (Leary, 1997: 119; Von Schöppenthau, 2001: 225; Hinojosa, 2002: 116; Raju, 2002: 4; Emmert, 2003: 126; Guzman, 2003: 885; Manley y Lauredo, 2004: 90; Arnold, 2005: 85; Lobejón, 2008: 153; Ushakova, 2016: 28; Meza-Salas, 2017: 738; Fernández, 2016: 283; Fernández, 2021: 206). Como afirmaron Arthur Dunke, Peter Shutterland y Renato Ruggiero, antiguos Directores Generales de la OMC, en un discurso conjunto, "la OMC no puede ser usada como un `árbol de navidad´ en el que colgar todas y cada una de las buenas causas posibles"[350] y la dificultad reside en definir claramente la línea que separa los esfuerzos dirigidos a la consecución de un comercio libre, abierto y sin distorsiones de los esfuerzos que pueden exceder este objetivo, de ahí que existan dudas sobre si la integración de las normas laborales fundamentales en el derecho de la OMC es un objeto legítimo de discusión (Charnovitz, 2002: 28).

El hecho de que la Declaración Ministerial de la Conferencia de Singapur de 1996 de, en cierta medida, la razón a los PVD no cierra por completo el debate, pues como Virginia Leary apunta, muy acertadamente, el lenguaje utilizado en la Declaración Ministerial de la Conferencia de Singapur no excluye expresamente la consideración en un momento posterior de la integración de

---

[350] OMC: *Joint Statement on the multilateral trading system,* 2001. Disponible en: https://www.wto.org/english/news_e/news01_e/jointstatdavos_jan01_e.htm (última consulta: 12 de julio de 2023).
Aunque luego podemos apreciar cómo otros aspectos que se alejan de lo puramente comercial, en el sentido de no pretender únicamente reducir las barreras u obstáculos a los intercambios entre Estados sino simplemente establecer regímenes regulatorios que afectan los flujos comerciales, son incluidos en el derecho de la OMC, como por ejemplo el TRIPS, al cual haremos alusión más tarde (Arnold, 2005: 91).

los DLF en el derecho y en la estructura institucional de la OMC (Leary, 1997: 120). De hecho, hace referencia a la colaboración continua entre la OIT y la OMC, colaboración que, en un momento dado, puede llegar a transformarse en un foro de trabajo conjunto.

3.1.4.2. La Conferencia Ministerial de Seattle de 1999

Otro momento en el que el debate acerca de la integración de disposiciones laborales en el derecho de la OMC cobra especial relevancia lo encontramos en la contestada Conferencia Ministerial de Seattle, celebrada entre el 30 de noviembre y el 3 de diciembre de 1999[351]. Dicha Conferencia arranca con la afirmación del Director General de la OMC por aquel momento, Mike Moore, según la cual, el origen último de las malas condiciones laborales y la falta de cualificación de la mano de obra en los PVD es la pobreza y la falta de una educación de calidad, por lo que imponer sanciones comerciales no es la mejor solución para erradicar el problema. Según Mike Moore, "solo mediante la expansión del comercio se podrá reducir la pobreza en dichos países"[352].

De nuevo, en esta Conferencia Ministerial, EEUU, bajo la Administración Clinton, replantea la posibilidad de crear un grupo de trabajo y, además, apoya su discurso en el uso de contrame-

---

351 Tanto la propia OMC como la Conferencia Ministerial de Seattle fueron objeto de una "espectacular contestación" por parte de un grupo heterogéneo de ONG y movimientos sociales anti-globalización. Según sus denuncias, la OMC constituye una herramienta de las empresas multinacionales, servida por gobiernos estatales, para aumentar sus beneficios a costa del medio ambiente, los derechos laborales y el desarrollo de los PVD (Remiro, 2001: 39; Remiro, 2002: 69).

352 OMC: La cuestión del trabajo: un falso debate que encubre un consenso básico, dice ante los sindicatos el Director de la OMC Mike Moore. Disponible en: https://www.wto.org/spanish/thewto_s/minist_s/min99_s/spanish/press_s/pres152_s.htm (última consulta: 12 de julio de 2023).

didas comerciales en caso de violación de derechos humanos[353], propuesta que vuelve a ser rechazada (Emmert, 2003: 126; Arnold, 2005: 85 Kolben, 2006: 18), apelando a la necesidad de coordinar la acción de la OMC y de la OIT, pero sin adoptar obligaciones específicas ni contramedidas dentro del sistema multilateral de comercio internacional. Por su parte, la entonces CE, mostrando en esta ocasión, a diferencia de la Conferencia Ministerial de Singapur de 1996, una postura más armónica[354] en pro de los DLF – aunque todavía dividida en cuanto a cómo integrar las disposiciones laborales en el marco de la OMC –, propuso la creación de un foro permanente conjunto entre la OIT y la OMC para cuestiones relacionadas con el comercio, la globalización y el trabajo de cara a promover un mejor entendimiento de dichas cuestiones a través del diálogo entre todas las partes interesadas[355] (Von Schöppenthau, 2001: 225; Ushakova, 2016: 29). Esta propuesta también fue rechazada por los PVD.

Este fracaso en el debate, en parte, consecuencia de los diferentes puntos de vista entre los PD acerca de cómo se tenía que tratar la cuestión laboral en la OMC y de un debate desestructu-

---

[353] Esta postura se debe, en parte, a las presiones que el Presidente Clinton recibió por parte de la IFTU, que estuvo muy presente durante todas las protestas a pie de calle en el tiempo que duró la Conferencia Ministerial (Von Schöppenthau, 2001: 227).

[354] La irrupción de gobiernos de corte socialista en muchos Estados europeos a lo largo de la segunda mitad de la década de 1990 creó un clima político en favor de las demandas de protección de los DLF internacionalmente reconocidos (Von Schöppenthau, 2001: 225).

[355] Según la propuesta de la entonces CE, este foro conjunto estaría gestionado de manera conjunta por las secretarías de ambas Organizaciones para llevar a cabo análisis sobre la relación entre política comercial, desarrollo y DLF, siempre dejando fuera cualquier tipo de consecuencia comercial con ocasión del incumplimiento de estos. Este foro no pretende legislar en el seno de la OMC, sino, más bien, determinar las materias que deben ser objeto de diálogo entre gobiernos, confederaciones de trabajadores y representantes de empresarios, teniendo en cuenta la opinión de expertos académicos y otras organizaciones internacionales como la UNCTAD (Lamy, 1999).

rado, unido a la resistencia de los PVD, encabezados por la India y Hong Kong (Von Schöppenthau, 2001: 226; Raju, 2002: 13), las protestas masivas de los grupos anti-globalización y la pobre gestión de la Conferencia por parte de los anfitriones americanos, produjo el relego del debate a un segundo plano, la falta de una declaración conjunta y el abandono del proyecto de abrir una nueva ronda de negociaciones en 1999, conocida como Ronda del Milenio (Remiro, 2001: 39; Charnovitz, 2002: 28; Remiro, 2002: 69; Emmert, 2003: 126; Lobejón, 2008: 153; Lobejón, 2010: 86; Ibáñez y García-Durán, 2021: 68).

No obstante, si algo bueno se puede destacar de la Conferencia Ministerial celebrada en Seattle en 1999, es la brecha creciente en la postura de los PVD en torno a la cuestión laboral. Si bien en Singapur la negativa a integrar disposiciones laborales en el derecho de la OMC era unánime por todos los PVD, en Seattle podemos comprobar cómo algunos Estados, sobre todo de América Latina y los más desarrollados del continente asiático, empiezan a apreciar beneficios, en forma de un mejor acceso a los mercados de los Estados más industrializados, en el nexo entre comercio internacional y DLF (Von Schöppenthau, 2001: 227).

Un hecho importante en esta época, recordemos, fue la adopción en 1998 de la ya estudiada Declaración relativa a los Principios y Derechos Fundamentales en el Trabajo y su Seguimiento[356] por parte de la OIT, suscrita por un gran número de Estados (la mayoría Estados miembros de la OMC). Como sabemos, esta Declaración consagra una serie de derechos laborales considerados como fundamentales que exigen un minucioso control por parte de la OIT. Es por ello por lo que, aprovechando la firma de la citada Declaración, los debates relativos a la inclusión de disposiciones laborales en el marco de la OMC se vuelven a apagar al reafirmarse el papel primordial de la OIT en la observancia de los estándares laborales mínimos reconocidos a nivel internacional.

---

356 OIT: Declaración relativa a los Principios y Derechos Fundamentales en el Trabajo y su Seguimiento, *op. cit.*, nota 10.

3.1.4.3. La Ronda de Doha de 2001

Si una nueva ronda de negociaciones pudo ser finalmente abierta, la Ronda de Doha, dos años más tarde de la Conferencia Ministerial de Seattle, fue, precisamente, porque se dio cumplimiento a una de las condiciones que los PVD exigieron para ello: la ausencia de cualquier tipo de debate acerca de la integración de disposiciones laborales en el derecho de la OMC en la agenda negociadora (Lobejón, 2008: 154).

La Ronda de Doha, iniciada en el año 2001, se ha caracterizado por el fracaso en sus negociaciones. En ella, el tema central en torno al cual gira todo el debate es la agricultura. Los PVD piden a los PD que desmantelen sus sistemas de protección y ayudas a la agricultura local para permitir la entrada de productos provenientes de países subdesarrollados y, así, tener la oportunidad de crecer en este sector del comercio internacional, pero, a cambio, los PD les exigen abrir sus mercados y permitir la entrada de productos industrializados provenientes de esta serie de Estados (López-Jurado, 2001: 38; Emmert, 2003: 127-128; Manley y Lauredo, 2004: 89; Arnold, 2005: 98; Sanz, 2019: 83). Las patentes farmacéuticas también fue otro de los puntos controvertidos de la Ronda (Chartrest y Mercurio, 2012: 698).

El hecho de que el debate acerca de la cuestión laboral no formase parte de la agenda negociadora de la Ronda de Doha no impidió que en la Declaración Ministerial de la Conferencia se hiciese una breve mención al reafirmar "la Declaración que formulamos en la Conferencia Ministerial de Singapur con respecto a las normas fundamentales del trabajo internacionalmente reconocidas. Tomamos nota de la labor en curso en la OIT acerca de la dimensión social de la globalización"[357], es decir, se vuelve a manifestar que la Organización competente para desarrollar y controlar normas que contengan DLF es la OIT, y, en plano

---

[357] OMC: Declaración Ministerial de Doha, 20 de noviembre de 2001 (WT/MIN(01)/DEC/1, de 20 de noviembre de 2001).

comercial, lo único que debe haber es un compromiso por parte de los miembros de la OMC de respetar esas normas en la medida de lo posible, pero sin una sanción aparejada al incumplimiento (Arnold, 2005: 85; Kolben, 2006: 19; Chartrest y Mercurio, 2012: 667; Ushakova, 2016: 29).

Así como en la Conferencia Ministerial de Singapur de 1996 la mención a la integración de disposiciones laborales en el marco de la OMC era recurrente en todas las declaraciones de los representantes de los Estados miembros de la OMC, tanto a su favor como en su contra, en la Conferencia Ministerial de Doha del año 2001, en cambio, nos encontramos con que muy pocos representantes estatales dedican parte de sus discursos a esta cuestión[358].

Desde la fracasada Ronda de negociaciones de Doha, en la que ya se perciben numerosas dificultades derivadas de un mundo cada vez más multipolar en el que llegar a consensos resulta muy complicado (Fernández, 2021: 210) y atisbos de la imperiosa necesidad de reorientar la Organización (Lobejón, 2010: 81), el debate acerca de la inclusión de disposiciones laborales en el derecho de la OMC ha sido apartado de la agenda negociadora y relegado a un segundo plano[359] (Chartres y Mercurio, 2012: 667). Este he-

---

358 Por mencionar algún representante estatal que todavía hace referencia a la cuestión laboral en el marco de la OMC, el Ministro de Economía, Finanzas e Industria de Francia, el Sr. Laurent Fabius, recuerda que “la OMC debe contribuir al desarrollo social mediante un diálogo permanente con otras organizaciones internacionales, impulsado por la OIT”. Vid. OMC: Declaración del Ministro de Economía, Finanzas e Industria de Francia, el Sr. Laurent Fabius, en la Conferencia Ministerial de Doha de 2001 (WT/MIN(01)/ST/15, de 10 de noviembre de 2001).

359 En la última de las Conferencias Ministeriales de la OMC, celebrada en Buenos Aires, Argentina, en diciembre del año 2017, los temas centrales del debate giraron en torno al comercio electrónico y a las subvenciones a la pesca. En esta Conferencia Ministerial, la mayoría de los representantes de los Estados miembros de la OMC pusieron de manifiesto en sus declaraciones las diferencias notables entre Estados para alcanzar nuevos acuerdos. Vid. OMC: Declaración de la Secretaria de Estado de Comercio de España, la Sra. María Luisa Poncela García,

cho, no obstante, no ha impedido a la doctrina seguir realizando aportaciones al respecto y planteando modelos de integración de disposiciones laborales en el sistema multilateral de comercio internacional, que estudiaremos en epígrafes subsiguientes.

3.1.5. La crisis actual de la Organización Mundial del Comercio: ¿el principio del fin del sistema multilateral de comercio internacional?

En la actualidad, la OMC está compuesta por 164 Estados miembros, todos ellos con características muy heterogéneas, niveles de desarrollo muy diferentes e intereses contrapuestos, lo que dificulta y, en ocasiones, imposibilita adoptar decisiones por consenso y avanzar en la liberalización del comercio internacional. Esto fue, precisamente, lo que ocurrió en la Ronda de Doha del año 2001: la división de opiniones, intereses y puntos de vista entre los diferentes Estados miembros tuvieron como principal consecuencia la paralización y el fracaso de las negociaciones. Así, esta Ronda de negociaciones se convirtió en la primera llamada de atención a los miembros de la Organización para que reflexionasen acerca de la pertinencia de una reforma estructural de la OMC que permitiese avanzar en la consecución de sus objetivos y evitar la crisis de la Organización. Sin embargo, esta crisis de la OMC se ha acelerado y hecho más evidente en los últimos años gracias a otra serie de cuestiones, dentro de las cuales sobresalen las guerras comerciales llevadas a cabo por grandes potencias económicas como EEUU o China, el papel que juegan en la actualidad los PVD dentro de la Organización, el incremento de ALC en vigor, el bloqueo del OA o las crisis económicas como la originada por la pandemia de la COVID-19 o por la guerra entre la Federación Rusa y Ucrania. Todas estas cuestiones son las que vamos a analizar a continuación con la finalidad de entender las razones que han originado esta "crisis" de la OMC y que conducen a plan-

---

en la Conferencia Ministerial de Buenos Aires de 2017 (WT/MIN(17)/ST/57, de 15 de diciembre de 2017).

tearse si estamos ante el principio del fin del sistema multilateral de comercio internacional. En su discurso de clausura de la última Conferencia Ministerial del año 2017, el anterior Director General de la OMC, Roberto Azevedo, reconoció que este sistema "no es perfecto, pero es el mejor que tenemos y, si algún día dejara de funcionar, todos lo lamentaríamos profundamente"[360].

3.1.5.1. Las guerras comerciales entre Estados miembros y el boicot de la Organización Mundial del Comercio: Estados Unidos y China

Si el sistema multilateral de comercio internacional pretende la reglamentación de las relaciones comerciales entre Estados para la consecución de un comercio libre y justo, las guerras comerciales que se traducen en una escalada de los aranceles aduaneros por motivos puramente políticos suponen una obstrucción de este libre comercio y un boicot a la credibilidad y legitimidad del sistema. En los últimos años hemos sido testigos de una guerra comercial inacabada entre las dos potencias económicas más grandes del mundo: EEUU y China.

En cuanto a EEUU, de gran importancia fue la llegada al poder el presidente estadounidense Donald Trump en noviembre del año 2016, muy crítico en todo momento con el funcionamiento de la OMC y de su SSD, a pesar de ser EEUU el miembro que más solicitudes ha presentado ante el OSD (Ávila, 2019: 28).

A este respecto, el representante comercial estadounidense (USTR por sus siglas en inglés), Robert Lighthizer, declaró en la última Conferencia Ministerial de la OMC, celebrada en Buenos Aires en diciembre de 2017, que, aunque es cierto que la OMC constituye una de las instituciones internacionales más importantes, existen en la actualidad muchos desafíos que es necesario

---

360 OMC: Discurso del Sr. Roberto Azevedo, Director General de la OMC, 13 de diciembre de 2017 (WT/MIN(17)/74, de 22 de enero de 2018).

abordar, como la estructura y el funcionamiento del SSD (sobre todo en relación al OA), la concesión del estatus de PVD (con los beneficios que ello conlleva), la falta de seguimiento de las normas adoptadas (especialmente en relación al TRIPS) o los problemas que originan las empresas de propiedad estatal[361]. Todos estos desafíos, según EEUU, tienen como principal protagonista a China (Sanz, 2019: 80).

Además, dando cumplimiento a sus promesas electorales, Donald Trump, como supuesta "medida de seguridad nacional", ha incrementado los aranceles aduaneros en sectores de la economía estadounidense especialmente sensibles, como las industrias del acero y del aluminio, o la industria de los paneles solares, con la finalidad de protegerlas de la amenaza de importaciones más baratas procedentes de otros países (Sampson, 2018: 465; Duesterberg, 2019: 7; Jannace y Tiffany, 2019: 1396; Sanz, 2019: 79), lo que, claramente, constituye una política comercial proteccionista que Donald Trump defiende bajo el lema "*America First*" y que supone una amenaza al sistema de comercio multilateral (GED, 2018: 10).

Por último, como veremos en el epígrafe correspondiente a la política comercial estadounidense, la administración Trump se ha caracterizado desde sus inicios por el abandono de negociaciones comerciales de carácter multilateral y regional y por la vuelta a la negociación de acuerdos comerciales bilaterales con terceros Estados, lo cual, en opinión de algunos autores, tendría como consecuencia principal el debilitamiento de la posición de EEUU en la escena global, tanto desde el punto de vista económico como desde el punto de vista geopolítico, dado el carácter estratégico de los acuerdos megarregionales (Slominska y Waskinski, 2017: 98).

Las recientes elecciones presidenciales en EEUU, celebradas el pasado 3 de noviembre del año 2020, otorgaron la victoria al

---

361 OMC: Declaración del USTR, el Sr. Robert Lighthizer, en la Conferencia Ministerial de Buenos Aires de 2017 (WT/MIN(17)/ST/128, de 30 de enero de 2018).

demócrata Joe Biden, del que se esperaba que adoptase políticas más conciliadoras con el exterior y de marcado carácter social y medioambiental[362]. Sin embargo, aunque Biden profesa en público simpatía por sus tradicionales aliados en Europa y Asia y preferencia por el sistema multilateral de comercio internacional y por un orden internacional basado en reglas, hay mucha más continuidad entre la política exterior de la actual presidente y el del ex presidente de lo que normalmente se reconoce (Haass, 2021: 85). "*Buy American*" y "*America First*" siguen siendo los slogans de referencia en su política interna y externa (Yukins, 2021: 81) y se han materializado, por ejemplo, en la limitación a las exportaciones de vacunas contra la COVID-19, a pesar de que la oferta supera a la demanda en el país (Haass, 2021: 90). Por lo que respecta a la OMC, la Administración Biden ha mostrado más bien poco interés en reforzarla y sacarla de la crisis en la que se encuentra sumida (Haass, 2021: 92).

Por lo que respecta a China, su envidiable crecimiento en las últimas décadas, en parte debido a la mejora en sus infraestructuras, a la creación de un tejido productivo, a un fuerte soporte tecnológico y científico, y al aumento de sus relaciones comerciales y diplomáticas con terceros Estados, ha posicionado a China como una de las principales potencias económicas mundiales de primer orden, provocando el recelo del resto de los PD. Sin embargo, las prácticas poco ortodoxas seguidas por China en el seno del sistema multilateral de comercio internacional es otra de las cuestiones que evidencian una crisis en el seno de la OMC y que supone una amenaza para el Sistema de Bretton Woods (Jannace y Tiffany, 2019: 1385).

---

362 Un ejemplo de la inicial predisposición de Joe Biden por enmendar los errores de su antecesor, Donald Trump, lo constituye el anuncio de reincorporarse al Acuerdo de París que, previamente, Donald Trump había denunciado. Vid. The Guardian: "*Joe Biden could bring Paris climate goals 'within striking distance'*", 8 de noviembre de 2020. Disponible en: https://www.theguardian.com/us-news/2020/nov/08/joe-biden-paris-climate-goals-0-1c (última consulta: 12 de julio de 2023).

Cuando China adquirió la condición de Estado Parte de la OMC en diciembre del año 2001, estaba considerado como un Estado sin economía de mercado (dada la cantidad de empresas de propiedad estatal, los subsidios y las ayudas concedidas por parte del gobierno y la intervención de este en diversos sectores), condición que habría de expirar pasados 15 años, esto es, en diciembre de 2016. En la actualidad, China afirma ser una economía de mercado, pero la mayoría de Estados miembros de la OMC no parecen estar muy de acuerdo (Sampson, 2018: 468; Sanz, 2019: 81), dadas las evidencias de un incremento de la intervención estatal en la economía china y en las instituciones financieras (Wu, 2015: 273; Jannace y Tiffany, 2019: 1390), siendo denominado este modelo como "capitalismo estatal chino" (Wu, 2015: 264). Este aspecto que queda reflejado, asimismo, en el número de diferencias presentadas ante el OSD de la OMC contra China[363].

Precisamente por ello, en la Conferencia Ministerial de Buenos Aires de 2017, las empresas de propiedad estatal o la definición de "economía de mercado" son temas recurrentes en las declaraciones de los representantes estatales cuando se abordan los desafíos a los que se enfrenta la OMC. Una de las cuestiones que más preocupa a Estados como EEUU es la protección de la propiedad intelectual e industrial (Duesterberg, 2019: 3), pues se estima que las pérdidas por la violación del TRIPS por parte de China se pueden valorar en 600 billones de dólares americanos (Sampson, 2018: 469; González, 2020: 20).

Actualmente, China está tratando de alcanzar el liderazgo dentro de su mercado interno, pero también en el mercado global en un amplio espectro de tecnologías avanzadas relacionadas con las comunicaciones, la óptica o la defensa. En el logro de este objetivo, China ha emprendido importantes proyectos, incluyendo

---

363 A fecha de julio de 2023, se han presentado 49 diferencias contra China ante la OMC. Vid. OMC: Diferencias en las que participa o ha participado China. Disponible en: https://www.wto.org/spanish/thewto_s/countries_s/china_s.htm (última consulta: 12 de julio de 2023).

la controvertida Iniciativa de la Nueva Ruta de la Seda o el *Made in China 2025*. La intención de esta ambiciosa iniciativa estratégica, bajo el liderazgo del Primer Ministro chino Li Keqiang, es transformar a China, actual proveedor de mano de obra barata y poco cualificada, en un Estado capaz de diseñar y producir bienes y servicios innovadores, competitivos y de alto valor añadido en tecnologías de vanguardia capaces de dominar la economía global del futuro (Jannace y Tiffany, 2019: 1394; González, 2020: 14). El objetivo principal del *Made in China 2025* es que la producción local de componentes básicos en China salte del 40% en el año 2020 al 70% en el año 2025 (González, 2020: 18). De manera complementaria, con la iniciativa de la Nueva Ruta de la Seda, China pretende evitar la sobreproducción de su industria básica y garantizar el acceso a las materias primas necesarias en sus procesos productivos (Martínez, 2022: 54-55). No obstante, esta Iniciativa de la Nueva Ruta de la Seda está causando estragos en la UE, pues, para llevarla a cabo, China está concluyendo numerosos *Memorandums of Understanding* con Estados miembros de la Unión que, según algunos autores, podrían estar enmascarando ALC y violando, por consiguiente, la Política Comercial Común de la UE (Martínez, 2022: 59).

Con ocasión del nombramiento de Joe Biden como presidente de EEUU, el portavoz del Ministerio de Comercio de China ha solicitado al gobierno estadounidense eliminar los aranceles adicionales impuestos por su predecesor Donald Trump sin que, hasta la fecha, sus peticiones hayan sido atendidas. Esta guerra comercial inacabada ha quedado relegada a un segundo plano como consecuencia de otros acontecimientos que requieren una atención más urgente por parte de EEUU como la amenaza rusa de una posible invasión de Ucrania. No obstante, no por ello se deja de perjudicar la legitimidad del sistema multilateral de comercio internacional y la credibilidad de la OMC.

3.1.5.2. El papel de los Países en vías de desarrollo: el Trato Especial y Diferenciado

Otro de los desafíos a los que se enfrenta la OMC en el trato ofrecido en su seno a los PVD, a quienes frecuentemente se les presenta como los grandes perjudicados de la globalización, dada la desigual participación de estos en el comercio mundial y la vulnerabilidad de sus economías en las crisis financieras internacionales (López-Jurado, 2001: 1-2).

En el año 1986, al inicio de la Ronda de Uruguay que da vida a la OMC, la Declaración de Punta del Este[364], firmada por los Estados miembros de la Organización de Estados Americanos (OEA), establece que, durante las negociaciones de la Ronda, se evitará el desmantelamiento del principio de trato diferenciado y más favorable a los PVD, recogido en la Parte IV del GATT. Finalmente, el preámbulo del Acuerdo de Marrakech de 1994 reconoce que "es necesario realizar esfuerzos positivos para que los países en desarrollo, y especialmente los menos adelantados, obtengan una parte del incremento del comercio internacional que corresponda a las necesidades de su desarrollo económico"[365], legalizando una acción discriminatoria en favor de los PVD, encaminada a reducir los obstáculos a las exportaciones de sus productos (Ávila, 2021: 83). Asimismo, el Acuerdo recoge todas las prerrogativas concedidas a esta serie de países en el GATT de 1947, reafirmando el trato especial y diferenciados a los PVD en el seno de la OMC. En la actualidad, más de dos tercios de los 164 miembros de la OMC se consideran a sí mismos como países en desarrollo, de los cuales únicamente 36 se encuentran clasificados como PMA (Sanz, 2019: 78), y existen 148 disposiciones relativas al trato especial y diferenciado a los PVD en los Acuerdos de la OMC, destinadas, todas

364 OEA: Declaración de Punta del Este, 20 de septiembre de 1986. Disponible en: http://www.sice.oas.org/trade/Punta_s.asp

365 OMC: Acuerdo de Marrakech por el que se establece la Organización Mundial del Comercio, *op. cit.*, nota 323, p. 11.

ellas, a dotar de flexibilidad legal a los intercambios comerciales de los Estados menos desarrollados (Sampson, 2018: 461).

Una vez reconocida la desigual situación y el papel de los PVD en el sistema de comercio multilateral en los textos constitutivos de la OMC, ahora el desafío es defender su posición en las negociaciones que se realizan en el seno de la Organización, siendo en este punto en el que se encuentran las mayores dificultades al contar los países más pobres con una débil representación, pues, como explica el profesor Lobejón Herrero, "a muchos de ellos no les sirve de nada disponer de un voto en la mayor parte de las instancias de la OMC, ya que, o bien no tienen representación en Ginebra – porque no pueden costearla – o es muy reducida, lo que les impide asistir a todas las reuniones que se celebran simultáneamente". Además, "el problema se ve agravado por el hecho de que sus funcionarios carecen de formación adecuada para participar en los complejos mecanismos que gestiona la OMC" (Lobejón, 2010: 82).

Junto a la débil representación de los PVD en los diferentes órganos de la OMC, otro desafío añadido es el hecho de que la categoría de PVD no es homogénea, no existe una diferenciación entre niveles de desarrollo (Sanz, 2019: 78), pudiendo diferenciarse dentro de esta categoría diferentes subgrupos. En opinión de la profesora López-Jurado, este hecho "apunta hacia la necesidad de elaborar un estatuto jurídico comercial particular para cada uno de ellos y, desde una perspectiva mucho más amplia, a la necesidad de reformular el sistema internacional de ayuda al desarrollo" (López-Jurado, 2001: 2), pues una de las principales razones de la falta de efectividad de muchas de las previsiones "legalmente flexibles" en favor de los PVD es, precisamente, que estas son genéricas para todos los países en desarrollo y se olvidan de las especificidades de cada uno de ellos (Sampson, 2018: 461), a diferencia de lo que hacen otras instituciones económicas internacionales como el FMI, el BM o la UNCTAD (Ávila, 2021: 86).

En la Ronda de Doha del año 2001, todas las quejas de los PVD fueron tenidas en cuenta y se acordó revisar las disposiciones relativas al trato especial y diferenciado "con miras a reforzarlas y hacerlas más precisas, eficaces y operativas"[366]. No obstante, no ha habido progresos en las negociaciones en relación con este objetivo (Sampson, 2018: 462).

3.1.5.3. La efervescencia de Acuerdos Comerciales Bilaterales y Regionales

En la actualidad, estamos asistiendo a un cambio de paradigma. Si durante el tiempo de vigencia del GATT de 1947 la regla general era la cláusula de NMF, según la cual, las ventajas o beneficios arancelarios concedidos a una de las Partes Contratantes del GATT habrían de ser extendidas al resto de Partes Contratantes, a tenor de lo dispuesto en el art. I del GATT, y la excepción eran las Uniones Aduaneras y Zonas de Libre Comercio, recogidas en el art. XXIV del mismo texto, hoy esto se ha invertido, en parte como consecuencia de la dificultad de avanzar en las negociaciones en el marco de la OMC, dado el alto número de miembros y temas regulados por la Organización (Leal-Arcas, 2011a: 599), y la mayor parte del comercio mundial se rige por ALC bilaterales o regionales, a través de los que los Estados Parte del acuerdo de que se trate eliminan mutuamente las barreras arancelarias y no arancelarias que entre ellos pudiesen existir (Krueger, 1995: 5; Fernández, 2016: 125). Hemos pasado, como bien dice Ana Manero Salvador, de un marco comercial multilateral, más o menos previsible, a una atomización de las relaciones comerciales a través de ALC, muchos de ellos bilaterales (Manero, 2018: 29), originándose, de esta manera, una fragmentación de la regulación del comercio mundial (Leal-Arcas, 2011b: 146).

Respecto de este fenómeno, existen opiniones encontradas. Por un lado, algunos autores afirman que este tipo de acuerdos son como "termitas" que restan legitimidad y suponen una amenaza la continuidad del sistema multilateral de comercio interna-

---

366 Párrafo 44 de la Declaración Ministerial de Doha, *op. cit.*, nota 366, p. 10.

cional y los principios rectores elementales de este sistema, como el principio de no discriminación (Bhagwati, 2008; Leal-Arcas, 2011a: 599). Ya en el año 2006, Pascal Lamy, antiguo Director General de la OMC, advirtió que los acuerdos bilaterales podían contribuir al debilitamiento del sistema multilateral de comercio internacional[367] y, en el año 2011, el profesor Leal-Arcas se preguntaba si este tipo de acuerdos suponían "el principio del fin del multilateralismo" (Leal-Arcas, 2011a: 628). Sin embargo, otros autores defienden que, aunque es cierto que la naturaleza de estos acuerdos es discriminatoria, los ALC constituyen un instrumento de gran importancia para los Estados que desean avanzar en el proceso de liberalización del comercio mundial (Sampson, 2018: 457, Blanc, 2020b: 24). Sobre el estudio de los ALC bilaterales y regionales y sus cláusulas laborales volveremos en capítulos posteriores.

3.1.5.4. La crisis del Sistema de Solución de Diferencias y del Órgano de Apelación

El quinto de los problemas a los que se enfrenta la OMC en la actualidad, y, quizá, el más importante en estos momentos de cara a su supervivencia en un futuro, se encuentra relacionado con el OA previsto en el SSD.

Como sabemos, el OA es un órgano de carácter permanente y cuasi-judicial[368] cuya misión es revisar en apelación los informes de los GE cuando las partes en una controversia comercial así lo

---

367 OMC: Negotiations on the Doha Development Agenda: We Approach the Moment of Truth. Committee on International Trade to the European Parliament, 23 de marzo de 2006. Disponible en: https://www.wto.org/english/news_e/sppl_e/sppl21_e.htm (última consulta: 12 de julio de 2023).

368 Aunque no estamos ante un tribunal en sentido estricto ya que sus decisiones son objeto de posterior aprobación por parte del OSD, órgano de carácter político, a través de la regla del consenso negativo (Hinojosa, 2021: 68).

desean, dotando al Sistema de independencia, seguridad y de una interpretación consistente del derecho de la OMC. Este órgano está compuesto por 7 individuos de reconocido prestigio y competencia acreditada en derecho y comercio internacional[369], que desarrollan su título de manera independiente a las directrices de sus gobiernos, y que son elegidos por periodos de 4 años con la posibilidad de ser reelegidos por periodos de igual duración. Los individuos que componen el OA son elegidos por el OSD por consenso tras una serie de consultas con el Director General de la OMC, el Presidente del OSD y los Presidentes de los diferentes Consejos sectoriales, y habrán de ser representativos de las diversas regiones del mundo para dotar al OA de una composición equilibrada (Rodríguez, 2005: 50; Fernández, 2021: 200).

El problema con el OA es que, en junio del año 2017, por cuestiones formales de rotación de los individuos que componen el Órgano, se produjeron 3 vacantes que no han podido ser cubiertas por la falta de consenso en el seno del OSD y, más concretamente, por el bloqueo de EEUU. En septiembre del año 2018, el OA alcanzó el mínimo de miembros para poder considerar la apelación, esto es, 3 individuos. Finalmente, el 11 de diciembre del año 2019 expiró el mandato de dos miembros más: el indio Ujal Singh Bhatia y el estadounidense Thomas R. Graham, dejando el OA compuesto únicamente por la china Hong Zhao, cuyo mandato expiró a finales de 2020[370]. Con fecha de julio de 2023, el OA se encuentra inoperativo por falta de miembros[371].

Este bloqueo en la renovación de los miembros del OA y el cese de sus funciones supone un riesgo sistémico importante, pues, ante la falta de un informe y de unas recomendaciones imparciales, puede ocurrir que la parte afectada por la controversia decida recurrir a contramedidas determinadas unilateralmente

369 No tienen por qué ser jueces *per se*.

370 OMC: Miembros del Órgano de Apelación. Disponible en: https://www.wto.org/spanish/tratop_s/dispu_s/ab_members_descrp_s.htm (última consulta: 12 de julio de 2023).

371 *Ibíd.*

sin ningún tipo de control (GED, 2018: 10; Sampson, 2018: 670). De esta manera, las próximas controversias relativas a cuestiones comerciales internacionales se resolverán utilizando la ley del más fuerte.

En este contexto, conviene analizar las razones por las cuales EEUU mantiene bloqueada la renovación del OA. En primer lugar, destaca su desacuerdo con la denominada "Regla 15" adoptada por el propio OA y contenida en los Procedimientos de trabajo para el examen en apelación[372], según la cual "una persona que deje de ser Miembro del OA podrá, con autorización del OA y previa notificación al OSD, terminar la sustanciación de cualquier apelación a la que hubiera sido asignada cuando era Miembro y, a tal efecto únicamente, se considerará que sigue siendo Miembro del OA" con el objeto de dar continuidad y coherencia a las diferencias sometidas a una revisión en apelación. EEUU considera que esta Regla es contraria al Acuerdo sobre el Entendimiento relativo a las Normas y Procedimientos por los que se rige la Solución de Diferencias, que prevé tiempos máximos para los mandatos de los jueces del OA, y que, en todo caso, debería ser el OSD quien aprobase las extensiones de dichos mandatos en el tiempo (Arredondo y Godio, 2019: 171). Asimismo, EEUU argumenta que la Regla 15 y el documento relativo a Procedimientos de trabajo para el examen en apelación del año 2010 no forman parte del Acuerdo relativo al Entendimiento para la Solución de Diferencias y, por tanto, no constituye una norma aprobada por los Estados miembros de la OMC (Ibáñez y García-Durán, 2021: 72). En segundo lugar, otra de las críticas que EEUU formula contra el OA se encuentra relacionada con la lentitud de emisión de sus informes (Duesterberg, 2019: 4). A tenor de lo dispuesto en el art. 17 del Acuerdo sobre Entendimiento para la Solución de Diferencias, el OA debe emitir el informe en apelación en un

---

372 OMC: Procedimientos de trabajo para el examen en apelación, 16 de agosto de 2010 (WT/AB/WP/6, de 16 de agosto de 2010).

plazo de 60 días, prorrogable hasta 90 días[373]. No obstante, en los últimos años estos plazos se han ampliado como consecuencia de un aumento de las demandas y de la mayor complejidad de las diferencias, no viéndose aumentado el número de individuos que componen el OA (Sanz, 2019: 77). Por último, otra de las críticas de EEUU al OA – y también a los GE – es que a la hora de elaborar sus informes actúa *ultra vires* e incluye interpretaciones innecesarias para la solución de la diferencia, que, incluso, atañen a las legislaciones internas de los Estados (Hinojosa, 2021: 69). Según EEUU, estas interpretaciones suponen un ejercicio de "activismo judicial" (Fernández, 2021: 221) y configuran paulatinamente un cuerpo legal que no ha sido negociado ni aprobado por los Estados miembros de la OMC (Duesterberg, 2019: 9; Sanz, 2019: 77). Sobre la interpretación de las disposiciones del GATT por parte del OA nos detendremos con posterioridad.

Desde el año 2018 se vienen estudiando y presentando propuestas para solucionar esta crisis, tanto para llevar a cabo de manera interna, sujetas al actual funcionamiento de la OMC, como de acción externa, que conllevarían una reforma de la Organización, en las que la revisión del SSD y del OA es central, dado que la posibilidad de que EEUU levante el veto o de que alguno de los órganos de la OMC desbloquee la situación se antoja altamente improbable (Pauwelyn, 2019: 300-302).

En cuanto a las soluciones de aplicación interna, Joost Pauwelyn propone, por ejemplo, obviar el art. 16.4 del Acuerdo relativo al Entendimiento para la Solución de Diferencias que establece que "(…) Si una parte ha notificado su decisión de apelar, el informe del grupo especial no será considerado por el OSD a efectos de su adopción hasta después de haber concluido el proceso de apelación"[374]. Con esta solución, el OSD podría adoptar el informe del GE siempre que exista consenso entre los miembros, in-

---

[373] OMC: Entendimiento relativo a las Normas y Procedimientos por los que se rige la Solución de Diferencias, *op. cit.*, nota 341, pp. 387-388.

[374] *Ibíd.*, p. 386.

cluidos aquellos envueltos en la diferencia (Pauwelyn, 2019: 303). Una segunda solución, según este autor, consistiría en negociar "acuerdos de no apelación" (*No Appeal Pacts*) que impliquen una adopción automática de los informes de los GE, aunque estos resulten difíciles de conseguir en el caso de determinados Estados (Pauwelyn, 2019: 309). Una tercera propuesta de solución ha sido la presentada por la UE en mayo del año 2019 y apoyada por otros Estados miembros de la OMC como Rusia, Canadá, India Turquía, según la cual, cuando el OA cuente con menos miembros de los necesarios para poder funcionar, los Estados que estén de acuerdo con la propuesta europea firmarían un acuerdo bilateral acatando la decisión de acudir al arbitraje (Pauwelyn, 2019: 312; Blanc, 2020b: 40). Esta propuesta se ha materializado en abril de 2020 en un acuerdo de arbitraje de apelación provisional multipartito al que están invitados a participar todos los Estados miembros de la OMC que lo deseen[375]. Este mecanismo funciona de manera muy parecida al OA y se encuentra amparado en el art. 25 del Acuerdo sobre el Entendimiento relativo a las Normas y Procedimientos por los que se rige la Solución de Diferencias que lo permite[376]. Una última solución pasaría por no adoptar

---

375 UE: *International trade dispute settlement WTO: Appellate Body crisis and the multiparty interim appeal arrangement. European Parliament Briefing* 690.521, abril de 2021. Disponible en: https://www.europarl.europa.eu/RegData/etudes/BRIE/2021/690521/EPRS_BRI(2021)690521_EN.pdf

376 Art. 25 del Acuerdo sobre el Entendimiento relativo a las Normas y Procedimientos por los que se rige la Solución de Diferencias: "1. Un procedimiento rápido de arbitraje en la OMC como medio alternativo de solución de diferencias puede facilitar la resolución de algunos litigios que tengan por objeto cuestiones claramente definidas por ambas partes; 2. Salvo disposición en contrario del presente Entendimiento, el recurso al arbitraje estará sujeto al acuerdo mutuo de las partes, que convendrán en el procedimiento a seguir. El acuerdo de recurrir al arbitraje se notificará a todos los Miembros con suficiente antelación a la iniciación efectiva del proceso de arbitraje. 3. Sólo podrán constituirse en parte en el procedimiento de arbitraje otros Miembros si las partes que han convenido en recurrir al arbitraje están de acuerdo en ello.

ni apelar los informes de los GE y dejarlos "flotar" sin ser formalmente vinculantes, sino, más bien, una herramienta que guíe las negociaciones futuras de las partes involucradas en la diferencia (Pauwelyn, 2019: 314). En nuestra opinión, en la medida en que todas estas soluciones requieren un consenso, ya sea expreso o tácito, parecen difíciles de llevar a la práctica, sobre todo si tenemos en cuenta que el Estado que más Diferencias presenta, EEUU, es el principal causante del bloqueo del Sistema. La única propuesta capaz de resolver diferencias entre Estados que realmente quieran solucionarlas y de llegar a soluciones vinculantes es la de acudir al art. 25 del Acuerdo relativo al Entendimiento sobre Solución de Diferencias y crear procedimientos rápidos de arbitraje *ad hoc* de mutuo acuerdo.

Por lo que respecta a las propuestas de reforma externa de la OMC, en mayo de 2018, un grupo de Estados, entre los que se incluía la UE, plantearon, "habida cuenta de la urgencia y la importancia de cubrir los puestos vacantes en el OA, de conformidad con el Acuerdo relativo al Entendimiento para la Solución de Diferencias, y con el fin de que pueda desempeñar adecuadamente sus funciones", activar el proceso de nombramiento de nuevos jueces para el OA[377], a lo que EEUU se opuso en un comunicado de 22 de junio[378]. Más adelante, en octubre de 2018, Canadá convocó una reunión de alto nivel para intentar alcanzar soluciones a la que ni China ni EEUU fueron invitados para no enturbiar los debates, en la que, finalmente, se puso de manifiesto

Las partes en el procedimiento convendrán en acatar el laudo arbitral. Los laudos arbitrales serán notificados al OSD y al Consejo o Comité de los acuerdos pertinentes, en los que cualquier Miembro podrá plantear cualquier cuestión con ellos relacionada". Vid. OMC: Entendimiento relativo a las Normas y Procedimientos por los que se rige la Solución de Diferencias, *op. cit.*, nota 341, p. 394.

377 OMC: Nombramiento de Miembros del Órgano de Apelación, 17 de mayo de 2018 (WT/DSB/W/609/Rev.4, de 18 de mayo de 2018).

378 EEUU: *U.S. Statements at the June 22, 2018, DSB Meeting*. Disponible en: https://geneva.usmission.gov/wp-content/uploads/sites/290/Jun22.DSB_.Stmt_.as-delivered.fin_.public.rev_.pdf

la importancia de desbloquear el nombramiento de nuevos jueces del OA para mantener la OMC operativa[379]. Asimismo, de gran importancia fue la Comunicación de la UE, China, el Canadá, la India, Noruega, Nueva Zelandia, Suiza, Australia, la República de Corea, Islandia, Singapur y Méjico, que habría de ser presentada al Consejo General de la OMC el 12 de diciembre de 2018[380]. En esta Comunicación, "preocupados porque la falta de consenso en el OSD para cubrir las vacantes del OA socave la viabilidad del sistema de solución de diferencias de la OMC", este grupo de Estados propone modificaciones relativas a "Normas de transición para los miembros salientes del Órgano de Apelación", de cara a trasladar la Regla 15 del documento relativo a Procedimientos de trabajo para el examen en apelación al propio Acuerdo sobre el Entendimiento relativo a las Normas y Procedimientos por los que se rige la Solución de Diferencias, previa aprobación por todos los Estados miembros de la OMC. El tema del plazo de emisión del informe por parte del OA también es tratado en esta Comunicación, y sobre esta cuestión se propone "que se modifique la norma del párrafo 5 del artículo 17 del Entendimiento para la Solución de Diferencias que prevé el plazo de 90 días estableciendo una obligación reforzada en materia de consultas y transparencia para el OA" dado que "el párrafo 5 del artículo 17 establecería la posibilidad de que las partes accedan a que se supere el plazo de 90 días". La Comunicación afirma que, "en caso de que no haya acuerdo de las partes en que se supere este plazo, podría haber un mecanismo en virtud del cual el procedimiento o los planes de trabajo para la apelación concreta se podrían adaptar para asegurar que se cumpla el plazo de 90 días", y plantea algunos ejem-

---

379 OTROS: *Joint Communiqué of the Ottawa Ministerial on WTO Reform*, de 24 y 25 de octubre de 2018. Disponible en: https://www.canada.ca/en/global-affairs/news/2018/10/joint-communique-of-the-ottawa-ministerial-on-wto-reform.html

380 OMC: Comunicación de la Unión Europea, China, el Canadá, la India, Noruega, Nueva Zelandia, Suiza, Australia, la República de Corea, Islandia, Singapur y México al Consejo General, 23 de noviembre de 2018 (WT/GC/W/752, de 26 de noviembre de 2018).

plos[381]. En relación con el sentido del derecho interno como una cuestión de hecho, este grupo de Estados propone "que se aclare que las cuestiones de derecho tratadas en el informe del GE y las interpretaciones jurídicas formuladas por este (...) aunque incluyen la caracterización jurídica de las medidas en litigio con arreglo a las normas de la OMC, y la evaluación objetiva realizada por el grupo especial (...) no incluyen el sentido propiamente dicho de las medidas internas". Por último, en cuanto a las constataciones innecesarias para la solución de la diferencia se propone la modificación del párrafo 12 del artículo 17 del Acuerdo sobre el Entendimiento para la Solución de Diferencias para disponer que "el OA examinará cada una de las cuestiones planteadas en apelación por las partes en la diferencia en la medida en que sea necesario para la solución de la diferencia". A día de hoy, ninguna de estas propuestas ha sido formalmente aceptada. Finalmente, en su Comunicación de febrero de 2021[382], la Comisión Europea continúa ahondando en la propuesta de reforma de la OMC. Concretamente, en el Anexo, la UE expone su punto de vista respecto a las prioridades para la reforma de la Organización, entre las que se encuentra el restablecimiento de un SSD plenamente operativo con una reforma del OA[383].

381 "Por ejemplo, el OA podría proponer a las partes que, de manera voluntaria, centren el alcance de la apelación, fijar un límite de páginas indicativo para las comunicaciones de las partes o podría adoptar medidas apropiadas para reducir la extensión de su informe. Esto podría incluir también la publicación del informe solamente en el idioma de la apelación, a efectos de cumplir el plazo de 90 días (la traducción a los demás idiomas oficiales de la OMC y la distribución y adopción formales tendrían lugar después)". *Ibíd.*, p. 2.

382 UE: Comunicación de la Comisión al Parlamento Europeo, al Consejo, al Comité Económico y Social Europeo y al Comité de las regiones "Revisión de la política comercial: una política comercial abierta, sostenible y firme" (COM (2021) 66 final, Bruselas, de 18 de febrero de 2021).

383 En este contexto, la Comisión ha afirmado que "La Unión Europea está de acuerdo en que los órganos jurisdiccionales deben ejercer la economía procesal y no están limitados por los «precedentes», pero deben tener en cuenta fallos previos en la medida en que los consideren per-

3.1.5.5. La Organización Mundial del Comercio, el Multilateralismo y la crisis sanitaria de la COVID-19

El pasado 11 de marzo del año 2020 el Director General de la Organización Mundial de la Salud (OMS), el etíope Tedros Adhanom Ghebreyesus, declaró que la enfermedad denominada "COVID-19", con origen en la ciudad de Wuhan, China, había alcanzado el nivel de pandemia mundial[384], dados los alarmantes niveles de propagación y gravedad, haciendo, al mismo tiempo, un llamamiento a los países para que adoptasen medidas "urgentes y agresivas". En ese momento, la mayoría de los Estados implementaron medidas de confinamiento domiciliario de cara a contener la propagación de los contagios y muchos sectores de la economía vieron suspendida su actividad. Según el Secretario

---

tinentes a efectos de la diferencia que les ocupe. En el sistema de solución de diferencias de la OMC, los grupos especiales son los juzgadores de los hechos y el papel del Órgano de Apelación debe limitarse estrictamente a examinar las cuestiones jurídicas planteadas en la apelación en la medida en que sea necesario para solucionar una diferencia. La independencia de los grupos especiales y del Órgano de Apelación es fundamental para que los casos se resuelvan exclusivamente en función del fondo de la cuestión. Este aspecto es compatible con el refuerzo de la rendición de cuentas ante los miembros por lo que respecta al cumplimiento de sus deberes. Los plazos obligatorios deben respetarse escrupulosamente tanto cuando las diferencias se encuentran en el grupo especial como en la fase del Órgano de Apelación — justicia aplazada, justicia denegada— y deben adoptarse medidas apropiadas para que esto sea posible. Por consiguiente, la Unión Europea conviene en la necesidad de una reforma significativa. Dicha reforma debe conservar la norma del consenso negativo, la independencia del Órgano de Apelación y el papel fundamental de la solución de diferencias para proporcionar seguridad y previsibilidad al sistema multilateral de comercio". *Ibíd.*, p. 9.

384 OMS: Alocución de apertura del Director General de la OMS en la rueda de prensa sobre la COVID-19 celebrada el 11 de marzo de 2020. Disponible en: https://www.who.int/es/dg/speeches/detail/who-director-general-s-opening-remarks-at-the-media-briefing-on-covid-19—11-march-2020

General de la ONU, Antonio Guterres, se estaba "enfrentando una crisis de salud global como ninguna anterior en los 75 años de historia de la ONU: una que estaba propagando el sufrimiento humano, infectando la economía global y el cambio de las vidas de las personas"[385].

La crisis de la COVID-19 también tuvo repercusión en el seno de la OMC, que se vio obligada a suspender el proceso de acreditación de los medios de comunicación y de las ONG para la Duodécima Conferencia Ministerial (CM12), prevista del 8 al 11 de de junio de 2020 en Kazajstán[386], por si esta había de ser cancelada como finalmente ocurrió. El Presidente del Consejo General de la Organización en ese momento, David Walker, tras una serie de consultas con los Estados miembros, se comprometió a organizar una reunión extraordinaria del Consejo General para que los miembros pudiesen reflexionar sobre la mejor manera de proceder al respecto[387], reunión que fue llevada a cabo el 22 de julio de 2020, en la que los miembros de la OMC acordaron otorgar a Turkmenistán la condición de observador en la Organización[388]. En el marco de otros asuntos abordados en dicha reunión extraordinaria del Consejo General, el Embajador Walker dijo que seguía celebrando consultas con los miembros sobre la fecha y el lugar de la próxima Conferencia Ministerial de la OMC.

---

385 ONU: *Secretary-General Remarks on COVID-19: A Call for Solidarity*, de 19 de marzo de 2020. Disponible en: https://www.un.org/sites/un2.un.org/files/sg_remarks_on_covid-19_english_19_march_2020.pdf

386 OMC: Suspensión de la acreditación de los medios de comunicación y de las ONG para la Duodécima Conferencia Ministerial. Disponible en: https://www.wto.org/spanish/news_s/news20_s/mc12_24mar20_s.htm (última consulta: 12 de julio de 2023).

387 OMC: Duodécima Conferencia Ministerial de la OMC. Disponible en: https://www.wto.org/spanish/thewto_s/minist_s/mc12_s/mc12_s.htm (última consulta: 12 de julio de 2023).

388 OMC: Los Miembros aprueban la condición de observador de Turkmenistán. Disponible en: https://www.wto.org/spanish/news_s/news20_s/acc_22jul20_s.htm (última consulta: 12 de julio de 2023).

Finalmente, la CM12 se ha llevado a cabo en Ginebra, sede de la Organización, del 12 al 16 de junio de 2022.

El papel de la OMC, ahora que la crisis sanitaria ha remitido, es de vital importancia, dado que esta ha perjudicado gravemente al pilar fundamental que mantiene la estructura de la economía mundial: el comercio internacional (Frías, 2020: 5), ya debilitado por el fenómeno que algunos autores denominan "desglobalización comercial", pues el comercio global está creciendo, en los últimos años, por debajo del crecimiento económico global (Blanc, 2020a: 19). Esta crisis sanitaria mundial ha puesto en duda la razón de ser de la deslocalización empresarial y la fe en un comercio internacional liberalizado y sin barreras. La gran dependencia del mercado exterior, en el caso de algunos Estados, y el hecho de que, en la actualidad, la producción de algunos elementos sanitarios básicos, como mascarillas, trajes de protección o respiradores artificiales, se encuentre radicada en países, principalmente, del continente asiático y haya sufrido trabas para llegar a los países de destino, lo que se denomina comúnmente como rotura de las cadenas de abastecimiento (Laborie, 2020: 14), está haciendo aflorar la idea de la pertinencia de la reindustrialización de determinados sectores estratégicos de las economías nacionales, aunque económicamente resulte menos eficiente (Fernández, 2021: 222). Además, si finalmente se opta por la reindustrialización de estos sectores estratégicos, es más que probable el repunte de las guerras comerciales internacionales en las que los Estados con menos capacidad financiera serán los principales perjudicados (Laborie, 2020: 14).

Así, aunque el escenario futuro es totalmente incierto, si algo es seguro, es que las economías de todos los Estados, independientemente del nivel de desarrollo, se van a ver significativamente mermadas y las condiciones laborales de los trabajadores empeoradas como siempre ha ocurrido tras una catástrofe de índole mundial[389] y que asistiremos a un profundo cambio del orden internacional actual[390], entendido este como "todos los acuerdos establecidos entre los Estados para regular sus interacciones" (Barbé, 2021: 21). Para hacer frente al desafío, los Estados tienen dos opciones: o bien, abogar por el aislacionismo, el unilateralismo y por políticas económicas y sociales de corte proteccionista[391] y

---

389 En su Informe sobre las Perspectivas de la Economía Mundial del 14 de abril del año 2020, el FMI pronosticó una caída del Producto Interior Bruto Mundial del 3%, siendo España una de las economías más afectadas con una caída en su Producto Interior Bruto de un 8%, solo por detrás de la economía italiana, que decrecerá un 9,1%. Sorprendentemente, para China, epicentro de la crisis sanitaria, el FMI previo un crecimiento del 1,2%. Vid. FMI: Últimas proyecciones de crecimiento de Perspectivas de la Economía Mundial del Fondo Monetario Internacional, 14 de abril de 2020. Disponible en: https://www.imf.org/es/Publications/WEO/Issues/2020/04/14/weo-april-2020#Introducci%C3%B3n (última consulta: 12 de julio de 2023).

390 Algunos autores hablan de multipolaridad del nuevo orden internacional (Frías, 2020: 9; Peredo, 2020: 12) y otros, incluso, de un nuevo mundo cero-polar (Laborie, 2020: 17).
Por su parte, Esther Barbé Izuel afirma que este orden internacional se encuentra actualmente en crisis como consecuencia de la emergencia de nuevas potencias económicas que no pertenecen a Occidente ni a tradiciones liberales y a la evolución del orden liberal hacia un liberalismo postnacional, qie implica una mayor transferencia de autoridad a las organizaciones internacionales que, cada vez, se hacen más intrusivas (Barbé, 2021: 42).
Si en momentos previos el orden internacional era estadounidense, en el futuro nos encontraremos con una fragmentación del sistema y con un escenario multipolar, dominado por numerosas potencias regionales entre la que destacará China (Fuente, 2020: 4).
Asimismo, algunos autores hablan del fin del orden internacional liberal multilateral tal y como lo conocíamos y de la profundización de la competición entre grandes potencias hasta niveles de conflicto, produciendo lo que la doctrina ha denominado como *unrestricted warfare* o guerra ilimitada (García, 2020: 3).

391 Antes de la llegada de la crisis de la COVID-19, el panorama mundial se encontraba gobernado por el ascenso de un orden más autoritario, por los populismos, por un creciente rechazo a la globalización y por

volver, de esta manera, al mundo westafaliano previo a 1945 de soberanismo nacional y de Estado-nación (Márquez, 2020: 9), o, por el contrario, apostar por el refuerzo de las instituciones internacionales de carácter multilateral, lo cual implica una clara disposición para cooperar entre el mayor número de Estados posible aceptando reglas comunes, y su, en palabras del profesor Remiro Brotóns, "superior bondad" (Remiro, 1999: 14), e intentar construir un nuevo orden internacional, regulado por organizaciones

---

la vuelta a las medidas económicas de carácter proteccionista, protagonizadas por EEUU (García, 2020: 4). La reacción inicial a la pandemia mundial, en palabras de Márquez de la Rubia, "acentuó todas estas tendencias", provocando el cierre de fronteras, una disminución preocupante del comercio mundial y el cuestionamiento de la eficacia tanto de los gobiernos nacionales como de las organizaciones internacionales (Márquez, 2020: 3).

En el caso particular de la UE, la crisis la COVID-19 ha evidenciado – aún más si cabe – la fragilidad de esta organización internacional de carácter regional, ya mermada por el *Brexit,* así como los diferentes intereses de los Estados que la componen. Como afirma Frías Sánchez, "si la UE fracasa también en la gestión de las consecuencias económicas de la crisis la COVID-19, el proceso de integración europea puede sufrir un golpe mucho mayor que el que supondrá el *Brexit*" (Frías, 2020: 12-13). No obstante, la reciente noticia sobre la aprobación de un plan para la recuperación europea tras la crisis de la COVID-19 denominado "*Next Generation EU*" el pasado 21 de julio de 2020 constituye un paso significativo hacia la reafirmación del regionalismo y de la importancia de la cooperación internacional. "Con el fin de dotar a la Unión de los medios necesarios para hacer frente a los desafíos planteados por la pandemia de COVID-19, se autorizará a la Comisión a contraer empréstitos en los mercados de capitales en nombre de la Unión (…) la Decisión sobre Recursos Propios facultará a la Comisión para contraer empréstitos en los mercados de capitales en nombre de la Unión por un importe máximo de 750 000 millones EUR a precios de 2018 (…) La Unión utilizará los empréstitos contraídos en los mercados de capitales con el único fin de hacer frente a las consecuencias de la crisis de la COVID-19". Vid. UE: Conclusiones adoptadas por el Consejo Europeo en la reunión extraordinaria del Consejo Europeo del 17, 18, 19, 20 y 21 de julio de 2020 (EUCO 10/20, CO EUR 8, CONCL4, Bruselas, 21 de julio de 2020).

internacionales de carácter multilateral, liderado por potencias y dinamizado por la sociedad civil (Peredo, 2020: 13).

En el pasado, los grandes cambios en el orden internacional general tuvieron como origen las grandes guerras (Remiro, 1999: 54) y las crisis económicas, como la pasada crisis del año 2008 (Laborie, 2020: 15). La fe en el multilateralismo, en la cooperación internacional y en las organizaciones internacionales de vocación universal fue determinante hace casi un siglo para superar el desastre causado por una de estas guerras, la Segunda Guerra Mundial, fue, asimismo, fundamental para la recuperación tras la crisis financiera del año 2008 (Laborie, 2020: 15) y, en esta ocasión, puede constituir un remedio a los estragos de la COVID-19 (Peredo, 2020: 7) y de la actual guerra entre Rusia y Ucrania ante la imposibilidad a corto plazo de que EEUU y China decidan entablar lazos de cooperación permanente (Márquez, 2020: 11).

La ONU, la única organización internacional universal de fines generales, está siendo duramente criticada por su papel en la gestión de la crisis sanitaria mundial. La COVID-19 ha dejado entrever, una vez más, las carencias de la Organización y de sus organismos especializados a la hora de resolver amenazas internacionales sin precedentes que requieren de la presencia de un fuerte liderazgo internacional que solo una organización como la ONU puede proporcionar (Márquez, 2020: 7). No obstante, en esta apuesta por el multilateralismo, la ONU debería de hacer de la necesidad virtud y plantearse en este mismo instante cambios en su estructura[392] que permitan a la Organización hacer frente

---

392 Algunos autores, incluso, plantean propuestas, como la de creación de un órgano subsidiario de la ONU de detección de posibles amenazas, con capacidad de anticipar y vigilar los factores que provocan las crisis mundiales, sean del tipo que sean, así como con la posibilidad de realizar recomendaciones de cara a reducir el impacto de estos factores. Según la propuesta de Márquez de la Rubia, este órgano habría de contar con expertos de diferentes ámbitos y sectores, tanto de instituciones públicas como privadas (Márquez, 2020: 13).

a los retos actuales y, al mismo, tiempo, a posibles crisis futuras (Márquez, 2020: 9).

El panorama para el resto de organizaciones internacionales de naturaleza multilateral también es optimista si estas adoptan las medidas necesarias y actúan con determinación en la lucha contra las crisis mundiales y en la posterior recuperación económica, pues, si algo nos ha enseñado la pandemia de la COVID-19 es que los Estados se necesitan los unos a los otros para solucionar problemas trasnacionales. Solo en un mundo globalmente interconectado la economía mundial podrá recuperarse más rápidamente (Leal-Arcas y Saveljeff, 2020: 7) y la OMC puede salir especialmente reforzada de esta situación si sus Estados miembros deciden consensuar nuevas normas adaptadas a la realidad actual, con soluciones a los problemas y a la falta de eficacia que viene arrastrando desde hace ya décadas, y es que "el multilateralismo es eficaz porque es legítimo *per se*" (Barbé, 2010: 35), pues es el camino más factible para proteger de igual manera los intereses de los más débiles y de los más fuertes, al tiempo que se mantiene la paz mundial o, al menos, una cierta estabilidad en el seno de las relaciones internacionales (Leal-Arcas, 2011b: 163).

Sea como fuere, todos estos acontecimientos han sumido a la OMC en una profunda crisis institucional de la que solo se puede salir de dos maneras: dejando morir lentamente a la Organización u optando por una reforma de gran calado. Si bien la segunda opción es la más deseable, requiere el consenso de los 164 miembros que actualmente forman parte de la OMC. Como hemos dicho con anterioridad, en estos momentos en los que una posible reforma constituye una opción plausible, conviene retomar el debate acerca de la integración de disposiciones laborales en el derecho de la OMC. A día de hoy lo que cabría debatir ya no sería el "qué" (si la protección de los DLF tiene cabida en el seno del sistema multilateral de comercio internacional), sino el "cómo" (la mejor manera de integrar las disposiciones laborales en el derecho de la OMC). Por ello, resulta interesante analizar todas las posibles técnicas de integración normativa de los DLF en el sistema multilateral de comercio internacional con la finalidad de plantear posteriormente un modelo que recoja la mejor opción.

3.2. LAS TÉCNICAS JURÍDICAS DE INTEGRACIÓN DE DISPOSICIONES LABORALES EN EL DERECHO DE LA ORGANIZACIÓN MUNDIAL DEL COMERCIO

Una vez estudiada la historia del debate acerca de la inclusión de disposiciones laborales en el sistema multilateral de comercio internacional, de cuyo análisis ha quedado patente la falta de consenso entre los Estados miembros de la OMC, y la crisis que actualmente está sufriendo la Organización, es momento de analizar los diferentes modelos o propuestas que desde la doctrina se han planteado para la integración normativa de disposiciones laborales en el derecho de la OMC, importantes todas ellas porque, de plantearse en un futuro la tutela de los DLF en el seno de la Organización, habrán de ser tenidas en cuenta por los Estados miembros.

Recordando que "la integración normativa consiste en la incorporación en la redacción, en el contenido o en el proceso de interpretación y aplicación de una norma jurídica internacional de otras normas o de todo o parte del contenido de otras normas existentes en instrumentos de diversa naturaleza existentes en el mismo o diferentes regímenes o en el Derecho internacional general con el objetivo de modificar los efectos jurídicos materiales, subjetivos o de otro tipo de normas intervinientes" (Rodrigo, 2011: 324), a continuación, vamos a proceder a aplicar sus diferentes modalidades a la posible integración de disposiciones laborales en el derecho de la OMC. De esta manera, primero analizaremos la interpretación evolutiva o dinámica de los preceptos del GATT para ver si en ella tienen cabida los DLF (epígrafe 3.2.1.). En segundo lugar, estudiaremos las técnicas que tienen que ver con introducir cambios en la redacción actual del GATT o con concluir un nuevo acuerdo comercial multilateral o plurilateral que integre disposiciones para la protección de los DLF. Si estas disposiciones contienen únicamente el concepto de DLF hablamos de legislación por referencia genérica. Si estas disposiciones, además de contener el concepto de DLF, se remiten a los CF de la OIT sin detallar su contenido, estaríamos ante la técnica del reenvío normativo. Si, por último, estas disposiciones detallan el concepto y contenido de cada uno de los DLF tal y como aparece recogido en los CF de la OIT, entonces estaríamos ante lo que se denominan comúnmente "normas relacionales". Todas estas técnicas jurídicas serán estudiadas en el epígrafe 3.2.2. titulado "La integración de disposiciones laborales a través de la modificación y ampliación del derecho de la OMC". Finalmente, en el epígrafe 3.2.3. analizaremos la integración institucional como otra modalidad de técnica de integración normativa de los DLF en el seno de la estructura institucional de la OMC. Estas técnicas han sido ordenadas sistemáticamente desde las que gozan de un menor grado de legitimidad y aceptación por su eventual perturbación del objetivo último de la OMC, a saber, la liberalización del comercio internacional, hasta las menos lesivas de los intereses de todos los Estados miembros que actualmente componen la Organización, entre los que se encuentran los PVD que, como sabemos, nunca han sido partidarios de la integración de disposiciones laborales en el derecho de la OMC.

Una vez estudiadas todas las técnicas, con sus ventajas e inconvenientes, en esta obra trataremos de optar por la más conveniente de todas ellas y adaptarla a la realidad actual por la que pasa la OMC, pues, en el caso de que la crisis que atraviesa la Organización llegue a solventarse y sus Estados miembros consigan consensuar su modernización, el debate acerca de la integración de disposiciones laborales en el sistema multilateral de comercio internacional podría retomarse y sería conveniente la existencia de un modelo sólido y actualizado que poder utilizar.

3.2.1. La interpretación evolutiva del derecho de la Organización Mundial del Comercio

Dentro del debate acerca de la integración de disposiciones laborales en el derecho de la OMC, hay quienes argumentan que ya existen, de hecho, artículos dentro del acervo normativo de la Organización que, con su redacción actual y una eventual interpretación extensiva o evolutiva por parte de los órganos que componen el SSD de la OMC (una de las técnicas jurídicas de integración normativa para evitar los posibles conflictos que puedan surgir entre los diferentes regímenes internacionales y dotar de una mayor coherencia y unidad al conjunto del OJI), otorgan legitimidad a las medidas comerciales unilaterales adoptadas por un Estado miembro para restringir el comercio con otro Estado miembro como consecuencia de una posible violación de los DLF internacionalmente reconocidos (Petersmann, 2004: 626). Esta interpretación debe hacerse, en todo caso, de conformidad con las normas usuales de interpretación del Derecho internacional público, que son aquellas contenidas en los arts. 31 a 33 de la Convención de Viena de 1969[393], aplicables a todos los tratados internacionales, cualquiera que sea su naturaleza y contenido (Martínez, 2005: 197; Martínez, 2013a: 161).

En relación a la interpretación que los órganos de solución de diferencias, esto es, los GE y el OA, dan a las normas de los diferentes acuerdos de la OMC, esta ha sido objeto de duras críticas a lo largo del tiempo por los que defienden que ha ido demasiado lejos[394], pero también por los que argumentan que podía haber

---

393 ONU: Convención de Viena sobre el Derecho de los Tratados, *op. cit.*, nota 42.

394 Algunos autores, como Jadish Bhagwati, afirman que el OA debería evitar hacer consideraciones sobre leyes medioambientales existentes ajenas a la OMC, o, en su caso, los DLF, en un alarde de lo que el autor denomina como "activismo judicial" (Bhagwati, 2002: 133-134).

llegado todavía más lejos con una eventual interpretación evolutiva de los términos contenidos en los acuerdos[395].

Por un lado, los propios Estados miembros, dentro de los cuales destaca EEUU como férreo opositor a la dinámica del proceso de solución de diferencias de la OMC, defienden que una interpretación evolutiva de los preceptos del GATT para dar cabida a la cuestión laboral y ambiental carece de legitimidad, pues la manera adecuada de ampliar las obligaciones de los miembros de la Organización no es la interpretación evolutiva de su derecho por parte de los órganos del SSD, sino a través del proceso legislativo, en el cual las decisiones se adoptan con el consenso de todos los Estados miembros de la OMC. Según EEUU, el OA está actuando *ultra vires* y estas interpretaciones configuran paulatinamente un cuerpo legal que no ha sido negociado ni aprobado por los Estados miembros de la OMC (Duesterberg, 2019: 9; Sanz, 2019: 77; Hinojosa, 2021: 69).

Por su parte, quienes defienden que el OA podía haber llegado más lejos en sus interpretaciones basan sus argumentos, entre otros, en el principio de integración sistémica, teniendo en cuenta no solo el GATT sino el resto de normas que componen su contexto normativo. Este principio constituye una técnica interpretativa que confiere al intérprete un mayor margen de discrecionalidad (Martínez, 2005: 198) permitiéndole tener en cuenta, tal y como afirma el art. 31.3.c) de la Convención de Viena de 1969 sobre el Derecho de los Tratados, "toda norma pertinente[396] de Derecho

---

395 Otros autores, como Joost Pauwelyn, defienden que los "jueces" de la OMC pueden y deben permitir que los Estados invoquen el Derecho internacional ajeno a la organización para defender las restricciones comerciales con ocasión de la violación de los DLF internacionalmente reconocidos y la desprotección del medio ambiente (Pauwelyn, 2001: 566).

396 Cabe apuntar que, mientras el texto en inglés de la Convención de Viena de 1969 utiliza la expresión *relevant rules of international law*, que habría de ser traducida como "normas de Derecho internacional relevantes", el texto en español habla de normas de Derecho internacional "pertinentes".

internacional aplicable a las relaciones entre las partes"[397], como podrían serlo los CF de la OIT. Este artículo ha sido calificado por algunos autores como una "herramienta antifragmentación" o un medio de "rejuvenecimiento" de los tratados, que permite al intérprete integrar otras normas externas, aunque relevantes, de Derecho internacional (Tzevelekos, 2010: 631-633) y que contribuye tanto a su unidad formal como material (Rodrigo, 2011: 341) y al aumento de la coherencia (Zapatero, 2003: 77). Implica poner en relación una norma concreta con su entorno normativo y contribuye a alcanzar objetivos comunes de toda la comunidad internacional (Rodrigo, 2011: 342).

No obstante, en el texto de la Convención de Viena de 1969 no se aclara (y tampoco lo aclara la CDI) si las normas internacionales relevantes o pertinentes a los efectos de la interpretación son las del momento de conclusión del tratado o las del momento en que la interpretación tiene lugar (Martínez, 2005: 198; Martínez, 2013a: 162, Martínez, 2013b: 347-350). En el caso de que el tratado no contenga ningún mecanismo expreso de integración de normas foráneas, como apunta el profesor Enrique Jesús Martínez Pérez, basándose en la doctrina mayoritaria, habría que indagar cuál fue la intención de las Partes al adoptar el texto (Martínez, 2005: 199) a partir de una serie de indicios como la manera de formular las normas internacionales (si hacen referencia a términos genéricos o conceptos abiertos) o el objeto y fin del tratado internacional en cuestión (Martínez, 2013a: 164; Martínez, 2013b: 349). En el caso de la OMC, ningún acuerdo especifica si su interpretación debe basarse en las normas del momento de conclusión que, en el caso del GATT se remontarían a 1947, o en el contexto normativo del momento de la interpretación. No obstante, como veremos más adelante, de la jurisprudencia del OA se deduce el acogimiento a interpretaciones evolutivas de los conceptos contenidos en los acuerdos de la Organización teniendo en cuenta las normas en el momento de interpretación, sobre todo en asuntos

---

397 ONU: Convención de Viena sobre el Derecho de los Tratados, *op. cit.*, nota 42, p. 451.

relacionados con el medio ambiente (Martínez, 2005: 199), siendo esta técnica a la que recurriremos en el presente epígrafe.

Una vez se ha optado por la interpretación evolutiva y el recurso al principio de integración sistémica, surge una nueva disyuntiva: cómo determinar el alcance de la expresión "toda norma pertinente de Derecho internacional aplicable a las partes". ¿Únicamente los tratados internacionales o también las normas de *soft-law*? Esta pregunta resulta interesante de cara a dilucidar si la Declaración de la OIT de 1998 podría ser una norma pertinente de Derecho internacional aplicable a las partes, pues, como ya sabemos, no es un tratado internacional *per se*, sino más bien una norma de *soft-law*. Ante esta disyuntiva conviene no proponer soluciones generales sino atender al caso concreto[398] (Martínez, 2005: 200).

Finalmente, cualquiera podría preguntarse: ¿y realmente los órganos del SSD de la OMC pueden interpretar el GATT teniendo en cuenta otras normas externas? A esta pregunta, la profesora María Paz Andrés Sáenz de Santamaría responde que "una competencia limitada no significa una limitación del alcance del derecho aplicable en la interpretación y aplicación de los tratados" y que "aun cuando la competencia de un órgano sea limitada, el ejercicio de esa competencia está controlado por el entorno normativo", haciendo hincapié en el hecho de que "si bien un tribunal puede tener competencia únicamente en relación con un instrumento determinado, siempre debe interpretar y aplicar ese instrumento en su relación con su entorno normativo, es decir, con el resto del Derecho internacional (Andrés, 2011: 368-369). Esta interrelación de los tratados internacionales con su entorno

398 Como veremos más adelante en el asunto "Camarones" de la OMC, el OA tiene en cuenta también las normas de *soft-law* de cara a interpretar el contenido del concepto "recursos naturales". Vid. OMC: Informe del Órgano de Apelación de la OMC: Estados Unidos – Prohibición de las importaciones de determinados camarones y productos del camarón (WT/DS58/AB/R, de 12 de octubre de 1998, párrs. 126-134).

normativo ya ha sido puesta de manifiesto en algunas sentencias de la CIJ[399].

La interpretación evolutiva y, especialmente, el principio de integración sistémica como técnica de integración normativa de disposiciones laborales en el derecho de la OMC goza de una serie de ventajas innegables. En primer lugar, integrar los DLF en el acervo normativo de la Organización vía interpretación judicial es la forma más sencilla de hacerlo desde un punto de vista práctico, pues se prescinde de toda negociación entre Estados y de la necesidad de llegar a un consenso. Además, este modelo también permite a los GE y al OA tener en cuenta las hipotéticas medidas unilaterales adoptadas por un Estado miembro que, en principio, pretenden una tutela más efectiva de los DLF, que habrán de ser coherentes con los convenios adoptados en el seno de la OIT, lo que posee la ventaja de ofrecer a los Estados un incentivo añadido para cooperar con la citada Organización, ya que la falta de cooperación con la OIT podría dañar sus intereses en cualquier potencial diferencia comercial en el SSD de la OMC (Chartres y Mercurio, 2012: 721).

Sin embargo, el principio de integración sistémica posee también una serie de límites que es importante mencionar, teniendo en cuenta que se trata de una técnica jurídica de desplazamiento del derecho aplicable por el tribunal competente en beneficio de las normas externas integradas (Rodrigo, 2011: 342). En primer lugar, la integración de las normas laborales fundamentales a tra-

---

399 A treaty´s "interpretation cannot remain unaffected by the subsequent development of law (...) an international instrument has to be interpreted and applied within the framework of the entire legal system prevailing at the time of the interpretation". Vid. CIJ: *Legal Consequences for States of the Continued Presence of South Africa in Namibia (South West Africa),* Opinión Consultiva de 21 de junio de 1971, I.C.J. Reports 1971, párr. 53.
A treaty "is not static, and is open to adapt to emerging norms of international law". Vid. CIJ: *Gabčíkovo-Nagymaros Project (Hungary vs. Slovakia),* Sentencia del 25 de septiembre de 1997, I.C.J. Reports 1997, párr. 112.

vés de la interpretación por parte de los GE y el OA constituiría un importante cambio en el precedente jurisprudencial que requeriría de una gran dosis de "activismo judicial" por parte de estos órganos. Este "activismo judicial" en pro de la inclusión de los DLF en sistema multilateral de comercio internacional chocaría frontalmente con lo dispuesto en el art. 3.2. del Acuerdo relativo al Entendimiento para la Solución de Diferencias, que si bien afirma que el sistema "sirve para preservar los derechos y obligaciones de los miembros en el marco de los acuerdos abarcados y para aclarar las disposiciones vigentes de dichos acuerdos de conformidad con las normas usuales de interpretación del Derecho internacional público", establece que "las recomendaciones y resoluciones del OSD no pueden entrañar el aumento o la reducción de los derechos y obligaciones establecidos en los acuerdos abarcados"[400]. Ir en contra de lo dispuesto en este Acuerdo restaría legitimidad al derecho de la OMC y a su SSD, motivo por el cual los órganos de solución de diferencias de la Organización no suelen apartarse del precedente. En segundo lugar, hay que tener en cuenta que esta eventual interpretación evolutiva del derecho de la OMC estaría sujeta a la hipotética adopción de una medida comercial unilateral por parte de un Estado miembro y a su denuncia ante el OSD por parte de otro Estado miembro afectado por dicha medida, lo que, en cierta medida, impide que muchas violaciones de DLF queden fuera de control por parte del OSD, restando seguridad y previsibilidad al sistema. Por último, al no imponer esta técnica obligaciones específicas a los Estados miembros de la OMC, la capacidad de esta técnica de integración de disposiciones laborales puede verse limitada por la falta de voluntad política (Chartres y Mercurio, 2012: 721-723).

A continuación, vamos a analizar las disposiciones del Acuerdo de Marrakech de 1994 y del GATT de 1947 que, según la doctrina, con un enfoque interpretativo evolutivo teniendo en cuenta el

---

[400] OMC: Entendimiento relativo a las Normas y Procedimientos por los que se rige la Solución de Diferencias, *op. cit.*, nota 341, p. 376.

contexto normativo actual, podrían permitir la integración de los DLF en el marco del derecho de la OMC[401].

3.2.1.1. El preámbulo del Acuerdo de Marrakech y el concepto de "desarrollo sostenible"

En el primer párrafo del preámbulo del Acuerdo de Marrakech de 1994 que dio vida a la actual OMC las Partes reconocen que "sus relaciones comerciales (...) deben tender a elevar los niveles de vida, a lograr el pleno empleo y un volumen considerable y en constante aumento de ingresos reales y demanda efectiva (...) de conformidad con el objetivo de un desarrollo sostenible y procurando proteger y preservar el medio ambiente e incrementar los medios para hacerlo (...)"[402]. La protección de los DLF internacionalmente reconocidos no aparece expresamente recogida en el preámbulo del Acuerdo de Marrakech de 1994, pero sí lo hace el concepto de "desarrollo sostenible". ¿Se encuentra incluida la protección de los DLF en dicho concepto? Para responder a esta pregunta, acudiremos a la regla general de interpretación de los tratados internacionales contenida en la Convención de Viena de 1969, aproximándonos al concepto de "desarrollo sostenible" desde un enfoque evolutivo. Recordemos que el profesor Enrique Jesús Martínez Pérez afirmaba que, para interpretar de manera evolutiva los términos de un tratado, había que tener en cuenta la intención de las Partes y que dicha intención habría de ser deducida a través de una serie de indicios cuando esta no hubiese sido plasmada en el tratado, como es el caso del Acuerdo de Marrakech. Uno de estos indicios era la utilización de términos genéricos o abiertos como el de "desarrollo sostenible", por lo que se hace posible su interpretación evolutiva.

---

401 Para este análisis, seguiremos la sistemática propuesta por el profesor Luis Miguel Hinojosa Martínez (Hinojosa, 2002: 83-109).

402 OMC: Acuerdo de Marrakech por el que se establece la Organización Mundial del Comercio, *op. cit.*, nota 323, p. 11.

Según la regla general de interpretación contenida en el art. 31 de la Convención, "un tratado deberá interpretarse de buena fe conforme al sentido corriente que haya de atribuirse a los términos del tratado en el contexto de estos y teniendo en cuenta su objeto y fin"[403]. De esta forma, en primer lugar, hay que prestar atención a los términos empleados en el preámbulo del Acuerdo de Marrakech (interpretación gramatical). ¿Qué significa, gramaticalmente hablando, el "desarrollo sostenible"? Según la Real Academia Española, por "desarrollo" se entiende "evolución de una economía hacia mejores niveles de vida" y por "sostenible" se entiende "que se puede mantener durante largo tiempo sin agotar los recursos o causar grave daño al medio ambiente". Como vemos, de la interpretación gramatical del término "desarrollo sostenible" se infiere que la protección del medio ambiente sí se encuentra incluida en el concepto de "desarrollo sostenible", pero nada se dice o se puede inferir en relación con la protección de los DLF.

Dentro de la regla general de interpretación del art. 31 de la Convención de Viena, si tras la interpretación gramatical aún quedan dudas, debe acudirse a la interpretación lógico-sistemática o contextual, que es aquella que tiene en cuenta el contexto normativo. Ya en el inicio del presente epígrafe nos preguntábamos si el contexto normativo en torno al cual se debe interpretar un concepto es el del momento de conclusión del tratado o el del momento de interpretación. En el caso de la interpretación del derecho de la OMC, el OA vienen interpretando los diferentes acuerdos teniendo en cuenta el contexto normativo en el momento de la interpretación[404]. De esta forma, prestando atención

---

403 ONU: Convención de Viena sobre el Derecho de los Tratados, *op. cit.*, nota 42, p. 451.

404 En el caso EEUU-Camarones, el OA afirmó que el término "recursos naturales" no era estático en su contenido, sino más bien "por definición, evolutivo", por lo que debe ser interpretado a la luz de los "modernos instrumentos internacionales relativos a la protección y conservación del medio ambiente (Martínez, 2013b: 350-351). Vid. OMC: Informe

al contexto normativo actual del término "desarrollo sostenible", sin irnos muy lejos – es decir, no acudiendo ni siquiera a otros regímenes internacionales – podemos comprobar cómo numerosos ALC contienen capítulos relativos a Comercio y Desarrollo Sostenible, dentro de los cuáles se integran indistintamente la protección del medio ambiente y la protección de los DLF, pues, para muchos, los DLF, como derechos humanos, son considerados como un elemento de "desarrollo sostenible" (Chartres y Mercurio, 2012: 673).

Aunque con la interpretación contextual bastaría para justificar que la protección de los DLF tiene cabida en el concepto de "desarrollo sostenible" y, por tanto, en el preámbulo del Acuerdo de Marrakech, también se puede llegar a tal justificación a través de la interpretación teleológica, es decir, teniendo en cuenta el objeto y fin del Acuerdo de Marrakech. Además de perseguir el fin último de la liberalización del comercio internacional, según el preámbulo del Acuerdo, lograr un incremento de los niveles de vida y el pleno empleo, teniendo en cuenta el desarrollo sostenible, es otro de los objetivos principales e imperativos ("*deben* tender") de la Organización[405]. De esta forma, el preámbulo aboga por el equilibrio entre el objetivo de la liberalización comercial y la consecución de un desarrollo sostenible, dentro del cual también se puede entender incluida la protección de los DLF. Atendiendo a la jurisprudencia de la propia OMC, en el caso EEUU – Camarones, el OA alude al objetivo de desarrollo sostenible ligándolo con la protección del medio ambiente al afirmar que "el preámbulo del Acuerdo sobre la OMC revela que los firmantes de ese Acuerdo eran plenamente conscientes en 1994 de la importancia

---

del Órgano de Apelación de la OMC: Estados Unidos – Prohibición de las importaciones de determinados camarones y productos del camarón *op. cit.*, nota 400, párr. 126-134.

405 Algunos autores argumentan, incluso, que el logro del pleno empleo es el objetivo primordial, mientras que la liberalización del comercio internacional constituye un "instrumento" al servicio del mencionado objetivo primordial (Ushakova, 2016: 33).

y legitimidad de la protección del medio ambiente como objetivo de la política nacional e internacional. El preámbulo del Acuerdo sobre la OMC – que informa no solo al GATT sino también a todos los demás acuerdos que incluye – reconoce explícitamente el objetivo de un desarrollo sostenible"[406]. En este caso, por primera vez el OA interpreta de manera evolutiva el concepto de "desarrollo sostenible" e incluye en él la protección del medio ambiente. Dado que hasta la fecha no se ha presentado ningún caso ante los órganos de SSD relativo a los DLF, dichos órganos no han tenido ocasión de interpretar que el "desarrollo sostenible" incluye también la protección de los DLF, pero de la conjunción de la interpretación contextual y la interpretación teleológica se puede inferir que la consecución de un desarrollo sostenible es uno de los objetivos de la OMC y que dentro de este concepto se encuentran incluidas la protección de los DLF y la protección del medio ambiente, por lo que, de presentarse alguna diferencia ante los órganos del SSD de la Organización relativa a medidas unilaterales adoptadas por un Estado miembro limitando el comercio entre las Partes Contratantes con ocasión de la violación de los DLF, dicho Estado podría ampararse en una interpretación evolutiva del preámbulo del Acuerdo de Marrakech para justificarlas. En palabras de Chantal Thomas, "el primer párrafo del preámbulo del Acuerdo de Marrakech crea un espacio para que los Estados adopten medidas unilaterales de restricción del comercio para implementar regulaciones nacionales que abarquen estas cuestiones" (Thomas, 2004: 358).

3.2.1.2. Artículos I y III del GATT

Los arts. I y III del GATT de 1947 contienen dos de los principios más importantes del sistema de comercio multilateral relativos a la no discriminación. Por un lado, el art. I del GATT, sobre

[406] OMC: Informe del Órgano de Apelación de la OMC: Estados Unidos – Prohibición de las importaciones de determinados camarones y productos del camarón, *op. cit.*, nota 407, párr. 129.

la cláusula de NMF, afirma que "cualquier ventaja, favor, privilegio o inmunidad concedido por una parte contratante a un producto originario de otro país o destinado a él, será concedido inmediata e incondicionalmente a todo producto *similar* originario de los territorios de todas las demás partes contratantes o a ellos destinado"[407]. Por su parte, el art. III del GATT dispone que "los productos del territorio de toda parte contratante importados en el territorio de cualquier otra parte contratante no deberán recibir un trato menos favorable que el concedido a los productos *similares* de origen nacional"[408]. Estos artículos determinan que hay discriminación y, por tanto, una violación de las normas contenidas en el GATT, cuando dos productos "similares" reciben un trato diferente en función de su procedencia. Algunos autores defienden, en este sentido, que si se interpreta evolutivamente – tarea que deberían llevar a cabo los GE y el OA – que un producto fabricado violando los DLF internacionalmente reconocidos no es similar a un producto que se fabrica respetando los estándares laborales más elementales, aunque su apariencia física final sea la misma, entonces una potencial medida restrictiva de los productos fabricados violando los DLF procedentes de un tercer Estado no estaría incumpliendo el principio de no discriminación (Murase, 1995: 339; Chartres y Mercurio, 2012: 704).

No obstante, prestando atención a algunos de los casos más importantes resueltos por los órganos del SSD, esta interpretación se aleja de la práctica seguida hasta ahora por los GE y el OA. En el caso Estados Unidos – Medidas relativas a la importación, comercialización y venta de atún y productos de atún de 1994, en adelante EEUU – Atún[409], la Ley estadounidense de Protección de

---

407 OMC: Acuerdo General sobre Aranceles Aduaneros y Comercio (GATT de 1947), *op. cit.*, nota 14, p. 505.

408 *Ibíd.*, p. 509.

409 OMC: Informe del Grupo Especial de la OMC: Estados Unidos – Medidas relativas a la importación, comercialización y venta de atún y productos de atún (WT/DS29/R, de 16 de junio de 1994).
Este informe del GE no llegó a ser adoptado por el OSD.

los Mamíferos Marinos de 1972 incluía, entre sus disposiciones, medidas de protección de los delfines que debían cumplir tanto la flota pesquera de EEUU como los países cuyos barcos pescasen atún aleta amarilla. Si alguno de los Estados que exportaba atún a EEUU no podía demostrar que había cumplido con las disposiciones de la Ley, para lo cual el Gobierno estadounidense requería un certificado, el Gobierno estadounidense podía embargar la mercancía. Esta previsión hizo que la Comunidad Económica Europea y Países Bajos, Estados exportadores de atún, recurriesen en 1992 al SSD del GATT, dado que en ese momento no existía aún la OMC, y solicitase el establecimiento de un GE. El GE determinó que el art. III exige una comparación entre el trato otorgado a los productos similares nacionales e importados, no una comparación de las políticas o prácticas del país de origen con las del país de importación. Así, aplicar el art. III del GATT a medidas relacionadas con el método de producción que no afectaban a las características del producto como tal, constituía un trato menos favorable a los productos similares no producidos de conformidad con las políticas nacionales del país importador[410]. En este sentido, el GE afirma que los productos "similares" son aquellos que son iguales en sus propiedades físicas independientemente de sus métodos de producción, pudiéndose deducir que, aunque los Estados tienen derecho a determinar las características que ha de reunir un producto para ser comercializado en su territorio, sin embargo, el art. III del GATT no ampara una regulación extraterritorial de la forma de producción de esa mercancía en otro Estado[411]. Esta interpretación restrictiva del concepto de producto del GE ha sido extensamente criticada por la doctrina, que afirma que tal distinción entre la legalidad de las medidas restrictivas adoptadas en relación con la no similitud de dos productos terminados por razón de sus características físicas y la ilegalidad de las medidas restrictivas adoptadas con ocasión del diferente proceso a través del cual dos productos son fabricados no aparece

---

410 *Ibíd.*, párr. 5.8.

411 *Ibíd.*, párr. 4.19.

expresamente recogida en el art. III del GATT y, por tanto, es una creación jurisprudencial sin base normativa (Howse, 1999: 139; Hinojosa, 2002: 84; Bonet, 2007: 313). Además, la existencia de un art. XX.e) relativo a los productos fabricados en prisiones, que sí tiene en cuenta las condiciones de realización del producto, hace dudar de la inamovilidad de la distinción producto-proceso (Howse, 1999: 143).

Ahora bien, en el posterior caso Comunidades Europeas – Medidas que afectan al amianto y a los productos que contienen amianto, en adelante, CE – Abestos[412], el OA no rechazó – aunque tampoco respaldó – la afirmación de que el método de producción es relevante a efectos de determinar la similitud de dos productos, al sostener que los riesgos potenciales para la salud deberían incluirse como un factor relevante al establecer la similitud en virtud del art. III del GATT de 1947[413], abriendo la puerta a una posible interpretación extensiva del término "similitud" en el art. III del GATT de cara a incluir el proceso productivo como posible factor de diferenciación entre dos productos, aunque estos tengan las mismas características físicas, y permitiendo, de esta manera, medidas restrictivas unilaterales por parte de los Estados miembros de la OMC (Chartres y Mercurio, 2012: 706-707). Con esta interpretación evolutiva y la consideración del proceso productivo para determinar la similitud entre dos productos, un producto fabricado sin tener en consideración los DLF internacionalmente reconocidos no sería similar a un producto que en su proceso de producción sí los respeta, aunque las características físicas de ambos productos terminados sean las mismas, y una posible medida restrictiva de esta serie de productos no incurriría en discriminación, no siendo incompatible con los arts. I y III del GATT de 1947. No obstante, a día de hoy aún no se ha dado el caso en el que el OSD de la OMC avale una medida restrictiva del

---

412 OMC: Informe del Órgano de Apelación de la OMC: Comunidades Europeas – Medidas que afectan al amianto y a los productos que contienen amianto (WT/DS135/AB/R, de 12 de marzo de 2001).

413 *Ibíd.*, párr. 41.

comercio entre las Partes Contratantes que trate de prohibir la importación de productos con diferentes procesos productivos y, menos aún, cuando la diferencia en el proceso productivo tiene como origen la violación de los DLF internacionalmente reconocidos. En la actualidad sigue imperando la idea de que el derecho de la OMC tiene como objeto los "productos terminados", aunque, como afirma el profesor Luis Miguel Hinojosa Martínez, "no es descartable que, en un futuro, el creciente consenso de la sociedad internacional sobre el carácter execrable de determinadas formas de explotación laboral pudiera hacer evolucionar la interpretación del art. III, hasta el punto de que llegasen a considerarse compatibles con el mismo las medidas restrictivas justificadas por motivos sociales, siempre que no tuviesen un carácter discriminatorio" (Hinojosa, 2002: 85). Esta interpretación, además, alentaría la compatibilidad de las obligaciones comerciales de los Estados miembros de la OMC con las obligaciones dimanantes de su membresía en la OIT (Chartres y Mercurio, 2012: 705).

3.2.1.3. Artículo VI del GATT

En opinión de una buena parte de la doctrina, el art. VI del GATT de 1947, sobre derechos *antidumping* y derechos compensatorios, abre la posibilidad de considerar la violación de los DLF internacionalmente reconocidos como *dumping* social (Ushakova, 2016: 13). No obstante, esta interpretación parece difícil de justificar basándonos en la redacción de este art. VI, el cual afirma que "las partes contratantes reconocen que el *dumping*, que permite la introducción de los productos de un país en el mercado de otro país a un precio inferior a su valor normal, es condenable cuando causa o amenaza causar un daño importante a una rama de producción existente de una parte contratante o si retrasa de manera importante la creación de una rama de producción nacional"[414]. Podemos observar cómo este artículo se refiere únicamente al

---

[414] OMC: Acuerdo General sobre Aranceles Aduaneros y Comercio (GATT de 1947), *op. cit.*, nota 14, p. 513.

dumping de precios (Bonet, 2007: 315), y no al denominado *dumping* social, que es el que se da cuando los Estados aprovechan su bajo coste de la mano de obra para producir mercancías a un precio inferior que el de sus países competidores, generando, así, una ventaja comparativa, por lo que del tenor de la redacción del artículo no parece posible afirmar que el art. VI del GATT de 1947 se extiende al *dumping* social (López-Jurado, 1993: 134). Ahora bien, como afirma el profesor Luis Miguel Hinojosa Martínez, se podría llegar a extender la aplicación del art. VI al *dumping* social, siempre que este reúna los requisitos del *dumping* de precios, a saber: que la mercancía se importe a un precio inferior al valor normal y que cause un perjuicio importante a una rama de la producción nacional (Hinojosa, 2002: 87).

La inclusión del *dumping* social dentro del ámbito de aplicación del art. VI del GATT de 1947 fue expresamente propuesta por la delegación cubana y posteriormente debatida en el seno de los trabajos preparatorios de la Conferencia de Naciones Unidas sobre Comercio y Empleo, celebrada en la Habana entre el 21 de noviembre de 1947 y el 24 de marzo de 1948, y, más concretamente, en la sesión del 19 de mayo de 1947, en la que una Nota de la Secretaría[415] recoge las diferentes propuestas en torno al art. 17, que es el artículo que en el proyecto recogía los derechos *antidumping*. No obstante, esta propuesta fue finalmente rechazada como consecuencia de la oposición de países como EEUU, Reino

415 GATT: *Secretariat Note on Article 17, Second-Session of the Preparatory Committee of the United Nations Conference on Trade and Employment* (E/PC/T/W/97, de 19 de mayo de 1947). Disponible en: https://docs.wto.org/gattdocs/q/UN/EPCT/W97.PDF
La delegación cubana propuso que el párrafo 1 del art. VI del GATT afirmase que "*The Member countries recognize that dumping, whether practiced through the mechanism of price, freight rates, currency depreciation, sweated labour, or by any other means, is a commercial practice to be condemned and is contrary to the spirit and purpose of the International Trade Organization*".

Unido, Canadá o Sudáfrica, reflejando el art. VI del GATT únicamente el *dumping* de precios[416].

3.2.1.4. Artículo XVI del GATT

El art. XVI del GATT de 1947 recoge las disposiciones relativas a subvenciones, limitando la concesión y el mantenimiento de subvenciones que tengan por finalidad aumentar las exportaciones de un producto o reducir las importaciones de este producto en su territorio[417]. A *priori* podría interpretarse que, dado que la violación de los DLF y el mantenimiento de bajos costes de mano de obra en muchos PVD tiene por finalidad aumentar las exportaciones de determinadas mercancías, los Estados que practican el *dumping* social, en realidad, están subvencionando la violación de los derechos más elementales de los trabajadores y, por tanto, podría aplicarse el art. XVI del GATT, es decir, podría interpretarse que el incumplimiento de los DLF supone una forma de subvención (Ushakova, 2016: 13).

Sin embargo, como afirma el profesor Luis Miguel Hinojosa Martínez, la calificación como subvención de la violación de los DLF se enfrenta a numerosas dificultades (Hinojosa, 2002: 89). En primer lugar, en cuanto a la definición de subvención, el art. 1 del Acuerdo sobre Subvenciones y Medidas Compensatorias[418] especifica lo que ha de entenderse por subvención, al afirmar que se trata de una "contribución financiera de un gobierno o de cualquier organismo público en el territorio de un miembro (…) o cuando haya alguna forma de sostenimiento de los ingresos o de

---

416 GATT: *Working Party on Technical Articles, Second-Session of the Preparatory Committee of the United Nations Conference on Trade and Employment* (E/PC/T/WP.1/SR/8, de 19 de mayo de 1947). Disponible en: https://docs.wto.org/gattdocs/q/UN/EPCT/WP1-SR8.PDF

417 OMC: Acuerdo General sobre Aranceles Aduaneros y Comercio (GATT de 1947), *op. cit.*, nota 14, p. 530.

418 OMC: Acuerdo sobre Subvenciones y Medidas Compensatorias, 15 de abril de 1994 (LT/UR/A-1A/9, de 15 de abril de 1994).

los precios y con ello se otorgue un beneficio"[419]. Con esta redacción, se antoja complicado extrapolar el concepto de subvención a la falta de respeto de los estándares laborales mínimos internacionalmente reconocidos (Bonet, 2007: 316). En segundo lugar, a tenor de lo dispuesto en el art. 2 del Acuerdo sobre Subvenciones, estas han de dirigirse a sectores concretos de la producción, lo que tampoco parece darse en el caso del *dumping* social. En tercer lugar, habría que probar que la finalidad de la subvención es "aumentar las exportaciones de un producto", lo cual, nuevamente, resulta complicado cuando la posible "subvención" consiste en no respetar los DLF. Por último, si un Estado miembro ve perjudicada su economía como consecuencia de las subvenciones prohibidas por el Acuerdo, este Estado podrá reclamar las medidas compensatorias contempladas en la Parte V, siendo significativa la condición de causar o amenazar con causar un daño importante a una rama de producción existente de una parte contratante, contemplada en el art. VI del GATT, pero de aplicación, al mismo tiempo, al art. XVI. Para poder establecer derechos compensatorios por la violación de los DLF habría de probarse que esta violación daña de manera importante a una rama de la producción existente en dicho Estado, lo cual se antoja complicado, pues ¿cómo es posible calcular lo que hubiera encarecido un producto el respeto de los CF de la OIT? (Bénitah, 1999: 87).

Así, aunque es cierto que una interpretación evolutiva del art. XVI del GATT de 1947 podría llevar a la consideración de la violación de los DLF internacionalmente reconocidos como una subvención que pudiera dar lugar a medidas compensatorias, existen numerosas dificultades que hacen de esta interpretación una posibilidad muy remota (Hinojosa, 2002: 89).

---

419 *Ibíd.*, p. 245.

3.2.1.5. Artículo XIX del GATT

El art. XIX del GATT de 1947, sobre Medidas de urgencia sobre la importación de productos determinados, contiene una cláusula de salvaguardia que permite a las Partes Contratantes, como consecuencia de la evolución imprevista de las circunstancias y siempre que las importaciones de un producto en el territorio de esta Parte Contratante hayan incrementado y se realicen en condiciones tales que causen o amenacen causar un daño grave a los productores nacionales de productos similares o directamente competidores en ese territorio, suspender total o parcialmente la obligación contraída con respecto a dicho producto o retirar o modificar una concesión previamente establecida[420]. Este artículo aparece desarrollado en el Acuerdo sobre Salvaguardias de 1994[421].

En este caso, se podría interpretar que, si debido a una violación de los DLF, un Estado aumenta de manera efectiva sus importaciones en el territorio de otro Estado miembro de la OMC y, como consecuencia, cause o amenace causar un daño grave a los productores nacionales de productos similares, el Estado perjudicado podría aplicar esta cláusula de salvaguardia y suspender las importaciones de ese producto. Sin embargo, al igual que ocurre con el art. XVI, es imperativo probar ese daño, demostrar la relación de causalidad del daño (Hinojosa, 2002: 90; Bonet, 2007: 316), condición difícil de cumplir en el caso del *dumping* social. Además, el art. XIX del GATT indica que esta cláusula de salvaguardia ha de aplicarse únicamente en caso de que las circunstancias evolucionen de manera imprevista, aspecto que tampoco parece darse en el caso del aumento de exportaciones por razón de la violación de los DLF internacionalmente reconocidos. Por último, es importante hacer mención al art. 9.1 del Acuerdo de

---

420 OMC: Acuerdo General sobre Aranceles Aduaneros y Comercio (GATT de 1947), *op. cit.*, nota 14, p. 540.

421 OMC: Acuerdo sobre Salvaguardias, 15 de abril de 1994 (LT/UR/A-1A/8, de 15 de abril de 1994).

Salvaguardias, que dispone que "no se aplicarán medidas de salvaguardia contra un producto originario de un país en desarrollo miembro cuando la parte que corresponda a este en las importaciones realizadas por el miembro importador del producto considerado no exceda del 3 por ciento, a condición de que los países en desarrollo miembros con una participación en las importaciones menor del 3 por ciento no representen en conjunto más del 9 por ciento de las importaciones totales del producto en cuestión"[422], es decir, no se pueden aplicar medidas de salvaguardia a un PVD si sus importaciones no suponen más de un 3% o, colectivamente, de un 9%. Esta condición ha sido criticada por la doctrina al considerarla insuficiente, dado que el límite del 9% para aplicar las medidas de salvaguardia a las importaciones de un producto proveniente de un PVD es fácilmente alcanzable en los sectores en los que esta serie de Estados son más competitivos (López-Jurado, 2001: 22).

Algunos autores han propuesto reformar la cláusula de salvaguardia para ampliar su ámbito de aplicación material (Rodrik, 1997: 83-85). No obstante, como afirma el profesor Luis Miguel Hinojosa Martínez, supeditar la protección de los DLF a una situación que causa o amenaza con causar un daño grave a la producción nacional "lastraría la legitimidad de las restricciones comerciales adoptadas". Además, añade, "la temporalidad y excepcionalidad propias de una cláusula de salvaguardia no contribuyen a hacer de esta el mecanismo más adecuado para la promoción de los derechos sociales en otros Estados" (Hinojosa, 2002: 91).

3.2.1.6. Artículo XX del GATT

El conjunto más destacado de propuestas acerca de una interpretación por parte de los GE y el OA que permita la integración de los DLF en el marco de la OMC se centran en el art. XX del

---

422 *Ibíd.*, p. 297.

GATT de 1947, relativo a "excepciones generales". Este artículo enumera una serie de medidas necesarias en diversos ámbitos que quedan exceptuadas, con carácter general, de la aplicación de los restantes principios y disposiciones contenidas en el GATT. No obstante, el párrafo introductorio del art. XX del GATT especifica que estas medidas no han de constituir "un medio de discriminación arbitrario o injustificable entre los países en que prevalezcan las mismas condiciones, o una restricción encubierta al comercio internacional"[423], condición que ha sido bautizada por la doctrina como el *chapeau* del art. XX del GATT, dada su importancia y su

---

[423] Este *chapeau* del art. XX del GATT fue detalladamente interpretado por el OA en el asunto EEUU – Camarones, en el que se dejó constancia sobre qué ha de entenderse por "discriminación injustificable" por un lado, y por "discriminación arbitraria", por otro. Vid. OMC: Informe del Órgano de Apelación de la OMC: Estados Unidos – Prohibición de las importaciones de determinados camarones y productos del camarón, *op. cit.*, nota 398, párr. 161 a 186.
En este asunto, la medida unilateral impuesta por EEUU para proteger a las tortugas marinas, aunque amparada en el art. XX.g) del GATT, resultó constituir, en primer lugar, una discriminación injustificable, por "exigir que otros Miembros adopten esencialmente el mismo programa reglamentario integral para alcanzar determinada meta política, como el programa en vigor en el territorio de ese Miembro, sin tener en cuenta las diferentes condiciones que puedan existir en los territorios de esos otros Miembros" y por no haber realizado esfuerzos por "concertar acuerdos bilaterales o multilaterales para la protección y conservación de las tortugas marinas, antes de poner en aplicación la prohibición de las importaciones contra las exportaciones de camarón de esos otros Miembros" con los demandantes, mientras que con otros Estados sí se realizaron dichos esfuerzos (*Ibíd.*, párr. 164 y 166). En segundo lugar, la medida resultó constituir una discriminación arbitraria por no existir un procedimiento "transparente y previsible", pues "los procedimientos de certificación seguidos por los Estados Unidos parecen ser singularmente informales y casuales, tramitados de tal forma que podrían dar lugar a la negación de derechos de los Miembros" (*Ibíd.*, párr. 181).
Por este motivo, el OA desestimó las pretensiones de EEUU declarando que, si bien la medida podría entenderse incluida en el ámbito material del art. XX.g), esta, sin embargo, violaba el GATT de 1947 por ser incompatible con el párrafo introductorio del art. XX.

posición sistemática (Thomas, 2004: 359), y que no es más que una expresión del principio de buena fe[424]. Una segunda condición imprescindible para determinar la legalidad de la excepción es que dicha medida sea "relativa a" o "necesaria para", lo cual se especifica en los diferentes apartados del art. XX del GATT. Los GE y el OA de la OMC han interpretado que este requisito de la "necesidad" implica una justificación estricta por parte de los Estados de que las medidas adoptadas son, además, las menos restrictivas, dentro de las medidas disponibles, al comercio internacional para lograr el objetivo marcado[425]. *Sensu* contrario, una medida no sería "necesaria" si existe una alternativa menos restrictiva del comercio internacional que estuviese razonablemente disponible para lograr el objetivo de que se trate (Chartres y Mercurio, 2012: 713).

---

424 *Ibíd.*, párr. 158.

425 En el informe del OA relativo al caso Corea – Carne Vacuna, el OA especificó que este test de necesidad se basaba en tres factores que habrían de ponderarse, a saber: la contribución hecha por la medida de cumplimiento a la aplicación de la ley o regulación en cuestión, la importancia de los intereses o valores comunes protegidos por esa ley o reglamento y el impacto acompañante de la ley o regulación sobre las importaciones o exportaciones. Vid. OMC: Informe del Órgano de Apelación de la OMC: Corea – Medidas que afectan a las importaciones de carne vacuna fresca, refrigerada y congelada (WT/DS161/AB/R y WT/DS169/AB/R, de 11 de diciembre de 2000, párr. 161-164).
De igual manera, en el asunto Comunidades Europeas – Medidas que prohíben la importación y comercialización de productos derivados de las focas o CE – Focas, el OA afirmó que "la contribución de una medida es solo un componente del cálculo de la necesidad en el marco del art. XX. Ello significa que la cuestión de si una medida es `necesaria´ no puede determinarse únicamente por el nivel de la contribución, sino que dependerá de la manera en que informen el análisis los otros factores del análisis de la necesidad, incluida la consideración de posibles medidas alternativas". Vid. OMC: Informe del Órgano de Apelación de la OMC: Comunidades Europeas – Medidas que prohíben la importación y comercialización de productos derivados de las focas (WT/DS401/AB/R, de 22 de mayo de 2014, párr. 5.215).

De entrada, podemos cuestionar si una posible medida cuya finalidad última es proteger los DLF constituiría, en primer lugar, un medio de discriminación arbitrario o injustificable o una restricción encubierta al comercio internacional, y, en segundo lugar, si sería realmente necesaria. Así, para que esta medida no entre en colisión con el *chapeau* del art. XX del GATT, primero es necesario demostrar que no es discriminatoria, en el sentido de aplicarse de manera distinta a los diferentes Estados miembros de la OMC que se encuentren en las mismas condiciones (por ejemplo, se consideraría que una medida que pretende la abolición del trabajo infantil es discriminatoria si se aplica a Pakistán pero no a Canadá) y de aplicarse solo a determinados productos y no a todos los productos que se realicen violando los DLF, y que no constituye una restricción encubierta al comercio internacional, en el sentido de no poder tener una intencionalidad proteccionista (lo cual resulta difícil de probar en el caso de medidas destinadas a proteger los DLF). En segundo lugar, es necesario que dicha medida supere el test de necesidad, en el sentido de demostrar que la medida finalmente adoptada era la menos restrictiva del comercio internacional dentro de todas las alternativas disponibles. Dado que muchas de las medidas propuestas para la efectiva protección de los DLF abogan por el uso de contramedidas comerciales a los Estados que no respetan estos derechos, parece difícil que estas medidas encuentren su amparo en el art. XX del GATT, al existir muchas otras posibles medidas que no precisan de contramedidas comerciales, como, por ejemplo, el recurso a las negociaciones en el seno de la OIT (Chartres y Mercurio, 2012: 715).

Sin embargo, estas dificultades no han impedido que la doctrina vislumbre la posibilidad de interpretar evolutivamente los diferentes párrafos del art. XX del GATT de cara a incluir entre toda esta serie de medidas aquéllas destinadas a proteger los DLF internacionalmente reconocidos. Esta posibilidad se encuentra respaldada por el cambio de paradigma en la cuestión medioambiental, alrededor de la cual, si bien la jurisprudencia GATT/OMC fue tradicionalmente muy restrictiva a la hora de admitir medidas que pretenden la protección del medio ambiente a costa de imponer obstáculos al comercio internacional, en la actualidad, y especialmente tras el caso EEUU – Camarones, la admisión de este tipo de medidas se va flexibilizando para dar cumplimiento al objetivo de desarrollo sostenible previsto en el preámbulo del Acuerdo de Marrakech de 1994 (Fernández, 2008: 392) y las últimas decisiones del OA de la OMC parecen inclinarse por mantener un equilibrio entre los derechos de los Estados exportadores y los intereses generales que pretende proteger el Estado importador al adoptar la medida en cuestión (Hinojosa, 2002: 94).

3.2.1.6.1. Artículo XX.a)

El art. XX.a) del GATT de 1947 excluye de la aplicación de los principios generales del derecho comercial internacional las medidas "necesarias para proteger la moral pública"[426].

En la actualidad, son pocos los casos en los que los órganos jurisdiccionales de la OMC han interpretado y se han pronunciado acerca de esta disposición[427]. Un ejemplo lo constituye el anteriormente mencionado asunto CE – Focas, del año 2014, en el que el

---

[426] OMC: Acuerdo General sobre Aranceles Aduaneros y Comercio (GATT de 1947), *op. cit.*, nota 14, p. 541.

[427] El 13 de marzo del año 2020 las autoridades de Turquía han solicitado la celebración de consultas con la UE de conformidad con los artículos 1 y 4 del Entendimiento relativo a las Normas y Procedimientos por los que se rige la Solución de Diferencias con respecto a las medidas de salvaguardia provisionales y definitivas impuestas por la UE sobre las importaciones de determinados productos de acero y a la investigación que dio lugar a la imposición de esas medidas. El Gobierno de Turquía considera que dichas medidas son incompatibles, entre otros, con el art. XX.a) del GATT de 1947. No obstante, por el momento no ha habido avances ni pronunciamiento por parte del GE o el OA. Vid. OMC: Solicitud de celebración de consultas presentada por Turquía ante la OMC: Unión Europea – Medidas de Salvaguardia sobre determinados Productos del Acero (WT/DS595/1, G/L/1355, G/SG/D64/1, de 19 de marzo de 2020).

OA confirma la constatación del GE de que la medida unilateral adoptada por las entonces CE para la protección de las focas se encontraba comprendida en el ámbito de aplicación material del art. XX.a) del GATT, al considerar que el objetivo principal del Reglamento europeo 1007/2009 era "atender a preocupaciones de moral pública de la UE relativas al bienestar de las focas"[428], más que a preocupaciones medioambientales (Martínez, 2012: 36) y que, al hacerlo, "tuvo en cuenta otros intereses o consideraciones relacionados con las comunidades inuit, la gestión de los recursos marinos, y los productos derivados de las focas para uso personal de los viajeros" [429], excepciones, estas, contempladas en el Reglamento y objeto de litigio (Martínez, 2012: 37-38).

Otro asunto que podemos tomar como referencia es el caso Estados Unidos – Juegos de azar[430], en el que Antiguas y Barbuda denuncian a EEUU ante el OSD de la OMC por unas medidas relativas al suministro transfronterizo de servicios de juegos de azar y apuestas que el Gobierno estadounidense justificaba bajo el art. XX.a) del GATS, equivalente al art. XX.a) del GATT, esto es, bajo la necesidad de proteger la moral pública de la población estadounidense. En este caso, el OA coincidió con el GE al afirmar que "la expresión moral pública denota normas de buena y mala conducta por parte de o en nombre de una comunidad o nación"[431], concepción, por otro lado, que no puede ser congelada en el tiempo, siendo imperativo adaptarla a la realidad existente (Howse, 1999: 142).

Dentro de esta interpretación de "moral pública", algunos autores entienden que es posible incluir dentro de las medidas

---

428 OMC: Informe del Órgano de Apelación de la OMC: Comunidades Europeas – Medidas que prohíben la importación y comercialización de productos derivados de las focas, *op. cit.*, nota 425, párr. 5.141.

429 *Ibíd.*, párr. 5.136.

430 OMC: Informe del Órgano de Apelación de la OMC: Estados Unidos – Medidas que afectan al suministro transfronterizo de servicios de juegos de azar y apuestas (WT/DS285/AB/R, de 7 de abril de 2005).

431 *Ibíd.*, párr. 296.

previstas en el art. XX.a) del GATT todas aquellas con un componente ético destinadas a proteger los derechos humanos y, más específicamente, los DLF como la abolición del trabajo forzoso u obligatorio (Charnovitz, 1998: 729; Howse y Mutua, 1999: 64 y 71) o la eliminación del trabajo infantil (Martínez, 2012: 48), pues la fabricación de productos violando esta serie de derechos formaría parte de lo que el OA ha denominado "mala conducta por parte de una comunidad o nación". En palabras de Chartres y Mercurio, "interpretar el art. XX.a) del GATT para permitir la prohibición de la importación y venta de productos fabricados en violación de los DLF permitiría a las naciones importadoras proteger a sus ciudadanos de una práctica condenada internacionalmente que ofende las creencias profundamente arraigadas y los valores fundamentales de sus ciudadanos" (Chartres y Mercurio, 2012: 710). No obstante, para que la medida en cuestión no adolezca de incompatibilidad con las disposiciones contenidas en el GATT, esta no debe suponer una discriminación injustificada o arbitraria, por lo que sería necesario que la medida se aplicase a *todos* los productos de *cualquier* Estado (Chartres y Mercurio, 2012: 716). En este caso, en palabras del profesor Enrique Jesús Martínez Pérez, "se corre el riesgo, si no se establecen condiciones de aplicación estrictas, de convertir [esta] justificación en un cajón de sastre que sirva de válvula de escape para incumplir las obligaciones del GATT" (Martínez, 2012: 48).

3.2.1.6.2. Artículo XX.b)

El art. XX.b) del GATT de 1947 excluye de la aplicación de los principios generales del derecho comercial internacional las medidas "necesarias para proteger la salud y la vida de las personas y de los animales o para preservar los vegetales"[432].

---

[432] OMC: Acuerdo General sobre Aranceles Aduaneros y Comercio (GATT de 1947), *op. cit.*, nota 14, p. 541.

Este art. XX.b) del GATT ha sido extensamente interpretado por los diferentes GE y el OA de la OMC. Uno de los asuntos más importantes es el caso EEUU – Camarones[433], ya mencionado con ocasión del preámbulo del Acuerdo de Marrakech y del art. XX.a) del GATT de 1947. En este caso, India, Malasia, Pakistán y Tailandia demandan a EEUU ante el OSD por violación del art. XI del GATT, relativo a restricciones cuantitativas. EEUU, en el art. 609 de la *Public Law* 101-162 codificada en 16 U.S.C. § 1537, promulgado el 21 de noviembre de 1989, prohibió, a partir del 1 de mayo de 1991, la importación a los EEUU de camarón capturado con tecnologías de pesca comercial que puedan tener consecuencias negativas para las tortugas marinas, amparándose en el preámbulo del art. XX, en su párrafo g) o, en su defecto, en el párrafo b) del citado artículo del GATT de 1947, pero permitió importaciones de camarones de las naciones pesqueras que hubiesen recibido el oportuno certificado. A los países demandantes les afectaba de manera directa esta importación, la cual consideraban contraria al derecho de la OMC, motivo por el que acuden al OSD (Martínez, 1999: 609-610). El informe del GE consideró el art. 609 contrario al derecho de la Organización, por no encontrarse amparado en el art. XX del GATT relativo a excepciones generales, pues, aunque es cierto que numerosos tratados internacionales reconocen el principio de conservación de los recursos naturales agotables, estos acuerdos no contemplan de manera específica las medidas llevadas a cabo por EEUU. El OA, por su parte, revoca lo establecido por el GE y afirma que "una interpretación de ese tipo inutiliza la mayoría de las excepciones del artículo XX, si no todas, resultado que repugna a los principios de interpretación que estamos obligados a aplicar"[434]. En lugar de centrarse en condenar las medidas unilaterales llevadas a cabo por EEUU, el OA examina si dichas medidas constituyen un medio de discrimina-

---

433 OMC: Informe del Órgano de Apelación de la OMC: Estados Unidos – Prohibición de las importaciones de determinados camarones y productos del camarón, *op. cit.*, nota 398.

434 *Ibíd.*, párr. 121.

ción arbitraria e injustificable y, por tanto, estarían violando el denominado *chapeau* del art. XX del GATT, esto es, el preámbulo donde se indica que dichas medidas han de ser necesarias y no constituir un medio de discriminación arbitrario o injustificable, o una restricción encubierta al comercio internacional. Finalmente, el OA concluye que "la medida adoptada por los EEUU, si bien reúne las condiciones para una justificación provisional al amparo del apartado g) del artículo XX, no cumple los requisitos establecidos en el preámbulo del artículo XX y, en consecuencia, no está justificada en virtud del artículo XX del GATT de 1994"[435], es decir, el art. 609, si bien podría justificarse en la necesidad de proteger el medio ambiente y los recursos naturales agotables, supone una discriminación arbitraria e injustificable entre los Estados miembros de la OMC y, por tanto, es contraria al derecho de la Organización.

Este importante asunto EEUU – Camarones aborda diversas dificultades desde el punto de vista de la aplicación del art. XX.b) del GATT de 1947. La primera de ellas es la posible aplicación extraterritorial de la disposición, es decir, la posible adopción de medidas unilaterales por parte de un Estado miembro de la OMC para proteger la salud y la vida de las personas y de los animales o para preservar los vegetales que se apliquen fuera del territorio del propio Estado. En el asunto EEUU – Camarones, esta dificultad se sobrepasó justificando la medida de alcance extraterritorial por la existencia de un "vínculo suficiente entre las poblaciones migratorias y marinas amenazadas del caso y los EEUU"[436], evitando, de esta manera, pronunciarse directamente acerca de la limitación jurisdiccional del art. XX del GATT (Qureshi, 1998: 204) y dejando sin resolver la cuestión de si los futuros GE permitirán a los Estados implementar medidas que pretendan proteger la salud y la vida de las personas y los animales más allá de su jurisdicción nacional (Simmons, 1999: 440; Chang, 2000: 34). Además,

---

435 *Ibíd.*, párr. 187.b).

436 *Ibíd.*, párr. 133.

en el asunto EEUU - Atún[437], el GE observó que el texto del art. XX.b) "no detalla ninguna limitación en la ubicación de los seres vivos a proteger"[438]. No obstante, esta solución no se antoja aplicable al caso de medidas unilaterales que pretendan la protección de los DLF, ya que, en palabras del profesor Luis Miguel Hinojosa Martínez, "la población del país castigado (al que se pretende proteger) carece de vínculo con el país importador" (Hinojosa, 2002: 98). Además, como se mencionaba en relación con el *chapeau* del art. XX del GATT, se tiene que demostrar, asimismo, que la medida es "necesaria", para lo cual se tiene que analizar con carácter previo que esta constituye la menos restrictiva, dentro de las medidas disponibles, al comercio internacional para lograr el objetivo marcado o la menos incompatible con las disposiciones del GATT (Thomas, 2004: 361-362), siendo esta "necesidad" así definida difícil de justificar en relación a una posible medida que pretenda proteger los DLF, dado que existen alternativas como la cooperación con la OIT o la asistencia técnica y financiera a los PVD (Hinojosa, 2002: 101). Por último, toda medida unilateral que pretenda proteger la salud y la vida de las personas y de los animales tiene que cumplir, de igual manera, con las prescripciones del *chapeau* del art. XX del GATT, esto es, no constituir un medio de discriminación arbitraria o injustificable, o una restricción encubierta al comercio internacional, lo que también se hace difícil de justificar en el caso de las medidas que pretendan proteger los DLF (Howse, 1999: 145).

A pesar de las dificultades, un número importante de autores afirman que el art. XX.b) del GATT ofrece el contexto adecuado para una eventual interpretación extensiva que permita la inclusión de disposiciones laborales en el derecho de la OMC (Diller y Levy, 1997: 682).

---

437 OMC: Informe del Grupo Especial de la OMC: Estados Unidos – Medidas relativas a la importación, comercialización y venta de atún y productos de atún, *op. cit.*, nota 409.

438 *Ibíd.*, párr. 5.31.

3.2.1.6.3. Artículo XX.e)

El art. XX.e) del GATT de 1947 excluye de la aplicación de los principios generales del derecho comercial internacional las medidas "relativas a los artículos fabricados en las prisiones"[439]. Nos encontramos, de esta manera, ante la única mención contenida en el GATT relacionada con las condiciones de trabajo.

Por un lado, la inclusión dentro de las excepciones del art. XX de una disposición relacionada con productos que se fabrican en prisiones y que pueden llegar a crear situaciones de competencia desleal y, más importante aún, de violación de los DLF como la prohibición del trabajo forzado, dado que el control de las actividades en recintos penitenciarios es más complicado que el control en fábricas y naves de producción, confirma la voluntad que, en su día, tuvieron los redactores del GATT de 1947 de incluir excepciones a los principios comerciales multilaterales básicos con ocasión, no solo de razones medioambientales, sino también socio-laborales, lo que abre la puerta a una eventual modificación del GATT en el sentido de ampliar el ámbito material del art. XX.e) para incluir productos, no solo fabricados en prisiones, sino también fabricados sin respetar los DLF. Muchos autores coinciden en que la reforma de este párrafo e) del art. XX del GATT sería "el método ideal" para introducir disposiciones laborales en el derecho de la OMC[440] (Hinojosa, 2002: 104), aunque

---

439 OMC: Acuerdo General sobre Aranceles Aduaneros y Comercio (GATT de 1947), *op. cit.*, nota 14, p. 542.

440 De hecho, existen precedentes de intentos de reforma del art. XX.e). En 1994, el Parlamento Europeo solicitó la reforma del art. XX.e) del GATT para ampliar su alcance material: "*Calls for Article XX(e) of GATT to be changed by introducing a ban on child and forced labour and the right to join trade unions and engage in collective bargaining; accordingly, considers it essential that a code be negotiated between all the Contracting Parties to determine the way in which these principles can be implemented in practice*". Es decir, se propone reformar el art. XX.e) del GATT para incluir entre sus previsiones la prohibición del trabajo infantil y forzado, y la libertad de asociación y negociación colectiva. Vid. UE: *Report of the Committee on*

apuntan que dicha reforma habría de utilizar un lenguaje muy explícito como ya lo hace el párrafo e) del art. XX (Howse, 1999: 142). No obstante, la OMC se encuentra sumida, en la actualidad, en una profunda crisis y la reforma de sus acuerdos multilaterales no se encuentra entre los principales puntos de la agenda de negociaciones y, menos aún, si dicha reforma pretende la inclusión de disposiciones laborales en el derecho de la OMC.

Dado que la reforma del art. XX.e) del GATT no parece probable en el corto plazo, solo cabe apelar a una posible interpretación extensiva del mismo. Sin embargo, esta interpretación tampoco parece probable dada la concisión de sus términos, al referirse únicamente a los productos fabricados en las prisiones. Esta concisión ha restado relevancia a la consideración del art. XX.e) como uno de los posibles artículos del GATT que, con una eventual interpretación evolutiva, daría cabida a la inclusión de disposiciones laborales en el sistema multilateral de comercio internacional. No obstante, hay autores que defienden que, a pesar de la limitación de los términos empleados en el art. XX.e) del GATT, si se realiza una interpretación contextual, podemos llegar a la conclusión de que las disposiciones laborales sí tienen cabida en este artículo. Una predecesora del GATT, la Convención Internacional para la abolición de las restricciones en las importaciones y exportaciones de 1927, contenía una disposición similar al art. XX.e) del GATT que fue objeto de una declaración interpretativa por parte de EEUU en el momento de la ratificación, según la cual, se incluían los productos fabricados haciendo uso del trabajo esclavo (Diller y Levy, 1997: 683-684).

Sea como fuere, hasta la fecha no se han dado controversias comerciales con ocasión del art. XX.e) del GATT en el seno del SSD de la OMC.

External Economic Relations on the introduction of a social clause in the unilateral and multilateral trading system (A3-0007/94, de 6 de enero de 1994, p. 6).

3.2.1.6.4. Artículo XX.h)

El art. XX.h) del GATT de 1947 excluye de la aplicación de los principios generales del derecho comercial internacional las medidas "adoptadas en cumplimiento de obligaciones contraídas en virtud de un acuerdo intergubernamental sobre un producto básico que se ajuste a los criterios sometidos a las Partes Contratantes y no desaprobados por ellas o de un acuerdo sometido a las Partes Contratantes y no desaprobado por estas"[441]. La fracasada Carta de la Habana para la creación de una OIC contenía un capítulo entero dedicado a los acuerdos intergubernamentales sobre productos básicos y algunos acuerdos finalmente adoptados sobre el estaño, el cacao o el azúcar contenían disposiciones laborales (Diller y Levy, 1997: 685), lo que constituye el precedente más inmediato de las cláusulas laborales en ALC, que estudiaremos más adelante.

Para poder amparar en el art. XX.h) del GATT una posible medida unilateral de restricción del comercio internacional con ocasión de la violación de los estándares laborales más elementales, sería necesario, de esta manera, un acuerdo intergubernamental sobre un producto básico adoptado en una conferencia de negociaciones. Este requisito dificulta la adopción de medidas unilaterales de protección de los DLF por un doble motivo: por un lado, habría que especificar en el acuerdo a qué producto básico nos referimos, lo que resulta difícil en el caso de productos elaborados sin tener en cuenta los DLF y, por otro lado, no existe en la actualidad ningún acuerdo sobre productos básicos adoptado en virtud del art. XX.h) del GATT.

---

441 OMC: Acuerdo General sobre Aranceles Aduaneros y Comercio (GATT de 1947), *op. cit.*, nota 14, p. 542.

3.2.2. La integración de disposiciones laborales a través de la modificación y ampliación del derecho de la Organización Mundial del Comercio

La segunda técnica jurídica de integración de disposiciones laborales en el derecho de la OMC es la que tiene que ver con la modificación o enmienda de los acuerdos que actualmente componen el acervo normativo de la Organización o con la adopción de nuevos acuerdos, ya sean multilaterales o plurilaterales, o decisiones que redunden en una ampliación del derecho vigente en la OMC.

Sin duda, estamos ante el modelo de inclusión de disposiciones laborales en el derecho de la OMC más atractivo por varias razones. En primer lugar, puede llegar a resultar el modelo más efectivo de cara a lograr una mejor protección de los derechos fundamentales de los trabajadores, dado que estamos hablando de un tratado internacional adoptado tras una pertinente negociación que contendría obligaciones específicas para los Estados Parte de dicho acuerdo que estos tendrían que cumplir, atendiendo al principio de *pacta sunt servanda* que informa el Derecho internacional, en el que, además, se puede prever un régimen específico de responsabilidad en caso de incumplimiento. En segundo lugar, este modelo gozaría de la legitimidad que le falta a la interpretación evolutiva por parte de los órganos del SSD de la OMC, por tratarse de un modelo en el que el acuerdo final y sus obligaciones específicas han sido adoptados por el consenso de los Estados miembros que componen la Organización. En tercer lugar, a diferencia del modelo de inclusión de disposiciones laborales vía jurisprudencial, un acuerdo válidamente celebrado proporcionaría normas positivas de procedimiento y sustantivas en las que los miembros podrían basar su comportamiento, aportando seguridad jurídica y previsibilidad al sistema (Chartres y Mercurio, 2012: 723).

Sin embargo, por muy atractivo que resulte, se hace necesario reconocer algunos límites a a esta técnica, pues existen determinados costes relacionados con el procedimiento legislativo en la

OMC que es necesario considerar. En relación con el acuerdo en sí mismo, el principal límite reside en acotar el alcance material de dicho acuerdo, esto es, qué DLF han de estar incluidos. Como veremos en el capítulo correspondiente a los ALC, algunos Estados prefieren referirse a la Declaración de la OIT de 1998, como EEUU, y otros Estados o grupos de Estados prefieren referirse a los 10 CF de la OIT, como la UE. En cuanto a la adopción del acuerdo, debemos recordar que la toma de decisiones en el seno de la OMC se realiza por consenso, aspecto que no parece que vaya a variar en el futuro (Hinojosa, 2021: 78), y que el debate acerca de la inclusión de disposiciones laborales en el derecho de la Organización, aún sin resolver, hace muy difícil la posibilidad de llegar a dicho consenso. Además, en caso de que la normativa actual de la OMC llegase a ser modificada o un nuevo acuerdo o exención adoptado, el último límite es el que tiene que ver con la implementación de las obligaciones asumidas, pues muchos Estados carecen en la actualidad de la infraestructura legal y técnica necesaria para un cumplimiento inmediato de obligaciones en materia laboral. Por último, si el acuerdo finalmente prevé un régimen específico de responsabilidad por incumplimiento, independientemente de que contemple contramedidas o multas monetarias, es importante recordar que en el seno de la OMC, quienes acuden al SSD son los propios Estados miembros, solo los gobiernos pueden comenzar una diferencia comercial contra otro gobierno ante los órganos jurisdiccionales de la OMC, no pudiendo formar parte de dicha diferencia las ONG o las confederaciones de trabajadores, aspecto que resta efectividad al modelo, pues, como sabemos, los Estados son reacios a demandarse entre sí por incumplimientos de obligaciones en materia laboral.

Con todo, a continuación, estudiaremos las propuestas que utilizan el procedimiento legislativo en el seno de la OMC para, o bien enmendar el GATT de 1947, o bien adoptar un nuevo acuerdo, ya sea multilateral o plurilateral, o bien acordar una exención para la inclusión de disposiciones laborales.

3.2.2.1. La enmienda del GATT

Una de las propuestas más extendidas para integrar los DLF en el sistema multilateral de comercio internacional es la enmienda del GATT de 1947, que, como sabemos, se incorporó al acervo normativo de la OMC en el año 1994. Los que defienden esta propuesta argumentan que la modificación de este Acuerdo para integrar los estándares laborales fundamentales internacionalmente reconocidos incentivaría los esfuerzos nacionales de implementación de sus propios compromisos bajo estos principios y dotaría el sistema de una mayor previsibilidad y legitimidad (Thomas, 2004: 389). No obstante, si bien es cierto que las enmiendas de las disposiciones del GATT surtirán efecto para los miembros que las hayan aceptado tras su aceptación por dos tercios de los miembros, y después, para cada uno de los demás miembros, tras su aceptación por él, para que la Conferencia Ministerial llegue a someter a la aceptación de los miembros una enmienda del GATT es necesario lograr un consenso[442], consenso que, por otro lado, parece lejos de conseguirse en estos momentos en el seno de la OMC.

Aunque es cierto que se han realizado propuestas de reforma de numerosos preceptos del GATT de 1947, como la reforma del art. XIX relativo a "salvaguardias", como ocurría en las propuestas para una interpretación evolutiva de los preceptos del GATT para dar amparo a las disposiciones laborales, el art. XX del Acuerdo, relativo a "excepciones generales" es el que más atención ha recibido a la hora de proponer enmiendas al GATT.

Así, la doctrina propone modificar, entre otros, los párrafos b) y g) del art. XX para incluir la protección de la vida y la salud de las personas y de los animales, o la conservación de los recursos naturales agotables "de acuerdo con los principios reconocidos en los acuerdos multilaterales incluidos en el Anexo" y, al mis-

---

442 Vid. Art. X del Acuerdo de Marrakech por el que se establece la Organización Mundial del Comercio, *op. cit.*, nota 323, p. 17.

mo tiempo, introducir un Anexo donde figuren los CF de la OIT (Thomas, 2004: 389), o, en su defecto, la Declaración de 1998, lo que supondría el recurso al reenvío normativo. Además, con esta enmienda no se imponen obligaciones específicas, eliminando los impedimentos impuestos por el derecho de la OMC al desarrollo de regímenes paralelos que aborden cuestiones laborales, preservando cierta flexibilidad y confiando en la voluntad política de los Estados (Thomas, 2004: 390). De hecho, esta ha sido la fórmula empleada para integrar cláusulas laborales en los diferentes ALC que estudiaremos más adelante.

Otro párrafo que ha recibido mucha atención es el ya mencionado párrafo e) del art. XX del GATT, relativo a los productos fabricados en prisiones y la única mención a las condiciones laborales contenida en el GATT, aunque dicha mención esconde, en realidad, una medida económica destinada a evitar la competencia desleal (Joshep, 2011: 104; Ushakova, 2016: 12). En relación con este art. XX.e) del GATT, algunos autores proponen recurrir al reenvío normativo y aplicar el precepto "de acuerdo con los principios reconocidos en los acuerdos multilaterales incluidos en el Anexo pertinente", en el que se incluirían los CF de la OIT (Thomas, 2004: 389) o la Declaración de la OIT de 1998. Otros autores, sin embargo, centran sus propuestas en completar el precepto con obligaciones específicas en el sentido de incluir, no solo los productos fabricados en prisiones, sino también los fabricados haciendo uso del trabajo infantil, el trabajo forzoso, la discriminación o aquellos productos fabricados inobservando los CF de la OIT relativos a la libertad de asociación y negociación colectiva (Hinojosa, 2002: 104).

3.2.2.2. La celebración de un nuevo Acuerdo

3.2.2.2.1. Un Acuerdo Multilateral: el antecedente del TRIPS

La propuesta más ambiciosa aportada hasta la fecha por la doctrina[443] es la celebración de un nuevo acuerdo multilateral, hipotéticamente denominado Acuerdo sobre los Aspectos de los Estándares Laborales Internacionales relacionados con el Comercio (TRILS por sus siglas en inglés). Este Acuerdo vendría a integrar normativamente los DLF contenidos en los CF o, en su defecto, en la Declaración de la OIT de 1998 relativa a los Principios y Derechos Fundamentales en el Trabajo y su Seguimiento, introduciendo unos estándares laborales mínimos en el sistema multilateral de comercio internacional e imponiendo obligaciones específicas a todos los miembros de la OMC, pero sin constituir una barrera u obstáculo a las relaciones comerciales internacionales.

En comparación con las propuestas anteriores, este Acuerdo, al igual que la enmienda del GATT, tendría la ventaja de evitar el problema de la falta de legitimidad de la introducción de disposiciones laborales en el derecho de la OMC a través de la interpretación de las disposiciones del GATT por parte de los órganos jurisdiccionales del SSD de la Organización.

En cuanto al incumplimiento de este hipotético TRILS, Renee Chartres y Bryan Mercurio proponen que una posible diferencia relacionada con este Acuerdo no se someta directamente al OSD de la OMC, sino a consultas y negociaciones multilaterales previas en el seno de un Comité antes de aplicar contramedidas comerciales, siendo necesario para ello crear un Comité sobre Comercio y Derechos Laborales, cuya labor principal consistiría en hacer un seguimiento exhaustivo del cumplimiento del TRILS por parte

---

[443] Entre los autores que han defendido esta propuesta sobresalen Chantal Thomas (Thomas, 2004: 391-393), así como Renee Chartres y Bryan Mercurio (Chartres y Mercurio, 2012: 717-721).

de los miembros de la OMC[444] (Chartres y Mercurio, 2012: 719). Si estas consultas y negociaciones fracasan, la diferencia acabaría sometiéndose al OSD de la OMC, siguiendo el proceso estipulado en el Acuerdo sobre sobre el Entendimiento relativo a las Normas y Procedimientos por los que se rige la Solución de Diferencias y el miembro infractor podría llegar a hacer frente a contramedidas comerciales.

Si bien es cierto que esta propuesta puede resultar atractiva, sin embargo, resulta la más complicada de llevar a cabo, pues para adoptar un nuevo acuerdo multilateral en el seno de la OMC, al igual que para adoptar cualquier tipo de decisión, es necesario lograr el consenso de todos los miembros de la Organización[445], y, como ya sabemos, la ferviente oposición de los PVD a la integración de disposiciones laborales en el sistema multilateral de comercio internacional lastraría la adopción de un acuerdo multilateral como el TRILS. Esta serie de Estados tratarían de escudarse, una vez más, en la teoría de que la OMC únicamente debe servir a fines puramente comerciales y de eliminación de las barreras al comercio internacional, debiendo dejar la protección de los DLF a la Organización encargada de estos fines, esto es, la OIT. No obstante, la existencia en la actualidad de un precedente de acuerdo multilateral sobre aspectos relacionados con el comercio, pero no puramente comerciales, desmontaría este argumento.

---

444 Según estos autores, cuando se acusa a un miembro de violar los DLF y, por lo tanto, el TRILS, el Comité sobre Comercio y Derechos Laborales permitiría al Miembro en cuestión responder y proporcionaría un período de tiempo para que el miembro acusado rectifique sus incumplimientos. Si el miembro impugna la acusación o se niega a enmendar sus políticas o prácticas, los miembros de la OMC podrían presentar una queja ante el OSD. Si las consultas no resuelven la disputa, se formaría un GE y se seguiría con el proceso ordinario de solución de diferencias (Chartres y Mercurio, 2012: 719).

445 Vid. Art. X del Acuerdo de Marrakech por el que se establece la Organización Mundial del Comercio, *op. cit.*, nota 323, p. 17.

El TRIPS tiene como finalidad elevar la protección otorgada a los derechos de propiedad intelectual e industrial a nivel multilateral, sometiendo los incumplimientos al SSD de la OMC y, en su caso, a eventuales contramedidas (Fernández, 2017: 121). El origen del TRIPS fue el deseo de los Estados miembros de la OMC de extender el alcance del derecho de la Organización a ámbitos de la actividad económica que habían sido excluidos del régimen del GATT de 1947. Así como la razón de ser de un acuerdo multilateral como el GATS se antoja sencilla de entender, pues la reglamentación de los servicios está estrechamente relacionada con el comercio internacional, sin embargo, la razón de ser de un acuerdo como el TRIPS, en el cual se amparan no la propiedad intelectual e industrial *per se*, sino los derechos derivados de esa propiedad intelectual e industrial es más difícil de justificar. En palabras de Chantal Thomas, "los Estados signatarios del TRIPS adoptaron el Acuerdo porque el comercio afecta a los derechos de propiedad intelectual e industrial. El valor del derecho de propiedad intelectual aumenta con la capacidad del titular del derecho para aplicarlo y disminuye cuando se puede acceder a la información sin pasar por el titular del derecho. Esto último puede ocurrir porque el productor está operando en una región donde el derecho no existe o no está implementado" (Thomas, 2004: 392).

Salvando las diferencias conceptuales, los derechos de propiedad intelectual e industrial están ligados al comercio con el mismo "cordón umbilical" que los aspectos sociales (Bonet, 2007: 85). Tanto los derechos de propiedad intelectual e industrial, como los DLF y su protección afectan al comercio internacional, siendo todas estas cuestiones las denominadas *trade-related issues*. Como ya sabemos, de una inadecuada tutela de estos derechos surge lo que se denomina *dumping* social, otorgando al Estado infractor una ventaja comparativa en sus relaciones comerciales con otros Estados. En el peor escenario posible, si muchos Estados desean incrementar de esta manera su ventaja comparativa, se produce lo que se denomina "carrera a la baja" (*race to the bottom*) en la protección de los DLF para conseguir mayores cuotas comerciales.

Teniendo en cuenta la razón de ser del TRIPS, como acuerdo relativo a una materia no comercial pero que, sin embargo, afecta de manera directa al comercio internacional, y su inclusión dentro del conjunto de acuerdos multilaterales que conforman el derecho de la OMC, resulta difícil justificar la exclusión de otros acuerdos relativos a derechos laborales o a medio ambiente (Thomas, 2004: 393).

3.2.2.2.2. Un Acuerdo Plurilateral

Además de los acuerdos multilaterales, en la Ronda de Uruguay que dio vida a la OMC en 1994 también se revisaron algunos acuerdos plurilaterales existentes y adoptaron nuevos acuerdos plurilaterales[446]. La característica común a todos estos Acuerdos es que solo comprometen a los Estados que los suscriben, dotando a la OMC de una geometría variable y reduciendo la homogeneidad, pero garantizando, al mismo tiempo, un funcionamiento mucho más ágil de la Organización (Lobejón, 2010: 83), motivos por los cuales esta clase de acuerdos gozan de numerosos adeptos (Duesterberg, 2019: 15).

Como afirma Alberto Sanz Serrano, a diferencia de los acuerdos multilaterales, que regulan los aspectos más complejos del comercio internacional, los acuerdos plurilaterales constituyen el formato más adecuado de regulación de las disciplinas más fáciles de asumir, las que tiene que ver con normas horizontales, ligadas a buenas prácticas o estándares (Sanz, 2019: 82), de ahí que la idea de concluir un acuerdo plurilateral en el seno de la OMC que ampare la tutela de los DLF resulta más realista que la idea de celebrar un acuerdo multilateral en la materia.

---

446 Los Acuerdos Comerciales Plurilaterales de la OMC se encuentran en el Anexo 4 del Acta Final de Marrakech de 1994, que incluye el Acuerdo sobre el Comercio de Aeronaves Civiles, el Acuerdo sobre Contratación Pública, el Acuerdo Internacional de los Productos Lácteos y el Acuerdo Internacional de la Carne de Bovino, aunque estos dos últimos expiraron en 1997.

De un lado, algunas de las ventajas de adoptar un acuerdo plurilateral sobre la protección de los DLF están relacionadas con que, a diferencia del acuerdo multilateral, dado que la ratificación por todos los Estados miembros de la OMC no es imperativa para su entrada en vigor, este Acuerdo en cuestión tiene más posibilidades de ser finalmente adoptado. Con el tiempo, quizá, es probable que más Estados se vayan adhiriendo al Acuerdo si finalmente resulta efectivo. No obstante, es, concretamente, esta voluntariedad en la ratificación su principal inconveniente al mismo tiempo, pues, como sabemos, los principales opositores a todas estas iniciativas son los PVD, quienes, precisamente, son los que tienden a la inobservancia de los DLF para aumentar su ventaja comparativa en el comercio mundial. Además, otro de los inconvenientes puede ser el hecho de que algunos de los Estados dispuestos a participar carezcan de la estructura institucional necesaria en el momento y no puedan hacerlo finalmente por esta razón. Otro límite de los acuerdos plurilaterales y de la geometría variable es que esta puede dar preferencia a unos asuntos sobre otros y, por tanto, al interés de unos miebros de la OMC sobre otros (Leal-Arcas, 2011b: 177). Por último, como apunta el profesor Luis Miguel Hinojosa Martínez, por un lado, este tipo de acuerdos pueden producir un efecto de desviación del comercio internacional "fomentando los intercambios entre los firmantes en detrimento de otros miembros de la OMC, aunque formalmente no disminuyan los beneficios que estos últimos obtienen de las normas aplicables a todos", y, por otro lado, "podrían acabar convirtiéndose en instrumentos de presión en manos de las grandes potencias comerciales que hayan forjado esos acuerdos" (Hinojosa, 2021: 76).

A pesar de los inconvenientes, son muchos los defensores de un acuerdo de este tipo, de entre los que destaca la UE, que afirma que en áreas donde el consenso es inalcanzable, como puede serlo en la tutela de los DLF, los acuerdos plurilaterales deben ser "activamente apoyados"[447]. Bernard Hoeckman y Michel Kostecki, por su parte, afirman que las iniciativas plurilaterales abiertas y no discriminatorias ofrecen la oportunidad de avanzar en temas en los que las preocupaciones sobre la libre circulación no existen o pueden abordarse sin dificultades (Hoeckman y Kostecki, 2001: 6).

A la hora de preguntarnos acerca de la disposición de los miembros de la OMC para adoptar un acuerdo plurilateral de este estilo conviene prestar atención a los precedentes más cercanos y, en este sentido, se antoja pertinente mencionar la iniciativa de Acuerdo sobre Bienes Ambientales, propuesta el 8 de julio de 2014 por 18 participantes que representan a 46 Estados miembros de la OMC[448]. Este Acuerdo pretende la eliminación de los aranceles que pesan sobre productos ambientales que pueden ayudar a cumplir los objetivos de protección del medio ambiente y el clima. Es importante mencionar que este Acuerdo estará centrado en el comercio de productos, no de los servicios relacionados con dichos productos (Zúñiga, 2016: 250). Entre 2014 y 2016 se sucedieron diferentes negociaciones encaminadas a la adopción del Acuerdo, pero, con fecha de febrero de 2022, este sigue sin ser adoptado.

3.2.2.3. La adopción de una exención

Como por todos es sabido – y criticado –, las decisiones en la OMC se adoptan por consenso, según lo dispuesto en el art. IX.1 del Acuerdo de Marrakech de 1994[449]. Sin embargo, en su apartado tercero, este art. IX prevé que, en situaciones excepcionales,

---

447 UE: *Concept paper "WTO modernisation: Introduction to future EU proposals"*, 2018. Disponible en: https://trade.ec.europa.eu/doclib/docs/2018/september/tradoc_157331.pdf

448 OMC: Acuerdo sobre Bienes Ambientales. Disponible en: https://www.wto.org/spanish/tratop_s/envir_s/ega_s.htm (última consulta: 12 de julio de 2023).

449 Para más información acerca de la regla del consenso en la OMC, se recomienda la lectura de Esther López Barrero (López, 2010: 231-303).

"la Conferencia Ministerial podrá decidir eximir a un miembro de una obligación impuesta por el presente Acuerdo o por cualquiera de los Acuerdos Comerciales Multilaterales, a condición de que tal decisión sea adoptada por tres cuartos de los miembros"[450]. De este párrafo se puede inferir que, por la mayoría de tres cuartos de los Miembros de la Conferencia Ministerial, se podría adoptar una exención (*waiver*) según la cual un Estado miembro no tendría por qué cumplir con lo dispuesto en el GATT, por ejemplo, en el art. XI relativo a restricciones cuantitativas[451] y, por tanto, este Miembro podría adoptar medidas restrictivas del comercio internacional (Murase, 1995: 346). No obstante, para cumplir con los requisitos previstos en el art. IX.3 del Acuerdo de Marrakech, además del acuerdo de tres cuartos de la Conferencia Ministerial, mayoría muy exigente tratándose de la OMC, es necesario justificar la excepcionalidad de las circunstancias, lo cual se antoja difícil en relación con la violación de los DLF y ha ocurrido en pocas ocasiones en el seno de la OMC (Petersmann, 2004: 626).

En esta obra, la autora identifica una serie de ventajas en la adopción de decisiones por consenso, como el hecho de ser el método de adopción de decisiones en el cual se negocian puntos dispares hasta la obtención de un acuerdo general mínimo o el hecho de que las negociaciones pueden adaptarse con más rapidez a los cambios comerciales (López, 2010: 231). No obstante, se trata de un método de adopción de decisiones que también goza de límites, como la importancia del peso económico de los distintos participantes, la falta de control del *quórum* mínimo requerido en las reuniones, los problemas relativos a la no participación, la ausencia o la abstención, el elevado número de Estados miembros de la OMC y la necesidad que tienen todos ellos de participar de manera activa en el proceso de toma de decisiones o la posibilidad de bloqueo (López, 2010: 231-297).

450 OMC: Acuerdo de Marrakech por el que se establece la Organización Mundial del Comercio, *op. cit.*, nota 323, pp. 15-16.

451 Art. XI del GATT de 1947: "Ninguna Parte Contratante impondrá ni mantendrá (...) prohibiciones ni restricciones a la importación de un producto del territorio de otra Parte Contratante o a la exportación o a la venta para la exportación de un producto destinado al territorio de otra Parte Contratante". Vid. OMC: Acuerdo General sobre Aranceles Aduaneros y Comercio (GATT de 1947), *op. cit.*, nota 14, p. 520.

Ahora bien, existe, en la actualidad, un precedente que puede dar pie a pensar que estas exenciones se pueden justificar por cuestiones de derechos humanos. El Proceso Kimberley de Certificación de Diamantes[452] (PKCD) del año 2002 es un acuerdo internacional que, no constituyendo un tratado internacional *per se*, contiene disposiciones que los Estados Participantes han implementado en sus legislaciones nacionales. El PKCD pretende eliminar del comercio lícito de diamantes aquéllos que hayan sido extraídos violando derechos humanos[453] y, para ello, dispone

---

452 OTROS : *Kimberley Process Certification Scheme, Core Document,* 5 de noviembre de 2002. Disponible en: https://www.kimberleyprocess.com/en/system/files/documents/KPCS%20Core%20Document.pdf

453 En mayo del año 2000, se inicia un proceso de consultas tripartitas abiertas bajo la presidencia de Sudáfrica con los gobiernos de los principales países que participan en el comercio de diamantes, así como con la industria y la sociedad civil, denominado Proceso Kimberley, para discutir formas de detener el comercio de "diamantes en conflicto" y garantizar que las compras de diamantes no financiaran la violencia de los movimientos rebeldes y sus aliados que buscaban socavar gobiernos legítimos. Vid. Kimberley Process, "Historia". Disponible en: https://www.kimberleyprocess.com/en/what-kp (última consulta: 12 de julio de 2023). Al poco tiempo, la Asamblea General de la ONU adopta la Resolución 55/56 sobre el papel de los diamantes en el fomento de los conflictos con la intención de crear un esquema internacional para la certificación de diamantes en bruto (Howard, 2016: 145). El proceso de consultas finaliza en noviembre del año 2002 con la adopción de la Declaración de Interlaken, dentro de la cual se encuentra contenido el documento principal del Sistema de Certificación del Proceso Kimberley para la Certificación de Diamantes en Bruto, que entró en funcionamiento en el año 2003 (Price, 2003: 34; Holmes, 2007: 219; Martínez, 2007: 247-248). A través de este Sistema, los países Participantes se comprometen a implementar el PKCD en sus respectivas legislaciones internas y a acompañar a todas las remesas de diamantes en bruto destinadas a la exportación de un certificado que especifique el origen de dichos diamantes y que asegure que estos han sido tratados conforme a las disposiciones del Sistema del PKCD con la finalidad de eliminar la presencia de diamantes de conflicto de la cadena de producción y comercialización. El incumplimiento grave de estas disposiciones conlleva la inclusión temporal del Estado infractor en una lista de países

que los Estados Participantes deben asegurarse de que ninguna remesa de diamantes en bruto se exporta o importa de un país no Participante. En otras palabras, los Estados Participantes en el PKCD pueden adoptar medidas restrictivas del comercio internacional de diamantes con respecto a los países no Participantes en el Proceso, lo que, claramente, es incompatible con el art. XI del GATT de 1947. Para solventar esta incompatibilidad, la OMC adoptó una exención al amparo del art. IX.3 del Acuerdo de Marrakech de 1994 y suspendió temporalmente la aplicación de los principios contenidos en el GATT en relación con las medidas necesarias para prohibir la importación y exportación de diamantes en bruto procedentes de Estados no Participantes en el PKCD en mayo del año 2003[454], prorrogada por última vez en el año 2018[455] (Pauwelyn, 2003: 1178; Martínez, 2007: 261).

En opinión de Pauwelyn, no obstante, la mejor solución al respecto hubiese sido un acuerdo ulterior o decisión interpretativa que afirmase que todas las medidas que prohíban o limiten la importación o exportación de diamantes conflictivos necesarias para la correcta implementación del PKCD se presumen incluidas en la excepción prevista en el artículo XXI del GATT (Pauwelyn, 2003: 1204).

Con todo, este caso concreto abre la puerta a la consideración de exenciones a los principios básicos del GATT relativos a la prohibición de restricciones al comercio entre los miembros de la OMC por cuestiones relativas a derechos humanos, entre los cua-

---

no Participantes, siendo importante el hecho de que el resto de países Participantes tienen la obligación de evitar que ninguna remesa de diamantes en bruto se importa o exporta de un país no Participante (Martínez, 2007: 249-250; Diago, 2009: 81).

Para más información sobre esta cuestión Martínez, 2020 y Martínez, 2021.

454 OMC: *Waiver concerning Kimberley Process Certification Scheme*, 15 de mayo de 2003 (WT/L/518, de 27 de mayo de 2003).

455 OMC: *Extension of waiver concerning Kimberley Process Certification Scheme*, 26 de julio de 2018 (WT/L/1039, de 30 de julio de 2018).

les, como sabemos, se encuentran los derechos laborales contenidos en los CF de la OIT o en la Declaración del año 1998.

3.2.3. La integración institucional de disposiciones laborales en la Organización Mundial del Comercio

Dado que inicialmente hemos definido las disposiciones laborales en este capítulo, entre otros, como "todo mecanismo destinado a la vigilancia y promoción de la observancia de las normas de trabajo, como los grupos consultivos para la facilitación del diálogo, ya sean permanentes o temporales, o los marcos para actividades de cooperación, como la asistencia técnica, el intercambio de buenas prácticas, la formación y otras"[456], queda por analizar, en último lugar, una vez estudiadas las técnicas jurídicas de integración normativa relacionadas con la interpretación evolutiva del derecho de la OMC en vigor y con la adopción de nuevos acuerdos comerciales o enmienda de los actuales, la integración institucional, que pretende la integración de disposiciones laborales en la estructura orgánica de la OMC a través de grupos o actividades de cooperación.

De esta manera, estudiaremos, en primer lugar, una propuesta que lleva sobre la mesa décadas, tal y como es la creación de un Comité sobre Comercio y Derechos Laborales Fundamentales, integrado en la estructura orgánica de la OMC; asimismo, analizaremos la propuesta que pretende una mayor cooperación institucional entre la OMC y la OIT, respetando la estructura orgánica de cada organización.

La ventaja común a estas propuestas es que, si bien no son las más efectivas de cara a la mejora de la tutela de los DLF en el sistema multilateral de comercio internacional, pues no amplían ni imponen obligaciones positivas a los Estados miembros de la OMC, constituyen un primer paso para reabrir el debate relega-

---

456 Vid. nota 322 del presente trabajo.

do en estos momentos a un segundo plano y para avanzar en las negociaciones de cara, en un futuro, a la adopción de propuestas más ambiciosas como la celebración de un nuevo acuerdo comercial multilateral sobre la cuestión.

3.2.3.1. Un Comité sobre Comercio y Derechos Laborales Fundamentales

La idea de crear un órgano en el seno de la OMC cuya función principal consista en analizar la relación entre la liberalización del comercio internacional y la protección de los DLF no es nueva. En 1987, el gobierno de EEUU propuso en el Consejo del GATT el establecimiento de un grupo de trabajo para tal fin, pero fracasó (Shuterland y Sewell, 2001: 95; Meza-Salas, 2017: 736-737). Más adelante, en la Conferencia Ministerial de Seattle de 1999, de nuevo, EEUU propuso la creación de un Grupo sobre Comercio y Trabajo, fracasando nuevamente[457] (Ushakova, 2016: 29).

En la actualidad, art. IV.7 del Acuerdo de Marrakech de 1994 permite a la Conferencia Ministerial establecer Comités con las funciones que estime apropiadas[458]. Este artículo amparó la creación el 14 de abril de 1994 del Comité de Comercio y Medio Am-

---

457 OMC: Preparativos para la Conferencia Ministerial de 1999: Programa de Trabajo Prospectivo de la OMC: Propuesta de establecimiento de un grupo de trabajo sobre el comercio y el trabajo Comunicación de los Estados Unidos (WT/GC/W/382, de 1 de noviembre de 1999).

458 EEUU consideraba que el Grupo de Trabajo debía encargarse de:
Comercio y empleo: examen de los efectos del aumento del comercio y las inversiones internacionales en el nivel y la composición del empleo en los países.
Comercio y protección social: examen de la relación entre la mayor apertura del comercio y la inversión y el alcance y la estructura de la protección social y las redes de seguridad básicas en los países desarrollados y en desarrollo.
Comercio y normas fundamentales del trabajo: examen de la relación entre el desarrollo económico, el comercio y las inversiones internacionales y la aplicación de las normas fundamentales del trabajo.

biente[459], cuya finalidad consiste en "establecer la relación existente entre las medidas comerciales y las medidas ambientales con el fin de promover un desarrollo sostenible y hacer recomendaciones oportunas sobre si son necesarias modificaciones de las disposiciones del sistema multilateral de comercio, compatibles con el carácter abierto, equitativo y no discriminatorio del sistema, en particular en lo que respecta a la necesidad de normas que aumenten la interacción positiva entre las medidas comerciales y las medidas ambientales, para la promoción de un desarrollo sostenible, la evitación de medidas comerciales proteccionistas y la adhesión a disciplinas multilaterales eficaces que garanticen la

---

Incentivos positivos de política comercial y normas fundamentales del trabajo: examen de las posibilidades que ofrecen los incentivos positivos de política comercial para promover la aplicación de las normas fundamentales del trabajo.

Comercio y trabajo infantil forzoso o explotación del trabajo infantil: examen de la extensión del trabajo infantil forzoso o la explotación del trabajo infantil en las industrias que participan en el comercio internacional.

Examen y no aplicación de las normas nacionales del trabajo: examen de los efectos de la no aplicación de las normas nacionales del trabajo (incluso en las zonas de elaboración para la exportación) sobre el comercio internacional, las inversiones y el desarrollo económico.

En este artículo aparecen enumerados el Comité de Comercio y Desarrollo, el Comité de Restricciones por Balanza de Pagos y el Comité de Asuntos Presupuestarios, Financieros y Administrativos. Vid. Art. IV.7 del Acuerdo de Marrakech por el que se establece la Organización Mundial del Comercio, *op. cit.*, nota 323, p. 13.

459 OMC: Decisión sobre Comercio y Medio Ambiente, 14 de abril de 1994 (LT/UR/D-6/2, de 15 de abril de 1994).

En esta decisión se encomendó al Consejo General de la OMC que "en su primera reunión, establezca un Comité de Comercio y Medio Ambiente abierto a la participación de todos los miembros de la OMC, encargado de presentar un informe a la Conferencia Ministerial en la primera reunión bienal que esta celebre después de la entrada en vigor del Acuerdo por el que se establece la OMC, en la que, a la luz de las recomendaciones del Comité, se examinarán la labor y el mandato del mismo".

capacidad de respuesta del sistema multilateral de comercio a los objetivos ambientales y la vigilancia de las medidas comerciales utilizadas con fines ambientales"[460]. En la actualidad, los debates más recientes llevados a cabo en el seno del Comité sobre Comercio y Medio Ambiente tienen que ver con el desarrollo sostenible, las exigencias ambientales y el acceso a los mercados, el etiquetado y los exámenes ambientales[461]. La Decisión por la cual se estableció este Comité sobre Comercio y Medio Ambiente en 1994 fue recibida por la doctrina con optimismo, al considerarla un cambio significativo respecto de la dinámica seguida en el marco del GATT en relación con el medio ambiente y una importante oportunidad de redirección de los objetivos principales del sistema multilateral de comercio internacional (Schultz, 1995: 426).

En relación con los DLF, se ha propuesto en numerosas ocasiones el establecimiento de un Comité análogo al Comité sobre Comercio y Medio Ambiente, que contenga un mecanismo de examen de la relación entre comercio y los DLF con la finalidad de evaluar las posibles consecuencias de las decisiones de la OMC que afecten de manera directa a los estándares laborales elementales internacionalmente reconocidos y en cuyos trabajos colaborase directamente la OIT (Bonet, 2007: 284-285). No obstante, para algunos autores, se trata de una iniciativa modesta y poco ambiciosa (Maupain, 1999: 289).

---

460 *Ibíd.*
La Decisión enumera, además, una serie de cuestiones de las que el Comité sobre Comercio y Medio Ambiente deberá hacerse cargo, entre las que se encuentran la relación entre las disposiciones del sistema multilateral de comercio y las medidas comerciales adoptadas con fines ambientales o la relación entre las políticas ambientales relacionadas con el comercio y las medidas ambientales que tengan efectos comerciales significativos, y las disposiciones del sistema multilateral de comercio.

461 OMC: Comité de Comercio y Medio Ambiente (reuniones ordinarias del CCMA). Disponible en: https://www.wto.org/spanish/tratop_s/envir_s/wrk_committee_s.htm (última consulta: 12 de julio de 2023).

A la hora de medir la eficacia de esta propuesta de llevarse finalmente a cabo, a diferencia de otras propuestas, tenemos el precedente del Comité sobre Comercio y Medio Ambiente para poder evaluar los logros obtenidos por este en el desarrollo de sus funciones durante sus 15 años de vida. El Comité sobre Comercio y Medio Ambiente ha sido uno de los comités de las OMC más activos desde su puesta en funcionamiento en 1995 (Tarasofsky, 1999: 472, Sinha, 2013: 1313), y prueba de ello son sus diferentes informes anuales, en los que se detallan las actividades llevadas a cabo y los informes presentados a las diferentes Conferencias Ministeriales con propuestas concretas para mejorar la protección del medio ambiente a través de la OMC[462]. Si bien no estamos ante una propuesta ambiciosa con obligaciones específicas para los Estados miembros de la Organización como pudiese serlo un acuerdo multilateral, esta propuesta, de llevarse a cabo, tendría la virtud de ir reintroduciendo gradualmente el debate sobre la protección de los DLF en las negociaciones llevadas a cabo en el seno del sistema multilateral de comercio internacional, lo que

---

462 En el informe anual del año 2019, perteneciente a la reunión celebrada el 15 de mayo de ese año, se trataron temas como la reforma de las subvenciones a los combustibles fósiles, la interrelación entre el comercio y el desarrollo sostenible e inclusivo o el ya mencionado Acuerdo sobre Bienes Ambientales.
OMC: Informe de la reunión celebrada el 15 de mayo de 2019 del Comité sobre Comercio y Medio Ambiente: Nota de la Secretaría (WT/CTE/M/67, de 24 de octubre de 2019).
El pasado 3 de julio de 2020 se celebró la reunión anual del Comité sobre Comercio y Medio Ambiente bajo la presidencia de Francia. En esta reunión los Miembros de la OMC examinaron varias propuestas, entre ellas la de intensificar los debates en la OMC sobre cómo puede contribuir la política comercial a luchar contra la contaminación por plásticos y establecer una economía circular mundial. Los Miembros recibieron asimismo información actualizada acerca de la reanudación de diversas iniciativas sobre comercio y medio ambiente, en vista de la reciente flexibilización de las medidas de contención de la COVID-19.
OMC: Informe de la reunión celebrada el 3 de julio de 2020: Nota de la Secretaría (WT/CTE/M/69, de 29 de septiembre de 2020).

podría abrir paso en un futuro a la adopción de alternativas más ambiciosas.

3.2.3.2. Una mayor cooperación institucional entre la Organización Mundial del Comercio y la Organización Internacional del Trabajo

La idea de crear un Foro de Trabajo Conjunto de la OIT y la OMC sobre la globalización del comercio y cuestiones laborales ya fue propuesta por la entonces CE en la Conferencia Ministerial de Seattle de 1999[463] (Ushakova, 2016: 29), pero finalmente no fue llevada a cabo. Aunque es cierto que en la actualidad existe una cooperación entre la OMC y la OIT en términos de intercambio de información, muchos autores abogan por reforzar la cooperación institucional entre ambas Organizaciones de cara a una tutela más efectiva de los DLF en el sistema multilateral de comercio internacional. Esta propuesta, si bien no es la más ambiciosa, resulta la menos intrusiva al objetivo primordial de la OMC, esto es, la eliminación de los obstáculos al comercio mundial[464], y la más respetuosa con la independencia de ambas Organizaciones.

[463] Según la propuesta de la CE, este Foro Conjunto estaría gestionado de manera conjunta por las secretarías de ambas Organizaciones para llevar a cabo análisis sobre la relación entre política comercial, desarrollo y DLF, siempre dejando fuera cualquier tipo de consecuencia comercial con ocasión del incumplimiento de estos. Este Foro no pretende legislar en el seno de la OMC, sino, más bien, determinar las materias que deben ser objeto de diálogo entre gobiernos, confederaciones de trabajadores y representantes de empresarios, teniendo en cuenta la opinión de expertos académicos y otras organizaciones internacionales como la UNCTAD (Lamy, 1999).

[464] Recordemos que la Declaración Ministerial de la Conferencia Ministerial de Singapur en 1996 renueva el compromiso de los Estados miembros de la OMC de respetar los estándares mínimos internacionales en materia laboral, pero afirma que la Organización Internacional competente para la observancia de estos temas es la OIT. Vid. OMC: Declaración Ministerial de Singapur, *op cit.*, nota 17, párr. 4.

Los autores que defienden esta propuesta difieren, sin embargo, respecto de cuál debería ser el alcance de dicha cooperación institucional. Por un lado, algunos autores defienden la vinculación de la constatación de una vulneración de los CF a través del procedimiento de queja del art. 26 de la Constitución de la OIT a la actuación de la OMC, a través de su propio SSD, para adoptar las medidas oportunas a tenor de la gravedad de la infracción (Bonet, 2007: 284). Se trata de un procedimiento de traspaso hacia la OMC de la potestad de reacción institucionalizada que prevé el ya estudiado art. 33 de la Constitución de la OIT. No obstante, este planteamiento choca con algunos inconvenientes: en primer lugar, sería necesario reformar tanto el Acuerdo sobre el Entendimiento relativo a las Normas y Procedimientos por los que se rige la Solución de Diferencias de la OMC como la Constitución de la OIT; en segundo lugar, se daría una ausencia del diálogo tripartito en algunas fases del procedimiento, en concreto, en las fases en las que el procedimiento recae sobre la OMC; por último, es importante no olvidar que el funcionamiento y la dinámica de ambas Organizaciones es muy diferente (Ago, 1999: 174). Por otro lado, otros autores argumentan que esta cooperación institucional debería consistir en que la OIT se especializara en valorar el grado de cumplimiento de los DLF a través de su CEACR y en ofrecer asistencia técnica a los países infractores, y la OMC, por su parte, se encargara de "imponer sanciones comerciales" al incumplimiento de los estándares laborales fundamentales (Ehrenberg, 1995: 405; Lim, 1998: 24; Elliot y Freeman, 2003: 89-90). Sin embargo, el hecho de que la OMC se encargue de "sancionar" comercialmente a un Estado por el incumplimiento de los DLF no termina de convencer a algunos autores, que defienden que las sanciones deberían ser impuestas por la OIT (Elliot y Freeman, 2003: 89).

3.3. PROPOSICIÓN DE UN NUEVO MODELO DE INTEGRACIÓN BIFÁSICA DE DISPOSICIONES LABORALES EN EL DERECHO DE LA ORGANIZACIÓN MUNDIAL DEL COMERCIO: COMITÉ PRIMERO, ACUERDO DESPUÉS

El sistema multilateral de comercio mundial, uno de los logros más notables de la comunidad internacional tras el desastre de la Segunda Guerra Mundial, representado durante la mayor parte del siglo XIX por el GATT y, posteriormente, por la OMC, organización internacional con personalidad jurídica propia, ha sido el responsable de la liberalización del comercio mundial y de la eliminación progresiva de las barreras y obstáculos a las relaciones comerciales entre Estados soberanos. Desde la adopción del GATT en el año 1947, este ha sido el objetivo principal del subsistema de Derecho internacional que rige la cooperación multilateral entre Estados soberanos sobre cuestiones comerciales, compuesto por una serie de normas y principios específicos.

Sin embargo, este sistema multilateral de comercio internacional, por integrado y sistematizado que esté, no se encuentra "clínicamente aislado", pues ha de ser interpretado en armonía con los principios del Derecho internacional general. Como afirmaba Pascal Lamy en el año 2007, "la eficacia y la legitimidad del derecho de la OMC dependen, en gran medida, de cómo este se relacione con las normas de los demás sistemas jurídicos, así como de la naturaleza y la calidad de las relaciones de la OMC con las demás organizaciones internacionales" (Lamy, 2007: 19). Es por ello que el debate acerca de la inclusión de disposiciones laborales en el sistema multilateral de comercio internacional resulta de gran importancia por un doble motivo: por un lado, la inclusión de disposiciones laborales en el derecho de la OMC ayudaría a mejorar la tutela de los DLF, intrínsecamente ligados con la esfera de las relaciones comerciales internacionales; por otro lado, la inclusión de *trade-related issues* en el seno de la OMC, esto es, cuestiones no puramente comerciales pero relacionadas con el comercio, como la cuestión laboral o la cuestión ambiental, aportaría eficacia y legitimidad al acervo normativo de esta Organización. En palabras de Ernst-Ulrich Petersmann, "los derechos humanos y las reglas de liberalización del comercio sirven funciones complementarias" (Petersmann, 2004: 612).

No obstante, a pesar de los evidentes beneficios de la formalización del nexo entre comercio y trabajo en el sistema multilateral de comercio internacional, el debate acerca de la inclusión de disposiciones laborales en el derecho de la OMC no ha llegado a buen término por el momento. Como hemos podido comprobar a lo largo de la primera parte del presente capítulo, si bien algunos Estados, como EEUU o algunos de los países que forman la UE, han propuesto la inclusión de disposiciones laborales, primeramente en la época del GATT y, posteriormente, en las diferentes Conferencias Ministeriales de la OMC, a través de diferentes fórmulas, como grupos de trabajo o foros de trabajo conjuntos, siempre se han encontrado con la oposición de los PVD que, temerosos de perder su ventaja comparativa en el comercio internacional resultante de la devaluación de los estándares laborales fundamentales, se han negado a que los DLF formen parte del derecho de la OMC. En la Declaración Final de la Conferencia Ministerial de Singapur de 1996, en la que la inclusión de disposiciones laborales en el seno de la OMC fue uno de los principales puntos de la agenda negociadora, se trata de zanjar la cuestión aclarando que organización internacional competente para la observancia de estos temas es la OIT y que los PVD tienen derecho a mantener la ventaja comparativa que les reportan sus bajos salarios, inclinando así la balanza en favor de los intereses y pretensiones de los PVD en el debate y tratando de relegar dicho debate a un segundo plano.

Este debate acerca de la inclusión de disposiciones laborales en el derecho de la OMC se ha visto apartado de las prioridades negociadoras de los Estados miembros de la Organización que, en la actualidad, están tratando de solventar la profunda crisis institucional en la que la OMC se halla inmersa. Como hemos tenido ocasión de analizar, cuestiones como la guerra comercial entre China y EEUU, el papel de los PVD y su trato especial y diferenciado, el aumento de los acuerdos comerciales bilaterales y regionales, el bloqueo del OA de la OMC o la actual crisis de la COVID-19 acaparan toda la atención de los Estados miembros de la Organización que, en los próximos meses, habrán de hacer alarde de solidaridad y voluntad de cooperación si su deseo es que el sistema multilateral de comercio internacional sobreviva y siga reglamentando las relaciones comerciales internacionales entre Estados soberanos.

Para solventar la crisis que sufre la OMC en la actualidad, algunos Estados y bloques regionales están aportando propuestas de modernización de la estructura y del funcionamiento de la Organización y es, precisamente, en este momento cuando conviene rescatar el debate acerca de la inclusión de disposiciones laborales en el derecho de la OMC, pues unas negociaciones abiertas de modernización de la OMC es una gran oportunidad para replantear la cuestión laboral y proponer un modelo sólido de integración de disposiciones laborales en el derecho de la Organización.

A la hora de estudiar de qué manera habrían de ser integradas las disposiciones laborales en el derecho de la OMC, en la segunda parte del capítulo se han analizado las diferentes técnicas jurídicas de integración normativa propuestas por la doctrina a finales de los años 90 y principios del 2000, momento en el que la tutela de los DLF en el sistema multilateral de comercio internacional acapara la atención de grandes expertos en comercio internacional, como consecuencia del debate llevado a cabo en las Conferencias Ministeriales de Singapur y Seattle y de la adopción de la Declaración de Principios de la OIT de 1998. En primer lugar, se han estudiado las propuestas que abogan por la integración de disposiciones laborales en el derecho de la OMC a través de la interpretación evolutiva de sus acuerdos por parte de los órganos del SSD de la OMC, esto es, utilizar la normativa comercial multilateral vigente y dotarla de un enfoque interpretativo diferente para dar cabida a los DLF, dentro de la cual, el art. XX del GATT relativo a excepciones generales es el que más atención ha recibido por parte de la doctrina. Si bien hemos afirmado que esta propuesta constituye la vía más sencilla, en términos prácticos, de integración de disposiciones laborales, pues prescinde de toda negociación y consenso entre los Estados miembros, no obstante, posee numerosos límites que no pueden ser ignorados, donde el más importante es la falta de legitimidad, al tener la potencial capacidad de imponer obligaciones a los Estados miembros de la OMC que estos no han consensuado. En segundo lugar, se han analizado las propuestas relacionadas con la enmienda del derecho de la OMC en vigor o con la posible adopción de un nuevo acuerdo comercial multilateral o plurilateral que incluya la tutela de los DLF con un eventual régimen de responsabilidad por incumplimiento de dichos derechos e, incluso, la adopción de una posible exención al amparo del art. IX del Acuerdo de Marrakech. Este es el modelo más radical y potencialmente efectivo propuesto hasta la fecha, pues supone crear nuevas obligaciones para los Estados miembros de la Organización y someter su incumplimiento al SSD y a posibles contramedidas comerciales. No obstante, este modelo es, al mismo, tiempo, el más difícil de llevar a cabo, dado que para crear estas nuevas obligaciones sería necesario alcanzar un consenso que, en el seno de la OMC, dada la crisis institucional que sufre en la actualidad, se antoja difícil de conseguir. En tercer y último lugar, no hemos dejado de observar iniciativas que, si bien no pretenden la interpretación, la modificación o la adopción de normativa comercial multilateral, se centran en refuerzo de la cooperación a nivel institucional, a través de la creación de un Comité sobre Comercio y Derechos Laborales Fundamentales que vuelva a reposicionar el debate en los puntos más altos de la agenda negociadora de los Estados miembros de la OMC o de un Foro de Trabajo Conjunto entre la OMC y la OIT para estrechar la cooperación entre ambas Organizaciones y mejorar la tutela de los DLF.

La actual crisis institucional que está viviendo la OMC y crisis sanitaria derivada de la COVID-19 que ya ha causado graves estragos en la economía mundial claman una adaptación de las normas y principios que componen el sistema multilateral de comercio internacional a la realidad existente y una modernización de la organización internacional encargada de velar por el buen funcionamiento de este sistema, la OMC. Puestos a replantear las bases del sistema, consideramos que es una buena ocasión para rescatar el debate acerca de la inclusión de disposiciones laborales en el sistema multilateral de comercio internacional y, por tanto, resulta necesario posicionarnos sobre el mejor modelo de los anteriormente analizados.

Desde el presente trabajo de investigación consideramos que la inclusión de disposiciones laborales en el sistema multilateral de comercio internacional ha de hacerse en dos fases diferenciadas. En la primera fase, al tiempo que se suceden las negociaciones para la modernización de la OMC, cabría plantearse la creación de un Comité sobre Comercio y Derechos Laborales Fundamentales al amparo del art. IV.7 del Acuerdo de Marrakech de 1994. La buena experiencia con su análogo Comité sobre Comercio y Medio Ambiente supone un incentivo para la creación de un Comité en el seno de la estructura orgánica de la OMC que estudie la relación existente entre comercio y DLF internacionalmente reconocidos, reabra el debate y aporte nuevas ideas acerca de la mejor manera de proceder para, paulatinamente, ir incluyendo disposiciones laborales en el derecho de la OMC. En esta primera fase, el Comité sobre Comercio y Derechos Laborales Fundamentales sería el encargado de realizar propuestas que habrían de ser tenidas en cuenta en las diferentes Conferencias Ministeriales de la OMC por sus Estados miembros. Al igual que el Comité sobre Comercio y Medio Ambiente ha propuesto la adopción del Acuerdo plurilateral sobre Bienes Ambientales, actualmente en negociación, el Comité sobre Comercio y Derechos Laborales Fundamentales podría, asimismo, plantear la adopción de un acuerdo plurilateral o multilateral sobre la materia. En una segunda fase, cuando las discusiones y las propuestas en el seno del Comité sobre Comercio y Derechos Laborales Fundamentales se tornen sólidas y cuando se halla conseguido reposicionar el debate entre las prioridades negociadoras dentro de las próximas Conferencias Ministeriales, es el momento de plantear la adopción de un acuerdo comercial, preferiblemente multilateral, análogo al TRIPS para proteger los DLF. Este acuerdo multilateral tendría la ventaja, como sabemos, de crear obligaciones positivas que los Estados miembros de la OMC habrían de cumplir, sujetos los eventuales incumplimientos al SSD de la Organización y a una posible contramedida de carácter comercial.

Si bien, desde el presente trabajo de investigación apostamos por la celebración de un acuerdo comercial multilateral que pretenda mejorar la tutela de los DLF asociando los incumplimientos a contramedidas comerciales, entendemos que cambios tan importantes como este requieren un tiempo de adaptación y, precisamente para lograr esta adaptación planteamos la creación de un Comité sobre Comercio y Derechos Laborales Fundamentales, que allane el terreno hacia la adopción de un nuevo acuerdo y ofrezca asistencia técnica a los Estados que actualmente poseen más dificultades para implementar las normas laborales fundamentales internacionalmente reconocidas en sus legislaciones nacionales por carecer de la estructura institucional o financiera necesaria para tal fin. La finalidad del Comité y, por tanto, de la primera fase, es reintroducir el debate sobre el nexo entre comercio y DLF en la agenda negociadora de los Estados miembros de la OMC y equilibrar los intereses de todos ellos hasta conseguir un consenso que facilite la adopción de un posible TRILS, objetivo primordial de la segunda fase de nuestro modelo.

Con todo, no podemos olvidar que la OMC está sufriendo su mayor crisis institucional desde su creación en 1994 y que, para poder llevar a cabo todas las propuestas de modernización de su estructura y funcionamiento y para poder, asimismo, reabrir el debate sobre comercio y DLF e implantar el modelo de dos fases que proponemos en nuestro trabajo de investigación, primero es necesario que los Estados miembros de la OMC muestren una verdadera voluntad política de cooperar multilateralmente en cuestiones comerciales y un verdadero deseo de rescatar a la Organización de su inminente defunción, si la crisis que sufre actualmente no deja de agudizarse y los Estados no le ponen remedio.

Capítulo 4

Los sistemas bilaterales y regionales de comercio internacional: las cláusulas laborales en los acuerdos de libre comercio: ¿una alternativa al fracaso en la Organización Mundial del Comercio?

Tras el fracaso de los intentos por integrar disposiciones laborales en el derecho de la OMC, desde la década de 1990, los PD vienen introduciendo, a través de la técnica jurídica del reenvío normativo, dentro de las posibles técnicas de integración normativa vía legislación por referencia, las normas laborales fundamentales en los sistemas bilaterales y regionales de comercio internacional, es decir, vienen integrando la tutela de los DLF en sus tratados comerciales bilaterales y regionales a través de lo que, en adelante, denominaremos cláusulas laborales (Smith *et al.*, 2021: 128).

Cuando hablamos de sistemas bilaterales y regionales de comercio internacional nos referimos a los ALC concluidos por dos Estados o por una región, en tanto en cuanto estos acuerdos comerciales crean sus propios subsistemas jurídicos de normas, dentro de los cuáles se dan relaciones intrasistémicas de complementariedad (Bermejo, 2011: 223-224). No se trata de una compilación aleatoria de normas en materia comercial, sino que entre estas normas existen relaciones significativas, y las reglas y principios de que están compuestos estos sistemas jurídicos y las instituciones que estos crean y controlan surten efecto en relación con otras normas y principios, debiendo interpretarse en el contexto de estos (Andrés, 2018: 39). En otras palabras, estamos ante regímenes internacionales con sus propias normas primarias y secundarias de aplicación.

Jurídicamente hablando, los ALC[465] son tratados internacionales[466] bilaterales o plurilaterales que tienen como finalidad la eliminación mutua tanto de las barreras arancelarias como de las barreras no arancelarias al comercio internacional (Krueger, 1995: 5; Fernández, 2016: 125). En la medida en que ofrecen un trato comercial privilegiado a unos Estados frente a otros, estos ALC suponen una excepción a la cláusula de NMF, prevista en el art. I del GATT, que afirma que "cualquier ventaja, favor, privilegio o inmunidad concedido por una parte contratante a un producto originario de otro país o destinado a él, será concedido inmediata e incondicionalmente a todo producto similar originario de los territorios de todas las demás partes contratantes o a ellos destinado"[467]. No obstante, la OMC, dando, en opinión del profesor Antonio Remiro Brotóns, sabias muestras de flexibilidad, admitió esta excepción en el art. XXIV del GATT, relativo a las Uniones Aduaneras y Zonas de Libre Comercio, siempre que se cumplan los presupuestos y requisitos contenidos en dicho artículo (Remiro, 1999: 15). En su momento, se entendió que esta serie de acuerdos excepcionales vendrían a reforzar el multilateralismo, en primer lugar, por su efecto de creación de nuevos flujos comerciales internacionales y, en segundo lugar, por la creación de procesos de liberalización adicionales (Remiro, 1999: 16), aunque nunca han carecido de críticos y detractores[468].

465 También denominados acuerdos comerciales regionales por la OMC o acuerdos comerciales preferenciales.

466 Definidos en el sentido del art. 2.1.a) de la Convención de Viena de 1969: "Acuerdo internacional celebrado por escrito entre Estados y regido por el Derecho internacional, ya conste en un instrumento único o en dos o más instrumentos conexos y cualquiera que sea su denominación particular". Vid. ONU: Convención de Viena sobre el Derecho de los Tratados, *op. cit.*, nota 42, p. 443.

467 OMC: Acuerdo General sobre Aranceles Aduaneros y Comercio (GATT de 1947), *op. cit.*, nota 14, p. 505.

468 Uno de los autores más críticos con los ALC ha sido Jadish Bhagwati (Bhagwati, 2008; Bhagwati, 2014).
Por su parte, la UNCTAD, cita estadística que apuntan a que los ALC inciden negativamente en la desigualdad salarial, en un aumento del

Sin embargo, lo que comenzó siendo una excepción, se ha convertido en la regla. Por la capacidad de los ALC de facilitar el acceso de los PVD y PMA a los mercados de los PD, y por constituir una importante herramienta geopolítica (Arrieta, 2017: 103), en la actualidad hemos pasado, como bien dice Ana Manero Salvador, de un marco comercial multilateral, más o menos previsible, a una atomización de las relaciones comerciales a través de ALC, muchos de ellos bilaterales (Manero, 2018: 29), originándose, de esta manera, una hiperfragmentación del comercio mundial. Con fecha de julio de 2023, la OMC tiene registrados 356 ALC en vigor[469], dando así lugar a lo que la doctrina denomina un *spaguetti bowl* (Bhagwati, 1995), esto es, un complejo entramado de relaciones comerciales a nivel global en el que las clásicas reglas multilaterales instauradas en su día por el GATT pierden fuerza paulatinamente (Manero, 2018: 45).

La rápida proliferación de los ALC desde principios de la década de 1990, representada en la Figura 4.1., es uno de los eventos más destacables del sistema del comercio mundial (Baldwin y Jaimovich, 2012: 10).

---

desempleo (particularmente en los grupos considerados como más vulnerables) y una drástica caída de las ratios de asociación sindical y de negociación colectiva, entre otros. Adicionalmente, preocupan los significativos costes económicos de esta serie de ALC en los PVD y PMA, en el sentido que imponen un marco regulador adicional muy difícil de asumir en muchos casos. Vid. UNCTAD: *Trade and Development Report, 2014: Global Governance and Policy Space for Development*, p. 6. Disponible en: https://unctad.org/en/PublicationsLibrary/tdr2014_en.pdf

469 OMC: Acuerdos de Libre Comercio en vigor. Disponible en: http://rtais.wto.org/UI/PublicMaintainRTAHome.aspx (última consulta: 13 de julio de 2023).

Figura 4.1.: Evolución de los ALC, 1948-2022.

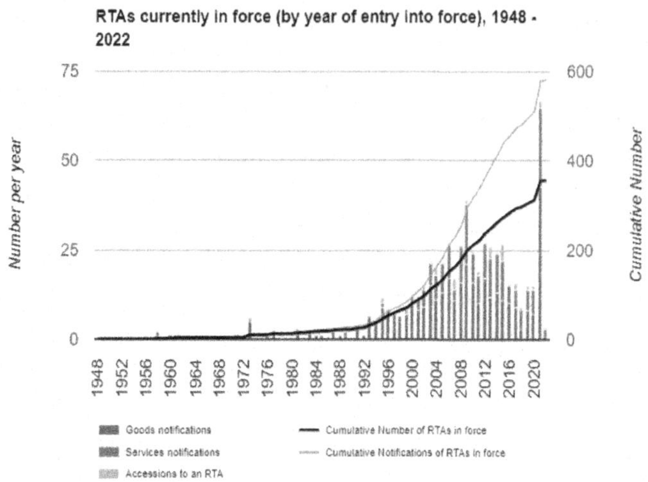

* Fuente: Secretaría de la OMC. Disponible en: http://rtais.wto.org/UI/PublicMaintainRTAHome.aspx

Con este exponencial aumento de los ALC en vigor y la incorporación a las negociaciones de PVD y PMA deseosos de acceder a grandes mercados y ventajosas condiciones arancelarias, también aumentaron las preocupaciones de los PD por los efectos colaterales de dichos acuerdos sobre las condiciones laborales de los trabajadores de sus socios comerciales, pues se temía una degradación de los DLF internacionalmente reconocidos para conseguir un aumento de su competitividad en los mercados internacionales. En definitiva, los PD temían la práctica del denominado *dumping* social y, para evitarlo, también desde principios de los años 90, comienzan a integrar cláusulas laborales en sus ALC. Entre 1994 y 2019 se han concluido 85 ALC con cláusulas laborales que involucran a 139 Estados[470].

[470] OIT: *Application of International Labour Standards 2019: Report of the Committee of Experts on the Application of Conventions and Recommendations. Report III (Part A)*, 2019, Ginebra, p. 17. Disponible en: https://www.ilo.

En el presente capítulo ya no utilizaremos la expresión "disposiciones laborales", sino la de "cláusulas laborales" por ser esta más limitada en su alcance, refiriéndose únicamente a la "cláusula por la cual, a la firma de un tratado comercial, un país se obliga a respetar estándares laborales mínimos en favor de sus ciudadanos, pudiéndose imponer sanciones en caso de incumplimiento" (Meza-Salas, 2017: 683). Consideramos que esta definición de "cláusulas laborales" es la más acertada porque, en primer lugar, hace referencia a cláusulas jurídicas integradas en tratados comerciales internacionales; en segundo lugar, circunscribe el ámbito material de estas cláusulas a los estándares laborales mínimos en favor de sus ciudadanos; y, en tercer lugar, la imposición de sanciones no es imprescindible en este tipo de cláusulas "pudiéndose imponer" o no[471]. No obstante, hay que recordar que lo que algu-

---

org/wcmsp5/groups/public/—ed_norm/—relconf/documents/meetingdocument/wcms_670146.pdf

471 Algunos autores definen ampliamente estas cláusulas como "toda norma – legalmente vinculante o no – que tienda a fijar mínimos de protección social a nivel internacional" (Ferreira *et al.*, 2002: 241). Sin embargo, para el presente estudio, esta definición se antoja vaga e imprecisa, pues no se circunscribe al ámbito de los acuerdos comerciales internacionales y, asimismo, menciona normas de protección social, no haciendo alusión a las normas laborales fundamentales.
Otros autores tratan de definir de manera más estricta las cláusulas laborales al afirmar que se trata de "cláusulas que, en los tratados internacionales de comercio, fijan normas mínimas o equitativas de trabajo como condición para beneficiarse de las ventajas que surgen de los tratados" (Servais, 1989: 425). Respecto de esta definición, cabe mencionar que se formuló al inicio de la práctica por parte de los Estados de incluir cláusulas laborales en los acuerdos comerciales, iniciándose dicha práctica, como tendremos ocasión de comprobar, con la firma del Acuerdo de Libre Comercio de América del Norte de 1994, por lo que quizá resulta obsoleta para el presente análisis. Además, presupone que todas las cláusulas laborales son condicionales, esto es, que su incumplimiento lleva aparejada una posible contramedida como puede ser la privación de las ventajas que surgen de los tratados, lo que en la actualidad se demuestra equívoco, pues, por ejemplo, hasta ahora la UE no vinculaba el incumplimiento de estas cláusulas a una com-

nos autores denominan "sanciones" son, técnicamente hablando, contramedidas *sui generis*, ya que, como veremos a lo largo del capítulo, no existe una autoridad superior que las impone, sino que, de manera horizontal, son los propios Estados quienes adoptan estas contramedidas cuando otro Estado incumple las disposiciones del ALC de que se trate.

En relación con estas cláusulas laborales, muchos autores hablan indistintamente de "cláusulas laborales" y "cláusulas sociales". No obstante, para el presente análisis se prefiere el uso de "cláusulas laborales" en lugar de "cláusulas sociales", pues se entiende que dentro de estas últimas pueden incluirse disposiciones no solo en materia de DLF, sino también algunos derechos de los ciudadanos como el derecho a la salud, a la seguridad alimentaria o a un medio natural no contaminado (Remiro, 2002: 1071; Rivera, 2018: 35-36). En este análisis únicamente prestaremos atención a aquellas cláusulas cuyo contenido material hace referencia a las normas fundamentales del trabajo, esto es, a los CF y a la Declaración de 1998 de la OIT.

---

pensación monetaria o comercial, con la única excepción del Acuerdo UE-CARIFORUM que tendremos ocasión de analizar a continuación. Una definición centrada en el objetivo principal de la cláusula laboral podría ser la aportada por Raju, que afirma que "la cláusula laboral es una disposición legal en un acuerdo comercial destinada a eliminar las formas más extremas de explotación laboral en los países exportadores al adoptar los países importadores medidas comerciales contra los países que no se ajusten a un conjunto de normas laborales mínimas convenidas internacionalmente" (Raju, 2002: 2). No obstante, esta afirmación presupone que los países exportadores, se entiende que los PVD, son los únicos que recurren a la explotación laboral, y que los países importadores, se entiende que los PD, son los que adoptan las medidas restrictivas del comercio o las sanciones. Recientemente, acuerdos comerciales como el acuerdo de libre comercio entre la UE y Canadá, que estudiaremos a continuación, desmienten que las cláusulas laborales únicamente se integran en acuerdos comerciales entre potencias económicas y países subdesarrollados.

Las cláusulas laborales, así definidas, persiguen, en opinión de Jean-Marc Siröen, cuatro objetivos principales, a saber: defender un "comercio justo" (*fair trade*) y luchar contra el *dumping* social; evitar los posibles efectos no deseados de la apertura comercial en el empleo y el desarrollo sostenible, como una posible reducción de los salarios mínimos; hacer respetar valores universales internacionalmente reconocidos, concretamente en el ámbito de las libertades, del trabajo y de la igualdad; y promover el trabajo decente y el desarrollo sostenible[472] (Siröen, 2013: 110).

En relación a los tipos de cláusulas laborales, la doctrina diferencia entre cláusulas laborales condicionales, si su incumplimiento lleva aparejado el recurso a una contramedida económica o comercial como, de hecho, prevén los ALC estadounidenses, y cláusulas laborales promocionales, como las que hasta ahora solía integrar la UE en sus ALC, si su incumplimiento o violación no implican el recurso a una contramedida contra la Parte infractora del acuerdo de que se trate y centran su atención en el diálogo y la cooperación (Ebert y Posthuma, 2011: 3; Saner *et al.*, 2015: 204; Van Den Putte, 2015: 221; Harrison *et al.*, 2019a: 641; Smith *et al.*, 2021: 43). En la actualidad, el número de ALC con cláusulas laborales promocionales supera al número de acuerdos comerciales con cláusulas laborales condicionales[473] (Kraatz, 2015: 4).

---

472 Como veremos a lo largo de este capítulo, numerosos Estados, la mayoría del continente europeo, optan por incluir en sus acuerdos comerciales referencias al concepto de "desarrollo sostenible" en lugar de tratar las cuestiones laborales de manera separada o independiente a las cuestiones medioambientales, lo cual sería deseable. Así, en este estudio defenderemos la inadecuación del concepto de "desarrollo sostenible" de cara a la efectiva tutela de los DLF, pues, por un lado, es notable que el principio del desarrollo sostenible nunca se ha tratado como una obligación concreta en sí misma: ninguno de los acuerdos comerciales admite la posibilidad de violar el principio del desarrollo sostenible (Bartels, 2013: 306; Velluti, 2016b: 105), y, por otro lado, se trata de una noción ambigua, elástica e incierta (Marín, 2019: 211).

473 En relación a las estadísticas sobre cláusulas laborales integradas en ALC, Vid. OIT: Dimensiones Sociales de los Acuerdos de Libre Co-

Asimismo, conviene dilucidar qué tipo de técnica jurídico-formal son las cláusulas laborales dentro del derecho de los tratados. Dentro de las diferentes modalidades de integración del contenido de una norma en otra norma para garantizar la unidad y la coherencia del OJI, nos encontramos con la "integración por referencia" o "legislación por referencia", que consiste en la creación de normas jurídicas por medio de reenvíos internormativos (Rodrigo, 2011: 327) o, de manera más precisa, en la sustitución de la regulación material de un convenio internacional por una remisión a la regulación contenida en otro convenio internacional (Andrés, 1985: 8). Esta legislación por referencia puede ser por referencia a conceptos genéricos o abiertos, como el de "refugiado" o "apátrida", para cuya comprensión se hace necesario acudir a los convenios internacionales que los regulan, aunque estos no se citen de manera expresa, o por referencia a todo o parte de un convenio internacional citado expresamente, pero sin reproducir su contenido. En este último caso estamos ante la técnica del reenvío interconvencional o reenvío normativo, en el que tenemos un tratado incorporante y un tratado incorporado. Todas las cláusulas laborales que vamos a estudiar a continuación constituyen la materialización de la legislación por referencia en sus dos modalidades. Algunos ALC (tratados incorporantes) integran una cláusula de la observancia de los derechos de sindicación y negociación colectiva, de la abolición del trabajo forzoso e infantil, de la no discriminación y de la seguridad y salud en el empleo. Para completar el contenido de todos estos conceptos genéricos se debe acudir a los CF de la OIT (tratados incorporados). Otros ALC directamente integran una cláusula de la observancia de los CF de la OIT o, en su defecto, de la Declaración de 1998 (aunque esta última no constituya un tratado internacional *per se*), pero sin reproducir dicho contenido, únicamente mencionando los Convenios o la Declaración. Si bien la Convención

---

mercio, Ginebra, 2015, p. 73. Disponible en: https://www.ilo.org/wcmsp5/groups/public/—dgreports/—inst/documents/publication/wcms_340866.pdf

de Viena de 1969 guarda absoluto silencio acerca de esta técnica de integración normativa, esta debe entenderse circunscrita en la autonomía de la voluntad de las partes en la elaboración de un tratado (Andrés, 1985: 11). Por último, conviene poner de relieve, en relación a los efectos de la legislación por referencia, que la pérdida de vigencia del tratado incorporado (los CF de la OIT o, en su defecto, la Declaración de 1998) no repercute en la pérdida de vigencia del tratado incorporante (Andrés, 1985: 32).

Finalmente, queda por analizar la compatibilidad de las cláusulas laborales con el GATT de 1947 y, en especial, las cláusulas laborales condicionales, esto es, las que prevén el recurso a contramedidas en forma de restricción de las importaciones entre las Partes de un tratado comercial en caso de incumplimiento de las normas laborales fundamentales en ellas contenidas, pues irían en contra del art. XI que afirma que "ninguna parte contratante impondrá ni mantendrá (...) prohibiciones ni restricciones a la importación de un producto del territorio de otra parte contratante (...)"[474]. La única posibilidad de justificar dichas restricciones en la actualidad se encuentra en el art. XX del GATT, relativo a las excepciones generales, y, más concretamente, en opinión de Liñán Nogueras e Hinojosa Martínez, en los párrafos a)[475] y b)[476]. De esta manera, como ya sabemos, si se consigue demostrar que se han infringido las normas laborales fundamentales contenidas en un acuerdo comercial internacional "necesarias para proteger la moral pública" o "la salud y la vida de las personas", una posible suspensión de los beneficios o de las ventajas comerciales derivadas del acuerdo se entendería amparada por el GATT de 1947. No obstante, de la práctica seguida por el OA de la OMC, ya se ha comprobado la gran dificultad para recurrir a los párrafos

474 OMC: Acuerdo General sobre Aranceles Aduaneros y Comercio (GATT de 1947), *op. cit.*, nota 14, p. 520.

475 Art. XX. a) "(medidas) necesarias para proteger la moral pública". *Ibíd.*, p.541.

476 Art. XX. b) "(medidas) necesarias para proteger la salud y la vida de las personas y de los animales o para preservar los vegetales". *Ibíd.*

a) y b) del GATT como mecanismo de justificación de las restricciones por el incumplimiento de los CF de la OIT, dado el carácter restringido de la interpretación de estos preceptos, pues se entiende que estos párrafos fueron pensados para cubrir las medidas de control sanitario de las importaciones. Además, habría que demostrar un "nexo suficiente" entre la violación de la norma laboral fundamental y la negativa afectación de esta violación al comercio entre las Partes del acuerdo. En estas circunstancias, los profesores Diego Liñán Nogueras y Luis Miguel Hinojosa Martínez concluyen que resulta prácticamente imposible que el art. XX del GATT pueda cubrir una restricción comercial con ocasión de la violación de derechos humanos, entre los que se encuentran, como sabemos, los DLF (Liñán e Hinojosa, 2001: 328). De esta manera, la cuestión sobre la posible incompatibilidad de las cláusulas laborales integradas en los ALC con el GATT de 1947 queda abierta pues, hasta la fecha, no se ha cuestionado la legalidad de estos mecanismos (Liñán e Hinojosa, 2001: 331). En caso de llegar a cuestionarse dicha legalidad en el seno de la OMC, una posible solución podría ser la que en su momento se adoptó en relación al PKCD: el Consejo General, por mayoría de tres cuartos, tal y como dispone el art. IX del Acuerdo de Marrakech de 1994, adoptó la decisión de suspender temporalmente la aplicación de los principios contenidos en el GATT en relación a las medidas necesarias para prohibir la importación y exportación de diamantes en bruto procedentes de Estados no Participantes en el Proceso Kimberley en mayo del año 2003, prorrogada por última vez en el año 2018 (Pauwelyn, 2003: 1178; Martínez, 2007: 261). En otras palabras, llegado el momento de debatir la compatibilidad de las cláusulas laborales integradas en los ALC con el GATT de 1947, el Consejo del GATT podría adoptar una exención para permitir que dichas cláusulas habiliten a los Estados a imponer restricciones comerciales con ocasión de la violación de los DLF.

Con todo, analizadas las diferentes definiciones del concepto de "cláusula laboral", determinados los objetivos y los tipos de cláusulas laborales existentes, así como el tipo de técnica jurídico-formal que constituyen y su compatibilidad con el GATT de 1947, a continuación estudiaremos la configuración y el funcionamiento de las cláusulas laborales contenidas en los ALC, utilizando para ello la comparación del modelo estadounidense de cláusulas laborales condicionales, cuyo incumplimiento posibilita a la otra parte contratante el recurso a contramedidas de carácter monetario o comercial, con el modelo europeo de cláusulas laborales promocionales, cuyo incumplimiento no acarrea consecuencia económica o comercial alguna y aboga por el diálogo y la cooperación, para llegar a una conclusión sobre su efectividad y proponer mejoras, en forma de un nuevo modelo de cláusula laboral inserta en toda esta serie de acuerdos, de cara a lograr una mayor y efectiva protección de los DLF a través de los ALC.

4.1. LA INTEGRACIÓN DE CLÁUSULAS LABORALES EN LOS ACUERDOS DE LIBRE COMERCIO CONCLUIDOS POR ESTADOS UNIDOS CON TERCEROS ESTADOS

4.1.1. La política comercial de Estados Unidos y la importancia del presidente

De manera previa al análisis de las cláusulas laborales integradas en los ALC concluidos por EEUU, conviene aportar una serie de nociones básicas acerca de la reglamentación, los objetivos y los instrumentos jurídicos de que consta la política comercial estadounidense. Dicho análisis será de utilidad para el estudio, no solo de los ALC suscritos por EEUU con terceros Estados y bloques regionales, sino también para el estudio de sus diferentes esquemas de preferencias arancelarias, el cual abarcaremos en el último capítulo de esta obra.

El fundamento normativo de la política comercial estadounidense lo encontramos en el art. 3 de la Sección 8 de la Constitución de EEUU[477], que otorga al Congreso facultades legislativas y de control sobre el comercio exterior con naciones extranjeras. Estas facultades legislativas se desarrollan a través de leyes (*Acts*) que han de ser aprobadas por las dos cámaras del Congreso contando con el apoyo del presidente. De esta manera, el poder ejecutivo, representado no solo por el presidente de EEUU, sino también por diversos organismos implicados en las relaciones comerciales exteriores del país, interviene de manera activa en la formulación y aplicación de todos los instrumentos jurídicos creados en el seno de la política comercial de EEUU.

Ahora bien, con la aprobación, por la Administración Ford, de la Ley de Comercio de 1974[478], se crea la denominada "Autoridad de la Vía Rápida" (*fast track authority*), un procedimiento por el que se le concede al presidente de EEUU el poder de negociar acuerdos comerciales que, posteriormente, el Congreso puede rechazar o aprobar sin la posibilidad de incorporar modificaciones o enmiendas (Manley y Lauredo, 2004: 92; Gantz, 2011: 328). Esta Autoridad de la Vía Rápida fue sustituida por la "Autoridad de Promoción Comercial" o *Trade Promotion Authority* (TPA por sus siglas en inglés) en la reforma de la Ley de Comercio del año 2002[479], renovada en el año 2008[480] y vigente en la actualidad gracias a la Ley de Extensión de Preferencias Comerciales del año 2015[481], que fue aprobada por la Administración Obama para la negociación del Acuerdo Transpacífico de Cooperación Económica. La Ley de Comercio estadounidense de 1974 evidenció en

---

477 EEUU: Constitución de los Estados Unidos, 17 de septiembre de 1787. Disponible en: https://constitutionus.com/

478 EEUU: *Trade Act*, 1974, H.R. 10710, 93th Congress. Disponible en: https://www.congress.gov/bill/93rd-congress/house-bill/10710

479 EEUU: *Trade Act*, 2002, H.R. 3009, 107th Congress. Disponible en: https://www.congress.gov/bill/107th-congress/house-bill/3009

480 EEUU: *Trade Act*, 2008, H.R. 6180, 110th Congress. Disponible en: https://www.congress.gov/bill/110th-congress/house-bill/6180

481 EEUU: *Trade Preferences Extension Act*, 2015, H.R. 1295, 114th Congress. Disponible en: https://www.congress.gov/bill/114th-congress/house-bill/1295

su momento el inicio de un cambio de paradigma, por el cual se abandona la vieja institución multilateral de la cláusula de NMF para irla sustituyendo paulatinamente por regímenes de preferencias más acotados geográficamente creados al amparo del art. XXIV del GATT (Sepúlveda, 1976: 215).

Por lo que respecta a los objetivos de la política comercial de EEUU, estos aparecen recogidos en el Informe Anual del Presidente de los Estados Unidos sobre el Programa de Acuerdos Comerciales[482]. En este informe se hace hincapié en la necesidad de abrir los mercados extranjeros, mejorar la eficiencia de los mercados mundiales y lograr un trato más justo para los trabajadores estadounidenses, es decir, no solo *free trade*, sino *free and fair trade* (Slominska y Wasinski, 2017: 93), y se afirma, además, que las cinco prioridades fundamentales de la política comercial estadounidense son: adoptar políticas comerciales que respalden la política de seguridad nacional de EEUU; fortalecer la economía estadounidense; negociar acuerdos comerciales de mejor calidad en interés de todos los ciudadanos estadounidenses; hacer cumplir las leyes comerciales y los derechos de EEUU en el marco de los acuerdos comerciales vigentes; y reformar el sistema multilateral de comercio. En definitiva, *Buy American, Hire American* (Slominska y Wasinski, 2017: 85; Ting, 2018: 152). No obstante, la política comercial estadounidense también contempla objetivos secundarios, coincidentes con lo que la doctrina denomina *behind-the-border issues*, como los de asegurar que las políticas comerciales y ambientales se apoyen mutuamente; promover el respeto de los derechos de los trabajadores; tratar de incluir en los acuerdos comerciales disposiciones que no debiliten o reduzcan la protección prevista en la legislación ambiental y laboral interna; promover la ratificación universal del Convenio de la OIT sobre la prohibición del trabajo infantil, etc. Como consecuencia de esta serie de obje-

---

482 EEUU: *2018 Trade Policy Agenda and 2017 Annual Report of the President of the United States on the Trade Agreements Program,* USTR, 2018. Disponible en: https://ustr.gov/sites/default/files/files/Press/Reports/2018/AR/2018%20Annual%20Report%20FINAL.PDF

tivos secundarios, EEUU viene integrando cláusulas laborales en sus ALC, hecho que será analizado con posterioridad.

En cuanto a los instrumentos en torno a los cuales se articula la política comercial de EEUU, en primer lugar, tenemos los derivados de la pertenencia de EEUU a la OMC y su obligación de cumplir con la cláusula de NMF y otros principios como el de TN. Asimismo, EEUU es Parte de 14 ALC bilaterales o plurilaterales en vigor con 20 Estados diferentes (Slominska y Wasinski, 2017: 93; Manero, 2018: 59), aunque, en la actualidad, algunos de ellos se encuentran en fase de renegociación. En tercer lugar, EEUU también posee cuatro sistemas unilaterales, no recíprocos, de concesión de preferencias arancelarias a PVD y PMA: su SPG, la Ley sobre Crecimiento y Oportunidades para África, la Iniciativa de la Cuenca del Caribe o Ley sobre la Asociación Comercial de la Cuenca del Caribe y el Programa de Preferencias Comerciales de Nepal, todos ellos surgidos a raíz de la Ley de Comercio de 1974. Por último, EEUU además goza de diversos programas para facilitar el comercio, entre los cuales destacan la Asociación Aduanera y Comercial contra el Terrorismo, el Programa de Autoevaluación para los Importadores y el Programa de Comercio Libre y Seguro.

Al hablar de la política comercial de EEUU, resulta inevitable hacer mención a los últimos acontecimientos protagonizados por la Administración Trump, como la salida de EEUU del Acuerdo Transpacífico de Cooperación Económica, la renegociación del Tratado de Libre Comercio de América del Norte o el ALC con la República de Corea, el aumento de los aranceles a Méjico y China, la expulsión de India y Turquía de su SPG o el bloqueo del nombramiento de nuevos jueces para el OA de la OMC, decisión que, como sabemos, se adopta a través del consenso de todos los miembros de la Organización. Todos estos acontecimientos no son más que pruebas fácticas del cambio de rumbo que la política comercial estadounidense ha adoptado desde que Donald Trump saliese elegido presidente de EEUU en el año 2017 con la teórica finalidad de reducir el déficit en la cuenta corriente de su balanza de pagos, que no ha parado de aumentar desde el año 2013[483]. Si la Administración Obama se caracterizó, en términos comerciales, por su apuesta por los acuerdos comerciales megarregionales en lugar de acuerdos bilaterales y plurilaterales – y prueba de ello es la firma del Acuerdo Transpacífico de Cooperación Económica –, la Administración Trump se ha caracterizado por un drástico giro hacia políticas de corte proteccionista bajo el lema *America First* y por la vuelta a la negociación de acuerdos comerciales bilaterales con terceros Estados, lo cual, en opinión de algunos autores, tendría como consecuencia principal el debilitamiento de la posición de EEUU en la escena global, tanto desde el punto de vista económico como desde el punto de vista geopolítico, dado el carácter estratégico de los acuerdos megarregionales (Slominska y Waskinski, 2017: 98). Otros autores añaden que este debilitamiento podría beneficiar a otras potencias como China, quien, en el año 2012, impulsó las negociaciones del tratado megarregional conocido como Asociación Económica Integral Regional con otros 14 Estados del continente asiático y de Oceanía, entre los que se encuentran los Estados negociadores del Acuerdo Transpacífico de Cooperación Económica (Arrieta, 2017: 137, Blanc, 2020b: 47), que pretende multilateralizar el comercio de la región transformando los numerosos acuerdos bilaterales vigentes entre los Estados participantes en un único acuerdo comercial megarregional y, de esta manera, evitar conflictos legales y los efectos no deseados de ese *spaguetti bowl* (Griller *et al.*, 2017: 11). Este tratado ha sido finalmente firmado por los Estados participantes en las negociaciones el pasado 15 de noviembre de 2020 en una cumbre virtual con Vietnam como anfitrión[484].

---

483 OMC: Examen de Políticas Comerciales de Estados Unidos, Informe de la Secretaría de la OMC (WT/TPR/S/382, de 12 de noviembre de 2018).

484 El País: China y otros 14 países firman el mayor acuerdo comercial del mundo, 15 de noviembre de 2020. Disponible en: https://elpais.com/internacional/2020-11-15/china-y-otros-14-paises-firman-el-mayor-acuerdo-comercial-del-mundo.html?utm_source=Facebook&ssm=FB_CM&fbclid=IwAR1Ax07cmVx_r0eopJoHGKOtVwageo8UjMmvLcKSN-

Las voces críticas con la actual política comercial estadounidense argumentan que la decisión más sabia de cara a preservar el liderazgo de EEUU en el comercio mundial iría de la mano de la renegociación de los ALC vigentes de los que EEUU es Parte, no su denuncia (Kantor, 2018: 6). Asimismo, no parece buena idea contribuir al bloqueo de la organización multilateral que vela por el correcto funcionamiento del comercio mundial, esto es, la OMC (Bown e Irwin, 2019: 131), sobre todo teniendo en cuenta que EEUU ha sido el mayor beneficiario del SSD previsto en el Acuerdo de Marrakech de 1994[485].

Con todo, si la adhesión de China a la OMC en el año 2001 abrió la puerta a lo que la doctrina ha denominado como "capitalismo global", los últimos movimientos de EEUU en el ámbito de las relaciones comerciales internacionales suponen una fragmentación de la economía mundial, un retorno a las relaciones entre bloques comerciales y una pérdida del consenso mundial (Bown e Irwin, 2019: 136). Como ya sabemos, las recientes elecciones presidenciales en EEUU, celebradas el pasado 3 de noviembre del año 2020, otorgaron la victoria al demócrata Joe Biden, del que se esperaba que adoptase políticas más conciliadoras con el exterior y de marcado carácter social y medioambiental[486]. Sin embargo,

---

4mUcsw2X4yOUy5hWM#Echobox=1605439425 (última consulta: 13 de julio de 2023).

Los Estados firmantes del acuerdo son: China, Japón, Corea del Sur, Australia, Nueva Zelanda, Indonesia, Tailandia, Singapur, Malasia, Filipinas, Vietnam, Myanmar, Camboya, Laos y Brunei.

Según la noticia, "la India, que había decidido retirarse el año pasado de las negociaciones debido a la preocupación de que bienes baratos chinos pudieran inundar su mercado, tendrá la posibilidad de incorporarse en el futuro si lo desea".

485 La Administración Obama presentó en su momento 26 casos ante el Órgano de Solución de Controversias de la OMC, la mayoría contra China, y ganó todos los casos que se decidieron (Kantor, 2018: 5).

486 Un ejemplo de la inicial predisposición de Joe Biden por enmendar los errores de su antecesor, Donald Trump, lo constituye el anuncio de reincorporarse al Acuerdo de París que, previamente, Donald Trump

aunque Biden profesa en público simpatía por sus tradicionales aliados en Europa y Asia y preferencia por el sistema multilateral de comercio internacional y por un orden internacional basado en reglas, hay mucha más continuidad entre la política exterior de la actual presidente y el del ex presidente de lo que normalmente se reconoce (Haass, 2021: 85). Prueba de ello es que, con fecha de julio de 2023, el OA de la OMC continúa bloqueado. "*Buy American*" y "*America First*" siguen siendo los slogans de referencia en su política interna y externa (Yukins, 2021: 81).

4.1.2. Evolución de la integración de cláusulas laborales en los acuerdos de libre comercio concluidos por Estados Unidos

La inclusión de cláusulas con disposiciones relativas a la protección de los DLF en los ALC no siempre ha sido objeto de atención por parte de EEUU. Así, los primeros ALC concluidos por EEUU con terceros Estados, esto es, el Acuerdo con Israel de 1985[487] y el Acuerdo con Canadá de 1988[488], no contienen mención alguna a las normas fundamentales del trabajo (Gresser, 2010: 492; Guamán, 2016a: 92). La posterior articulación de las cláusulas laborales en los ALC estadounidenses gira entorno a cinco modelos diferentes que se suceden en el tiempo en función de la Ley de Comercio que sirve de marco para la conclusión de dichos acuerdos.

---

había denunciado. Vid. The Guardian: "*Joe Biden could bring Paris climate goals 'within striking distance'*", 8 de noviembre de 2020. Disponible en: https://www.theguardian.com/us-news/2020/nov/08/joe-biden-paris-climate-goals-0-1c (última consulta: 13 de julio de 2023).

487 EEUU: Acuerdo de Libre Comercio entre EEUU e Israel, 22 de abril de 1985. Disponible en: https://ustr.gov/trade-agreements/free-trade-agreements/israel-fta

488 EEUU: Acuerdo de Libre Comercio entre EEUU y Canadá, 22 de diciembre de 1987, 27 I.L.M. 281 (actualmente no se encuentra en vigor).

4.1.2.1. La Ley de Comercio de 1974 y los primeros ALC concluidos por Estados Unidos con cláusulas laborales

Aunque la Ley de Comercio de 1974[489] no fue aprobada con la intención de enumerar compromisos en materia laboral que habrían de ser tenidos en cuenta en la celebración de los ALC de EEUU con terceros Estados y bloques regionales, sin embargo, la lista de derechos laborales internacionalmente reconocidos recogidos en la enmendada Sección 507, similar a lo que posteriormente dispuso la Declaración de la OIT de 1998 e ideada para ser incluida en los diferentes esquemas preferenciales unilaterales, fue tenida en cuenta en la conclusión de los primeros ALC estadounidenses con cláusulas laborales.

De esta manera, el primer ALC estadounidense que incluyó referencias a los DLF y, por tanto, el primero de los modelos de ALC con cláusulas laborales, fue el Tratado de Libre Comercio de América del Norte (TLCAN) de 1992, en vigor desde el 1 de enero de 1994[490] (Charnovitz, 2005: 151; Doumbia-Henry y Gravel, 2006: 214; Siröen, 2013: 101; Guamán, 2016a: 92; Hradilova y Svoboda, 2018: 1031). Este ALC fue negociado por la Administración Bush entre los años 1991 y 1992 y, aunque inicialmente no fue diseñado con la intención de abarcar cuestiones de bienestar social (Abbot, 2000: 170), la Administración Clinton consiguió en el año 1993 la conclusión de dos acuerdos conexos[491] al TLCAN

---

489 EEUU: *Trade Act*, 1974, *op. cit.*, nota 478.

490 EEUU: Tratado de Libre Comercio de América del Norte, 17 de diciembre de 1992. Disponible en: https://ustr.gov/trade-agreements/free-trade-agreements/north-american-free-trade-agreement-nafta

491 El recién elegido presidente Clinton consideró que estos acuerdos conexos eran necesarios, una vez el TLCAN había sido negociado y firmado, en primer lugar, para poder obtener el apoyo demócrata necesario para que el TLCAN fuese aprobado en el Congreso (Gresser, 2010: 491), y, en segundo lugar, para evitar que los bajos estándares laborales mejicanos pudiesen aportar a dicha Parte del Acuerdo ventajas comerciales adicionales (Pomeroy, 1996: 772; Bieszczat, 2008: 1388). De esta manera, como candidato presidencial en octubre de 1993, el entonces

(*side agreements*) relativos a derechos laborales – el Acuerdo de Cooperación Laboral de América del Norte (ACLAN)[492] – y medio ambiente – el Acuerdo de Cooperación Ambiental de América del Norte (ACAAN)[493] – (Bieszczat, 2008: 1388; Gantz, 2011: 308). ¿Por qué estas materias pasaron a formar parte de acuerdos paralelos y no parte del cuerpo principal del TLCAN? Según algunos autores, por la negativa de Méjico y Canadá a modificar el texto ya firmado del Tratado (De Mestral, 1998: 174). En opinión de otros autores, por la intención de las Partes de relegar dichas materias a un *status* inferior (Gantz, 2011: 309, Manero, 2018: 94).

Por lo que respecta al contenido del ACLAN, el art. 1 prevé, entre los objetivos principales del Acuerdo, mejorar las condiciones de trabajo y el nivel de vida en el territorio de cada Parte, promover, en la mayor medida posible, los principios laborales establecidos en el Anexo 1[494], promover el cumplimiento y la apli-

gobernador Clinton respaldó audazmente el TLCAN, pero solo con la condición de que se fortalecieran las disposiciones ambientales y laborales (Erickson y Mitchell, 1999: 156-157; Gantz, 2011: 309).
No obstante, no debemos olvidar el fuerte rechazo que creó este Acuerdo desde sus primeras etapas en la fase de negociación en el seno de la sociedad civil, al tratarse de un Acuerdo celebrado entre dos de las economías más fuertes del planeta y un PVD, como lo es Méjico, que se encontraba superando una profunda crisis (Manero, 2018: 92).

492 EEUU: Acuerdo de Cooperación Laboral de América del Norte, 14 de septiembre de 1993, 32 I.L.M. 1499.

493 EEUU: Acuerdo de Cooperación Ambiental de América del Norte, 14 de septiembre de 1993, 32 I.L.M. 1480.

494 En el mencionado Anexo, se hace referencia a 11 principios "internacionalmente reconocidos" que van más allá de lo establecido en los diez CF de la OIT, pero sin hacer referencia expresa a estos. Concretamente, incluyen (i) libertad de asociación y protección del derecho a organizarse; (ii) derecho a la negociación colectiva; (iii) derecho de huelga; (iv) prohibición del trabajo forzado; (v) restricciones sobre trabajo de menores; (vi) condiciones mínimas sobre trabajo; (vii) eliminación de la discriminación en el empleo; (viii) salario igual para hombres y mujeres; (ix) prevención de accidentes del trabajo y enfermedades profesionales; (x) indemnizaciones en caso de accidentes del trabajo y enfer-

cación efectiva por cada Parte de su legislación laboral, o realizar actividades cooperativas relacionadas con el trabajo sobre la base del beneficio mutuo. Para lograr estos objetivos, el art. 2, relativo a las obligaciones de las Partes, establece que estas deben asegurarse de que sus leyes y reglamentos nacionales en materia laboral contienen altos estándares laborales y deben, asimismo, esforzarse por mejorar dichos estándares, siempre teniendo en cuenta y reconociendo el derecho de cada Parte a establecer sus propias normas laborales nacionales y a adoptar o modificar, en consecuencia, sus leyes y reglamentos laborales. De esta manera, el ACLAN se centra prioritariamente en garantizar el cumplimiento por parte de los Estados de sus propias leyes laborales nacionales en todas las materias relacionadas con los principios del Anexo 1, más que de los estándares laborales internacionalmente reconocidos recogidos en dicho Anexo (De Mestral, 1998: 179; Compa, 2001: 3; Bieszczat, 2008: 1389; Siröen, 2013: 102, Agustí-Panadera *et al.*, 2015: 360; Meza-Salas, 2017: 760).

En cuanto a la estructura orgánica del ACLAN, esta está integrada por una Comisión de Cooperación Laboral (CCL), compuesta por un Consejo de Ministros y una secretaría, por las diferentes Oficinas Administrativas Nacionales (OAN) de las Partes, cuya misión es supervisar la situación de los derechos laborales en América del Norte, por Comités de Asesoramiento Nacionales compuestos por organismos laborales y empresariales públicos y privados, y por Comités de Asesoramiento Gubernamental. Asimismo, el sistema de solución de controversias que estudiaremos a continuación, prevé la convocatoria de un Comité de Evaluación de Expertos (CEE), encargado de elaborar un informe para su consideración por parte del Consejo de Ministros del CCL, y de un panel arbitral, en última instancia, para la resolución de la

---

medades profesionales; y (xi) protección de los trabajadores migrantes. (Bieszczat, 2008: 1388; Siröen, 2013: 102; Meza-Salas, 2017: 759). Como sabemos, se trata de una legislación por referencia a conceptos genéricos o abiertos, por lo que, aunque no se mencionen los CF de la OIT expresamente, es necesario acudir a ellos para completar su contenido.

controversia (De Mestral, 1998: 179; Abbot, 2000: 197; Bieszczat, 2008: 1389; Gantz, 2011: 319).

Uno de los aspectos más importantes del ACLAN es su particular sistema de solución de controversias, articulado en torno a tres niveles de protección[495]. En el primero de los niveles de protección de este sistema de resolución de controversias, el papel de las OAN es fundamental, pues tienen la misión de recibir quejas relativas al incumplimiento de cualquiera de las obligaciones contenidas en el ACLAN tanto de los Gobiernos de cada Estado Parte del TLCAN, como de ONG, individuos y cualquier otro organismo particular interesado (Pomeroy, 1996: 780; Compa, 2001: 3; Polaski, 2003: 18). Recibida la queja, dicha OAN puede solicitar consultas a la otra OAN, pudiendo llegar a plantear el sometimiento de la controversia a consulta a nivel ministerial (Meza-Salas, 2017: 761). Si la controversia no consigue resolverse a través de consultas gubernamentales, el segundo de los niveles de protección consiste en la convocatoria de un CEE compuesto por individuos ajenos al ACLAN y seleccionados de una lista confeccionada con la participación de la OIT o de las Partes afectadas, que tiene la misión de elaborar un informe con las conclusiones y recomendaciones oportunas. El informe final del CEE es remitido por el Consejo de Ministros a las Partes implicadas para la realización de nuevas consultas. En caso de fallar esta nueva ronda de consultas, el Consejo de Ministros puede, o bien recurrir a asesores técnicos o a la creación grupos de trabajo, o bien recurrir a buenos oficios, conciliación, mediación u otros procedimientos de resolución diplomática de disputas, o bien formular recomendaciones que puedan ayudar a las Partes afectadas a alcanzar una solución mutuamente satisfactoria de la disputa. Al tercero de los niveles de protección previsto en este sistema de solución de controversias únicamente se puede acudir en caso de que la controversia verse sobre trabajo infantil, salarios mínimos, y salud y seguridad en el trabajo. Si la controversia relativa a alguna de estas materias no

---

495 Siguiendo la sistemática propuesta por Martínez y Vega, 2001: 92-93.

logra resolverse dentro del plazo de 60 días, el Consejo, a solicitud escrita de cualquier Parte consultante y por un voto de dos tercios, convocará a un panel arbitral para la solución de la controversia. Este panel arbitral, compuesto por 5 miembros, tiene la misión de elaborar un informe en los 180 días siguientes a su constitución constatando si, efectivamente, ha habido un patrón persistente de falta de cumplimiento del ACLAN y recomendando medidas para solucionar la disputa. A tenor de lo dispuesto en el art. 39.4.b., si así lo considera justificado, el panel arbitral puede, asimismo, imponer una evaluación de ejecución monetaria de conformidad con el Anexo 39, dentro de los 90 días posteriores a la convocatoria del panel o en cualquier otro período que las Partes contendientes puedan acordar. En caso de que la mencionada multa no sea satisfecha por la Parte correspondiente, el art. 41 habilita a la Parte demandante a suspender los beneficios comerciales derivados del TLCAN en una cantidad no mayor que la suficiente para cobrar la evaluación de ejecución monetaria y durante el plazo de un año, de conformidad con el Anexo 41B (Bieszczat, 2008: 1389-1392). En breves palabras, el sistema de solución de controversias para cuestiones laborales previsto en el ACLAN puede concluir con la retirada de los beneficios comerciales previstos en el TCLAN.

Si bien este sistema de solución de controversias se ha aplicado en numerosas ocasiones, en opinión de algunos autores el número oficial de quejas no refleja necesariamente el número efectivo de infracciones denunciadas (Doumbia-Henry y Gravel, 2006: 215). Además, cabe resaltar que, hasta la fecha, no se ha convocado ninguna comisión de expertos o panel arbitral para la solución de controversias y, mucho menos, se ha impuesto contramedida alguna a las Partes del Acuerdo (Gantz, 2011: 321). La última queja individual en el marco del ACLAN la presentaron en el año 2015 sindicatos de EEUU y Méjico, así como activistas defensores de derechos laborales, alegando que el Gobierno mejicano incumplía sus obligaciones bajo el ACLAN, relativas al derecho de asociación y de negociación colectiva, con respecto a una gran cadena mejicana de almacenes. La Oficina de Asuntos Laborales

Internacionales estadounidense como OAN, en su informe final, determinó que no existían evidencias suficientes para afirmar que Méjico había incumplido el ACLAN, pero, al mismo tiempo, realizó una serie de recomendaciones al Estado mejicano, entre las que se encontraban las relativas a la adopción de reformas constitucionales y legislativas, de cara a mejorar la situación de protección de los derechos de los trabajadores del país[496].

A pesar del escaso uso del sistema de solución de controversias previsto en el ACLAN y del hecho de que tras más de dos décadas de aplicación del TLCAN el Estado mejicano continúa cometiendo violaciones de los DLF (Herrnstadt, 2015: 126), este Acuerdo ha demostrado a lo largo del tiempo su capacidad para producir mejoras en la situación de protección de los derechos de los trabajadores, especialmente en Méjico, no con contramedidas, sino a través de la "vergüenza pública" (De Mestral, 1998: 182). Asimismo, el Acuerdo ha obligado a las Partes a cooperar de manera más efectiva[497], y prueba de ello es el hecho de que los Ministros de Trabajo de EEUU, Canadá y Méjico se reúnen una vez al año para tratar cuestiones laborales (De Mestral, 1998: 180). Por último, algunos autores apuntan como efecto positivo del Acuerdo la creación de "plataformas" transnacionales de actores implicados en la protección de los DLF (Compa, 2001: 7-8), lo cual hemos podido comprobar en la queja emitida en el año 2015 contra Méjico por parte de, no solo sindicatos de EEUU y Méjico, sino también por parte de defensores de los derechos laborales como Los Angeles Alliance for a New Economy, The Project on Organizing, Development, Education, and Research o Change to Win.

---

496 EEUU: Comunicado de prensa del Departamento de Trabajo de EEUU, "La Oficina de Asuntos Laborales Internacionales emite un informe en respuesta a la comunicación presentada bajo el Acuerdo de Cooperación Laboral de América del Norte", de 8 de julio de 2016. Disponible en: https://www.dol.gov/node/68062 (última consulta: 13 de julio de 2023).

497 OIT: Dimensiones Sociales de los Acuerdos de Libre Comercio, *op. cit.*, nota 482, p. 52-53.

No obstante, el ACLAN también ha sido objeto de duras críticas desde su entrada en vigor en 1994. En primer lugar, que el Acuerdo contenga como obligación principal la de respetar las leyes nacionales en materia laboral tiene como consecuencia principal el no haber conseguido ni acuerdo entre la Partes ni definición, a nivel internacional, de los derechos mínimos que todos los trabajadores han de disfrutar (Colombo, 1995: 65). Asimismo, en relación con el sistema de solución de controversias, el hecho de que el tercer nivel de protección solo pueda aplicarse en limitados casos relacionados con la seguridad e higiene en el trabajo, el trabajo de menores o los salarios mínimos, dejando fuera la libertad de asociación y la negociación colectiva, ha sido duramente criticado por la doctrina[498] (Colombo, 1995: 65). Por último, también en relación con el sistema de solución de controversias, algunos autores afirman que la posibilidad de que cualquier parte interesada pueda presentar una queja, así como su "aceptación indiscriminada, puede acabar desvirtualizando la finalidad del sistema y del propio Acuerdo, pues los sindicatos buscan, en muchas ocasiones, aprovechar el TLCAN para atacar a las empresas y expandir su poder (Compa, 2001: 10).

En el año 1999 se firmó un ALC que, aunque expiró en diciembre del año 2004 merece especial mención por constituir el segundo de los modelos de ALC estadounidenses con cláusulas laborales. Se trata del ALC entre EEUU y Camboya[499], en el que,

---

498 La razón por la cual no se pueden presentar quejas sobre la libertad de asociación y la negociación colectiva tiene que ver con el hecho de que EEUU no ha ratificado los CF de la OIT relativos a estas materias. Vid. OIT: Ratificaciones de Estados Unidos de los Convenios de la OIT. Disponible en: https://www.ilo.org/dyn/normlex/es/f?p=1000:11200:0::NO:11200:P11200_COUNTRY_ID:102871 (última consulta: 13 de julio de 2023).

499 EEUU: Acuerdo relativo al comercio de algodón, lana, fibra sintética, hortalizas sin algodón, mezcla de fibra y seda, textiles y productos textiles entre el Gobierno de los Estados Unidos de América y el Real Gobierno de Camboya, 20 de enero de 1999. Disponible en: http://www.tcc.mac.doc.gov/cgi-bin/doit.cgi?204:64:189233445:25

por primera y única vez en la historia, se asigna a la OIT, en el marco de un acuerdo comercial, la tarea de supervisar sistemáticamente los lugares de trabajo de las Partes del Acuerdo (Siröen, 2013: 103), tarea que llevó a cabo a través de su Programa *Better Factories Cambodia* (López y Samaan, 2018: 406). En el ALC se preveía que, en caso de que la OIT constatase que Camboya estaba cumpliendo con las obligaciones que asumió para mejorar la aplicación de sus propias leyes laborales y proteger los derechos de los trabajadores reconocidos internacionalmente en el sector textil y de la confección, los beneficios comerciales de que disfrutaba Camboya en el marco de su Acuerdo con EEUU se podrían ver incrementados (Polaski, 2003: 21-22; Kolben, 2004; Polaski, 2006: 929; Doumbia-Henry y Gravel, 2006: 222; Aissi *et al.*, 2018: 687). Nos encontramos, de esta manera, ante el primer ejemplo de condicionalidad social positiva, que, en lugar de aplicar "sanciones" por el incumplimiento de las normas laborales fundamentales, aplica incentivos por su correcto cumplimiento.

Los beneficios comerciales aplicados por EEUU a Camboya se incrementaron un 9% al año durante los 3 primeros años, en un 12 % durante 2002 y 2003 y en un 14% en 2004 (Sibbel y Borrmann, 2007: 244), en parte gracias a las profundas modificaciones legales e institucionales en materia laboral llevadas a cabo por Camboya (Neak y Robertson, 2009). Como consecuencia, el Acuerdo fue calificado de exitoso, no solo por los Gobiernos de EEUU y Camboya, sino también por las empresas y trabajadores del sector de la confección del país, donde se han producido mejoras significativas y generalizadas en los salarios, las condiciones laborales, la no discriminación y el respeto por los derechos de los trabajadores (Polaski, 2003: 21). No obstante, problemas como el trabajo infantil, la salud y seguridad en el trabajo o los salarios mínimos, continúan siendo un desafío en la actualidad para Camboya[500].

---

500 OIT: *Handbook on Assesment of Labour Provisions in Trade and Investment Agreements*, Ginebra, 2017, p. 58. Disponible en: https://www.ilo.org/

Precisamente, en base a esta buena experiencia, los fabricantes camboyanos, el Gobierno y los sindicatos con interés en la continuación del programa *Better Factories Cambodia* acordaron con la OIT extender el programa 3 años más una vez expiró el plazo de aplicación del Acuerdo entre EEUU y Camboya en el año 2004, momento en el que Camboya entra a formar parte de la OMC y, a día de hoy, continúa vigente complementado con diferentes cursos de capacitación (López y Samaan, 2018: 409). No obstante, a pesar de los logros conseguidos, este enfoque de condicionalidad social positiva no ha vuelto a ser puesto en práctica por EEUU en sus sucesivos ALC con terceros Estados.

El 24 de octubre del año 2000, Bill Clinton y el Rey Abdullah II firman un ALC que entra en vigor el 17 de diciembre de 2001, el ALC entre EEUU y Jordania[501] (Bolle, 2001: 1, Gantz, 2011: 321), y el tercero de los modelos de ALC estadounidenses con cláusulas laborales. En este Acuerdo, a diferencia del TLCAN, las disposiciones relativas a las normas laborales fundamentales se encuentran en el propio texto del Acuerdo y, además, en esta ocasión, se hace mención expresa a los DLF de la OIT contenidos en la Declaración de 1998[502] (Bolle, 2001: 2; Manley y Lauredo, 2004: 105; Bieszczat, 2008: 1397; Manero, 2018: 70). Respecto de estas normas laborales fundamentales, las Partes se obligan a cumplir sus propias leyes y normas laborales y, asimismo, cada Parte debe esforzarse por no renunciar o derogar sus leyes como un estímulo para el comercio, esto es, deben abstenerse de practicar el denominado *dumping* social.

En cuanto a la estructura orgánica prevista en el Acuerdo, esta también dista de lo establecido en el TLCAN. Así, las Partes deben

---

wcmsp5/groups/public/—dgreports/—inst/documents/publication/wcms_564702.pdf

501 EEUU: Acuerdo para establecer un área de libre comercio entre EEUU y Jordania, 24 de octubre del 2000. Disponible en: https://ustr.gov/trade-agreements/free-trade-agreements/jordan-fta

502 OIT: Declaración relativa a los Principios y Derechos Fundamentales en el Trabajo y su Seguimiento, *op. cit.*, nota 10.

designar, en primer lugar, puntos de contacto nacionales para el caso de que una cuestión pueda llegar a suscitar consultas gubernamentales. Además, el art. 15 establece un Comité Conjunto cuya misión es velar por el correcto cumplimiento del Acuerdo, lo que incluye velar por la adecuada aplicación de las normas laborales fundamentales. Por último, dentro del sistema de solución de controversias previsto en el Acuerdo, también se prevé la creación de un panel arbitral elegido por las Partes.

El procedimiento de solución de controversias contenido en el ALC entre EEUU y Jordania también difiere de lo establecido en el TLCAN. En primer lugar, porque dicho sistema es único para todo el Acuerdo, lo que implica que a él se pueden llevar controversias relativas, no solo a cuestiones puramente comerciales, sino también a cuestiones relativas a los DLF. En segundo lugar, porque, en esta ocasión, las controversias sobre cuestiones laborales no abarcan únicamente la seguridad e higiene en el trabajo, el trabajo de menores o los salarios mínimos, sino todos los derechos laborales considerados internacionalmente como fundamentales a tenor de lo dispuesto en la Declaración de 1998 de la OIT. Asimismo, el procedimiento de solución de la controversia en cuestión es distinto, pues primero se establecen consultas gubernamentales con los puntos de contacto nacionales que, en caso de fracasar, son seguidas por la consideración de la controversia por parte del Comité Conjunto establecido en el art. 15. Si pasados 90 días desde la remisión de la controversia al Comité, esta continúa sin ser resuelta, las Partes pueden solicitar la constitución de un panel arbitral que tiene como finalidad principal elaborar una serie de recomendaciones en un informe final no vinculante. Teniendo en cuenta este informe final, el Comité Conjunto se esforzará por resolver nuevamente la disputa, pero, si en el plazo de 30 días, esta continúa sin ser resuelta, la Parte afectada tiene derecho a adoptar las "medidas que considere acordes y oportunas", según lo dispuesto en el art. 15.2.b. Dentro de estas medidas, aunque no de manera expresa, se entienden autorizadas las contramedidas comerciales (Bolle, 2001: 2; Polaski, 2003: 18; Bieszczat, 2008: 1398; Gantz, 2011: 325-326).

Para comprobar la efectividad de las disposiciones contenidas en el ALC entre EEUU y Jordania, consideradas por algunos autores como las más rigurosas hasta la fecha (Polaski, 2003: 18-19), convendría prestar atención a las controversias presentadas por alguna o ambas Partes del Acuerdo. Sin embargo, llama la atención el hecho de que hasta la fecha no se ha dado ninguna disputa entre las Partes con relación a cuestiones laborales. La razón principal no está relacionada con la falta de incumplimientos de las normas laborales fundamentales – como sería deseable –, sino con un intercambio de cartas entre los Gobiernos de EEUU y Jordania indicando su intención recíproca de no suspender los beneficios comerciales previstos en el Acuerdo como consecuencia de incumplimientos de los DLF (Bieszczat, 2008: 1398-1399; Bolle, 2016: 3). De esta manera, aunque es cierto que, en teoría, el Acuerdo entre EEUU y Jordania constituye un claro ejemplo de modelo de acuerdo comercial que protege de manera más efectiva las normas laborales fundamentales internacionalmente reconocidas (Bieszczat, 2008: 1399), la práctica se ha visto obstaculizada por la voluntad de las Partes.

Esta efectividad, no obstante, puede ser analizada en función de otros indicadores, como la adopción de legislación laboral nacional y creación de infraestructura institucional en el territorio de las Partes, que, en el caso de Jordania, ha sido posible, en parte, gracias a la significativa contribución de la sociedad civil en el aumento de la capacidad del Estado para cumplir con las disposiciones laborales previstas en el Acuerdo[503].

---

[503] En particular, se cree que la publicación de informes como los del Comité Nacional del Trabajo de Jordania, que alegan violaciones como la falta de pago de salarios, la trata y el trabajo forzoso en el sector de la confección, han jugado un papel importante en el aumento del compromiso a nivel estatal. Como indicación de una mayor capacidad para comprometerse, el Gobierno de Jordania desarrolló un plan de acción laboral que se centró en mejorar la capacidad técnica para el control y la aplicación de las normas laborales fundamentales. Con este fin, el Ministerio de Trabajo de Jordania ha reclutado y capacitado a nuevos inspectores de trabajo y ha adoptado otras medidas, como proporcio-

4.1.2.2. Los ALC concluidos por Estados Unidos con cláusulas laborales tras la Ley de Comercio de 2002

Como ya se ha mencionado con anterioridad, la Ley de Comercio del año 2002[504] vino a sustituir la denominada "Autoridad de la Vía Rápida" creada por la Ley de Comercio de 1974 por la TPA, con la finalidad de conceder al presidente de EEUU el poder de negociar acuerdos comerciales que, posteriormente, el Congreso puede rechazar o aprobar sin la posibilidad de incorporar modificaciones o enmiendas (Manley y Lauredo, 2004: 92; Gantz, 2011: 328). En esta Ley de Comercio del año 2002, además, el Congreso explicitó los objetivos comerciales de EEUU de aquel momento, entre los que se encontraban los de promover el respecto de los derechos de los trabajadores y los derechos de los niños de conformidad con las normas laborales fundamentales de la OIT a través de la inclusión de disposiciones en los acuerdos comerciales en virtud de las cuales las Partes se comprometen a esforzarse por garantizar (*strive to ensure*) el cumplimiento de dichas normas. De esta manera, a partir del año 2002, la inclusión de cláusulas relativas a estándares laborales internacionalmente reconocidos en el texto principal de los ALC concluidos por EEUU se vuelve imperativa (Bieszczat, 2008: 1392-1393; Siröen, 2013: 102) pasando a constituir dichos acuerdos el cuarto modelo de ALC estadounidenses con cláusulas laborales, buscando, el mencionado modelo, alentar la armonización de las legislaciones laborales nacionales teniendo como referente las los estándares laborales fundamentales internacionalmente reconocidos (Manley y Lauredo, 2004: 104). Además, como tendremos ocasión de comprobar a continuación, toda esta serie de cláusulas establecen un sistema de solución de controversias específico para cuestiones laborales con

---

nar a los inspectores incentivos monetarios, con miras a mejorar su eficiencia y profesionalidad (Aissi *et al.*, 2018: 691-692).

504 EEUU: *Trade Act*, 2002, *op. cit.*, nota 479.

un órgano arbitral independiente[505] y con sus correspondientes consecuencias en caso de incumplimiento.

Los posteriores ALC concluidos por EEUU con Singapur en mayo de 2003[506], con Chile en junio de 2003[507], con Australia en mayo de 2004[508], y con Centroamérica y la República Dominicana en agosto de 2004[509], cumplen con los objetivos dispuestos en la Ley de Comercio de 2002 al integrar todos ellos, por un lado, un capítulo relativo a "trabajo", en el que las Partes reafirman sus compromisos como miembros de la OIT y se comprometen a garantizar que sus leyes nacionales establecen estándares laborales coherentes con el conjunto de derechos laborales internacionalmente reconocido[510] (siempre reconociendo que cada Parte tiene

---

505 A diferencia de lo previsto en el ALC con Jordania, en el que, recordemos, las quejas relativas a cuestiones laborales se someten al mismo sistema de solución de controversias relacionadas con cuestiones puramente comerciales. Este hecho, en opinión de algunos autores, constituye un retroceso con respecto al mencionado ALC con Jordania (Doumbia-Henry y Gravel, 2006: 215; Speece, 2007: 1125).

506 EEUU: Acuerdo de Libre Comercio entre EEUU y Singapur, 6 de mayo de 2003. Disponible en: https://ustr.gov/trade-agreements/free-trade-agreements/singapore-fta

507 EEUU: Acuerdo de Libre Comercio entre EEUU y Chile, 6 de junio de 2003. Disponible en: https://ustr.gov/trade-agreements/free-trade-agreements/chile-fta

508 EEUU: Acuerdo de Libre Comercio entre EEUU y Australia, 18 de mayo de 2004. Disponible en. https://ustr.gov/trade-agreements/free-trade-agreements/australian-fta

509 EEUU: Acuerdo de Libre Comercio entre EEUU y Centroamérica y la República Dominicana, 5 de agosto de 2004. Disponible en: https://ustr.gov/trade-agreements/free-trade-agreements/cafta-dr-dominican-republic-central-america-fta

510 Entendiendo por este el que contiene normas relacionadas con el derecho de asociación, el derecho a organizarse y negociar colectivamente, una prohibición sobre el uso de cualquier forma de trabajo forzado u obligatorio, una edad mínima para el empleo de niños, y condiciones de trabajo aceptables con respecto a salarios mínimos, horas de trabajo y seguridad y salud ocupacional. Llama la atención el hecho de que las normas laborales fundamentales relativas a la no discriminación en el

derecho a adoptar o modificar las leyes y reglamentos laborales nacionales que estime oportuno), por otro lado, una estructura institucional compuesta por un Subcomité para cuestiones laborales, diferentes oficinas que sirven como puntos de contacto entre las Partes, así como comités nacionales para el asesoramiento en materia laboral, y, por último, unas disposiciones específicas en relación a la solución de controversias sobre cuestiones laborales.

Por lo que respecta al sistema de solución de controversias sobre cuestiones laborales previsto en este cuarto modelo de ALC, como es habitual, este comienza con consultas gubernamentales entre las Partes. Si dichas consultas no resultan satisfactorias, cualquiera de las Partes afectadas puede solicitar la convocatoria del Subcomité para cuestiones laborales con la finalidad de que dicho Subcomité medie entre los puntos de contacto de ambas Partes hasta llegar a una solución. No obstante, si una de las Partes en la controversia considera que esta puede llegar a afectar al comercio entre las Partes del Acuerdo, se puede acudir a la convocatoria de un panel arbitral independiente cuyo informe final puede llegar a contener una compensación monetaria de hasta 15 millones de dólares americanos anuales, cantidad que, según algunos autores,

---

trabajo se encuentren ausentes. La razón de este hecho es la falta de ratificación de los Convenios pertinentes por parte de EEUU. Vid. OIT: Ratificaciones de Estados Unidos de los Convenios de la OIT. Disponible en: https://www.ilo.org/dyn/normlex/es/f?p=1000:11200:0::NO:11200:P11200_COUNTRY_ID:102871 (última consulta: 13 de julio de 2023).

No obstante, es sorprendente que, aun cuando la eliminación de la discriminación no figura entre los derechos recogidos en el cuerpo de los ALC concluidos por EEUU, sí está expresamente señalado en sus Anexos, concretamente en los que establecen un Mecanismo de Cooperación Laboral y Desarrollo de Capacidades (Doumbia-Henry y Gravel, 2006: 217). Aunque, en opinión de algunos autores, la omisión de la no discriminación en el trabajo no acarrea consecuencias concretas, se trata de un vacío en el cuerpo de los Acuerdos que, en aras de una mayor coherencia, habría que colmar con una mención expresa a la hora de ponerse en ejecución el Acuerdo en cuestión (Vega, 2004: 28-29).

resulta relativamente insignificante teniendo en cuenta la complejidad y extensión del procedimiento de solución de controversias (Bieszczat, 2008: 1401) y, según otros autores, no es digna de desprecio (Bolle, 2005: 4). Si la Parte infractora no paga la multa a la Parte afectada por la infracción, esta última se encuentra habilitada para suspender los beneficios comerciales derivados del Acuerdo en un montante no superior al fijado en la compensación monetaria[511]. Esta disposición se entiende que opera cuando no queda otra alternativa posible menos perjudicial para la Parte infractora (Sagar, 2004: 929).

En cuanto a la aplicación de las cláusulas laborales integradas en todos estos Acuerdos, la primera y hasta ahora única vez que se acudió al panel arbitral contenido en el sistema de solución de controversias con relación a cuestiones laborales fue en el marco del Acuerdo de Libre comercio entre EEUU, Centroamérica y la República Dominicana (CAFTA-DR por sus siglas en inglés) (Paiement, 2018: 676). La disputa comenzó en abril del año 2008 cuando la Federación Estadounidense del Trabajo, el Congreso de Organizaciones Industriales y seis sindicatos laborales guatemaltecos presentaron una queja ante la Oficina de Asuntos Comerciales y Laborales de Guatemala. En enero de 2009, tras las oportunas investigaciones, la Oficina emitió una serie de recomendaciones y solicitó formalmente consultas con el punto de contacto en EEUU, quien en el año 2010 inició el procedimiento de solución de controversias previsto en el CAFTA-DR argumentando que Guatemala había incumplido el art. 16.2.1.a) del Acuerdo, que establece que una Parte no dejará de hacer cumplir efectivamente sus leyes laborales de una manera que afecte al comercio entre las Partes. Tras el fracaso de las consultas gubernamentales, finalmente, se acudió a la constitución de un panel arbitral en agosto de 2011, cuyo informe final fue emitido en junio del año 2017, 9

---

511 Vid. Art. 20.7 del ALC entre EEUU y Singapur (*op. cit.*, nota 506), art. 22.16 del ALC entre EEUU y Chile (*op. cit.*, nota 507), art. 21.12 del ALC entre EEUU y Australia (*op cit.*, nota 508), y art. 20.17 del ALC entre EEUU, Centroamérica y la República Dominicana (*op. cit.*, nota 509).

años después del inicio de la controversia. En dicho informe, el panel arbitral reconoció infracciones por parte de Guatemala[512], pero no las estimó suficientes como para considerar que afectaban al comercio entre las Partes[513]. Este informe, a pesar de que no derivó en consecuencias comerciales de ningún tipo para Guatemala, sin embargo, es considerado por la doctrina como crucial en la interpretación de las cláusulas laborales integradas en los ALC concluidos por EEUU, al entender que para la adopción de contramedidas es imprescindible que el incumplimiento de las normas laborales fundamentales afecte de manera directa al comercio entre las Partes en el sentido de conferir una ventaja comparativa o beneficio comercial a la Parte infractora, lo que constituye una interpretación amplia de toda esta serie de cláusulas (Hradilova y Svoboda, 2018: 1037; Paiement, 2018: 687; Araujo, 2018: 238-239). Teniendo en cuenta lo anterior, sin evidencias empíricas de que un incumplimiento de las normas laborales fundamentales puede llegar a afectar al comercio entre las Partes, resulta muy complicado pensar en la imposición de contramedidas comerciales a la Parte infractora, y, por consiguiente, cuesta creer en la efectividad real de esta serie de cláusulas laborales, a pesar de que el modelo basado en contramedidas propuesto por EEUU en sus ALC suscita mayor confianza que los modelos basados en simples compromisos de cara a la efectiva implementación de los DLF.

También en el seno del CAFTA-DR, EEUU interpuso en el año 2010 una queja contra Costa Rica alegando la injerencia del Estado en los asuntos internos de un sindicato, lo que llevó a la disolución de la junta sindical local de un determinado sector. No

---

512 Concretamente reconoció que Guatemala debía haber garantizado el cumplimiento de determinadas órdenes judiciales que pesaban sobre 8 establecimientos en relación con 74 trabajadores y no lo hizo (Hradilova y Sbovoda, 2018: 1037; Paiement, 2018: 686; Lenox y Arsht, 2018: 179).

513 EEUU: Informe final del Panel Arbitral en relación al caso “Guatemala – Issues Relating to the Obligations Under Art. 16.2.1(a) of the CAFTA-DR”. Disponible en: https://ustr.gov/issue-areas/labor/bilateral-and-regional-trade-agreements/guatemala-submission-under-cafta-dr

obstante, fue el propio EEUU quien retiró la queja al constatar que un fallo del Tribunal Constitucional de Costa Rica ordenó el reintegro de la mencionada junta sindical local[514].

Con todo, es, precisamente, el CAFTA-DR uno de los mayores ejemplos de desarrollo de capacidades a nivel estatal con el apoyo de actores no estatales que ha conducido a mejoras institucionales y legales concretas, incluyendo entre estas mejoras el aumento del número de inspecciones de trabajo[515].

Posteriormente, entre los años 2004 y 2006, la Administración Bush concluye ALC con Marruecos[516], Bahréin[517] y Omán[518] sobre la idea de la creación de un Área de Libre Comercio con Oriente Medio (Manero, 2018: 78). Todos estos Acuerdos tienen configurado tanto del capítulo relativo a "trabajo" inserto en todos ellos, como del sistema de solución de controversias para cuestiones laborales, de igual manera que los ALC anteriormente estudiados, es decir, siguiendo el cuarto de los modelos de ALC estadounidenses con cláusulas laborales[519].

---

514 OIT: Dimensiones Sociales de los Acuerdos de Libre Comercio, *op. cit.*, nota 482, p. 58.

515 OIT: *Assesment of Labour Provisions in Trade and Investment Agreements, op. cit.*, nota 331.

516 EEUU: Acuerdo de Libre Comercio entre EEUU y Marruecos, 15 de junio de 2004. Disponible en: https://ustr.gov/trade-agreements/free-trade-agreements/morocco-fta

517 EEUU: Acuerdo de Libre Comercio entre EEUU y Bahréin, 14 de septiembre de 2005. Disponible en: https://ustr.gov/trade-agreements/free-trade-agreements/bahrain-fta

518 EEUU: Acuerdo de Libre Comercio entre EEUU y Omán, 19 de enero de 2006. Disponible en: https://ustr.gov/trade-agreements/free-trade-agreements/oman-fta

519 No obstante, el ALC con Omán incorpora algunas novedades poco significativas, como el hecho de que los Ministerios de Trabajo de ambas Partes, junto con otros organismos pertinentes, deben establecer prioridades y desarrollar actividades de cooperación específicas, como el denominado "Debate laboral" para tratar cuestiones laborales de actualidad (Bolle, 2006: 8).

En el año 2011, en el marco del ALC entre EEUU y Bahréin, la Oficina de Asuntos Comerciales y Laborales estadounidense recibió una queja de asociaciones comerciales argumentando que Bahréin había despedido a diversos líderes sindicales como resultado de sus actividades políticas, violando, de esta manera, los DLF de libertad de asociación y negociación colectiva. Todo apuntaba al inicio de consultas gubernamentales en el seno del sistema de solución de controversias previsto en el Acuerdo hasta que Bahréin decidió dar orden de volver a contratar a dichos líderes sindicales, quedando, de esta manera, las consultas paralizadas y la controversia suspendida (Araujo, 2018: 243-244).

4.1.2.3. Los ALC concluidos por Estados Unidos con cláusulas laborales tras el *Bipartisan Trade Deal*

En el año 2007 se aprobó el *Bipartisan Agreement on Trade Policy*, también denominado *May 10th Agreement* o *Bipartisan Trade Deal520*, negociado entre la USTR Susan Schwab y los portavoces del Congreso y del Senado con la finalidad de obtener su apoyo para la conclusión de los Acuerdos de Promoción Comercial con diversos Estados latinoamericanos[521] (Gantz, 2011: 340). En este *Bipartisan Trade Deal* se estableció que los sucesivos ALC concluidos por EEUU contendrían la obligación ya no de garantizar el cumplimiento sino de adoptar y mantener (*adopt and maintain*) – que no desarrollar – a través de las diferentes legislaciones internas los DLF contenidos en la Declaración de 1998 de la OIT[522],

520 EEUU: *Bipartisan Agreement on Trade Policy*, 10 de mayo de 2007. Disponible en: https://ustr.gov/sites/default/files/uploads/factsheets/2007/asset_upload_file127_11319.pdf

521 Aunque, como veremos posteriormente, también sirvió para concluir el ALC con la República de Corea.

522 Recordemos que la razón por la cual EEUU hace mención únicamente a la Declaración de 1998 y no a los diferentes CF de la OIT es porque este Estado solo ha ratificado 2 de los 10 CF de la mencionada Organización (Gantz, 2011: 342). De acuerdo con las reglas básicas establecidas por el Comité del Presidente de los EEUU, los EEUU no ratificarán

obligación sujeta a la posibilidad de acudir al sistema de solución de controversias previsto en cada uno de los Acuerdos en caso de incumplimiento (Guamán, 2016a: 101; Hradilova y Svoboda, 2018: 1031-1032). De esta manera, lo dispuesto en el *Bipartisan Trade Deal* fue posteriormente incorporado en la Ley de Comercio del año 2008[523], dando lugar a un nuevo modelo de ALC estadounidenses con cláusulas laborales, el quinto de ellos.

Entre los años 2009 y 2012 entraron en vigor los Acuerdos de Promoción Comercial (APC) con Perú[524], Colombia[525] y Panamá[526], cuya negociación no resultó sencilla, siendo, precisamente, los estándares laborales de los Estados latinoamericanos uno de los puntos más conflictivos dentro de las negociaciones. Durante las negociaciones del APC entre EEUU y Colombia, los representantes estadounidenses dejaron claras sus preocupaciones con respecto a la violencia que sufrían los sindicalistas colombianos y la impunidad de los autores de los actos violentos. Debido a estas preocupaciones, el Congreso de EEUU bloqueó la ratificación del Acuerdo hasta que Colombia tomase las medidas necesarias para mejorar la situación. Como resultado, se aprobó un Plan de Acción Laboral entre EEUU y Colombia que se centró en mejorar la

---

ninguna convención de la OIT hasta que la legislación y la práctica, tanto a nivel federal como estatal, estén en plena conformidad con sus disposiciones (Kraatz, 2015: 6). Vid. OIT: Declaración relativa a los Principios y Derechos Fundamentales en el Trabajo y su Seguimiento, *op. cit.*, nota 10.

523 EEUU: *Trade Act*, 2008, *op. cit.*, nota 480.

524 EEUU: Acuerdo de Promoción Comercial entre EEUU y Perú, 12 de abril de 2006. Disponible en: https://ustr.gov/trade-agreements/free-trade-agreements/peru-tpa

525 EEUU: Acuerdo de Promoción Comercial entre EEUU y Colombia, 22 de noviembre de 2006. Disponible en: https://ustr.gov/trade-agreements/free-trade-agreements/colombia-tpa

526 EEUU: Acuerdo de Promoción Comercial entre EEUU y Panamá, 28 de abril de 2007. Disponible en: https://ustr.gov/trade-agreements/free-trade-agreements/panama-tpa

legislación laboral y aumentar la capacidad a nivel estatal[527] (Pagnattaro, 2012: 704; Marx *et al.*, 2016: 600; Aissi *et al.*, 2018: 689; Dewan y Ronconi, 2018: 41).

Todos estos Acuerdos cuentan con la misma estructura que sus predecesores, esto es, con un capítulo titulado "trabajo" y con un procedimiento de solución de controversias que, en este caso, a diferencia de los ALC anteriores que incluían disposiciones específicas en materia laboral, es común para cualquier aspecto contenido en el Acuerdo, como ya ocurría en el ALC entre EEUU y Jordania. Este sistema de solución de controversias, de nuevo, incluye la participación de un panel arbitral cuya misión es elaborar un informe que puede habilitar al recurso a contramedidas en caso de constatar un incumplimiento de las normas laborales fundamentales que afecte de manera directa al comercio entre las Partes. No obstante, ya no se fija una compensación monetaria de 15 millones de dólares americanos anuales, que, en caso de no ser cobrada, habilita a la Parte afectada a la suspensión de los beneficios comerciales derivados del Acuerdo. En esta ocasión, los APC con los países latinoamericanos hablan de compensaciones, multas monetarias y suspensión de beneficios comerciales indistintamente, siendo todas estas medidas excepcionales y temporales que

527 Entre las preocupaciones de EEUU se encontraban el uso de violencia contra sindicalistas para desincentivar el asociacionismo, la impunidad de las violaciones de los derechos laborales, la proliferación de confederaciones de trabajadores falsas, la negociación de "pactos colectivos" en los que se concedían beneficios a quienes renunciaban a sus derechos de asociación y huelga, etc. Teniendo en cuenta lo anterior, lo que el Plan de Acción Laboral pretendía era incrementar la capacidad del ministerio de trabajo en términos de inspección laboral, reformar el sistema de justicia criminal, eliminar todas las falsas confederaciones de trabajadores y proteger de manera efectiva a sindicalistas y activistas por los derechos laborales. No obstante, este Plan de Acción Laboral no ha estado exento de críticas por su limitada capacidad práctica.
OIT: *Handbook on Assesment of Labour Provisions in Trade and Investment Agreements*, *op. cit.*, nota 500, p. 65-66.

deben ser revertidas una vez la Parte infractora vuelve a cumplir con lo dispuesto en el Acuerdo[528].

Como novedad, estos ALC exigen a las Partes que "adopten y mantengan" (*adopt and mantain*) la Declaración de 1998 de la OIT, en consonancia con lo dispuesto en el *Bipartisan Trade Deal*, en lugar de "esforzarse por garantizar" (*strive to ensure*) la compatibilidad de sus legislaciones nacionales con dicha Declaración, que es lo que hacían los acuerdos estadounidenses anteriores (Gresser, 2010: 497). De cara a cumplir con estas novedosas exigencias, se añade la obligación para las Partes de incorporar la mencionada Declaración en sus respectivas legislaciones nacionales y, de esta manera, su no incorporación pasa a constituir un incumplimiento o violación del Acuerdo que habilita a la Parte afectada por dicho incumplimiento a solicitar el inicio del procedimiento de solución de controversias (Bolle, 2007: 3; Gantz, 2011: 343; Pagnattaro, 2012: 702).

Respecto de toda esta serie de APC y de sus cláusulas laborales, el debate principal gira en torno a la debilidad de las legislaciones laborales nacionales de los Estados latinoamericanos y su capacidad – o, más bien, incapacidad – para poder garantizar, no solo la incorporación de la Declaración de 1998 de la OIT, sino la correcta aplicación de los estándares laborales fundamentales insertos en ella[529] (Bolle, 2007: 5). No obstante, algunos autores han demostrado empíricamente que tras la entrada en vigor de los diferentes ALC entre EEUU y países latinoamericanos, se han dado mejoras en la situación de los derechos laborales de estos

528 Vid. Art. 20.15 del APC con Panamá, *op. cit.*, nota 526.

529 Argumentan, por ejemplo, que las sucesivas reformas laborales peruanas no han conseguido revertir el debilitamiento de las leyes laborales nacionales aprobadas durante la Administración Fujimori, y que, tanto los informes de la OIT como los Informes de país sobre prácticas de derechos humanos elaborado por el Departamento de Estado de EEUU de 2005, documentan el incumplimiento del Perú en relación a los derechos laborales internacionalmente reconocidos y las normas laborales fundamentales de la OIT (Bolle, 2007: 5).

últimos, principalmente como consecuencia del aumento de las inspecciones laborales (Dewan y Ronconi, 2018).

Resta mencionar que, a pesar de no tratarse de un Estado latinoamericano, bajo el paraguas del *Bipartisan Trade Deal* también se negoció y concluyó el ALC entre EEUU y la República de Corea[530]. Si bien el Acuerdo se firmó en el año 2007, este no entró en vigor hasta el año 2011, siendo la razón principal de este retraso la oposición de diferentes grupos y organismos defensores de los derechos laborales, entre los que se encontraban los del sector del comercio automotriz (Pagnattaro, 2012: 697). Para solucionar las preocupaciones de esta serie de grupos y organismos, a lo largo del otoño del año 2010 se sucedieron reuniones y negociaciones que condujeron a la adopción de un acuerdo histórico entre EEUU, con la Administración Obama al mando, y Corea del Sur que aborda las inquietudes planteadas por los trabajadores automotrices estadounidenses (Pagnattaro, 2012: 699). Por lo que respecta al contenido del Acuerdo con la República de Corea, los capítulos relativos a trabajo y al sistema de solución de controversias, siguen fielmente la misma dinámica propuesta por los APC con Perú, Colombia y Panamá, en consonancia con el *Bipartisan Trade Deal*.

4.1.2.4. La Ley de Extensión de Preferencias Comerciales de 2015 y los últimos acuerdos de libre comercio megarregionales de Estados Unidos

En el año 2015, el Congreso estadounidense aprobó la Ley de Extensión de Preferencias Comerciales[531], por la cual se renovaba nuevamente la TPA para que el presidente Obama pudiese comenzar las negociaciones del Acuerdo Transpacífico de Coope-

---

530 EEUU: Acuerdo de Libre Comercio entre EEUU y la República de Corea, 30 de junio de 2007. Disponible en: https://ustr.gov/trade-agreements/free-trade-agreements/korus-fta

531 EEUU: *Trade Preferences Extension Act*, 2015, *op. cit.*, nota 481.

ración Económica (TPP por sus siglas en inglés) y del Tratado Transatlántico de Comercio e Inversiones (TTIP por sus siglas en inglés) en su ambición por superar la estrategia de adoptar ALC bilaterales y comenzar a concluir acuerdos megarregionales con los que alcanzar objetivos, no comerciales, sino también geopolíticos (Griller *et al.*, 2017: 9; Manero, 2018: 110). Aunque las negociaciones entre la UE y EEUU para la adopción del TTIP nunca llegaron a buen término – a pesar de que el Acuerdo suponía crear la mayor zona de libre comercio del mundo (Roldán, 2016: 143) – y aunque en enero del año 2017 el presidente Trump decidió retirar a EEUU del TPP (Smith *et al.*, 2021: 1) en busca del retorno a la estrategia de conclusión de ALC bilaterales, ambos Acuerdos son dignos de mención.

El TPP fue firmado el 4 de febrero de 2016 en la ciudad de Auckland, Nueva Zelanda por los representantes comerciales de Australia, Brunéi, Canadá, Chile, EEUU, Japón, Malasia, Méjico, Nueva Zelanda, Perú, Singapur y Vietnam (Meza-Salas, 2017: 767), abarcando un 40% de la economía global (Smith *et al.*, 2021: 1). No obstante, hasta el momento de la firma del Acuerdo, se sucedieron duras negociaciones entre los Estados firmantes, pues algunos de ellos observaban con preocupación cómo las débiles cláusulas laborales previstas en el texto del TPP podían servir de incentivo a las empresas para deslocalizar su producción hacia países como Brunéi, Malasia, Méjico y, especialmente, Vietnam (Fergusson y Williams, 2016: 61). Por esta razón, de manera novedosa y excepcional, la Administración Obama decidió negociar acuerdos laborales previos (*pre-ratification conditionality*) con Brunéi, Malasia y Vietnam que contenían diversos planes de acción relativos a libertad de asociación, negociación colectiva, trabajo infantil o no discriminación, que debían ser implementados antes de la entrada en vigor del TPP, y que se encontraban sujetos al sistema de solución de controversias previsto en dicho Acuerdo (Fergusson y Williams, 2016: 62; Araujo, 2018: 247).

Las disposiciones en materia laboral, al igual que en el resto de ALC correspondientes al quinto modelo, se encuentran integradas en el texto principal del Acuerdo, estableciendo que las Partes deben, de nuevo, adoptar y mantener lo dispuesto en la Declaración de 1998 de la OIT, haciendo especial hincapié en la cooperación interestatal, la negociación y el diálogo[532] (Meza-Salas, 2017: 774; Aissi *et al.*, 2018: 693). Asimismo, estas disposiciones están sujetas al procedimiento de solución de controversias previsto en el TPP y a eventuales compensaciones en caso de incumplimiento (Fergusson y Williams, 2016: 61).

A pesar de las altas expectativas depositadas en el TPP, como ya sabemos, el 23 de febrero de 2017 el recién elegido Presidente de EEUU, Donald Trump, remitió un memorándum al USTR, instruyéndolo para retirar formal y permanentemente al país de las negociaciones del TPP y para iniciar contactos bilaterales con el resto de Estados firmantes en un intento por retomar la estrategia comercial de celebración de ALC bilaterales en lugar de apostar por acuerdos megarregionales como lo hiciera su predecesor, Barack Obama, de cara a promover la industria estadounidense, proteger a sus trabajadores y aumentar los salarios de los estadounidenses bajo el lema *America First* (Posada, 2017: 48; Araujo, 2018: 251).

Por lo que respecta al TTIP, dado que las negociaciones entre la UE y EEUU se suspendieron sin que el texto del Acuerdo llegase a ser firmado, poca información tenemos al respecto. Únicamente disponemos de la propuesta realizada por la UE[533] en la que la Unión plantea la integración de un capítulo dedicado al Comercio y Desarrollo Sostenible idéntico al contenido en el resto de ALC de "nueva generación" de la UE, centrado en la promoción de las normas laborales fundamentales contenidas en los CF de la OIT, más exhaustivos que la Declaración de 1998 que

---

532 Especialmente en las áreas relativas a condiciones aceptables de trabajo, responsabilidad social empresarial y trabajo forzoso. Vid. OIT: *Assesment of Labour Provisions in Trade and Investment Agreements,* 2016, *op. cit.*, nota 322, p. 36.

533 UE: Propuesta de Texto de la UE en relación con el Comercio y Desarrollo Sostenible en el TTIP, 19-23 de octubre de 2015. Disponible en: https://trade.ec.europa.eu/doclib/docs/2015/november/tradoc_153923.pdf

EEUU suele incorporar en sus Acuerdos, pero sin una consecuencia aparejada a su incumplimiento (Araujo, 2018: 248-250). En palabras de la propia Comisaria de Comercio de la UE, Cecilia Malmström, "*the TTIP would provide an opportunity to negotiate the most comprehensive set of fundamental international standards of labour rights (…) ever contained in a trade agreement*"[534].

Queda preguntarnos, con cierta curiosidad y nostalgia, qué habría pasado en el caso de que el TTIP hubiese llegado a buen término: ¿Se habría integrado en él un capítulo relativo a Trabajo basado en un modelo condicional en el que el incumplimiento de la Declaración de la OIT de 1998 acarrearía una compensación monetaria o una suspensión de los beneficios del Acuerdo? ¿Se habría integrado en él un capítulo relativo a Comercio y Desarrollo Sostenible basado en un modelo promocional de las normas laborales incluidas en los CF de la OIT cuyo incumplimiento no acarrearía consecuencia alguna? Todo apunta a que, por lo menos en los próximos años, estas dudas, por el momento, quedarán sin resolver.

4.1.3. Límites de las cláusulas laborales integradas en los acuerdos de libre comercio concluidos por Estados Unidos

Del análisis de los diferentes modelos de ALC estadounidenses con cláusulas laborales se pueden extraer una serie de límites que dificultan el logro de su principal objetivo, esto es, la efectiva tutela de los DLF.

El primero de los límites tiene que ver, precisamente, con la existencia de diversos modelos que se suceden temporalmente, en función de la Ley de Comercio o la Estrategia Comercial que opere en cada momento, como hemos podido comprobar con

---

534 UE: Discurso de Cecilia Malmström en el TACD Multi-Stakeholder Forum, "*TTIP: What consumers have to gain*", 26 de enero de 2016. Disponible en: http://trade.ec.europa.eu/doclib/docs/2016/january/tradoc_154173.pdf (última consulta: 13 de julio de 2023).

anterioridad. Esta diversidad de modelos, cada uno con un contenido, una estructura institucional y un procedimiento de solución de controversias diferente, hace que sea difícil predecir la configuración de las cláusulas laborales que EEUU vaya a integrar en futuros acuerdos comerciales.

En segundo lugar, respecto del contenido material de esta serie de cláusulas, es decir, los DLF protegidos por los ALC estadounidenses, este también ha variado a lo largo del tiempo, desde la referencia a las normas laborales nacionales, que habían de ser acordes a los estándares internacionalmente reconocidos, como los dispuestos en el Anexo 1 del TLCAN, hasta la referencia expresa a la Declaración de 1998 de la OIT en los capítulos sobre "trabajo" contenidos en los últimos ALC de EEUU, que debe ser adoptada y mantenida por las Partes en sus respectivas legislaciones nacionales (Giumelli y Van Roozendaal, 2016: 5-6; Hradilova y Svoboda, 2018: 1032). En otras palabras, los primeros ALC estadounidenses con cláusulas laborales se centraban en la protección de las legislaciones laborales nacionales, mientras que en los últimos ALC los DLF protegidos son los internacionalmente reconocidos en la Declaración de la OIT de 1998.

Precisamente, esta referencia a la Declaración de 1998 de la OIT y no a sus CF ha sido objeto de fuertes críticas por parte de la doctrina, pues en el marco de la Declaración de 1998 no se están asumiendo exactamente las mismas obligaciones que en el marco de los CF. Como ya sabemos, la Declaración de 1998 representa un compromiso político, una declaración programática, a tenor de la cual los Estados firmantes se comprometen únicamente a respetar y promover los DLF contenidos en dicha Declaración[535], mientras que los CF, como tratados internacionales, transforman estos principios en obligaciones legales que, en caso de ser asumidas, han de ser respetadas con estricto rigor jurídico (Herrnstadt,

535 Si bien, se puede inferir que la misión principal de la Declaración de 1998 era extender el control sobre los DLF por parte de la OIT a los Estados miembros que no querían ratificar los CF.

2015: 123). El problema respecto de la elección entre la Declaración y los CF es que si las disposiciones laborales contenidas en los ALC se basan únicamente en la Declaración de 1998, esto puede generar incertidumbre legal y una aplicación de dichas disposiciones laborales inconsistente con la aplicación del mecanismo de supervisión de la OIT, generando, de esta manera, dificultades, no solo a la hora de respetar los derechos contenidos en la Declaración, sino también a la hora de resolver disputas en los procedimientos de solución de controversias previstos a tal efecto en cada uno de los Acuerdos (Kraatz, 2015: 6).

Con la estructura institucional propuesta en los diferentes modelos de ALC estadounidenses con capítulos relativos a "trabajo" ocurre lo mismo que con el contenido material de las cláusulas laborales: no es la misma en todos los modelos. Así, por ejemplo, mientras que el TLCAN prevé instituciones como la CCL, compuesta por un Consejo de Ministros y una secretaría, o los Comités de Asesoramiento Nacionales y Gubernamentales, otros Acuerdos, como el APC con Panamá, prevén un Consejo de Asuntos Laborales o un Mecanismo de Cooperación Laboral y Creación de Capacidad. Esta disparidad entre Acuerdos puede traer como consecuencia el solapamiento de funciones, un gasto de recursos innecesario, contradicciones en la forma de actuar, etc.

Otro de los aspectos más controvertidos cuando se trata la cláusula laboral en los ALC es el relativo al procedimiento de solución de controversias previsto en cada uno de los Acuerdos, también diferente en función del modelo de ALC estadounidense de que se trate. La falta de voluntad política[536], la escasa cantidad de recursos destinados a los órganos que participan en este procedimiento, como los grupos de expertos o el panel arbitral o la preocupante dilación en el tiempo del procedimiento[537] son algunas

536 Patente, por ejemplo, en las cartas que intercambiaron los Gobiernos de Jordania y EEUU para no aplicar sanciones comerciales en caso de incumplimiento de las disposiciones laborales del Acuerdo.

537 Como ocurrió en la controversia entre EEUU y Guatemala en el seno del CAFTA-DR.

de las principales razones que hacen a parte de la doctrina afirmar que se trata de un sistema de solución de controversias débil de cara a lograr el efectivo cumplimiento de las normas laborales fundamentales (Araujo, 2018: 244).

Como sabemos, si, tras el pertinente procedimiento de solución de controversias sobre cuestiones laborales, el panel arbitral determina que ha habido un incumplimiento grave y sistemático de las normas laborales fundamentales por alguna de las Partes del Acuerdo que afecta de manera directa al comercio, la Parte afectada puede imponer a la Parte infractora compensaciones, primeramente, monetarias, que, en caso de no ser cumplidas, pasan a convertirse en contramedidas en forma de suspensión de los beneficios comerciales derivados del Acuerdo. Este modelo de ALC estadounidenses condicional ha sido criticado por varios motivos. En primer lugar, por los problemas de legalidad y legitimidad que las restricciones comerciales por violación de derechos humanos plantean y que ya se han analizado previamente. En segundo lugar, la dificultad de probar que la violación de las disposiciones laborales afecta de manera directa al comercio entre las Partes hace a parte de la doctrina afirmar que este sistema de solución de controversias carece de eficacia práctica (Hradilova y Svoboda, 2018: 1037; Paiement, 2018: 688). En tercer lugar, un posible uso desmesurado de restricciones comerciales podría relacionarse con estrategias de corte proteccionista (Polaski, 2003: 19). Por último, el coste potencial accesorio de dichas restricciones en términos de pérdida de competitividad internacional del Estado afectado por la contramedida no es para nada despreciable, pues acabaría debilitando profundamente la economía nacional de dicho Estado (Pirret, 2004: 1269-1270).

Finalmente, algunos autores apuntan a otros límites dentro de esta serie de cláusulas laborales integradas en los ALC concluidos por EEUU con terceros Estados y bloques regionales, como por ejemplo la excesiva confianza en la acción gubernamental de las Partes, en lugar de dar más importancia a la acción y a los informes de las ONG y otros organismos interesados en la protección de los DLF (Bieszczat, 2008: 1394-1395).

4.1.4. Propuestas de mejora de las cláusulas laborales integradas en los acuerdos de libre comercio concluidos por Estados Unidos

Una vez analizados los límites que obstaculizan la efectiva implementación de las disposiciones en materia laboral integradas en todos los ALC concluidos por EEUU con terceros Estados, conviene dedicar un último epígrafe a las propuestas que se han aportado para tratar de sobrepasar estos límites y conseguir mejoras en la protección de los DLF.

En primer lugar, para solventar la incertidumbre que genera no tener un modelo uniforme de cláusula laboral, que, como hemos podido observar, cambia en función del modelo, de la Ley Comercial del momento y del socio comercial de que se trate, quizá convendría que EEUU pensase en la posibilidad de diseñar en un capítulo con disposiciones en materia laboral único para todos sus acuerdos y socios comerciales como, de hecho, ya hace la UE en sus ALC, a través de los denominados capítulos de comercio y desarrollo sostenible.

Por lo que respecta al contenido material de estas disposiciones laborales, esto es, los derechos laborales protegidos, las voces críticas, como ya se ha mencionado con anterioridad, apuntan que en lugar de referirse únicamente a la Declaración de la OIT de 1998, convendría integrar en los capítulos relativos a "trabajo" la obligación de ratificar los CF de la OIT pues, como sabemos, dicha ratificación lleva aparejada la obligación de cumplir con exigencias legales dispuestas en un tratado internacional, y no un mero compromiso político. No obstante, para que EEUU pudiese compeler a sus socios comerciales a ratificar los diez CF de la OIT, primero, sería conveniente que EEUU hiciese lo propio y ratificase los diez CF que le quedan por ratificar, especialmente, los relativos al derecho de asociación y negociación colectiva[538].

---

538 El Gobierno estadounidense es extremadamente reacio a ratificar los CF de la OIT relativos a asociación y negociación colectiva porque teme dar pie a que los trabajadores y activistas laborales nacionales reclamen mayores prestaciones, pudiendo ocasionar, como consecuencia, la hui-

En cuanto a la estructura institucional diseñada en los capítulos relativos a "trabajo" dentro de los ALC de EEUU, que, como ya hemos visto, es diferente en cada uno de los Acuerdos, llama la atención la ausencia de un órgano independiente, ya sea de asesoramiento (dado que todos los comités de asesoramiento son nacionales) o de resolución de conflictos (porque incluso en relación con el panel arbitral, los árbitros son elegidos por las Partes). Por consiguiente, convendría pensar en integrar algún tipo de órgano asesor o de resolución de conflictos independiente, siendo interesante la idea de que dicho órgano independiente estuviese respaldado por la propia OIT. Con ello, no solo se conseguiría dotar al capítulo y, en especial, al sistema de resolución de controversias de una mayor legitimidad, sino que reduciría la importancia y el peso de la voluntad política en los asuntos relativos al cumplimiento de los DLF (Bieszczat, 2008: 1403-1404).

En cuarto lugar, el procedimiento de resolución de controversias relativas al incumplimiento de las disposiciones laborales, también distinto en función del Acuerdo, adolece, como hemos podido comprobar, de diversos límites, algunos de ellos, como la falta de recursos, sencillamente superables, otros, como dilación de los procedimientos en el tiempo, más costosos de solventar, y otros, como la falta de voluntad política, que requieren profundos cambios estructurales, no solo en la legislación nacional y el funcionamiento de las instituciones, sino también en la sociedad.

Respecto de las consecuencias comerciales propuestas por EEUU en sus ALC en caso de incumplimiento de las normas laborales fundamentales incluidas en los capítulos relativos a "trabajo", si bien estas tienen la finalidad de desincentivar las violaciones de los DLF internacionalmente reconocidos, así como de resarcir a la Parte afectada por dicha violación, de nada sirven sobre el papel si los Estados prometen en instrumentos posteriores, como ocurrió con el intercambio de cartas entre los represen-

---

da de inversión extranjera y la paralización de la economía de EEUU (Bieszczat, 2008: 1405-1406).

tantes comerciales de EEUU y Jordania, no aplicar restricciones por el incumplimiento de las disposiciones laborales del Acuerdo. De nuevo, la solución a este límite pasa porque los Estados Parte del Acuerdo demuestren una voluntad política real, denuncien las violaciones de los estándares laborales fundamentales, traten de ponerlas fin a través de consultas y, en caso de que estas fracasen, apliquen las compensaciones monetarias o contramedidas comerciales oportunas. Para ello es importante, asimismo, que los paneles arbitrales constituidos en el marco del procedimiento de solución de controversias sean más flexibles a la hora de considerar si dicha violación afecta de manera directa al comercio entre las Partes pues, de lo contrario, ningún incumplimiento de las normas laborales fundamentales tendrá como consecuencia una restricción comercial, vaciando de contenido, por consiguiente, el modelo condicional propuesto por EEUU.

Por último, algunos de los restantes límites identificados por la doctrina, como el relativo a la excesiva confianza en la acción gubernamental de los Estados Parte del Acuerdo, parecen fácilmente solventables, a través, por ejemplo, de informes anuales de ONG nacionales e internacionales independientes (Bieszczat, 2008: 1394-1395).

4.2. LA INTEGRACIÓN DE CLÁUSULAS LABORALES EN LOS ACUERDOS DE LIBRE COMERCIO CONCLUIDOS POR LA UNIÓN EUROPEA CON TERCEROS ESTADOS

4.2.1. La Política Comercial Común de la Unión Europea y su necesidad de revisión para adaptarla a la realidad actual

Antes de adentrarnos en el estudio de las cláusulas laborales integradas en los ALC de la UE, es necesario dar unas breves nociones acerca del concepto, fundamento y naturaleza, así como de otra serie de cuestiones relativas a la política comercial que sirve de sustento no solo a esta serie de acuerdos, sino también al esquema preferencial comunitario que será estudiado posteriormente en profundidad.

El art. 21.2.e) del Tratado de la Unión Europea (TUE) consagra el deber de definir y ejecutar políticas comunes y acciones, así como de esforzarse por lograr un alto grado de cooperación en todos los ámbitos de las relaciones internacionales, con el fin de, entre otros, "fomentar la integración de todos los países en la economía mundial" con medidas como la supresión progresiva de los obstáculos al comercio internacional[539]. Una de las políticas comunes más importantes, junto con la Política de Cooperación al Desarrollo o la Política Exterior y de Seguridad Común, es la originaria Política Comercial Común (PCC) de la UE, que ya aparecía recogida en el Tratado de Roma de 1957 (concretamente, en el capítulo 3 del título 2 de la Parte de Políticas de la Comunidad, arts. 131 a 134, ambos inclusive) y cuyo fundamento normativo, en la actualidad, lo encontramos en los arts. 206 y 207 del Tratado de Funcionamiento de la Unión Europea (TFUE), donde dicha PCC aparece desarrollada aunque sin gozar de una definición exhaustiva. El profesor Luis Norberto González Alonso afirma que para comprender de manera adecuada el significado de la PCC es necesario constatar que, en último término, tanto el proceso de integración europea como la propia UE se fundan sobre la idea de creación de una unión aduanera entre sus Estados miembros. De esta manera, en palabras del propio profesor Luis Norberto González Alonso, "parece evidente que la PCC responde en última instancia a la necesidad de evitar los desafíos del tráfico comercial que pudieran producirse en el interior de la unión aduanera como consecuencia de eventuales disparidades en los regímenes de importación o exportación aplicados por los Estados miembros, y se halla, por tanto, estrechamente vinculada en su origen a la instauración del arancel aduanero común", pu-

539 UE: Versiones consolidadas del Tratado de la Unión Europea y del Tratado de Funcionamiento de la Unión Europea (DO C núm. 202, de 7 de junio de 2016).

diéndose afirmar, entonces, que la PCC de la UE es un "corolario de la unión aduanera" (González, 2000: 413).

El art. 206 del TFUE enumera los principales objetivos o propósitos de la PCC de la UE, a saber, "el desarrollo armonioso del comercio internacional, la progresiva supresión de las restricciones a los intercambios internacionales y a las inversiones extranjeras directas, así como la reducción de las barreras arancelarias y de cualquier otro tipo"[540]. No obstante, no debemos olvidar que la finalidad última de la UE con la consecución de todas y cada una de sus políticas comunitarias es "promover la paz, sus valores y el bienestar de sus pueblos"[541], tal y como recoge el art. 3 del TUE. Así, la difusión de los valores comunitarios de democracia, buen gobierno, Estado de Derecho, protección del medio ambiente y respeto de los derechos humanos – entre los que se encuentran, como ya sabemos, los DLF – se convierte, de esta manera, en elemento estructural de la PCC de la UE, pues se entiende que esta constituye un medio efectivo para lograr tal difusión (García, 2007: 349; Santaolalla, 2018: 15; Blanc, 2020b: 26). A este respecto, las autoras Sophie Meunier y Kalypso Nicolaïdis introdujeron en el año 2006 la idea de gobernar *a través* del comercio (*govern through trade*), refiriéndose al hecho de que la UE utiliza el poder del acceso a su mercado y el tamaño del mismo[542] para "exportar" sus normas, estándares y valores (Meunier y Nicolaïdis, 2006; Smith *et al.*, 2021: 141). Otros autores lo denominan al hecho de garantizar el acceso a materias primas y mejorar las oportunidades de exportación e inversión respetando al mismo tiempo los

540 *Ibíd.*, pp. 139-149.

541 *Ibíd.*, p. 17.

542 En el año 2017, la cuota de exportaciones en el comercio mundial de mercancías (excluido el comercio intra-UE) de la UE-28 fue del 15%, superada únicamente por China con un 16,2%. No obstante, en relación a la cuota en el comercio mundial de servicios comerciales (excluido el comercio intra-UE), la UE encabeza las exportaciones de esta serie de servicios con un 23,6% de la cuota mundial, seguido por EEUU con un 17,8% (Díaz *et al.*, 2019: 204).

valores fundamentales de la UE como "diplomacia económica" (Liñán e Hinojosa, 2001: 334).

Por lo que a la naturaleza de la PCC se refiere, estamos ante un ámbito en el cual la UE dispone de competencia exclusiva, recogida en el art. 3 del TFUE y consagrada en una sentencia de 13 de diciembre de 1973[543], en la que el juez comunitario reconoció de modo incidental que la realización de la PCC incumbía exclusivamente a la CE, y en el Dictamen 1/75 en respuesta a la petición formulada por la Comisión acerca de la competencia de la CE para concluir en el marco de la OCDE un acuerdo sobre determinadas cuestiones relacionadas con el crédito a la exportación[544], que afirmó que una competencia paralela de los Estados miembros y la Comunidad en materia de política comercial era inadmisible porque podría llegar a suponer un falseamiento la competencia y del juego institucional (González, 2000: 417; González, 2005: 139). Por consiguiente, esta exclusividad elimina toda posibilidad de intervención estatal en la política comercial de la Unión y conlleva, a juicio del profesor Liñán Nogueras, "una presión por parte de los Estados miembros para que el ámbito de aplicación de la PCC se reduzca en la mayor medida posible y para que la actuación de la Unión en las relaciones económicas con países terceros se funde en otros preceptos del TFUE, que establecen competencias compartidas" (Mangas y Liñán, 2020: 549). Sin embargo, se ha afirmado que los nuevos y ambiciosos ALC de "nueva generación" o de "integración profunda" concluidos por la UE con terceros Estados desbordan su marco competencial al incluir aspectos concretos de, por ejemplo, la promoción y protección recíproca de las inversiones, motivo por el cual, tras el Dictamen 2/15 del Tribunal de Justicia de la UE en relación al acuerdo con

---

543 UE: Sentencia del Tribunal de Justicia de 13 de diciembre de 1973, Indiamex, 37-38/73, ECLI:EU:C:1973:165.

544 UE: Dictamen 1/75 del Tribunal de Justicia de 11 de noviembre de 1975, ECLI:EU:C:1975:145.

Singapur[545], la Comisión Europea ha decidido que toda esta serie de ALC se celebren como "Acuerdos Mixtos" (Díez-Hochleitner, 2015: 3; Bartels, 2014: 10; Guamán, 2016b: 144; Fajardo, 2021: 63), es decir, que se suscriban conjuntamente por la UE y por todos sus Estados miembros[546]. Algunos autores, como el profesor Javier Díez-Hochleitner, proponen muy acertadamente, de cara a preservar el carácter exclusivo de la PCC de la UE, "desgajar los compromisos en materia de protección de inversiones de los ALC, los cuales requieren la firma conjunta de la UE y de todos sus Estados miembros y llevarlos a Acuerdos Mixtos que complementen a unos ALC puramente comunitarios" (Díez-Hochleitner, 2017: 429).

---

545 UE: Dictamen 2/15 del Tribunal de Justicia (Pleno) de 16 de mayo de 2017, EU:C:2017:376.
En este dictamen se establece que todas las disposiciones relativas a inversiones extranjeras no directas, esto es, las "inversiones en cartera", que son aquellas en las que el inversor no posee el control de sus activos (Prieto, 2012: 7), así como aquellas dirigidas a resolver las controversias que puedan surgir entre los inversores y el Estado no son una cuestión exclusiva de la UE y deben de contar con la aprobación de los Estados miembros (Díaz *et al.*, 2019: 219; Blanc, 2020b: 27; Ortiz, 2020: 183).
También resulta interesante el Considerando 147 del Dictamen, en el que se afirma que "el desarrollo sostenible forma parte integrante de la Política Comercial Común" (Fajardo, 2021: 62)
Finalmente, en el caso de Singapur, se adoptaron en abril de 2018 dos acuerdos separados: un ALC, en vigor desde noviembre de 2019 y un Acuerdo de Protección de Inversiones. Esta opción salvaguarda que el ALC no tenga que ser ratificado por todos los parlamentos nacionales, con el consiguiente peligro de veto (Ortiz, 2020: 183-184). Como veremos, muchos de los ALC de la UE con terceros Estados y bloques regionales han sido concluidos como Acuerdos Mixtos por esta razón.

546 Además, con el objetivo de mejorar el procedimiento de conclusión de ALC, el Consejo adoptó en una reunión del 22 de mayo de 2018 unas Conclusiones que abordan cómo deben negociarse y celebrarse toda esta serie de acuerdos (Blanc, 2020b: 37). Vid. UE: *Draft Council Conclusions on the Negotiation and Conclusion of EU Trade Agreements,* (8622/18, Bruselas, de 8 de mayo de 2018).

El ámbito de aplicación material de la PCC de la UE, por su parte, no aparece delimitado de manera precisa en ningún precepto del TFUE. El art. 207 TFUE[547] se limita a enumerar algunos instrumentos clásicos de política comercial[548]. Fue el Dictamen 1/78[549] el que afirmó que si una medida tiene la finalidad comercial y reglamenta el comercio internacional constituye un instrumento específico de la política comercial, incluso si la citada medida no figura entre los instrumentos clásicos de lo que hoy es el art. 207 TFUE[550] (Manero, 2018: 133). Así, el ámbito de aplicación material de la PCC de la UE goza de una "vis expansiva" (González, 1998: 22) al extenderse a todas aquellas medidas que, sin utilizar un instrumento de política comercial, persiguen como principal objetivo incidir en el comercio internacional (Mangas y Liñán, 2020: 547). Para una mayor precisión, es conveniente acudir a la jurisprudencia comunitaria, la cual, a lo largo del tiempo, ha ido acotando la aplicabilidad de la PCC de la UE[551].

---

547 El origen directo del artículo 207 es el artículo III-315 del (non nato) Tratado sobre el que instituye una Constitución para Europa.

548 Concretamente, el art. 207 TFUE hace referencia a "las modificaciones arancelarias, la celebración de acuerdos arancelarios y comerciales relativos a los intercambios de mercancías y de servicios, y los aspectos comerciales de la propiedad intelectual e industrial, las inversiones extranjeras directas, la uniformización de las medidas de liberalización, la política de exportación, así como las medidas de protección comercial, entre ellas las que deban adoptarse en caso de dumping y subvenciones". Vid. UE: Versiones consolidadas del Tratado de la Unión Europea y del Tratado de Funcionamiento de la Unión Europea, *op. cit.*, nota 548, pp. 140-141.

549 UE: Dictamen 1/78 del Tribunal de Justicia de 4 de octubre de 1979, ECLI:EU:C:1979:224.

550 Como consecuencia del Dictamen 1/78, la Sentencia del Tribunal de Justicia de las Comunidades Europeas de 26 de marzo de 1987 consideró que los Reglamentos en cuestión son actos que pertenecen al ámbito de la política comercial común. Vid. UE: Sentencia del Tribunal de Justicia de 26 de marzo de 1987, SPG I, 45/86, ECLI:EU:C:1987:163, párr. 21.

551 Algunos ejemplos los constituyen el Dictamen 1/94 (UE: Dictamen 1/94 del Tribunal de Justicia de 15 de noviembre de 1994, ECLI:EU:C:1994:384), en el cual el Tribunal de Justicia consideró que

Cabe afirmar que esta PCC de la UE es, asimismo, una de las políticas comunitarias más complejas existentes en la actualidad, no solo debido a la variedad de mecanismos de toma de decisiones y a la diversidad de instrumentos jurídicos que comprende (Adrián, 2013: 901), sino también a su transversalidad, pues las cuestiones comerciales guardan estrecha relación con temas económicos, políticos o sociales, como lo son, por ejemplo, la agricultura, la pesca, la cooperación al desarrollo o la cultura. En primer lugar, respecto de la variedad de mecanismos de toma de decisiones en materia de PCC, con la entrada en vigor del Tratado de Lisboa en el año 2009, el Parlamento Europeo (PE) se ha constituido como colegislador en materia de PCC, junto con el Consejo, dentro del procedimiento legislativo ordinario contenido en el art. 294 TFUE (Fernández, 2016: 126-127), que prevé la adopción

---

entraban en el ámbito de la PCC el conjunto de modalidades y cuestiones relacionadas con el comercio de mercancías, mientras que la prestación internacional de servicios y los aspectos de los derechos de propiedad intelectual relacionados con el comercio se sitúan, con la excepción de dos supuestos muy concretos, en un espacio competencial que la CE comparte con sus Estados miembros (González, 1998: 155), o el Dictamen 2/92 (UE: Dictamen 2/92 del Tribunal de Justicia de 24 de marzo de 1995, ECLI:EU:C:1995:83), en el cual el Tribunal de Justicia de la Unión Europea consideró que no entraba en el ámbito de la PCC la Tercera División revisada del Consejo de la OCDE, así como todas las medidas referentes al comercio internacional en el ámbito de los transportes.

Asimismo, esta visión abierta y expansiva de la noción de PCC de la UE ha quedado patente en sentencias como la relativa al caso SPG I (UE: Sentencia del Tribunal de Justicia de las Comunidades Europeas de 26 de marzo de 1987, Comisión c. Consejo, SPG I, 45/86, ECLI:EU:C:1987:163), al caso Chernóbil (UE: Sentencia del Tribunal de Justicia de las Comunidades Europeas de 29 de marzo de 1990, Grecia c. Consejo, 62/88, ECLI:EU:C:1990:153) o al caso Silhouette Internacional (UE: Sentencia del Tribunal de Justicia de las Comunidades Europeas de 16 de julio de 1998, Silhouette International Schmied, 355/96, ECLI:EU:C:1998:374, Tol 103656), esta última a propósito, precisamente, de uno de los aspectos relativos a la protección de la propiedad intelectual.

de decisiones por mayoría cualificada, reservándose la aplicación de la unanimidad para casos excepcionales[552] (Adrián, 2011: 32). En segundo lugar, en cuanto a los citados instrumentos jurídicos, la PCC de la UE se configura a través de diversos instrumentos que pueden ser clasificados[553] en tres grandes sistemas, a saber, el sistema multilateral de comercio, cuyos instrumentos derivan de la pertenencia de la UE y de sus Estados miembros a la OMC y de la obligación de cumplir con su derecho; el sistema convencional bilateral y regional, a través del cual la UE celebra ALC con terceros Estados y bloques comerciales con la finalidad de avanzar en

---

552 Tales como la negociación y celebración de acuerdos comerciales que incluyan aspectos relacionados con el comercio de servicios, con los derechos de propiedad intelectual e industrial, con las inversiones extranjeras directas y con la llamada "excepción cultural".

553 Existen otras clasificaciones, como la aportada por el profesor Luis Norberto González Alonso, que considera que los instrumentos jurídicos de la PCC de la UE pueden ser clasificados en tres grandes regímenes, a saber, el régimen convencional, compuesto por todas aquellas normas que se aplican a terceros Estados o bien por su pertenencia a la OMC, o bien por haber concluido con la Unión un acuerdo por el que se le concede el trato de NMF (aquí entrarían todos los ALC con terceros Estados y bloques comerciales que se suscriben con la finalidad de avanzar en la supresión de las barreras a los intercambios internacionales y fomentar el crecimiento económico sobre la base del art. XXIV del GATT); el régimen autónomo o unilateral, que comprende una gran variedad de instrumentos relativos a política arancelaria, regímenes de exportación e importación o defensa comercial; y el régimen preferencial, en virtud del cual se mejora el tratamiento aplicable conforme al régimen convencional y en cuya cúspide encontramos el Sistema de Preferencias Arancelarias Generalizadas de la UE (González, 2000: 428). No obstante, esta clasificación no nos parece acertada al objeto del presente análisis, dado que el sistema de preferencias arancelarias no deja de ser un instrumento comercial unilateral o autónomo, por lo que incluirlo en un tercer régimen denominado "preferencial" no parece adecuado. Además, los ALC tampoco dejan de ser tratados preferenciales (de hecho, así los denomina la OMC), y, dado que mejoran el tratamiento aplicable conforme al régimen multilateral de comercio internacional, deberían, asimismo, incluirse en el tercer régimen y, sin embargo, el profesor González Alonso los incluye en el primero.

la supresión de las barreras a los intercambios internacionales y fomentar el crecimiento económico sobre la base del art. XXIV del GATT; y, por último, el sistema autónomo o unilateral, que comprende una gran variedad de instrumentos jurídicos relativos a política arancelaria, regímenes de exportación e importación, defensa comercial, y preferencias arancelarias a los Estados menos desarrollados, dentro del cual sobresale el sistema de preferencias arancelarias generalizadas de la Unión que estudiaremos más adelante.

Centrándonos en los instrumentos jurídicos del sistema convencional bilateral y regional, es decir, todos los ALC concluidos por la UE con terceros Estados que son objeto de análisis en el presente epígrafe, a pesar de que todos ellos persiguen el objetivo principal de suprimir las barreras y obstáculos al comercio internacional y la liberalización del mismo (de ahí su nombre), distintos matices respecto de sus objetivos secundarios o de su contenido hacen variar su denominación formal. Así, además de los ALC *per se*, la UE también ha suscrito Acuerdos de Asociación Económica (AAE)[554], definidos por ella misma como acuerdos comerciales asimétricos que ofrecen a terceros Estados (generalmente con un escaso nivel de desarrollo como los países ACP) una franquicia de derechos de aduanas y un acceso sin contingentes al mercado de la UE, respaldados por medidas de asistencia técnica y ayuda al desarrollo[555], Zonas de Libre Comercio de Alcance Amplio y Profundo (ZLCAP), debiendo entender por estas los acuerdos comerciales concluidos por la UE con Moldavia, Ucrania y Georgia, que dependen en gran medida de una aproximación jurídica gradual de estos Estados al acervo de la UE, y Acuerdos de Estabi-

---

554 Algunos autores afirman que estamos ante una misma realidad a la que se le ha dotado de una terminología "más amable" (Saura, 2013a: 6).

555 Así aparecen definidos en el (UE:) Informe de la Comisión al Parlamento Europeo, al Consejo, al Comité Económico y Social Europeo y al Comité de las Regiones sobre la aplicación de los acuerdos de libre comercio para el periodo 1 de enero de 2017 - 31 de diciembre de 2017 (COM (2018) 728 final, Bruselas, de 31 de octubre de 2018, p. 9).

lización y Asociación (AEA) con los Balcanes Occidentales, que se basan en el diálogo político de cara a una futura pertenencia de esta serie de Estados a la UE[556] (Blanc, 2020b: 30).

Por último, en relación a la importancia de cada uno de estos instrumentos jurídicos dentro de la PCC, a pesar de que la UE siempre se ha proclamado firme defensora de un comercio abierto y enraizado en un sistema comercial multilateral basado en las normas básicas de la OMC, las cuales aspira a modernizar, y en la primacía de la mencionada Organización para su adopción, lo cierto es que en las últimas décadas, dada la falta de progresos en el seno de la OMC y en la implementación del Programa de Doha, y dado el protagonismo creciente de algunos Estados con mercados emergentes en la economía mundial, la UE ha desplazado el centro de su atención hacia los acuerdos comerciales de carácter bilateral o regional[557]. Esta predilección por los ALC en detrimento de la utilización de la OMC como herramienta de reglamentación de las relaciones comerciales internacionales entre

---

556 Estos últimos Acuerdos no serán objeto de estudio en el presente análisis por no disponer de cláusulas laborales tal y como las venimos definiendo.

557 Este cambio de postura quedó consagrado en la (UE:) Comunicación de la Comisión al Parlamento Europeo y al Consejo "Una Europa global: competir en el mundo" (COM (2006) 567 final, Bruselas, de 4 de octubre de 2006), en la Comunicación de la Comisión al Parlamento Europeo, al Consejo, al Comité Económico y Social Europeo y al Comité de las Regiones "Próximas etapas para un futuro europeo sostenible: Acción europea para la sostenibilidad" (COM (2016) 739 final, Bruselas, de 22 de noviembre de 2016), y, más recientemente, en la Comunicación de la Comisión al Parlamento Europeo, al Consejo, al Comité Económico y Social Europeo y al Comité de las Regiones "Una política comercial equilibrada y progresista para encauzar la globalización" (COM (2017) 492 final, Bruselas, de 13 de septiembre de 2017). En la Comunicación "Una Europa global: competir en el mundo" la UE reafirma su compromiso con la normativa básica de la OMC y con el Programa de Doha para el Desarrollo, pero traza un Plan de Acción en favor de los ALC con terceros Estados y con bloques comerciales regionales.

Estados o bloques comerciales regionales tiene como principal consecuencia, según una parte de la doctrina, la desviación de comercio y la erosión del multilateralismo (Bhagwatti, 2014), motivo por el que son duramente criticados.

En su Comunicación de febrero de 2021[558], la Comisión revisa la PCC de la Unión ante los numerosos y trascendentales cambios acaecidos en los últimos años, como el ascenso de China, el aumento del unilateralismo, el empeoramiento del cambio climático, la llegada de la pandemia de la COVID-19 o la creciente incertidumbre mundial. Para hacer frente a los retos que suponen estos cambios, la UE propone una Política Comercial que respalde la autonomía estratégica abierta de la Unión, que se oriente al medio plazo y que abra un debate informado. Entre las medidas esenciales propuestas en esta Comunicación sobresalen la reforma de la OMC, el apoyo a la transición ecológica y promoción de cadenas de valor responsables y sostenibles, el apoyo a la transición digital y al comercio de servicios, el refuerzo del impacto reglamentario del la UE, el refuerzo de las asociaciones de la UE con países vecinos, candidatos y con África, y el refuerzo de la atención de la UE en la aplicación y el cumplimiento de los acuerdos comerciales y garantía de unas condiciones de competencia equitativas[559].

De manera más reciente, en su Comunicación de junio de 2022 titulada "El poder de las asociaciones comerciales: juntos por un crecimiento económico ecológico y justo"[560] , la Comisión

---

558 UE: Comunicación de la Comisión al Parlamento Europeo, al Consejo, al Comité Económico y Social Europeo y al Comité de las regiones "Revisión de la política comercial: una política comercial abierta, sostenible y firme" (COM (2021) 66 final, Bruselas, de 18 de febrero de 2021).

559 *Ibíd.*, p. 12.

560 UE: Comunicación de la Comisión al Parlamento Europeo, al Consejo, al Comité Económico y Social Europeo y al Comité de las Regiones "El poder de las asociaciones comerciales: juntos por un crecimiento económico ecológico y justo" (COM (2022) 409 final, Bruselas, de 22 de junio de 2022).

establece cómo mejorar la contribución de los acuerdos comerciales al desarrollo sostenible a través de una serie de prioridades estratégicas y puntos de actuación fundamentales entre los que se incluye, por primera vez, la posibilidad de recurrir a sanciones comerciales en casos de incumplimiento específicos y bien definidos, a pesar de que la Comisión siempre se ha mostrado reticente en este aspecto. No obstante, esta nueva estrategia comercial todavía no se ha puesto en práctica.

4.2.2. Evolución de la integración de cláusulas laborales en los acuerdos de libre comercio concluidos por la unión europea

La Carta de los Derechos Fundamentales de la Unión Europea del año 2000 contiene numerosos preceptos relativos a los derechos de los trabajadores[561], y es que, desde hace mucho tiempo, la UE ha asumido el compromiso de promover e integrar las normas fundamentales del trabajo y, más en general, el desarrollo social, en todas las políticas comunitarias, entre las que se encuentra la PCC. Este compromiso con la promoción de los DLF quedó patente por vez primera en el seno de la OMC en las declaraciones realizadas por la Comisión de las Comunidades Europeas en las Conferencia Ministerial de Singapur de 1996[562] y fue reafirmado,

561 Tales como el art. 27 relativo al derecho a la información y consulta de los trabajadores en la empresa, el art. 28 relativo al derecho de negociación y de acción colectiva, el art. 30 relativo a la protección en caso de despido injustificado, el art. 31 relativo a las condiciones de trabajo justas y equitativas, y, por último, el art. 32 relativo a la prohibición del trabajo infantil y la protección de los jóvenes en el trabajo. Especial relevancia dentro de la Carta tiene el art. 5 del Capítulo I, relativo a la prohibición de la esclavitud y el trabajo forzado. Vid. UE: Carta de los Derechos Fundamentales de la Unión Europea (DO C núm. 364, de 18 de diciembre del 2000).

562 OMC: Declaración de Sir Leon Brittan Q.C., Vicepresidente de la Comisión Europea, en la Conferencia Ministerial de Singapur, celebrada del 9 al 13 de diciembre de 1996 (WT/MIN(96)/ST/2, 9 de diciembre de 1996).

posteriormente, en las Comunicaciones de la Comisión "Promover las normas fundamentales del trabajo y mejorar la gobernanza social en el contexto de la mundialización"[563], "Comercio, crecimiento y desarrollo: Una política de comercio e inversión a medida para los países más necesitados"[564], "Comercio para todos: hacia una política de comercio e inversión más responsable"[565] y "Revisión de la política comercial: una política comercial abierta, sostenible y firme"[566]. En opinión de la UE, un crecimiento económico sostenible es inseparable del apoyo a la promoción y el respeto de las normas laborales fundamentales.

Si bien la UE ha afirmado en numerosas ocasiones que el sistema multilateral del comercio es la herramienta más adecuada para la tutela de toda esta serie de normas laborales fundamentales en el derecho comercial internacional, lo cierto es que, dado el estancamiento del debate sobre el comercio y los DLF en el seno de la OMC, en la actualidad, la UE se ha proclamado, ya no solo el bloque comercial más abierto del mundo (Blanc, 2020b: 28), sino también la mayor precursora de la inclusión de cláusulas laborales los ALC con terceros Estados y bloques comerciales

---

563 UE: Comunicación de la Comisión al Consejo, al Parlamento Europeo y al Comité Económico y Social: "Promover las normas fundamentales del trabajo y mejorar la gobernanza social en el contexto de la mundialización" (COM (2001) 416 final, Bruselas, de 18 de julio de 2001).

564 UE: Comunicación de la Comisión al Parlamento Europeo, al Consejo y al Comité Económico y Social Europeo "Comercio, crecimiento y desarrollo: Una política de comercio e inversión a medida para los países más necesitados" (COM (2012) 87 final, Bruselas, de 27 de enero de 2012).

565 UE: Comunicación de la Comisión al Parlamento Europeo, al Consejo, al Comité Económico y Social Europeo y al Comité de las regiones "Comercio para todos: hacia una política de comercio e inversión más responsable" (COM (2015) 497 final, Bruselas, de 14 de octubre de 2015).

566 UE: Comunicación de la Comisión al Parlamento Europeo, al Consejo, al Comité Económico y Social Europeo y al Comité de las regiones "Revisión de la política comercial: una política comercial abierta, sostenible y firme" (COM (2021) 66 final, Bruselas, de 18 de febrero de 2021).

(Van Den Putte y Orbie, 2015: 263) enmarcados en su ya estudiada PCC.

La forma en que la UE integra cláusulas laborales en sus ALC ha evolucionado de manera significativa a lo largo del tiempo. Siguiendo el esquema propuesto por Franz Christian Ebert (Ebert y Posthuma, 2011: 13; Ebert, 2016: 444) se pueden distinguir tres etapas dentro de esta evolución, atendiendo al desarrollo y precisión de sus cláusulas laborales, aunque estas se superponen temporalmente en ciertos momentos.

4.2.2.1. ALC de "primera generación"

En la primera etapa de la evolución de las cláusulas laborales en los ALC de la UE, las referencias a aspectos laborales resultaban poco ambiciosas. En todos los Acuerdos de Asociación Euromediterránea[567], las disposiciones relativas a cuestiones sociales se limitaban a establecer un marco de cooperación y diálogo centrado especialmente en problemas relativos a las condiciones de vida y de trabajo y a la igualdad de trato, y en emprender acciones relacionadas con la reducción de la presión migratoria, la reinserción de las personas repatriadas, la promoción del papel social de la mujer en el proceso de desarrollo económico y social, el desarrollo y el fortalecimiento de los programas de planificación familiar y de protección de madres e hijos, la mejora del sistema

567 Esta serie de Acuerdos de Asociación Euromediterránea, dentro de los cuales la mayoría de ellos sigue en vigor a excepción de los Acuerdos con Siria y Libia, tenían como finalidad la creación de un área de libre comercio euromediterránea profunda, de cara a eliminar los obstáculos al comercio y a la inversión entre la UE y los países del sur del Mediterráneo, tales como Argelia, Egipto, Líbano, Marruecos, Israel, Palestina, Túnez o Turquía. Para más información, Vid. http://ec.europa.eu/trade/policy/countries-and-regions/regions/euro-mediterranean-partnership/ (última consulta: 22 de abril de 2019). En la actualidad, los Acuerdos con Túnez y Marruecos están en proceso de renegociación y modernización para adaptarlos a la realidad actual.

de protección social o la mejora del sistema de cobertura sanitaria[568]; en definitiva, normas de política social. No obstante, cabe resaltar que la gran mayoría de todos estos Acuerdos reconocen que el desarrollo económico debe ir de la mano del desarrollo

---

568 Así aparece en el Título VI (Cooperación y diálogo en cuestiones sociales) del Acuerdo Euromediterráneo por el que se crea una asociación entre la Comunidad Europea y sus Estados miembros, por una parte, y la República de Túnez, por otra parte (DO L núm. 97, de 30 de marzo del 1998), del Acuerdo Euromediterráneo por el que se crea una asociación entre la Comunidad Europea y sus Estados miembros, por una parte, y el Reino de Marruecos, por otra parte (DO L núm. 70, de 18 de marzo del 2000), del Acuerdo Euromediterráneo por el que se crea una asociación entre la Comunidad Europea y sus Estados miembros, por una parte, y el Reino Hachemita de Jordania, por otra parte (DO L núm. 129, de 15 de mayo de 2002),), del Acuerdo Euromediterráneo por el que se crea una asociación entre la Comunidad Europea y sus Estados miembros, por una parte, y la República Árabe de Egipto, por otra parte (DO L núm. 304, de 30 de septiembre de 2004), del Acuerdo Euromediterráneo por el que se crea una asociación entre la Comunidad Europea y sus Estados miembros, por una parte, y la República Popular Democrática de Argelia, por otra parte (DO L núm. 265, de 10 de octubre de 2005), y del Acuerdo Euromediterráneo por el que se crea una asociación entre la Comunidad Europea y sus Estados miembros, por una parte, y la República de Líbano, por otra parte (DO L núm. 143, de 30 de mayo de 2006). Cabe resaltar dentro de este grupo de Acuerdos cómo los Acuerdos con Jordania y con Argelia se van moviendo discretamente hacia un enfoque de normas sociales basadas en derechos humanos (Van Den Putte *et al.*, 2013: 42).

Por su parte, los Acuerdos con Israel (Acuerdo Euromediterráneo por el que se crea una asociación entre las Comunidades Europeas y sus Estados miembros, por una parte, y el Estado de Israel, por otra (DO L núm. 147, de 21 de junio del 2000) y con Palestina (Acuerdo Euromediterráneo por el que se crea una asociación entre la Comunidad Europea y sus Estados miembros, por una parte, y la Organización de Liberación de Palestina (OLP) en beneficio de la Autoridad Palestina de Cisjordania y la Franja de Gaza, por otra parte (DO L núm. 187, de 16 de julio de 1997) configuran sus referencias a cuestiones sociales de manera diferente y significativamente más escueta, no desarrollando los ámbitos de cooperación ni estableciendo una referencia, ni siquiera indirecta, a ninguna organización internacional relevante en la materia.

social, dando prioridad al respeto de los DLF a través de esquemas de cooperación que deben ser llevados a cabo en conjunción con "las organizaciones internacionales más relevantes" en esta materia, debiendo interpretar en este mandato una referencia directa, aunque no expresa, a la OIT[569].

Por su parte, a pesar de que el AAE con Méjico[570], concluido el 18 de agosto de 1997 fuera del ámbito Euromediterráneo, hace una vaga mención a la cooperación y diálogo social sin ningún tipo de referencia a organizaciones internacionales relevantes en la materia – lo cual contrasta particularmente con el férreo compromiso que este Acuerdo hace con el respeto a la democracia y a los derechos humanos (Szymanski y Smith, 2005: 171) –, este Acuerdo tiene como principal característica el constituirse como el primer acuerdo comercial concluido por la UE con un tercer Estado que prevé consultas con la sociedad civil en relación a las actividades de cooperación en diversos campos (Van Den Putte y Orbie, 2015: 266) . La forma de observar estas normas de política social y cumplir con los compromisos en la materia incluidos en toda esta serie de acuerdos comerciales, podríamos decir, de "primera generación" es a través de consultas gubernamentales entre los Estados Parte del Acuerdo, no dando lugar el incumplimiento de cualquiera de ellas a consecuencia comercial alguna.

---

569 Vid. Art. 74 del Acuerdo Euromediterráneo por el que se crea una asociación entre la Comunidad Europea y sus Estados miembros, por una parte, y la República Popular Democrática de Argelia, por otra parte, *Ibíd.*, pp. 19-20.

570 UE: Acuerdo de Asociación Económica, concertación política y cooperación entre la Comunidad Europea y sus Estados miembros, por una parte, y los Estados Unidos Mejicanos, por otra (DO L núm. 276, de 28 de octubre del 2000). Desde mayo de 2016, la UE y Méjico están negociando un nuevo acuerdo comercial que sustituya el concluido en el año 2000. En el año 2018 se ha llegado a un Principio de Acuerdo Global tras 9 rondas de negociación, aunque todavía no se encuentra en vigor (Colom, 2020: 115).

4.2.2.2. ALC de "segunda generación"

En la segunda etapa de la evolución de las cláusulas laborales en los ALC de la UE, coincidente con la conclusión de los ALC de principios del primer decenio del año 2000, lo que entonces era la CE da un paso más y comienza a integrar referencias expresas tanto a los CF de la OIT como a la propia Organización, lo que desde la óptica del Derecho internacional público se considera reenvío normativo, aunque cabe resaltar que estas referencias eran principalmente exhortativas (Ebert, 2016: 444), con fórmulas como la "reafirmación de su compromiso" con la mencionada Organización. A título de ejemplo se pueden citar el AAE con Sudáfrica de 1999[571], de gran relevancia por ser el primero en hacer referencia a las normas fundamentales de la OIT (Siroën, 2013: 106; Van Den Putte *et al.*, 2013: 42, Harrison *et al.*, 2019a:

[571] UE: Acuerdo en materia de comercio, desarrollo y cooperación entre la Comunidad Europea y sus Estados miembros, por una parte, y la República de Sudáfrica, por otra (DO L núm. 311, de 4 de diciembre de 1999, p. 27), en cuyo art. 86, párrafo 2 se afirma "la responsabilidad de garantizar los derechos sociales básicos, que concretamente se dirigen a la libertad de asociación de los trabajadores, el derecho a la negociación colectiva, la abolición del trabajo forzoso, la eliminación de la discriminación en el trabajo, y la abolición efectiva del trabajo infantil", estableciendo como "punto de referencia para la consecución de estos derechos (...) las oportunas normas de la OIT". En la actualidad, el Acuerdo con Sudáfrica ya no se encuentra vigente al haberse adherido este Estado al Acuerdo de asociación económica entre la Unión Europea y sus Estados miembros, por una parte, y los Estados de la Comunidad para el Desarrollo del África Meridional, por otra (DO L núm. 250, de 16 de septiembre de 2016).

638), el AAE con los Estados de ACP o Acuerdo de Cotonú del año 2000[572], o el AAE con Chile del año 2003[573].

A pesar de que las referencias a las normas fundamentales del trabajo en los ALC de "segunda generación" no se antojan suficientemente desarrolladas y precisas, se puede apreciar cómo, gradualmente, la CE, va incrementando su ambición por la inclusión de cuestiones sociales, y, más concretamente, por la inclusión de referencias a las normas laborales fundamentales de la OIT, en sus acuerdos comerciales (Van Den Putte *et al.*, 2015: 265), posiblemente propiciada por la Comunicación de la Comisión del año 2001 titulada "Promover las normas fundamentales del trabajo y mejorar la gobernanza social en el contexto de la mundialización"[574] que,

---

572 UE: Acuerdo de Asociación entre los Estados de África, del Caribe y del Pacífico, por una parte, y la Comunidad Europea y sus Estados miembros, por otra firmado en Cotonú el 23 de junio de 2000 (DO L núm. 317, de 15 de diciembre del 2000), en cuyo art. 50, denominado "Comercio y normas del trabajo", párrafo 1, "las partes reafirman su compromiso con las normas fundamentales del trabajo reconocidas a nivel internacional, tal y como se definen en los correspondientes convenios de la OIT, en particular, sobre libertad sindical y derecho de negociación colectiva, abolición del trabajo forzado, eliminación de las peores formas de trabajo infantil y no discriminación en cuanto al empleo". Este Acuerdo expira en el año 2020 y ya se han iniciado las negociaciones para su actualización.

573 UE: Acuerdo por el que se establece una Asociación entre la Comunidad Europea y sus Estados miembros, por una parte, y la República de Chile, por otra (DO L núm. 352, de 30 de diciembre de 2002), en cuyo art. 44, dedicado a la cooperación en materia social se hace referencia tanto a la OIT como a sus CF. Desde noviembre de 2017, la UE y Chile se encuentran negociando para modernizar la parte comercial del Acuerdo de Asociación UE-Chile existente, a través de "diálogos estructurados", esto es, marcos de cooperación en diferentes materias, bajo los cuales se desarrollan actividades conjuntas, proyectos comunes e intercambios de información y buenas prácticas (Coppelli, 2020: 161).

574 UE: Comunicación de la Comisión al Consejo, al Parlamento Europeo y al Comité Económico y Social "Promover las normas fundamentales del trabajo y mejorar la gobernanza social en el contexto de la mundialización", *op. cit.*, nota 571.

recordemos, ponía de manifiesto la importancia de vincular las normas laborales fundamentales con la liberalización del comercio mundial en la era de la globalización. Sin embargo, la forma de controlar esta serie de compromisos incluidos en los acuerdos comerciales de "segunda generación" sigue siendo a través de consultas gubernamentales o foros en los que participa la sociedad civil, de nuevo, no conllevando los incumplimientos de estos compromisos ningún tipo de consecuencia económica o comercial.

4.2.2.3. ALC de "nueva generación"

La tercera y última de las etapas en la evolución de las cláusulas laborales en los ALC concluidos por la UE[575] con terceros Estados y bloques comerciales comienza con la firma del significativo AAE entre los Estados del Caribe y la CE en el año 2008, tras la cual se abre paso a toda una serie de acuerdos comerciales de "nueva generación", denominados también "de integración profunda" o Acuerdos "Europa Global" por tener como origen la Comunicación de la Comisión al Parlamento Europeo y al Consejo "Una Europa global: competir en el mundo"[576] (Siles-Brügge, 2011: 627), en la cual, además de recordar que el crecimiento y el empleo son una condición esencial para la prosperidad económica, la justicia social y el desarrollo sostenible, se establecen las bases que deben regir la PCC de la UE para contribuir al estímulo de dicho crecimiento y creación de empleo en Europa y para adaptarse con éxito a los nuevos retos y desafíos que supone la globalización, que incluyen, entre otros, el reforzamiento del desarrollo sostenible a través de la integración de nuevas disposiciones de cooperación en ámbitos relacionados con la normativa laboral y la protección del medio ambiente en las relaciones comerciales bilaterales (Suciu,

575 Todos los ALC de "nueva generación" han sido celebrados una vez adoptado el Tratado de Lisboa, por lo que ya no hablamos de CE sino de UE.

576 UE: Comunicación de la Comisión al Parlamento Europeo y al Consejo "Una Europa global: competir en el mundo", op. cit., nota 557.

2019: 101-102). De esta manera, toda esta serie de ALC de "nueva generación" incluyen cláusulas laborales más amplias, desarrolladas y precisas que sus predecesoras, normalmente contenidas en los denominados capítulos de Comercio y Desarrollo Sostenible (CDS)[577], alrededor de las cuales se configura un sistema de solución de controversias basado en consultas gubernamentales y paneles de expertos. Muchos autores consideran que toda esta serie de capítulos constituyen más una "reafirmación formal" de los compromisos contraídos con la OIT en relación a la protección de las normas laborales fundamentales en el territorio y en la legislación interna de cada Estado Parte del ALC en cuestión, que una "fuerza condicionante" (Marx *et al.*, 2016: 592); en otras palabras, las cuestiones laborales de los capítulos de CDS han sido incluidas por las Partes para manifestar una preocupación mutua por dichas cuestiones – así como para contribuir a la igualdad de las Partes en sus relaciones comerciales –, más que para constituir una verdadera herramienta para luchar contra las violaciones de los DLF internacionalmente reconocidos (Marx *et al.*, 2016: 599). En palabras de Lorand Bartels, "*there is no real enforcement at all*" (Bartels, 2017: 208).

De manera previa al estudio de estos capítulos, conviene analizar detenidamente el AAE entre la CE y los Estados del Foro del

---

577 El origen del concepto de desarrollo sostenible se puede atribuir al (OTROS:) Informe Brundtland: Nuestro futuro en común, 1987, disponible en: https://web.archive.org/web/20111201061947/http://worldinbalance.net/pdf/1987-brundtland.pdf
Algunos autores critican el uso del concepto "desarrollo sostenible" para englobar tanto la protección de las normas laborales fundamentales como la protección del medio ambiente, pues es notable que el principio del desarrollo sostenible nunca se ha tratado como una obligación concreta en sí misma: ninguno de los acuerdos comerciales admite la posibilidad de violar el principio del desarrollo sostenible (Bartels, 2013: 306; Velluti, 2016b: 105). Se trata de una noción ambigua, elástica e incierta (Marín, 2019: 211).

Caribe[578] (CARIFORUM por sus siglas en inglés), no solo por ser el acuerdo comercial cuya adopción abrió la puerta a todos los acuerdos que a día de hoy denominamos como de "nueva generación" (Harrison *et al.*, 2019: 261), sino también porque la configuración de su cláusula laboral, excepcional respecto de cualquier otro ALC concluido por la UE, ha dado pie a pensar que dicha configuración es la idónea a tener en cuenta el todos los futuros acuerdos comerciales europeos. Efectivamente, el AAE CE-CARIFORUM contiene las referencias más fuertes, exhaustivas y precisas a las normas laborales fundamentales dispuestas hasta la fecha, a diferencia de sus predecesores (Siröen, 2013: 106; Harrison *et al.*, 2019b: 261). La causa principal de este cambio de orientación respecto de la práctica seguida con anterioridad por la CE radica en el éxito por parte de la República Dominicana en las negociaciones del Acuerdo, que consiguió integrar las disposiciones laborales anteriormente negociadas con EEUU en su respectivo acuerdo comercial, el CAFTA-DR (Van Den Putte y Orbie, 2015: 272).

En lo que atañe al contenido del Acuerdo, llama la atención que las cuestiones medioambientales y las cuestiones laborales se encuentran sistemáticamente separadas dentro del mismo (Ebert,

---

578 UE: Acuerdo de Asociación Económica entre los Estados del CARIFORUM, por una parte, y la Comunidad Europea y sus Estados miembros, por otra (DO L núm. 289, de 30 de octubre de 2008).
Todos los Estados negociadores prestaron su firma el 15 de octubre de 2008, publicándose el Acuerdo en el Diario Oficial de la UE el 30 de octubre de 2008. No obstante, a día de hoy, el AAE CE-CARIFORUM no se encuentra totalmente en vigor, sino parcialmente en vigor, y únicamente, respecto de 15 Estados caribeños (Antigua y Barbuda, Bahamas, Barbados, Belice, Dominica, República Dominicana, Granada, Guyana, Haití, Jamaica, Saint Kitts y Nevis, Santa Lucía, San Vicente y las Granadinas, Surinam y Trinidad y Tobago), la CE, y, curiosamente, Croacia, que no fue Estado negociador, pero se adhirió al Acuerdo en el año 2017, y España, que comenzó a aplicarlo de manera parcial a finales del año 2008. Para más información, Vid. https://www.consilium.europa.eu/en/documents-publications/treaties-agreements/agreement/?id=2008034 (última consulta: 17 de julio de 2023).

2016: 444). Por una parte, las cuestiones medioambientales las encontramos en el capítulo 4 del título IV, dentro del cual los Estados reafirman su compromiso con los principios de la gestión duradera de los recursos naturales y del medio ambiente, y con el desarrollo sostenible. Por otra parte, los aspectos sociales los encontramos en el capítulo 5 del mismo Título, dentro del cual se hace alusión tanto a los CF de la OIT – especificando cada uno de ellos – como a la propia OIT y, por vez primera, a la Declaración de la OIT relativa a los principios y derechos fundamentales en el trabajo y su seguimiento de 1998, así como a la legislación nacional en materia laboral[579].

La solución de posibles controversias entre los Estados Parte del AAE CE-CARIFORUM en relación a estos aspectos sociales es, asimismo, novedosa, al incorporar por primera vez un Panel de Expertos en la materia que, según Lore Van Den Putte y Jan Orbie, aporta objetividad, profesionalidad y transparencia, a diferencia de los anteriores acuerdos comerciales, en los cuales, las controversias sobre aspectos sociales trataban de ser resueltas en el seno de consultas gubernamentales llevadas a cabo por los representantes de los Estados Parte del acuerdo en cuestión (Van Den Putte y Orbie, 2015: 268). El procedimiento de solución de controversias en relación con los aspectos sociales del Acuerdo contenidos en el capítulo 5 del título IV comienza con consultas gubernamentales bilaterales que no deben exceder los tres meses de duración y en las que, normalmente, se cuenta con la asistencia y asesoramiento de la OIT. Pasado ese periodo de tiempo, si no

579 Siempre teniendo en cuenta, tal y como lo hace el art. 191.4 del Acuerdo, que toda esta serie de normas laborales no deben utilizarse con fines de proteccionismo comercial, que, recordemos, es una de las principales preocupaciones de la UE respecto de la inclusión de las cláusulas laborales en los acuerdos comerciales que ya fue puesta de manifiesto en la Comunicación de la Comisión del año 2001. Vid. UE: Comunicación de la Comisión al Consejo, al Parlamento Europeo y al Comité Económico y Social "Promover las normas fundamentales del trabajo y mejorar la gobernanza social en el contexto de la mundialización", *op. cit.*, nota 563.

se ha llegado a ninguna solución amistosa, cualquiera de las Partes del Acuerdo puede solicitar un informe al Panel de Expertos, compuesto por tres miembros con conocimientos especializados en esta serie de cuestiones, que será puesto a disposición tanto de las Partes en conflicto como del Comité Consultivo CE-CARIFORUM[580]. Si pasados nueve meses desde la puesta a disposición de las Partes del informe del Panel de Expertos dichas Partes no han alcanzado una solución a la controversia, estas pueden elegir, o bien, recurrir a un mediador que proponga una solución no vinculante en el plazo de 45 días, lo cual aparece previsto en el art. 205 del Acuerdo, o bien, acudir directamente a la solución arbitral prevista en el art. 206 y siguientes del Acuerdo, cuyo laudo, finalmente, puede contener consecuencias económicas en caso de constatarse el incumplimiento de algunas de las disposiciones contenidas en el capítulo 5 del título IV (Marx *et al.*, 2017: 25). Esta previsión de consecuencias económicas en caso de incumplimiento de las cláusulas laborales contenidas en el Acuerdo, que, en ningún caso, pueden conllevar la suspensión de las ventajas o beneficios comerciales del mismo (Ebert, 2016: 445, Agustí-Panadera *et al.*, 2015: 358), sino simplemente la adopción de medidas que impliquen una compensación económica (Hradilova y Svoboda, 2018: 1028) que puede adoptar la forma, por ejemplo, de una reducción de las aportaciones en áreas como la cooperación al desarrollo (Marx *et al.*, 2017: 24), tal y como dispone el art. 213.2 del Acuerdo[581], es la principal característica del AAE CE-CARIFORUM y su elemento diferenciador más importante, pues,

---

580 Toda esta primera parte del procedimiento de solución de controversias en relación con los aspectos sociales del Acuerdo contenidos en el Capítulo 5 del Título IV se encuentra contenida en el art. 195 del Acuerdo.

581 Si bien es cierto que el art. 213.2 del AAE CE-CARIFORUM deja claro que “al adoptar dichas medidas, la Parte demandante procurará escoger las medidas que menos afecten a la consecución de los objetivos del presente Acuerdo y tomará en consideración su impacto sobre la economía de la Parte demandada y sobre los Estados del CARIFORUM individuales”.

hasta la fecha, en los sucesivos acuerdos comerciales concluidos por lo que hoy es la UE, no se han vuelto a prever compensaciones de ningún tipo en caso de incumplimiento de las cláusulas laborales del acuerdo. Parte de la doctrina afirma que este procedimiento de solución de controversias en relación con los aspectos laborales de los acuerdos comerciales de nueva generación y esta previsión de compensaciones no comerciales en forma de multas económicas en caso de incumplimiento de las normas laborales fundamentales debería constituir la potencial sistemática a seguir en los ALC en negociación y en todos los futuros acuerdos comerciales celebrados por la UE con terceros Estados, pues un enfoque basado en contramedidas puede servir de incentivo al cumplimiento de las normas laborales fundamentales internacionalmente reconocidas (Siröen *et al.*, 2008; Ebert y Posthuma, 2011).

Analizado el AAE CE-CARIFORUM, tras la firma del ALC entre la República de Corea y la UE en el año 2010, la inclusión de capítulos relativos a "comercio y desarrollo sostenible" ha sido una constante en la práctica comercial de la Unión (Marx *et al.*, 2017: 14). A continuación, tendremos ocasión de desarrollar la configuración actual de toda esta serie de capítulos de CDS contenidos en los ALC de "nueva generación" concluidos por la UE con terceros Estados en vigor[582].

---

582 Omitiremos pues, referencias a los ALC de "nueva generación" concluidos por la UE con terceros Estados que no se encuentran a fecha de julio de 2023 en vigor, aunque estos contengan igualmente capítulos de CDS. Estos acuerdos son el ALC con Vietnam, que se encuentra pendiente de firma y el ALC con MERCOSUR, que, aunque se encuentra firmado, carece en la actualidad de la ratificación pertinente. Asimismo, omitiremos referencias a los ALC actualmente en negociación como los correspondientes con Nueva Zelanda, Australia y Méjico. El famoso Tratado Transatlántico de Comercio e Inversiones con EEUU (TTIP por sus siglas en inglés), tampoco será analizado, pues, a pesar de que el 17 de junio de 2013 el Consejo de la UE aprobó las directrices de negociación del mismo, dicho documento fue posteriormente desclasificado en octubre del año siguiente. En palabras de la propia

En primer lugar, la posición sistemática de todos los capítulos relativos a CDS difiere según el ALC en cuestión. Por un lado, el capítulo de CDS de los Acuerdos con la República de Corea[583], con Ucrania[584], Moldavia[585] y Georgia[586] se ubican a renglón seguido del capítulo dedicado a "transparencia". Por su parte, los Acuerdos con Colombia, Perú y Ecuador[587], y con Centroamérica[588], sitúan el capítulo de CDS de manera posterior al capítulo dedicado a "comercio y competencia". De manera excepcional,

---

Comisión de la UE, con fecha de enero de 2018, su negociación está "suspendida hasta nuevo aviso" (Carril, 2018: 34).

583 UE: Acuerdo de libre comercio entre la Unión Europea y sus Estados miembros, por una parte, y la República de Corea, por otra (DO L núm. 127, de 14 de mayo de 2011).

584 UE: Acuerdo de asociación entre la Unión Europea y la Comunidad Europea de la Energía Atómica y sus Estados miembros, por una parte, y Ucrania, por otra (DO L núm. 161, de 29 de mayo de 2014).

585 UE: Acuerdo de asociación entre la Unión Europea y la Comunidad Europea de la Energía Atómica y sus Estados miembros, por una parte, y la República de Moldavia, por otra (DO L núm. 260, de 30 de agosto de 2014).

586 UE: Acuerdo de asociación entre la Unión Europea y la Comunidad Europea de la Energía Atómica y sus Estados miembros, por una parte, y Georgia, por otra (DO L núm. 261, de 30 de agosto de 2014).

587 UE: Acuerdo comercial entre la Unión Europea y sus Estados miembros, por una parte, y Colombia y Perú, por otra (DO L núm. 354, de 21 de diciembre de 2012). A este Acuerdo se adhirió Ecuador el 1 de enero de 2017 en base al art. 329.

Este ALC está precedido por relaciones comerciales birregionales que quedaron plasmados en instrumentos como el Pacto Andino y Comunidad Económica Europea del año 1983, el Acuerdo Marco de Cooperación entre la Comunidad Económica Europea y el Acuerdo de Cartagena, de 1993 o la Declaración de Cartagena de 1996. La principal motivación de la Comunidad Económica Europea con estos acuerdos consistía en impulsar la integración andina (Presta, 2020: 130-131).

588 UE: Acuerdo que establece una asociación entre la Unión Europea y sus Estados miembros, por una parte, y América Central, por otra (DO L núm. 346, de 15 de diciembre de 2012).

el Acuerdo con Japón[589] lo hace después del capítulo relativo a "gobernanza empresarial".

Conviene detenernos en el ALC con Japón por ser uno de los más novedosos concluidos hasta la fecha. Este acuerdo comercial tan reciente constituye el cúlmen de una relación comercial que data de 1954, cuando el embajador japonés Shoji Arakawa es nombrado ante la Alta Autoridad CECA como "Observador Permanente". En las décadas siguientes la UE y Japón fueron estrechando lazos comerciales con iniciativas como la Declaración de La Haya de 1991 y el Plan de Acción de 2001, entre otra serie de acuerdos vinculantes sobre temas específicos, que tenían como objetivo estrechar la relación entre ambos socios comerciales y facilitar las negociaciones para un acuerdo más ambicioso (Tirado, 2020: 51-55). Las negociaciones de este Acuerdo comenzaron en marzo del año 2013 y finalizaron el 25 de abril de 2018, tras 13 rondas de negociación, entrando en vigor el 1 de febrero de 2019 (Suciu, 2019: 108; Tirado, 2020: 59). Este Acuerdo ha sido denominado por los medios de comunicación como el Acuerdo de "*cars for cheese*", intentando evidenciar que sus beneficios se centran únicamente en determinados productos (Tirado, 2020: 65), no estando la doctrina totalmente de acuerdo con esta simplificación de la realidad, pues, como afirma la profesora Carmen Tirado Robles, "es un Acuerdo que va mucho más allá del mero intercambio de productos comerciales" (Tirado, 2020: 65). Además, como afirma Dorina Suciu, "la entrada en vigor del Acuerdo con Japón origina no solo un colosal impulso del comercio y la inversión bilaterales entre los socios, sino que a efectos prácticos conduciría a una mayor integración económica que mejoraría la cooperación entre las empresas, y afianzaría la colaboración entre la UE y Japón en los foros internacionales de reglamentación y normalización" (Suciu, 2019: 101). Cabe destacar que, en este ALC, las cuestiones sobre inversiones extranjeras distintas a las directas y el arreglo de diferencias inversor-Estado quedan fuera del

---

589 UE: Acuerdo entre la Unión Europea y Japón relativo a una asociación económica (DO L núm. 330, de 27 de diciembre de 2018).

Acuerdo para evitar tener que concluirlo como un Acuerdo Mixto (Tirado, 2020: 61). Este hecho es digno de lamento, pues hace que las negociaciones entre la UE y Japón sobre estas cuestiones se alarguen en el tiempo (Tirado, 2020: 71).

Si bien todos los capítulos de CDS comienzan con un artículo dedicado a esclarecer el contexto y los objetivos del mismo, cabe resaltar que el contenido al que hace referencia dicho artículo, en relación a las normas laborales fundamentales, no siempre es el mismo en todos ellos. En primer lugar, así como algunos ALC reafirman su compromiso únicamente respecto de la Declaración Ministerial del año 2006 del Consejo Económico y Social de la ONU sobre sobre generación de empleo pleno y productivo y trabajo decente para todos [590], entre ellos el ALC con la República de Corea, el Acuerdo Comercial con Colombia, Perú y Ecuador, el AAE con América Central o las ZLCAP con Ucrania, Moldavia y Georgia, otros, en cambio, van más allá al incluir también la reafirmación de los compromisos contraídos en la Declaración de la OIT relativa a los principios y derechos fundamentales en el trabajo y su seguimiento de 1998[591], y en la Declaración de la OIT sobre la justicia social para una globalización equitativa del año 2008[592], tal y como hace, por ejemplo, el reciente ALC con Japón (quizá por ser el más actual). Aunque es cierto que todas estas reafirmaciones contenidas en los ALC no conllevan, en ningún caso, obligaciones legales adicionales, sin embargo, pueden ser utilizadas para guiar la interpretación de las demás disposiciones laborales en ellos integradas (Agustí-Panadera *et al.*, 2015: 356). En segun-

---

590 ONU: Declaración Ministerial del Consejo Económico y Social de la ONU sobre la "creación de un entorno a escala nacional e internacional que propicie la generación del empleo pleno y productivo y el trabajo decente para todos, y sus consecuencias sobre el desarrollo sostenible" (E/2006/L.8, de 5 de julio de 2006).

591 OIT: Declaración relativa a los Principios y Derechos Fundamentales en el Trabajo y su Seguimiento, *op. cit.*, nota 10.

592 OIT: Declaración de la OIT sobre la justicia social para una globalización equitativa, adoptada por la Conferencia Internacional del Trabajo en su nonagésima séptima reunión, Ginebra, 10 de junio de 2008.

do lugar, todos estos artículos establecen como objetivo primordial desarrollo económico, el desarrollo social y la protección del medio ambiente como componentes que refuerzan el desarrollo sostenible, aunque solo algunos de ellos, como el Acuerdo con Colombia, Perú y Ecuador, especifican los objetivos concretos que aspiran a conseguir[593]. Por último, todos los artículos relativos al "contexto y objetivos" de los capítulos de CDS dejan claro que la finalidad de dichos capítulos no es armonizar las normas en materia laboral de las Partes, sino establecer relaciones de cooperación en la materia que promuevan el desarrollo sostenible[594].

El segundo de los artículos generalmente contenido en los capítulos de CDS es el relativo al "derecho a regular y niveles de protección", en el que los Estados reconocen el derecho de cada Parte a determinar su propio nivel interno de protección laboral, intentando garantizar que dicho nivel sea elevado, y en el que, asimismo, afirman que no utilizarán su legislación interna "de forma tal que constituyan un medio de discriminación arbitraria o injustificable contra la otra

593 Tales como "promover el diálogo y la cooperación entre las Partes con miras a facilitar la aplicación de las disposiciones del presente Título y fortalecer las relaciones entre comercio y políticas y prácticas laborales y ambientales; fortalecer el cumplimiento de la legislación laboral y ambiental de cada Parte, así como los compromisos derivados de los convenios y acuerdos internacionales referidos en los artículos 269 y 270, como un elemento importante para mejorar la contribución del comercio al desarrollo sostenible; fortalecer el papel del comercio y la política comercial en la promoción de la conservación y uso sostenible de la diversidad biológica y de los recursos naturales, así como en la reducción de la contaminación de acuerdo con el objetivo de desarrollo sostenible; fortalecer el compromiso con los principios y derechos laborales de acuerdo con lo dispuesto en este Título, como un elemento importante para mejorar la contribución del comercio al desarrollo sostenible; promover la participación pública en los asuntos cubiertos por este Título", Vid. Art. 267.2 del Acuerdo comercial entre la Unión Europea y sus Estados miembros, por una parte, y Colombia y Perú, por otra, *op. cit.*, nota 596, p. 79.

594 Vid. Art. 13.1.3 del ALC con la República de Corea, *op. cit.*, nota 592, o el art. 16.1.2 del ALC con Japón, *op. cit.*, nota 598.

Parte, o una restricción encubierta al comercio internacional"[595]. El Acuerdo de asociación con Ucrania, dado que pretende instaurar una Zona de Libre Comercio de Alcance Amplio y Profundo, además establece que Ucrania aproximará su legislación interna al acervo comunitario con la finalidad de lograr los objetivos contenidos en el capítulo de CDS de su Acuerdo en cuestión[596].

Quizá, uno de los artículos más importantes dentro de los capítulos de CDS contenidos en los ALC de "nueva generación" sea el referente a "normas y acuerdos laborales multilaterales" para el análisis que nos atañe. En él, además de recordar nuevamente que los DLF son elementos imprescindibles en la promoción del desarrollo sostenible, las Partes reafirman las obligaciones derivadas de su membresía en la OIT y de su adhesión a la Declaración de 1998 y a los CF de la misma que las Partes han de implementar efectivamente[597], aunque cabe destacar que únicamente el AAE con Centroamérica especifica los entonces ocho convenios de manera nominativa, el resto de ALC simplemente hace mención a los cuatro DLF internacionalmente reconocidos. La generalidad de estos artículos finaliza con el compromiso de las Partes de que las normas laborales fundamentales serán utilizadas como como un medio de discriminación arbitraria o injustificable entre las

595 Vid. Art. 285.2 del Acuerdo con Centroamérica, *op. cit.*, nota 597, o el art. 16.2.3 del ALC con Japón, *op. cit.*, nota 598.

596 Vid. Art. 290.2 del Acuerdo de asociación entre la Unión Europea y la Comunidad Europea de la Energía Atómica y sus Estados miembros, por una parte, y Ucrania, por otra, *op. cit.*, nota 593.

597 Como veremos posteriormente en los límites a los capítulos de CDS, y como venimos viendo de manera sistemática a lo largo de todo el trabajo, la implementación efectiva de los CF de la OIT suele ser la asignatura pendiente de los Estados cuando se incluyen cláusulas laborales en los ALC. Prueba de ello es el hecho de que la República de Corea todavía no había ratificado cuatro de los diez CF de la OIT hasta el pasado febrero de 2021. Vid. *Summary of the discussions of the 6th Committee on Trade and Sustainable Development under the Korea-EU FTA, Seoul, Republic of Korea, April 13th 2018.* Disponible en http://trade.ec.europa.eu/doclib/docs/2018/july/tradoc_157105.PDF

Partes o una restricción encubierta al comercio, es decir, como una herramienta proteccionista.

A renglón seguido, todos los capítulos de CDS contienen un artículo dedicado al "desarrollo sostenible favorable al comercio", en el que, si bien es cierto que la mayoría de ALC de "nueva generación" afirman que el comercio *debe* promover el desarrollo sostenible en todas sus dimensiones, destaca una notable excepción: el Acuerdo con Colombia, Perú y Ecuador, en el que se dice que el comercio *debería* promover el desarrollo sostenible. La elección de un tiempo condicional no es arbitraria, al resultar ser el capítulo de CDS de este Acuerdo uno de los menos comprometidos[598]. Además, respecto de este artículo relativo al "desarrollo sostenible favorable al comercio", cabe destacar que, a medida que se negocian y adoptan nuevos ALC de "nueva generación", el contenido del mismo se va completando y perfilando, incluyendo compromisos cada vez más concretos en la materia[599].

---

598 Llama la atención, por ejemplo, la falta de un artículo dedicado a "transparencia" o la introducción en el art. 277 del "derecho de cada Parte a ejercer razonablemente su discrecionalidad respecto a decisiones sobre asignación de recursos relacionados a la investigación, control y cumplimiento de la reglamentación y normas nacionales ambientales y laborales", aunque es cierto que dicho derecho a ejercer su discrecionalidad ha de realizarse sin menoscabar el cumplimiento de las obligaciones contenidas en el capítulos de CDS.

599 Como, por ejemplo, "facilitar y promover el comercio de productos que respondan a consideraciones de sostenibilidad, incluidos productos sujetos a esquemas tales como comercio justo y ético, etiquetado ecológico y producción orgánica, responsabilidad social de las empresas y rendición de cuentas" (art. 288 del Acuerdo con Centroamérica, *op. cit.*, nota 597), "reconocer el papel beneficioso que las normas laborales fundamentales y el trabajo decente pueden tener sobre la eficiencia económica, la innovación y la productividad, y resaltar el valor de una mayor coherencia política entre las políticas comerciales y las políticas laborales" (art. 367 del Acuerdo con Moldavia, *op. cit.*, nota 594), o "la responsabilidad social de las empresas y el intercambio de puntos de vista e información sobre esta cuestión" (art. 16.5 del Acuerdo con Japón, *op. cit.*, nota 598). Son significativos los Acuerdos con Moldavia y

Tras los artículos relativos a "desarrollo sostenible favorable al comercio", todos los capítulos de CDS contenidos en los ALC de "nueva generación" suelen incluir artículos relativos a "transparencia", "mantenimiento de los niveles de protección", "información científica" y "examen del impacto sobre sostenibilidad", con compromisos poco exhaustivos sobre estas materias. Además, es habitual encontrar un artículo relativo a "cooperación en materia de comercio y desarrollo sostenible" en el que se detallan áreas concretas de cooperación bilateral o multilateral en aspectos laborales – y medioambientales –.

Asimismo, todos los capítulos de CDS incluyen, ya sea en un mismo artículo o en artículos conexos, mecanismos institucionales y de seguimiento, en los que se prevé la creación de diferentes instituciones a los efectos de la correcta implementación de las disposiciones contenidas en el mismo. Así, en primer lugar, se incorpora la creación de una oficina que sirva como punto de contacto o de comunicación entre las Partes. En segundo lugar, se anuncia la creación de un Comité de CDS[600], que, en realidad, es un comité especializado adscrito al Comité de Comercio previsto en cada uno de los Acuerdos, y que será competente de la aplicación y el funcionamiento efectivos del capítulo de CDS de cada Acuerdo

---

con Japón por contener referencias explícitas a las Líneas directrices de la OCDE para empresas multinacionales (OCDE: Líneas Directrices de la OCDE para Empresas Multinacionales, 2013. Disponible en: http://dx.doi.org/10.1787/9789264202436-es) y a la Declaración tripartita de principios sobre las empresas multinacionales y la política social de la OIT (adoptada por el Consejo de Administración de la Oficina Internacional del Trabajo en su 204.ª reunión (Ginebra, noviembre de 1977) y enmendada en sus 279.ª (noviembre de 2000), 295.ª (marzo de 2006) y 329.ª (marzo de 2017) reuniones, Ginebra, marzo de 2017).

600 En el Acuerdo con Centroamérica se le denomina Junta de Comercio y Desarrollo Sostenible sin implicar cambios sustanciales en su contenido respecto de los restantes Comités de Comercio y Desarrollo Sostenible previstos en el resto de Acuerdos.

en cuestión[601]. Por último, se prevé la creación de Grupos Consultivos Nacionales (GCN), denominados también Grupos Consultivos Internos, según el Acuerdo, que están compuestos por organizaciones independientes representativas de la sociedad civil[602] y que tienen la misión de asesorar y hacer recomendaciones a las Partes de cara a la efectiva implementación del capítulo[603],

---

601 La composición y funcionamiento del Comité de Comercio y Desarrollo Sostenible depende de lo que hayan decidido las Partes de cada Acuerdo, aunque de manera genérica se puede afirmar, respecto de la composición, que el mismo estará compuesto por representantes de alto nivel de las administraciones de cada Parte, responsables de los asuntos laborales, ambientales y de comercio, y, respecto del funcionamiento, que el mismo se reunirá en sesiones ordinarias para supervisar la aplicación del capítulo. El reciente Acuerdo con Japón, de nuevo, va más allá y especifica las funciones concretas del Comité, como ya lo hizo en su momento el Acuerdo con Colombia, Perú y Ecuador, a saber: "examinar y supervisar la aplicación y el funcionamiento del presente capítulo (...); estudiar cualquier otro asunto relacionado con el presente capítulo que acuerden las Partes; interactuar con la sociedad civil sobre la aplicación del presente capítulo; llevar a cabo otras funciones que puedan ser delegadas por el Comité Mixto – es decir, el Comité de Comercio –; y buscar soluciones para resolver las diferencias entre las Partes en cuanto a la interpretación o la aplicación del presente capítulo" (art. 16.13 del Acuerdo con Japón, *op. cit.*, nota 598).
Precisamente, el Comité del Acuerdo con Colombia, Perú y Ecuador se reunió por tercera vez en diciembre de 2016, cuando Colombia expuso las reformas llevadas a cabo en su legislación interna para garantizar la libertad de asociación, entre otros, ante la preocupación dentro de Europa por el incremento de asesinatos y agresiones contra líderes sindicales. A lo largo de los últimos años, tanto Colombia como Perú y Ecuador han tratado de cumplir con las disposiciones contenidas en el capítulo sobre CDS integrado en este ALC (Presta, 2020: 143).

602 Con una representación equilibrada de las partes interesadas de los ámbitos económico, social y medioambiental, incluidos, entre otros, los empresarios y las organizaciones de trabajadores, las organizaciones no gubernamentales, las agrupaciones empresariales y otras partes interesadas pertinentes (Vid. Art. 240 del Acuerdo con Georgia, *op. cit.*, nota 595).

603 A título de ejemplo podemos traer a colación el informe sobre la situación de los derechos fundamentales en el trabajo en la República de

así como de Foros de Diálogo con la Sociedad Civil (FDSC), que normalmente están compuestos por los mismos miembros que los GNC y por observadores si las reglas de procedimiento lo permiten (Van Den Putte, 2015: 229). Resulta interesante observar cómo, en materia laboral, no se reserva ningún lugar específico a la participación de los sindicatos (Guamán, 2016a: 105).

La creación de estos GCN y de diferentes FDSC sobre temas relacionados con el CDS en cada uno de los capítulos de CDS integrados en los ALC de "nueva generación" supone una gran novedad respecto de los anteriores Acuerdos concluidos por la UE con terceros Estados o bloques comerciales regionales, al permitir la participación de la sociedad civil en la implementación de

Corea, identificando las principales áreas de acción, elaborado por el GNC creado en el seno del ALC con Corea el 29 de mayo del año 2013 en Bruselas. Disponible en: https://www.eesc.europa.eu/resources/docs/eu-dag-opinion-on-labour-standards_en.pdf
Este documento resulta de gran importancia por sentar las bases para las futuras discusiones y el seguimiento de los derechos laborales que se entienden violados en la República de Corea. Precisamente, con origen en este documento, la República de Corea emitió en el mismo año 2013 un dictamen sobre la libertad sindical y el trabajo forzado.
En enero del año 2014 el GCN europeo instó a la Comisión Europea a activar el procedimiento de solución de controversias que estudiaremos a continuación y a proceder al primer paso, esto es, las consultas gubernamentales amistosas. Esta petición desencadenó un intercambio de cartas entre el Gobierno coreano y la UE cuyo tema principal era la falta de ratificación de alguno de los CF de la OIT, obligación contenida en el ALC entre ambos. Las discusiones fueron seguidas, asimismo, por los FDCS y por el Comité de CDS. Las consultas finalizaron con una Declaración conjunta firmada en el año 2015 y con el compromiso por ambas partes de mantener una constante cooperación técnica con la OIT para ratificar e implementar los CF. Vid. UE: Declaración Conjunta de la 4º reunión del Comité de CDS creado por el ALC UE-República de Corea, celebrada en Seúl, Corea, el 9 de septiembre del año 2015. Disponible en: file:///C:/Users/USUARIO/Downloads/20150909_EU-Korea_4th_CTSD_Joint_Statement%20FINAL%20Formatted.pdf

las cláusulas laborales integradas en toda esta serie de ALC[604]. Si bien es cierto que el Acuerdo con Chile del año 2003 ya preveía la participación de la sociedad civil[605], a partir de la firma del ALC con la República de Corea, dicha participación se convierte en una constante en todos los posteriores capítulos de CDS de cara a promover las normas laborales y medioambientales fundamentales (Orbie *et al.*, 2016: 9). Las causas principales de la inclusión de mecanismos a través de los cuales la sociedad civil puede participar en las cuestiones relativas a desarrollo sostenible integradas en los ALC de "nueva generación" tienen que ver con la ampliación de los temas relacionados con el comercio que tienen un gran impacto en la vida cotidiana de las personas, la creciente importancia que se otorga a las normas laborales en el marco de las relaciones comerciales internacionales y la complejidad que están adquiriendo dichas relaciones comerciales, lo que supone la necesidad de involucrar nuevos actores que tradicionalmente permanecían ajenos a estas relaciones (Van Den Putte, 2015: 222). No obstante, la práctica ha demostrado que para que la sociedad civil contribuya con su participación a la correcta implementación de los capítulos de CDS, algunos cambios son necesarios, como veremos posteriormente en los límites a toda esta serie de capítulos.

Una de las incógnitas más relevantes en relación con todos los capítulos de CDS es de qué manera se pueden reforzar y evitar po-

---

604 Las funciones que cumple la sociedad civil con su participación en la implementación de los capítulos de CDS integrados en los ALC de nueva generación se pueden resumir en labores de control y de aportación de información, fomento del diálogo y la deliberación, asesoramiento a las Partes del Acuerdo de que se trate y, de manera más genérica, promover el libre comercio (Orbie *et al.*, 2016: 26-36).
No obstante, en algunos ALC europeos, como en el ALC con Colombia, Perú y Ecuador *(op. cit.*, nota 596), no existen esta clase de mecanismos vinculantes de diálogo con la sociedad civil, aspecto que el Parlamento Europeo lamenta (Presta, 2020: 138).

605 Vid. Art. 10 del Acuerdo por el que se establece una Asociación entre la Comunidad Europea y sus Estados miembros, por una parte, y la República de Chile, por otra., *op. cit.*, nota 581.

sibles incumplimientos, y, para ello, es necesario prestar especial atención a la solución de controversias. En caso de surgimiento de posibles controversias en relación con las disposiciones contenidas en los capítulos de CDS, estas han de ser resueltas en el seno de los procedimientos amistosos establecidos en estos capítulos. Así, en primer lugar, hay que proceder a la realización de consultas con los poderes públicos, a través de las cuales, "las Partes harán todo lo posible para llegar a una resolución mutuamente satisfactoria"[606], pudiendo solicitar, de mutuo acuerdo, el asesoramiento o asistencia de los más relevantes organismos internacionales (como la OIT). Si alguna o ambas Partes consideran que la cuestión requiere ser estudiada más detenidamente, dicha Parte puede solicitar que el Comité de CDS se reúna para analizar y resolver la cuestión[607], para lo cual, el Comité podrá contar con el asesoramiento de los GNC. En segundo lugar, si las consultas con los poderes públicos o la remisión del asunto al Comité de CDS no han resultado satisfactorias, pasado un periodo de 90 días desde el inicio de las consultas con los poderes públicos, las Partes tienen la posibilidad de solicitar la convocatoria de un Panel o Grupo de Expertos[608] que contará con la información proporcio-

606 Así aparece recogido en el art. 13.14 del ALC con la República de Corea, *op. cit.*, nota 592, en el art. 283 del Acuerdo con Colombia, Perú y Ecuador, *op. cit.*, nota 596, en el art. 296 del AAE con Centroamérica, *op. cit.*, nota 597, en el art. 242 del Acuerdo con Georgia, *op. cit.*, nota 595 o en el art. 16.17 del Acuerdo con Japón, *op. cit.*, nota 598.

607 El AAE con Centroamérica es el único que establece un periodo de tiempo concreto (90 días) para la realización de las consultas, pasado el cual, el asunto debe remitirse automáticamente al Comité de CDS. Vid. Art. 296 del AAE con Centroamérica, *op. cit.*, nota 597.

608 La composición y el funcionamiento de este Grupo de Expertos depende del ALC de que se trate. Así, a título de ejemplo, el ALC con la República de Corea establece que cada Parte seleccionará a un experto de una lista de 15 expertos independientes y los dos expertos seleccionados designarán, a su vez, como presidente a una persona que no tenga la nacionalidad de ninguna de las Partes. Seleccionado el último experto, el Grupo dispone de 90 días para emitir su informe (Vid. Art. 13.15 del ALC con la República de Corea, *op. cit.*, nota 592). Por su parte, la

nada por las Partes y por los GNC, y con el asesoramiento de estos últimos y de la OIT – cuando la controversia tenga relación con cuestiones laborales – para la elaboración de un informe con las recomendaciones oportunas[609], cuyo seguimiento ha de ser controlado, en todo caso, por el Comité de CDS.

Aunque la previsión de creación de un Panel de Expertos para la resolución de controversias en todos los capítulos de CDS contenidos en los ALC de "nueva generación" supone una gran novedad que dota a este sistema de solución de controversias de mayor transparencia y profesionalidad, y puede llegar a constituir la antesala de un futuro sistema condicional (Van Den Putte y Orbie, 2015: 268-269), debe hacerse notar que la resolución de controversias relativas a cuestiones laborales en estos acuerdos sigue quedando expresamente excluida del sistema de solución de controversias para las cuestiones comerciales del Acuerdo de que se trate (Van Den Putte y Orbie, 2015: 268; Marx *et al.*, 2017: 16), a través del cual un panel arbitral adopta decisiones vinculantes que pueden conllevar restricciones comerciales[610]. Con lo

---

regulación del Panel de Expertos que hace el AAE con Centroamérica es mucho más detallado y preciso, estando recogida en 5 artículos diferentes relativos a la definición del Panel, su composición, las reglas de procedimiento, el informe inicial y el informe final (Vid. Arts. 297 a 301 del AAE con Centroamérica, *op. cit.*, nota 597). El reciente Acuerdo con Japón (*op. cit.*, nota 598) establece que será el Comité de CDS el que, en el plazo de un año, adopte el reglamento interno y el mandato del Grupo de Expertos, aunque en el articulado del Acuerdo se prevén algunas disposiciones básicas relativas a la composición del Grupo, al funcionamiento, al informe provisional y al informe final.

609 En algunos ALC, como en el de la UE con la República de Corea, se prevé la redacción de un único informe con recomendaciones, mientras que, en otros ALC, como en el de la UE con Colombia, Perú y Ecuador, se prevé la adopción de un informe inicial que es remitido a las Partes para que puedan hacer las alegaciones oportunas y de un informe final, que es el que contiene las recomendaciones necesarias para la solución de la controversia que las Partes han de implementar.

610 Vid. Art. 16.17 del Acuerdo con Japón (*op. cit.*, nota 598), contenido en el capítulo de CDS, que establece que "En caso de desacuerdo en-

cual, ninguna de las Partes puede iniciar una acción que pudiera resultar en, por un lado, la suspensión de las preferencias o ventajas comerciales contra la otra Parte del acuerdo comercial o, por otro lado, compensaciones monetarias equivalentes al daño sufrido, es decir, no hay ningún poder de coerción en caso de incumplimiento de las normas laborales fundamentales contenidas en los ALC de "nueva generación"[611] (Harrison *et al.*, 2019a: 640), "*there is no real enforcement at all*" (Bartels, 2017: 208). Aunque en la Comunicación de la Comisión de junio de 2022 se prevé la revisión de esta serie de ALC para incluir el recurso a sanciones comerciales, dicha revisión todavía no ha ocurrido. Cuando esta nueva estrategia comercial se ponga en marcha y la UE adopte una aproximación condicional, quizá podamos hablar de ALC de "futura generación".

Por último, es necesario hacer una breve alusión al ALC entre la UE y Canadá, en vigor desde septiembre del año 2017, comúnmente denominado CETA por sus siglas en inglés[612]. En primer

---

tre las Partes sobre cualquier asunto que surja en relación con la interpretación o la aplicación del presente capítulo, las Partes solo podrán recurrir a los procedimientos establecidos en el presente artículo (Consultas de los poderes públicos) y en el artículo 16.18 (Grupo de Expertos). Las disposiciones del presente capítulo no estarán sujetas al procedimiento de solución de diferencias en virtud del capítulo 21 (Solución de diferencias sobre cuestiones puramente comerciales)".

611 A excepción del ya analizado AAE CE-CARIFORUM.

612 UE: Acuerdo Económico y Comercial Global (CETA) entre Canadá, por una parte, y la Unión Europea y sus Estados miembros, por otra (DO L núm. 11, de 14 de enero de 2017).

Este Acuerdo Mixto entró provisionalmente en vigor el 21 de septiembre de 2017 tras 7 años de negociación (Cos, 2020: 75). Al igual que el ALC entre la UE y Japón, el CETA está precedido por acuerdos bilaterales sectoriales, que aún se encuentran en vigor con algunas excepciones (Cos, 2020: 80).

Este Acuerdo debe estudiarse junto con su Instrumento Interpretativo Conjunto sobre el Acuerdo Económico y Comercial Global (AECG) entre Canadá y la Unión Europea y sus Estados miembros, de 27 de octubre de 2016, Anexo al Documento del Consejo 13541/16. Disponible

lugar, porque a pesar de formar parte del elenco de ALC de "nueva generación" no contiene un capítulo de CDS que incluya y trate de igual manera las cuestiones laborales y medioambientales (Velluti, 2016b: 107), separando sistemáticamente las cuestiones que tienen que ver con el desarrollo sostenible, incluidas en el capítulo veintidós, de las cuestiones laborales, incluidas en el capítulo veintitrés, y de las cuestiones medioambientales, incluidas en el capítulo veinticuatro del CETA[613] (aunque es cierto que el contenido de esta serie de capítulos es muy similar al de los capítulos de CDS contenidos en el resto de ALC de "nueva generación", al incluir artículos relativos a contexto y objetivos, derecho a regular y niveles de protección, cooperación, mecanismos institucionales, etc.[614]).

En segundo lugar, otra de las principales características del CETA es que Canadá constituye la economía más desarrollada con la que la UE ha celebrado un ALC de "nueva generación" hasta la fecha (Segura, 2015: 22), por lo que se parte del hecho de que los niveles de protección laboral en Canadá y en la UE son relativamente elevados en comparación con los estándares internacionalmente reconocidos, estableciendo, en opinión de Daniel Pérez del Prado, un doble límite: el básico, garantizado por las

---

en: http://data.consilium.europa.eu/doc/document/ST-13541-2016-INIT/es (última consulta: 16 de noviembre de 2022).

Según algunos autores, este Acuerdo tiene origen en la reacción geopolítica de Canadá a la negociación del TTIP de la UE con EEUU (Griller *et al.*, 2017: 11).

613 Si bien es cierto que la UE no ha logrado incorporar un capítulo sobre CDS idéntico al incorporado en los demás acuerdos de "nueva generación" ya estudiados, ha visto satisfechas sus pretensiones de incorporar las cuestiones laborales y medioambientales en el cuerpo del CETA. Canadá, que acostumbra a incluir todo lo referente a DLF y protección del medio ambiente en acuerdos separados, ha cedido en esta ocasión ante las exigencias de la Unión (Segura, 2019: 133).

614 Vid. Arts. 23.1 a 23.11. del Acuerdo Económico y Comercial Global (CETA) entre Canadá, por una parte, y la Unión Europea y sus Estados miembros, por otra, *op. cit.*, nota 621.

obligaciones contraídas con la OIT[615], y el avanzado, garantizado por las respectivas regulaciones nacionales (Velluti, 2016b: 108; Bartels, 2017: 204; Pérez del Prado, 2017: 223).

El art. 23.5, relativo a "procedimientos de ejecución, procedimientos administrativos y recursos contra actos administrativos" supone, asimismo, una novedad respecto de los restantes capítulos de CDS de la UE, al instar a cada Parte a fomentar el cumplimiento de su legislación laboral y hará un control efectivo de su aplicación a través de una serie de medidas[616], pero sin establecer, en ningún momento, una vinculación de esta serie de medidas, puramente laborales, con el ámbito del comercio o la inversión (Guamán, 2016a: 107).

Por último, en relación a la solución de controversias relativas a cuestiones laborales, el CETA sigue la misma dinámica que el resto de capítulos de CDS negociados por la UE, al someter dichas controversias a consultas gubernamentales amistosas o, en última instancia, a un Grupo de Expertos que propondrá un informe final con recomendaciones cuya implementación será supervisa-

---

615 No obstante, se antoja interesante apuntar el hecho de que Canadá, no ha ratificado los CF relativos a la edad mínima (Convenio núm. 138) y al derecho de sindicación y negociación colectiva (Convenio núm. 98) sino hasta 2016 y 2017 respectivamente, se entiende que como consecuencia de la conclusión del CETA.

616 Entre esta serie de medidas encontramos "el manteniendo un sistema de inspección laboral conforme a sus compromisos internacionales y la garantía de que las personas con un interés jurídicamente reconocido en un asunto concreto que aleguen que se ha infringido un derecho en virtud de su legislación dispongan de procedimientos administrativos o judiciales que permitan actuar de forma efectiva contra las infracciones de su legislación laboral, y que incluyan medidas correctoras adecuadas en caso de infracción de dicha legislación". Vid. Art. 23.5 del del Acuerdo Económico y Comercial Global (CETA) entre Canadá, por una parte, y la Unión Europea y sus Estados miembros, por otra, *op. cit.*, nota 621.

da por el Comité de CDS[617], aunque, de nuevo, dicho informe no puede contener, en ningún caso, compensaciones monetarias o contramedidas comerciales[618]. No obstante, cabe destacar una disimulada afirmación incluida en el art. 23.11, según la cual "las Partes entienden que las obligaciones contempladas en el (presente) capítulo son vinculantes y de cumplimiento obligatorio mediante los procedimientos de solución de diferencias establecidos en el artículo 23.10", es decir, los compromisos adoptados en el capítulo son obligatorios y ejecutables, pero únicamente mediante los procedimientos de consultas, el accceso al Grupo de Expertos o, por mutuo acuerdo, el recurso a mecanismos de conciliación o de mediación (Guamán, 2016a: 108).

4.2.3. Límites de las cláusulas laborales integradas en los acuerdos de libre comercio concluidos por la Unión Europea

Una de las vías de la materialización del compromiso de la UE con la justicia social y con el mantenimiento de estándares laborales y medioambientales elevados mediante la cooperación y el fortalecimiento de las instituciones multilaterales ha sido la integración de capítulos dedicados al CDS en el marco de los ALC de "nueva generación" concluidos por la Unión con terceros Estados y bloques comerciales. No obstante, de la configuración actual de esta serie de capítulos se desprenden algunos límites estructurales

617 Vid. Arts. 23.9 y 23.10 del del Acuerdo Económico y Comercial Global (CETA) entre Canadá, por una parte, y la Unión Europea y sus Estados miembros, por otra, *Ibíd.*

618 En este punto, la UE ha conseguido nuevamente satisfacer sus pretensiones y lograr un ALC con cláusulas laborales cuyo incumplimiento no origina compensación económica o comercial, a diferencia de lo que ocurre en los ALC concluidos por su socio comercial, Canadá, en los que sí se prevén compensaciones económicas en caso de quebrantamiento de los estándares laborales fundamentales internacionalmente reconocidos, tal y como hace, asimismo, EEUU (Segura, 2015: 19). Este hecho supone, en opinión del profesor Bartels, una "regresión" para Canadá (Bartels, 2017: 215).

que es necesario analizar detenidamente de cara a la propuesta de mejoras para sucesivos acuerdos comerciales que incentiven una protección efectiva de las normas laborales fundamentales internacionalmente reconocidas[619]. Todos estos límites hacen que, en la actualidad, los capítulos dedicados al CDS en los ALC de "nueva generación" sean frecuentemente criticados por la doctrina[620].

Así, en primer lugar, respecto del contenido de toda esta serie de capítulos de CDS, el primer límite estructural identificado se corresponde con la falta de unidad en su contenido, lo cual plantea problemas a la hora de hallar una formulación común (Marín, 2019: 229). Como hemos podido observar, no todos los capítulos de CDS contienen los mismos artículos[621] ni el contenido de esos artículos es idéntico en todos los ALC concluidos por la UE[622]. Aunque el aumento de las referencias expresas a los instrumentos de la OIT constituye un primer paso hacia una mayor coherencia entre los diferentes ALC y el sistema normativo de la mencionada Organización, sin embargo, este aumento de referencias plantea,

---

619 Para el análisis de estos límites nos guiaremos por la sistemática propuesta por Harrison *et al.*, 2019a y por Mireia Barbu *et al.*, 2017, en su "*Response to the Non-paper of the European Commission on Trade and Sustainable Development (TSD) chapters in EU Free Trade Agreements (FTAs)*" (Disponible en: http://www.geog.qmul.ac.uk/media/geography/docs/research/working-beyond-the-border/A-Response-to-the-Nonpaper-26.09.17.pdf . Este documento extraoficial constituye una respuesta por parte de la doctrina al *Non-Paper* elaborado por la Comisión Europea sobre los capítulos de CDS en los ALC de la UE, disponible en: https://trade.ec.europa.eu/doclib/docs/2017/july/tradoc_155686.pdf

620 Algunos de los autores que más aportaciones han realizado a este campo de estudio son Franz Christian Ebert, James Harrison, Mirela Barbu, Liam Campling, Deborah Martens, Axel Marx, Jan Orbie, Ben Richardson, Lore Van Den Putte, Anne Posthuma, Desiré LeClercq o Jordi Agustí-Panadera.

621 A título de ejemplo, mientras la mayoría de capítulos de CDS contienen un artículo dedicado a "transparencia", el Acuerdo con Colombia, Perú y Ecuador (*op. cit.*, nota 596) carece del mismo.

622 Así, cabe destacar que el único ALC que detalla nominativamente los CF de la OIT es el Acuerdo con Centroamérica (*op. cit.*, nota 598)

asimismo, ciertos desafíos en relación con su contenido, pues, si bien es cierto que todos los capítulos incluyen referencias expresas a instrumentos de la OIT, dichos instrumentos no siempre son los mismos. El hecho de que la mayoría de estas referencias no hagan alusión explícita a los CF de la OIT, sino a la Declaración de Principios de 1998 o a la Agenda de Trabajo Decente, puede llevar a una mayor inseguridad jurídica. Esta incertidumbre, a su vez, puede resultar en una aplicación inconsistente de las mismas normas laborales fundamentales por parte de las Partes del Acuerdo o de los organismos llamados a resolver las posibles controversias que puedan surgir respecto del contenido de los capítulos de CDS (Agustí-Panadera *et al.*, 2015: 379). Así, a pesar de que la técnica del reenvío interconvencional a las normas laborales fundamentales mantiene una tendencia creciente en los capítulos de CDS y cada vez se tornan más completas y precisas, todavía existe una falta de unidad en el contenido que puede redundar en incoherencias prácticas a la hora de aplicar toda esta serie de normas laborales fundamentales contenidas en los mencionados capítulos (Agustí-Panadera *et al.*, 2015: 380). Además, parte de la doctrina critica, asimismo, que el lenguaje utilizado para referirse a cuestiones laborales dentro de estos capítulos de CDS es "*too broad to be meaningful*" (Marx *et al.*, 2016: 606), es decir, todavía adolece de gran imprecisión que hace que su finalidad se desvirtúe y que sea casi imposible probar que una Parte está incumpliendo sus obligaciones (Velluti, 2016b: 109-110). En este sentido, en lugar de acudir a las técnicas de la legislación por referencia genérica o del reenvío interconvencional, ¿no sería más conveniente optar por las normas relacionales e incluir todo el contenido de los CF de la OIT en esta serie de ALC?

En segundo lugar, la postura de la UE de integrar un capítulo de CDS común en todos sus ALC concluidos con terceros Estados y bloques regionales se antoja ineficaz, dada la heterogeneidad de los Estados con los que se entablan las relaciones comerciales. Los problemas laborales son diferentes en función del escenario, lo que implica tener que adoptar a posteriori distintas fórmulas de seguimiento de los compromisos adoptados[623] (Barbu *et al.*, 2017: 2; Harrison *et al.*, 2019a: 643).

En tercer lugar, otro de los límites a los capítulos de CDS ha sido identificado por los propios actores gubernamentales de los Estados Parte en los ALC que participan en la negociación y en la implementación de dichos capítulos a través de mecanismos como los GNC o los FDSC, pues consideran que su función es muy limitada (Barbu *et al.*, 2017: 1; Harrison *et al.*, 2018: 9). En primer lugar, estos actores, por un lado, consideran que en la fase de negociación se podía haber ido más allá y lograr compromisos con las normas laborales fundamentales más ambiciosos, y, por otro lado, en la fase de implementación, los actores consideran que carecen de información detallada para un correcto seguimiento de los compromisos adoptados y que no se ha dado la prioridad correspondiente a las cuestiones laborales en las conversaciones entre representantes gubernamentales[624] (Marx *et al.*, 2016: 601). En segundo lugar, todos estos actores o representantes gubernamentales de los socios comerciales que tienen la responsabilidad de involucrarse con las cuestiones laborales dentro de las instituciones creadas en el seno de los capítulos de CDS, a menudo no

623 Por ejemplo, el desempleo causado por el comercio exterior en el Caribe y los bajos salarios en Moldavia pueden haber sido temas más importantes para los trabajadores en esos lugares, mientras que, en Corea del Sur, donde las normas fundamentales del trabajo son una preocupación, la represión gubernamental contra los sindicatos en los años 2015 y 2016 cuestiona la utilidad de un enfoque basado en el diálogo y la cooperación (Harrison *et al.*, 2019a: 643).

624 Por ejemplo, un estudio sobre la implementación de las normas laborales fundamentales en el ALC entre la UE y Colombia, Perú y Ecuador sugirió que, por un lado, los compromisos en relación con las normas laborales fundamentales incluidas en los capítulos sobre CDS, así como el diálogo de la sociedad civil, no se consideran una prioridad para la subdelegación de comercio de la UE. Este estudio evidenció que la subdelegación de cooperación tiene más experiencia en cuestiones laborales, pero, sin embargo, no está actualmente involucrada en la implementación de los diferentes capítulos de CDS integrado en los ALC de “nueva generación” (Orbie y Van Den Putte, 2016: 36).

ven los obstáculos a su implementación como su responsabilidad. Este hecho, sumado a que la mayoría de los mencionados representantes no provienen de los ministerios de trabajo de las Partes o de otros ministerios relevantes para el análisis de las cuestiones laborales, plantea problemas de control y seguimiento de la implementación de los compromisos adoptados en materia laboral (Barbu *et al.*, 2017: 1; Harrison *et al.*, 2019a: 644). El Comité Económico y Social Europeo (CESE) también comparte este límite identificado en los capítulos de CDS e insta a la Comisión Europea a abordar una serie de deficiencias concretas relativas a los GNC, tales como la falta de equilibrio y transparencia en la composición de los GCN de la UE y de sus socios comerciales (Van Den Putte, 2015: 228), la falta de voluntad política de algunos de esos socios para constituir sus GCN a su debido tiempo o la falta de financiación adecuada para los GCN, tanto en la UE como en el resto de Partes de los acuerdos[625]. Por lo que respecta a los FDSC, las preocupaciones más comunes a este respecto giran en torno a la falta de alcance e inclusión de los diferentes tipos de ONG existentes en cada Estado Parte, así como la falta general de transparencia (Marx *et al.*, 2016: 602) y la imparcialidad de los miembros (Van Den Putte, 2015: 229).

En cuarto lugar, si bien es cierto que la – cada vez más activa – participación de la sociedad civil en la implementación de los capítulos de CDS ha sido abiertamente aplaudida, los mecanismos articulados a tal efecto ven su efectividad obstaculizada por diferentes motivos, de entre los cuales destaca la falta de recursos económicos para el desenvolvimiento de sus actividades, la falta de transparencia a la hora de seleccionar a los miembros de la sociedad civil que van a participar en el proceso (lo que redunda en una falta de independencia respecto del Gobierno en cuestión) o la falta de conciencia y de intercambio de información entre los participantes (Van Den Putte, 2015: 230; Orbie *et al.*, 2016:

---

625 UE: Dictamen del Comité Económico y Social Europeo sobre "Capítulos sobre comercio y desarrollo sostenible en los acuerdos de libre comercio" (DO C núm. 227, de 28 de junio de 2018).

29; Barbu *et al.*, 2017: 1; Harrison *et al.*, 2019a: 644). Además, sus propósitos y funciones no se antojan claros, precisos y suficientemente desarrollados (Harrison *et al.*, 2019).

En quinto lugar, a pesar de que todos los capítulos de CDS contienen un artículo dedicado a la planificación de actividades concretas de cooperación, tales actividades no se recogen e implementan posteriormente en instrumentos jurídicos comunitarios adecuados y no gozan de una evaluación posterior de cumplimiento eficaz (Barbu *et al.*, 2017: 1-2; Harrison *et al.*, 2019a: 644).

En sexto lugar, uno de los aspectos de los capítulos de CDS más criticados por la doctrina, sin lugar a dudas, es el mecanismo de solución de controversias relativas a las cuestiones incluidas en los mencionados capítulos, esto es, de las cuestiones laborales y medioambientales[626]. El hecho de que la resolución de controversias relativas a cuestiones laborales quede excluida del mecanismo ordinario de solución de controversias previsto en todos los ALC de la UE, y, en cambio, sea sometida a un Grupo de Expertos en la materia cuyas recomendaciones no vinculantes, en ningún caso, podrán prever la retirada de los beneficios comerciales dispuestos en el acuerdo en cuestión (Orbie *et al*, 2016: 10; Velluti, 2016b: 110) hace a la doctrina afirmar que toda esta serie de acuerdos comerciales carecen de un mecanismo creíble y eficaz para inducir a las Partes a cumplir las obligaciones contenidas en los capítulos de CDS relativas a las normas laborales fundamentales (Marx *et al.*, 2016: 598-599; Barbu *et al.*, 2017: 2; Harrison *et al.*, 2019a: 645).

Cabe destacar que, en los últimos años, hemos sido testigos de la constitución del primer Grupo de Expertos para la resolución de una controversia en relación al ALC entre la UE y la República de Corea, que emitió su informe final el pasado febrero de 2021[627].

---

626 Para un análisis más exhaustivo de los mecanismos de solución de controversias en los capítulos de CDS de los ALC de la UE, Vid. Marx *et al.*, 2017.

627 UE: *Report of the Panel of Experts: Proceeding constituted under Article 13.15 of the EU–Korea Free Trade Agreement, 25 January 2021. Panel: Dr Jill Murray (Chair), Professor Laurence Boisson de Chazournes and Professor Jaemin Lee.*

A pesar de que el ALC entre la UE y este país entró en vigor en el año 2015, hasta el año 2021 Corea del Sur continuaba sin ratificar 4 de los 10 CF de la OIT, pues en ningún momento había fijado fechas. Además, su Ley sobre Sindicatos y Relaciones Laborales del año 1997 iba en contra del derecho de sindicación y negociación colectiva (Novitz, 2021: 2). El informe del Grupo de Expertos es importante por tres razones: en primer lugar, declara la inconsistencia entre la Ley sobre Sindicatos y Relaciones Laborales y el derecho de sindicación y negociación colectiva que la República de Corea se había comprometido a proteger al concluir el ALC; en segundo lugar, el informe afirma que la República de Corea no ha violado su obligación de "realizar esfuerzos continuos y sostenidos para la ratificación de los convenios fundamentales de la OIT" prevista en el art. 13.4.3 del Acuerdo, pues en dicho acuerdo no se fija un plazo en el cual las Partes deban ratificar los CF[628] (Fajardo, 2021: 102); en tercer lugar, a diferencia de lo que el panel arbitral en el caso de EEUU y Guatemala interpretó[629], el Grupo de Expertos no considera necesario demostrar que el incumplimiento de lsos CF de la OIT afecta al comercio entre las Partes para realizar recomendaciones (Novitz, 2021: 2). Como sabemos, las cláusulas laborales integradas en los ALC europeos son promocionales y en ningún caso conllevan consecuencias económicas o comerciales. Declarado el incumplimiento, lo único que puede hacer el Grupo de Expertos es realizar recomendaciones, y así se

---

Disponible en: https://trade.ec.europa.eu/doclib/docs/2021/january/tradoc_159358.pdf

628 *Ibíd.*, p. 79.

629 Recordemos que en el seno del CAFTA-DR se llegó a constituir un panel arbitral que adoptó su informe en el 2017 en el que entendió que para suspender las ventajas comerciales con ocasión del incumplimiento de las normas laborales fundamentales era necesario demostrar que dicho incumplimiento afecta al comercio entre las Partes en el sentido de conferir una ventaja comparativa o beneficio comercial a la Parte infractora. Vid. EEUU: Informe final del Panel Arbitral en relación al caso "*Guatemala – Issues Relating to the Obligations Under Art. 16.2.1(a) of the CAFTA-DR*", *op cit.*, nota 515.

hizo en este caso concreto, en el que el Grupo recomienda, entre otros, "que la República de Corea ponga la Ley sobre Sindicatos y Relaciones Laborales en conformidad con los principios relativos a la libertad sindical, de modo que todos los trabajadores, incluidos los autónomos, los despedidos y los desempleados, estén incluidos en la definición de trabajador"[630]. Publicado el informe, y a pesar de que este no recomendaba a la República de Corea la ratificación de los CF que aún no había ratificado, el pasado 26 de febrero de 2021 Corea ratificó tres de los cuatro CF que le quedaban por ratificar y que han entrado en vigor en el año 2022. No obstante, el Convenio núm. 105 sobre la abolición del trabajo forzoso aún carece de ratificación.

Dejando a un lado este caso anecdótico, a pesar de los conocidos incumplimientos por parte de otros países, no se ha vuelto a conformar un Grupo de Expertos. Según Marx *et al.*, esto puede deberse a varios factores, entre los que encontramos el hecho de que únicamente las autoridades gubernamentales – y no la sociedad civil – están autorizadas para iniciar el procedimiento de resolución de controversias previsto en los capítulos de CDS, la falta de medidas provisionales en caso de posible incumplimiento o la limitación de los cauces formales de que dispone la sociedad civil en caso de querer plantear una queja y poder realizar un seguimiento. Como resultado, las Partes en toda esta serie de ALC, incluida la propia UE, han podido abstenerse de tomar medidas, obviando, incluso, las acusaciones más graves de las disposiciones laborales contenidas en los capítulos de CDS[631] (Marx *et al.*, 2017: 26).

En séptimo lugar, las disposiciones de los capítulos de CDS relativas al examen de impacto sobre sostenibilidad no se han puesto en práctica adecuadamente por falta de voluntad política (Smith

---

630 *Ibíd.*, p. 78.

631 Por ejemplo, los participantes que representaban a la sociedad civil en GCN del ALC UE-Corea presentaron denuncias sobre la libertad sindical de los trabajadores en la República de Corea e instaron a la Comisión Europea a iniciar consultas formales con el Gobierno coreano (Jenkins, 2014).

et al., 2021: 149), escudada en la imprecisión de su redacción, que abre la puerta a que las Partes obtengan un amplio margen de maniobra (Barbu *et al.*, 2017: 2; Harrison *et al.*, 2019a: 645). Además, en el caso de poder identificar un impacto negativo en la sostenibilidad, esta serie de artículos contenidos en todos los capítulos de CDS no indican de qué manera debe resolverse (Ebert, 2017).

En octavo lugar, a pesar de que, a diferencia de los sistemas preferenciales unilaterales, la naturaleza de las disposiciones de los capítulos de CDS integrados en los ALC de "nueva generación" es recíproca, no hay nada que parezca indicar que dichas disposiciones tienen en cuenta los problemas laborales dentro de la UE (Barbu *et al.*, 2017: 2). Esto, en opinión de James Harrison *et al.*, plantea dudas sobre si la configuración de las cláusulas laborales dentro de los ALC concluidos por la UE con terceros Estados está realmente diseñada para establecer un verdadero diálogo sobre cuestiones laborales, o si, más bien, representa una forma de "sofisticado unilateralismo" en el que los Estados más poderosos negocian disposiciones que reflejan su propia agenda unilateral, integrándolas dentro de una estructura formalmente recíproca (Harrison *et al.*, 2019a: 646).

En noveno y último lugar, los esfuerzos para ampliar el alcance de las disposiciones laborales integradas en los capítulos de CDS más allá de la relación puramente comercial entre las Partes y, por ejemplo, para tratar de involucrar a las empresas multinacionales y a las cadenas de suministro globales en la protección de las normas laborales fundamentales, resultan, más bien, limitados, por la generalidad de sus términos y su escasa ambición[632]. De esta

[632] A título de ejemplo, el art. 16.5 del Acuerdo con Japón (*op. cit.*, nota 598) afirma que "las Partes (...) fomentarán la responsabilidad social de las empresas y el intercambio de puntos de vista e información sobre esta cuestión a través del Comité de Comercio y Desarrollo Sostenible y, en su caso, a través de otros foros. A este respecto, las Partes reconocen la importancia de los principios y directrices reconocidos internacionalmente, en particular las Líneas directrices de la OCDE para empresas multinacionales, que forman parte de la Declaración de la

manera, lo único que se ha hecho es fomentar iniciativas voluntarias de responsabilidad social empresarial (RSE), que tienen un alcance e impacto potencial futuro muy restringidos (Barbu *et al.*, 2017: 2; Harrison *et al.*, 2019a: 646).

Con todo, a pesar de los significativos avances en la materia[633], dada toda esta serie de límites estructurales a los capítulos de CDS integrados en los ALC de "nueva generación" concluidos por la UE con terceros Estados y bloques regionales y dada la vulneración de las normas laborales fundamentales de que la UE es conocedora, es inevitable preguntarse si la configuración actual de la cláusula laboral en los acuerdos comerciales comunitarios se encuentra eficaz y efectivamente configurada de cara a lograr cam-

---

OCDE sobre inversiones internacionales y empresas multinacionales, adoptadas por la OCDE el 21 de junio de 1976, y la Declaración tripartita de principios sobre las empresas multinacionales y la política social, adoptada por el Consejo de Administración de la Oficina Internacional del Trabajo en noviembre de 1977".

633 La UE en su *non-paper* (*op. cit.*, nota 628) destaca entre los hitos más notables el establecimiento de instituciones que fomentan la participación de la sociedad civil en el control de las cuestiones laborales y medioambientales incluidas en todos los capítulos de CDS en países donde esta clase de participación era inexistente.
Asimismo, Evgeny Postnikov y Ida Bastiaens han afirmado que estos avances son visibles como resultado del aprendizaje de los actores de la sociedad civil durante la fase de implementación de las disposiciones laborales contenidas en los capítulos de CDS (Postnikov y Bastiaens, 2014).
Samantha Velluti, por su parte, defiende que todos estos capítulos de CDS pueden tener importantes efectos en el aprendizaje de políticas a largo plazo y en una mejor comprensión de los desafíos que enfrenta un tercer Estado, reduciendo así las externalidades negativas de comunidades afectadas (Velluti, 2016b: 110).
Además, el caso de la República de Corea demuestra que a pesar de que el informe de un Grupo de Expertos para la resolución de una controversia no es vinculante, sin embargo, sí sirve de aliciente para hacer cumplir con las obligaciones en materia laboral, pues tras la adopción del Informe, la República de Corea decidió ratificar 3 de los 4 CF que le quedaban por ratificar.

bios significativos en la protección de los DLF a largo plazo (Bartels, 2013; Harrison *et al.*, 2019a: 646) o, por el contrario, es pura retórica (Velluti, 2016b: 86). En otras palabras, ¿poseen los capítulos de CDS integrados en los ALC de "nueva generación" concluidos por la UE con terceros Estados el potencial efecto de proteger de manera efectiva los DLF internacionalmente reconocidos?[634] Todos estos capítulos han sido duramente criticados por parte de la doctrina que afirma estos pueden ser entendidos como una exteriorización más del poder normativo de Europa, centrado más la persuasión, la argumentación y la concesión para ganar prestigio, que en la coerción como incentivo para lograr verdaderos cambios a largo plazo en terceros Estados (Manners, 2009: 793), y que en general, no existe evidencia alguna de que la inserción de capítulos de CDS en los ALC de "nueva generación" de la UE hayan sido efectivamente implementados y hayan dado lugar a una mejora en la protección de los DLF (Harrison, 2019b: 273; Presta, 2020: 142; Smith *et al.*, 2021: 132). Uno de los principales obstáculos identificados a la eficacia en la implementación de los capítulos de CDS es la falta de un mecanismo coercitivo que induzca al cumplimiento[635] [636] (Ebert, 2016: 445) y evite, por ejem-

---

634 La cuestión de la efectividad de las cláusulas laborales en los acuerdos comerciales ha sido recientemente estudiada por Jonas Aissi, Rafael Peels y Daniel Samaan, que argumentan que las disposiciones laborales en los acuerdos comerciales, y las actividades asociadas con ellos, generalmente no afectan directamente las condiciones a nivel de la empresa, sino que pueden afectar causalmente los derechos laborales y las condiciones laborales de facto, al abordar primero los aspectos que pueden considerarse sujetos a "capacidad" (Aissi *et al.*, 2018: 673).

635 Con la única excepción del AAE CE-CARIFORUM ya estudiado previamente.

636 Si bien es cierto, que los incumplimientos también se fundamentan en otra serie de factores, tales como la falta de voluntad política a la hora de tomarse en serio los debates y discusiones gubernamentales acerca de estas cuestiones y la medida en que estas cuestiones son coherentes con las diferentes políticas de cooperación al desarrollo. De manera más general, los incumplimientos también dependerán de la evolución del contexto político dentro de la UE y sus socios comerciales y de los

plo, situaciones como Colombia, donde se dan en la actualidad graves violaciones a la libertad sindical – incluyendo el asesinato de decenas de sus líderes[637] – que ya han sido denunciadas de manera explícita por parte de organizaciones sindicales colombianas (Saura, 2013: 13).

4.2.4. Propuestas de mejora de las cláusulas laborales integradas en los acuerdos de libre comercio concluidos por la Unión Europea

Una vez analizados los límites estructurales que obstaculizan la efectiva implementación de los capítulos de CDS integrados en los ALC de "nueva generación" concluidos por la UE conviene dedicar un último epígrafe a las propuestas que se han aportado para tratar de sobrepasar estos límites y conseguir mejoras en la protección de las normas laborales fundamentales. Así, en primer lugar, analizaremos las propuestas de diversos autores en relación a los límites estructurales más relevantes anteriormente estudiados para, posteriormente, prestar especial atención a las propuestas de la Comisión Europea dirigidas al Parlamento Europeo y al Consejo para mejorar la implementación de los capítulos de CDS.

De esta manera, y en relación, en primer lugar, con el contenido de los diversos capítulos de CDS, una de las propuestas más extendidas es la de alcanzar compromisos más ambiciosos, por ejemplo, a través de la integración a través del reenvío interconvencional en estos capítulos, no solo de los CF de la OIT sino también de los convenios que la mencionada Organización

---

problemas de gobernanza en estos últimos (Van Den Putte, 2013: 272; Harrison *et al.*, 2019b: 270).

637 Concretamente, más de 500 sindicalistas fueron asesinados durante el mandato del presidente Uribe Vélez, lo que representaría alrededor de dos tercios de todos los sindicalistas asesinados durante el mismo período en todo el mundo. Vid. OTROS: Trade Union Congress *et al.* (2010). Trading Away Human Rights. Why EU-Colombia Free Trade Agreement is a Step in the Wrong Direction. Disponible en: http://www.justiceforcolombia.org/downloads/FT_EU_trade_report_May_2010.pdf

califica como "prioritarios" (Saura, 2013: 12). Asimismo, sería deseable que en todos los ALC que incluyen capítulos dedicados al CDS se integrasen nominativamente los CF de la OIT como en la actualidad lo hace el Acuerdo con Centroamérica[638]. Por otra parte, respecto del límite estructural relativo a la falta de unidad en el contenido de estos capítulos, la doctrina, de manera unánime, afirma que en la fase de negociación debería contarse con la asistencia de la OIT (Agustí-Panadera *et al.*, 2015: 380; Rivera, 2018: 26).

En segundo lugar, como ya hemos visto, la idea de un capítulo relativo a CDS con una dinámica similar en todos los ALC negociados por la Unión con terceros Estados y bloques comerciales no parece la más adecuada dada la heterogeneidad de los Estados con los que en la actualidad negocia la UE (desde PVD hasta grandes potencias como Canadá). Si bien es cierto que la UE ha logrado sus pretensiones y hasta la fecha todos los ALC de "nueva generación" cuentan con un capítulo dedicado al CDS en su articulado, la doctrina considera conveniente adaptar este capítulo a las necesidades de cada socio comercial (Velluti, 2016b: 112; Harrison *et al.*, 2019a: 645).

En tercer lugar, respecto de los límites estructurales que tienen que ver con los mecanismos institucionales tales como los GCN y los FDSC, todos ellos centrados en la falta de transparencia, de información pertinente para el control del cumplimiento de las Partes y de recursos para el desenvolvimiento de sus funciones, la solución se antoja sencilla de deducir pero más compleja de aplicar: normas de funcionamiento de esta serie de mecanismos más precisas, mayor transparencia y publicidad de sus actividades, y un aumento de los recursos financieros destinados a tal fin (Velluti, 2016b: 12). Lore Van Den Putte aporta una serie de matices a esta propuesta, entre los que se encuentran la mayor participación de sindicatos y confederaciones de trabajadores, un mayor control de la imparcialidad de los miembros, así como una mayor trans-

638 Vid. Art. 286.2 del Acuerdo con Centroamérica, *op. cit.*, nota 597.

parencia por parte de la Comisión Europea en relación a la selección de esos miembros, la asistencia de la OIT en las reuniones de los GNC y de los FDSC, o la realización de mayores esfuerzos para incrementar la responsabilidad de los miembros de estos mecanismos (Van Den Putte, 2015: 230-231).

En cuarto lugar, uno de los límites estructurales más importantes de los capítulos de CDS es el actual funcionamiento del procedimiento de solución de controversias previsto en todos ellos. Para lograr un procedimiento de solución de controversias que incentive a los Estados Parte al cumplimiento de los capítulos de CDS, numerosas propuestas han sido aportadas por la doctrina en las que se plantean mecanismos de solución de controversias alternativos. De entre todas ellas, destacan las propuestas de Axel Marx, Franz Ebert, Nicolas Hachez y Jan Wouters, basadas todas ellas en otros mecanismos existentes de solución de controversias, tales como los sistemas de solución de controversias previstos en los acuerdos comerciales más relevantes negociados por EEUU[639] o el sistema de tribunales de inversión, contenido en los más recientes ALC europeos que contienen capítulos dedicados a la inversión[640] (Marx *et al.*, 2017: 10).

---

639 Que, como ya sabemos, en caso de incumplimiento de los estándares laborales y medioambientales más relevantes se prevén sanciones monetarias y, en algunos casos, comerciales.

640 En los tratados bilaterales de inversión, las disputas entre el inversor y el Estado anfitrión suelen estar sujetas a un mecanismo arbitral, que tradicionalmente se ha basado en el modelo aplicable a las disputas comerciales entre dos sociedades. El mecanismo arbitral constituye un mecanismo internacional de solución de controversias que permite al inversionista utilizar directamente el arbitraje internacional como un medio de solución de controversias, para el cual, en la mayoría de los casos, no se requiere el agotamiento de los recursos internos (Lorz, 2009). Cuando el tribunal arbitral declara un incumplimiento, la compensación se limita estrictamente a reparar los posibles daños monetarios causados por la pérdida sufrida por el inversionista, además de los intereses o la restitución de la propiedad (Marx *et al.*, 2017: 44).

Por último, algunos autores defienden la necesidad de mejorar los mecanismos de control sobre el impacto sobre sostenibilidad de manera previa a la conclusión del ALC de que se trate. Este control previo debería incluir consideraciones en materia de derechos humanos y ser combinado con exámenes de impacto sobre sostenibilidad *ex post*, una vez ha entrado en vigor el acuerdo (Velluti, 2016b: 112).

El reciente documento de reflexión de la Comisión Europea sobre el encauzamiento de la globalización[641] subrayó el compromiso de la UE con la justicia social basada en estándares laborales elevados mediante la cooperación y el fortalecimiento de las instituciones multilaterales. Persiguiendo este fin, y teniendo en cuenta todos los límites estructurales identificados en los actuales capítulos de CDS, así como las propuestas aportadas por expertos en la materia, la Comisión Europea, en el año 2017, promulgó un *non-paper*[642] en el que planteó la modificación de esta serie de capítulos en dos sentidos diferentes para hacer su implementación más efectiva.

La primera de las vías propuestas por la Comisión Europea pasa por una "asociación más asertiva", esto es, un mantenimiento del alcance de los capítulos de CDS, pero al mismo tiempo su fortalecimiento a través, por ejemplo, de una colaboración más estrecha con la OIT, respuestas más eficaces a las denuncias de incumplimiento de las normas laborales y medioambientales – que pasan por una mejora en la transparencia de los diferentes mecanismos de denuncia –, una mayor definición de las áreas prioritarias de trabajo y medio ambiente relacionadas con el comercio – diseñando estrategias individuales para cada socio comercial –, una intensificación el seguimiento de las cuestiones laborales y medioambientales a nivel gubernamental involucrando a diversos

641 UE: Documento de reflexión de la Comisión Europea sobre el encauzamiento de la globalización (COM (2017) 240 final, Bruselas, de 10 de mayo de 2017).

642 *Non-Paper* elaborado por la Comisión Europea sobre los capítulos de CDS en los ALC de la UE, *op. cit.*, nota 628.

organismos internacionales relevantes en la materia de que se trate, identificación de posibles límites al cumplimiento de las normas laborales y medioambientales antes de la entrada en vigor del ALC en cuestión, la ratificación de los diez CF de la OIT de manera previa a la entrada en vigor del acuerdo comercial, el fortalecimiento del Grupo de Expertos encargado de elaborar un informe con las correspondientes recomendaciones – a través de una mejor definición e implementación de sus funciones –, o mejorar el papel que desarrolla la sociedad civil en la implementación de los capítulos de CDS – a través de la mejora en el funcionamiento de los GNC y los FDSC y una mayor aportación de recursos –. Esta vía, si bien garantizaría la continuidad de los acuerdos existentes y de los que actualmente están en negociación, requeriría una mayor coordinación entre las Partes y un mayor uso de la presión que la posición comercial de la UE le concede, en detrimento del poder negociador de terceros Estados (especialmente los menos desarrollados).

La segunda de las vías propuesta por la Comisión pasa por romper con el modelo y la dinámica actual de la UE en relación a la tutela de los DLF en los ALC bilaterales y regionales al plantear un modelo ya no promocional, sino condicional, semejante al que propone EEUU en sus acuerdos comerciales. Por esta vía, la configuración del capítulo de CDS se mantiene con la única diferencia de que el informe final del Grupo de Expertos podría incluir compensaciones – sin especificar sin comerciales o simplemente monetarias – en caso de incumplimiento que implicarían una afectación al comercio o a la inversión entre las Partes. Aunque la Comisión reconoce afirmaciones como la de que un modelo condicional haría que las disposiciones laborales fuesen más coercitivas y pudiesen llegar a persuadir a los socios comerciales de la UE de posibles incumplimientos (Harrison *et al.*, 2019b: 273), tiene dudas acerca de la mejor manera para llevarlo a cabo y de si esta propuesta acabaría redundando en una reducción del número de denuncias y, por tanto, un encubrimiento de incumplimientos de las normas laborales fundamentales[643] (Marín, 2019: 227). Para evitar los perjuicios de las compensaciones económicas o comerciales, otros autores han defendido que se integre dentro del TUE una disposición que permita incorporar en los tratados internacionales – como lo son los ALC – un procedimiento de suspensión en caso de violación de los derechos humanos, dentro de los cuales se encuentran los DLF. Concretamente, defienden que este supuesto se prevea en el art. 215, relativo a medidas restrictivas, o en el art. 75 del TFUE, cuando estas medidas están relacionadas con movimientos de capitales o pagos, pues en su opinión, "estos artículos solucionan muchos de los problemas causados por la ausencia de un fundamento jurídico específico para la adopción de sanciones comerciales por la violación de derechos humanos" (Liñán e Hinojosa, 2001: 324).

Tras la publicación por la Comisión Europea de este *non-paper*, la respuesta por parte de los expertos en la materia no se ha hecho esperar y ha incluido una serie de matices a las propuestas de la Comisión que es necesario tener en cuenta.

Respecto de la primera vía, una "asociación más asertiva" entre las Partes, la doctrina apunta la importancia de un cambio hacia formas más fuertes de condicionalidad en relación a la ratifica-

---

643 La UE siempre ha mantenido una oposición frontal a cualquier enfoque basado en sanciones, pues le preocupa que "la relación entre el comercio y las cuestiones sociales se utilice como pretexto con fines proteccionistas o de que se abra la puerta a una mayor utilización de sanciones comerciales". Vid. UE: Comunicación de la Comisión al Consejo, al Parlamento Europeo y al Comité Económico y Social "Promover las normas fundamentales del trabajo y mejorar la gobernanza social en el contexto de la mundialización", *op. cit.*, nota 571, p. 4.
La reticencia de la Comisión a incorporar un modelo basado en sanciones choca, sin embargo, con su postura en relación con el ALC UE-CARIFORUM o al Sistema de Preferencias Generalizadas Plus (SPG+) que, como veremos posteriormente, sí incorpora la posibilidad de aplicar sanciones en el caso de que un Estado beneficiario del Sistema incumpla algunos de los CF de la OIT como, de hecho, ya ocurrió con Myanmar en el año 1996.

ción de los diez CF de la OIT y a la implementación de estos y de las recomendaciones del CEACR en el momento de la negociación del ALC de que se trate, que es cuando la UE tiene mayor poder de presión sobre el socio comercial, combinadas con una acción efectiva una vez que los acuerdos comerciales entren en vigor (Barbu *et al.*, 2017: 4; Harrison *et al.* 2019a: 649). Asimismo, la doctrina recuerda a la Comisión su deber de reconocer que la configuración y características de la sociedad civil en el territorio de cada uno de los socios comerciales de la UE no es idéntica, lo que implica la necesidad de adaptar los mecanismos institucionales en consecuencia y garantizar, al mismo tiempo, que todos ellos tengan los recursos necesarios para que les permita desarrollar su actividad correctamente y, por ejemplo, iniciar los estudios correspondientes a los impactos de sostenibilidad del ALC de que se trate (Barbu *et al.*, 2017: 4; Harrison *et al.* 2019a: 650). Además, teniendo en cuenta el límite relativo al capítulo de CDS común para diferentes socios comerciales, la doctrina considera de gran importancia que la UE avance más allá de un modelo único de "plantilla" y desarrolle verdaderos planes de trabajo con cada uno de sus socios comerciales que identifiquen los obstáculos más relevantes al cumplimiento de las normas laborales fundamentales y garanticen labores de seguimiento (Barbu *et al.*, 2017: 4). Por último, es necesario matizar que muchas de las disposiciones incluidas actualmente en los capítulos de CDS de los ALC de "nueva generación" tienen un gran potencial para lograr el cumplimiento de las normas laborales fundamentales, pero estas no se han llevado a la práctica de manera correcta, pues, por ejemplo, para una correcta realización de las labores y actividades concretas de cooperación es necesario crear flujos de financiación específicos.

En cuanto a la segunda vía, un nuevo modelo condicional que, de hecho, ya existe en los ALC de EEUU, la literatura académica recuerda que lo interesante de esta serie de modelos no son únicamente las consecuencias, sino la mayor apertura del sistema a recibir y responder a quejas por incumplimiento de las disposiciones laborales[644] (Barbu *et al.*, 2017: 5; Harrison *et al.* 2019a: 652).

Teniendo en cuenta lo anterior, los expertos en la materia, tras analizar las dos vías propuestas por la Comisión Europea, afirman que ambas opciones no deberían considerarse como alternativas excluyentes, sino como dos opciones perfectamente combinables para fortalecer el modelo actual y conseguir una mejora en la implementación de los capítulos de CDS contenidos en todos los ALC de "nueva generación", pues las consecuencias por incumplimiento de las normas laborales fundamentales son un desincentivo muy importante que puede conllevar la creación de capacidad para ser más "asertivos" en las actividades de cooperación con otros socios comerciales (Barbu *et al.*, 2017: 3).

El pasado febrero del año 2018, la Comisión Europea publicó otro *non-paper*[645] dando cuenta de todos los consensos alcanzados hasta la fecha entre las diversas partes interesadas en relación con los diferentes caminos a seguir para mejorar la implementación y el cumplimiento de los capítulos de CDS en los ALC de la UE. En el mencionado documento, la Comisión sugiere un conjunto de 15 acciones concretas que deben ser llevadas a cabo para mejorar la implementación de los capítulos de CDS, y sistematizadas bajo cuatro grandes bloques, a saber: "trabajando juntos"[646], "capacitación

---

644 Dichas quejas han sido planteadas por alianzas transnacionales de sindicatos y ONG laborales en EEUU y sus socios comerciales, y han llevado al Departamento de Trabajo de EEUU a investigar formalmente disputas en siete Estados hasta la fecha, en algunos casos resultando en planes de acción a nivel gubernamental. Vid. EEUU: *US Bureau of International Labour Affairs, Submissions under Labour Provisions of Free Trade Agreements.* Disponible en: www.dol.gov/agencies/ilab/our-work/trade/fta-submissions (última consulta: 17 de julio de 2022).

645 UE: *Non-Paper* elaborado por la Comisión Europea sobre los diferentes caminos a seguir para mejorar la implementación y el cumplimiento de los capítulos de CDS en los ALC de la UE. Disponible en: https://trade.ec.europa.eu/doclib/docs/2018/february/tradoc_156618.pdf

646 Dentro de este bloque se incluyen acciones como una mayor asociación en cuestiones laborales con los socios comerciales, con el propio

y sociedad civil"[647], "cumplimiento de compromisos"[648], "transparencia y comunicación"[649]. Respecto de estas 15 acciones concretas, por un lado, cabe afirmar que dichas acciones adolecen del mismo límite que se pretende solventar: la falta de precisión, y, por otro lado, cabe observar que la integración de medidas coercitivas en caso de incumplimiento ha sido descartada, en palabras de la propia Comisión, porque una vez evaluados los diversos puntos de vista, la falta de consenso sobre un modelo condicional hace que sea imposible avanzar hacia ese enfoque[650].

Como no podía ser de otra manera, numerosos autores ya se han pronunciado sobre este nuevo *non-paper* y, aunque dan la bienvenida al hecho de que la Comisión escuche las críticas realizadas y haya propuesto acciones concretas para mejorar la implementación de sus capítulos de CDS integrados en los ALC de "nueva generación", afirman al mismo tiempo que todavía existe la posibilidad de ser "más imaginativos", en términos de aprovechar al máximo los mecanismos existentes dentro de los mencionados capítulos para lograr objetivos más elevados (Harrison *et al.*, 2019a: 656). En la misma línea se pronuncia el CESE en su

---

Parlamento Europeo y con organismos e instituciones internacionales relevantes en la materia.

647 Facilitando la labor de control de la sociedad civil de, no solo el capítulo correspondiente a CDS sino al conjunto del ALC y a la conducta de las empresas multinacionales que influyen las relaciones comerciales entre la UE y sus socios.

648 Estableciendo las líneas prioritarias, realizando una aplicación asertiva, incentivando la ratificación de los diez CF de la OIT en la fase de negociación del acuerdo, revisando la efectiva implementación de los diferentes capítulos de CDS, aumentando la toma de conciencia a través de manuales de implementación, un aumento de los recursos financieros, llevando a cabo acciones concretas contra el cambio climático, ampliando las cuestiones laborales objeto de protección, etc.

649 Indicando simplemente un mayor compromiso con la transparencia y la comunicación de resultados en un tiempo razonable.

650 UE: *Non-Paper* elaborado por la Comisión Europea sobre los diferentes caminos a seguir para mejorar la implementación y el cumplimiento de los capítulos de CDS en los ALC de la UE, *op. cit.*, nota 647, p. 3.

dictamen de junio de 2018[651], que anima a la Comisión Europea a ser más ambiciosa en su planteamiento y hace algunas aportaciones muy interesantes, como la incorporación de la dimensión de género en los capítulos de CDS[652].

Finalmente, en junio de 2022, la Comisión adoptó una Comunicación[653] en la que establece cómo mejorar la contribución de los acuerdos comerciales al desarrollo sostenible a través de una serie de prioridades estratégicas y puntos de actuación fundamentales entre los que se incluye, por primera vez, la posibilidad de recurrir a sanciones comerciales en casos de incumplimiento específicos y bien definidos, a pesar de que, como hemos visto, la Comisión siempre se ha mostrado reticente en este aspecto. Aunque esta nueva estrategia comercial no forma parte de este trabajo de investigación por no poseer todavía un reflejo en la práctica comercial seguida por la UE, nada impide que en el corto plazo podamos realizar un análisis de los ALC europeos de "futura generación" con una aproximación condicional a las cuestiones laborales.

---

651 UE: Dictamen del Comité Económico y Social Europeo sobre "Capítulos sobre comercio y desarrollo sostenible en los acuerdos de libre comercio", *op. cit.*, nota 634.

652 En particular, el CESE aboga por el respeto del Convenio núm. 100 de la OIT sobre igualdad de remuneración, el Convenio núm. 111 sobre la discriminación en materia de empleo y ocupación, que promueve la no discriminación en el lugar de trabajo, y el Convenio núm. 183 sobre la protección de la maternidad.

653 UE: Comunicación de la Comisión al Parlamento Europeo, al Consejo, al Comité Económico y Social Europeo y al Comité de las Regiones "El poder de las asociaciones comerciales: juntos por un crecimiento económico ecológico y justo", *op. cit.*, nota 560.

4.3. PROPOSICIÓN DE UN NUEVO MODELO DE CLÁUSULA LABORAL AL OBJETO DE SU INTEGRACIÓN EN ACUERDOS DE LIBRE COMERCIO: EN BUSCA DE LA EFECTIVIDAD

Comparados el modelo condicional de cláusulas laborales integradas en ALC propuesto por EEUU con el modelo promocional de cláusulas laborales integradas en los capítulos de CDS de los ALC celebrados por la UE con terceros Estados y bloques comerciales, y estudiados los límites identificados a ambos modelos y las propuestas de mejora aportadas por la doctrina, en el presente epígrafe se aborda la proposición de un nuevo modelo de cláusula laboral para su integración en futuros ALC concluidos por Estados y bloques regionales, híbrido entre el modelo estadounidense y el modelo europeo.

En primer lugar, de manera previa a la conclusión del acuerdo comercial en cuestión, durante la fase de negociación sería conveniente contar con la asistencia de un cuerpo técnico asesor sobre cuestiones laborales perteneciente a la OIT que, entre otros, aporte información sobre la situación de cumplimiento de los DLF en el territorio de los Estados negociadores. En caso de constatarse que en dicho territorio existe una situación de vulneración de alguno o todos los DLF, el Estado negociador que tema que dicha situación puede afectar al comercio entre las Partes en forma de *dumping* social, puede instar a su socio comercial a firmar acuerdos previos que contengan planes de acción en materia laboral (*pre-ratification conditionality*), como ya hizo EEUU con Colombia en el marco de su APC, a través del Plan de Acción Laboral, o con Brunéi, Malasia y Vietnam previa firma del TPP. Más que tratar por todos los medios de que los socios comerciales acepten las cláusulas laborales, conviene iniciar un diálogo sustantivo alrededor de la situación de derechos laborales en el territorio del socio comercial en cuestión y la implementación de una posible agenda de DLF.

En segundo lugar, las cuestiones en materia laboral deberían ir en el cuerpo principal del ALC y no en acuerdos paralelos como en su día hizo el TLCAN, para dotarlas, de esta manera, de la misma importancia que el resto de cuestiones incluidas en el acuerdo. Asimismo, en nuestra opinión, estas cuestiones deberían aparecer englobadas en un único capítulo sobre trabajo, tal y como aparecen en los últimos ALC estadounidenses. Si introdujésemos los DLF bajo el paraguas de un capítulo denominado "comercio y desarrollo sostenible" como hacen los ALC de la UE, en el que no solo caben las cuestiones laborales sino también las medioambientales, se corre el riesgo de que su relevancia se vea minorada y su cumplimiento se torne menos efectivo. En este sentido, aunque el CETA posee su propio capítulo dedicado a "comercio y trabajo", es cierto que muchos de los compromisos en materia laboral aparecen previamente identificados en el capítulo dedicado a "comercio y desarrollo sostenible", dándose, de esta manera, una duplicidad que podría evitarse de eliminar el capítulo sobre desarrollo sostenible e incorporar los compromisos en materia laboral únicamente en el capítulo sobre trabajo.

En cuanto al contenido y alcance del capítulo sobre "trabajo", de cara a evitar la incoherencia y la inconsistencia en la aplicación de los derechos laborales a nivel estatal que produce la variación de los contenidos normativos en los diferentes ALC, sería deseable acudir a la técnica del reenvío interconvencional global y que las Partes se comprometiesen a ratificar e implementar de manera efectiva, no solo los diez CF de la OIT, citados nominativamente como hace en ALC entre la UE y Centroamérica, así como la Declaración de 1998, la Agenda de Trabajo Decente y la Declaración sobre la justicia social para una globalización equitativa, sino también los Convenios considerados por esta Organización como prioritarios, esto es, el Convenio núm. 81 sobre la inspección del trabajo, el Convenio núm. 122 sobre la política de empleo, el Convenio núm. 129 sobre la inspección del trabajo en el sector de la agricultura y el Convenio núm. 144 sobre la consulta tripartita. Además, tal y como ya proponía el CESE en su Dictamen de junio de 2018[654], la idea de incluir la dimensión de género en este capítulo resulta interesante a través, por ejemplo, de la inclusión entre los Convenios que las Partes se obligan a ratificar e implementar de los relativos a igualdad de remuneración, a no discriminación en materia de empleo y ocupación o a la protección de la maternidad.

Incluir, igualmente, artículos dentro del capítulo dedicados a "transparencia", "cooperación", "información científica" o "examen del impacto sobre la sostenibilidad", como hacen los ALC de "nueva generación" de la UE parece acertado de cara a fortalecer los compromisos contraídos por los Estados Parte del acuerdo en relación con los DLF. Ahora bien, convendría que dichos artículos se redactasen de manera más específica, evitando términos que den lugar a ambigüedades o imprecisiones y que vacíen el contenido de las obligaciones asumidas a tenor de lo dispuesto en esta serie de artículos. Por ejemplo, en relación al artículo sobre "examen del impacto sobre la sostenibilidad", en lugar de afirmar que "las Partes reconocen la importancia de examinar, supervisar y evaluar, conjunta o individualmente, la incidencia de la implementación del presente Acuerdo sobre el desarrollo sostenible a través de sus respectivos procesos e instituciones, así como de los establecidos en el marco del presente Acuerdo"[655], quizá se podría establecer que "las Partes se comprometen a examinar, supervisar y evaluar anualmente, de manera conjunta o individual, la incidencia de la implementación del Acuerdo sobre la situación de los derechos laborales contenidos en el presente capítulo a través de procesos e instituciones independientes, así como de los establecidos en el marco del presente Acuerdo".

En quinto lugar, la estructura orgánica idónea para la supervisión de la correcta aplicación del capítulo habría de contar

---

654 UE: Dictamen del Comité Económico y Social Europeo sobre "Capítulos sobre comercio y desarrollo sostenible en los acuerdos de libre comercio", *op. cit.*, nota 634.

655 Art. 16.11 del ALC entre la UE y Japón, *op. cit.*, nota 598.

con puntos de contacto nacionales entre las Partes para resolver cualquier duda o cuestión que pueda suscitar el capítulo, siendo deseable que dichos puntos de contacto se reúnan de manera frecuente y tengan una composición tripartita, estando representados sindicatos, confederaciones de trabajadores y empresarios, asesores gubernamentales y expertos independientes sobre los diferentes DLF (derecho de asociación y negociación colectiva, abolición del trabajo esclavo, eliminación del trabajo infantil y no discriminación en el trabajo) respaldados o avalados por la OIT para dotarlos de legitimidad y evitar arbitrariedades. Asimismo, sería pertinente la creación de un Comité o Subcomité de derechos laborales, análogo al Comité de Comercio y Desarrollo Sostenible creado por los ALC de "nueva generación" de la UE, que tenga asociada la tarea de supervisar la aplicación y el correcto funcionamiento del capítulo, así como la de coordinar las reuniones entre los puntos de contacto y las actividades de cooperación entre las Partes. Por último, involucrar a la sociedad civil, como de hecho viene haciendo la UE en sus últimos ALC a diferencia de EEUU, se torna imperativo para lograr una efectiva implementación de los capítulos dedicados a cuestiones laborales a través, por ejemplo, de Foros de Diálogo o Encuentros con la Sociedad Civil en los que representantes de la sociedad civil, de sindicatos y confederaciones de trabajadores, de ONG y de otra serie de organismos interesados intercambien ideas y hagan llegar sus preocupaciones a los puntos de contacto nacionales, siendo interesante dotar a estos Foros de carácter transnacional, creando, de esta manera, "plataformas" internacionales para la protección de los DLF. No obstante, para que toda esta estructura orgánica pueda desempeñar sus funciones correctamente es necesario, en primer lugar, que, precisamente, sus funciones estén suficientemente desarrolladas y se redacten de manera clara y precisa; en segundo lugar, un incremento de los recursos destinados a tal fin, ya sean económicos, humanos o de infraestructura; en tercer lugar, dotar al proceso de selección de los representantes de cada sector de imparcialidad y de la transparencia necesaria; y, en cuarto y último lugar, voluntad real de cooperar por parte de dichos representantes.

En cuanto al controvertido sistema de solución de controversias para cuestiones laborales, los ALC de la Unión Europea sustraen las controversias relativas a cuestiones laborales del ámbito de aplicación del mecanismo de solución de controversias genérico previsto en todos los acuerdos para cuestiones comerciales. En este sentido, conviene que el sistema de solución de controversias sea único para toda esta serie de cuestiones, tal y como hacen los Acuerdos de EEUU con Jordania, Colombia, Perú, el TPP, etc. Sin embargo, en cuanto al procedimiento propiamente dicho, el propuesto por los ALC de la UE se antoja más idóneo, comenzando este con una solicitud de información[656], consultas amistosas entre las Partes, una posterior mediación con un mediador independiente elegido por las Partes, y, en caso de fracasar las consultas gubernamentales amistosas y la mediación, se pasaría a la constitución de un panel arbitral compuesto por árbitros independientes cuya misión es la de elaborar un informe final vinculante con las recomendaciones que estime oportunas para la resolución de la controversia. La consideración de fijación de plazos dentro de este procedimiento resulta interesante de cara a evitar dilaciones en el tiempo como ocurrió en la controversia entre EEUU y Guatemala en el seno del CAFTA-DR, así como la asistencia de la OIT en todo momento.

Por último, pero no por ello menos importante, queda por dilucidar la pertinencia de un modelo de cláusula laboral o bien

---

656 En los ALC europeos, quien solicita la información es una autoridad gubernamental de alguna de las Partes del Acuerdo, no dando ocasión a particulares interesados a la formulación de quejas. No obstante, sería interesante considerar la posibilidad de que sindicatos, confederaciones de trabajadores, ONG o representantes de la sociedad civil también pudiesen elevar sus quejas o preocupaciones a los puntos de contactos nacionales y, a través de estos puntos de contacto, iniciar el procedimiento de solución de la posible controversia sobre una cuestión laboral, tal y como prevé el ACLAN entre EEUU, Canadá y Méjico.

promocional, sin compensaciones aparejadas al incumplimiento, o bien condicional, basado en compensaciones para la parte perjudicada en caso de violación de los estándares laborales fundamentales. El modelo de cláusulas laborales promocionales propuesto por la UE en sus ALC de "nueva generación", basado en el diálogo y la cooperación interestatal, resta, en nuestra opinión, efectividad al cumplimiento de las normas laborales fundamentales[657], al depender, en gran medida, de la voluntad política de sus socios comerciales, pudiendo parecer, en muchos casos, una mera acción retórica que ni mucho menos tiene la intención de producir cambios reales en la situación de cumplimiento de los DLF en Estados que tradicionalmente han acudido a prácticas de *dumping* social con el objetivo de incrementar su ventaja comparativa en el comercio mundial. Por consiguiente, me posiciono con la parte de la doctrina que defiende un modelo de cláusula laboral condicional que sirva de desincentivo a posibles incumplimientos de los DLF. En este sentido, el incumplimiento del informe final del panel arbitral conllevaría, primeramente, una compensación monetaria mutuamente satisfactoria para las Partes. Si no se llega a un acuerdo o a un arreglo alternativo, o si habiendo llegado a un acuerdo la Parte demandada no ejecuta la compensación monetaria, la Parte afectada por la controversia se encontraría habilitada para suspender las concesiones arancelarias o cualquier otra obligación prevista en el ALC. Al igual que ocurre en el ámbito de la

---

657 Prueba de ello es que, por ejemplo, la República de Corea aún no ha ratificado el Convenio núm. 105 sobre el trabajo forzoso. De igual manera, Japón, con quien la UE ha concluido un ALC que entró en vigor en febrero de 2019, todavía no ha ratificado los CF relativos a la abolición del trabajo forzoso y a la no discriminación en el trabajo.
Asimismo, en términos de cumplimiento de los CF ratificados, la CEACR manifiesta año tras año serias preocupaciones con la situación de cumplimiento de los DLF en toda esta serie de Estados.
Algunos autores afirman, acertadamente bajo mi punto de vista, que la UE debería hacer una lectura crítica de por qué se siguen impulsando relaciones comerciales con países que no respetan los derechos humanos (Santaolalla, 2018: 148).

OMC, la suspensión de las concesiones aduaneras es lo que generalmente se denominan "sanciones", aunque en rigor se trata de contramedidas *sui generis* sometidas a sus propias reglas especiales (Fernández, 2005: 118-119). Esta suspensión de los beneficios comerciales se encuentra respaldada jurídicamente, como ya sabemos, por el art. 60 de la Convención de Viena de 1969 sobre el Derecho de los Tratados, que afirma que "una violación grave de un tratado bilateral por una de las partes facultará a la otra para alegar la violación como causa para dar por terminado el tratado o para suspender su aplicación total o parcialmente"[658]. Si bien es cierto que las restricciones comerciales han sido criticadas por sus efectos colaterales en la economía del Estado afectado por la sanción[659], considero que pueden llegar a constituir una importante herramienta para el efectivo cumplimiento de los DLF.

Finalmente, dentro de lo que la doctrina denomina como estrategia "palo – zanahoria" ya tenemos el palo, las compensaciones monetarias o restricciones comerciales que desincentiven el incumplimiento de los estándares laborales internacionalmente reconocidos. Restaría determinar cuál sería la zanahoria dentro de esta estrategia, el incentivo para el cumplimiento de estos estándares. Así, conviene traer a colación el Acuerdo entre EEUU y Camboya de 1999 y recordar que, en el marco de este Acuerdo, los beneficios comerciales de que disfrutaba Camboya se podían ver incrementados periódicamente si la OIT, que tenía asignada la tarea de supervisar sistemáticamente los lugares de trabajo de las Partes del Acuerdo a través de su Programa *Better Factories Cambodia,* confirmaba una mejora de las condiciones laborales de los trabajadores camboyanos. Así, al modelo de cláusula laboral integrada en los ALC propuesto en el presente epígrafe conviene incorporarle, finalmente, un mecanismo de condicionalidad

---

658 ONU: Convención de Viena sobre el Derecho de los Tratados, *op. cit.*, nota 42, p. 458.

659 Algunos autores afirman que las empresas nacionales perderían competitividad, que el paro aumentaría y que, en muchas ocasiones, estos objetivos esconden propósitos proteccionistas (Alvares, 2018: 160-161).

social positiva análogo al establecido en el Acuerdo entre EEUU y Camboya que tan exitoso resultó en su momento, para hacer todavía más efectiva la protección de los DLF e incrementar el interés y la voluntad política de Estados que, en la actualidad, violan sistemáticamente toda esta serie de derechos en sus respectivos territorios. Este Acuerdo entre EEUU y Camboya representa un ejemplo de cómo los gobiernos, los empresarios, los trabajadores y los actores no estatales pueden trabajar juntos por una mejora en la protección de DLF.

Detallado el modelo propuesto, impera afirmar que en este trabajo somos partidarios de la idea de que la integración normativa de los DLF en el comercio internacional ha de hacerse, en primer lugar, en el sistema multilateral de comercio internacional. Acudiendo a las palabras de Rafael Leal-Arcas, “los acuerdos bilaterales y regionales no pueden sustituir la elaboración de normas globales y la gobernanza coherente de una economía globalizada. Además, los acuerdos bilaterales y regionales no se acercan a igualar el impacto económico de acordar un acuerdo global. Por lo tanto, los ALC pueden ser un complemento, pero no una alternativa al multilateralismo” (Leal-Arcas, 2011a: 629).

Capítulo 5

Los sistemas unilaterales o autónomos de comercio internacional: la integración de cláusulas laborales en los sistemas de preferencias arancelarias generalizadas

Como estudiábamos en el tercer capítulo la presente obra, relativo a la integración de disposiciones laborales en el derecho de la OMC, uno de los grandes pilares en torno al cual gira todo el sistema multilateral de comercio internacional es el principio de no discriminación, materializado en la cláusula de NMF contenida en el párrafo 1 del art. I del GATT de 1947, según la cual, "cualquier ventaja, favor, privilegio o inmunidad concedido por una parte contratante a un producto originario de otro país o destinado a él, será concedido inmediata e incondicionalmente a todo producto *similar* originario de los territorios de todas las demás partes contratantes o a ellos destinado"[660]. No obstante, recordemos que en el año 1948 todavía no se había producido el proceso de descolonización de las antiguas colonias europeas, por lo que los Estados existentes en aquella época poseían un grado de desarrollo similar, características homogéneas y aspiraciones comunes, lo que facilitó la inclusión de una disposición de este tipo en la Carta de la Habana (Díez-Hochtleiner, 1983: 373).

Con el proceso de descolonización que, aunque comenzó tras la Segunda Guerra Mundial, tuvo su apogeo en las décadas de 1960 y 1970, la sociedad internacional se vuelve heterogénea y a las relaciones comerciales internacionales y al sistema del GATT de 1947 se incorporan Estados soberanos con diferentes grados

---

660 OMC: Acuerdo General sobre Aranceles Aduaneros y Comercio (GATT de 1947), *op. cit.*, nota 14, p. 505.

de desarrollo, muchos de ellos subdesarrollados, que, por sus especiales necesidades, clamaban un trato arancelario especial y diferenciado.

Este trato especial y diferenciado fue finalmente reconocido como un principio comercial estructural en 1968, gracias a la UNCTAD, e integrado en los diferentes sistemas comerciales internacionales. Además, a pesar de la inicial oposición de los PD, se consiguió configurar un sistema de preferencias arancelarias no recíprocas en favor de la generalidad de los PVD y los PMA que los PD, voluntaria y unilateralmente, habrían de implementar sin discriminación. Este Sistema de Preferencias Generalizadas es lo que comúnmente se conoce como SPG y, en la actualidad, la práctica totalidad de los PD han implementado su propio esquema preferencial en el marco de sus diferentes políticas comerciales. La primera en hacerlo fue la entonces CE en 1971 y hoy, casi tres décadas después, se considera probado empíricamente que los esquemas preferenciales son efectivos para mejorar las balanzas comerciales y las economías de los PVD y los PMA (Klasen *et al.*, 2016: 5).

Dado que el SPG propuesto por la UNCTAD únicamente sentaba las bases y definía los caracteres esenciales que todo Sistema ha de reunir, a saber, la generalidad, la no reciprocidad y la no discriminación, dejando abierta a los PD la concreción de los detalles de cada SPG, con el tiempo, estos han ido configurando esquemas preferenciales que, si bien tienen como fin último la inserción armoniosa de todos los Estados en las relaciones comerciales internacionales y la superación sus especiales necesidades de desarrollo, al mismo tiempo, protegen sus intereses comerciales particulares. Uno de esos intereses es la protección de los DLF de los trabajadores de los PVD y PMA, bien por razones altruistas y de derechos humanos, bien por razones subyacentes de protección de su economía nacional frente al *dumping* social. De esta manera, algunos PD van integrando paulatinamente cláusulas laborales, vinculando la concesión de preferencias arancelarias a la ratificación y cumplimiento de los CF de la OIT, entre otras convenciones internacionales. Además, muchos de estos SPG contemplan que, ante una grave y manifiesta violación de los mencionados instrumentos internacionales, los Estados donantes puedan suspender, temporal o permanentemente, la concesión de dichas preferencias.

En el presente capítulo del trabajo vamos a estudiar los SPG como instrumentos jurídicos pertenecientes a los sistemas comerciales autónomos o unilaterales de los Estados o bloques comerciales regionales, esto es, dentro de los regímenes internacionales comerciales que los Estados configuran autónoma o unilateralmente con obligaciones internacionales que únicamente son vinculantes y aplicables para los Estados que las crean[661], así como la efectividad de las cláusulas laborales que algunos Estados vienen integrando en los diferentes SPG desde hace décadas. Para ello, examinaremos, en primer lugar, la historia, la definición y los caracteres esenciales de todos estos SPG, junto con su compatibilidad con el derecho de la OMC. Con posterioridad, en un ejercicio de Derecho comparado, al igual que hicimos en el apartado relativo a las cláusulas laborales en los ALC, compararemos los SPG de EEUU y de la UE, por ser los únicos PD en cuyos sistemas preferenciales incluyen cláusulas laborales[662], para determinar su efectividad, resumir las críticas más relevantes aportadas por la doctrina, y realizar recomendaciones a ambos Sistemas. Concluiremos el presente capítulo proponiendo un nuevo SPG común para todos los PD que quieran ofrecer preferencias arancelarias en favor de los PVD y de los PMA, al igual que en su día lo hizo la UNCTAD, adaptado a la realidad existente y teniendo en cuenta todas las anteriores recomendaciones.

---

661 Los efectos de estos instrumentos jurídicos pueden asemejarse a los de las declaraciones unilaterales de los Estados, que crean obligaciones para el sujeto que las emite y, en ocasiones, derechos para terceros Estados sin necesidad de que estos los acepten expresamente (Díez, 2016: 149-151).

662 OIT: *Assesment of Labour Provisions in Trade and Investment Agreements*, 2016, *op. cit.*, nota 331, p. 30.

Debemos advertir que, si bien dentro de los sistemas comerciales unilaterales o autónomos existen otros instrumentos jurídicos que, tímidamente, van incorporando elementos de condicionalidad social, estos no van a ser objeto de estudio en el presente capítulo de la obra por encontrarse en un momento muy temprano de su configuración, por no existir una práctica internacional uniforme al respecto, y por el escaso pronunciamiento de la doctrina en este sentido. Hablamos, concretamente, de los instrumentos de defensa comercial de la UE y la metodología *antidumping*. El 11 de octubre de 2017, los representantes permanentes ante la UE aprobaron el acuerdo político alcanzado entre la Presidencia del Consejo de la Unión Europea y el Parlamento Europeo sobre la metodología propuesta para la evaluación de distorsiones del mercado en terceros países[663]. Dentro de este Acuerdo, se permite que la Comisión tenga en cuenta la eventual existencia de costes salariales distorsionados (Marín, 2019: 230), lo que en este trabajo hemos denoninado como *dumping* social. Para constatar la existencia de este *dumping* social, la Comisión está autorizada a investigar si el país de origen de los productos respeta los CF de la OIT[664] (Marín, 2019: 231).

---

663 UE: *Antidumping*: la UE acuerda nuevas normas para proteger a sus productores frente a las prácticas comerciales desleales. Disponible en: https://www.consilium.europa.eu/es/press/press-releases/2017/10/11/anti-dumping-unfair-practices/ (última consulta: 18 de julio de 2023).

664 Reglamento (UE) núm. 2017/2321 del Parlamento Europeo y del Consejo, de 12 de diciembre de 2017, por el que se modifica el Reglamento (UE) 2016/1036, relativo a la defensa contra las importaciones que sean objeto de dumping por parte de países no miembros de la Unión Europea, y el Reglamento (UE) 2016/1037, sobre la defensa contra las importaciones subvencionadas originarias de países no miembros de la Unión Europea (DO L núm. 338, de 19 de diciembre de 2017).

5.1. LOS SISTEMAS DE PREFERENCIAS ARANCELARIAS GENERALIZADAS COMO INSTRUMENTO JURÍDICO PERTENECIENTE AL SISTEMA UNILATERAL O AUTÓNOMO DE COMERCIO INTERNACIONAL

5.1.1. Surgimiento, definición y caracteres de los sistemas de preferencias generalizadas... ¿no recíprocos?

A principios de la década de 1960, debido al proceso de industrialización y desarrollo, los PVD comenzaron a orientar su estrategia comercial hacia la exportación de manufacturas a los mercados de los PD. Aprovechando la Ronda Kennedy de negociaciones del GATT, esta serie de Estados impugnaron el principio fundamental de NMF, contenido en el art. I del GATT[665], según el cual, como sabemos, un Estado no puede gravar de forma diferente dos artículos similares provenientes de distintos terceros Estados. Los PVD argumentaron que un idéntico trato arancelario a dos Partes Contratantes que no tienen idénticas características – en términos de desarrollo – no puede constituir una solución equitativa y solicitaron un trato arancelario especial en su favor sin reciprocidad (Sapir y Lundberg, 1984: 195).

De manera paralela al debate surgido en el seno del GATT, el Secretario General de Naciones Unidas señaló en la primera UNCTAD celebrada en 1964, que "es vital para la Comunidad internacional crear un entorno comercial que facilite el crecimiento de los países en desarrollo y no lo que lo frustre"[666]. Fue, precisamente, en el seno de esta Conferencia, en la que se puso de relieve la importancia de aumentar la riqueza de los PVD a través del comercio y no únicamente a través de la ayuda extranjera,

---

665 OMC: Acuerdo General sobre Aranceles Aduaneros y Comercio (GATT de 1947), *op. cit.*, nota 14, p. 505.

666 UNCTAD: Informe del Secretario General de la Conferencia de Naciones Unidas sobre Comercio y Desarrollo, Ginebra, 23 de marzo – 16 de junio de 1964, vol. II (E/CONF.46/141, Vol. II, p. 3).

cuando el argentino Raúl Prebisch, el Primer Secretario General de la UNCTAD, presentó la idea de estimular el desarrollo económico de los PVD utilizando preferencias arancelarias generalizadas en su favor. Esta propuesta requería que los PD otorgasen preferencias arancelarias a los PVD para crear nuevos mercados para sus exportaciones de manufacturas y, al mismo tiempo, lograr una paulatina reducción de las barreras comerciales que dificultan la entrada de estas exportaciones a los mercados de los PD. Según Prebisch, en el caso de determinadas mercancías, las preferencias arancelarias permitirían a los productos provenientes de PVD competir con la producción industrial nacional de los PD y aumentar el flujo de relaciones comerciales internacionales, expandiendo, de esta manera, el comercio mundial[667]. Asimismo, Prebisch adelantó en su propuesta dos de los rasgos característicos inherentes a las preferencias arancelarias en favor de los PVD: por un lado, dichas preferencias arancelarias habrían de ser generalizadas, en el sentido de que el trato preferencial tendría que ser el mismo para todos los PVD, y, por otro lado, se debería garantizar la no reciprocidad de dichas preferencias, es decir, los PVD no deberían verse obligados a conceder a los PD las mismas ventajas o preferencias arancelarias en contrapartida. La razón, según el Secretario General de la UNCTAD, es que "los PVD necesitan exportar más para poder importar más y así ayudar a prevenir o rectificar el desequilibrio estructural de su comercio. Este es el objetivo principal de las preferencias arancelarias y, a medida que se logre el objetivo, dichas preferencias podrán ir desapareciendo gradualmente para restaurar la reciprocidad tradicional"[668].

Esta primera Conferencia de 1964, a pesar de los esfuerzos, derivó en un enfrentamiento entre PD y PVD en el que estos últimos exigieron el reconocimiento formal de su condición de países en desarrollo y los países industrializados se opusieron a tal exigencia por no reportarles ningún beneficio (Twinomukunzi, 1979: 1). El principal Estado opositor fue EEUU (Sapir y Lundberg, 1984:

---

667 *Ibíd.*, p. 21.

668 *Ibíd.*

196). No obstante, esta Conferencia no constituyó un fracaso absoluto, pues consiguió establecerse como órgano subsidiario y permanente de la Asamblea General de la ONU (Cepillo, 2008: 92).

En el seno de la segunda Conferencia, celebrada en Nueva Delhi entre el 1 de febrero y el 28 de marzo de 1968, se dieron grandes avances en relación con la expansión y la diversificación de las exportaciones de manufacturas provenientes de PVD, que se materializaron en la Resolución 21 (II), adoptada el 26 de marzo de 1968 y titulada "Entrada preferencial o libre de exportaciones de manufacturas y semimanufacturas de países en desarrollo a los países desarrollados"[669]. En esta Resolución, los miembros de la Conferencia afirmaron que los objetivos de las preferencias arancelarias, no recíprocas y no discriminatorias, en favor de los países en desarrollo deberían consistir en aumentar sus ingresos por exportaciones, en promover su industrialización y en acelerar sus tasas de crecimiento económico[670]. Para lograr estos objetivos, la UNCTAD estableció un Comité Especial de Preferencias para facilitar las consultas entre Estados con la finalidad de que, al inicio de la década de 1970, estos comenzasen a aprobar los primeros SPG (Kennedy, 2012: 538). En los años siguientes, se fueron negociando los detalles y resolviendo determinadas cuestiones relativas al ámbito de aplicación del sistema, su naturaleza o duración (Cepillo, 2008: 93), y en 1970 la Junta de Comercio y Desarrollo de la UNCTAD adoptó la Decisión 75 (IV) sobre el Sistema de Preferencias Generalizadas[671], incluidas las "Conclusiones convenidas"[672], en la que se aprobó un SPG temporal y no

---

669 UNCTAD: Informe del Secretario General de la Conferencia de Naciones Unidas sobre Comercio y Desarrollo, Nueva Delhi, 1 de febrero – 28 de marzo de 1968, vol. I (TD/97, Vol. I).

670 *Ibíd.*, p. 38.

671 UNCTAD: Decisión 75 (IV) sobre el Sistema de Preferencias Generalizadas, de 13 de octubre de 1970 (TD/B/332).

672 UNCTAD: Conclusiones Convenidas de la Comisión Especial de Preferencias (TD/B/AC.5/36).

Estas Conclusiones pueden consultarse en Anexo D-4 del (OMC:) Informe del Grupo Especial de la OMC: Comunidades Europeas – Condiciones

vinculante que reflejó la necesidad de los PVD de aumentar sus ingresos a través de las exportaciones, de promover su industrialización y de acelerar su crecimiento económico (Bartels, 2003: 511; Cepillo, 2008: 93; López-Jurado, 2011: 449; Kennedy, 2011: 538). Con posterioridad, el 1 de julio de 1971, la entonces CE implementó el primer SPG[673] (Twinomukunzi, 1979: 1; López-Jurado, 2005: 452; López-Jurado, 2011: 451; Cepillo, 2013: 834). En enero de 1975, EEUU se sumó a esta práctica, a pesar de que inicialmente se opuso, pues, con el paso de los años, se vio totalmente aislado en su particular oposición a los esquemas de preferencias arancelarias, lo que podría hacerle perder influencia comercial. Además, EEUU comenzó a vislumbrar ventajas en el medio y largo plazo, no solo económicas, sino también políticas, especialmente en los SPG cuyos beneficiarios fuesen los Estados de América Latina[674] (Twinomukunzi, 1979: 6).

---

para la concesión de preferencias arancelarias a los países en desarrollo (WT/DS246/R, de 1 de diciembre de 2003).

673 Para ser más precisos, el primer SPG fue adoptado por Australia en 1966 a favor de diversos Estados asiáticos, previa solicitud de una exención al GATT de 1947 (Twinomukunzi, 1979: 1; López-Jurado, 2005: 449), pero dado que su alcance es más limitado y su negociación no fue llevada a cabo en el seno de la UNCTAD, no lo consideramos sistema de preferencias arancelarias generalizadas tal y como se describe en el presente análisis.

674 Solomon, el por entonces Secretario de Estado estadounidense para Asuntos Económicos explicó la posición de EEUU con las siguientes palabras: "*The growing rash of further prolification of trade arrangements which discriminate among developing countries was from our view point a most unfortunate development both politically and economically. It threatened to fragment world trade; it increased the pressures from Latin America for exclusive trade arrangements with the US; It was a retrogresssion toward special spheres of influence. It became quite apparent to us in the executive branch that tis posture which the US had maintained since the issue of trade preferences first arose in 1964 was ill-suited to our political and economic interests. Politically, we found ourselves virtually isolated from all the developing countries and most of the industrialised countries as well. Economically, out reservation in principle and skepticism preclude our having much influence over the proliferation of discriminatory arrangements and also reduced our*

Este SPG de la UNCTAD puede, por tanto, definirse como un mecanismo comercial mediante el que los PD otorgan, sin exigencia de reciprocidad y de manera no discriminatoria, preferencias o ventajas arancelarias a la generalidad de los PVD con la finalidad o el objetivo de estimular su capacidad exportadora y promover su industrialización y su crecimiento económico a través del comercio. Dichas preferencias o ventajas arancelarias comportan una reducción o, incluso, eliminación de los aranceles aduaneros que sus productos manufacturados y semimanufacturados han de soportar al entrar en los mercados de los PD. De esta manera, el SPG de la UNCTAD da respuesta a la situación de insatisfacción que los PVD venían manifestando durante años, siendo, incluso, calificado como la más espectacular de las instituciones de Derecho internacional del desarrollo (Berthoud, 1980: 24 y 27; Cepillo, 2008: 92-93) y constituyendo, en la actualidad, uno de los programas "emblema" de la UNCTAD (Slok-Wodkowska, 2013: 52).

Ya en la Resolución 21 (II) se anticipaba que cualquier SPG debía reunir las notas de generalidad, no reciprocidad y no discriminación[675]. La Decisión 75 (IV) de 1970, por la que la UNCTAD sienta las bases de todos los SPG, y las "Conclusiones convenidas" añaden, además, las notas de no obligatoriedad y temporalidad de todos estos sistemas. A continuación, estudiaremos cada uno de estos caracteres esenciales de manera individualizada.

El primero de los rasgos definitorios del SPG es el de su generalidad (como el propio nombre de Sistema de Preferencias Generalizadas indica), pues sus beneficiarios han de ser la generalidad de PVD y PMA, es decir, a todos aquellos que, por su situa-

---

influence with regard to specific workings of a preference scheme which other industrialised countries indicated they might put into effect whether or not the US took part....". Vid. EEUU: *Statement before the Sub-Committee on Foreign Economics Policy of the United States Congress Joint Economic Committee*, de 12 de julio de 1967. Citado en Twinomukunzi, 1979: 6.

675 UNCTAD: Informe del Secretario General de la Conferencia de Naciones Unidas sobre Comercio y Desarrollo, Nueva Delhi, 1 de febrero – 28 de marzo de 1968, vol. I, *op. cit.*, nota 669, p. 38.

ción de pobreza y subdesarrollo, necesiten una ayuda adicional para entrar a formar parte de la integración económica mundial. No debemos confundir esta generalidad con la idea de un sistema general o común, un mismo esquema para todos los PD que ofrecen preferencias arancelarias, que fue rechazada por los PD desde sus inicios por su deseo de perfilar SPG que se adaptasen a sus intereses (Cepillo, 2008: 95-96). Tampoco ha de entenderse que el rasgo de la generalidad implique que las preferencias arancelarias deban ser concedidas por la generalidad de los PD pues, como veremos más adelante, en la Decisión 75 (IV) se dejó claro el carácter no obligatorio de los diferentes SPG (Cepillo, 2008: 96). Por tanto, podemos concluir que el rasgo de la generalidad que caracteriza a todos los SPG tiene que ver con los beneficiarios de dichos Sistemas, esto es, la generalidad de los países en desarrollo. Además, en cuanto a estos PVD, debemos advertir que este concepto no es coincidente con el de la OMC, Organización que prevé que sean los propios PVD los que se proclamen como tal. Como veremos más adelante, son los PD los que, en sus esquemas preferenciales, establecen los criterios que consideran necesarios para que un Estado sea considerado PVD y pueda beneficiarse de las preferencias arancelarias (Jones, 2019: 5).

Otro rasgo inherente a todos los SPG es el de la no reciprocidad de las preferencias o ventajas arancelarias. En este sentido, los PVD beneficiarios de dichas preferencias no están obligados a conceder ventajas arancelarias ni contrapartida comercial alguna a los PD en reciprocidad. Con el tiempo, este rasgo se ha convertido en uno de los más controvertidos, pues muchos de los actuales SPG vinculan la concesión de preferencias comerciales al cumplimiento de determinadas condiciones no puramente comerciales, como la ratificación sin reservas e implementación de convenios internacionales de derechos humanos, DLF o medio ambiente. ¿Hasta qué punto se puede hablar de no reciprocidad cuando el incumplimiento de alguna de las obligaciones contenidas en el SPG, como la vulneración de los DLF, puede dar lugar a la retirada de las preferencias comerciales? Según la doctrina, hay que interpretar esta no reciprocidad únicamente en relación con la concesión de preferencias arancelarias en sentido estricto, es decir, a la reducción de barreras de acceso a los mercados, la cual no está reñida con la condicionalidad, ya sea social, medioambiental o de derechos humanos (Bartels, 2003: 526 y 529; Cepillo, 2008: 97). Mientras los PVD no tengan que facilitar a los PD la apertura a sus mercados nacionales a través de la reducción de aranceles, este rasgo esencial quedará a salvo.

El tercer rasgo característico de los diferentes SPG es la no discriminación entre los Estados finalmente beneficiarios, es decir, que no se establezcan diferencias arbitrarias a la hora de recibir las preferencias arancelarias (Bartels, 2003: 524). El carácter no discriminatorio de los diferentes SPG fue objeto de litigio en el seno de la OMC en el asunto Comunidades Europeas – Condiciones para la concesión de preferencias arancelarias a los países en desarrollo[676], que estudiaremos más adelante. En este asunto, el GE afirmó que "la expresión `sin discriminación´ (...) exige que en el marco de los esquemas SGP se concedan preferencias arancelarias idénticas a todos los países en desarrollo sin establecer diferencias, con la excepción de la aplicación de limitaciones"[677]. No obstante, el OA interpreta de manera diferente esta nota de no discriminación y afirma que los PD están autorizados a modular sus preferencias para "responder positivamente" a "necesidades" que no sean necesariamente comunes a todos los países en desarrollo o no sean compartidas por todos ellos[678]. Es decir, sí es posible otorgar un trato diferenciado a los distintos Estados beneficiarios del SPG, siempre y cuando ello se produzca en respuesta a una necesidad definida conforme a un estándar objetivo, consista en una respuesta positiva a una necesidad particular de determinados países en desarrollo, y se asegure un tratamiento idéntico a todos los países que tengan esas mismas necesidades

---

676 OMC: Informe del Órgano de Apelación de la OMC: Comunidades Europeas – Condiciones para la concesión de preferencias arancelarias a los países en desarrollo (WT/DS246/AB/R, de 7 de abril de 2004).

677 *Ibíd.* p. 66.

678 *Ibíd.* p. 76.

(Charnovitz *et al.*, 2004: 244). Esta interpretación del OA ha servido para que, por ejemplo, la UE contemple diferentes regímenes en su SPG, en los que las ventajas o preferencias comerciales son diferentes según qué beneficiarios.

Con relación a este carácter no discriminatorio del SPG, queda claro que existe discriminación cuando un PD trata a dos PVD en la misma situación de manera distinta. Lorand Bartels argumenta que, en este caso, estamos ante una discriminación *de iure*. Sin embargo, una posible discriminación *de facto* resulta más difícil de identificar, siendo este tipo de discriminación la que surge de los efectos desiguales de una medida aparentemente no discriminatoria (Bartels, 2003: 524). El principal problema aquí es determinar cuándo los países están en la misma "situación". Según Lorand Bartels, dos PVD no están en la misma situación si uno es capaz de cumplir con el Convenio núm. 182 de la OIT sobre las peores formas de trabajo infantil y otro no lo es, y el hecho de que la UE exija a ambos Estados ratificar sin reservas e implementar dicho Convenio en sus legislaciones nacionales para poder acceder a unas mejores preferencias arancelarias, lo que actualmente hace bajo el régimen SPG+ que estudiaremos más adelante, supone una discriminación *de facto* amparada en una medida aparentemente no discriminatoria como puede ser la ratificación de un convenio internacional (Bartels, 2003: 525).

La temporalidad es otra característica definitoria del SPG y aparece reflejada en las "Conclusiones convenidas" por el Comité Especial de Preferencias de la UNCTAD[679]. En este documento, se previó un periodo inicial de duración de 10 años, con posibilidad de mantenimiento previo examen a fondo para para determinar si se están cumpliendo los objetivos de la Resolución 21 (II) de la Conferencia[680]. Se instaura, de esta manera, un SPG temporal porque se entiende que, una vez equilibrada la situa-

---

679 UNCTAD: Conclusiones Convenidas de la Comisión Especial de Preferencias, *op. cit.*, nota 672.

680 *Ibíd.* p. D-12.

ción comercial entre los PVD y los PD, y superada la condición de subdesarrollo, este instrumento debería desaparecer y se debería reinstaurar la reciprocidad comercial tradicional (Cepillo. 2008: 100). No obstante, por lo que respecta al periodo de duración, si bien la UNCTAD lo fijó en 10 años en 1970, algunos Estados, como EEUU, lo han ido reduciendo paulatinamente hasta llegar a periodos de tiempo que no alcanzan los dos años de duración, lo que resta previsibilidad y seguridad jurídica a los sistemas.

Por último, el quinto de los caracteres definitorios del SPG creado por la UNCTAD en 1970, es su naturaleza no obligatoria. Para los PD existe la facultad de conceder privilegios comerciales en forma de aranceles más beneficiosos a los PVD, pero no la obligación (Cepillo, 2008: 100). Concretamente, en las "Conclusiones convenidas", la Comisión Especial toma nota de la declaración hecha por los países que conceden preferencias en el sentido de que "el estatuto jurídico de las preferencias arancelarias que cada uno de ellos otorga individualmente a los países beneficiarios responderá a las siguientes consideraciones (...) Su concesión no constituirá un compromiso obligatorio y, en especial, no impedirá en modo alguno: retirarlas posteriormente en su totalidad o en parte; ni reducir posteriormente los aranceles conseguidos sobre la base del trato de nación más favorecida, sea unilateralmente o como resultado de negociaciones arancelarias internacionales"[681].

De esta manera, según el profesor Antonio Remiro Brotóns, la UNCTAD configura un SPG "facultativo, discrecional, unilateral y temporal" que, sin embargo, ha resultado ser el "talón de Aquiles" de los países en desarrollo, pues "se permite, no se obliga, a los PD conceder a quién, cómo y cuándo tengan por conveniente un trato privilegiado, que pueden unilateralmente retirar a quién, cómo y cuándo deseen. Esto conduce a situaciones discriminatorias que no descansan en una valoración objetiva de los diferentes estadios de desarrollo de los países, sino a consideraciones de ca-

681 *Ibíd.* p. D-15.

rácter político o económico propias de los Estados concedentes" (Remiro, 2007: 1111).

5.1.2. El fundamento de la compatibilidad de los sistemas de preferencias generalizadas con el GATT: la cláusula de habilitación

El art. I del GATT contiene uno de los principios más importantes del sistema de comercio multilateral relativo a la no discriminación: el de la cláusula de NMF, que afirma que "cualquier ventaja, favor, privilegio o inmunidad concedido por una parte contratante a un producto originario de otro país o destinado a él, será concedido inmediata e incondicionalmente a todo producto *similar* originario de los territorios de todas las demás partes contratantes o a ellos destinado"[682]. Este artículo determina que hay discriminación y, por tanto, una violación de las normas contenidas en el GATT, cuando dos productos "similares" reciben un trato diferente en función de su procedencia. En relación a la situación de subdesarrollo que sufren algunos Estados, el GATT de 1947 no contenía ninguna referencia salvo lo dispuesto en el art. XVIII que, bajo el título "Ayuda del Estado para favorecer el desarrollo económico" establece que "las partes contratantes reconocen que puede ser necesario para las partes contratantes a que se refiere el párrafo 1 (PVD), con objeto de ejecutar sus programas y de aplicar sus políticas de desarrollo económico tendientes al aumento del nivel de vida general de su población, adoptar medidas de protección o de otra clase que influyan en las importaciones y que tales medidas son justificadas en la medida en que con ellas se facilita el logro de los objetivos del presente Acuerdo"[683].

El Primer Secretario General de la UNCTAD, el argentino Raúl Prebisch, ya adelantaba en 1964 que su propuesta de un SPG no era compatible con las normas contenidas en el GATT de 1947.

---

682 OMC: Acuerdo General sobre Aranceles Aduaneros y Comercio (GATT de 1947), *op. cit.*, nota 14, p. 505.

683 *Ibíd.*, pp. 532-533.

No obstante, afirmaba que “en vista de la necesidad de revisar algunos de los principios del Acuerdo” era pertinente estudiar si los PD podían otorgar preferencias arancelarias a los PVD para “promover el objetivo básico del GATT: la expansión del comercio internacional”[684].

Coincidiendo con la creación de la UNCTAD, en el seno del GATT se produce un avance calificado de “trascendental” por algunos autores: la adopción el 26 de noviembre de 1964 de la Parte IV del GATT titulada “Comercio y Desarrollo”[685], que entró en vigor el 27 de junio de 1966. La razón de ser de la adopción de esta Parte IV, en palabras de Carmen López-Jurado, era “impedir que los PVD abandonasen el GATT” (López-Jurado, 2001: 5). Esta Parte IV afirma el principio de no reciprocidad en las relaciones comerciales entre PD y PVD. Concretamente, el art. XXXVI.8 del GATT establece que “las partes contratantes desarrolladas no esperan reciprocidad por los compromisos contraídos por ellas en negociaciones comerciales de reducir o suprimir los derechos de aduana y otros obstáculos al comercio de las partes contratantes poco desarrolladas”[686]. Así, aunque es cierto que se pasa a reconocer la necesidad de derogar el principio formal de la reciprocidad del GATT, sin embargo, en esta Parte IV no aparece amparado el SPG en el que la UNCTAD estaba trabajando. Es decir, aunque se acepta la necesidad de un equilibrio material entre las partes, la Parte IV del GATT no prevé la formulación de tratamientos discriminatorios en favor de los PVD, tales como un SPG (Díez-Hochleitner, 1983: 378; Cepillo, 2008: 114). De esta manera, para que el SPG creado por la UNCTAD en 1970 no contraviniese las normas y los principios del sistema multilateral de comercio internacional era necesario encontrarle acomodo en el seno del GATT.

684 UNCTAD: Informe del Secretario General de la Conferencia de Naciones Unidas sobre Comercio y Desarrollo, Ginebra, 23 de marzo – 16 de junio de 1964, vol. II, *op. cit.*, nota 666, p. 21.

685 OMC: Acuerdo General sobre Aranceles Aduaneros y Comercio (GATT de 1947), *op. cit.*, nota 14, pp. 557-562.

686 *Ibíd.*, p. 558.

La fórmula elegida finalmente fue la de una Decisión adoptada por las Partes Contratantes del GATT el 25 de junio de 1971[687] que contenía una exención (*waiver*) según la cual "las disposiciones del Artículo I serán suprimidas por un período de diez años en la medida necesaria para permitir a las Partes Contratantes desarrolladas otorgar un trato arancelario preferencial a productos originarios de países y territorios en desarrollo con miras a extender a dichos países y territorios en general el trato arancelario preferencial sin conceder dicho trato a productos similares de otras partes contratantes"[688]. Esta Decisión se remitía a las "Conclusiones convenidas" de la UNCTAD (López-Jurado, 2011: 449) y habilitaba temporalmente a las Partes Contratantes desarrolladas del GATT a establecer sus propios SPG sin contravenir el principio de NMF, siempre que dichas preferencias sean generalizadas, no recíprocas y no discriminatorias. El plazo en cuestión, 10 años, coincidía deliberadamente con el propuesto por Raúl Prebisch en 1968 (Kishore, 2016: 101). En palabras de Héctor Gros-Espiell, esta decisión "tiene un valor histórico, no solo sobre el GATT y su futuro, sino sobre toda la concepción del comercio internacional como elemento de solidaridad universal e instrumento de desarrollo de progreso general" (Gros-Espiell, 1974: 163).

A pesar de este valor histórico, según Lorand Bartels, la naturaleza jurídica de la Decisión de 1971 como exención no estaba del todo clara, pues no hacía referencia al párrafo 5 del art. XXV del GATT[689], que autorizaba a las Partes Contratantes a otorgar exenciones en circunstancias excepcionales, por lo que es lógico cuestionarse si la Decisión del SPG debe considerarse verdaderamente una exención en virtud de este artículo. Además, asumiendo que estamos realmente ante una exención tal y como se definen en el

---

687 OMC: Decisión sobre el Sistema de Preferencias Generalizadas sin reciprocidad ni discriminación que redunde en beneficio de los países en desarrollo, 25 de junio de 1971 (L/3545, de 28 de junio de 1971).

688 *Ibíd.*, pp. 1-2.

689 OMC: Acuerdo General sobre Aranceles Aduaneros y Comercio (GATT de 1947), de 30 de octubre de 1947, *op. cit.*, nota 14, pp. 548-549.

mencionado art. XXV.5 del GATT, no se cumple con el requisito de la excepcionalidad de las circunstancias (Bartels, 2003: 512). Una última crítica es que esta Decisión no dejaba de ser una exención temporal de carácter excepcional que no resolvía de manera definitiva la situación y los deseos de los PVD (Cepillo, 2008: 116-117), ni daba cabida formal al SPG en el articulado del GATT, motivo por el cual la cuestión habría de ser retomada años más tarde.

El reconocimiento definitivo del trato arancelario especial y diferenciado en favor de los PVD y el fundamento jurídico del SPG tienen su origen en la Ronda de Tokio, celebrada entre los años 1973 y 1979, en la que las Partes Contratantes del GATT adoptaron una Decisión denominada "Trato diferenciado y más favorable, reciprocidad y mayor participación de los países en desarrollo"[690]. Esta Decisión ya no constituye una exención como la de 1971, sino un "instrumento legal" que forma parte del GATT, amparada actualmente en el párrafo 1.b).iv) del GATT de 1994, que afirma que "El Acuerdo General sobre Aranceles Aduaneros y Comercio de 1994 (GATT de 1994) comprenderá (...) las demás decisiones de las Partes Contratantes del GATT de 1947"[691] (Bartels, 2003: 515).

En el articulado de la Decisión se establece que, sin perjuicio de lo dispuesto en el art. I del GATT de 1947, "las Partes Contratantes podrán conceder un trato diferenciado y más favorable a los países en desarrollo, sin conceder dicho trato a las otras partes contratantes", aplicándose dicho trato diferenciado y más favorable "al trato arancelario preferencial concedido por Partes Contratantes desarrolladas a productos originarios de países en desarrollo de conformidad con el Sistema Generalizado de Preferencias (...) tal como lo define la Decisión de las Partes Con-

690 OMC: Decisión sobre Trato diferenciado y más favorable, reciprocidad y mayor participación de los países en desarrollo, de 28 de noviembre de 1979 (L/4903, de 4 de diciembre de 1979).

691 OMC: Acuerdo General sobre Aranceles Aduaneros y Comercio (GATT de 1994), 15 de abril de 1994 (LT/UR/A-1A/1/GATT/1, de 15 de abril de 1994, p. 27).

tratantes de 25 de junio de 1971"[692], es decir, la exención anteriormente estudiada. Estas disposiciones son lo que comúnmente se conoce como "Cláusula de Habilitación" y constituye el fundamento jurídico del SPG.

Además, esta Decisión de 1979 aborda la situación de los PMA, pues, teniendo en cuenta sus dificultades económicas especiales y sus necesidades particulares, se permite a los PD a obrar "con la mayor moderación en cuanto a tratar de obtener concesiones o contribuciones a cambio de su compromiso de reducir o eliminar los derechos de aduana y otros obstáculos al comercio de los referidos países, de los cuales no se esperarán concesiones o contribuciones que sean incompatibles con el reconocimiento de su situación y problemas particulares"[693], es decir, se legitima a los PD para otorgar un tratamiento más favorable a los PMA en el marco del SPG, sin contravenir el principio esencial de no discriminación (Cepillo, 2008: 119). Esta previsión constituye la base de la existencia de diferentes regímenes dentro de un mismos SPG, como ocurre en la actualidad con el esquema preferencial de la UE, que estudiaremos más adelante.

Numerosos autores se han pronunciado criticando el articulado de la Cláusula de Habilitación. Algunos apuntan que, en su momento, fue formulada en términos muy ambiguos, dejando muchos aspectos abiertos a la interpretación (Gruszczynski, 2006-2008: 222). Uno de esos aspectos que la Cláusula de Habilitación no resuelve es el de la posibilidad de introducir en los SPG elementos condicionales, condicionar la concesión de preferencias arancelarias al cumplimiento de normas sociales o medioambientales (Kennedy, 2011: 550). Además, como afirma Miguel Ángel Cepillo Galvín, este trato diferenciado y más favorable sigue siendo una opción para los PD, y no una obligación, contraviniendo

---

692 OMC: Decisión sobre Trato diferenciado y más favorable, reciprocidad y mayor participación de los países en desarrollo, de 28 de noviembre de 1979, *op. cit.*, nota 698, p. 209.

693 *Ibíd.*

los intereses de los PVD, que exigían un trato especial y diferenciado universal, automático y obligatorio (Cepillo, 2008: 118). Estamos ante una política unilateral y voluntaria (Durán y Morgera, 2005: 175). No obstante, esta naturaleza voluntaria del SPG no implica que no esté sujeto a las normas del sistema multilateral de comercio internacional, pues las preferencias arancelarias en favor de unos miembros de la OMC pueden socavar los derechos de otros miembros de la Organización (Bartels, 2003: 514).

Por otra parte, en relación al SSD de la OMC, por extraño que esto pueda parecer, ni los GE ni el OA tienen una jurisdicción directa para resolver diferencias relacionadas con la Cláusula de Habilitación. La razón es que, de conformidad con el art. 1.1) del Acuerdo sobre el Entendimiento relativo a las Normas y Procedimientos por los que se rige la Solución de Diferencias, los GE de la OMC solo tienen competencia para conocer "diferencias planteadas de conformidad con las disposiciones en materia de consultas y solución de diferencias de los acuerdos enumerados en el Apéndice 1 del presente Entendimiento"[694], entre los que no se encuentra la Decisión de 1979. Además, la propia Decisión no contiene ningún mecanismo de solución de diferencias, únicamente la posibilidad de iniciar consultas, a tenor de lo dispuesto en el párrafo 4.b). En consecuencia, no es posible invocar el art. 1.1) del Acuerdo sobre Solución de Diferencias con motivo de una violación de la Cláusula de Habilitación. Para poder debatir la compatibilidad de un SPG con el derecho de la OMC, la parte afectada habrá de alegar una violación del art. I del GATT y defender que dicha violación no se encuentra exceptuada por la Cláusula de Habilitación. De esta manera, en palabras de Lorand Bartels, la Cláusula de Habilitación funciona más como una "excepción" al GATT que como un instrumento independiente de la OMC (Bartels, 2003: 517).

---

694 OMC: Entendimiento relativo a las Normas y Procedimientos por los que se rige la Solución de Diferencias, *op. cit.*, nota 350, p. 375.

Con todo, la Cláusula de Habilitación ha tenido la virtud de convertir lo que era una mera aspiración en la Decisión de 1971 en una condición vinculante, es decir, mientras que la exención contenida en la Decisión de 1971 protegía el trato arancelario preferencial *per se*, la Cláusula de Habilitación ahora protege el trato arancelario preferencial descrito en el Preámbulo de la Decisión SGP, es decir, un trato arancelario preferencial generalizado, no recíproco y no discriminatorio (Bartels, 2003: 520).

5.2. EL SISTEMA DE PREFERENCIAS GENERALIZADAS DE ESTADOS UNIDOS

Como sabemos, la política comercial de EEUU se articula en torno a diversos instrumentos jurídicos, entre los que encontramos los ALC bilaterales o plurilaterales o sus cuatro sistemas unilaterales, no recíprocos, de concesión de preferencias arancelarias a PVD y PMA: su SPG, la Ley sobre Crecimiento y Oportunidades para África, la Iniciativa de la Cuenca del Caribe o Ley sobre la Asociación Comercial de la Cuenca del Caribe y el Programa de Preferencias Comerciales de Nepal, todos ellos surgidos a raíz de la Ley de Comercio de 1974. Así, el SPG estadounidense se configura como uno de los numerosos instrumentos comerciales a través de los cuales EEUU trata de ayudar a los PVD a expandir sus economías, brindando un trato arancelario no recíproco y libre de aranceles a ciertos productos importados de dichos países (Jones, 2019: 1). No obstante, no estamos ante uno de los instrumentos más importantes de la política comercial estadounidense, pues las importaciones de los PVD al mercado de EEUU al amparo del SPG apenas llegan al 4% de las importaciones totales (Blanchard y Hakobyan, 2015: 400).

Desde 1974, EEUU viene concediendo este tipo de preferencias arancelarias y, en la actualidad, 120 países y territorios en desarrollo son beneficiarios del SPG estadounidense (Jones, 2019: 1). Sin embargo, en los últimos años, miembros del Congreso se han posicionado en contra de continuar incluyendo a determinados PVD en la lista de beneficiarios del Sistema, por ejemplo, India, Brasil o Turquía. El acceso libre de aranceles para productos considerados "sensibles a la importación" ha causado cierta controversia, así como preocupaciones acerca del cumplimiento de los requisitos contenidos en el SPG en relación a determinados Estados beneficiarios, pues se alegan violaciones de los DLF, falta de protección de la propiedad intelectual e industrial y otras prácticas. En mayo de 2019, el Presidente Trump retiró a Turquía de la lista de beneficiarios del Sistema por haber mejorado su nivel de desarrollo económico[695]. Asimismo, el Presidente también excluyó a la India de esta lista de beneficiarios debido a problemas de acceso al mercado indio para los productos estadounidenses[696]. El 25 de octubre de 2019, Donald Trump suspendió las preferencias arancelarias para determinados productos de Tailandia por considerar que este Estado no está realizando los esfuerzos necesarios para proteger los DLF[697] y, ese mismo día, reinstauró las preferencias para Ucrania, dados los progresos de este país en relación a la adecuada y efectiva protección de los derechos de la propiedad intelectual e industrial[698].

5.2.1. Surgimiento, evolución e intermitencia del Sistema de Preferencias Generalizadas de Estados Unidos

EEUU fue uno de los principales opositores al trato arancelario preferencial de los PVD propuesto por la UNCTAD en 1964.

---

695 EEUU: Proclamación 9887, de 16 de mayo de 2019, "*To Modify the List of Beneficiary Developing Countries Under the Trade Act of 1974*" 84 Federal Register 23425, de 20 de mayo de 2019.

696 EEUU: Proclamación 9902, de 31 de mayo de 2019, "*To Modify the List of Beneficiary Developing Countries Under the Trade Act of 1974*", 84 Federal Register 26393, de 5 de junio de 2019.

697 EEUU: Proclamación 9955, de 25 de octubre de 2019, "*To Modify Duty-Free Treatment Under the Generalized System of Preferences and for Other Purposes*", 84 Federal Register 58567, de 31 de octubre de 2019.

698 *Ibíd.*

Esta oposición fue respaldada, por un lado, por los librecambistas, que defendían la aplicación de la Cláusula de NMF sin excepciones, como por los proteccionistas, por otro lado, que temían un incremento de las importaciones de PVD que restasen competitividad a las industrias nacionales (Sapir y Lundberg, 1984: 196).

Aprobado el SPG de la UNCTAD en 1968 y creado el primer esquema por parte de la entonces CE en 1971, pronto muchos Estados desarrollados comienzan a unirse a esta práctica, a la que, en 1974, se suma EEUU en último lugar (Nemmers y Rowland, 1977: 855), a pesar de que inicialmente se opuso, pues, con el paso de los años, se vio totalmente aislado en su particular oposición a los esquemas de preferencias arancelarias, lo que podría hacerle perder influencia comercial (Sapir y Lundberg, 1984: 196). Además, EEUU comenzó a vislumbrar ventajas en el medio y largo plazo, no solo económicas, sino también políticas, especialmente en los SPG cuyos beneficiarios fuesen los Estados de América Latina[699] (Twinomukunzi, 1979: 6).

---

699 Solomon, el por entonces Secretario de Estado estadounidense para Asuntos Económicos explicó la posición de EEUU con las siguientes palabras: "*The growing rash of further prolification of trade arrangements which discriminate among developing countries was from our view point a most unfortunate development both politically and economically. It threatened to fragment world trade; it increased the pressures from Latin America for exclusive trade arrangements with the US; It was a retrogresssion toward special spheres of influence. It became quite apparent to us in the executive branch that tis posture which the US had maintained since the issue of trade preferences first arose in 1964 was ill-suited to our political and economic interests. Politically, we found ourselves virtually isolated from all the developing countries and most of the industrialised countries as well. Economically, out reservation in principle and skepticism preclude our having much influence over the proliferation of discriminatory arrangements and also reduced our influence with regard to specific workings of a preference scheme which other industrialised countries indicated they might put into effect whether or not the US took part....*". Vid. EEUU: *Statement before the Sub-Committee on Foreign Economics Policy of the United States Congress Joint Economic Committee*, de 12 de julio de 1967. Citado en Twinomukunzi, 1979: 6.

El primer SPG de EEUU fue autorizado en 1974 por el Congreso estadounidense y se incluyó en el Título V de la ya estudiada *Trade Act* de 1974[700], secciones 2461 a 2467, aunque no entró en vigor hasta 1976 (Sapir y Lundberg, 1984: 197; Dowlah, 2008: 80). Con posterioridad, 14 leyes han modificado este SPG hasta la más reciente, la *Consolidated Appropiations Act* del año 2018[701], en cuya División M, Título V, se modifican la vigencia del SPG hasta el 31 de diciembre del año 2020 y los procedimientos de exenciones.

Un aspecto inherente al SPG estadounidense ha sido su carácter intermitente. A pesar de que para el primer esquema se previó un periodo de duración de 10 años, coincidente con el SPG propuesto por la UNCTAD, las posteriores regulaciones han fijado periodos inferiores a los 15 meses que, en la mayoría de casos, expiran a mediados de año (Dowlah, 2008: 81). La primera revisión importante del SPG de EEUU vino de la mano de la *Trade and Tariff Act* de 1984[702], que redefinió los criterios de elegibilidad de los PVD, incluyendo la protección de los derechos laborales internacionalmente reconocidos, proporcionó revisiones generales, volvió a fijar los límites de necesidades competitivas y revisó las restricciones de ingresos del país (Dowlah, 2008: 81). Otra reforma importante se produjo con la renovación del Sistema en 1997, en la que se amplió la cobertura de productos para los PMA[703]. Finalmente, en el año 2000 se produce otra reforma de gran calado cuando el Presidente Clinton adoptó la Ley de Crecimiento y Oportunidades para África como parte de la *Trade*

700 *Trade Act*, 1974, H.R. 10710, 93th Congress, *op. cit.*, nota 487.

701 EEUU: *Consolidated Appropiations Act*, 2018, H.R. 1625, 115th Congress. Disponible en: https://www.congress.gov/bill/115th-congress/house-bill/1625

702 EEUU: *Omnibus Trade and Tariff Act*, 1984, H.R. 3398, 98th Congress. Disponible en: https://www.congress.gov/bill/98th-congress/house-bill/3398

703 Entre las nuevas líneas de productos cubiertas se encontraban los productos hortícolas, como determinadas frutas, hortalizas, flores cortadas y zumos de cítricos, a los que se les concedieron aranceles nulos (Dowlah, 2008: 83).

and Development Act[704], que otorgó mayores ventajas comerciales al amparo del SPG a los países beneficiarios del África subsahariana (Dowlah, 2008: 83).

5.2.2. El funcionamiento del Sistema de Preferencias Generalizadas de Estados Unidos: alta condicionalidad y gran discrecionalidad para el presidente

Desde la promulgación del primer SPG estadounidense en 1974, operativo desde el 2 de enero de 1975, 14 leyes se han sucedido en el tiempo para actualizarlo, aunque las modificaciones introducidas por estas leyes no han sido esenciales. Así, para analizar las disposiciones del SPG de EEUU debemos acudir al Código de Leyes de EEUU en su última versión publicada, que a fecha de octubre de 2020 es el año 2018, en cuyo Título 19 encontramos los Derechos de Aduana. Dentro de este Título 19, el Capítulo 12 reproduce lo dispuesto en la *Trade Act* de 1974 y el Subcapítulo V contiene las disposiciones relativas al SPG[705].

La primera sección dentro de este Subcapítulo V, la Sección 2461, titulada "Autoridad para extender preferencias", establece que es el Presidente de EEUU quien posee la capacidad de otorgar preferencias arancelarias a cualquier artículo elegible de cualquier PVD beneficiario. Que sea el Presidente estadounidense quien otorga o suspende las preferencias arancelarias a un PVD es consecuencia de la "Autoridad de la Vía Rápida" (*fast track authority*) creada por la *Trade Act* de 1974, un procedimiento por el que se le concede al Presidente de EEUU el poder de negociar acuerdos comerciales que, posteriormente, el Congreso puede re-

704 EEUU: *Trade and Development Act,* 2000, H.R. 434, 106th Congress. Disponible en: https://www.congress.gov/bill/106th-congress/house-bill/434

705 EEUU: Título 19 del Código de Leyes de EEUU, 2018. Disponible en: https://www.govinfo.gov/content/pkg/USCODE-2018-title19/pdf/USCODE-2018-title19.pdf

chazar o aprobar sin la posibilidad de incorporar modificaciones o enmiendas (Manley y Lauredo, 2004: 92; Gantz, 2011: 328). A la hora de otorgar o suspender preferencias arancelarias, la Sección 2461 establece que el Presidente ha de tener en cuenta el efecto que tal acción tendrá en la promoción del desarrollo económico de los PVD mediante la expansión de sus exportaciones, la medida en que otros PD están realizando un esfuerzo comparable para ayudar a los PVD otorgando preferencias generalizadas con respecto a las importaciones de productos de esos países, el impacto anticipado de tal acción sobre los productores estadounidenses de productos similares o directamente competidores y el grado de competitividad del PVD beneficiario con respecto a los artículos elegibles. A pesar de estas disposiciones, en la práctica, son el USTR y el Subcomité del SPG quienes se encargan de hacer operativo el SPG estadounidense (Blanchard y Hakobyan, 2015: 401). El subcomité del SPG generalmente incluye representantes de los Departamentos de Comercio, Trabajo, Agricultura, Estado y Aduanas y Protección Fronteriza. La Comisión de Comercio Internacional de Estados Unidos también participa en calidad de asesor (Hafner-Burton *et al.*, 2019: 1258).

La Sección 2462, relativa a designación de los PVD beneficiarios del Sistema, se presta a numerosas críticas, por lo que vamos a analizarla detenidamente. No obstante, debemos advertir que, aunque este SPG de EEUU no prevé la configuración de diversos regímenes preferenciales, cosa que sí hace el SPG de la UE, sin embargo, sí diferencia entre países beneficiarios a la hora de recibir las preferencias arancelarias: por un lado, los PVD beneficiarios disfrutan de un acceso al mercado estadounidense sin aranceles para determinados productos, sujeto a limitaciones de competitividad, sobre las que nos detendremos posteriormente, y, por otro lado, los PMA disfrutan de un acceso al mercado estadounidense sin aranceles para un grupo mayor de productos, sin limitaciones de competitividad (Snyder, 2012: 828; Blanchard y Hakobyan, 2015: 401).

El primer apartado de la Sección 2462 dispone que, de nuevo, será el Presidente de EEUU quien designa a los PVD que podrán disfrutar de preferencias arancelarias, aunque, como sabemos, en la práctica es el USTR quien realiza estas designaciones. A la hora de elegir o suspender beneficiarios del Sistema, el Presidente goza de un amplio margen de discrecionalidad para aplicar las condiciones de elegibilidad que vamos a analizar a continuación (Dowlah, 2008: 81).

El segundo apartado de esta Sección 2462 recoge las causas por las cuales un Estado no puede resultar elegible para el SPG. Así, en primer lugar, no podrán ser elegibles los Estados desarrollados especificados en esta Sección[706]. En segundo lugar, no pueden ser elegibles países con regímenes comunistas (salvo que los productos de dicho país reciban un trato no discriminatorio, dicho país sea miembro de la OMC y del FMI, y dicho país no esté dominado ni controlado por el comunismo internacional)[707], países que sean miembros de un cártel internacional de productos básicos que pretenda la desestabilización de la economía mundial[708], países que estén otorgando un trato preferencial a otros PD en perjuicio de EEUU, países que hayan nacionalizado propiedades estadounidenses, países que no luchen contra el terrorismo, o países que no estén tomando las medidas necesarias para otorgar DLF a sus trabajadores o abolir las peores formas de trabajo infantil.

El tercer párrafo de la Sección 2462, referente a los factores que afectan a la elegibilidad de un PVD como beneficiario del SPG, establece que el Presidente habrá de tener en cuenta: una expresión de dicho país de su deseo de ser designado como tal, el nivel de desarrollo económico de dicho país, el hecho de que otros PD están otorgando o no un trato arancelario preferencial

706 A saber: Australia, Canadá, los Estados miembros de la UE, Islandia, Japón, Mónaco, Nueva Zelanda, Noruega y Suiza.

707 No obstante, en la práctica algunos Estados comunistas y Miembros de cárteles internacionales de productos básicos han sido beneficiarios del SPG estadounidense a pesar de la prohibición explícita contenida en esta Sección 2462 (Blanchard y Hakobyan, 2015: 399).

708 Esta disposición hace referencia indirecta a la Organización de Países Exportadores de Petróleo.

a dicho país, la medida en que dicho país ha asegurado a EEUU que proporcionará acceso equitativo y razonable a los mercados de dicho país y la medida en que dicho país ha asegurado a EEUU que se abstendrá de participar en prácticas de exportación irrazonables, la medida en que dicho país brinda una protección adecuada y efectiva de los derechos de propiedad intelectual, la medida en que dicho país ha tomado medidas para reducir las prácticas y políticas de inversión que distorsionan el comercio y reducir o eliminar las barreras al comercio de servicios, y, por último, si dicho país ha adoptado o está adoptando las medidas necesarias para garantizar a los trabajadores de ese país los DLF reconocidos internacionalmente. A este respecto, la importancia que el SPG estadounidense concede a que el potencial beneficiario del Sistema asegure a EEUU que le proporcionará un acceso equitativo y razonable a sus mercados choca frontalmente con uno de los caracteres esenciales de cualquier SPG: el de la no reciprocidad[709]. No obstante, hasta la fecha ningún país ha llevado esta disposición del SPG estadounidense ante el OSD de la OMC para su pertinente interpretación y, en su caso, para la declaración de su incompatibilidad con el Derecho de la Organización, concretamente, con la Cláusula de Habilitación.

El cuarto apartado de la Sección 2462 es el referente a la suspensión de las preferencias arancelarias, poder otorgado, asimismo, al Presidente de EEUU, quien, para ello, habrá de tener en cuenta los factores contenidos en la Sección 2461 y en el tercer apartado de la Sección 2462, un posible cambio en las circunstancias, además de tener que informar al Congreso sobre su decisión.

El quinto de los apartados de esta Sección 2462 está relacionado con la exclusión de beneficiarios del Sistema si el país en cuestión refleja un gran desarrollo económico, como ocurrió con

709 Precisamente, por no garantizar acceso equitativo y razonable a sus mercados, Donald Trump ha suspendido recientemente a la India como beneficiario del SPG, Estado que, casualmente, constituía el mayor exportador de productos al mercado estadounidense bajo el SPG. Vid. nota 704.

Turquía en 2019. Esta es la única disposición del SPG estadounidense no sujeta a ningún tipo de interpretación arbitraria (Blanchard y Hakobyan, 2015: 403), pues la "graduación" del nivel de desarrollo está vinculada a los cálculos del BM (Mason, 2004: 526).

El sexto y último de los apartados de esta Sección 2462, establece el procedimiento de notificación al Congreso estadounidense de cualquier cambio o modificación, tanto de los Estados beneficiarios como de los productos contemplados en el SPG.

Por su parte, la Sección 2463 aborda los productos cubiertos por el SPG para los PVD que resulten finalmente beneficiarios del Sistema. Dentro de esta Sección, conviene prestar atención al tercer apartado, sobre los límites de necesidades competitivas, que establece que siempre que el Presidente determine que un PVD beneficiario ha exportado (directa o indirectamente) a EEUU una cantidad de un producto elegible que tenga un valor de tasación superior a la cantidad aplicable para el año natural, o una cantidad de un producto elegible igual o superior al 50% del valor de tasación de las importaciones totales de ese producto en EEUU durante cualquier año natural, el Presidente, a más tardar el 1 de julio del siguiente año natural, podrá suspender las preferencias arancelarias para ese producto de ese Estado beneficiario. En otras palabras, un Estado beneficiario del SPG estadounidense pierde automáticamente su elegibilidad en un producto determinado si las exportaciones de dicho producto se vuelven lo suficientemente "competitivas" como para superar los límites fijados por la Sección 2463 y amenazar la economía estadounidense (Devault, 1996: 58-59; Blanchard y Hakobyan, 2015: 404). Los productos que normalmente se ven afectados por estos límites incluyen el oro, la plata, la madera tropical y piezas de aparatos electrónicos (Devault, 1996: 59). Este apartado resulta interesante porque, si bien parece no prestarse a interpretaciones y decisiones arbitrarias, en la práctica, tal y como observan Emily Blanchard y Shishanik Hakobyan, no todos los Estados beneficiarios del SPG que superan los límites de competitividad ven suspendidas sus preferencias arancelarias, pues junto con esta previsión, se han establecido una serie de excepciones (*waivers*) que otorgan un amplio margen de discrecionalidad al Presidente a la hora de retirar las preferencias (Blanchard y Hakobyan, 2015: 404).

La Sección 2464, relativa al seguimiento del SPG, establece que el Presidente presentará un informe anual al Congreso sobre la situación de los derechos laborales reconocidos internacionalmente dentro de cada PVD beneficiario, incluyendo las conclusiones del Secretario de Trabajo con respecto a la implementación del país beneficiario de sus compromisos internacionales para eliminar las peores formas de trabajo infantil.

Las últimas Secciones 2465, 2466 y 2467 contienen disposiciones relativas a la terminación y prórroga del SPG, que en la actualidad está fechada para el 31 de diciembre del año 2020, exportaciones de productos agrícolas y definiciones, respectivamente.

Para mejorar el funcionamiento del SPG estadounidense, el Comité de Personal de Políticas Comerciales, órgano interinstitucional del poder ejecutivo presidido por la oficina del USTR, cuenta con un Subcomité para el SPG, cuya misión es realizar una revisión anual del Sistema y su funcionamiento de cara a la realización de recomendaciones (Jones, 2019: 9).

Por lo que respecta a los actuales PVD beneficiarios del Sistema, a fecha de marzo de 2022, EEUU otorga preferencias arancelarias a 102 PVD, de los cuales 44 son PMA[710], constituyéndose el SPG estadounidense como el más amplio en términos de cobertura de países y productos (Dowlah, 2008: 83). Según los últimos datos publicados, los dos Estados que más se beneficiaron de este SPG fueron la India, en primer lugar, seguido de Tailandia (Jones, 2019: 12), Estados a los que, precisamente, Donald Trump ha retirado recientemente del Sistema.

Con todo, podemos observar cómo el SPG de EEUU constituye un sistema preferencial altamente condicional. Según Rafael

---

710 Vid. Nota General 4 del *Harmonized Tariff Schedule of the United States*, Revisión 23, de octubre de 2020. Disponible en: https://hts.usitc.gov/current (última consulta: 18 de julio de 2023).

Leal-Arcas y Mikaela Saveljeff, este Sistema es considerado el más condicional de todos los SPG existentes (Leal-Arcas y Saveljeff, 2020: 3), motivo por el cual ha sido constantemente criticado desde su creación (Mason, 2004: 515). Además, estudios empíricos han demostrado que, para EEUU, los intereses políticos y geoestratégicos son un elemento esencial a la hora de determinar si un PVD es beneficiario del SPG estadounidense o no (Lederman y Özden, 2007: 256).

5.2.3. El sistema de preferencias generalizadas de Estados Unidos y la efectiva protección de los derechos laborales fundamentales

Al estudiar las cláusulas laborales en los ALC de EEUU advertíamos que el primer acuerdo comercial estadounidense con cláusulas en su articulado que pretendían la efectiva protección de los DLF fue el TLCAN de 1992. La protección de toda esta serie de derechos internacionalmente reconocidos en el marco del SPG es anterior en el tiempo, coincidiendo con las numerosas protestas llevadas a cabo entre los años 70 y 80 del siglo pasado por confederaciones de trabajadores estadounidenses que temían por sus empleos al ver cómo las empresas deslocalizaban las fábricas hacia países donde los costes de producción eran menores. Para abordar estos problemas, los sindicatos y confederaciones de trabajadores propusieron una enmienda al SPG de EEUU, operativo desde 1975, para condicionar las preferencias arancelarias al respeto de los DLF, al considerar que una cláusula laboral en el SPG garantizaría estándares laborales mínimos y justos para los trabajadores de los PVD como condición para el acceso preferencial al mercado estadounidense (Compa y Vogt, 2001: 201).

El 30 de octubre de 1984 el Congreso aprueba la *Omnibus Trade and Tariff Act* de 1984[711], firmada por el Presidente Ronald Reagan, en la que se introducían modificaciones del SPG estadouni-

---

[711] EEUU: *Omnibus Trade and Tariff Act,* 1984, H.R. 3398, 98th Congress, *op. cit.*, nota 710.

dense por las que se condicionaba la concesión de preferencias arancelarias a la adopción de las medidas necesarias (*taking steps*) "para para garantizar los derechos laborales reconocidos internacionalmente", tal y como se dispone actualmente en la Sección 2462 (Harvey, 1995: 2; Tsogas, 2000: 352; Hepple, 2005: 91). Asimismo, esta Ley introduce modificaciones en la Sección 2467, relativa a "definiciones" e incluye lo que ha de entenderse por tales derechos, a saber: el derecho de asociación, el derecho de asociación y negociación colectiva, la prohibición del uso de cualquier forma de trabajo forzoso u obligatorio, una edad mínima para el empleo de niños y las condiciones de trabajo aceptables con respecto al salario mínimo, las horas de trabajo y la seguridad y salud ocupacional. Los derechos laborales internacionalmente reconocidos así definidos serían reproducidos más adelante en otros instrumentos comerciales estadounidenses como los ALC y, como podemos observar, falta uno de los derechos laborales considerado en la actualidad como fundamental como lo es la no discriminación en el empleo y, sin embargo, EEUU ha incluido otro que no entra dentro de la categoría de DLF, según la OIT, como lo es el de las condiciones de trabajo aceptables con respecto al salario mínimo, las horas de trabajo y la seguridad y salud ocupacional. La deliberada ausencia del derecho de no discriminación en el SPG estadounidense ha sido ampliamente criticada por la doctrina, que considera que EEUU está "frustrando" los esfuerzos llevados a cabo por la comunidad internacional para crear un cuerpo coherente de DLF (Alston, 1993: 16 y 19). Además, la Sección 2464, relativa al seguimiento del SPG, establece que el Presidente presentará un informe anual al Congreso sobre la situación de los derechos laborales reconocidos internacionalmente dentro de cada PVD beneficiario, incluyendo las conclusiones del Secretario de Trabajo con respecto a la implementación del

---

Para conocer más aspectos acerca del reforzamiento de los derechos laborales internacionalmente reconocidos en la *Omnibus Trade and Tariff Act* y, más concretamente, en el SPG de EEUU en 1984: Pérez-López, 1990: 224-225.

país beneficiario de sus compromisos internacionales para eliminar las peores formas de trabajo infantil.

5.2.3.1. El procedimiento de retirada de las preferencias arancelarias y el fortalecimiento de la cooperación sindical transnacional

Tan importante como las modificaciones del SPG introducidas por la *Omnibus Trade and Tariff Act* lo fue la adopción por parte del USTR de regulaciones y pautas de procedimiento para presentar peticiones para investigar e impugnar el estatus de beneficiario del SPG de un PVD con ocasión de la violación de los DLF incluidos en la Sección 2467 del año 2002, contenidas en la Sección 2007 del Capítulo XX del Título 15 del Código de Regulaciones Federales de EEUU en su última versión de 2020[712].

Desde 1984, han sido los principales grupos de interés con sede en EEUU quienes han presentado la mayoría de las peticiones de investigación a nivel de país, muchas de las cuales se refieren a DLF. Algunos de estos grupos de interés son la Federación Estadounidense del Trabajo y el Congreso de la Organización Industrial y el Fondo Internacional de Derechos Laborales, una organización no gubernamental de derechos humanos dedicada a promover los derechos de los trabajadores (Hafner-Burton *et al.*, 2019: 1258). El USTR también puede iniciar *ex officio* una investigación, pero esta opción es poco recurrente (Lenox y Arsht, 2018: 186).

En respuesta a una petición, el Subcomité de SPG decide primeramente si acepta la documentación presentada o la rechaza solicitando un informe adicional. Una vez aceptada la petición, el Subcomité se la remite a las partes para que realicen las alegaciones oportunas y poder llevar a cabo las audiencias públicas en las

712 EEUU: Título 15 del Código de Regulaciones Federales de EEUU, 2020. Disponible en: https://www.govinfo.gov/content/pkg/CFR-2020-title15-vol3/pdf/CFR-2020-title15-vol3-subtitleC-chapXX.pdf

que se presentan las pruebas (Compa y Vogt, 2001: 202). Habiendo constatado una violación de derechos laborales internacionalmente reconocidos, es el Subcomité de SPG quien recomienda al USTR suspender la condición de beneficiario del Sistema al Estado de que se trate, suspensión que se hace efectiva pasados 6 meses. Esta suspensión puede ser permanente o temporal y, en el segundo caso, el Subcomité de SPG continúa sometiendo anualmente a revisión las políticas laborales del Estado cuya condición de beneficiario se ha visto suspendida para ver si se están adoptando las medidas necesarias y devolverle su estatus de beneficiario del Sistema (Hafner-Burton *et al.*, 2019: 1258).

Si bien el Subcomité de SPG siempre se ha aproximado a las peticiones e investigaciones con resignación y cierta hostilidad (Harvey, 1995: 2), este mecanismo ha hecho posible que trabajadores y sindicatos estadounidenses colaboren con sus contrapartes extranjeras para investigar las prácticas laborales presuntamente constitutivas de una infracción y presentar denuncias. En opinión de Compa y Vogt, este procedimiento de denuncia es el que más impacto ha tenido dentro de la Política Comercial estadounidense en relación a la protección de los DLF (Compa y Vogt, 2001: 208).

5.2.3.2. La práctica llevada a cabo por Estados Unidos

A la hora de hablar de la efectiva protección de los DLF en el marco del SPG de EEUU, es imprescindible analizar la práctica llevada a cabo por este PD en relación con la retirada temporal de las preferencias arancelarias previstas en este Sistema, pues en ningún caso podría calificarse de efectivo un esquema preferencial cuyos incumplimientos no acarrean consecuencias, estando dichas consecuencias previstas en su marco jurídico en forma de retirada de las preferencias arancelarias.

Como acabamos de mencionar, el proceso de suspensión de las preferencias arancelarias en el seno del SPG estadounidense comienza con una petición dirigida al USTR por parte de asociaciones de trabajadores, ONG y grupos de activistas de derechos humanos para investigar presuntas violaciones de derechos laborales internacionalmente reconocidos. De esta forma se iniciaron algunos de los procedimientos de denuncia más significativos como el de Chile, el de Guatemala, el de Indonesia, el de Pakistán y el de Bielorrusia.

En cuanto a Chile, la llegada del General Augusto Pinochet al poder, tras un golpe de Estado en diciembre de 1973, supuso la destrucción del movimiento sindical organizado y el encarcelamiento, tortura, exilio y asesinato de miles de sindicalistas (Drake, 1996: 124). Tras el mencionado golpe de Estado, el nuevo régimen militar prohibió la negociación colectiva y abolió el derecho de huelga. Además, se recortó la libertad de asociación (Drake, 1996: 131). Todas estas violaciones de derechos laborales continuaron ocurriendo en la década de 1980[713] hasta que, en 1986, La Federación Estadounidense del Trabajo y Congreso de Organizaciones Industriales junto con la Unión de Trabajadores de Electricidad, Radio y Maquinaria de EEUU presentaron ante el USTR una petición de retirada del estatus de beneficiario del SPG del que gozaba Chile en esos momentos. A pesar de que el Gobierno chileno argumentó que se estaban adoptando medidas para mejorar la protección de los DLF, el USTR continuó analizando la situación en Chile durante todo el año siguiente hasta que, finalmente, EEUU suspendió la condición de beneficiario del SPG a Chile en febrero de 1988[714], momento en el que el Gobierno chileno pretendía incrementar sus exportaciones al mercado estadounidense (Compa y Vogt, 2001: 211). En 1991, con un nuevo gobierno elegido democráticamente que modificó el Código Laboral y puso fin a la violencia contra los activistas sindicales, se reestableció a Chile su condición de beneficiario del SPG

---

713 Para conocer más acerca de los sucesos ocurridos en Chile en la década de 1980: Compa y Vogt, 2001: 210.

714 EEUU: *Federal Register*, "*Generalized System of Preferences: Chile; suspension of preferences* (Proc. 5758)", Vol. 52, núm. 250, pp. 49129-49340, de 30 de diciembre de 1987.

de EEUU, aunque en la actualidad, como sabemos, las relaciones comerciales entre EEUU y Chile se rigen por el ALC entre EEUU y Chile, de 6 de junio de 2003[715]. Algunos autores señalan el caso de Chile como uno de los ejemplos de la efectividad del SPG de cara a mejorar la protección de los DLF internacionalmente reconocidos (Harvey, 1995: 5).

El caso de Guatemala resulta más complejo que el de Chile, pues nunca se ha llegado a suspender la condición de beneficiario del SPG al primero, a pesar de haberse constatado violaciones DLF incluso peores que las constatadas en el segundo. Tras el golpe de Estado de 1954 y la instauración en el poder de una junta militar, los sindicatos fueron reprimidos, a medida que los propietarios de tierras y negocios y sus aliados militares intensificaban su control sobre el país, sus recursos y sus trabajadores[716] (Goldston, 1989: 5-9). Sin embargo, no fue hasta 1988 cuando diversas uniones de activistas sindicales registraron una petición de suspensión de las preferencias arancelarias de las que gozaba Guatemala al amparo del SPG estadounidense, siendo esta petición denegada por el USTR año tras año desde 1988 hasta 1991 (Compa y Vogt, 2001: 215). Los argumentos del representante comercial para denegar las peticiones se basaban, por un lado, en que se trataba de violaciones de derechos humanos y no de DLF y, por otro lado, en que la propuesta paulatina de reformas laborales constituía un paso adelante en el deseo del Gobierno guatemalteco de proteger los derechos de los trabajadores internacionalmente reconocidos (Compa y Vogt, 2001: 216). No obstante, a pesar de no haber visto suspendidas sus preferencias arancelarias en el marco del SPG de EEUU, Guatemala continuó avanzando en la mejora de la protección de los DLF en su legislación interna en los años sucesivos por miedo a no poder justificar avances ante posibles inspecciones por parte del USTR y ver suspendida su condición de beneficiario

---

715 EEUU: Acuerdo de Libre Comercio entre EEUU y Chile, 6 de junio de 2003, *op. cit.*, nota 507.

716 Para conocer más acerca de los sucesos ocurridos en Guatemala: Goldston, 1989: 5-9; Compa y Vogt, 2001: 213-215.

del SPG (Compa y Vogt, 2001: 216). Como sabemos, Guatemala dejó de ser beneficiario del SPG estadounidense tras la firma del Acuerdo de Libre Comercio entre EEUU y Centroamérica y la República Dominicana, de 5 de agosto de 2004[717].

El caso de Indonesia prueba el uso arbitrario que EEUU da a su SPG (Tsogas, 2000: 359). En esta ocasión, a pesar de las constatadas violaciones de DLF y la represión que sufrían los sindicatos en el Estado, evidenciadas por la propia OIT en 1995, EEUU hizo prevalecer el interés económico de las empresas estadounidenses que operaban en territorio indonesio[718] y, aunque llevó a cabo algunas inspecciones, no llegó a suspender las preferencias arancelarias que disfrutaba Indonesia al amparo del SPG. Indonesia, a pesar de introducir tímidas medidas para dar la apariencia de estar mejorando la situación de derechos laborales en el país y evitar inspecciones por parte del USTR, jugaba con la ventaja de saber que nunca le retirarían las preferencias arancelarias, lo, claramente, resta efectividad al SPG estadounidense. El golpe definitivo a la protección de los DLF llegó en 1994, cuando se archivaron todas las peticiones de investigación de supuestas violaciones de DLF, lo que Indonesia interpretó como una "capitulación". El Gobierno indonesio, a partir de entonces, confiaba en que una posible inspección al amparo del SPG nunca se materializaría en la suspensión de las preferencias y, en consecuencia, se volvió más agresivo con los sindicalistas que pretendían una mejora en la protección de los derechos laborales internacionalmente reconocidos (Compa y Vogt, 2001: 227).

---

717 EEUU: Acuerdo de Libre Comercio entre EEUU y Centroamérica y la República Dominicana, 5 de agosto de 2004, *op. cit.*, nota 509.

718 Muchas empresas estadounidenses operaban en aquél momento en Indonesia, dentro de los sectores del petróleo, oro y confección de calzado. Nike tenía especial interés en que Indonesia no viese suspendidas sus preferencias arancelarias para poder fabricar zapatillas en territorio indonesio y exportarlas al mercado estadounidense libres de aranceles (Hadiz, 1997: 161).

El caso de Pakistán es singular, pues la única vez que se le ha sancionado comercialmente por una manifiesta violación de DLF y, más concretamente, por el recurso al trabajo infantil, ha sido en el marco del SPG de EEUU, lo que contrasta con la reticencia de otros Estados y bloques comerciales, como la UE, a retirar los beneficios comerciales a Pakistán. En octubre de 1996, el Presidente Clinton suspendió a Pakistán su condición de beneficiario del SPG estadounidense para determinadas líneas de productos por el uso de trabajo infantil[719]. A pesar de que esta serie de violaciones de DLF persistieron y persisten en la actualidad, la suspensión de las preferencias de Pakistán fue levantada por el apoyo del Gobierno pakistaní al ejército estadounidense en la Guerra de Afganistán y en su lucha contra los talibanes tras el atentado del 11-S del año 2001. En opinión de Compa y Vogt, una vez más, los intereses geopolíticos de EEUU han primado sobre el hipotético deseo de mejorar la protección de los DLF internacionalmente reconocidos (Compa y Vogt, 2001: 231).

A diferencia de Pakistán o Indonesia, dado que en Bielorrusia EEUU no tiene intereses geopolíticos o económicos y el impacto de las importaciones bielorrusas en su economía es apenas significativo, la aplicación del SPG estadounidense fue más automática. Desde la llegada de Alexander Lukashenko al poder el 1994, la economía centralizada de Bielorrusia se volvió cada vez más inestable, disuadiendo la inversión extranjera y el comercio internacional. En 1996, la relación económica entre EEUU y Bielorrusia empeoró y el Gobierno estadounidense suspendió por primera vez la ayuda económica a Bielorrusia, tras la oleada de detenciones arbitrarias fruto del golpe de Estado (Compa y Vogt, 2001: 232). La suspensión de las preferencias arancelarias no llegó hasta octubre del año 2000 y continúa vigente en la actualidad (Blanchard y Hakobyan, 2015: 410).

---

719 EEUU: *Federal Register*, "*Generalized System of Preferences: Pakistan; suspension of preferences* (Proc. 6942)", Vol. 61, núm. 204, pp. 54719-54725, de 21 de octubre de 1996.

Bangladesh, por su parte, constituye uno de los ejemplos de que la condicionalidad contenida en el SPG puede ayudar a mejorar la protección de los DLF. Tras la suspensión de las preferencias arancelarias en junio del año 2013[720] con ocasión de la violación de DLF y cuestiones sobre seguridad y salud en el trabajo, los funcionarios en Bangladesh han estado colaborando estrechamente con los funcionarios estadounidenses para abordar las deficiencias[721]. No obstante, a pesar de los avances en las relaciones comerciales entre EEUU y Bangladesh, los funcionarios estadounidenses continúan expresando sus preocupaciones acerca de la situación de los derechos laborales en el mencionado país y la necesidad de reformas legislativas más profundas (Jones, 2019: 28).

Según los últimos datos, el USTR recibió peticiones de investigación de presuntas violaciones de DLF en relación a Azerbaiyán, Georgia, Kazajistán y Uzbekistán, que aún no han sido cerradas, en relación a Bolivia e Irak, que se cerraron el 25 de octubre de 2019 sin la suspensión de las preferencias arancelarias, y en relación a Tailandia, que se cerró el 25 de octubre de 2019 con la retirada de las preferencias arancelarias para determinadas líneas de productos[722]. La suspensión de las preferencias de Tailandia

---

[720] EEUU: *Federal Register*, "*Generalized System of Preferences: Bangladesh; suspension of preferences* (Proc. 8997)", Vol. 78, núm. 127, pp. 39543-39956, de 2 de julio de 2013.

[721] Estados Unidos está trabajando actualmente con Bangladesh en un "Pacto de sostenibilidad", un enfoque multigubernamental que también involucra a los gobiernos de la UE y Canadá, así como a la OIT "para promover mejoras continuas en los derechos laborales y la seguridad de las fábricas en la industria de prendas confeccionadas y de punto en Bangladesh". La última revisión del Pacto se llevó a cabo en julio de 2018 y en ella, los miembros del Pacto señalaron que era profundizar en la coherencia de la legislación laboral de Bangladesh con los CF de la OIT y su implementación (Jones, 2019: 28).
UE: *Implementation of the Bangladesh Compact – Technical Status Report*, septiembre de 2018. DIsponible en: https://trade.ec.europa.eu/doclib/docs/2018/september/tradoc_157426.pdf

[722] EEUU: *Ongoing Country Reviwes*, diciembre de 2019. Disponible en: https://ustr.gov/issue-areas/preference-programs/generalized-sys-

se hizo efectiva el 25 de abril del año 2020, 6 meses después, tal y como dicta el SPG[723]. Según el USTR, "a pesar del compromiso, Tailandia aún tiene que adoptar medidas para proteger los derechos laborales reconocidos internacionalmente en una serie de áreas importantes identificadas en una petición de 2015 de la Federación Estadounidense del Trabajo y el Congreso de Organizaciones Industriales, como la protección de la libertad de asociación y negociación colectiva. La lista de productos que se excluirán del SPG se centra en productos para los que EEUU es un mercado relativamente importante para Tailandia, pero donde Tailandia representa una parte relativamente pequeña de las importaciones estadounidenses. Además, debido a problemas de derechos laborales de larga data en las industrias de productos del mar y transporte marítimo, se revocará también la elegibilidad del SPG para todos los productos del mar de Tailandia"[724].

5.2.3.3. ¿Es efectiva la protección de los derechos laborales fundamentales en el Sistema de Preferencias Generalizadas de Estados Unidos?

Si algo es innegable es que todos los SPG, incluido el de EEUU, han contribuido a mejorar las balanzas comerciales y la economía de los PVD y los PMA (Klasen *et al.*, 2016: 5). Para evitar que este incremento en las exportaciones de los Estados menos desarrollados redunde en un debilitamiento de los derechos laborales de sus trabajadores y en una carrera a la baja en la protección de los

---

tem-preferences-gsp/current-reviews/ongoing-country (última consulta: 18 de julio de 2023).

[723] EEUU: Proclamación 9955, de 25 de octubre de 2019, "*To Modify Duty-Free Treatment Under the Generalized System of Preferences and for Other Purposes*", *op. cit.*, nota 697.

[724] EEUU: *USTR Announces GSP Enforcement Actions and Successes for Seven Countries*, de 25 de octubre de 2020. Disponible en: https://ustr.gov/about-us/policy-offices/press-office/press-releases/2019/october/ustr-announces-gsp-enforcement (última consulta: 18 de julio de 2023).

DLF (*race to the bottom*), EEUU incluyó en 1984 cláusulas laborales en su SPG, vinculando la concesión de preferencias arancelarias al cumplimiento de los derechos laborales internacionalmente reconocidos. No hacemos referencia a los derechos laborales contenidos en el SPG estadounidense como fundamentales porque, como hemos mencionado, falta el derecho a la no discriminación en el empleo y, sin embargo, EEUU ha incluido las condiciones de trabajo aceptables con respecto al salario mínimo, las horas de trabajo y la seguridad y salud ocupacional. En este sentido, algunos autores resaltan que EEUU ha sido el único Estado que ha priorizado los derechos laborales sobre los derechos humanos en general, al menos en lo que respecta al lenguaje legislativo específico (Greven, 2005: 10).

No obstante, a pesar de los esfuerzos, graves violaciones de DLF persisten en la actualidad en la práctica totalidad estos Estados, tal y como pone de manifiesto año tras año la CEACR en sus informes por país. Dado que es poco probable que el Gobierno de EEUU revise o suspenda los privilegios comerciales para un grupo tan grande de países, lo único que podemos esperar es que el USTR responda de manera selectiva a las violaciones de toda esta serie de derechos (Hafner-Burton *et al.*, 2019: 1256). A la hora de realizar esta selección, como han demostrado algunos estudios empíricos, EEUU tiene más en cuenta factores políticos y geoestratégicos que factores económicos (Lederman y Özden, 2007: 256), aspecto que quedó demostrado en casos como el de Indonesia o Pakistán.

Todo esto conduce a la arbitrariedad en la aplicación del procedimiento de peticiones e investigaciones llevadas a cabo por el USTR. La apertura de un Estado en particular al escrutinio externo, su relación política con EEUU y los vínculos que los sindicatos locales u organizaciones de derechos humanos puedan tener con organismos internacionales también pueden ser decisivos. En 1986, la República de China (Taiwán) protestó contra su selección para ser investigada por considerarla injusta si tenemos en cuenta que la República Popular China no lo había sido, acusando a EEUU de aplicar una doble vara de medir (Amato, 1990:

110). Según George Tsogas, cuanto más abiertos sean los países en desarrollo, o cuanto más políticamente cercanos sean a EEUU, más probabilidades habrá de que sus prácticas laborales sean sometidas a escrutinio (Tsogas, 2000: 357).

Esta arbitrariedad tiene como principal consecuencia que los Estados que finalmente ven suspendidas sus preferencias arancelarias son Estados que, o bien tienen un gobierno o una estructura política que no satisface los intereses de EEUU, como Nicaragua o Siria, o bien no representan una parte importante de las relaciones comerciales exteriores de este Estado, como Bielorrusia, Rumanía, Bangladesh o Sudán (Tsogas, 2000: 357). Muchos de los Estados sobre los que pesan declaraciones constatadas de violación de derechos laborales internacionalmente reconocidos no ven iniciada una investigación y suspendidas sus preferencias arancelarias en el marco del SPG estadounidense por razones de interés político o geoestratégico, lo que nos conduce a afirmar que la protección de los DLF en el SPG de EEUU no es del todo efectiva. Además, incluso si se acepta una petición para su posterior investigación, una simple promesa del gobierno del Estado en cuestión de que adoptará las medidas necesarias para mejorar la protección de los derechos laborales en su territorio a menudo es suficiente para eludir la suspensión de las preferencias arancelarias, si los intereses políticos o económicos subyacentes así lo respaldan (Tsogas, 2000: 358). El caso de Chile fue la excepción que confirma la regla: fue temporalmente suspendido del SPG y utilizado como ejemplo del buen funcionamiento del Sistema, aunque en realidad, lo que pretendía EEUU, era desviar la atención de decisiones arbitrarias anteriores (Tsogas, 2000: 357).

No obstante, el SPG de EEUU y su procedimiento de peticiones de investigación para suspender las preferencias arancelarias a un Estado beneficiario que viola los derechos laborales internacionalmente reconocidos tienen la virtud de constituir un sistema que, por un lado, involucra a actores no estatales, como lo son las confederaciones de trabajadores, los sindicatos y las ONG, que, a *priori*, no tienen intereses más allá de la mera protección de los derechos laborales y que, en el seno de este sistema, tienen la capacidad de desafiar incumplimientos por parte de los Estados beneficiarios del SPG, y que, por otro lado, como consecuencia de lo anterior, pone de manifiesto prácticas que degradan la protección de los DLF internacionalmente reconocidos que, de otro modo, posiblemente no saldrían a la luz (Harvey, 1995: 8).

5.2.4. Críticas y recomendaciones de mejora del Sistema de Preferencias Generalizadas de Estados Unidos frente a su desgeneralización

No son pocos los autores que han criticado el SPG de EEUU por diversos motivos. A continuación, especificaremos algunos de ellos para, posteriormente, realizar las recomendaciones oportunas para que este SPG estadounidense sea más efectivo a la hora de mejorar la protección de los DLF internacionalmente reconocidos.

En cuanto a la importancia de los diferentes SPG dentro de las relaciones comerciales internacionales y su incidencia para mejorar la situación económica de los Estados más desfavorecidos, los primeros en criticar el Sistema han sido los propios PVD, que subrayan su escaso impacto económico, fruto de una incorrecta e interesada interpretación de su esencia por parte de los PD (López-Jurado, 2005: 454). En concreto para EEUU, la cobertura del SGP de las exportaciones de los PVD no ha sido sólida a lo largo del tiempo y la tasa de utilización real ha sido insignificante. Una gran parte de esta escasa o infrautilización se debe a problemas administrativos y técnicos relacionados con el cumplimiento de los requisitos de las normas de origen, siendo otra parte importante el hecho de que muchos PVD abandonan el SPG como consecuencia de haber entrado en relaciones comerciales bilaterales o plurilaterales con EEUU en el marco de un ALC (Dowlah, 2008: 87-88; Jones, 2019: 27).

Por lo que se refiere a los caracteres esenciales del SPG propuesto por la UNCTAD en 1970, estos se van desdibujando con el tiempo y las sucesivas reformas del SPG estadounidense. En primer lugar, algunos autores hablan de "desgeneralización" de las preferencias arancelarias. Estas preferencias ya no se dirigen a la generalidad de los PVD y PMA, sino que se realizan distinciones entre ellos, como el hecho de conceder preferencias más ventajosas a los países del África subsahariana al amparo de la Sección 2466.a) o el hecho de "graduar" el nivel de desarrollo, según los cálculos del BM previstos en la Sección 2462.e), para eliminar del sistema a los PVD que resulten suficientemente competitivos (Mason, 2004: 515). Para evitar una posible declaración de incompatibilidad con el derecho de la OMC y, más concretamente, con la Cláusula de Habilitación por parte del OA de esta Organización, a EEUU le bastaría con alegar que dichas diferenciaciones y graduaciones entre PVD tratan de responder positivamente a sus diferentes necesidades de desarrollo[725] (Mason, 2005: 545-546). En segundo lugar, la nota de no reciprocidad que caracteriza al SPG puede ponerse en tela de juicio cuando, examinando las disposiciones del SPG estadounidense, encontramos que uno de los factores que determinan la elegibilidad de un PVD como beneficiario del Sistema es el esfuerzo realizado por el país en cuestión por asegurar a EEUU un acceso equitativo y razonable a sus mercados. Como indicábamos anteriormente, hay que interpretar esta no reciprocidad en relación a la concesión de preferencias arancelarias en sentido estricto, es decir, a la reducción de barreras de acceso a los mercados, la cual no está reñida con la condicionalidad, ya sea social, medioambiental o de derechos humanos (Bartels, 2003: 526 y 529; Cepillo, 2008: 97). En otras palabras, mientras los PVD no tengan que facilitar a los PD la apertura a sus mercados nacionales a través de la reducción de aranceles, este rasgo esencial quedará a salvo. No obstante, cuando EEUU solicita a

---

725 Si bien para Mason la "graduación" del nivel de desarrollo de los PVD teniendo en cuenta los cálculos del BM no origina problemas de compatibilidad con el derecho de la OMC, lo que sí puede constituir una incompatibilidad es la existencia simultánea de diferentes programas de preferencias arancelarias regionales, concretamente el SPG, la Ley sobre Crecimiento y Oportunidades para África, la Iniciativa de la Cuenca del Caribe o Ley sobre la Asociación Comercial de la Cuenca del Caribe y el Programa de Preferencias Comerciales de Nepal, todos ellos surgidos a raíz de la *Trade Act* de 1974 (Mason, 2004: 547).

los posibles PVD beneficiarios un acceso equitativo y razonable a sus mercados, esta característica esencial del SPG se está corrompiendo. Por último, el hecho de que la unilateralidad y voluntariedad del Sistema sean otras características inherentes a todos los SPG, incluido el de EEUU, ha sido ampliamente criticado por la doctrina, pues dichas características están sirviendo de escudo para que los PD perfilen Sistemas que únicamente responden a sus propios intereses (Dowlah, 2008: 86), sin dar la oportunidad a los PVD de pronunciarse acerca de su contenido. Esta crítica adquiere mayor relevancia si tenemos en cuenta que quien concede las preferencias y fija las normas es una de las principales potencias económicas mundiales, EEUU, y quienes se benefician de esas preferencias suelen ser PVD con dificultades económicas, que se ven constantemente amenazados con su retirada. Unos autores utilizan el término "unilateralismo agresivo" (Alston, 1993) y otros "intimidación comercial" (Compa y Vogt, 2001: 235).

Dentro del funcionamiento del SPG de EEUU, uno de los aspectos que más críticas ha recibido a lo largo de los últimos años es el de su duración, pues, si bien en el primer esquema de 1975 se previó un periodo de duración de 10 años, coincidente con el propuesto en el SPG de la UNCTAD, las posteriores regulaciones han fijado periodos inferiores a los 15 meses que, en la mayoría de casos, expiran a mediados de año (Tsogas, 2000: 353; Dowlah, 2008: 81). Este aspecto resta previsibilidad y seguridad jurídica al Sistema. Además, la falta de un lenguaje claro y específico también ha sido criticada (Harvey, 1995: 5). Por lo que se refiere a los posibles PVD beneficiarios del Sistema, si bien en la OMC rige el sistema de autoelección, esto es, son los propios PVD los que se proclaman como tal, en los diferentes SPG son los PD los que determinan los criterios que ha de reunir un PVD para ser designado como país en desarrollo. La consecuencia más inmediata es que un mismo Estado puede ser beneficiario a ojos de un SPG, pero no serlo a ojos de otro (Jones, 2019: 5). Por último, la disposición relativa a los límites por necesidades competitivas, que autoriza a EEUU a suspender las preferencias arancelarias para un producto determinado de un PVD si dicho producto se vuelve lo suficientemente competitivo como para amenazar la producción nacional estadounidense, ha sido ampliamente criticada. Algunos autores llevan solicitando la eliminación de esta cláusula desde 1977 (Nemmers y Rowland, 1977: 905), por suponer una limitación arbitraria al mercado estadounidense (Snyder, 2012: 828).

La inclusión de elementos de condicionalidad o barreras no comerciales (*non-tariff barriers*) en el SPG de EEUU, en el sentido de condicionar la concesión de preferencias arancelarias al cumplimiento de criterios o normas ajenas al ámbito de las relaciones comerciales internacionales, también ha sido criticada por varios motivos. En primer lugar, porque, según algunos autores, esas condiciones en realidad enmascaran políticas de corte proteccionista (*disguised protectionism*), que únicamente pretenden dar solución a las preocupaciones internas por el aumento de las importaciones y de la competencia de dichas importaciones con la producción nacional (Ehrenberg, 1995: 403; Tsogas, 2000: 366; Grundke y Moser, 2019: 153; Hafner-Burton *et al.*, 2019: 1253). En segundo lugar, porque dentro del binomio condicionalidad positiva *versus* condicionalidad negativa, EEUU parece haberse posicionado en el lado de la condicionalidad social negativa, previendo restricciones comerciales por el incumplimiento de los derechos laborales internacionalmente reconocidos, en forma de suspensión de las preferencias arancelarias, pero no contemplando medidas de condicionalidad positiva que incentiven tal cumplimiento, como la concesión de preferencias arancelarias adicionales (Mason, 2004: 524) En opinión de algunos autores, esta suspensión de las preferencias arancelarias hacen más daño a la población víctima de las violaciones de sus DLF que a los gobiernos responsables de dichas violaciones (Bartels, 2008: 13; Vandenberghe, 2008: 577; Beke y Hachez, 2015: 11). Por último, porque dentro de los elementos de condicionalidad integrados en el SPG estadounidense, EEUU ha dejado deliberadamente fuera la condicionalidad medioambiental[726] (Leal-Arcas y Saveljeff, 2020: 6).

---

[726] Hecho que no sorprende si lo analizamos conjuntamente con otras decisiones por parte del Gobierno estadounidense, como la de denunciar

Atendiendo, concretamente, a la condicionalidad social y a la protección de los DLF dentro del SPG estadounidense, son varias las críticas que hay que resaltar. En primer lugar, uno de los aspectos que la doctrina ha reprochado a EEUU es su definición de derechos laborales internacionalmente reconocidos, por dejar fuera de la clasificación el derecho a la no discriminación, considerado como fundamental por la OIT. Según autores como Compa y Vogt, EEUU está frustrando los esfuerzos realizados por la comunidad internacional por crear un cuerpo coherente de DLF internacionalmente reconocidos (Compa y Vogt, 2001: 234). Además, se ha acusado a EEUU de "hipocresía" por tratar de hacer cumplir a los PVD convenios internacionales que ni siquiera el propio EEUU ha ratificado[727] (Compa y Vogt, 2001: 235). En tercer lugar, el procedimiento de peticiones de investigación para suspender las preferencias arancelarias a un Estado beneficiario que viola los derechos laborales internacionalmente reconocidos ha sido objeto de duras críticas, primero, por la manifiesta subjetividad, tanto de los organismos que realizan las peticiones[728]

---

el Acuerdo de París el pasado 4 de noviembre de 2019. Vid. ONU: *Paris Agreement: United States of America Withdrawal*, de 4 de noviembre de 2019 (C.N.575.2019.TREATIES-XXVII.7.d, de 4 de noviembre de 2019).

727 Recordemos que EEUU solo ha ratificado 2 de los 10 CF de la OIT. Vid. OIT: Ratificaciones de Estados Unidos de los Convenios de la OIT. Disponible en: https://www.ilo.org/dyn/normlex/es/f?p=1000:11200:0::NO:11200:P11200_COUNTRY_ID:102871 (última consulta: 18 de julio de 2023).

728 Las peticiones han sido presentadas por una multiplicidad de organizaciones sindicales, solidarias y de derechos humanos, pero la gran mayoría proviene de la Federación Estadounidense del Trabajo y el Congreso de la Organización Industrial y del Fondo Internacional de Derechos Laborales, una organización de derechos humanos con sede en Washington. Los criterios subyacentes a la selección (o no selección) de los países para la petición no siempre han sido transparentes, pero las consideraciones de política exterior y el nacionalismo económico parecen importantes (Tsogas, 2000: 353). Frundt sostiene que, mientras algunos grupos como el Fondo Internacional de Derechos Laborales actúan con una preocupación genuinamente interna-

como de los órganos encargados de su aceptación o rechazo[729], y, segundo, por el largo periodo de tiempo que pasa desde que se denuncia a un Estado infractor hasta que se le retiran las preferencias arancelarias (Harvey, 1995: 5). Además, en este procedimiento, el USTR aglutina los papeles de fiscal (decide si acepta el caso), de juez (escucha los argumentos de las partes y declara la violación de un derecho laboral internacionalmente reconocido) y de verdugo (aplica la sanción) al mismo tiempo (Compa y Vogt, 2001: 235). Con todo, el aspecto más preocupante de este procedimiento de denuncia de violaciones de derechos laborales internacionalmente reconocidos incluido en el SPG de EEUU ha sido su aplicación arbitraria e inconsistente basada en preocupaciones geopolíticas y de política exterior de las sucesivas administraciones, todas ellas más sensibles a los intereses económicos de las corporaciones multinacionales estadounidenses que a la efectiva protección de los DLF (Sepúlveda, 1976: 220; Tsogas, 2000: 358; Compa y Vogt, 2001: 237; Greven, 1005: 13; Snyder, 2012: 827-828; Blanchard y Hakobyan, 2015: 408). Esta mayor preocupación por intereses geopolíticos ha sido demostrada empíricamente (Lederman y Özden, 2007: 256).

En último lugar, se ha criticado abiertamente que la respuesta ante una violación manifiesta de los derechos laborales internacionalmente reconocidos en el seno del SPG sea la retirada de las preferencias arancelarias. Según Shushanik Hakobyan, cuando un PVD pierde el estatus de beneficiario de un SGP, sus exportaciones en las industrias afectadas caen en un promedio del 19% en el año de exclusión, un 20% adicional en el primer año, y continúan descendiendo un 60% los siguientes tres años (Hakobyan,

---

cionalista por los abusos de derechos laborales, los "nacionalistas de altos salarios" del movimiento sindical oficial (en referencia a la Federación Estadounidense del Trabajo y el Congreso de la Organización Industrial) "a menudo respaldaban peticiones por razones proteccionistas" (Frundt, 1998: 68).

729 Lo cual hemos podido comprobar en la práctica llevada a cabo por EEUU.

2012). Esto supone un grave daño en su economía y dista del principal objetivo del SPG: crear un entorno comercial que facilite el crecimiento de los países en desarrollo y no lo que lo frustre"[730].

Frente a todas estas críticas, la doctrina ha tratado de aportar soluciones, en algunos acertadas, en otros, más bien drásticas. A continuación, examinamos algunas de estas recomendaciones y aportamos nuevas sugerencias.

En relación con la importancia de los diferentes SPG dentro de las relaciones comerciales internacionales y su incidencia para mejorar la situación económica de los Estados más desfavorecidos, las recomendaciones encaminadas a solventar su infrautilización pasan por relajar o flexibilizar los requisitos administrativos y técnicos relacionados con el cumplimiento de las normas de origen (Jones, 2019: 30). Asimismo, algunos autores proponen aumentar la lista de productos cubiertos por el Sistema e incluir en ella algunos productos considerados como "sensibles" a la importación (Jones, 2019: 30). El hecho de que las relaciones comerciales entre EEUU y algunos PVD pasen a regirse por ALC bilaterales o plurilaterales es ineludible – y, de hecho, es también deseable, pues en estos ALC los PVD pueden hacer valer sus intereses en las negociaciones –, pero para los restantes PVD y PMA que permanecen dependientes de las preferencias arancelarias unilaterales, disminuir las barreras técnicas y administrativas es indispensable de cara a mejorar las ratios de utilización de estos sistemas. Algunos autores apuntan, incluso, que estos SPG deberían estar dirigidos únicamente a los PMA, lo cual mejoraría su funcionamiento y eficacia (Jones, 2019: 20-30).

Asimismo, para asegurar que el SPG de EEUU siga salvaguardando los caracteres esenciales de todo esquema preferencial y evitar una posible declaración de incompatibilidad de este SPG estadounidense con la Cláusula de Habilitación, convendría eli-

---

730 UNCTAD: Informe del Secretario General de la Conferencia de Naciones Unidas sobre Comercio y Desarrollo, Ginebra, 23 de marzo – 16 de junio de 1964, vol. II, *op. cit.*, nota 666, p. 3.

minar el requisito de asegurar a EEUU un acceso equitativo y razonable a sus mercados, pues, como hemos mencionado, choca frontalmente con la nota de no reciprocidad. Por otro lado, en relación con la característica de la generalidad, algunos autores han propuesto revisar los criterios de "graduación" del desarrollo de los PVD, según los cuales, algunos PVD dejan de ser elegibles para recibir preferencias arancelarias (Jones, 2019: 31). Por último, respecto del carácter unilateral y voluntario de los SPG, también objeto de críticas, algunos autores han realizado la drástica recomendación de cambiar su esencia e instaurar SPG obligatorios para los PD con la intención de no frustrar su objetivo, regidos por las normas y los principios del sistema multilateral de comercio internacional, esto es, el derecho de la OMC (Dowlah, 2008: 90-92). No obstante, en nuestra opinión, la idea de tratar de transformar el SPG en un instrumento comercial de naturaleza obligatoria se encontraría con la ferviente oposición de los PD, además de con problemas técnicos y jurídicos para integrarlo en el derecho de la OMC.

Para mejorar el funcionamiento del SPG estadounidense y superar algunas de las críticas, desde la doctrina se han aportado recomendaciones como la de volver a Sistemas que prevean una duración de 10 años (Tsogas, 2000: 353; Kennedy, 2012: 616) o, incluso, hacerlo permanente (Jones, 2019: 30), redactar las disposiciones del SPG de manera más clara y concisa, no dando lugar a interpretaciones ambiguas (Harvey, 1995: 5), eliminar los límites por necesidades competitivas o aumentar las cuantías de dichos límites (Nemmers y Rowland, 1977: 905; Snyder, 2012: 828; Jones, 2019: 30), o instaurar el sistema de "autocalificación" de los PVD.

En cuanto a la intención del SPG de EEUU de mejorar la protección de los derechos laborales internacionalmente reconocidos, la primera recomendación, y la más evidente al mismo tiempo, es la ratificación por parte de EEUU y la incorporación de los Convenios núm. 100 y núm. 111 de la OIT, relativos a la igualdad de remuneración y a la no discriminación en el empleo, en la definición que la Sección 2467 del SPG hace de derechos laborales internacionalmente reconocidos, para incluir en el Sistema, de esta manera, el conjunto de derechos laborales considerados como fundamentales por la OIT y aportar coherencia a la práctica internacional en esta materia. Asimismo, convendría revisar los plazos establecidos en el procedimiento de peticiones para la retirada del estatus de beneficiario del SPG con ocasión de la violación de derechos laborales internacionalmente reconocidos, pues, desde que se declara probada dicha violación por parte del USTR hasta que se hace efectiva la suspensión de las preferencias, el Código de Regulaciones Federales de EEUU establece un plazo de 6 meses[731], durante los cuales, se siguen produciendo violaciones de DLF sin consecuencias comerciales. En tercer lugar, para equilibrar la balanza entre condicionalidad social negativa y condicionalidad social positiva, EEUU podría considerar complementar el SPG con programas que otorguen ventajas comerciales adicionales, como el Programa *Better Factories Cambodia* (López y Samaan, 2018: 406), que, recordemos, tuvo buenos resultados[732]. Por último, por lo que se refiere a la arbitrariedad y el uso partidista del procedimiento de peticiones para la suspensión, la única manera de evitarlo y mejorar la efectividad del Sistema y su legitimidad, es con voluntad y movilización política y, según Lace Compa y Jeffrey Vogt, con "paciencia y perspectiva" (Compa y Vogt, 2001: 238).

No obstante, los autores más críticos con la integración de cláusulas laborales en los diferentes sistemas comerciales internacionales han propuesto eliminar todo elemento de condicionalidad de los SPG. Según Kevin Kennedy, "la condicionalidad es un escenario para un mal teatro político, y su impacto en el

---

731 EEUU: Título 15 del Código de Regulaciones Federales de EEUU, 2020, *op. cit.*, nota 712.

732 En el Programa se preveía que, en caso de que la OIT constatase que Camboya estaba cumpliendo con las obligaciones que asumió para mejorar la aplicación de sus propias leyes laborales y proteger los derechos de los trabajadores reconocidos internacionalmente en el sector textil y de la confección, los beneficios comerciales de que disfrutaba Camboya en el marco de su Acuerdo con EEUU se podrían ver incrementados (Polaski, 2003: 21-22; Kolben, 2004; Polaski, 2006: 929; Doumbia-Henry y Gravel, 2006: 222; Aissi *et al.*, 2018: 687).

nivel de desarrollo de los Estados beneficiarios es posiblemente insignificante. Se debe considerar seriamente la eliminación de la condicionalidad en todos los programas SGP de los países donantes" (Kennedy, 2012: 641). En su lugar, Kevin Kennedy aboga por proporcionar a los PVD y PMA ayuda económica para el comercio más centrada y mejor coordinada (Kennedy, 2012: 648).

5.3. EL SISTEMA DE PREFERENCIAS GENERALIZADAS DE LA UNIÓN EUROPEA

Desde su creación, uno de los objetivos fundamentales de la UE es promover el comercio libre y justo[733], lo que se traduce en el desarrollo armonioso del comercio mundial, la supresión progresiva de las restricciones a los intercambios internacionales y la reducción de las barreras arancelarias y de cualquier otro tipo[734]. No obstante, en un mundo cada vez más globalizado e interdependiente, fomentar la participación de todos los Estados en este complejo sistema de relaciones comerciales internacionales se convierte en un imperativo, al estar asociada dicha participación a una mayor riqueza económica, tecnológica, social y cultural. La UE es consciente de ello[735], y, persiguiendo este fin, configura una serie de acciones y políticas comunes, como la PCC o la Política de Cooperación al Desarrollo (PCD), cuya finalidad última es la inserción de los Estados más desfavorecidos en el comercio mundial, así como la reducción de la pobreza y el subdesarrollo.

---

733 Art. 3 TUE. Vid. UE: Versiones consolidadas del Tratado de la Unión Europea y del Tratado de Funcionamiento de la Unión Europea, *op. cit.*, nota 548, p. 17.

734 Art. 206 TFUE. Vid. UE: Versiones consolidadas del Tratado de la Unión Europea y del Tratado de Funcionamiento de la Unión Europea, *Ibíd.*, p. 139.

735 Lo cual se pone de manifiesto en el art. 21.2.e) del TUE, inserto en las disposiciones generales relativas a la Acción Exterior de la Unión Europea. Vid. UE: Versiones consolidadas del Tratado de la Unión Europea y del Tratado de Funcionamiento de la Unión Europea, *Ibíd.*, p. 28.

Como sabemos, PCC de la UE se configura a través de diversos instrumentos jurídicos, entre los que se encuentra su SPG[736], que, a pesar de constituir un instrumento comunitario de naturaleza comercial, está estrechamente vinculado a la PCD de la Unión, pues promueve el crecimiento económico de los PVD y de los PMA a través de la reducción o, incluso, de la eliminación de los derechos arancelarios aduaneros aplicables a algunas de sus mercancías.

5.3.1. Surgimiento y evolución del Sistema de Preferencias Generalizadas de la Unión Europea: a vueltas con su compatibilidad con el derecho de la Organización Mundial del Comercio

5.3.1.1. El primer Sistema de Preferencias Generalizadas de la Comunidad Europea

Tras la propuesta de SPG de la UNCTAD de 1970, plasmada en la Decisión 75 (IV) y en las "Conclusiones convenidas", lo que entonces era la CE adopta el primer SPG al amparo de sus directrices en el año 1971, en pleno proceso de descolonización de las antiguas colonias europeas, para dar respuesta a la situación de insatisfacción de los países subdesarrollados y en vías de desarrollo en el derecho comercial internacional. La UE asume la preocupación de este grupo de Estados como parte estructural de su política comercial, que, aunque establece como objetivo primordial la liberalización del comercio internacional[737], tiene

---

736 El marco regulatorio actual del SPG lo encontramos en el Reglamento (UE) núm. 978/2012 del Parlamento Europeo y del Consejo, de 25 de octubre de 2012, por el que se aplica un Sistema de Preferencias Arancelarias Generalizadas, que entró en vigor formalmente el 1 de enero del año 2014 y cuya fecha de expiración se encuentra prevista para el 31 de diciembre del año 2023 (DO L núm. 303, de 3 de octubre de 2012).

737 Art. 206 TFUE. Vid. UE: Versiones consolidadas del Tratado de la Unión Europea y del Tratado de Funcionamiento de la Unión Europea, *op. cit.*, nota 539, p. 139.

igualmente en cuenta los objetivos de cooperación al desarrollo, y, en concreto, la reducción y, finalmente, erradicación la pobreza y el subdesarrollo en los PVD y de los PMA[738], y la inserción armoniosa y progresiva de esta serie de países en la economía mundial, pues, en palabras de la propia Unión, "el aumento de los intercambios comerciales permite incrementar los ingresos por exportaciones y ayuda a diversificar unas economías centradas en los productos básicos y las materias primas"[739]. Así, para incentivar a estos Estados a servirse del comercio internacional para desarrollar su economía y mejorar sus condiciones de vida, la UE crea y desarrolla su SPG.

Para este primer SPG del año 1971[740], la entonces CE previó un periodo de vigencia de diez años, coincidiendo con el propuesto

---

738 Art. 208 TFUE. Vid. UE: Versiones consolidadas del Tratado de la Unión Europea y del Tratado de Funcionamiento de la Unión Europea, *Ibíd.*, p. 141.

739 UE: Comprender las políticas de la Unión Europea: "El libre comercio es una fuente de crecimiento económico", Comisión Europea, febrero de 2016. Disponible en: https://publications.europa.eu/es/publication-detail/-/publication/9a2c5c3e-0d03-11e6-ba9a-01aa75ed71a1 (última consulta: 1 de octubre de 2020).

740 El primer SPG de la CE se aprobó en virtud de los siguientes Reglamentos: Reglamento (CEE) núm. 1308/71 del Consejo, de 21 de junio de 1971, relativo a la apertura, reparto y modo de gestión de contingentes arancelarios comunitarios para ciertos productos originarios de países en vías de desarrollo (DO L núm. 142 de 28 de junio de 1971); Reglamento (CEE) núm. 1309/71 del Consejo, de 21 de junio de 1971, relativo a la concesión de preferencias arancelarias para ciertos productos originarios de países en vías de desarrollo (DO L núm. 142 de 28 de junio de 1971); Reglamento (CEE) núm. 1310/71 del Consejo, de 21 de junio de 1971, relativo a la apertura, reparto y modo de gestión de contingentes arancelarios comunitarios para ciertos productos textiles originarios de países en vías de desarrollo (DO L núm. 142 de 28 de junio de 1971); Reglamento (CEE) núm. 1311/71 del Consejo, de 21 de junio de 1971, relativo a la concesión de preferencias arancelarias para ciertos productos textiles originarios de países en vías de desarrollo (DO L núm. 142 de 28 de junio de 1971); Reglamento (CEE) núm. 1312/71 del Consejo, de 21 de junio de 1971, relativo a la apertura,

por la UNCTAD y con el contemplado en la Decisión de 1971 del GATT, que fue prolongado posteriormente hasta 1990 y, nuevamente, hasta 1994 para el sector industrial, y 1996 para el sector agrícola (Cepillo, 2008: 135-136). Durante todos estos años, el inicial SPG de la UE permanece invariable respecto de su contenido más elemental, únicamente se van actualizando aspectos como los relativos a los Estados beneficiarios, los productos que gozan de reducciones arancelarias o la cuantía en la que se reducen los aranceles aduaneros.

5.3.1.2. El segundo Sistema de Preferencias Generalizadas de la Comunidad Europea y su intento de adaptación a los acuerdos de la Organización Mundial del Comercio

Finalizadas las negociaciones en el marco de la Ronda de Uruguay de 1994 (y creada la actual OMC), la entonces CE revisa su SPG y aprueba un nuevo Sistema para el periodo 1995-2004[741], que incluye numerosas modificaciones de carácter esencial para

---

reparto y modo de gestión de contingentes arancelarios comunitarios para ciertos productos textiles y de calzado originarios de países en vías de desarrollo (DO L núm. 142 de 28 de junio de 1971); Reglamento (CEE) núm. 1313/71 del Consejo, de 21 de junio de 1971, relativo a la concesión de preferencias arancelarias para ciertos productos textiles y de calzado, originarios de países en vías de desarrollo (DO L núm. 142 de 28 de junio de 1971); Reglamento (CEE) núm. 1314/71 del Consejo, de 21 de junio de 1971, por el que se establece, para ciertos productos de los capítulos 1 a 24 del arancel aduanero común, un sistema de preferencias generalizadas en favor de los países en vías de desarrollo (DO L núm. 142 de 28 de junio de 1971).

741 Reglamento (CE) núm. 3281/94, del Consejo, de 19 de diciembre de 1994, relativo a la aplicación de un plan plurianual de preferencias arancelarias generalizadas para el período 1995-1998 a determinados productos industriales originarios de países en vías de desarrollo (DO L núm. 48, de 31 de diciembre de 1994); Reglamento (CE) núm. 1256/96, del Consejo de 20 de junio de 1996 relativo a la aplicación de un plan plurianual de preferencias arancelarias generalizadas durante el período comprendido entre el 1 de julio de 1996 y el 30 de junio de

adaptarlo al derecho de la OMC, aunque manteniendo su orientación al desarrollo de los PVD, y, en concreto, al desarrollo de los países menos favorecidos[742]. Dentro de estas modificaciones destaca la creación de diversos regímenes preferenciales especiales y el sometimiento de la concesión de preferencias comerciales al cumplimiento de diversos convenios sobre protección del medio ambiente y estándares laborales fundamentales internacionalmente reconocidos. Concretamente, en este actualizado SPG se crea un régimen general, aplicable a los Estados menos avanzados y a los Estados comprometidos en la lucha contra la droga; un régimen especial para estimular la protección de los derechos laborales, para los países que apliquen en el ámbito interno los CF de la OIT núm. 87 y 98 relativos al derecho de organización y negociación colectiva, y núm. 138 relativo a la edad mínima de admisión al empleo; y un régimen especial para estimular la protección del medio ambiente. Por vez primera en la historia de la organización internacional que hoy es la UE, se integran cláusulas laborales a través de las que se somete la concesión de aranceles aduaneros más ventajosos al cumplimiento de las normas laborales fundamentales convenidas a nivel internacional (Liñán e Hinojosa, 2001: 322), pues una vulneración de estas normas, según el art. 9 del Reglamento (CE) núm. 3281/94, da lugar a la suspensión temporal del disfrute de las preferencias arancelarias. Algunos ejemplos de supuestos que pueden motivar la retirada temporal de estos beneficios son la práctica de cualquier tipo de esclavitud o trabajo forzoso, la exportación de productos fabricados en prisiones, casos manifiestos de prácticas comerciales desleales o la violación grave y sistemática de la libertad de asociación, del derecho a la negociación colectiva, del principio de no discriminación en materia de empleo y trabajo, o el recurso

1999 a determinados productos agrícolas originarios de países en vías de desarrollo. (DO L núm. 160, de 29 de junio de 1996).

742 UE: Comunicación de la Comisión al Parlamento y al Consejo de 1 de junio de 1994 para la integración de los países en vías de desarrollo en el sistema de comercio internacional "El rol del SPG de la UE para 1995-2004" (COM (94) 212 final, Bruselas, de 1 de junio de 1994).

al trabajo infantil, supuestos que hacen referencia a algunos de los CF de la OIT. Como bien apunta Joan David Janer Torrens, "la adopción de estas medidas de carácter sancionador no se vinculaban directamente a la constancia de que se vulnerasen los derechos laborales y medioambientales a cuyo respeto se vinculaba la concesión del régimen especial de estímulo, sino que eran aplicables a todos los países beneficiarios del SPG" (Janer, 2017: 637).

En los posteriores Reglamentos (CE) núm. 2820/98 y núm. 2501/2001[743] que prorrogan el Sistema apenas se introducen variaciones, únicamente se reconfiguran los regímenes preferenciales especiales y se añaden nuevos CF de la OIT[744].

5.3.1.3. ¿Un punto de inflexión? El Asunto Comunidades Europeas — Condiciones para la concesión de preferencias arancelarias a los países en desarrollo y la compatibilidad del SPG+ con el derecho de la Organización Mundial del Comercio

En diciembre del año 2001 la CE aprueba el Reglamento (CE) núm. 2501/2001 relativo a la aplicación de un sistema de preferencias arancelarias generalizadas para el periodo comprendido entre el 1 de enero de 2002 y el 31 de diciembre de 2004[745]. En este SPG comunitario, la CE configura 5 regímenes preferenciales

[743] Reglamento (CE) núm. 2820/98 del Consejo, de 21 de diciembre de 1998, relativo a la aplicación de un plan plurianual de preferencias arancelarias generalizadas durante el periodo comprendido entre el 1 de julio de 1999 y el 31 de diciembre de 2001 (DO L núm. 357, de 30 de diciembre de 1998); Reglamento (CE) núm. 2501/2001 del Consejo, de 10 de diciembre de 2001, relativo a la aplicación de un sistema de preferencias arancelarias generalizadas para el periodo comprendido entre el 1 de enero de 2002 y el 31 de diciembre de 2004 (DO L núm. 346, de 31 de diciembre de 2001).

[744] Concretamente, se incluían los Convenios núm. 29 y 105 sobre el trabajo forzado y los Convenios núm. 100 y 111 sobre la no discriminación en materia de empleo y trabajo.

[745] UE: Reglamento (CE) núm. 2501/2001 del Consejo, de 10 de diciembre de 2001, relativo a la aplicación de un sistema de preferencias aran-

diferentes, a saber: un régimen general; un régimen especial de estímulo a la protección de los derechos laborales; un régimen especial de estímulo para la protección del medio ambiente; un régimen especial en favor de los países menos desarrollados; y un régimen especial de apoyo a la lucha contra la producción y el tráfico de droga[746]. Según el art. 10 del Reglamento, relativo al régimen de apoyo a la lucha contra la producción y el tráfico de droga, "quedan totalmente suspendidos los derechos *ad valorem* del arancel aduanero común sobre los productos que (...) queden incluidos en el régimen especial de apoyo a la lucha contra la producción y el tráfico de drogas (...) y sean originarios de países que, con arreglo a la columna I del Anexo I, se beneficien de dicho régimen"[747]. Prestando atención al Anexo I, se observa que los Estados beneficiarios del régimen de apoyo a la lucha contra la producción y el tráfico de drogas contemplado en el SPG comunitario del año 2001 eran Bolivia, Colombia, Costa Rica, Ecuador, Guatemala, Honduras, Nicaragua, Panamá, Perú, El Salvador, Venezuela y, sorprendente, Pakistán. No obstante, este Reglamento no especifica en su Título IV, en el que se desarrollaba este régimen especial, ni los criterios para constituirse como posible Estado beneficiario, ni el procedimiento a través del cual la Comisión nombra a los beneficiarios del régimen de apoyo a la lucha contra la producción y el tráfico de drogas, al que en adelante denominaremos "Régimen Drogas".

Esta falta de previsibilidad y transparencia, unido al hecho de que Pakistán fuese curiosamente beneficiario del Régimen Drogas[748], hizo que la India, Estado beneficiario del régimen general,

---

celarias generalizadas para el periodo comprendido entre el 1 de enero de 2002 y el 31 de diciembre de 2004, *op. cit.*, nota 743.

746 *Ibíd.* p. 4.

747 *Ibíd.* p. 8.

748 En 2001, la CE incluyó a Pakistán como beneficiario de sus preferencias adicionales en el marco del Régimen Droga. La Comisión Europea reconoció que esta inclusión fue una especie de recompensa a Pakistán por su posición contra los talibanes y también se hizo para obtener acceso al mercado pakistaní. La concesión de preferencias adicionales

impugnase el Reglamento (CE) núm. 2501/2001 ante el OSD de la OMC, solicitando el establecimiento de un GE y la declaración de incompatibilidad del Régimen Drogas con el art. I del GATT, es decir, con la Cláusula de NMF, no encontrándose exceptuado por la Cláusula de Habilitación, que establece que todo SPG ha de ser "no discriminatorio". El asunto recibió el nombre de Comunidades Europeas – Condiciones para la concesión de preferencias arancelarias a los países en desarrollo y lo que en él se decide, en definitiva, es si los PD pueden establecer regímenes especiales más ventajosos para determinados PVD en atención a sus circunstancias económicas y de desarrollo sin incurrir en una discriminación arbitraria.

En el Informe del GE distribuido el 1 de diciembre del año 2003[749], el GE concluyó, entre otros, que la India había demostrado que el Régimen Droga de la CE era incompatible con el párrafo 1 del art. I del GATT y que dicho régimen no estaba justificado ni de conformidad con el párrafo 2.a) de la Cláusula de Habilitación relativo a un SPG generalizado, no recíproco y no discriminatorio, ni de conformidad con el art. XX.b) del GATT relativo a excepciones generales[750], pues, según el GE, las preferencias arancelarias concedidas al amparo del Régimen Droga no se otorgaban a los productos similares originarios de todos los demás miembros de la OMC, incluidos los productos originarios de la India (López-Jurado, 2005: 466). A tenor de lo dispuesto en el Informe, "el GE constata que la expresión `sin discriminación´ de la nota 3 (de la Cláusula de Habilitación) exige que en el marco de los esquemas SGP se concedan preferencias arancelarias idén-

---

a los textiles y prendas de vestir de Pakistán dio lugar a distorsión de las condiciones de competencia entre India y Pakistán que ocasionó un impacto negativo en las exportaciones de la India, ya que India y Pakistán eran competidores en la exportación de textiles y prendas de vestir a la UE (Kishore, 2016: 103-104).

749 OMC: Informe del GE de la OMC: Comunidades Europeas – Condiciones para la concesión de preferencias arancelarias a los países en desarrollo, *op. cit.*, nota 672.

750 *Ibíd.*, párr. 8.1.

ticas a todos los países en desarrollo sin establecer diferencias, con la excepción de la aplicación de limitaciones a *priori*"[751].

Por su parte, el OA, en su Informe de 7 de abril de 2004[752], llegó a la misma conclusión de que el Régimen Droga no estaba justificado de conformidad con el párrafo 2.a) de la Cláusula de Habilitación, pero se aparta de la interpretación del GE en relación a los términos "países en desarrollo" o "sin discriminación"[753].

La entonces CE, a la hora de apelar el Informe del GE ante el OA, alegó que "un trato `sin discriminación´ no es sinónimo de un trato formalmente igual y que tratar de forma diferente situaciones que son objetivamente diferentes no es discriminatorio"[754] y para ello se apoyó en el párrafo 3.c), que declara que el trato previsto en la Cláusula de Habilitación "deberá estar concebido y, si es necesario, ser modificado de modo que responda positivamente a las necesidades de desarrollo, financieras y comerciales de los países en desarrollo"[755]. Es decir, para la CE, era posible establecer regímenes especiales más ventajosos siempre que respondiesen positivamente a las necesidades de desarrollo, financieras y comerciales de los países en desarrollo.

El OA dio finalmente la razón a la CE y afirmó que, efectivamente, "el párrafo 3.c) de la Cláusula de Habilitación autoriza a los países que conceden preferencias a `responder positivamen-

---

751 *Ibíd.*, párr. 7.161.
Cuando el GE habla de limitaciones a *priori* se refiere a las limitaciones o excepciones ya previstas en la propia Cláusula de Habilitación relativas a los PMA que, por su situación, sí son susceptibles de recibir preferencias arancelarias más ventajosas.

752 OMC: Informe del Órgano de Apelación de la OMC: Comunidades Europeas – Condiciones para la concesión de preferencias arancelarias a los países en desarrollo, *op. cit.*, nota 676.

753 *Ibíd.*, párr. 190.

754 *Ibíd.*, párr. 149.

755 OMC: Decisión sobre Trato diferenciado y más favorable, reciprocidad y mayor participación de los países en desarrollo, de 28 de noviembre de 1979, *op. cit.*, nota 692, p. 210.

te´ a `necesidades´ que *no* sean necesariamente comunes a todos los países en desarrollo o no sean compartidas por todos ellos. En consecuencia, la respuesta a las `necesidades de los países en desarrollo´ puede entrañar un trato diferente a países en desarrollo beneficiarios diferentes"[756]. No obstante, el OA matizó que "el párrafo 3.c) no autoriza *cualquier* tipo de respuesta a *cualquier* supuesta necesidad de los países en desarrollo"[757]. Para que este trato diferente se encuentre amparado por el párrafo 3.c) de la Cláusula de Habilitación se tenían que cumplir una serie de condiciones[758]: en primer lugar, los países que conceden preferencias deben ofrecer la posibilidad de obtener preferencias arancelarias idénticas a todos los beneficiarios que se hallen en una situación similar[759]; en segundo lugar, los tipos de necesidades para los que se prevé una respuesta se reducen a las "necesidades de desarrollo, financieras y comerciales" determinadas con arreglo a una pauta objetiva, pudiendo constituir esta pauta el amplio reconocimiento de una determinada necesidad en el Acuerdo de Marrakech de 1994 o en instrumentos multilaterales adoptados por organizaciones internacionales[760]; en tercer lugar, la respuesta dada a las necesidades de los países en desarrollo ha de ser "positiva" en el sentido de ser preciso que la respuesta de un país que concede preferencias se dé con el fin de *mejorar* la situación de desarrollo,

---

756 OMC: Informe del Órgano de Apelación de la OMC: Comunidades Europeas – Condiciones para la concesión de preferencias arancelarias a los países en desarrollo, *op. cit.*, nota 676, párr. 162.
Este párrafo del Informe del OA autoriza o, en palabras de autores como Bartels o Pauwelyn, da derecho a los PD a diferenciar entre Estados beneficiarios del Sistema. Concretamente, Pauwelyn afirma que "además de otorgar un `derecho´ a diferenciar entre beneficiarios, el párrafo 3.c) también obliga a los donantes a hacerlo, aunque solo de manera `positiva´" (Charnovitz *et al.*, 2004: 256).

757 *Ibíd.*, párr. 163.

758 Siguiendo la enumeración de Gruszczynski, 2006-2008: 224.

759 OMC: Informe del Órgano de Apelación de la OMC: Comunidades Europeas – Condiciones para la concesión de preferencias arancelarias a los países en desarrollo, *op. cit.*, nota 676, párr. 154.

760 *Ibíd.* párr. 163.

financiera o comercial de un país beneficiario, sobre la base de la necesidad concreta de que se trate[761]; en cuarto lugar, debe haber un nexo suficiente entre el trato preferencial concedido en el marco de un régimen especial y la probabilidad de paliar la necesidad de desarrollo, financiera o comercial pertinente[762]; por último, este trato diferente más favorable no debe imponer obstáculos o a crear dificultades indebidas al comercio de otras Partes Contratantes[763]. En consecuencia, un esquema SGP puede ser un esquema "sin discriminación" aun cuando no se conceda un tratamiento arancelario "idéntico" a "todos" los beneficiarios del SGP, siempre que se cumplan las condiciones anteriormente previstas[764]. En otras palabras, el OA autorizó a los PD a discriminar entre PVD y otorgar preferencias arancelarias más ventajosas a algunos de ellos siempre que se cumpliesen las condiciones anteriormente mencionadas (Mason, 2004: 516).

No obstante, aunque el "Régimen Droga" podría parecer, *a priori*, amparado por la interpretación del OA, sin embargo, este órgano de la OMC lo declaró finalmente incompatible con el requisito de "no discriminación" de la nota 3 de la Cláusula de Habilitación porque la CE no había logrado probar que las preferencias concedidas en el marco del "Régimen Droga" están a disposición de todos los beneficiarios del SGP a los que afecta de forma similar el problema de la droga[765]. El OA recordó que este régimen "se limita a los 12 países en desarrollo designados beneficiarios en el Anexo I del Reglamento" sin establecer "un mecanismo que permita la incorporación de otros beneficiarios a la lista"[766]. La inexistencia de dicho mecanismo había sido expresamente reconocida por la CE[767]. Además, "el propio `Régi-

761 *Ibíd.*, párr. 164.
762 *Ibíd.*
763 *Ibíd.*, párr. 167.
764 *Ibíd.*, párr. 165.
765 *Ibíd.*, párr. 180.
766 *Ibíd.*, párr. 181.
767 *Ibíd.*, párr. 182.

men Droga´ no establece condiciones previas claras que, en caso de cumplirse, permitan que otros países en desarrollo a los que afecta de forma similar el problema de la droga sean incluidos entre los beneficiarios del `Régimen Droga´"[768]. Por toda esta falta de transparencia, de previsibilidad y de la posibilidad de un trato arancelario idéntico a todos los beneficiarios del SGP que se hallen en una situación similar, el OA concluyó que el "Régimen Droga" resultaba discriminatorio a efectos de la nota 3 de la Cláusula de Habilitación y recomienda a la CE revistar la configuración de su SPG.

En opinión de algunos autores, la interpretación que el OA hace de la Cláusula de Habilitación resulta acertada, pues limita la discrecionalidad de los PD a la hora de configurar sus SPG, aunque sigan teniendo la posibilidad de establecer diferentes regímenes de preferencias arancelarias dentro de un mismo Sistema con la condición de que los criterios de estas preferencias no sean discriminatorios, evitando, de esta manera, la desaparición de la condicionalidad positiva defendida por la UE en su SPG (Durán y Morgera, 2005: 177; López-Jurado, 2005: 471). No obstante, otros autores son más críticos con el pronunciamiento del OA. Por ejemplo, Lorand Bartels afirma que "si bien el OA derogó el Régimen Droga debido a la falta de transparencia, se podría argumentar que la Cláusula de Habilitación no requiere transparencia en la administración de los SPG porque la falta de transparencia no equivale necesariamente a discriminación, incluso en el caso de una lista cerrada, siempre que el donante del SPG haya evaluado correctamente las necesidades de los beneficiarios y las respuestas a esas necesidades" (Bartels, 2005: 483-484). No obstante, como bien apunta Pallavi Kishore, "este argumento ignora el hecho de que las listas cerradas no pueden existir en el caso de una evaluación adecuada de las necesidades y de las respuestas a esas necesidades, que solo pueden lograrse practicando la transparencia" (Kishore, 2016: 110). Según este último autor, la

---

768 *Ibíd.*, párr. 183.

decisión del OA otorga más libertad a los Estados donantes de preferencias para distinguir entre beneficiarios, siempre que estas distinciones cumplan los requisitos establecidos en la Cláusula de Habilitación. Como consecuencia, el OA constató la posibilidad de que los PD incluyan condiciones, aunque estas no sean económicas, lo cual no resulta favorable a los posibles beneficiarios que no pueden cumplir *de facto* con esta condicionalidad. Los beneficiarios deben poder cumplir con las condiciones si quieren beneficiarse de unas preferencias más ventajosas, por lo que las propias condiciones están condicionadas a la capacidad de los beneficiarios. Condiciones que, por otra parte, demuestran el deseo de los Estados donantes de mantener el unilateralismo al otorgar preferencias, lo que equivale a un "proteccionismo disfrazado" (Kishore, 2016: 111, 114 y 116). En relación a la condicionalidad autorizada por el OA en su Informe, Joost Pauwelyn, a pesar de ser un firme defensor de la integración de disposiciones laborales en el derecho de la OMC, afirma que "estas referencias al Derecho internacional general y al reconocimiento de base amplia en otras organizaciones internacionales pueden constituir `la mecha´ para los que aborrecen tales referencias" (Charnovitz *et al.*, 2004: 258). Este autor hubiese preferido que el OA hubiese experimentado primero con referencias a tratados o reglas que hayan sido explícitamente consentidos por, al menos, las partes involucradas en el asunto, esto es, la India y la CE, pues al recurrir demasiado, en estos momentos, a definiciones generales ambiguas, costumbres o "reconocimientos de base amplia", corre el riesgo de socavar los intentos legítimos de interpretar las normas de la OMC en el contexto más amplio del Derecho internacional (Charnovitz *et al.*, 2004: 258).

Tras el Informe del OA del año 2004 declarando el Régimen Droga incompatible con las disposiciones de la Cláusula de Habilitación de 1979, la OMC recomendó a la CE revisar su SPG, motivo por el cual, la CE aprueba en el año 2005 el Reglamento

(CE) núm. 980/2005[769]. Este nuevo Reglamento establece tres regímenes diferentes: un régimen general, un régimen especial de estímulo del desarrollo sostenible y la gobernanza, y un régimen especial para los países menos desarrollados.

El régimen especial de estímulo del desarrollo sostenible y la gobernanza, comúnmente denominado SPG+, aglutina los anteriores regímenes especiales de estímulo de la protección de los derechos laborales, por un lado, y de protección del medio ambiente, por otro lado, y en él se conceden aranceles aduaneros nulos a los productos originarios de PVD que cumplan con los requisitos contenidos en el art. 9 del Reglamento. Así, en primer lugar, el SPG+ podrá concederse a los países que "a) hayan ratificado y aplicado efectivamente los convenios indicados en la parte A del Anexo III, b) hayan ratificado y aplicado efectivamente, como mínimo, siete de los convenios indicados en la parte B del Anexo III, c) se comprometan a ratificar y aplicar efectivamente, a más tardar el 31 de diciembre de 2008, los convenios indicados en la parte B del Anexo III que aún no hayan ratificado y aplicado efectivamente, y d) se comprometan a mantener la ratificación de los convenios y sus disposiciones de aplicación y acepten la supervisión y revisión periódicas de su aplicación de conformidad con tales disposiciones"[770], incluyendo este mencionado Anexo III 27 convenios internacionales sobre derechos humanos, medio ambiente, gobernanza y DLF, entre los que se incluyen los CF de la OIT, que responden a la convicción de que dichas normas tienen una vocación universal y reflejan en su contenido Derecho internacional general de naturaleza consuetudinaria (Marín, 2019: 216). En segundo lugar, para ser beneficiario del SPG+, el Estado en cuestión debe ser considerado "vulnerable", siendo necesario

---

[769] Reglamento (CE) núm. 980/2005 del Consejo, de 27 de junio de 2005, relativo a la aplicación de un sistema de preferencias arancelarias generalizadas (DO L núm. 169, de 30 de junio de 2005).

[770] Vid. Art. 9.1 del Reglamento (CE) núm. 980/2005 del Consejo, de 27 de junio de 2005, relativo a la aplicación de un sistema de preferencias arancelarias generalizadas, *Ibíd.*, p. 7.

para ello que "a) no esté clasificado por el Banco Mundial como país con ingresos elevados durante tres años consecutivos y cuyas cinco principales secciones de sus exportaciones a la Comunidad acogidas al SPG representen más del 75 % del valor del total de sus exportaciones acogidas al SPG, y b) cuyas exportaciones a la Comunidad acogidas al SPG representen menos del 1 % del valor del total de las exportaciones a la Comunidad acogidas al SPG"[771]. Si un Estado beneficiario del SPG+ viola grave y sistemáticamente de los principios establecidos en los convenios internacionales contenidos en el Anexo III, sobre la base de las conclusiones de los órganos de supervisión pertinentes, se procederá a la retirada con carácter temporal de las preferencias arancelarias de todos o parte de sus productos[772].

Como vemos, este nuevo Reglamento acomoda, *a priori*, sus disposiciones a lo dispuesto en el Informe del OA del año 2004, en el que se autoriza a los PD a graduar sus preferencias, siempre que se cumpliese con una serie de condiciones. En cuanto a la primera condición, de que dichas preferencias más favorables deben ser accesibles a todos los PVD que se encontrasen en la misma situación, el Reglamento establece que el SPG+ podrá concederse a los países vulnerables que cumplan con los requisitos establecidos en el art. 9, es decir, cualquier PVD vulnerable que ratifique y aplique las convenciones del Anexo III podrá ser beneficiario del SPG+. En cuanto a la segunda condición, que establece que las necesidades de desarrollo, financieras y comerciales deben ser determinadas con arreglo a una pauta objetiva, esta también se cumple al hacer referencia el Reglamento a convenciones internacionales multilaterales y clasificaciones del BM, entre otros. La tercera condición, sobre la necesidad de que la respuesta sea "positiva"

771 Vid. Art. 9.3 del Reglamento (CE) núm. 980/2005 del Consejo, de 27 de junio de 2005, relativo a la aplicación de un sistema de preferencias arancelarias generalizadas, *Ibíd.*

772 Vid. Art. 16.1 del Reglamento (CE) núm. 980/2005 del Consejo, de 27 de junio de 2005, relativo a la aplicación de un sistema de preferencias arancelarias generalizadas, *Ibíd.*, p. 10.

en el sentido de mejorar la situación de subdesarrollo del país, también se cumple si entendemos que la ratificación y aplicación de las convenciones recogidas en el Anexo III van a contribuir a mejorar la situación de subdesarrollo del Estado beneficiario en cuestión. La cuarta condición de un nexo suficiente entre el trato preferencial concedido en el marco de un régimen especial y la probabilidad de paliar la necesidad de desarrollo, financiera o comercial pertinente, también puede entenderse salvaguardada. La quinta y última condición, esto es, que este trato diferente más favorable no debe imponer obstáculos o a crear dificultades indebidas al comercio de otras Partes Contratantes, aunque más difícil de probar, también puede entenderse, *a priori*, cumplida. De esta manera, el Reglamento (CE) 980/2005, y, en concreto, el SPG+, cumple formalmente con la interpretación que el OA realiza en el año 2004 de la Cláusula de Habilitación.

No obstante, no han sido pocas las voces críticas que se han pronunciado acerca de la compatibilidad de este recién creado SPG+ con el derecho de la OMC. En concreto, las críticas más aplaudidas por la doctrina han sido las aportadas por Lorand Bartels.

En primer lugar, Lorand Bartels arremete contra las 27 convenciones internacionales recogidas en el Anexo III del Reglamento 980/2005[773]. Según este autor, cuando el OA menciona las convenciones multilaterales adoptadas por organizaciones internacionales como pauta objetiva, a lo que se refiere es que estas convenciones constituyen una "evidencia" de un estándar objetivo, lo cual difiere totalmente de darle importancia al acto formal de ratificar un convenio, que es lo que la CE hace en su Reglamento (Bartels, 2007: 877). En relación con la ratificación de las mencionadas convenciones, este autor defiende que ratificar un tratado internacional nada tiene que ver con las necesidades de desarro-

773 Para Pallavi Kishore, es posible que estas 27 convenciones internacionales hayan sido cuidadosamente seleccionadas por la CE para beneficiar a determinados Estados (Kishore, 2016: 122).

llo de cada país, pues puede darse la situación de que un Estado que no ha ratificado una convención internacional tenga idénticas necesidades de desarrollo que otro Estado que sí lo ha hecho (Bartels, 2007: 877). Los motivos que pueden llevar a un Estado a no ratificar una convención internacional sobre protección del medio ambiente o DLF pueden estar relacionados con la incapacidad real de ese Estado de asumir las obligaciones contenidas en la convención en cuestión, bien por su estructura política o bien por la falta de medios financieros o técnicos. Además, hay miembros de la OMC, como Macao, que carecen de la personalidad jurídica internacional para ratificar esta serie de convenciones, lo que inmediatamente lo priva de ser elegible para el SPG+, a pesar de estar en la misma situación de subdesarrollo que otros Estados beneficiarios, violando, de esta forma, la primera condición que establece que las preferencias más favorables deben ser accesibles a todos los PVD que se encuentren en la misma situación (Bartels, 2007: 877). Por último, con relación a las convenciones internacionales, Lorand Bartels critica la necesidad de ratificación previa de las 27 convenciones contenidas en el Anexo III para poder disfrutar de preferencias más ventajosas, pues se traslada a los PVD los costes de dicha ratificación sin garantía de que posteriormente vayan a resultar beneficiarios del SPG+ (Bartels, 2007: 881). Por todo lo anterior, la necesidad de ratificar convenciones internacionales para disfrutar de preferencias más ventajosas, si bien no constituye una discriminación *de jure*, sí constituye una discriminación *de facto* (Slok-Wodkowska, 2013: 66; Kishore, 2016: 122).

En segundo lugar, Lorand Bartels arremete contra el criterio de "vulnerabilidad" recogido en el art. 9 del Reglamento, pues la vulnerabilidad no se define en función de la vulnerabilidad como tal del país, sino en términos de importaciones al mercado europeo, factor, según este autor, totalmente diferente. "Como tal, por definición, las importaciones al mercado europeo no pueden ser un criterio relevante para discriminar entre PVD" (Bartels, 2007: 882).

En tercer y último lugar, Lorand Bartels critica la "lista cerrada" de Estados beneficiarios del SPG+, pues, según el Reglamento, pasada la fecha de presentación de candidaturas, no hay posibilidad de disfrutar de este régimen especial hasta el año 2009, momento de revisión del Reglamento. Según el autor, esta lista cerrada no solo difiere de lo dispuesto en los anteriores regímenes especiales del año 2001, sino que contradice directamente el Informe del OA de la OMC, que derogaba el "Régimen Droga", entre otros, por su lista cerrada de 12 Estados beneficiarios (Bartels, 2007: 882).

Así, todos los requisitos añadidos en el Reglamento 980/2005 para poder disfrutar del SPG+ hacen afirmar a Lorand Bartels que estamos ante un instrumento incompatible con el derecho de la OMC y restrictivo que podría, incluso, calificarse de proteccionista[774] (Bartels, 2008: 19).

5.3.1.4. El actual Sistema de Preferencias Generalizadas: el Reglamento (UE) núm. 978/2012

El 25 de octubre de 2012 se aprueba el Reglamento (UE) núm. 978/2012[775], que modifica el SPG vigente hasta la fecha y fija las nuevas líneas de actuación para el periodo 2014-2023, introduciendo cambios esenciales en el Sistema. Quizá, la modificación más característica de este nuevo SPG de la UE es la distinción que hace entre países elegibles y países finalmente beneficiarios de las preferencias arancelarias. Ahora ya no todos los PVD van a recibir aranceles más beneficiosos de cara a mejorar su desarrollo económico, sino que de los PVD inicialmente elegibles, solo algunos de ellos finalmente recibirán esos beneficios comerciales. Este cambio, según la opinión del profesor Miguel Ángel Cepillo Galvín, afecta de forma sustancial a uno de los caracteres esenciales del SPG de la UNCTAD de 1970, el de la generalidad, "al trans-

774 Siendo esta afirmación compartida por autores como Carmen López-Jurado (López-Jurado, 2011: 461) o Rafael Marín Aís (Marín, 2019: 217).

775 UE: Reglamento (UE) núm. 978/2012 del Parlamento Europeo y del Consejo de 25 de octubre de 2012 por el que se aplica un sistema de preferencias arancelarias generalizadas y se deroga el Reglamento (CE) no 732/2008 del Consejo, *op. cit.*, nota 744.

formarse en un instrumento selectivo y destinado, en principio, exclusivamente a aquellos países en desarrollo que se encuentran en determinadas circunstancias" (Cepillo, 2013: 838). Por otra parte, este nuevo SPG de la UE, también se caracteriza por poner un mayor énfasis en garantizar la efectiva implementación de los Convenios recogidos en el Anexo VIII, relativos a derechos humanos, derechos laborales, medio ambiente y buena gobernanza, a través de mecanismos de supervisión más rigurosos. Este cambio se produce para dar respuesta a las críticas recibidas en las anteriores regulaciones sobre su laxitud (Portela y Orbie, 2014: 68). El funcionamiento de este Reglamento lo estudiamos en el epígrafe subsiguiente.

5.3.2. El funcionamiento del Sistema de Preferencias Generalizadas de la Unión Europea y la importancia del SPG+

Como ya se ha mencionado, el actual SPG de la UE cuenta con tres regímenes diferentes: un régimen general, un régimen especial de estímulo del desarrollo sostenible y la gobernanza, comúnmente denominado SPG+, y un último régimen especial denominado "Todo Menos Armas", cuyo funcionamiento pasamos a analizar a continuación.

En primer lugar, el Reglamento (UE) núm. 978/2012 cuenta con un régimen general, según el cual, a tenor de lo dispuesto en el art. 7, quedan totalmente suspendidos los derechos del arancel aduanero común sobre los productos clasificados como productos no sensibles (excepto los componentes agrícolas) y los derechos *ad valorem* del arancel aduanero común sobre los productos clasificados sensibles se reducirán 3,5 puntos porcentuales[776]. Como indica el último Informe de la Comisión Europea al Parlamento y al Consejo sobre el sistema de preferencias arancelarias genera-

---

[776] *Ibíd.*, p. 6.

lizadas relativo al período 2018-2019[777], los beneficiarios del régimen general fueron 18 Estados.

El Reglamento incluye también un régimen especial de estímulo al desarrollo sostenible y la gobernanza o SPG+ que otorga un trato preferencial más favorable que el régimen general a sus beneficiarios. Según el art. 12, "quedan suspendidos los derechos *ad valorem* del arancel aduanero común sobre todos los productos enumerados en el Anexo IX originarios de un país beneficiario del SPG+, así como los derechos específicos del arancel aduanero común sobre los productos contemplados en el apartado 1, excepto aquellos para los cuales el arancel aduanero común prevea derechos *ad valorem*"[778]. Según el Informe de la Comisión sobre el SPG para el periodo 2018-2019, los Estados beneficiarios fueron 9. Pakistán, como comentaremos más adelante, es uno de los Estados beneficiarios más polémicos de este régimen especial.

Por último, el Reglamento contempla un régimen especial denominado "Todo Menos Armas" (TMA) para los PMA por el cual, tal y como establece el art. 18, "quedan totalmente suspendidos los derechos del arancel aduanero común sobre todos los productos originarios de los Estados beneficiarios salvo las armas y municiones"[779]. 49 son los Estados beneficiarios de este régimen especial.

Respecto de SPG comunitarios anteriores, este Reglamento (UE) núm. 978/2012 introduce numerosas reformas, algunas de las cuales, satisfacen las críticas realizadas por la doctrina respecto de reglamentaciones anteriores. No obstante, otras muchas modificaciones introducidas en este nuevo instrumento jurídico han

---

777 UE: Informe Conjunto al Parlamento Europeo y al Consejo sobre el sistema de preferencias arancelarias generalizadas relativo al período 2018-2019 (JOIN (2020) 3 final, Bruselas, de 10 de febrero de 2020).

778 UE: Reglamento (UE) núm. 978/2012 del Parlamento Europeo y del Consejo de 25 de octubre de 2012 por el que se aplica un sistema de preferencias arancelarias generalizadas y se deroga el Reglamento (CE) no 732/2008 del Consejo, *op. cit.*, nota 744, p. 8.

779 *Ibíd.*

levantado la voz de alarma, pues afectan a los caracteres esenciales del SPG, y, más concretamente, a la característica de la generalidad, transformando, según Miguel Ángel Cepillo Galvín, este SPG de la UE en un Sistema de preferencias no generalizadas (Cepillo, 2013: 837). A continuación, comentaremos las principales reformas introducidas en el Reglamento (UE) núm. 978/2012[780].

En cuanto a las novedades institucionales, con la entrada en vigor del Tratado de Lisboa el Parlamento Europeo ve aumentadas sus competencias en el marco del procedimiento legislativo ordinario. La PCC en la que se encuadra el SPG no escapa a este procedimiento a la hora de adoptar reglamentos, tal y como especifica el art. 207 del TFUE, y ahora el Parlamento tiene competencias para definir el marco de aplicación de dicho Sistema. No obstante, en relación con el Reglamento (UE) núm. 978/2012, el Parlamento Europeo no introdujo cambios sustanciales a la propuesta de la Comisión (Cepillo, 2013: 839). Por lo que respecta a la Comisión, una de las principales novedades tras la entrada en vigor del Tratado de Lisboa es su capacidad para adoptar reglamentos delegados para actualizar la normativa comunitaria relacionada con el SPG siempre que no introduzcan cambios esenciales en el Sistema. Uno de los aspectos del actual SPG que estos reglamentos delegados pueden actualizar es la lista de beneficiarios de los diferentes regímenes, lo cual soluciona uno de los inconvenientes de las anteriores regulaciones: el de las listas cerradas durante todo el periodo de vigencia del SPG en cuestión, criticado por autores como Lorand Bartels (Bartels, 2007: 882). Otra de las cuestiones que la Comisión puede decidir a través de reglamentos delegados es la retirada de las preferencias arancelarias a un Estado determinado en caso de no cumplirse con las obligaciones contenidas en el Reglamento (UE) núm. 978/2012. Por último, la Comisión también puede adoptar reglamentos delegados para establecer las normas relativas a los procedimientos de concesión de los diferentes regímenes del Sistema. Desde la

780 Para ello, seguiremos la sistemática propuesta por Cepillo, 2013: 837 y ss.

adopción del Reglamento hasta la actualidad, octubre de 2020, la Comisión Europea ha adoptado 19 reglamentos delegados que lo modifican.

Otra de las novedades introducidas por el Reglamento (UE) núm. 978/2012 es la distinción entre países elegibles y países finalmente beneficiarios de las preferencias arancelarias. Ahora no todos los Estados que resulten elegibles para la obtención de preferencias arancelarias van a ser finalmente beneficiarios de estas, pues para ello es necesario que no "haya sido clasificado por el BM como país de renta alta o de renta media-alta durante los tres años inmediatamente anteriores a la actualización de la lista de países beneficiarios, o se beneficie de un acuerdo de acceso preferencial al mercado que ofrezca las mismas preferencias arancelarias que el Sistema, o mejores, para prácticamente todos los intercambios comerciales"[781]. Con estos nuevos requisitos, como resulta evidente, la lista de beneficiarios del SPG se reduce considerablemente. Para algunos autores, si bien esta reducción del número de beneficiarios del Sistema trae como consecuencia principal un mejor funcionamiento del mismo, al destinarse a un grupo de Estados más homogéneo y con necesidades de desarrollo más parecidas entre sí, este cambio afecta a la esencia de propio SPG que, en adelante, ya no puede ser calificado de "generalizado" (Cepillo, 2013: 844). En palabras de Miguel Ángel Cepillo Galvín, el SPG de la UE se convierte, de esta manera, "en un instrumento selectivo, destinado solo a un grupo determinado de PVD, lo que implica un cambio estructural del mismo al desaparecer el carácter generalizado de las preferencias arancelarias concedidas en virtud de dicho Sistema" (Cepillo, 2013: 845).

Una tercera modificación introducida por el Reglamento (UE) 978/2012 tiene que ver con el mecanismo a través del cual

---

781 Vid. Art. 4 del Reglamento (UE) núm. 978/2012 del Parlamento Europeo y del Consejo de 25 de octubre de 2012 por el que se aplica un sistema de preferencias arancelarias generalizadas y se deroga el Reglamento (CE) no 732/2008 del Consejo, *op. cit.*, nota 744, pp. 5-6.

se produce una graduación de las preferencias concedidas en el seno del SPG, que ahora solo se aplica a los países incluidos en el régimen general, y que consisten, por un lado, en aumentar los umbrales de graduación antes señalados hasta un 17,5% y hasta un 14,5% en el caso de los productos textiles, y, por otro lado, en agrupar a los productos en 32 secciones en lugar de las 21 secciones que se han venido utilizando hasta el momento. Con ello la UE pretende asegurarse de que la graduación sea más objetiva, al agruparse los productos en categorías más homogéneas (Cepillo, 2013: 845-846).

Asimismo, este nuevo Reglamento sobre el SPG de la UE modifica los criterios por los cuales un PVD es considerado "vulnerable" y, por tanto, elegible para ser beneficiario de las preferencias arancelarias más ventajosas contenidas en el régimen SPG+. El Anexo VII del Reglamento (UE) núm. 978/2012 establece que "se considerará país vulnerable: a) aquel en el que las siete (antes eran cinco) mayores secciones del SPG de los productos enumerados en el Anexo IX que importe en la Unión representen un valor superior al umbral del 75% del valor de sus importaciones totales de los productos de dicho Anexo, como media de los tres últimos años, y b) aquel cuyas importaciones en la Unión de los productos enumerados en el Anexo IX representen menos del umbral del 2% (antes era 1%) del valor de las importaciones totales en la Unión de los productos de dicho Anexo originarios de países enumerados en el Anexo II, como media de los tres últimos años"[782]. Esta relajación de los criterios de vulnerabilidad introducida por la UE en su más reciente regulación del SPG, en opinión de Miguel Ángel Cepillo Galvín, "se ha producido realmente para facilitar que Pakistán pueda beneficiarse del régimen especial de estímulo del desarrollo sostenible y la gobernanza" (Cepillo, 2013: 851).

En relación a las 27 convenciones contenidas en el Anexo VIII del Reglamento (UE) núm. 978/2912 que cualquier PVD vulne-

---

782 *Ibíd.*, p. 59.

rable que quiera beneficiarse del SPG+ debe ratificar, ahora ya no solo se exige su ratificación, sino, además, que dicha ratificación se realice sin reservas, tal y como establece el art. 9.1.c) del Reglamento, que se mantenga dicha ratificación en el tiempo, que el Estado asegure su efectiva implementación, y que el PVD beneficiario en cuestión acepte el control y seguimiento, así como solicitudes de información que la Comisión Europea le pueda requerir (Wardhaugh, 2013: 831). No obstante, como advierte Armando Alvares García Júnior, solo los PVD que quieran beneficiarse del SPG+ deben ratificar sin reservas e implementar esta serie de convenciones. Los PMA incluidos en el régimen TMA, en cuyos territorios la violación de DLF y de derechos humanos es más acuciante no tienen esta obligación (García, 2018: 159).

Por último, la carga de la prueba dentro del mecanismo de seguimiento de la ratificación y aplicación de los convenios internacionales previsto en el SPG+ también se ha visto modificada en el último Reglamento del SPG comunitario. Según el art. 15.2, ya no es la Comisión Europea la que debe demostrar que los PVD están incumpliendo sus obligaciones para proceder a la retirada de las preferencias arancelarias, sino los propios PVD los que deben informar y probar la correcta ratificación y aplicación de esta serie de convenios[783]. Respecto de este mecanismo de control, algunos autores afirman que, tras la modificación, se ha convertido en un procedimiento más efectivo y transparente (Slok-Wodkowska, 2013: 61).

5.3.3. El SPG+ y la efectiva protección de los derechos laborales fundamentales

Desde la promulgación del Reglamento (CE) núm. 3281/94[784], de 19 de diciembre de 1994, a través del cual el régimen especial

---

[783] *Ibíd.*, p. 9.

[784] UE: Reglamento (CE) núm. 3281/94, del Consejo, de 19 de diciembre de 1994, relativo a la aplicación de un plan plurianual de preferencias

para estimular la protección de los DLF cobraba vida, y hasta el actual Reglamento (UE) núm. 978/2012[785], de 25 de octubre de 2012, marco jurídico del régimen especial de estímulo del desarrollo sostenible y la gobernanza, denominado SPG+, la UE viene condicionando la concesión de preferencias arancelarias más ventajosas en forma de reducción de la cuantía o, incluso, eliminación de los derechos arancelarios aduaneros a los PVD a la ratificación – sin reservas –, implementación y aplicación efectiva de 27 convenciones internacionales relativas a derechos humanos, derechos laborales, medio ambiente y buen gobierno, todas ellas recogidas en el Anexo VIII del actual Reglamento. Entre todas estas normas internacionales se encuentran los 8 CF de la OIT, considerados por la doctrina, como ya sabemos, como los estándares laborales mínimos internacionalmente reconocidos o el núcleo duro de la protección de los derechos de todos los trabajadores.

5.3.3.1. El procedimiento de retirada de las preferencias arancelarias

Esta condicionalidad aparece reflejada, de manera general, para todos los regímenes preferenciales, en el art. 19 del Reglamento, en el que se establece que "los regímenes preferenciales (...) podrán retirarse temporalmente, respecto a la totalidad o a parte de los productos originarios de un país beneficiario", siendo la primera de las causas enumeradas por este artículo la "violación grave y sistemática de los principios establecidos en los convenios enumerados en la parte A del Anexo VIII"[786], y, de manera espe-

---

arancelarias generalizadas para el período 1995-1998 a determinados productos industriales originarios de países en vías de desarrollo, *op. cit.*, nota 741.

785 UE: Reglamento (UE) núm. 978/2012 del Parlamento Europeo y del Consejo de 25 de octubre de 2012 por el que se aplica un sistema de preferencias arancelarias generalizadas y se deroga el Reglamento (CE) no 732/2008 del Consejo, *op. cit.*, nota 744.

786 *Ibíd.*, p. 10.

cial, referido únicamente al SPG+, en el art. 15 del mismo[787]. El art. 15.1 afirma la posibilidad de retirar el SPG+ temporalmente a un PVD que no respete en la práctica los compromisos vinculantes del Sistema o que haya formulado una reserva que esté prohibida por cualquiera de los convenios pertinentes o que sea incompatible con el objetivo y finalidad del citado convenio. El art. 15.2 establece que la carga de la prueba del cumplimiento de las obligaciones derivadas de los compromisos vinculantes recae sobre el Estado beneficiario del SPG+. El art. 15.3 dispone que es la Comisión la que, si, basándose en las conclusiones del informe de la organización internacional pertinente, tiene una duda razonable de que un país concreto beneficiario del SPG+ no respeta los compromisos vinculantes o ha formulado una reserva que esté prohibida por cualquiera de los convenios pertinentes o que sea incompatible con el objetivo y finalidad del citado convenio, adoptará un acto de ejecución para iniciar el procedimiento de retirada temporal de las preferencias arancelarias proporcionadas con arreglo al SPG+, debiendo informar al Parlamento Europeo. Este inicio del procedimiento será anunciado en el Diario Oficial de la UE y se informará al Estado beneficiario del SPG+ de que se trate, según indica el art. 15.4. Por su parte, los arts. 15.5 y 15.6 establecen que la Comisión debe cooperar con el Estado sobre el que está recayendo el procedimiento y buscar información por parte de organismos de seguimiento para extraer sus conclusiones. Los apartados 7, 8 y 9 del art. 15 disponen que si, pasados tres meses desde el anuncio del inicio del procedimiento de retirada, la Comisión considera que los datos indagados justifican la retirada temporal, tendrá competencia para adoptar actos delegados que modifiquen el Anexo III a fin de retirar temporalmente las preferencias arancelarias proporcionadas con arreglo al SPG+. Dichos actos entrarán en vigor 6 meses después de su adopción (art. 15.10), como ocurre con la retirada de las preferencias en el marco del SPG de EEUU, y si las razones que justifican la retirada temporal dejan de ser aplicables antes de que el acto delegado

787 *Ibíd.*, p. 9.

surta efecto la Comisión tendrá competencia para revocar el acto adoptado de retirar temporalmente las preferencias arancelarias (art. 15.11). Finalmente, el art. 15.12 establece que la Comisión tendrá competencia para adoptar actos delegados que establezcan normas relativas al procedimiento de retirada temporal del SPG+ en particular con respecto a los plazos, los derechos de las partes, la confidencialidad y la revisión[788]. La retirada temporal de las preferencias arancelarias, en cualquiera de los regímenes contemplados en el Reglamento (UE) núm. 978/2012, en ningún caso, podrá exceder los 6 meses de duración. Según el art. 21.6 del citado Reglamento, como muy tarde al concluir ese plazo, la Comisión decidirá bien poner término a la retirada temporal, bien prolongarla.

Este procedimiento de retirada de preferencias arancelarias en el marco del SPG+ ha sido objeto de críticas por parte de au-

---

788 Siguiendo con lo dispuesto en el art. 15.12 del Reglamento (UE) núm. 978/2012, la Comisión Europea, en su Reglamento Delegado (UE) núm. 1083/2013, estableció las reglas básicas que han de regir el procedimiento de retirada temporal de preferencias, con el fin de garantizar su transparencia y previsibilidad. A tenor de lo establecido en este Reglamento Delegado, aunque si bien es cierto que los diferentes órganos de supervisión de la OIT y de la ONU siguen desempeñando un papel fundamental en el procedimiento de retirada temporal de las preferencias arancelarias, la Comisión ya no basa su decisión únicamente en los informes de esta serie de órganos, en la medida en que ahora también tiene en cuenta la opinión de terceros, incluida la de organizaciones de la sociedad civil. Asimismo, la información facilitada por las Delegaciones de la UE en los diferentes Estados beneficiarios, por el Parlamento Europeo y por los Estados miembros de la Unión también es tenida en consideración. Vid. UE: Reglamento Delegado (UE) núm. 1083/2013 de la Comisión, de 28 de agosto de 2013, por el que se establecen normas relativas al procedimiento de retirada temporal de preferencias arancelarias y al procedimiento de adopción de medidas generales de salvaguardia con arreglo al Reglamento (UE) núm. 978/2012 del Parlamento Europeo y del Consejo, por el que se aplica un sistema de preferencias arancelarias generalizadas (DO L núm. 293, de 5 de noviembre de 2013).

tores como Laura Beke o Nicolas Hachez por diversas razones. En primer lugar, continúa siendo un debate abierto si la condicionalidad social negativa, esto es, las restricciones comerciales como consecuencia del incumplimiento de estándares laborales fundamentales internacionalmente reconocidos, constituyen el medio adecuado para evitar estos incumplimientos. Para algunos autores, estas restricciones hacen más daño a la población víctima de las violaciones de sus DLF que a los gobiernos responsables de dichas violaciones (Bartels, 2008: 13; Vandenberghe, 2008: 577; Beke y Hachez, 2015: 11). En segundo lugar, los últimos informes de la UE en relación con el seguimiento del SPG[789] apuntan a una contribución del Sistema al desarrollo sostenible y a la protección de los DLF[790], aunque se advierten problemas de aplicación

[789] UE: Informe Conjunto al Parlamento Europeo y al Consejo sobre el sistema de preferencias arancelarias generalizadas relativo al período 2018-2019, *op. cit.*, nota 785.
UE: *Mid-Term Evaluation of the EU's Generalised Scheme of Preferences (GSP), Final Report.* Disponible en: http://trade.ec.europa.eu/doclib/docs/2018/october/tradoc_157434.pdf

[790] En el Informe Conjunto relativo al período 2018-2019 la UE destaca "además del impacto del SPG en términos de creación de empleo, cuyas estimaciones varían entre 500 000 puestos en Myanmar y 5 millones en Bangladés, el compromiso adquirido también conllevó una mayor atención para las normas laborales, los derechos humanos y, en el caso del SPG+, para el medio ambiente y la gobernanza".
En relación con los derechos del niño, la UE anuncia lo siguiente: "En Mongolia se adoptó legislación para la protección de los derechos del niño y se aumentaron los presupuestos de manera considerable. El Paraguay adoptó medidas destinadas a promover y proteger los derechos del niño. En Sri Lanka se redujo el trabajo infantil al 1 %. En Bolivia se ajustó la edad mínima para trabajar a las normas de la OIT. En Pakistán, el Gobierno aceptó la realización de encuestas sobre el trabajo infantil. Cabo Verde avanzó de manera considerable hacia la tipificación de la explotación sexual de menores". Vid. UE: Informe Conjunto al Parlamento Europeo y al Consejo sobre el sistema de preferencias arancelarias generalizadas relativo al período 2018-2019, *op. cit.*, nota 785, p. 8.

efectiva de determinados convenios internacionales[791], de falta de información y retrasos en su entrega por los beneficiarios del Sistema[792], y de escasa implicación de las partes que componen los talleres de seguimiento del cumplimiento del Reglamento[793]. Por todo lo anterior, los autores critican que el aumento en las ratificaciones de las convenciones internacionales no sea correlativo a una mejora en su aplicación, y que muchos incumplimientos manifiestos no estén siendo sancionados (Beke y Hachez, 2015: 11). No obstante, otros autores, al comparar el Reglamento (UE) núm. 978/2012 con sus predecesores, constatan empíricamente un aumento de la efectividad de la condicionalidad contenida en el SPG+ (Lebzelter y Marx, 2019: 24). En tercer lugar, por lo que se refiere a la suspensión de preferencias arancelarias, muchos autores critican la doble vara de medir, pues, en ocasiones, situaciones similares reciben un trato diferente. En la práctica, algunos Estados son sancionados con la retirada de las preferencias mientras otros se libran de las sanciones habiendo incurrido en las mismas violaciones de DLF (Fierro, 2003: 378). En cuarto lugar, otra línea de criticismo vinculada también al doble rasero tiene que ver con los derechos cuyo cumplimiento se controla. Aunque las 27 convenciones internacionales contenidas en el Anexo VIII cubren potencialmente todo el espectro de derechos humanos, algunos se han preguntado si las violaciones de los derechos laborales son más propensas a dar lugar a suspensiones de preferencias en el

---

791 En el ámbito de los derechos laborales, "en Sri Lanka, Pakistán, Bangladés y Myanmar sigue habiendo problemas relacionados con la libertad de asociación. En Kirguistán, la adopción de un proyecto de ley sindical limitaría drásticamente la independencia de los sindicatos. El Congreso de Filipinas aprobó una Ley sobre la seguridad de la propiedad para poner fin al abuso de la `contractualización´ que ha sido vetada recientemente por el presidente". Vid. UE: Informe Conjunto al Parlamento Europeo y al Consejo sobre el sistema de preferencias arancelarias generalizadas relativo al período 2018-2019, *Ibíd.*, p. 9.

792 UE: *Mid-Term Evaluation of the EU's Generalised Scheme of Preferences (GSP), Final Report*, *op. cit.*, nota 797, p. 219.

793 *Ibíd.*, p. 118

marco del SGP que las violaciones de los derechos civiles y políticos (Beke y Hachez, 2015: 12). En quinto lugar, precisamente en relación a las convenciones contenidas en el citado Anexo VIII, algunos autores critican la arbitrariedad en su selección, lo que origina algunas situaciones particulares, como el hecho de que la Convención de Naciones Unidas sobre la protección de los derechos de todos los trabajadores migratorios y de sus familiares no aparezca incluida en la lista, a pesar de ser considerada una convención importante dentro del campo de los derechos humanos (Beke y Hachez, 2015: 13). Una última crítica relacionada con el procedimiento de retirada de preferencias arancelarias tiene que ver con la amplia discrecionalidad que la Comisión posee para iniciar el procedimiento. Además, las razones reales que podrían justificar la retirada temporal a los ojos de la Comisión siguen siendo poco conocidas. No obstante, todo parece indicar que el umbral para optar por la retirada temporal de las preferencias arancelarias es, en la actualidad, bastante alto (Orbie y Tortell, 2009: 676), ya que las veces que se ha procedido a dicha retirada ha sido previo establecimiento de una Comisión de Encuesta por parte de la OIT, considerada la peor condena en términos de aplicación de los DLF (Orbie y Tortell, 2009: 679). Con base en lo anterior, Clara Portela y Jan Orbie (Portela y Orbie, 2014: 72) argumentan que una condena autorizada por parte de la OIT facilita la imposición de restricciones comerciales por parte de la UE. Precisamente, por esta serie de consideraciones, es difícil calificar el procedimiento de retirada de preferencias arancelarias en el marco del SPG+ como objetivo y transparente (Beke y Hachez, 2015: 13).

5.3.3.2. La práctica llevada a cabo por la Unión Europea

A la hora de hablar de la efectiva protección de los DLF en el marco del SPG+ de la UE, es imprescindible analizar la práctica llevada a cabo por la UE en relación a la retirada temporal de las preferencias arancelarias previstas en este régimen, pues en ningún caso podría calificarse de efectivo un sistema que cuyo incumplimiento no acarrea consecuencias, estando dichas consecuencias previstas en su marco jurídico.

La primera vez que la UE retiró las preferencias arancelarias contenidas en el SPG fue en 1996 a Myanmar, antigua Birmania. De manera previa, en 1995, la Confederación Internacional de Organizaciones Sindicales Libres y la Confederación Europea de Sindicatos presentaron una denuncia conjunta ante la Comisión Europea contra las violaciones de los DLF en Myanmar[794] (Kryvoi, 2008: 230-231; Orbie y Tortell, 2009: 675; Portela, 2010: 154). En enero de 1996 la Comisión Europea inició una investigación sobre el presunto uso de trabajo forzoso por parte del régimen militar birmano y, por consiguiente, la presunta violación del Convenio núm. 29 de la OIT. La investigación concluyó afirmando la práctica de uso forzoso en Myanmar, aunque dicha investigación no pudo ser llevada a cabo por una misión oficial de la CE, dado que el régimen no lo permitió[795]. En este sentido, los testimonios de expertos y ONG fueron determinantes (Portela y Orbie 2014: 67). Además, como ya hemos estudiado en el segundo capítulo de esta obra, también en el año 1996, la OIT había puesto en marcha una Comisión de Encuesta contra Myanmar, adoptando

---

794 En la denuncia se alegaba que la junta militar obligaba a más de 800.000 birmanos a trabajar como porteadores o jornaleros en proyectos de infraestructura del gobierno por poco o ningún salario. Además, los civiles también se veían obligados a apoyar operaciones de contrainsurgencia, principalmente como porteadores. A muchos de estos "porteadores convictos" se les hacía trabajar hasta la muerte o se los utilizaba como "dragaminas humanos". Los trabajadores que no realizaban adecuadamente sus tareas eran a menudo asesinados a tiros o a golpes (Howse y Genser, 2008: 171).

795 Las autoridades de Myanmar alegaban que estas prácticas estaban amparadas por la excepción del art. 2.b) del Convenio núm. 29 de la OIT relativo a trabajo forzoso, que excluye de la noción de "trabajo forzoso" "cualquier trabajo o servicio que forme parte de las obligaciones cívicas normales de los ciudadanos de un país que se gobierne plenamente por sí mismo". Vid. OIT: Convenio núm. 29 sobre el Trabajo Forzoso, *op. cit.*, nota 90.

en el año 2000, por primera vez, una resolución en virtud del art. 33 de su Constitución para pedir a Myanmar que cumpliese con el Convenio núm. 29 (Howse y Genser, 2008: 172). La decisión de retirar las preferencias contra Myanmar, la cual se hizo efectiva a través del Reglamento (CE) núm. 552/97[796], se confirmó posteriormente en las regulaciones del SGP de 2001, 2005, 2008 y 2012, aunque aludiendo a la situación política y no las violaciones de los DLF (Beke y Hachez, 19). Esta actuación por parte de la CE en su momento no quedó exenta de críticas, en primer lugar, porque la retirada de Myanmar del SPG tuvo lugar de manera previa a la declaración del Director General de la OIT donde se constataba su notorio y reiterado incumplimiento y, en segundo lugar, porque dicha exclusión no se basaba en la vulneración del Convenio núm. 29 relativo al trabajo forzoso de 1930, sino en la situación política y de derechos humanos que ostentaba Myanmar en esa época con carácter general (Bonet, 2003: 696). A día de hoy, aunque Myanmar todavía no puede describirse exactamente como una "tierra de libertad", como resultado de una paulatina evolución positiva, la UE comenzó a aliviar la presión sobre Myanmar eliminando gradualmente las sanciones y levantándolas todas en abril de 2013[797], excepto el embargo de armas (Beke y Hachez, 2015: 19).

El segundo país al que la UE ha retirado las preferencias arancelarias ha sido Bielorrusia. Desde 1996, la situación política en Bielorrusia se ha ido deteriorando bajo el gobierno del autorita-

796 UE: Reglamento (CE) núm. 552/97 del Consejo, de 24 de marzo de 1997, por el que se retira temporalmente a la Unión de Myanmar el beneficio de las preferencias arancelarias generalizadas (DO L núm. 85, de 27 de marzo de 1997).

797 UE: Reglamento (UE) núm. 607/2013 del Parlamento Europeo y del Consejo, de 12 de junio de 2013, que deroga el Reglamento (CE) no 552/97 del Consejo, por el que se retira temporalmente a Myanmar/Birmania el beneficio de las preferencias arancelarias generalizadas (DO L núm. 181, de 29 de abril de 2013).

rio presidente Alyaksandr Lukashenko[798]. A través de la Decisión (CE) núm. 23/2004[799], la Comisión Europea decidió iniciar una investigación, entre otros, para constatar la supuesta violación del derecho de asociación y negociación colectiva, contenido en los Convenios núm. 87 y 98 de la OIT. La investigación acabó confirmando dichas violaciones y se suprimió a Bielorrusia de la lista de beneficiarios del SPG a través del Reglamento (CE) núm. 1933/2006[800].

El único Estado que ha visto suspendidas las preferencias arancelarias en el marco del SPG+ ha sido Sri Lanka en el año 2010[801]. Sin embargo, a diferencia de los casos anteriores, no fue por la violación de DLF, sino por la constatación de que Sri Lanka no había incorporado de forma efectiva en su ordenamiento interno diversas convenciones internacionales sobre derechos humanos[802] (Janer, 2017: 648).

---

798 La acusación más grave contra el régimen fue la de la desaparición de tres importantes líderes de la oposición y un periodista en la década de 1990 (Kryvoi, 2008: 232).

799 UE: Decisión (CE) núm. 23/2004 de la Comisión, de 29 de diciembre de 2003, por la que se establece la apertura de una investigación con arreglo al apartado 2 del artículo 27 del Reglamento (CE) no 2501/2001 del Consejo con respecto a la violación de la libertad de asociación en Bielorrusia (DO L núm. 5, de 9 de enero de 2004).

800 UE: Reglamento (CE) núm. 1933/2006 del Consejo, de 21 de diciembre de 2006, por el que se suspende temporalmente el acceso de la República de Belarús al sistema de preferencias generalizadas (DO L núm. 405, de 30 de diciembre de 2006).

801 UE: Reglamento de Ejecución (UE) núm. 143/2010 del Consejo, de 15 de febrero de 2010, por el que se suspende temporalmente el régimen especial de estímulo del desarrollo sostenible y la gobernanza establecido mediante el Reglamento (CE) núm. 732/2008 por lo que respecta a la República Socialista Democrática de Sri Lanka (DO L núm. 45, de 20 de febrero de 2010).

802 Concretamente, el Pacto Internacional de Derechos Civiles y Políticos, la Convención contra la Tortura y Otros Tratos o Penas Crueles, Inhumanos o Degradantes y la Convención sobre los Derechos del Niño (Lebzelter y Marx, 2019: 7).

La cuarta y última de las retiradas de preferencias arancelarias concedidas en virtud del SPG y, además, la más reciente, la constituye la retirada de las preferencias del régimen TMA a Camboya, aprobada en febrero de 2020[803] y en vigor desde agosto de 2020, pasado el plazo de 6 meses que estipula el art. 15.10 del Reglamento (UE) núm. 978/2012. No obstante, esta retirada, a diferencia de los casos anteriores, es parcial, afectando únicamente a determinadas categorías de productos[804]. Las investigaciones comenzaron el 11 de febrero de 2019 por alegaciones de denegación de derechos políticos, acciones restrictivas contra la sociedad civil y los sindicatos, y concesiones económicas ilegales al sector del azúcar (Tanaka, 2020: 7). En su Reglamento Delegado, la Comisión Europea constata graves deficiencias y violaciones con respecto a dos cuestiones, a saber, la conclusión de los procesos civiles y penales contra dirigentes sindicales y las investigaciones de los asesinatos de dirigentes sindicales, según lo recomendado por la OIT[805], constituyendo dichas constataciones una violación de los Convenios núm. 87 y 98 sobre libertad de asociación y negociación colectiva.

---

803 UE: Reglamento Delegado (UE) núm. 2020/550 de la Comisión, de 12 de febrero de 2020, por el que se modifican los anexos II y IV del Reglamento (UE) núm. 978/2012 del Parlamento Europeo y del Consejo en lo relativo a la retirada temporal de los regímenes contemplados en el artículo 1, apartado 2, del Reglamento (UE) núm. 978/2012 en lo que respecta a determinados productos originarios del Reino de Camboya (DO L núm. 127 de 22 de abril de 2020).

804 Según la Comisión Europea, esta retirada parcial de preferencias arancelarias afecta al 20% de las exportaciones de Camboya al mercado europeo. Camboya aún puede exportar esos productos a la UE, pero estarán sujetos a aranceles generales aplicables a cualquier otro miembro de la OMC. El 80% restante de las exportaciones de Camboya sigue disfrutando de un acceso preferencial al mercado de la UE. Vid. UE: Comunicado de Prensa: "*Cambodia loses duty-free access to the EU market over human rights concerns*". Disponible en: https://trade.ec.europa.eu/doclib/press/index.cfm?id=2177 (última consulta: 18 de julio de 2023).

805 *Ibíd.*, p. 10.

Además de las investigaciones efectuadas por la UE que derivaron en la retirada temporal de preferencias arancelarias del SPG estudiadas anteriormente, la Unión también ha llevado a cabo investigaciones que, si bien finalmente no derivaron en una retirada de las preferencias, merecen ser objeto de mención, tales como la de El Salvador en el año 2008 por la no ratificación del Convenio núm. 87 de la OIT sobre libertad sindical o la de Bolivia del año 2011 por su retirada de la Convención sobre Estupefacientes (Janer, 20017: 649-650). En el caso de El Salvador, el temor a una suspensión temporal de las preferencias arancelarias sirvió de incentivo para reformar la Constitución salvadoreña y ratificar el Convenio núm. 87 de la OIT (Velluti, 2014: 101; Velluti, 2016a: 362; Velluti, 2016b: 98).

La situación de Pakistán, uno de los principales beneficiados del SPG+ de la UE[806], merece un análisis más profundo. Durante muchas décadas desde que lograse su independencia, la UE ha sido un importante socio comercial y garante del desarrollo económico de la República Islámica de Pakistán[807]. Si bien la ratifica-

---

806 Según el Informe Conjunto relativo al período 2018-2019, Pakistán abarcó el 62,2% de todas las importaciones a la UE en el marco del SPG+. Vid. UE: Informe Conjunto al Parlamento Europeo y al Consejo sobre el sistema de preferencias arancelarias generalizadas relativo al período 2018-2019, *op. cit.*, nota 785, p. 11.

807 Sus actuales relaciones comerciales se rigen por el Acuerdo de Cooperación del año 2004, cuyo principal objetivo es "reforzar y desarrollar, por medio del diálogo y la colaboración, los distintos aspectos de la cooperación entre las Partes". No obstante, este Acuerdo de Cooperación no es el primero entre la UE y Pakistán, pues tiene como precedente el Acuerdo de Cooperación Comercial de 1976 y el de 1986. Vid. Art. 2 del Acuerdo de Cooperación entre la Comunidad Europea y la República Islámica de Pakistán sobre colaboración y desarrollo (DO L núm. 378, de 23 de diciembre de 2004).

También por el Plan de Compromiso Quinquenal entre la UE y Pakistán del año 2012, que se centra en aspectos políticos, de seguridad, de democracia, buena gobernanza, derechos humanos, desarrollo socioeconómico, comercio e inversiones, energía, y cooperación sectorial, y que, además, establece la Comisión Mixta UE-Pakistán, que, a través

ción de los convenios contenidos en el Anexo VIII del Reglamento (UE) núm. 978/2012 no ha originado nunca problemas, pues Pakistán ya era parte de dichos convenios con anterioridad[808], cuando de la implementación y aplicación efectiva se trata – requisito indispensable para la concesión de preferencias arancelarias en el marco del SPG+ a tenor de lo dispuesto en el artículo 9.1.b) del Reglamento (UE) núm. 978/2012 – la CEACR de la OIT expresa en sus últimos informes "profunda preocupación" por la situación de aplicación de los Convenios en la práctica[809]. A tenor de lo

---

de reuniones anuales, tiene como finalidad ahondar en el diálogo y la cooperación transversal entre las partes. Vid. UE: *EU-Pakistan 5-year Engagement Plan.* Disponible en: *https://cdn3-eeas.fpfis.tech.ec.europa.eu/cdn/farfuture/ZH2iN1FhhvQIl2CyeDldzdmsl0KJRNDkZ_XuAyHYXT0/mtime:1477042984/sites/eeas/files/eu-pakistan_five-year_engagement_plan.pdf* (última consulta: 18 de julio de 2023).

808 Pakistán ratificó el Convenio núm. 87 sobre la Libertad Sindical y la Protección del Derecho de Sindicación en 1951, el Convenio núm. 98 sobre el Derecho de Sindicación y de Negociación Colectiva en 1952, el Convenio núm. 29 sobre el Trabajo Forzoso en 1957, el Convenio núm. 105 sobre la Abolición del Trabajo Forzoso en 1960, el Convenio núm. 100 sobre igualdad de Remuneración en el 2001, el Convenio núm. 111 sobre la Discriminación en el Empleo y Ocupación en 1961, el Convenio núm. 138 sobre la Edad Mínima en el 2006 y el Convenio núm. 182 sobre las Peores Formas de Trabajo Infantil en el 2001. Así aparece en la web oficial de la OIT, concretamente en el apartado relativo a "Ratificaciones de los Convenios fundamentales por país". Disponible en: *https://www.ilo.org/dyn/normlex/es/f?p=NORMLEXPUB:10011:0::NO::P10011_DISPLAY_BY,P10011_CONVENTION_TYPE_CODE:1,F* (última consulta: 18 de julio de 2023).

809 OIT: Observaciones de la Comisión de Expertos en Aplicación de Convenios y Recomendaciones en 2018 y publicados en la 108ª reunión de la Conferencia Internacional del Trabajo de 2019 en relación a la aplicación del Convenio núm. 98 sobre el derecho de sindicación y de negociación colectiva por Pakistán. Disponible en: https://www.ilo.org/dyn/normlex/es/f?p=1000:13100:0::NO:13100:P13100_COMMENT_ID:3340287

OIT: Observaciones de la Comisión de Expertos en Aplicación de Convenios y Recomendaciones en 2018 y publicados en la 108ª reunión de la Conferencia Internacional del Trabajo de 2019 en relación a la

dispuesto, no solo en los informes de la CEACR y de la Comisión Europea sobre Pakistán como miembro del SPG+, sino también en los informes de diversos organismos internacionales, ONG y Federaciones de Trabajadores de Pakistán, se puede deducir que la causa principal de los tímidos avances en la aplicación efectiva de los CF de la OIT y de las normas laborales contenidas en la Constitución de Pakistán y en diversas normas provinciales reside en la escasa fuerza de los foros de negociación con estructura tripartita y en la debilidad del sistema nacional de inspección laboral[810]. Todas estas instituciones consideran imperativo reforzar

---

aplicación del Convenio núm. 29 sobre el trabajo forzoso por Pakistán. Disponible en: https://www.ilo.org/dyn/normlex/es/f?p=1000:13100:0::NO:13100:P13100_COMMENT_ID:3327274
OIT: Observaciones de la Comisión de Expertos en Aplicación de Convenios y Recomendaciones en 2018 y publicados en la 108ª reunión de la Conferencia Internacional del Trabajo de 2019 en relación a la aplicación del Convenio núm. 100 sobre igualdad de remuneración por Pakistán. Disponible en: https://www.ilo.org/dyn/normlex/es/f?p=NORMLEXPUB:13100:0::NO::P13100_COMMENT_ID:3340632
OIT: Observaciones de la Comisión de Expertos en Aplicación de Convenios y Recomendaciones en 2018 y publicados en la 108ª reunión de la Conferencia Internacional del Trabajo de 2019 en relación a la aplicación del Convenio núm. 111 sobre la discriminación (empleo y ocupación) por Pakistán. Disponible en: https://www.ilo.org/dyn/normlex/es/f?p=1000:13100:0::NO:13100:P13100_COMMENT_ID:3340639
OIT: Observaciones de la Comisión de Expertos en Aplicación de Convenios y Recomendaciones en 2018 y publicados en la 108ª reunión de la Conferencia Internacional del Trabajo de 2019 en relación a la aplicación del Convenio núm. 138 sobre edad mínima por Pakistán. Disponible en: https://www.ilo.org/dyn/normlex/es/f?p=1000:13100:0::NO:13100:P13100_COMMENT_ID:3327224
OIT: Observaciones de la Comisión de Expertos en Aplicación de Convenios y Recomendaciones en 2018 y publicados en la 108ª reunión de la Conferencia Internacional del Trabajo de 2019 en relación a la aplicación del Convenio núm. 182 sobre las peores formas de trabajo infantil por Pakistán. Disponible en: https://www.ilo.org/dyn/normlex/es/f?p=1000:13100:0::NO:13100:P13100_COMMENT_ID:3327217

[810] La Confederación de Trabajadores de Pakistán destaca que la deficiente aplicación de la legislación laboral en Pakistán, y la consiguiente ausen-

y dotar de independencia a dicho sistema de inspección de cara a mejorar el cumplimiento de los DLF en Pakistán. Por otro lado, la delegación por parte de Pakistán de la capacidad de legislar y aplicar normas en materia laboral en favor de las provincias tiene como una de sus principales consecuencias la falta de información actualizada sobre el estado de implementación y aplicación de las normas laborales fundamentales, hecho contra el que también es necesario tomar medidas si lo que se quiere es avanzar en la aplicación efectiva de los CF de la OIT[811].

---

cia de sanciones, es el resultado de la falta de un número adecuado de inspectores, pues se estima que en la actualidad ascienden a 340 para todo el país. Al escaso número de inspectores laborales en Pakistán, además, hay que añadirle las denuncias de corrupción llevada a cabo por algunos de ellos. Vid. OTROS: Informe de la Confederación de Trabajadores de Pakistán "GSP Plus and Labour Standards in Pakistan: The chasm between conditions and compliance", *FES*, 2017, p. 14. Disponible en: https://library.fes.de/pdf-files/bueros/pakistan/13797.pdf Para remediar esta situación, la OIT, con la ayuda financiera de los Países Bajos, ha lanzado un proyecto para fortalecer el sistema de inspección laboral y para entrenar y equipar técnicamente a los inspectores de trabajo en Pakistán. Asimismo, la OIT ha estado proporcionando asistencia técnica y apoyo operacional a Pakistán a través del Programa de Trabajo Decente para Pakistán (2010-2015). Vid. UE: *Mid-Term Evaluation of the EU's Generalised Scheme of Preferences (GSP), Final Report, op. cit.*, nota 797, p. 127.

811 Desde enero del 2016, la OIT trata de apoyar a Pakistán en la efectiva implementación de las normas laborales fundamentales y en la notificación de los avances en dicha materia a diversos organismos, como la Comisión de la UE, a través del proyecto piloto denominado "Sustaining GSP-Plus Status by Strengthened National Capacities to Improve ILS Compliance and Reporting". Entre los socios del proyecto se incluyen el Ministerio Federal de Paquistaníes de Ultramar y Desarrollo de Recursos Humanos, diversos departamentos provinciales de trabajo, la Federación de Empleadores de Pakistán y la Confederación de Trabajadores de Pakistán. Este proyecto tiene como finalidad dar solución a las principales preocupaciones de los órganos de supervisión del cumplimiento de las normas laborales fundamentales. Disponible en: http://www.ilo.org/islamabad/whatwedo/projects/WCMS_484925/lang--en/index.htm (última consulta: 18 de julio de 2023).

Pakistán, a pesar de las repetidas peticiones por parte de sindicatos internacionales y europeos, nunca ha sido objeto de una investigación por parte de la Comisión Europea. El gobierno de Pakistán siempre ha utilizado tácticas para evitar cualquier tipo investigación, pero en realidad tampoco hacen falta, pues los propios Estados miembros de la UE no parecen dispuestos a iniciar una investigación para la pertinente retirada de las preferencias arancelarias, sino más bien al contrario, motivo por el cual se incluye a Pakistán en el SPG+ en el Reglamento de 2012 (Kryvoi, 2008: 237).

En este escenario, es inevitable preguntarse: ¿Por qué la UE retira las preferencias a unos Estados (como Myanmar o Camboya) y no a otros (como Pakistán) con la retirada temporal de las preferencias arancelarias concedidas en el marco del SPG cuando se están produciendo los mismos incumplimientos? Como afirman Laura Beke y Nicolas Hachez, se puede deducir que las condiciones para la retirada temporal que se enumeran en el Reglamento del SPG nunca se aplican sin una buena dosis de cálculo geoestratégico o económico, o en el propio interés de la UE más que en el deseo de proteger de manera efectiva los DLF (Beke y Hachez, 2015: 21). El hecho de que las regulaciones del SGP desde 2005 hasta 2012 hayan confirmado la retirada de preferencias arancelarias de Myanmar por "la situación política" y no por las violaciones de los derechos laborales parece indicar que, para que se restablezcan sus preferencias, Myanmar necesita mostrar un verdadero cambio político (Bartels 2008: 9; Portela y Orbie, 2014: 71). En el caso concreto de Myanmar, Camboya y Pakistán, algunos autores añaden que, mientras las violaciones de DLF ocurridas en Myanmar y Camboya eran propiciadas por gobiernos de marcado carácter antidemocrático, en el caso de Pakistán las violaciones de los DLF son más bien llevadas a cabo por el sector privado (Kryvoi, 2008: 238). Además, contra Myanmar y Bielorrusia, la OIT lanzó una Comisión de Encuesta, aspecto que no se ha dado en el caso de Pakistán (Beke y Hachez, 2015: 20). Por último, lucha contra el terrorismo, el cambio de posición de Pakistán en relación con el régimen talibán y su determinación de volver al gobierno democrático han sido cuestiones que la UE ha tenido en especial consideración (Kryvoi, 2008: 237), al igual que lo hizo EEUU cuando decidió reinstaurar las preferencias arancelarias a Pakistán.

5.3.3.3. ¿Es efectiva la protección de los derechos laborales fundamentales en el Sistema de Preferencias Generalizadas de la Unión Europea?

El SPG, como instrumento unilateral o autónomo propio de la PCC de la UE, ha demostrado ser un instrumento eficaz en relación a la inserción armoniosa de los Estados más desfavorecidos en el sistema del comercio mundial a lo largo del tiempo, pues, a través de la reducción progresiva o, incluso, la eliminación de los aranceles aduaneros aplicables a los productos originarios de esta serie de Estados y la apertura de los mercados europeos, sus economías han experimentado un crecimiento progresivo en las últimas décadas. Al compararlo con otros SPG, descubrimos que el Sistema de la UE es, actualmente, el más inclusivo en términos de PVD y productos cubiertos por las preferencias arancelarias (Jones, 2019: 6).

Para el disfrute de unos aranceles aduaneros nulos, propios del régimen especial relativo al estímulo del desarrollo sostenible y a la gobernanza o SPG+, y, por consiguiente, la entrada libre de sus productos al mercado europeo, los beneficiarios de este régimen han de ratificar, implementar y aplicar efectivamente una serie de convenciones internacionales, entre las que se encuentran los CF de la OIT. Desde la configuración de este régimen especial en 1994 hasta la actualidad, hemos sido testigos de cómo la ratificación de dichos Convenios no origina problemas, al contrario de lo que ocurre con su efectiva implementación, aplicación y cumplimiento. Gracias a los mecanismos de supervisión periódica y a la asistencia de otras organizaciones internacionales y no gubernamentales, la UE ha sido conocedora, en determinadas ocasiones, del incumplimiento por parte de algunos beneficiarios del Sistema, a quienes ha sancionado con la retirada temporal de las preferencias arancelarias, como ocurrió con Myanmar en 1996, con Sri Lanka en 2010 o con Camboya en 2020.

Ahora bien, a raíz de los últimos informes de la Comisión Europea relativos a la aplicación del SPG, hemos podido comprobar cómo no siempre la UE sanciona las vulneraciones e incumplimientos de la normativa laboral internacional más elemental, por muy probadas y evidentes que estas resulten ser. Concretamente, ante la vulneración de los CF de la OIT por parte de Pakistán, principal beneficiario del SPG+ desde que entrase a formar parte de este régimen el 1 de enero de 2014, la Unión ha preferido valorar positivamente los avances realizados por dicho Estado y esperar una mejora en el futuro, a adoptar medidas reactivas y sancionar el notorio y persistente incumplimiento con la suspensión de su condición de Estado beneficiario del SPG+.

Esta laxitud por parte de la UE ha sido duramente criticada por algunos miembros del Parlamento Europeo, por los representantes de algunas organizaciones comerciales internacionales y organizaciones no gubernamentales, así como por la doctrina y la sociedad civil. Parece que el hecho de que la CEACR de la OIT y las misiones de supervisión enviadas por la propia Unión pongan de manifiesto de manera pública todas estas infracciones y vulneraciones a la normativa laboral más elemental, y de que existan condenas por su parte, no es suficiente para que la UE adopte sanciones firmes, según la doctrina (Orbie y Tortell, 2009: 664). Algunos autores se preguntan, incluso, si cabría calificar esta falta de respeto a determinados estándares laborales como "subvención" tal y como aparece definida en el GATT, y, según el profesor Luis Miguel Hinojosa Martínez, "aunque no cabe excluir de forma absoluta la posibilidad de que la falta de respeto a determinados derechos laborales pueda ser considerada como una subvención" (Hinojosa, 2002: 89), lo cierto es que dicha calificación tropieza con numerosas dificultades.

Toda esta arbitrariedad, flexibilidad y falta de retirada de las preferencias a Estados beneficiarios del SPG+ que están violando de manera grave, sistemática y manifiesta los DLF contenidos en el Reglamento (UE) núm. 978/2012 lleva a algunos autores a afirmar que la actual regulación europea de las preferencias arancelarias a los PVD, esto es, el SPG europeo, no sea efectiva de cara a proteger los DLF internacionalmente reconocidos (Bartels, 2008: 9-10; Kryvoi, 2008: 241-245; Orbie y Tortell, 2009: 664; Portela, 2010: 160-161; Beke y Hachez, 2015: 22; Janer, 2017:651-652).

5.3.4. Críticas y recomendaciones de mejora del Sistema de Preferencias Generalizadas de la Unión Europea

Muchas de las críticas realizadas al SPG de EEUU, ya estudiadas con anterioridad, son igualmente aplicables al SPG de la UE. A continuación, detallaremos las críticas aportadas por la doctrina a este Sistema preferencial para, posteriormente, realizarlas recomendaciones oportunas de cara a hacerlo más efectivo, tanto en su funcionamiento, como en su esfuerzo por proteger los DLF.

En cuanto a la importancia de los diferentes SPG dentro de las relaciones comerciales internacionales y su incidencia para mejorar la situación económica y de desarrollo de los Estados más desfavorecidos, al igual que hacían con el SPG de EEUU, los propios PVD critican el SPG de la UE por su escaso impacto económico (López-Jurado, 2005: 454). El hecho de que la UE se haya unido a la tendencia de concluir ALC bilaterales y plurilaterales con terceros Estados ha incidido notablemente en la disminución del uso del SPG. No obstante, otras razones que se pueden esgrimir son las relacionadas con las barreras técnicas y administrativas, y las complejas normas de origen que los productos han de cumplir para poder ser importados al mercado de la Unión.

Por lo que se refiere a los caracteres esenciales del SPG propuesto por la UNCTAD en 1970, al igual que ocurre en el SPG de EEUU, la utilización interesada del Sistema por parte de la UE ha hecho que algunas de las características estructurales del Sistema se hayan visto desdibujadas. A pesar de que, tras el asunto CE - Condiciones para la concesión de preferencias arancelarias a los países en desarrollo, la UE ha procurado perfilar un SPG que no contravenga la Cláusula de Habilitación y las notas de no discriminación y no reciprocidad, algunos autores afirman que el actual Sistema de regímenes preferenciales, en el que encontramos un régimen general, el SPG+ y el régimen TMA, con criterios de vulnerabilidad que, aunque se han relajado con la última modificación, siguen siendo exigentes, unido al hecho de que no todos los PVD elegibles pueden resultar finalmente beneficiarios de las preferencias arancelarias, tiene como principal consecuencia la reducción del número de Estados que gozan de acceso preferencial al mercado europeo y la colisión con la nota esencial de la generalidad. En palabras de Miguel Ángel Cepillo Galvín, el SPG de la UE se convierte, de esta manera, "en un instrumento selectivo, destinado solo a un grupo determinado de PVD, lo que implica un cambio estructural del mismo al desaparecer el carácter generalizado de las preferencias arancelarias concedidas en virtud de dicho Sistema" (Cepillo, 2013: 845).

En cuanto al funcionamiento del SPG de la UE, algunas de las críticas realizadas por los expertos se han ido solventando paulatinamente en las diferentes regulaciones, como por ejemplo el carácter cerrado de las listas de Estados beneficiarios al que se oponía Lorand Bartels (Bartels, 2007: 882), que ha cambiado con el Reglamento (UE) núm. 978/2012. No obstante, otras críticas persisten, como los criterios por los cuales se determina la "vulnerabilidad" de un país, que condicionan que un PVD pueda llegar a beneficiarse de las preferencias arancelarias en el marco del SPG de la UE.

Las cláusulas laborales integradas en el SPG europeo desde 1994 también han sido objeto de crítica. En primer lugar, al igual que su homónimo estadounidense, por contemplar la suspensión de las preferencias arancelarias con ocasión de la violación de DLF, lo que comúnmente se conoce como condicionalidad social negativa (Bartels, 2008: 13; Vandenberghe, 2008: 577; Beke y Hachez, 2015: 11). Por lo que se refiere a la lista de las 27 convenciones internacionales incluida en el Anexo VIII del SPG de la UE, si bien algunos autores critican esta lista por la selección arbitraria de determinadas convenciones (Beke y Hachez, 2015: 12), en lo que respecta a los derechos laborales internacionalmente reconocidos en ella incluidos, la UE se sitúa en sintonía con el consenso internacional al incluir la necesidad de ratificar sin reservas y aplicar los 8 convenios considerados como fundamentales por la OIT. No obstante, esta ratificación sí ha sido objeto de críticas, pues, para algunos autores, ratificar un tratado internacional nada tiene que ver con las necesidades de desarrollo de cada país (Bartels, 2007: 877). Además, esta ratificación puede dar lugar a una situación de discriminación fáctica, en el momento en el que un PVD no posee los recursos financieros y técnicos necesarios para ratificar y aplicar alguna de estas convenciones (Slok-Wodkowska, 2013: 66; Kishore, 2016: 122). Por último, en relación a la ratificación de los CF de la OIT, Lorand Bartels apunta que obligar a los PVD y PMA a ratificar estas convenciones como condición previa a la concesión de las preferencias arancelarias supone para toda esta serie de Estados un coste importante al que no está aparejada la garantía de resultar finalmente beneficiario de las preferencias (Bartels, 2007: 881). Finalmente, el procedimiento de suspensión temporal de las preferencias arancelarias concedidas al amparo del SPG de la UE ha sido puesto en tela de juicio, sobre todo, por su discrecionalidad, que se manifiesta tanto en el hecho de que sea la Comisión Europea la encargada de iniciar el proceso, fijando para ello umbrales relativamente elevados (Orbie y Tortell, 2009: 676; Velluti, 2014: 99; Velluti, 2016a: 360; Velluti, 2016b: 100), como en la práctica llevada a cabo por la UE, a través de la cual se puede vislumbrar una doble vara de medir, pues, en ocasiones, situaciones similares reciben un trato diferente (Fierro, 2003: 378), dejando muchas violaciones de DLF sin consecuencia comercial alguna (Beke y Hachez, 2015: 11; Velluti, 2016b: 102). Además, algunos autores apuntan a la falta de transparencia que caracteriza este procedimiento, pues los informes no son accesibles públicamente (Velluti, 2016b: 101). Las críticas, por tanto, se centran en la flexibilidad, laxitud y escasa implicación de la UE ante problemas manifiestos de aplicación efectiva de las convenciones internacionales (Velluti, 2016b: 99), que se traducen en una falta de legitimidad de las políticas de la Unión en materia de derechos humanos (Velluti, 2016a: 361).

Por todas estas razones, y debido a que muchos Estados beneficiarios también tienen acceso a otros sistemas comerciales de la UE, como los ALC, el SPG tiende a convertirse en una "red de seguridad para el desarrollo" (*development safety net*), y, en términos más generales, la causalidad entre la protección de los DLF y el desarrollo económico aún continúa siendo objeto de debate (Velluti, 2016a: 363).

Frente a todas estas críticas, la doctrina ha tratado de aportar soluciones, aunque en menor medida que las que se han propuesto al SPG estadounidense, al que se ha criticado con mayor contundencia. A continuación, analizamos algunas de estas recomendaciones y aportamos nuevas sugerencias.

Al igual que ocurría con el SPG de EEUU, con relación a la importancia de los diferentes SPG dentro de las relaciones comerciales internacionales y su incidencia para mejorar la situación económica de los Estados más desfavorecidos, las recomendaciones para mejorar su infrautilización giran en torno a la relajación o flexibilización de las normas de origen de los productos o de las barreras técnicas o administrativas. No obstante, la UE no escapa a la tendencia creciente de celebración de ALC bilaterales o plurilaterales, a través de los cuales negocia con terceros Estados la reducción de las barreras arancelarias en sus relaciones comerciales, además de otras cuestiones relacionadas con la IDE o los Derechos de Propiedad Intelectual e Industrial. Algunos de estos Estados son PVD tales como Vietnam o Méjico y se espera que en el futuro se inicien nuevas negociaciones con otros PVD. La recomendación, en este sentido, como ya apuntaba Vivian Jones para el SPG estadounidense, consiste en continuar celebrando ALC con los PVD y dejar el SPG exclusivamente para la generalidad de los PMA, teniendo en cuenta que esta transición lleva tiempo.

En segundo lugar, si bien, tras el asunto CE - Condiciones para la concesión de preferencias arancelarias a los países en desarrollo, la UE se ha asegurado de cumplir formalmente con los requisitos previstos en la Cláusula de Habilitación, la redacción y los requisitos actuales disposiciones contenidas en el Reglamento (UE) núm. 978/2012 tienen como principal consecuencia la reducción del número de Estados beneficiarios de las preferencias arancelarias y, por tanto, un debilitamiento de la nota de la generalidad que caracteriza a todos los SPG. Para preservar la esencia de estos esquemas preferenciales, salvaguardar la nota de la generalidad y, al mismo tiempo, mejorar su funcionamiento, varias son las recomendaciones que conviene subrayar. La primera, teniendo en cuenta la recomendación de celebrar ALC con los PVD, sería precisamente limitar el alcance del SPG a la generalidad de los PMA[812], no haciendo distinción o discriminando entre ellos, en el sentido de eliminar los diferentes regímenes preferenciales existentes. La segunda, asumiendo que hasta llegar a este modelo de SPG es necesario un tiempo durante el cual los PVD van a seguir beneficiándose de las preferencias arancelarias unilaterales y no recíprocas, consistiría en revisar los criterios de vulnerabilidad que determinan si un PVD es elegible para el SPG. En este sentido, algunos autores proponen eliminar estos criterios de vulnerabilidad establecidos subjetivamente por la UE que, además, están definidos en términos de importaciones al mercado europeo (Bartels, 2007: 882) y no en términos de necesidades especiales de desarrollo, y acudir a definiciones de vulnerabilidad establecidas por instrumentos internacionales que constituyen un estándar objetivo, lo cual, recordemos, era uno de los requisitos de la Cláusula de Habilitación. Estos instrumentos son, entre otros, la Declaración del Milenio, aprobada por la Asamblea General de las Naciones Unidas en el año 2000[813], la Declaración de Johan-

---

812 Miguel Ángel Cepillo Galvín matiza que los beneficiarios, además de los PMA, habrían de ser "los países sin salida al mar o con pocos ingresos, así como los pequeños Estados insulares y las pequeñas economías, que no tienen la posibilidad de beneficiarse de economías de escala o se ven afectados por problemas logísticos y por la falta de diversificación económica" (Cepillo, 2013: 853-854).

813 ONU: Declaración del Milenio, aprobada por la Asamblea General de las Naciones Unidas en el año 2000 (A/RES/55/2, 13 de septiembre

nesburgo sobre el Desarrollo Sostenible de 2002[814], o la Declaración ministerial de la OMC adoptada en Doha en noviembre de 2001[815] (Cepillo, 2013: 853-854). En tercer y último lugar, dado que, según la actual regulación europea del SPG, no todos los Estados elegibles resultan finalmente beneficiarios del Sistema[816], sería conveniente permitir que todos los PVD y PMA que sean elegibles se conviertan automáticamente en beneficiarios de las preferencias arancelarias concedidas en el marco del SPG de la UE.

En cuanto a la intención del SPG de la UE de hacer más efectiva la protección de los DLF, la primera recomendación consiste en reforzar los elementos de condicionalidad social positiva. La UE debería emular iniciativas de otros Estados que hayan demostrado ser eficaces, como el ya mencionado Programa estadounidense *Better Factories Cambodia.* En segundo lugar, en relación al requisito de ratificar sin reservas e implementar la lista de 27 convenciones internacionales contenida en el Anexo VIII del Reglamento, convendría que la UE hiciese un examen o análisis previo de la situación política, económica y social de cada Estado potencialmente elegible para determinar si está en condiciones de ratificar y aplicar correctamente las mencionadas convenciones. En caso de no estarlo, pero considerando las preferencias aran-

---

de 2000).

814 ONU: Declaración de Johannesburgo sobre el Desarrollo Sostenible de 2002 (A/CONF.199/20 y A/CONF.199/20/Corr.1).

815 OMC: Declaración Ministerial de Doha, *op. cit.*, nota 357, p. 10.

816 Pues, para que un Estado se pueda beneficiar del Sistema es necesario que no "haya sido clasificado por el BM como país de renta alta o de renta media-alta durante los tres años inmediatamente anteriores a la actualización de la lista de países beneficiarios, o se beneficie de un acuerdo de acceso preferencial al mercado que ofrezca las mismas preferencias arancelarias que el Sistema, o mejores, para prácticamente todos los intercambios comerciales". Vid. Art. 4 del Reglamento (UE) núm. 978/2012 del Parlamento Europeo y del Consejo de 25 de octubre de 2012 por el que se aplica un sistema de preferencias arancelarias generalizadas y se deroga el Reglamento (CE) no 732/2008 del Consejo, *op. cit.*, nota 744, pp. 5-6.

celarias necesarias para el desarrollo del Estado en cuestión, la UE debería prestarle asistencia técnica y financiera, a través de la PCD, para conseguir que en un periodo de tiempo determinado dicho Estado esté en condiciones de ratificar sin reservas y aplicar correctamente las convenciones internacionales. Además, la UE debería presionar a sus Estados miembros para que los que aún no han ratificado esta serie de convenciones lo hagan y evitar, de esta manera, críticas sobre una presunta hipocresía de la Organización (Velluti, 2014: 98-99; Velluti, 2016a: 358). Asimismo, para solventar la crítica efectuada por Lorand Bartels relacionada con los costes de una ratificación previa que un PVD ha de asumir sin saber si finalmente resultará beneficiario de las preferencias arancelarias (Bartels, 2007: 881), sería interesante considerar la posibilidad de, al menos en el marco del SPG+, permitir un período de adaptación suficiente entre la concesión de las preferencias y el cumplimiento de las condiciones establecidas (Bartels, 2007: 882). En tercer lugar, en relación al procedimiento de retirada de las preferencias arancelarias, contemplado en el art. 15 del Reglamento, para restar peso y discrecionalidad a la Comisión Europea y, al mismo tiempo, incrementar el papel de la sociedad civil en este procedimiento, sería recomendable incorporar el sistema de peticiones de investigación del SPG estadounidense, a través del cual el USTR investiga la situación de cumplimiento de los DLF de un Estado beneficiario previa petición por parte de alguna ONG, confederación de trabajadores o sindicato nacional o internacional. Además, la UE debería asegurarse de que los informes fruto de la investigación son accesibles públicamente a todas las partes interesadas y que el Parlamento Europeo y otros agentes de la sociedad civil tienen la capacidad de participar activamente en el proceso. De esta manera, todas las presuntas violaciones serían, al menos, investigadas para considerar la posibilidad de suspender temporalmente las preferencias arancelarias a un Estado beneficiario del Sistema.

Por último, en relación a suspensión temporal de las preferencias arancelarias, dado que en algunos casos, como el de Pakistán, quienes cometen las violaciones de DLF no son miembros del gobierno, sino agentes del sector privado, se han propuesto soluciones como la de dirigir las sanciones económicas, más que comerciales, únicamente a estos agentes o empresas de un determinado sector, lo que se conoce como sanciones selectivas o *targeted sanctions*, para evitar, de esta manera, perjudicar a la población con sanciones comerciales que hacen más daño a los propios civiles que a los gobiernos a los que se pretende sancionar. Benjamin Richardson, James Harrison y Liam Campling proponen, más concretamente, crear un listado público con los exportadores individuales que no cumplen con los CF de la OIT (Richardson *et al.*, 2017: 53).

Con todo, la crítica más extendida al SPG de la UE es la relacionada con la laxitud en su aplicación, especialmente en lo referente a la suspensión temporal de las preferencias arancelarias a un Estado sobre el que pesan fundadas acusaciones de violación de DLF. En muchas ocasiones, a pesar de las constataciones de la OIT, la UE prefiere dar prioridad a los esfuerzos realizados por el Estado en materia laboral, por tímidos que estos sean, a la violación grave y manifiesta de los DLF que la habilitaría a suspender las preferencias arancelarias al Estado en cuestión. En este sentido, nuestra recomendación pasa por demostrar una verdadera voluntad política e implicación con la protección de los DLF, y una buena muestra de ello, o al menos un primer paso, sería suspender la condición de Estado beneficiario del SPG+ a Pakistán por la práctica generalizada del trabajo infantil en todo su territorio, como ya lo hizo EEUU en su día. Al mismo tiempo, convendría aumentar la asistencia técnica y financiera ofrecida al Gobierno pakistaní para reforzar su sistema de inspección laboral y evitar nuevas violaciones de DLF.

5.4. PROPOSICIÓN DE UN NUEVO MODELO

El proceso de descolonización de las antiguas colonias europeas en la segunda mitad del siglo pasado tuvo como principal consecuencia la transformación de la Sociedad internacional, que desde entonces pasaría a estar formada por un gran número de Estados con características heterogéneas y diferentes niveles de desarrollo. Este cambio en la Sociedad internacional tuvo su reflejo en el GATT de 1947 y en los principios estructurales del sistema multilateral de comercio internacional, como el principio de no discriminación, materializado a través de la cláusula de NMF. Los Estados de reciente independencia, calificados en la actualidad como PVD o PMA en función de su grado de desarrollo, defendían que, debido a sus especiales necesidades, se les había de otorgar un trato arancelario especial y diferenciado.

Este trato especial y diferenciado fue finalmente reconocido como un principio estructural del comercio internacional en la Resolución 21 (II), adoptada el 26 de marzo de 1968 por la UNCTAD y titulada "Entrada preferencial o libre de exportaciones de manufacturas y semimanufacturas de países en desarrollo a los países desarrollados". En esta Resolución, los miembros de la Conferencia afirmaron que los objetivos de las preferencias arancelarias, no recíprocas y no discriminatorias, en favor de los países en desarrollo deberían consistir en aumentar sus ingresos por exportaciones, en promover su industrialización y en acelerar sus tasas de crecimiento económico. Posteriormente, en 1970, la UNCTAD configura un SPG, voluntario y temporal, que pronto implementarían muchos PD para conceder un trato arancelario preferencial a la generalidad de los PVD y PMA.

No obstante, estos SPG chocaban frontalmente con la cláusula de NMF por suponer un trato arancelario discriminatorio a favor de los PVD y los PMA. Las Partes Contratantes del GATT de 1947, para superar esta incompatibilidad, adoptaron en 1971 una exención o *waiver*, para suprimir las disposiciones del art. I por un periodo de 10 años. Sin embargo, esta Decisión no dejaba de ser una exención temporal de carácter excepcional que no resolvía de manera definitiva la situación y los deseos de los PVD, ni daba cabida formal al SPG en el articulado del GATT. El reconocimiento definitivo del trato diferenciado a favor de los PVD y el fundamento jurídico del SPG tuvo lugar en la Ronda de Tokio, en la que las Partes Contratantes del GATT adoptaron una Decisión denominada "Trato diferenciado y más favorable, reciprocidad y mayor participación de los países en desarrollo", comúnmente conocida como Cláusula de Habilitación.

Desde 1970, todos los PD han ido implementando sus propios SPG. Algunos autores se han referido a estos Sistemas como "un conjunto heterogéneo de esquemas preferenciales nacionales que comparten ciertas características comunes" (Sánchez, 2002: 187), pues cada Estado donante perfila las disposiciones de su SPG teniendo en cuenta sus propios intereses económicos, políticos y comerciales. La entonces CE fue la primera potencia en adoptar un SPG en el año 1971 y EEUU, a pesar de su inicial oposición, hizo lo propio en 1975. Ambos, han configurado esquemas preferenciales que, por un lado, discriminan entre PVD con la intención de "responder positivamente" a "necesidades" que no sean necesariamente comunes a todos los países en desarrollo o no sean compartidas por todos ellos, y que, por otro lado, condicionan la concesión de preferencias arancelarias al cumplimiento de determinadas convenciones internacionales en materia de derechos laborales internacionalmente reconocidos. No obstante, entre ambos SPG existen, como hemos podido observar a lo largo del presente epígrafe, notables diferencias, entre las que sobresalen el periodo de vigencia de cada SPG, mayor en el caso de la UE, el papel que se otorga a los sindicatos, ONG y confederaciones de trabajadores en el procedimiento de suspensión de las preferencias, mayor en el caso de EEUU, el conjunto de derechos laborales escogidos que los PVD han de salvaguardar, más coherente con el consenso internacional en el caso de la UE, o la predisposición a sancionar vulneraciones de toda esta serie de derechos, mayor en el caso de EEUU.

Las preferencias arancelarias en favor de los PVD y de los PMA y, por tanto, los SPG, no escapan a la realidad actual de las relaciones comerciales internacionales, profundamente dañadas, como sabemos, por la crisis de la COVID-19. Un aumento de políticas comerciales proteccionistas puede tener como consecuencia, en opinión de algunos autores, el debilitamiento o incluso la desaparición de estos SPG (Leal-Arcas y Saveljeff, 2020: 7). Para evitarlo, además de voluntad política y dirigentes que apuesten por el multilateralismo y rechacen el proteccionismo, es necesario reforzar el funcionamiento de estos Sistemas y corregir sus debilidades. Además, como hemos podido comprobar a través de la práctica llevada a cabo por los Estados, estos SPG son efectivos para proteger los DLF internacionalmente reconocidos, siempre que exista implicación política y verdadero deseo de sancionar los incumplimientos. No obstante, cuando la suspensión temporal de las preferencias arancelarias con ocasión de la violación de toda esta serie de derechos se utiliza de manera arbitraria e interesada, se resta legitimidad y efectividad a todos estos Sistemas.

Teniendo en cuenta todas las críticas realizadas a los SPG de EEUU y de la UE, así como las recomendaciones aportadas, y asumiendo, al mismo tiempo, que la introducción de elementos de condicionalidad social en estos esquemas preferenciales contribuye a mejorar la protección de los DLF en los sistemas unilaterales o autónomos de comercio internacional, a continuación, propondremos un nuevo modelo de SPG universal, que salvaguarde los caracteres esenciales con los que la UNCTAD dotó en 1970 a todos estos Sistemas, y que sea capaz de superar las deficiencias de los actuales para aumentar su legitimidad y efectividad, no solo en la protección de los DLF, sino también en el objetivo primordial de todos los SPG de aumentar los ingresos por exportaciones de los PVD y PMA, de promover su industrialización y de acelerar sus tasas de crecimiento económico.

A la hora de proponer este modelo, no podemos eludir la tendencia exponencialmente creciente en práctica internacional de celebración de ALC bilaterales y plurilaterales. Como hemos defendido a lo largo del presente trabajo, esta práctica resulta deseable, pues permite una negociación comercial previa en la que los PVD pueden hacer valer sus intereses, aspecto que no se da en los SPG, dada su naturaleza unilateral. Asimismo, estos ALC abarcan multitud de materias que no aparecen contempladas en los esquemas preferenciales, cuya finalidad última es la reducción de las barreras arancelarias que los PVD y PMA han de soportar cuando desean exportar sus mercancías a los mercados de los PD.

En primer lugar, para solventar su infrautilización actual de los SPG, el modelo que proponemos en este trabajo habría de dirigir las preferencias comerciales únicamente a la generalidad de PMA, incluyendo los países sin salida al mar o con pocos ingresos, así como los pequeños Estados insulares y las pequeñas economías, que no tienen la posibilidad de beneficiarse de economías de escala o se ven afectados por problemas logísticos y por la falta de diversificación económica (Cepillo, 2013: 853-854). En relación con los restantes Estados considerados por la ONU como PVD, los PD deberían tratar de concluir ALC, como, de hecho, ya están haciendo en la actualidad. Asimismo, reducir las barreras técnicas y administrativas y relajar los requisitos de las normas de origen de los productos contribuiría a mejorar la utilización y funcionamiento de los SPG.

Por lo que respecta a los caracteres esenciales de los SPG, dirigiendo estos Sistemas únicamente a la generalidad de los PMA, quedaría salvaguardada, primeramente, la nota de la generalidad. Si además se prescinde de la creación de diversos regímenes de preferencias arancelarias dentro de un mismo SPG se evitaría la contravención de la nota de la no discriminación, aspecto ya discutido en el asunto CE - Condiciones para la concesión de preferencias arancelarias a los países en desarrollo, en el seno de la OMC. Asimismo, dentro del modelo de SPG que proponemos, no habría lugar para condicionamientos estrictamente comerciales como el de garantizar a los PD un acceso equitativo y razonable a los mercados de los PVD, lo que claramente contraviene la nota de no reciprocidad de esta serie de Sistemas. Esto no impide, no obstante, mantener los elementos de condicionalidad social, actualmente presentes en los SPG de EEUU y de la UE. Además, al proponer un nuevo modelo de SPG, sostenemos que la unilateralidad y la voluntariedad deben seguir constituyendo notas esenciales de toda esta serie de Sistemas, pues, de lo contrario, ya no estaríamos hablando de preferencias arancelarias en favor de los Estados menos desarrollados, sino de reciprocidad arancelaria, lo cual no favorece ni satisface los intereses de los PVD y PMA. Cierto es que, a lo largo del tiempo, esta unilateralidad ha servido para que los PD configuren Sistemas que, más que favorecer la inserción armoniosa de todos los Estados en el comercio internacional, protegen sus propios intereses comerciales, pero para evitar este uso partidista de los SPG, existen otras medidas dignas de consideración que no implican eliminar el carácter unilateral de los Sistemas. Por último, si bien la temporalidad constituye en la actualidad una nota estructural de toda esta serie de esquemas preferenciales, nuestro modelo propone transformar los SPG en instrumentos permanentes, siendo únicamente temporal la selección de los Estados beneficiarios y de los productos cubiertos por el Sistema, que habría de revisarse anualmente. Este cambio contribuiría, además, a mejorar el funcionamiento de los Sistemas.

En tercer lugar, a pesar de que la inclusión de disposiciones laborales en los SPG, práctica iniciada por la UE y por EEUU, contribuye, a nuestro juicio, a mejorar la protección de los DLF en el comercio internacional, para aumentar su efectividad, conviene revisar configuración. De esta manera, nuestro modelo propone, en primer lugar, integrar, al menos, los diez CF de la OIT, así como la Declaración de 1998, entre los convenios internacionales que los PMA han de ratificar sin reservas y aplicar correctamente si quieren beneficiarse de las preferencias arancelarias. No obstante, para evitar una discriminación *de facto* entre los PMA que están en condiciones de ratificar y aplicar estos Convenios y los que no lo están, nuestro modelo propone realizar análisis de impacto previos a la ratificación, en los que se trataría de identificar las posibles deficiencias técnicas, financieras e institucionales que impedirían una correcta aplicación de los Convenios. En el caso de existir estas deficiencias, el Estado donante habría de comprometerse a prestar asistencia al PMA en cuestión a través de la cooperación al desarrollo. Mientras esta asistencia logra su objetivo, siempre que el PMA haya manifestado de manera expresa su deseo de ratificar y aplicar los CF de la OIT y ofrezca garantías a tal fin, la no ratificación formal no sería un impedimento para que el PMA resulte elegible para gozar de las preferencias arancelarias creadas al amparo de nuestro modelo de SPG. De esta manera, estaríamos evitando que el PMA soporte los costes de una ratificación formal sin garantía de resultar finalmente beneficiario de las preferencias arancelarias.

En cuarto lugar, en relación al procedimiento de suspensión de las preferencias arancelarias, elemento de condicionalidad social negativa que consideramos necesario para incentivar el cumplimiento de los DLF, si bien el sistema de peticiones de investigación previsto por EEUU nos parece más idóneo que el procedimiento previsto por la UE, nuestro modelo propone algunos matices. En primer lugar, si bien es deseable que el procedimiento comience, además de oficio, a petición de terceras partes, este debería estar abierto totalmente al escrutinio público y permitir la participación, no solo de terceras partes interesadas, como sindicatos o confederaciones de trabajadores, sino también de terceras partes que, no teniendo un interés particular en caso concreto, velen por el cumplimiento de los DLF internacionalmente reconocidos. Esto, en opinión de George Tsogas, dotaría al SPG de un enfoque más democrático y permitiría a cualquiera cuestionar las prácticas laborales de los Estados sin tener que demostrar que ellos mismos se ven afectados por dichas prácticas, lo que, además, ayudaría a superar la calificación de los SPG como instrumentos de "proteccionismo disfrazado" (Tsogas, 2000: 365). Asimismo, nuestro modelo propone que la investigación sea llevada a cabo, no por órganos nacionales, sino por organismos internacionales objetivos y con capacidad, como la OIT. La OIT sería, además, la encargada de declarar probada una vulneración de sus CF, dejando abierta a los PD la decisión de suspender o no las preferencias arancelarias. No obstante, de manera previa a la decisión de suspender de las preferencias, nuestro modelo propone que, constatada una grave violación de los DLF, el PD donante de las preferencias y el PMA infractor, entablen un diálogo constructivo y traten de poner fin al incumplimiento a través de la cooperación.

En cuanto a la suspensión de las preferencias arancelarias, en el caso de que la cooperación entre las partes no haya resultado fructífera, nuestro modelo propone, en primer lugar, que estas sean temporales, debiendo el PD donante de las preferencias revisar anualmente la situación de cumplimiento del PMA con los DLF y reinstaurar las preferencias en caso de haber cambiado dicha situación. Asimismo, cuando se constate que los incumplimientos tienen como origen la mala práctica llevada a cabo por los agentes privados de un determinado sector económico, y no por los gobiernos, en lugar de la suspensión de las preferencias arancelarias para todo el Estado beneficiario, nuestro modelo propone la adopción de sanciones selectivas o *targeted sanctions* para el sector y los agentes de que se trate. Entre estas sanciones se incluirían la adopción de sanciones económicas (multas) o la creación de "listas negras".

Por último, nuestro modelo propone que, junto a los elementos de condicionalidad social negativa, como la suspensión temporal de las preferencias arancelarias, se consideren elementos de condicionalidad social positiva, esto es, medidas destinadas a motivar el cumplimiento de los DLF a través de ventajas, privilegios o incentivos comerciales adicionales. Entre estas medidas, cabría la creación de programas de trabajo independientes al SPG, pero vinculados a él, a los cuáles los PMA se podrían adherir voluntariamente, reportándoles dicha adhesión una mejora en sus preferencias arancelarias concedidas al amparo del SPG, como un aumento de las categorías de productos cubiertos por estos Sistemas, siempre que se demuestre que la adhesión al programa resulta en una mejora efectiva de los DLF en el territorio del Estado en cuestión. Para esta propuesta tenemos como referente el exitoso Programa estadounidense *Better Factories Cambodia.*

Tal y como concluíamos el epígrafe relativo a las cláusulas laborales en los ALC y los ABI, si bien es cierto que a día de hoy todavía no está muy clara la repercusión o los efectos de las cláusulas laborales integradas en los diferentes sistemas comerciales internacionales, no es menos cierto que existen evidencias del impacto de estas cláusulas sobre la conciencia pública, los esfuerzos por un mejor diálogo social y una mayor capacidad para situar las cuestiones laborales dentro de la agenda política de los Estados. No obstante, para dotar de efectividad a las cláusulas laborales que nuestro modelo de SPG propone y lograr una verdadera protección de los DLF, es indispensable la voluntad política y la implicación de los PD. Si violaciones graves, sistemáticas y constatadas, como la de Pakistán en relación con el uso del trabajo infantil, permanecen sin ser sancionadas, la efectividad de estos Sistemas preferenciales continuará siendo puesta en tela de juicio.

Conclusiones finales

El Derecho internacional público contemporáneo, único, universal y complejo, se caracteriza por su eventual fragmentación en una pluralidad de regímenes internacionales o subsistemas normativos particulares y relativamente autónomos que se ocupan de la mayoría de las más diversas formas de actividad internacional. La existencia de una pluralidad regímenes internacionales hace que el ordenamiento jurídico internacional pase a estar constituido por sectores normativos muy dispares cuyo nivel de integración jurídica resulta diverso, lo que hace que, en ocasiones, se generen conflictos intersistémicos. A pesar de que el fenómeno de la fragmentación del Derecho internacional público ya no se considera una patología, dicho fenómeno continúa generando conflictos intersistémicos y la búsqueda de coherencia normativa se convierte en un dilema estructural del ordenamiento jurídico internacional frente al que conviene buscar soluciones atendiendo a diversas técnicas jurídico-formales que garanticen su unidad y su coherencia. Una de las técnicas jurídico-formales disponibles para resolver el dilema de la búsqueda de coherencia normativa ante la eventual fragmentación del Derecho internacional público es la integración normativa, consistente en incorporar el contenido de las normas de un subsistema internacional en otro con la finalidad de crear nuevos efectos jurídicos. Atendiendo al régimen internacional del trabajo y al régimen internacional del comercio, la hipótesis principal de esta investigación es que la integración normativa de los derechos laborales fundamentales en los diferentes sistemas comerciales internacionales no solo refuerza la unidad del ordenamiento jurídico internacional y garantiza su coherencia, sino que, bien formulada y aplicada, también puede contribuir a que la tutela de esta serie de derechos sea más efectiva.

Si bien existe un vínculo por razón de materia entre comercio y trabajo, dado que el trabajo es un factor productivo imprescindible para la fabricación de los bienes que se comercializan mundialmente, la formalización de este vínculo a través de normas internacionales no se produce de manera automática, no existe un vínculo formal primigenio entre las normas laborales y comerciales internacionales. Sin embargo, a medida que se consolidan ambos regímenes internacionales y aumenta su autonomía, comienza a surgir la idea de la necesaria formalización del vínculo entre el Derecho laboral internacional y el Derecho comercial internacional para evitar que la fragmentación del Derecho internacional público redunde en incoherencias normativas entre ambos regímenes internacionales. La vinculación jurídico-formal entre las normas internacionales del trabajo y del comercio ha recibido el nombre de "condicionalidad social", aunque en este trabajo hemos considerado más adecuado utilizar el término de "condicionalidad laboral", por referirse únicamente la integración de las normas laborales fundamentales.

La categorización de ciertos derechos laborales como fundamentales tiene su origen en la Declaración relativa a los Principios y Derechos Fundamentales en el Trabajo y su Seguimiento que la Organización Internacional del Trabajo aprobó en el año 1998. Desde entonces, algunos principios contenidos en la Constitución de la Organización, a saber: la libertad de asociación y negociación colectiva, la eliminación de todo trabajo forzoso u obligatorio, la abolición del trabajo infantil, la no discriminación en el empleo y la seguridad y salud en el trabajo, y positivados en diferentes convenios pasan a considerarse derechos laborales fundamentales y a gozar de un seguimiento más exhaustivo. Sin embargo, esta Declaración ha sido duramente criticada por una parte de la doctrina por considerar que jerarquiza arbitrariamente unos derechos laborales sobre otros y que utiliza una terminología regresiva al incorporar la palabra "principios" dentro del título. En esta obra hemos llegado a la conclusión de que la adopción de una declaración de este tipo tuvo repercusiones muy positivas y sirvió para dar un paso más en el logro de la justicia social, para alcanzar un consenso moral, político y legal en el seno de la comunidad internacional en relación a los derechos laborales que deben ser considerados fundamentales, para reforzar su naturaleza de derechos humanos, y para facilitar su integración normativa en otros regímenes internacionales.

Tras atravesar una secuencia lógica de preguntas relativas a la naturaleza jurídica de los derechos laborales fundamentales, hemos llegado a las siguientes respuestas: en primer lugar, los derechos laborales fundamentales son derechos en el sentido jurídico del término; en segundo lugar, los derechos laborales fundamentales forman parte del conjunto de derechos humanos internacionalmente reconocidos; y, en tercer lugar, aunque no se puede afirmar que exista un *ius cogens* laboral, determinadas figuras dentro de los derechos laborales fundamentales, como las peores formas de trabajo infantil, la discriminación en el empleo por cuestiones raciales o el trabajo forzoso con tintes de esclavitud podrían llegar a ser consideradas normas de *ius cogens.* Asimismo, hemos llegado a la conclusión de que los derechos laborales fundamentales en su conjunto producen obligaciones *erga omnes* y, por tanto, pueden ser considerados normas fundamentales del ordenamiento jurídico internacional.

En esta obra hemos concluido, asimismo, que la tutela de los derechos laborales fundamentales en el seno de la Organización Internacional del Trabajo es insuficiente e inefectiva, y no porque la Organización carezca de poder coercitivo, sino porque el poder coercitivo que esta posee y que aparece consagrado en el artículo 33 de la Constitución de 1919 se encuentra infrautilizado, habiéndose empleado una única vez contra Myanmar. Para tratar de hacer más efectiva la tutela de los derechos laborales fundamentales en la Organización Internacional del Trabajo hemos propuesto soluciones como racionalizar los mecanismos de control a través de la supresión de los menos utilizados que solo sirven para dificultar la comprensión del sistema de control de la Organización; incrementar los recursos destinados a la asistencia técnica de los Estados sin medios para cumplir con sus obligaciones de información para que dicha información sea más detallada y fiable; aumentar la claridad y transparencia de los procedimientos de control de los mecanismos periódicos, esto es, de la Comisión de

Expertos en Aplicación de Convenios y Recomendaciones y de la Comisión Tripartita de Aplicación de Convenios y Recomendaciones; y recurrir a la Corte Internacional de Justicia o a un tribunal creado *ad hoc* por el Consejo de Administración, opciones previstas en el artículo 37 de la Constitución de la Organización Internacional del Trabajo, para resolver cuestiones o dificultades relativas a la interpretación de la Constitución y de los convenios de la Organización.

En el tercer capítulo de la presente obra hemos determinado que la integración de disposiciones laborales en el sistema multilateral de comercio internacional ha de hacerse en dos fases diferenciadas. En la primera fase, al tiempo que se suceden las negociaciones para la modernización de la Organización Mundial del Comercio, cabría plantearse la creación de un Comité sobre Comercio y Derechos Laborales Fundamentales al amparo del art. IV.7 del Acuerdo de Marrakech de 1994. La buena experiencia con su análogo Comité sobre Comercio y Medio Ambiente supone un incentivo para la creación de un Comité en el seno de la estructura orgánica de la Organización Mundial del Comercio que estudie la relación existente entre comercio y derechos laborales fundamentales internacionalmente reconocidos, reabra el debate y aporte nuevas ideas acerca de la mejor manera de proceder para, paulatinamente, ir incluyendo disposiciones laborales en el derecho de la Organización. En una segunda fase, cuando las discusiones y las propuestas en el seno del Comité sobre Comercio y Derechos Laborales Fundamentales se tornen sólidas y cuando se haya conseguido reposicionar el debate entre las prioridades negociadoras dentro de las próximas Conferencias Ministeriales, es el momento de plantear la adopción de un acuerdo comercial, preferiblemente multilateral, análogo al Acuerdo sobre los Aspectos de los Derechos de Propiedad Intelectual relacionados con el Comercio para proteger los derechos laborales fundamentales. Este acuerdo multilateral tendría la ventaja, como sabemos, de crear obligaciones positivas que los Estados miembros de la Organización Mundial del Comercio habrían de cumplir, sujetos los eventuales incumplimientos al Sistema de Solución de Diferencias de la Organización y a una posible "sanción" comercial en forma de contramedidas *sui generis*. Con todo, no podemos olvidar que la Organización Mundial del Comercio está sufriendo su mayor crisis institucional desde su creación en 1994 y que, para poder llevar a cabo todas las propuestas de modernización de su estructura y funcionamiento y para poder, asimismo, reabrir el debate sobre comercio y derechos laborales fundamentales e implantar el modelo de integración bifásica de disposiciones laborales que proponemos en nuestro trabajo de investigación, primero es necesario que los Estados miembros de la Organización Mundial del Comercio muestren una verdadera voluntad política de cooperar multilateralmente en cuestiones comerciales y un verdadero deseo de rescatar a la Organización de su inminente defunción, si la crisis que sufre actualmente no deja de agudizarse y los Estados no le ponen remedio.

En el cuarto capítulo, para superar las disparidades e incoherencias entre las cláusulas laborales integradas en los acuerdos de libre comercio existentes y mejorar su funcionamiento, se ha abordado la proposición de un nuevo modelo de cláusula laboral que aúne las virtudes de los modelos estadounidense y europeo y pueda ser utilizado en futuros acuerdos de libre comercio celebrados entre Estados soberanos o entre bloques regionales para lograr una efectiva tutela de los derechos laborales fundamentales internacionalmente reconocidos. Según este modelo, en las negociaciones del acuerdo de que se trate convendría contar con la asistencia de un cuerpo técnico asesor sobre cuestiones laborales perteneciente a la Organización Internacional del Trabajo. Asimismo, convendría que la cláusula laboral adoptara la forma de un artículo o capítulo denominado "trabajo", dentro del articulado del acuerdo, pero separado sistemáticamente de las cuestiones medioambientales, en el que se incluyese la obligación de ratificar e implementar no solo los Convenios fundamentales de la Organización Internacional del Trabajo sino también los prioritarios y los que pueden aportar una dimensión de género a estos capítulos. La estructura institucional idónea habría de contar con puntos de contacto nacionales entre la Partes con una composición tripartita respaldada por la Organización Internacional del Trabajo y con dosis suficientes de transparencia, recursos y legitimidad. En cuanto al controvertido sistema de solución de controversias para cuestiones laborales, sería interesante integrarlo en el sistema de solución de controversias genérico previsto en cada uno de los acuerdos de libre comercio y dotar al órgano arbitral de independencia real. Por último, en este estudio se ha defendido la adopción de un enfoque de cláusulas laborales condicionales, cuyo incumplimiento lleve aparejada una sanción monetaria o una restricción comercial, en forma de suspensión de los beneficios comerciales derivados del acuerdo, y sirva de desincentivo a posibles violaciones de los estándares laborales más elementales. Además, junto con las medidas de condicionalidad social negativa propuestas, en el presente estudio también se ha propuesto adoptar de manera conjunta un enfoque de condicionalidad social positiva al sugerir incorporar incentivos al cumplimiento de las normas laborales fundamentales en forma de aumento progresivo de las ventajas o beneficios comerciales derivados del acuerdo de libre comercio como en su momento preveía el Acuerdo entre Estados Unidos y Camboya, que tan efectivo se ha demostrado en la práctica.

Por último, en relación a las cláusulas laborales integradas en los diferentes sistemas de preferencias arancelarias generalizadas, se ha planteado en el presente trabajo un nuevo modelo de sistema de preferencias universal, que salvaguarde los caracteres esenciales con los que la Conferencia de Naciones Unidas sobre Comercio y Desarrollo dotó en 1970 a todos estos Sistemas, y que sea capaz de superar las deficiencias de los actuales para aumentar su legitimidad y efectividad, no solo en la protección de los derechos laborales fundamentales, sino también en el objetivo primordial de todos los sistemas de preferencias generalizadas de aumentar los ingresos por exportaciones de los países en vías de desarrollo y los países menos adelantados, de promover su industrialización y de acelerar sus tasas de crecimiento económico. Dentro de este modelo se han incluido propuestas como la de dirigir las preferencias comerciales únicamente a la generalidad de países menos adelantados, reducir las barreras técnicas y administrativas y relajar los requisitos de las normas de origen de los productos, o transformarlo en un instrumento jurídico permanente. En relación a la configuración de las cláusulas laborales de los sistemas de preferencias generalizadas, nuestro modelo propone integrar a través del reenvío normativo, al menos, los diez Convenios fundamentales de la Organización Internacional del Trabajo, así como la Declaración de 1998, entre los convenios internacionales que los países menos adelantados han de ratificar sin reservas y aplicar correctamente si quieren beneficiarse de las preferencias arancelarias. Asimismo, nuestro modelo propone una mejora del procedimiento de suspensión de las preferencias arancelarias a través, por ejemplo, de la apertura de dicho procedimiento al escrutinio público o a la participación de otras organizaciones internacionales como la Organización Internacional del Trabajo. En cuanto a la suspensión de las preferencias arancelarias, nuestro modelo propone que estas sean temporales o que se dirijan a sectores o agentes concretos. Por último, nuestro modelo propone que, junto a los elementos de condicionalidad social negativa, como la suspensión temporal de las preferencias arancelarias, se consideren elementos de condicionalidad social positiva, esto es, medidas destinadas a motivar el cumplimiento de los derechos laborales fundamentales a través de ventajas, privilegios o incentivos comerciales adicionales. Entre estas medidas, cabría la creación de programas de trabajo independientes al sistema de preferencias generalizadas, pero vinculados a él, a los cuáles los países menos adelantados se podrían adherir voluntariamente, reportándoles dicha adhesión una mejora en sus preferencias arancelarias concedidas al amparo del Sistema siempre que se demuestre que la adhesión al programa resulta en una mejora efectiva de la situación de cumplimiento de los derechos laborales fundamentales en el territorio del Estado en cuestión.

Con todo, si bien es cierto que a día de hoy todavía no está muy clara la repercusión o los efectos de las cláusulas laborales integradas en los diferentes sistemas comerciales internacionales, no es menos cierto que existen evidencias del impacto de estas cláusulas sobre la conciencia pública, los esfuerzos por un mejor diálogo social y una mayor capacidad para situar las cuestiones laborales dentro de la agenda política de los Estados. No obstante, para dotar de efectividad a las disposiciones y cláusulas laborales integradas en los diferentes sistemas comerciales internacionales, lo que ha quedado patente a lo largo de todo el trabajo es que es indispensable la voluntad política y la implicación de todos los Estados, y que lo más conveniente es incluir la tutela de los derechos laborales fundamentales en el sistema multilateral de comercio internacional, esto es, en el derecho de la Organización Mundial del Comercio. Una integración normativa de los derechos laborales fundamentales en los acuerdos comerciales internacionales de carácter multilateral vendría a reforzar mutuamente la eficacia y legitimidad de ambos, pues, por un lado, el buen funcionamiento del sistema multilateral de comercio internacional depende, en gran medida, de cómo este se relacione con las normas de los demás sistemas jurídicos, así como de la naturaleza y la calidad de las relaciones de la Organización Mundial del Comercio con las demás organizaciones internacionales, y, por otro lado, un multilateralismo de naturaleza comercial que abogue por la tutela de los derechos laborales fundamentales mejoraría la efectividad de estos últimos.

Bibliografía

DOCTRINA

Abbot, F. M. (2000). The North America Integration Regime and its Implications to the World Trading System. En Weiler, J. H. H. (ed.). *The EU, the WTO and the NAFTA: Towards a Common Law of International Trade* (pp. 169-200). Oxford: Oxford University Press.

Abella, M. (2000). *Documenting discrimination against migrant workers in the labour market: A comparative study of four European countries.* Ginebra: ILO Publishing.

Abramovich, V. y Courtis, C. (2002). *Los Derechos Sociales como Derechos Exigibles.* Madrid: Trotta.

Adams, R. J. (2006). Labor's Human Rights: A Review of the Nature and Status of Core Labor Rights as Human Rights. *Human Rights and Human Welfare,* 36, 1-20.

Adrián Arnáiz, A. J. (2011). Los Acuerdos de Libre Comercio de la Nueva Era: el Acuerdo de la Unión Europea con Corea. *Revisa Española de Relaciones Internacionales,* 3, 26-49.

Adrián Arnáiz, A. J. (2013). Política Comercial Común. En Calonge Velázquez, A. y Martín de la Guardia, R. (eds.). *Políticas Comunitarias: Bases Jurídicas* (pp. 901-937). Valencia: Tirant Lo Blanch.

Ago, S. I. (1999). A Crossroad in International Protection of Human Rights and International Trade: Is the Social Clause a Relevant Concept? En Dupuy, R. J. (dir.). *Mélanges en l'honneur de Nicolas Valticos* (pp. 539-548). París: Pedone.

Agustí-Panadera, J. *et al.* (2015). ILO Labor Standards and Trade Agreements: A Case for Consistency. *Comparative Labour Law and Political Journal,* 36, 347-380.

Aissi, J. *et al.* (2018). Evaluating the Effectiveness of Labour Provisions in Trade Agreements: An Analytical and Methodological Framework. *International Labour Review, 157*(4), 671-698.

Albi Ibáñez, E. (2005). Globalización Económica como Marco de las Relaciones Internacionales. *Boletín Económico de ICE,* 825, 9-18.

Albin, E. (2012). Precarious Work and Human Rights. *Comparative Labor Law & Policy Journal, 34*(1), 1-20.

Alain, J. (2017). 125 Años de Abolición: El Derecho de la Esclavitud y la Explotación Humana. En Pérez Alonso, E. (dir.). *El Derecho ante las Formas Contemporáneas de Esclavitud* (pp. 147-182). Valencia: Tirant Lo Blanch.

Alonso García, R. (2020). El Control de Convencionalidad: Cinco Interrogantes. *Revista Española de Derecho Constitucional,* 119, 13-51.

Alston, P. (1982). International Trade as an Instrument of Positive Human Rights Policy. *Human Rights Quarterly, 4*(2), 155-183.

Alston, P. (1989). Implementing Children's Rights: The Case of Child Labour. *Nordic Journal of International Law, 58*(1), 35-53.

Alston, P. (1993). Labor Rights Provisions in US Trade Law: "Aggressive Unilateralism"? *Human Rights Quarterly, 15*(1), 1-35.

Alston, P. (2004). Core Labour Standards and the Transformation of the International Labour Rights Regime. *European Journal of International Law, 15*(3), 457-521.

Alvares García-Júnior, A. (2018). Panorama de la Protección de los Derechos Fundamentales en las Relaciones Comerciales Unión Europea – Países Latinoamericanos. En Salinas de Frías, A. y Martínez Pérez, E. J. (dirs.). *La Unión Europea y la Protección de los Derechos Fundamentales* (pp. 149-162). Valencia: Tirant Lo Blanch.

Amato, T.A. (1990). Labor Rights Conditionality: United States Trade Legislation and the International Trade Order. *New York University Law Review,* 65, 79-125.

Andrés Sáenz de Santa María, M. P. (1985). La Incorporación por Referencia en el Derecho de los Tratados. *Revista Española de Derecho Internacional, 37*(1), 7-39.

Andrés Sáenz de Santa María, M. P. (2011). El Principio de Integración Sistémica y la Unidad del Derecho internacional. En Rodrigo Hernández, A. J. y García Segura, C. (eds.). *Unidad y Pluralismo en el Derecho internacional Público y en la Comunidad internacional. Coloquio en Homenaje a Oriol Casanovas, Barcelona, 21-22 de mayo de 2009* (pp. 356-374), Madrid: Tecnos.

Andrés Sáenz de Santa María, M. P. (2018). *Sistema de Derecho internacional Público.* Pamplona: Thomson Reuters Aranzadi.

Anton, D. K. (2014). Protocol of 2014 to the Forced Labour Convention, 1930. *53 ILM 1227 (2014).*

Araujo, B. M. (2018). Labour Provisions in EU and US Mega-Regional Trade Agreements: Rhetoric and Reality. *International and Comparative Law Quarterly, 67*(1), 233-253.

Arese, C. (2019). El Principio de Igualdad de Remuneración por un Trabajo de Igual Valor. *Revista Iberoamericana de Derecho Del Trabajo y de La Seguridad Social, 1*(2), 87-98.

Arnold, L. L. (2005). Labour and the World Trade Organization: Towards a Reconstruction of the Linkage Discourse. *Deaking Law Review, 10*(1), 84-119.

Arredondo, R., y Godio, L. M. A. (2019). La Crisis del Órgano de Apelación de la Organización Mundial de Comercio. *Revista Da Secretaria Do Tribunal Permanente de Revisão, 7*(13), 163-179.

Arrieta, G. (2017). ¿Nueva Era de Proteccionismo?: El Papel de los Acuerdos de Libre Comercio en América Latina. *Politai: Revista de Ciencia Política, 8*(14), 102-142.

Auvergnon, P. (2012). De Declaración en Declaración de la OIT: El Trabajo Decente, Lema de Acompañamiento Social de la Globalización. *Relaciones Laborales, 28*(15), 121-139.

Ávila Álvarez, A. M. (2019). Comercio y Desarrollo: El Trato Especial y Diferenciado a los Países en Vías de Desarrollo. *Boletín Económico de ICE*, 922, 81-90.

Ávila Álvarez, A. M. (2021). La evolución del Sistema de Solución de Diferencias de la OMC. *Boletín Económico de ICE*, 3116, 19-29.

Bakirci, K. (2009). Human Trafficking and Forced Labour: A Criticism of the International Labour Organisation. *Journal of Financial Crime, 16*(2), 160-165.

Baldwin, R. y Jaimovich, D. (2012). Are Free Trade Agreements Contagious? *Journal of International Economics, 88*(1), 1-16.

Barbé Izuel, E. (2010). Multilateralism: Adapting to World with Emerging Powers. *Revista Española de Derecho internacional, 62*(2), 21-50.

Barbé Izuel, E. (2021). La Crisis del Orden Internacional Liberal y su Impacto en las Normas Internacionales. En Barbé Izuel, E. (dir.). *Las Normas Internacionales ante la Crisis del Orden Liberal*. Madrid: Tecnos.

Barbu, M. *et al.* (2017). A Response to the Non-paper of the European Commission on Trade and Sustainable Development (TSD) chapters in EU Free Trade Agreements (FTAs). Disponible en: http://www.geog.qmul.ac.uk/media/geography/docs/research/working-beyond-the-border/A-Response-to-the-Nonpaper-26.09.17.pdf

Bartels, L. (2003). The WTO Enabling Clause and Positive Conditionally in the European Community's GSP Program. *Journal of International Economic Law, 6*(2), 507-532.

Bartels, L. (2005). The Appellate Body Report in European Communities – Conditions for the Granting of Tariff Preferences to Developing Countries and Its Implications for Conditionality in GSP Programmes. En Cottier, T., Pauwelyn, J. y Bürgi, E. (eds.). Human Rights and International Trade (pp. 465-485). Oxford: Oxford University Press.

Bartels, L. (2007). The WTO Legality of the EU's GSP+ Arrangement. *Journal of International Economic Law, 10*(4), 869-886.

Bartels, L. (2008). The Application of Human Rights Conditionality in the EU's Bilateral Trade Agreements and Other Trade Arrangements with Third Countries. Directorate-General for External Policies of the Union, European Parliament. Disponible en: https://www.europarl.europa.eu/thinktank/en/document.html?reference=EXPO-INTA ET(2008)406991

Bartels, L. (2013). Human Rights and Sustainable Development Obligations in EU Free Trade Agreements. *Legal Issues of Economic Integration, 40*(4), 297-314.

Bartels, L. (2014). *A Model Human Rights Clause for the EU´s International Trade Agreements.* Aachen: German Institute for Human Rights.

Bartels, L. (2017). Human Rights, Labour Rights and Environmental Standards in CETA. En Griller, S. *et al.* (eds.). *Mega-Regional Trade Agreements: CETA, TTIP and TiSA* (pp. 202-215). Oxford: Oxford University Press.

Beke, L. y Hachez, N. (2015). The EU GSP: A Preference for Human Rights and Good Governance? the Case of Myanmar. *Leuven Centre for Global Studies Working Paper,* 155, 1-29.

Bellace, J. R. (2001). The ILO Declaration of Fundamental Principles and Rights at Work. *International Journal of Comparative Labour Law and Industrial Relations, 17*(3), 269-287.

Bénitah, M. (1999). From Economic Complexity to Legal Indeterminacy. Causality between Subsidy and Injury. *Journal of World Trade, 33*(1), 87-106.

Bermejo García, R. (2011). Las Relaciones de Complementariedad entre Regímenes Internacionales. En Rodrigo, A. J. y García, C. (eds.). *Unidad y Pluralismo en el Derecho internacional Público y en la Comunidad internacional. Coloquio en Homenaje a Oriol Casanovas, Barcelona, 21-22 de mayo de 2009* (pp. 214-225). Madrid: Tecnos.

Berthoud, P. (1980). Les aspects commerciaux du nouvel ordre économique international. En Colloque Académie de Droit International 1980: Le nouvel ordre économique international. Aspects commerciaux, technologiques et culturels. *Académie de Droit International de La Haye Colloque,* La Haya, 23-25 de octubre de 1980.

Bhagwati, J. (1995). U.S. Trade Policy: The Infatuation with FTAs. En Barfield, C. (ed.). *The Dangerous Obsession with Free Trade Area.* Washington D.C.: AEI Press.

Bhagwati, J. (2002). Afterword: The Question of Linkage. *American Journal of International Law, 96*(1), 126-134.

Bhagwati, J. (2008). *Termites in the Trading System: How Preferential Agreements Undermine Free Trade.* Oxford: Oxford University Press.

Bhagwati, J. (2014). *The World Trading System at Risk.* Princeton: Princeton University Press.

Bhagwati, J. y Patrick, H. T. (1991). *Aggresive Unilateralism: America's 301 Trade Policy and the World Trading System.* Michigan: University of Michigan Press.

Bieszczat, F. H. (2008). Labor Provisions in Trade Agreements: From the NAALC to Now. *Chicago-Kent Law Review, 83*(3), 1387-1408.

Binder, C. (2012). Stability and Change in Times of Fragmentation: The Limits of Pacta Sunt Servanda Revisited. *Leiden Journal of International Law,* 25, 909-934.

Blagbrough, J. (1997). Eliminating the Worst Forms of Child Labour: A New International Standard. *International Journal of Children's Rights, 5*(1), 123-127.

Blanc Altemir, A. (2020a). Presentación. En Blanc Altemir, A. (dir.). *La Unión Europea, Promotora del Libre Comercio: Análisis e Impacto de los Principales Acuerdos Comerciales* (pp. 19-21). Pamplona: Thomson Reuters Aranzadi.

Blanc Altemir, A. (2020b). Introducción: La Unión Europea, adalid del libre comercio ante el neoproteccionismo de la ERA Trump. En Blanc Altemir, A. (dir.). *La Unión Europea, Promotora del Libre Comercio: Análisis e Impacto de los Principales Acuerdos Comerciales* (pp. 23-48). Pamplona: Thomson Reuters Aranzadi.

Blanchard, E. y Hakobyan, S. (2015). The US Generalised System of Preferences in Principle and Practice. *The World Economy, 38*(3), 399-424.

Bolle, M. J. (2001). US-Jordan Free Trade Agreement: Labor Issues. *CRS Report for Congress,* RS20968, CSR1-CSR6.

Bolle, M. J. (2005). DR-CAFTA Labor Rights Issues. *CRS Report for Congress,* RS22159, CSR1-CSR6.

Bolle, M. J. (2006). US-Oman Free Trade Agreement. *CRS Report for Congress,* RL33328, CSR1-CSR23.

Bolle, M. J. (2007). Peru Trade Promotion Agreement: Labor Issues. *CRS Report for Congress,* RS22521, CSR1-CSR6.

Bolle, M. J. (2016). Overview of Labor Enforcement Issues in Free Trade Agreements. *CRS Report for Congress*, RS22823, 1-7.

Bollé, P. (1998). Control de las Normas Laborales y de los Derechos Humanos: El Ejemplo del Trabajo Forzoso en Myanmar. *Revista Internacional del Trabajo, 117*(3), 417-447.

Bonet Pérez, J. (2003). Relaciones Económicas y Aplicación Forzosa del Derecho internacional Público: Algunas Consideraciones a Propósito de la Practica de la Organización Internacional del Trabajo (OIT). *Revista Española de Derecho internacional, 55*(2), 673-716.

Bonet Pérez, J. (2007). *Mundialización y Régimen Jurídico Internacional del Trabajo. La Organización Internacional del Trabajo como Referente Político-Jurídico Universal.* Barcelona: Atelier.

Bonet Pérez, J. (2013). El Sistema de Control de la Organización Internacional del Trabajo (OIT) y la Interpretación de los Convenios de la OIT: Aproximación Jurídica a una Crisis Institucional. *Revista Electrónica de Estudios Internacionales*, 26, 1-46.

Bonet Pérez, J. (2016). Introducción General: Presupuestos y Dinamismo Evolutivo de la Exigibilidad Jurídica Internacional de los Derechos Económicos, Sociales y Culturales. En Bonet Pérez, J. y Alija Fernández, R. A. (eds.). *La Exigibilidad de los Derechos Económicos, Sociales y Culturales en la Sociedad Internacional del Siglo XXI: Una Aproximación Jurídica desde el Derecho internacional* (pp. 11-67). Madrid: Marcial Pons.

Bonet Pérez, J. (2017). La Interpretación de los Conceptos de Esclavitud y de otras Prácticas Análogas a la Luz del Ordenamiento Jurídico Internacional: Aproximación Teórica y Jurisdiccional. En Pérez Alonso, E. (dir.). *El Derecho ante las Formas Contemporáneas de Esclavitud* (pp. 183-210). Valencia: Tirant Lo Blanch.

Bonet Pérez, J. (2021). La Organización Internacional del Trabajo (OIT) en su Centenario. En Badia Martí, A. M. y Huici Sancho, L. (dirs.). *Las Organizaciones Internacionales en el Siglo XXI* (pp. 275-297). Madrid: Marcial Pons.

Borràs Pentinat, S. (2007). *Los Mecanismos de Control de la Aplicación y del Cumplimiento de los Tratados Internacionales Multilaterales de Protección del Medio Ambiente* [tesis doctoral]. Universidad Rovira y Virgili. Disponible en: https://www.tdx.cat/handle/10803/8765

Borzaga, M. (2008). Limiting the Minimum Age: Convention 138 and the Origin of the ILO's Action in the Field of Child Labour. En Pertile, M., Nesi, G. y Nogler, L. (eds.). *Child Labour in a Globalized World: A Legal Analysis of ILO Action* (pp. 39-64). Aldershot: Ashgate.

Bown, C. P. y Irwin, D. A. (2019). Trump's Assault on the Global Trading System: And Why Decoupling from China Will Change Everything. *Foreign Affairs, 98*(5), 125-137.

Bullard, M. G. (2001). Child Labor Prohibitions Are Universal, Binding, and Obligatory Law: The Evolving State of Customary International Law Concerning the Unempowered Child Laborer. *Houston Journal of International Law, 24*(1), 139-185.

Caire, G. (1996). Clause social et commerce international. *Revue Tiers Monde,* 148, 803-827.

Canessa Montejo, M. F. (2006). *Los Derechos Humanos Laborales en el Derecho internacional* [tesis doctoral]. Universidad Carlos III de Madrid. Disponible en: https://e-archivo.uc3m.es/handle/10016/3021

Canessa Montejo, M. F. (2008a). *La protección Internacional de los Derechos Humanos Laborales.* Valencia: Tirant Lo Blanch.

Canessa Montejo, M. F. (2008b). Los Derechos Humanos Laborales: el Núcleo Duro de Derechos (Core Rights) y el Ius cogens Laboral. *Revista del Ministerio de Trabajo y Asuntos Sociales,* 72, 111-151.

Canessa Montejo, M. F. (2009). Los Derechos Humanos Laborales en el Derecho internacional. *Derecho PUCP,* 63, 349-374.

Caraway, T. L. (2006). Freedom of Association: Battering Ram or Trojan Horse? *Review of International Political Economy, 13*(2), 210-232.

Carmona Luque, M. del R. (2012). Incidencia de la Convención sobre los Derechos del Niño en la Precisión del Ius Cogens Internacional. *American University International Law Review, 27*(3), 511-542.

Carril Vázquez, X. M. (2018). La Negociación del TTIP como Ejemplo de Ingeniería Jurídica al Servicio de la Degradación de los Derechos Laborales. *Cuadernos de Derecho Transnacional,* 10, 33-44.

Carrillo Salcedo, J. A. (1976). *Soberanía de los Estados y Derecho internacional.* Madrid: Tecnos.

Carrillo Salcedo, J. A. (2001). *Soberanía de los Estados y Derechos Humanos en el Derecho internacional Contemporáneo.* Madrid: Tecnos.

Casanovas y la Rosa, O. (1998). Unidad y Pluralismo en el Derecho Internacional Público. *Curso Euromediterráneo Bancaja de Derecho Internacional, 2,* 35-267.

Casanovas y la Rosa, O. (2011). Aproximación a una Teoría de los Regímenes Internacionales en Derecho internacional Público. En Rodrigo, A. J. y García, C. (eds.). *Unidad y Pluralismo en el Derecho internacional Público y en la Comunidad internacional. Coloquio en Homenaje a Oriol Casanovas, Barcelona, 21-22 de mayo de 2009* (pp. 41-60). Madrid: Tecnos.

Cassese, A. (1991). *Los Derechos Humanos en el Mundo Contemporáneo.* Barcelona: Ariel.

Cebada Romero, A. (2002). Los conceptos de Obligación Erga Omnes, Ius Cogens, y Violación Grave a la Luz del Nuevo Proyecto de la CDI sobre Responsabilidad de los Estados por Hechos Ilícitos. *Revista Electrónica de Estudios Internacionales,* 4, 1-14.

Cepillo Galvín, M. Á. (2008). *Política Comercial Europea y Preferencias Arancelarias.* Madrid: Dykinson.

Cepillo Galvín, M. Á. (2013). La nueva regulación de las preferencias arancelarias de la UE en favor de los países en desarrollo para el período 2014-2023: Hacia un sistema de preferencias «no generalizadas». *Revista de Derecho Comunitario Europeo,* 45, 833-856.

Chan, A., y Ross, R. (2003). Racing to the Bottom: International Trade without a Social Clause. *Third World Quarterly, 24*(6), 1011-1028.

Chang, H. F. (2000). Toward a Greener GATT: Environmental Trade Measures and the Shrimp/Turtle Case. *Southern California Law Review, 74*(1), 31-47.

Chapman, A. y Russel, S. (2002). *Core Obligations: Building a Framework for Economic, Social and Cultural Rights.* Amberes/Oxford/Nueva York: Intersentia.

Charnovitz, S. (1986). Fair Labor Standards and International Trade. *Journal of World Trade Law, 20*(1), 61-78.

Charnovitz, S. (1994). The World Trade Organization and Social Issues. *Journal of World Trade Law, 28*(5), 17-33.

Charnovitz, S. (1998). The Moral Exception in Trade Policy. *Virginia Journal of International Law, 38*(4), 689-746.

Charnovitz, S. (2000). The International Labour Organization in its Second Century. En Frowein, J. A. y Wolfrum, R. (eds.). *Max Planck Yearbook of United Nations Law Vol. 4* (pp. 147-184). Alphen aan den Rijn: Kluwer Law International.

Charnovitz, S. (2002). Triangulating the World Trade Organization. *The American Journal of International Law, 96*(1), 28.

Charnovitz, S. (2005). The Labor Dimension of the Emerging Free Trade Area of the Americas. En Alston, P. (ed.). *Labour Rights as Human Rights* (pp. 143-176). Oxford: Oxford University Press.

Charnovitz, S. *et al.* (2004). Internet roundtable: The Appellate Body's GSP decision. *World Trade Review, 3*(2), 239-265.

Chartres, R., y Mercurio, B. (2012). A Call for an Agreement on Trade-Related Aspects of Labor: Why and How the WTO Should Play a Role in

Upholding Core Labor Standards. *North Carolina Journal of International Law and Commercial Regulation*, 37, 665-724.

Christodoulidis, E. (2019). The ILO and the New 'Common Sense': Reflections on a Centenary. En Bungenberg, M., *et al.* (eds.). *European Yearbook of International Economic Law 2019* (pp. 35-52). Cham: Springer.

Collins, H. (2020). Labour Rights as Human Rights: The Derivation of Labour Rights from Civil and Political Rights under the European Convention on Human Rights. *Capital University Law Review, 48*(4), 487-520.

Colom Gorgues, A. (2020). El Acuerdo Unión Europea – México. En Blanc Altemir, A. (dir.). *La Unión Europea, Promotora del Libre Comercio: Análisis e Impacto de los Principales Acuerdos Comerciales* (pp. 97-125). Pamplona: Thomson Reuters Aranzadi.

Colombo. D. (1995). El NAFTA: *En el Marco del Desafío Americano al Mercado Único*. Madrid: Cámara de Comercio e Industria.

Compa, L. A. (2001). NAFTA's Labor Side Agreement and International Labor Solidarity. *Antipode, 33*(3), 451-467.

Compa, L. A. (2009). Solidarity and Human Rights: A Response to Youngdahl. *New Labor Forum, 18*(1), 38-45.

Compa, L. A. y Vogt, J. S. (2001). Labor Rights in the Generalized System of Preferences: A 20-Year Review. *Comparative Labor Law & Policy Journal*, 22, 199-238.

Coppelli Ortiz, G. (2020). El Acuerdo Unión Europea – Chile. En Blanc Altemir, A. (dir.). *La Unión Europea, Promotora del Libre Comercio: Análisis e Impacto de los Principales Acuerdos Comerciales* (pp. 149-168). Pamplona: Thomson Reuters Aranzadi.

Córdova, E. (1992). Some Reflections on the Overproduction of International Labor Standards. *Comparative Labor Law Journal, 14*(2), 138-162.

Cos Sánchez, P. (2020). El Acuerdo Unión Europea – Canadá. En Blanc Altemir, A. (dir.). *La Unión Europea, Promotora del Libre Comercio: Análisis e Impacto de los Principales Acuerdos Comerciales* (pp. 75-96). Pamplona: Thomson Reuters Aranzadi.

Creighton, B. (1997). Combating Child Labour: The Role of International Labour Standards. *Comparative Labor Law Journal, 18*(3), 362-396.

Cullen, H. (2009). The Nature of State Obligations in Relation to Child Labour: Choosing Prosecution over Protection. En K. Kaikobad, H. y Bohlander, M. (eds.). *International Law and Power: Perspectives on Legal Order and Justice* (pp. 99-123). Leiden: Brill | Nijhoff.

Davidson, M. G. (2001). The International Labour Organization's Latest Campaign to End Child Labor: Will it Succeed Where Others Have Failed? *Transnational Law & Contemporary Problems, 11*(1), 203-224.

De Mestral, A. A. (1998). The Significance of the NAFTA Side Agreements on Environmental and Labour Cooperation. *Arizona Journal of International and Comparative Law, 15*(1), 169-186.

Devault, J. (1996). Competitive Need Limits and the U.S. Generalized System of Preference. *Contemporary Economic Policy, 14*(4), 58-66.

Dewan, S. y Ronconi, L. (2018). U.S. Free Trade Agreements and Enforcement of Labor Law in Latin America. *Industrial Relations, 57*(1), 35-56.

Diago Diago, M. P. (2009). El Comercio Internacional de Diamantes: Sistema de Certificación del Proceso Kimberley. *Cuadernos de Derecho Transnacional, 1*(1), 72-91.

Díaz Mora, C. *et al.* (2019). La Política Comercial de la UE. En Camarero, M. y Tamarit, C. (eds.). *Economía en la Unión Europea* (pp. 201-223). Pamplona: Thomson Reuters Aranzadi.

Díez de Velasco, M. (1995). *Las Organizaciones Internacionales,* 9ª Edición. Madrid: Tecnos.

Díez de Velasco, M. (2016). La Costumbre Internacional y los Actos Unilaterales. En Díez de Velasco, M., *Instituciones de Derecho internacional Público* (pp. 134-157). Madrid: Tecnos.

Díez-Hochtleitner Rodríguez, J. (1983). La Cláusula de La Nación Más Favorecida y su Incidencia en el Trato Conferido a los Países en Desarrollo. *Revista Española de Derecho internacional, 35*(2), 371-392.

Díez-Hochleitner Rodríguez, J. (2015). La Protección de las Inversiones en el TTIP: Claves del Debate. *Revista General de Derecho Europeo,* 37, 1-13.

Díez-Hochleitner Rodríguez, J. (2017). La Nueva Política Comercial de la Unión Europea Desborda el Marco de sus Competencias. Comentarios Preliminares al Dictamen 2/15 del TJUE. *Revista de Derecho Comunitario Europeo,* 57, 403-429.

Diller, J. M., y Levy, D. A. (1997). Child Labor, Trade and Investment: Toward the Harmonization of International Law. *American Journal of International Law, 91*(4), 663-696.

Dillon, S. (2015). Child Labour and the Global Economy: Abolition of Acceptance. *Nordic Journal of International Law, 84*(2), 297-322.

Distefano, G. (2011). L'interprétation Évolutive de la Norme Internationale. *Revue Generale de Droit International Public, 115*(2), 373-396.

Donoso Rubio, I. A. (1998). Economic Limits on International Regulation: A Case Study of ILO Standard-Setting. *Queen's Law Journal, 24*(1), 189-236.

Doumbia-Henry, C., y Gravel, E. (2006). Acuerdos de Libre Comercio y Derechos Laborales. Evolución Reciente. *Revista Internacional Del Trabajo, 125*(3), 207-231.

Dowlah, C. (2008). The Generalized System of Preferences of the United States. *The Law and Development Review, 1*(1), 73-96.

Drake, P. W. (1996). *Labor Movements and Dictatorships: The Southern Cone in Comparative Perspective.* Baltimore: Johns Hopkins University Press.

Duesterberg, T. J. (2019). The Importancc of WTO Reform from a Transatlantic Perspective. *Hudson Institute,* 1-16.

Dunning, H. (1998). The Origins of Convention No. 87 on Freedom of Association and the Right to Organize. *International Labour Review, 137*(2), 149-167.

Dupuy, P. M. (2003). *Lúnité de lórdre juridique international: Cours general de droit international public.* Leiden: M. Nijhoff.

Durán, G. M. y Morgera, E. (2005). WTO India-EC GSP Dispute: The Future of Unilateral Trade Incentives Linked to Multilateral Environmental Agreements. *Review of European, Comparative & International Environmental Law, 14*(2), 173-179.

Ebert, F. C. (2016). Disposiciones Laborales en Acuerdos Comerciales de la UE. Potencial para Canalizar la Creación de Capacidad relativa a las Normas del Trabajo. *Revista Internacional del Trabajo, 135*(3), 441-468.

Ebert, F. C. (2017). The Comprehensive Economic and Trade Agreement (CETA): Are Existing Arrangements Sufficient to Prevent Adverse Effects on Labour Standards? *International Journal of Comparative Labour Law and Industrial Relations, 33*(2), 295-329.

Ebert, F. C. (2018). ILO Convention 182: Worts Forms of Child Labour Convention, 1999 (no. 182). En Ales, E. Bell, M., Deinert, O. y Robin-Olivier, S. (eds.). *International and European Labour Law* (pp. 1165-1179). Baden Baden: Nomos Verlagsgesellschaft.

Ebert, F. C. y Posthuma, A. (2011). Labour Provisions in Trade Arrangements: Current Trends and Perspectives. *IILS Discussion Paper,* 205, 1-37.

Echaide, J. I. (2014). Sobre el Derecho Humano al Agua y la Fragmentación del Derecho Internacional: El Régimen Internacional de Protección de Inversiones Vis-a-Vis las Obligaciones Erga Omnes en Materia de Derechos Humanos. *Revista Electrónica del Instituto de Investigaciones "Ambrosio L. Gioja", 8*(12), 140-162.

Echaide, J. I. (2018). El Derecho Humano al Agua y las Inversiones Extranjeras: Reflexiones en torno a Responsabilidades Concurrentes en el Derecho Internacional. *Revista de la Facultad de Derecho de México, 68*(272), 325-350.

Ehrenberg, D. (1995). The Labor Link: Applying the International Trading System to Enforce Violations of Forced and Child Labor. *Yale Journal of International Law, 20*(2), 361-417.

Eide, A. y Rosas, A. (2001). Economic, Social and Cultural Rights: A Universal Change. En Eide, A., Krause, C. y Rosas A. (eds.). *Economic, Social and Cultural Rights: A Textbook* (pp. 3-8). Dordrecht: Martinus Nijhoff Publishers.

Elliot, K. A. y Freeman, R. B. (2003). *Can Labour Standards Improve Globalisation?* Washington: Institute for International Economics.

Emmert, F. (2003). Labor, Environmental Standards and World Trade Law. *University of California Davis Journal of International Law & Policy, 10*(1), 75-168.

Erickson, C. L. y Mitchell, D. J. (1999). The American Experience with Labor Standards and Trade Agreements. *Journal of Small and Emerging Business Law, 3*(1), 41-92.

Ermida Uriarte, Ó. (2012). Crítica a la Libertad Sindical. *Derecho PUCP*, 68, 33-61.

Espaliú Berdud, C. (2014). La Definición de Esclavitud en el Derecho internacional a Comienzos del Siglo XXI. *Revista Electrónica de Estudios Internacionales*, 28, 1-36.

Espaliú Berdud, C. (2015). EL Ius Cogens, ¿Salió del Garaje? *Revista Española de Derecho internacional, 67*(1), 93-121.

Esplugues Mota, C. (2011). *Derecho del Comercio Internacional.* Valencia: Tirant Lo Blanch.

Fajardo del Castillo, T. (2021). *La Diplomacia del Clima de la Unión Europea: La Acción Exterior sobre Cambio Climático y el Pacto Verde Mundial.* Madrid: Reus.

Fawcett, M. G. (1918). Equal Pay for Equal Work. *The Economic Journal, 28*(109), 1-6.

Fergusson, I. y Williams, B. (2016). The Trans-Pacific Partnership (TPP): Key Provisions and Issues for Congress Specialist in International Trade and Finance. *CRS Report for Congress*, R44489, 1-88.

Fernández Carbajal, A. (2016). Los Acuerdos Comerciales Exteriores de la Unión Europea: España ante el Acuerdo de Libre Comercio UE-Corea del Sur. *Cuadernos Jean Monnet sobre integración europea fiscal y económica*, 2, 123-138.

Fernández de Casadevante Romaní, C. (2007). El Derecho internacional de los Derechos Humanos. En Fernández de Casadevante Romaní, C. (coord.). *Derecho internacional de los Derechos Humanos* (pp. 65-96). Madrid: Dilex.

Fernández Egea, R. M. (2008). *Comercio de Mercancías y Protección del Medio Ambiente en la OMC.* Madrid: Marcial Pons.

Fernández Masiá, E. (2017). Protección Internacional de la Propiedad Industrial e Intelectual. En Esplugues Mota, C. (dir.). *Derecho del Comercio Internacional* (pp. 109-129). Valencia: Tirant Lo Blanch.

Fernández Pons, X. (2005). La Responsabilidad Internacional en el Sistema de Solución de Diferencias de la OMC. En Faramiñan Gilbert (coor.). *Globalización y Comercio Internacional: Actas de las XX Jornadas de la Asociación Española de Profesores de Derecho Internacional y Relaciones Internacionales* (pp. 109-121). Madrid: BOE.

Fernández Pons, X. (2006). *La OMC y el Derecho internacional: Un Estudio sobre el Sistema de Solución de Diferencias de la OMC y las Normas Secundarias del Derecho internacional General.* Madrid: Marcial Pons.

Fernández Pons, X. (2016). Los Derechos Económicos, Sociales y Culturales y los Acuerdos de la Organización Mundial del Comercio (OMC). En Bonet Pérez, J. y Alija Fernández, R. A. (eds.). *La Exigibilidad de los Derechos Económicos, Sociales y Culturales en la Sociedad Internacional del Siglo XXI: Una Aproximación Jurídica desde el Derecho internacional* (pp. 263-314). Madrid: Marcial Pons.

Fernández Pons, X. (2021). Auge y Crisis de la Organización Mundial del Comercio. En Badia Martí, A. M. y Huici Sancho, L. (dirs.). *Las Organizaciones Internacionales en el Siglo XXI* (pp. 189-226). Madrid: Marcial Pons.

Ferreira, M., Santestevan, A. y Babace, H. (2002). El Papel de la Norma Internacional en el Ámbito Social - Informe de Uruguay. En *Libro Memoria Del XI Encuentro De Ex-Becarios Bologna-Castilla La Mancha-OIT.* Toledo.

Fierro, E. (2003). *The EU´s Approach to Human Rights Conditionality in Practice.* La Haya: Martinus Nijhoff Publishers.

Focarelli, C. (2008). Promotional Ius Cogens: A Critical Appraisal of Ius Cogens' Legal Effects. *Nordic Journal of International Law,* 77(4), 429-459.

Fredman, S. (2013). The Right to Equal Pay for work of Equal Value. *Background Paper for the Working Group on Discrimination against Women in Law and Practice (the Working Group): Economic and Social Life,* 1-87.

Frías Sánchez, C. J. (2020). Paisaje Después de la Batalla: el Mundo Tras el COVID-19. *Documento de Opinión IEEE* 27/2020.

Frundt, H. J. (1998) *Trade Conditions and Labor Rights.* Miami: University Press of Florida.

Fuente Cobo, I. (2020). El Mundo Después de la Pandemia: el Nuevo Orden No Será Chino. *Documento de Opinión IEEE* 33/2020.

Gantz, D. A. (2011). Labor Rights and Environmental Protection under NAFTA and other U.S. Free Trade Agreements. *University of Miami Inter-American Law Review, 42*(2/3), 297-356.

García Cantalapiedra, D. (2020). Europa, Occidente y el fin del orden internacional liberal multilateral. *Documento de Opinión IEEE* 10/2020.

Garcia Sedano, T. (2018). En las Antípodas del Trabajo Decente: el Trabajo Forzoso. *Lan Harremanak: Revista de Relaciones Laborales,* 39, 13-25.

García Villanueva, M. (2007). La Política Comercial de la Unión Europea: Hacia un Comercio más Justo para Todos. *OASIS,* 12, 347-358.

García-Matamoros, L. V. y Arévalo-Ramírez, W. (2018). La Actividad del Sistema de Solución de Diferencias de la Organización Mundial del Comercio: su Eficacia, Limitaciones y Uso Diferenciado por Países en Vías de Desarrollo y Países Desarrollados. En Olasolo, H. *et al.* (coords.). *Alcance y Limitaciones de la Justicia Internacional.* Valencia: Tirant Lo Blanch.

GED. (2018). Revitalizing Multilateral Governance at the World Trade Organization: Report of the High-Level Board of Experts on the Future of Global Trade Governance. Global Economic Dynamics. Disponible en: https://ged project.de/research/studies/revitalizing-wto/

Giumelli, F. y Van Roozendaal, G. (2016). Trade Agreements and Labour Standards Clauses: Explaining Labour Standards Developments through a Qualitative Comparative Analysis of US Free Trade Agreements. *Global Social Policy,* 1-24.

Goldston, J. A. (1989). *Shattered Hope: Guatemalan Workers and The Promise of Democracy.* Nueva York: Routledge.

González Alonso, L. N. (1998). *Política Comercial y Relaciones Exteriores de la Unión Europea.* Madrid: Tecnos.

González Alonso, L. N. (2000). La Política Comercial Común (I). En Martín y Pérez de Nanclares, J. y López Escudero, M. (eds.). *Derecho Comunitario Material* (pp. 412-423). Madrid: McGraw-Hill.

González Martín, A. (2020). La Globalización está en Cuarentena. *Documento de Análisis IEEE* 11/2020.

González Rabanal, C. (2005). La Política Comercial Común. *Revista de Derecho de la Unión Europea,* 9, 137-161.

Goudal, J. (1929). The Question of Forced Labour before the International Labour Conference. *International Labour Review, 19*(5), 621-638.

Gresser, E. (2010). Labor and Environment in Trade since NAFTA: Activists have Achieved Less, and More, than they Realize. *Wake Forest Law Review*, 45, 491-525.

Greven, T. (2005). Social Standards in Bilateral and Regional Trade and Investment Instruments, Enforcement and Policy Options for Trade Unions. *Occasional Papers*, 16, 1-56.

Griller, S., *et al.* (2017). "Mega-Regional Trade Agreements: New Orientations for EU External Relations? En Griller, S. *et al.* (eds.). *Mega-Regional Trade Agreements: CETA, TTIP and TiSA* (pp. 3-16). Oxford: Oxford University Press.

Grimshaw, D., y Rubery, J. (2015). The Motherhood Pay Gap: A Review of the Issues, Theory and International Evidence. *Conditions of Work and Employment Series*, 57, 1-68.

Grootaert, C., y Kanbur, R. (1995). Child Labour: An Economic Perspective. *International Labour Review*, *134*(2), 187-204.

Gros-Espiell, H. (1974). El Acuerdo General de Aranceles y Comercio y las Preferencias a los Países en vías de Desarrollo. *Anuario Español de Derecho internacional*, 1, 137-163.

Grundke, R., y Moser, C. (2019). Hidden Protectionism? Evidence from Non-Tariff Barriers to Trade in the United States. *Journal of International Economics*, 117, 143-157.

Gruszczynski, L. (2006-2008). EC Incentive Arrangements for Sustainable Development and Good Governance (GSP Plus) and WTO Law - Critical Analysis. *Polish Yearbook of International Law*, 28, 219-236.

Guamán Hernández, A. (2016a). Cláusulas Laborales en los Acuerdos de Libre Comercio: una Especial Referencia al Contenido Laboral del TPP, CETA y TTIP. *Revista de Trabajo y Seguridad Social del CEF*, 398, 83-112.

Guamán Hernández, A. (2016b). La Política Comercial de la UE y su Impacto en los Derechos Laborales: una Aproximación a los Posibles Efectos de la Firma del TTIP y del CETA. *Lex Social: Revista de Derechos Sociales*, *6*(2), 123-144.

Gutiérrez Espada, C. (2021). *De la alargada sombra del Ius Cogens*. Granada: Comares.

Guzman, A. T. (2003). Trade, Labor, Legitimacy. *California Law Review*, *91*(3), 885-902.

Guzman, A. T. and Meyer, T. L. (2010). International Soft Law. *Journal of Legal Analysis*, *2*(1), 171-225.

Habermas, J. (1983). *La Reconstrucción del Materialismo Histórico* (1976). Madrid: Taurus Ediciones. Traducido por Jaime Nicolás Muñiz y Ramón García Cotarelo.

Habermas, J. (1998). *Factidad y Validez* (1993). Madrid: Editorial Trotta. Traducido por Manuel Jiménez Redondo.

Hadiz, V. R. (1997). *Workers and the State in New Order Indonesia.* Londres y Nueva York: Routledge.

Hafner-Burton, E. M., Mosley, L., y Galantucci, R. (2019). Protecting Workers Abroad and Industries at Home: Rights-based Conditionality in Trade Preference Programs. *Journal of Conflict Resolution, 63*(5), 1253-1282.

Hakobyan, S. (2012). Accounting for Underutilization of Trade Preference Programs: The U.S. Generalized System of Preferences. Middlebury College, August 2012. Disponible en: http://shakobyan.weebly.com/uploads/3/6/1/4/3614012/hakobyan_jmp.pdf

Harrison, J. *et al.* (2019a). Labour Standards Provisions in EU Free Trade Agreements: Reflections on the European Commission's Reform Agenda. *World Trade Review, 18*(4), 635-657.

Harrison, J. *et al.* (2019b). Governing Labour Standards through Free Trade Agreements: Limits of the European Union's Trade and Sustainable Development Chapters. *Journal of Common Market Studies, 57*(2), 260-277.

Harvey, P. J. (1995). US GSP Labor Rights Conditionality: "Aggressive Unilateralism" or a Forerunner to a Multilateral Social Clause? International Labor Rights Fund, Washington, EEUU. Disponible en: https://laborrights.org/sites/default/files/publications-and-resources/GSP_Labor_Rights_Conditionality_Harvey.pdf

Haass, R. (2021). The Age of America First: Washington's Flawed New Foreign Policy Consensus. *Foreign Affairs, 100*(6), 85-98.

Helfer, L. R. (2006). Understanding Change in International Organizations: Globalization and Innovation in the ILO. *Vanderbilt Law Review, 59*(3), 649-726.

Helfer, L. R. (2008). Monitoring Compliance with Unratified Treaties: The ILO Experience. *Law and Contemporary Problems, 71*(1), 181-217.

Helfer, L. R. (2019). The ILO at 100: Institutional Innovation in an Era of Populism. *AJIL Unbound*, 113, 396-401.

Hepple, B. (2001). Igualdad, Representación y Participación para un Trabajo Decente. *Revista Internacional Del Trabajo, 120*(1), 5-20.

Hepple, B. (2005). *Labour Laws and Global Trade.* Oregon: Hart Publishing.

Herrnstadt, O. (2015). TTIP: Time for a New Approach to Labor Rights and Standards. *Revista de Derecho Social y Empresa,* 4, 113-127.

Hinojosa Martínez, L. M. (2002). *Comercio Justo y Derechos Sociales.* Madrid: Tecnos.

Hinojosa Martínez, L. M. (2005). Globalización y Soberanía de los Estados. *Revista Electrónica de Estudios Internacionales,* 10, 1-14.

Hinojosa Martínez, L. M. (2015). El Alcance de la Competencia Exterior Europea en Materia de Inversiones. *Revista de Derecho Comunitario Europeo,* 52, 871-907.

Hinojosa Martínez, L. M. (2021). ¿Provocará la regla del consenso la destrucción de la OMC? *Boletín Económico de ICE,* 922, 65-80.

Hinojosa Martínez, L. M. y Fajardo del Castillo, T. (2010). Los Nuevos Problemas del Comercio Internacional y la Ronda de Doha. En Hinojosa Martínez, L. M. y Roldán Barbero, J. (coords.). *Derecho internacional Económico* (pp. 209-228). Madrid: Marcial Pons.

Hobbs, S., Lavalette, M., y McKechnie, J. (1992). The Emerging Problem of Child Labour. *Critical Social Policy, 12*(34), 93-105.

Hoeckman, B. M., y Kostecki, M. M. (2001). *The Political Economy of the World Trading System. The Uruguay Round and Beyond.* Oxford: Oxford University Press.

Holmes, J. D. (2007). The Kimberley Process: Evidence of Change in International Law. *International Law Management Review, 3*(2), 213-232.

Howard, A. (2016). Blood Diamonds: he Successes and the Failures of the Kimberley Process Certification Scheme in Angola, Sierra Leone and Zimbabwe. *Washington University Global Studies Law Review, 15*(1), 137-159.

Howse, R. (1999). The World Trade Organization and the Protection of Workers´ Rights. *The Journal of Small and Emerging Business Law, 3*(1), 131-172.

Howse, R. y Genser, J. (2008). Are EU Trade Sanctions on Burma Compatible with WTO Law? *Michigan Journal of International Law, 29*(2), 165-196.

Howse, R. y Mutua, M. (1999). Protecting Human Rights in a Global Economy: Challenges for the World Trade Organization. En Stokke, H. y Tostensen, A. (eds.). *Human Rights in Development* (pp. 53-82). Leiden: Brill Academic Publishers.

Hradilova, K. y Svoboda, O. (2018). Sustainable Development Chapters in the EU Free Trade Agreements: Searching for Effectiveness. *Journal of World Trade, 52*(6), 1019-1042.

Humbert, F. (2009). *The challenge of Child Labour in International Law.* Cambridge: Cambridge University Press.

Ibáñez, M. y García-Durán, P. (2021). Libre Comercio: Los Intercambios Comerciales nos Benefician a Todos. En Barbé Izuel, E. (dir.). *Las Normas Internacionales ante la Crisis del Orden Liberal* (pp. 45-77). Madrid: Tecnos.

Janer Torrens, J. D. (2017). Sistema de Preferencias Generalizadas y Promoción de los Derechos Humanos en la Acción Exterior de la Unión Europea. En Martínez Capdevilla, C. y Martínez Pérez, E. J. (eds.). *Retos para la Acción Exterior de la Unión Europea* (pp. 631-652). Valencia: Tirant Lo Blanch.

Jannace, W. y Tiffany, P. (2019). A New World Order: The Rule of Law, or the Law of Rulers. *Fordham International Law Journal, 42*(5), 1379-1418.

Jansen, B. y Lugard, M. (1999). Some Considerations on Trade Barriers Erected for Non-Economic Reasons and WTO Obligations. *Journal of International Economic Law, 2*(3), 530-536.

Jenkins, T. (2014). Serious Violations of Chapter 13 of the EU-Korea FTA. Letter to Karel de Gucht of 13 January. Disponible en: https://www.finunions.org/files/225/Letter to Mr Karel De Gucht Art 13- Korea -FTA.pdf

Jenks, C. W. (1963). *Law, Freedom and Welfare.* Londres: Stevens & Sons.

Jimena Quesada, L. (2019). La Consagración del Control de Convencionalidad por la Jurisdicción Constitucional en España y su Impacto en Materia de Derechos Socio-Laborales (Comentario a la STC 140/2018, de 20 de diciembre), *Revista General de Derecho del Trabajo y de la Seguridad Social,* 53, 434-461.

Johnson, S. M. (1999). Excuse me, but is that Football Child-Free: Pakistan and Child Labour. *Tulsa Journal of Comparative & International Law, 7*(1), 163-176.

Jones, V. C. (2019). Generalized System of Preferences (GSP): Overview and Issues for Congress. *CRS Report for Congress,* RL33663, 1-36.

Joshep, S. (2011). *Blame it on the WTO?* Oxford: Oxford University Press.

Kadelbach, S. (2005). Jus Cogens, Obligations Erga Omnes and other Rules – The Identification of Fundamental Norms. En Tomuschat, C. y Thouvenin, J. M. (eds.). *The Fundamental Rules of the International Legal Order: Jus Cogens and Obligations Erga Omnes* (pp. 21-40). Leiden/Boston: Martinus Nijhoff Publishers.

Kantor, M. (2018). Keynote Address: U.S. Trade Policy in the New Administration. *UCLA Journal of International Law and Foreign Affairs, 22*(1), 1-7.

Kellerson, H. (1998). The ILO Declaration of 1998 on Fundamental Principles and Rights: A Challenge for the Future. *International Labour Review, 137*(2), 223-227.

Kennedy, K. C. (2011). The Generalized System of Preferences after Four Decades: Conditionality and the Shrinking Margin of Preference. *Michigan StateUniversity College of Law International Law Review, 20*(3), 521-668.

Kishore, P. (2016). A Critical Analysis of Conditionalities in the Generalized System of Preferences. *Canadian Yearbook of International Law*, 54, 98-133.

Kiss, A. (1994). The Rio Declaration on Environment and Development. En Campiglio, L., Pineschi, L., Siniscalco, D. Y Treves, T. (eds.). *The environment after Rio. International Law and Economics* (pp. 55-71). Londres: Graham and Trotman/Nijhoff.

Klasen, S. *et al.* (2016). Trade Preferences for LDCs. Are they Effective? Preliminary Econometric Evidence. *CDP Policy Review Series*, 4, 1-16.

Knuchel, S. (2015). *Jus Cogens: Identification and Enforcement of Peremptory Norms.* Zúrich: Schulthess.

Kolb, R. (2015). *Peremptory International Law: Jus Cogens – a General Inventory.* Oxford: Hart Publishing.

Kolben, K. (2004). Trade, Monitoring, and the ILO: Working to Improve Conditions in Cambodia 's Garment Factories. *Yale Human Rights and Development Journal*, 7(1), 79-107.

Kolben, K. (2006). The New Politics of Linkage: India's Opposition to the Workers' Rights Clause. *Indiana Journal of Global Legal Studies, 13*(1), 1-35.

Kolben, K. (2010). Labor Rights as Human Rights? *Virginia Journal of International Law, 50*(2), 449-484.

Koskenniemi, M. (2012). Hegemonic Regimes. En Young, M. A. (ed.). *Regime Interaction in International Law* (pp. 305-324). Cambridge: Cambridge University Press.

Kraatz, S. (2015). The Transatlantic Trade and Investment Partnership (TTIP) and Labour. Briefing. Parlamento Europeo. Disponible en: http://www.europarl.europa.eu/RegData/etudes/BRIE/2014/536315/IPOL_BRI(2014)536315_EN.pdf

Krueger, A. O. (1995). Free Trade Agreements versus Customs Unions. *Nber Working Papers Series*, 5084, 1-31.

Kryvoi, Y. (2008). Why European Union trade sanctions do not work. *Minnesota Journal of International Law*, 17, 209-246.

La Hovary, C. (2015). The ILO's Supervisory Bodies' 'Soft Law Jurisprudence'. En Blackett, A. y Trebilcock, A. (eds.). *Research Handbook on Transnational Labour Law* (pp. 316-328). Cheltenham: Edward Elgar.

La Hovary, C. (2018). The ILO's Mandate and Capacity: Creating, Proliferating and Supervising Labour Standards for a Globalized Economy. En

Gött, H. (ed). *Labour Standards in International Economic Law* (pp. 37-55). Cham: Springer

Laborie, M. (2020). Desglobalización y Pandemia Global. *Documento de Opinión IEEE* 28/2020.

Lamy, P. P. (1999). The EU´s Approach to Trade and Core Labour Standards in the New WTO Round. *Speech given at ICFTU Conference in Seattle*, de 29 de noviembre de 1999. Disponible en: https://ec.europa.eu/commission/presscorner/detail/en/SPEECH_99_190

Lamy, P. P. (2007). El Lugar y la Función (del Derecho) de la Organización Mundial del Comercio en el Orden Jurídico Internacional. *Revista Española de Derecho internacional, 59*(1), 11-28.

Lang, J. (1977). Toward a Right to Union Membership. *Harvard Civil Rights-Civil Liberties Law Review, 12*(1), 31-62.

Lang, W. (1995). The United Nations and International Environmental Law. *International Geneva Yearbook, 9*, 47-59.

Langille, B. A. (2005). Core Labour Rights - The True Story (reply to Alston). *European Journal of International Law, 16*(3), 409-437.

Langille, B. A. (2009). What is International Labour Law For? *Law & Ethics of Human Rights, 3*(1), 47-82.

Lantarón Barquín, D. (2017). Estándares Laborales Internacionales en la Era de la Globalización. *Trabajo y Derecho*, 28, 35-56.

Larion, A-P. (2017). Regulation of International Labour Organization on Forced Labour. *European Journal of Law and Public Administration*, 4, 1-10.

Leal-Arcas, R. (2011a). Proliferation of Regional Trade Agreements: Complementing or Supplanting Multilateralism? *Chicago Journal of International Law, 11*(2), 597-630.

Leal-Arcas, R. (2011b). The Fragmentation of International Trade Law: Is Now the Time for Variable Geometry? *Journal of World Investment & Trade, 12*(2), 145-196.

Leal-Arcas, R., y Saveljeff, M. (2020). Environment-led Conditionality in the EU's and US's Generalized System of Preferences Rafael. *School of Law Legal Studies Research Paper*, 335, 1-10.

Leary, V. A. (1997). The WTO and the Social Clause: Post-Singapore. *European Journal of International Law, 8*(1), 118-122.

Lebzelter, T. y Marx, A. (2020). Is EU GSP+ Fostering Good Governance? Results from a New GSP+ Compliance Index. *Journal of World Trade, 54*(1), 1-30.

Lederman, D., y Özden, Ç. (2007). Geopolitical Interests and Preferential Access to U.S. Markets. *Economics and Politics, 19*(2), 235-258.

Lee, E. (1997). Globalization and Labour Standards: A Review of Issues. *International Labour Review, 136*(2), 173-189.

Lemieux, P. (2017). Trade as "Social Dumping". *Regulation, 40*(1), 2-3.

Lenox, Z. y Arsht, A. (2018). Towards Enforceable Labor Rights in U.S. Free Trade Agreements. *Harvard Human Rights Journal, 31*, 171-198.

Lim. H. (1998). *The Social Clause: Issues and Challenges*, Turín: Bureau of Workers Activities.

Liñán Nogueras, D. J. (2016). El Derecho internacional Económico (II): el comercio internacional. En Díez de Velasco, M., *Instituciones de Derecho internacional Público* (pp. 750-779). Madrid: Tecnos.

Liñán Nogueras, D. J. e Hinojosa Martínez, L. M. (2001). Human Rights Conditionality in the External Trade of European Union: Legal and Legitimacy Problems. *Columbia Journal of European Law*, 7(3), 307-336.

Lobato, J. (2023). 25 Years after the Adoption of the ILO 1998 Declaration on Fundamental Principles and Rights at Work: What is new in the Human Rights Turn in Labour Law? EJIL:Talk! Disponible en: https://www.ejiltalk.org/25-years-after-the-adoption-of-the-ilo-1998-declaration-on-fundamental-principles-and-rights-at-work-what-is-new-in-the-human-rights-turn-in-labour-law/

Lobejón Herrero, L. F. (2008). Pasado, Presente y Futuro de la Cláusula Social. El Papel de la Organización Mundial del Comercio. *Boletín Económico de ICE*, 845, 149-162.

Lobejón Herrero, L. F. (2010). Más allá de la Ronda de Doha. El futuro de la OMC. *Papeles de Relaciones Ecosociales y Cambio Global*, 112, 81-88.

López Barrero, E. (2010). *Regulación del Comercio Internacional: La OMC.* Valencia: Tirant Lo Blanch.

López Rodríguez, J. (2018). Trabajo Forzado u Obligatorio: El Significado Contemporáneo de un Viejo Fenómeno a la Luz de la Jurisprudencia del Tribunal Europeo de Derechos Humanos. *Revista General de Derecho del Trabajo y de la Seguridad Social*, 48, 372-417.

López, E. y Samaan, D. (2018). Can Labor Provisions in Trade Agreements Promote Gender Equality? Empirical Evidence from Cambodia. *Review of Development Economics, 22*(1), 404-433.

López-Jurado, C. (1993). *El Control Jurisdiccional de la Actividad Comunitaria en Materia de "Dumping" y de Subvención.* Granada: Universidad de Granada.

López-Jurado, C. (2001). El Tratamiento de los Países en Vías de Desarrollo en la OMC y las Iniciativas Unilaterales de la Comunidad Europea. *Revista Electrónica de Estudios Internacionales*, 3, 1-38.

López-Jurado, C. (2005). El Nuevo Sistema de Preferencias Arancelarias Generalizadas Comunitario a la Luz de los Informes de la Organización Mundial del Comercio. *Revista de Derecho Comunitario Europeo*, 21, 447-484.

López-Jurado, C. (2011). La oferta comercial preferencial de la Unión Europea a los países en vías de desarrollo: modalidades e interacciones. *Revista de Derecho Comunitario Europeo*, 38, 443-484.

Lorz, R. A. (2009). Local Remedies Rule in Public International Law and in Investment Protection Law. En Bering, J. *et al.* (eds.). *General Public International Law and International Investment Law: A Research Sketch on Selected Issues. Working Paper, International Law Association* (pp. 48-82). Wittenberg: Institut für Wirtschafttsrechts.

Lyutov, N. (2014). The ILO System of International Labour Standards and Monitoring Procedures: Too Complicated to be Effective? *Zbornik Pravnog Fakulteta u Zagrebu*, *64*(2), 255-276.

Maldonado Montoya, J. P. (2019). Convenio sobre la Discriminación (Empleo y Ocupación) 1958 (núm. 111). *Revista Internacional y Comparada de Relaciones Laborales y Derecho Del Empleo*, 7(1), 273-296.

Manero Salvador, A. (2018). *Los Tratados de Libre Comercio de Estados Unidos y de la Unión Europea*. Barcelona: Bosch Editor.

Mangas Martín, A. (2016). La Recepción del Derecho internacional por los Ordenamientos Internos. En Díez de Velasco, M., *Instituciones de Derecho internacional Público* (pp. 242-265). Madrid: Tecnos.

Mangas Martín, A. y Liñán Nogueras, D. J. (2020). *Instituciones y Derecho de la Unión Europea*. Madrid: Tecnos.

Manley, T. y Lauredo, L. (2004). International Labor Standards in Free Trade Agreements of the Americas. *Emory International Law Review*, *18*(1), 85-116.

Manners, I. (2009). The Social Dimension of EU Trade Policies: Reflections from a Normative Power Perspective. *European Foreign Affairs Review*, 14, 785–803.

Mantouvalou, V. (2012). Are Labour Rights Human Rights? *European Labour Law Journal*, *3*(2), 151-172.

Marín Aís, J. R. (2019). La Condicionalidad Social en la Política Comercial Común. En En Hinojosa Martínez, L. M. y Martín Rodríguez, P. (eds.). *International Markets Regulation and the Erosion of the European Political and Social Model* (pp. 207-238). Pamplona: Thomson Reuters Aranzadi.

Márquez De La Rubia, F. (2020). Ante la Pandemia: un Renovado Liderazgo Global. *Documento de Opinión IEEE* 29/2020.

Martín Rodríguez, P. (2008). Sistema, Fragmentación y Contencioso Internacional. *Revista Española de Derecho Internacional, 60*(2), 457-489.

Martínez de Pisón Cavero, J. M. (2009). Los Derechos Sociales: Unos Derechos Controvertidos. En Zapatero, V. y Garrido, I. (eds.). *Los Derechos Sociales como una Exigencia de la Justicia* (pp. 89-111). Madrid: Editorial Universidad de Alcalá.

Martínez Pérez, E. J. (1999). Especies Migratorias y el Artículo XX del GATT: El Asunto Estados Unidos - Prohibición de las Importaciones de Determinados Camarones y Productos del Camarón. *Anuario Español de Derecho internacional,* 15, 603-628.

Martínez Pérez, E. J. (2002). Licitud de las Medidas Unilaterales Coercitivas para la Conservación de los Recursos Marinos a la Luz del Derecho Internacional en la Esfera del Desarrollo Sostenible [tesis doctoral]. Universidad de Valladolid.

Martínez Pérez, E. J. (2005). Las Interpretaciones Evolutivas de los Tratados Constitutivos de las Organizaciones Internacionales: El caso de la OMC. En Faramiñan Gilbert (coor.). *Globalización y Comercio Internacional: Actas de las XX Jornadas de la Asociación Española de Profesores de Derecho Internacional y Relaciones Internacionales* (pp. 197-202). Madrid: BOE.

Martínez Pérez, E. J. (2007). El Comercio de Diamantes Conflictivos ante el Derecho internacional. En Embid Irujo, A. (coord.). *Comercio internacional y derechos humanos* (pp. 247-264). Pamplona: Thomson Reuters Aranzadi.

Martínez Pérez, E. J. (2012). Restricciones Comerciales por Razones Éticas: La Prohibición de la Unión Europea a la Importación de Productos derivados de las Focas. *Revista Española de Derecho Europeo,* 42, 25-48.

Martínez Pérez, E. J. (2013a). La Actualización de los Derechos Fundamentales en Europa: La Incidencia de la Carta en la Jurisprudencia de Estrasburgo. *Revista de Derecho Comunitario Europeo,* 44, 155-190.

Martínez Pérez, E. J. (2013b). La evolución del significado de los términos en un tratado con el paso del tiempo el asunto Derechos de navegación y derechos conexos (Costa Rica c. Nicaragua). En Vázquez Gómez, E. M. Adam Muñoz, M. D. y Cornago Prieto, N. (coords.). *El arreglo pacífico de las controversias internacionales: XXIV Jornadas de la Asociación Española de Profesores de Derecho internacional y Relaciones internacionales* (343-354). Valencia: Tirant Lo Blanch.

Martínez San Millán, C. (2018). La Implementación de la Convención sobre los Derechos del Niño en España a través de las Recomendaciones del Comité de Derechos del Niño. *Papeles el tiempo de los derechos*, 8, 1-23.

Martínez San Millán, C. (2020). Las Diferentes Iniciativas sobre Diligencia Debida en la Cadena de Suministro de Minerales de Zonas de Conflicto y de Alto Riesgo: ¿Existen Alternativas Viables más Eficaces? *Revista de Estudios Internacionales de la Universidad de Chile*, 197, pp. 121-151.

Martínez San Millán, C. (2021). The Different Initiatives on Due Diligence for responsible Mineral Supply Chains from Conflict-Affected and High-Risk Areas: Are there more Effective Alternatives? *Paix et Securité Internationales*, 9, 1-39.

Martínez San Millán, C. (2022). The cooperation agreements within the belt and road initiative: The european common commercial policy at crossroads. *Cuadernos Europeos de Deusto*, 3, 51-69.

Martínez, D. y Vega Ruiz, M. L. (2001). *La Globalización Gobernada: Estado, Sociedad y Mercado en el Siglo XXI*. Madrid: Tecnos.

Marx, A. *et al.* (2016). The Protection of Labour Rights in Trade Agreements: The Case of the EU-Colombia Agreement. *Journal of World Trade, 50*(4), 587-610.

Marx, A. *et al.* (2017). *Dispute Settlement in the Trade and Sustainable Development Chapters of EU Trade Agreements*. Leuven: Leuven Centre for Global Governance Studies.

Mason, A. M. (2004). The Degeneralization of the Generalized System of Preferences (GSP): Questioning the Legitimacy of the U.S. GSP. *Duke Law Journal, 54*(2), 513-547.

Maul, D. (2019). *The International Labour Organization: 100 Years of Global Social Policy*. Berlín: De Gruyter Oldenbourg.

Maupain, F. (1999). The Settlement of Disputes within the International Labour Office. *Journal of International Economic Law, 2*(2), 273-293.

Maupain, F. (2005). Revitalization not Retreat: The Real Potential of the 1998 ILO Declaration for the Universal Protection of Workers' Rights. *European Journal of International Law, 16*(3), 439-465.

Maupain, F. (2014). The ILO Regular Supervisory System: A Model in Crisis? *International Organizations Law Review, 10*(1), 117-165.

Maupain, F. (2019). A Second Century for What? The ILO at a Regulatory Crossroad, *International Organizations Law Review, 17*(1), 291-344.

Mavunga, R. R. (2013). A Critical Assessment of the Minimum Age Convention 138 of 1973 and the Worse Forms of Child Labour Convention 182 of 1999. *Potchefstroom Electronic Law Journal, 16*(5), 121-168.

Mende, J. (2021). Are Human Rights Western—And why does it Matter? A Perspective from International Political Theory. *Journal of International Political Theory, 17*(1), 38-57.

Mendelievich, E. (1979). Child Labour. *International Labour Review, 118*(5), 557-568.

Meunier, S. y Nicolaïdis, K. (2006). The European Union as a Conflicted Trade Power. *Journal of European Public Policy*, 13, 906-925.

Meza-Salas, M. (2017). Aspectos Laborales en los Tratados de Libre Comercio y Acuerdos de Integración Regional: Entre Normas Internacionales del Trabajo y Cláusulas Sociales en el Derecho Estatal, Inter-Estatal y Transnacional. Del NAFTA al TPP. *University of Miami International and Comparative Law Review, 661*(1), 661-792.

Morales Antoniazzi, M. y Lobato, J. (2022). Un Paso al Frente: La Huelga como Derecho Humano en el Sistema Interamericano de Derechos Humanos. *MPIL Research Paper Series*, 3, 1-34.

Murase, S. (1995). Extraterritorial Application of Domestic Environmental Law. En Murase, S. *Perspectives from International Economic Law on Transnational Environmental Issues* (pp. 287-372). Leiden: Martinus Nijhoff.

Myers, W. E. (2001). The Right Rights? Child Labor in a Globalizing World. *The Annals of the American Academy of Political and Social Science, 575*(1), 38-55.

Naidu, A. (1987). The Right to be Free from Slavery, Servitude and Forced Labour. The *Comparative and International Law Journal of Southern Africa, 20*(1), 108-113.

Neak, S., y Robertson, R. (2009). Globalization and Working Conditions: Evidence from Cambodia. En Robertson, R., Brown, D, Pierre, G. y Sanchez-Puerta, M. L. (eds.). *Globalization, Wages and the Quality of Jobs* (pp. 97-119). Washington D.C.: World Bank.

Nemmers, B. H., y Rowland, T. (1977). The U.S. Generalized System of Preferences: Too Much System, Too Little Preference. *Law and Policy in International Business, 9*(3), 855-914.

Nielsen, H. K. (1994). Concept of Discrimination in ILO Convention No.111. *International and Comparative Law Quarterly, 43*(4), 827-856.

Noguchi, Y. (2002). ILO Convention No. 182 on the Worst Forms of Child Labour and the Convention on the Rights of the Child. *International Journal of Children's Rights, 10*(4), 355-370.

Noguchi, Y. (2010). 20 Years of the Convention on the Rights of the Child and International Action Against Child Labour. *International Journal of Children's Rights, 18*(4), 515-534.

Novitz, T. (2021). Enforceable social clauses in trade agreements with 'bite'? Implications of the EU–South Korea Panel of Experts Report of 20 January 2021. *ETUI Policy Brief*, 6, 1-8.

O'Reilly, J., Smith, M., Deakin, S., y Burchell, B. (2015). Equal Pay as a Moving Target: International Perspectives on forty-years of Addressing the Gender Pay Gap. *Cambridge Journal of Economics, 39*(2), 299-317.

Oelz, M., Olney, S., y Tomei, M. (2013). *Equal Pay: An Introductory Guide.* Ginebra: ILO Publishing.

Ojeda Avilés, A. (2019). La OIT y el Pie Cambiado de la Globalización. *Diario La Ley,* 13043, 1-14.

Orbie, J. *et al.* (2016). Civil Society Meetings in European Union Trade Agreements: Features, Purposes and Evaluation. *Cleer Papers,* 3, 1-48.

Orbie, J. y Tortell, L. (2009). The New GSP+ Beneficiaries: Ticking the Box or Truly Consistent with ILO Findings? *European Foreign Affairs Review,* 14, 663-681.

Orbie, J. y Van Den Putte, L. (2016). Labour Rights in Peru and the EU Trade Agreement: Compliance with the Commitments under the Sustainable Development Chapter. *OFSE Working Paper,* 58, 1-45.

Ortiz Hernández, E. (2020). Los Acuerdos UE – Singapur y UE – Vietnam. En Blanc Altemir, A. (dir.). *La Unión Europea, Promotora del Libre Comercio: Análisis e Impacto de los Principales Acuerdos Comerciales* (pp. 169-192). Pamplona: Thomson Reuters Aranzadi.

Pagnattaro, M. A. (2012). U.S. Trade Policy: Increased Emphasis on Worker Rights. *Georgia Journal of International and Comparative Law, 40*(3), 663-714.

Paiement, P. (2018). Leveraging Trade Agreements for Labor Law Enforcement: Drawing Lessons from the US-Guatemala CAFTA-DR Dispute. *Georgetown Journal of International Law, 49*(2), 675-692.

Páramo Montero, P. y Bueno Pareja, C. (2018). *Tendencias legislativas en seguridad y salud en el trabajo con enfoque preventivo.* Buenos Aires: Oficina de País de la OIT para la Argentina.

Pariotti, E. (2018). Human Rights as Basic Rights: A Path to Universality? *Persona y Derecho,* 79, 153-178.

Parker, K. (1989). Ius Cogens: Compelling the Law of Human Rights. *Hastings International and Comparative Law Review, 12*(2), 411-464.

Pauwelyn, J. (2001). The Role of Public International Law in the WTO: How Far can we Go? *American Journal of International Law, 95*(3), 535-578

Pauwelyn, J. (2003). WTO Compassion or Superiority Complex: What to Make of the WTO Waiver for Conflict Diamonds. *Michigan Journal of International Law*, 24, 1177-1207.

Pauwelyn, J. (2019). WTO Dispute Settlement Post 2019: What to Expect? *Journal of International Economic Law, 22*(3), 297-321.

Peredo Pombo, J. M. (2020). El Orden Internacional y el Necesario Refuerzo de la Alianza Trasatlántica tras la Pandemia del COVID-19. *Documento de Opinión IEEE* 26/2020.

Pérez del Prado, D. (2017). Cláusulas Laborales en los Tratados Comerciales Internacionales: el Caso del CETA. *Actualidad Jurídica Iberoamericana*, 6, 201-227.

Pérez Luño, A. E. (1999). *Derechos Humanos, Estado de Derecho y Constitución.* Madrid: Tecnos.

Pérez-López, J. F. (1990). Worker Rights in the US Omnibus Trade and Competitiveness Act. *Labor Law Journal, 41*(4), 222-234.

Petersmann, E. U. (2004). The "Human Rights Approach" Advocated by the UN High Commissioner for Human Rights and by the International Labour Organization: Is it Relevant for WTO Law and Policy? *Journal of International Economic Law, 7*(3), 605-627.

Pirret, M. (2004). American Labor Unions and Free Trade Agreements: A Struggle for Compatibility. *The Wayne Law Review, 50*(4), 1257-1276.

Plant, R., y O´Reilly, C. (2003). El Programa de la OIT para Luchar contra el Trabajo Forzoso. *Revista Internacional Del Trabajo, 122*(1), 81-95.

Polaski, S. (2003). Protecting Labour Rights through Trade Agreements: An Analytical Guide. *University of California Davis Journal of International Law & Policy*, 10, 13-25.

Polaski, S. (2006). Combining Global and Local Forces: The Case of Labour Rights in Cambodia. *World Development*, 34, 919–932.

Pomerance, B. (2013). Not Just Child' s Play: Why Recognizing Fundamental Principles of the UN Convention on the Rights of the Child as Jus Cogens would give needed Power to an Important International Document. *Gonzaga Journal of International Law, 16*(2), 22-50.

Pomeroy, L. O. (1996). The Labor Side Agreement under the NAFTA Analysis of Its Failure to Include Strong Enforcement Provisions and Recommendations for Future Labor Agreements Negotiated with Developing Countries. *George Washington Journal of International Law and Economics, 29*(3), 769-802.

Portela, C. (2010). *European Union Sanctions and Foreign Policy: When and Why do they Work?* Londres y Nueva York: Routledge.

Portela, C. y Orbie, J. (2014). Sanctions under the EU´s Generalised System of Preferences (GSP): Coherence by accident? *Contemporary Politics, 20*(1), 2014, 63-76.

Posada, C. (2017). Futuro del TPP ante el Retiro de EE.UU. *Agenda Internacional, 24*(35), 29-50.

Postnikov, E. y Bastiaens, I. (2014). Does Dialogue Work? The Effectiveness of Labor Standards in EU Preferential Trade Agreements. *Journal of European Public Policy*, 21, 923-940.

Presta Novello, D. (2020). El Acuerdo Unión Europea – Colombia. En Blanc Altemir, A. (dir.). *La Unión Europea, Promotora del Libre Comercio: Análisis e Impacto de los Principales Acuerdos Comerciales* (pp. 127-148). Pamplona: Thomson Reuters Aranzadi.

Price, T. M. (2003). The Kimberley Process: Conflict Diamonds, WTO Obligations, and the Universality Debate. *Minnesota Journal of Global Trade, 12*(1), 1-70.

Prieto Muñoz, J. G. (2012). Evolución del Derecho Internacional de Inversiones: Hacia un Régimen Global Estable. *Foro*, 17, 5-30.

Quel López, F. J. (2007). La Protección Internacional de los Derechos Humanos: Aspectos Generales. En Fernández de Casadevante Romaní, C. (coord.). *Derecho internacional de los Derechos Humanos* (pp. 97-111). Madrid: Dilex.

Qureshi, A. H. (1998). Extraterritorial Shrimps, NGOs and the WTO Appellate Body. *International and Comparative Law Quarterly*, 48, 199-206.

Ragazzi, M. (1997). *The Concept of International Obligations Erga Omnes.* Oxford: Oxford University Press.

Raju, K. D. (2002). Social Clause in WTO and Core ILO Labour Standards: Concerns of India and Other Developing Countries. *Cámara de Comercio e Industria de India*, 1-25.

Remiro Brotóns, A. (1999). Universalismo, Multilateralismo, Regionalismo y Unilateralismo en el Nuevo Orden Internacional. *Revista Española de Derecho internacional, 51*(1), 11-57.

Remiro Brotóns, A. (2001). Límites al Libre Comercio: Aspectos Sociales. En Esteve García, F. (ed.). *La Unión Europea y el Comercio Internacional: Límites al Libre Comercio* (pp. 39-61). Girona: Universitat de Girona, Centro de Documentación Europea.

Remiro Brotóns, A. (2002). La Atracción Fatal de la OMC: Libertad de Comercio y Condicionalidad Social. En Drnas de Clément, Z. (ed.). *Estudios de Derecho internacional en Homenaje al Profesor Ernesto J. Rey Caro* (pp. 1069-1096). Córdoba: Drnas-Lerner.

Remiro Brotóns, A. (2007). *Derecho internacional*, Valencia: Tirant Lo Blanch.

Remiro Brotóns, A. (2011). La Noción de Regímenes Internacionales en el Derecho internacional Público. En Rodrigo, A. J. y García, C. (eds.). *Unidad y Pluralismo en el Derecho internacional Público y en la Comunidad internacional. Coloquio en Homenaje a Oriol Casanovas, Barcelona, 21-22 de mayo de 2009* (pp. 167-176). Madrid: Tecnos.

Ricardo, D. (1955). *The Works and Correspondence of David Ricardo. Biographical Miscellany (Vol. 10).* Cambridge: Cambridge University Press.

Richardson, B. *et al.* (2017). Labour Rights in Export Processing Zones with a focus on GSP+ Beneficiary Countries. Estudio del Parlamento Europeo. Disponible en: https://www.europarl.europa.eu/thinktank/en/document.html?reference=EXPO_STU%282017%29603839

Ripoll Carulla, S. (2011). La Conciencia de Humanidad. En Rodrigo, A. J. y García, C. (eds.). *Unidad y Pluralismo en el Derecho internacional Público y en la Comunidad internacional. Coloquio en Homenaje a Oriol Casanovas, Barcelona, 21-22 de mayo de 2009* (pp. 472-494). Madrid: Tecnos.

Ritualo, A. R., Castro, C. L., y Gormly, S. (2003). Measuring Child Labor: Implications for Policy and Program Design. *Comparative Labor Law Policy Journal, 24*(2), 401-434.

Rivas Vallejo, P. (2021). Aproximación Laboral a los Conceptos de Esclavitud, Trabajo Forzoso y Explotación Laboral en los Tratados Internacionales. *Revista de Estudios Jurídico Laborales y de Seguridad Social*, 2, 99-135.

Rivera Sánchez, J. R. (2018). *La Cláusula Laboral en los Acuerdos de Libre Comercio.* Valencia: Tirant Lo Blanch.

Rodgers, G., *et al.* (2009). *The International Labour Organization and the Quest for Social Justice, 1919-2009.* Ginebra: ILO Publishing.

Rodrigo Hernández, A. J. (2011). La Integración Normativa y la Unidad del Derecho internacional Público. En Rodrigo Hernández, A. J. y García Segura, C. (eds.). *Unidad y Pluralismo en el Derecho internacional Público y en la Comunidad internacional. Coloquio en Homenaje a Oriol Casanovas, Barcelona, 21-22 de mayo de 2009* (pp. 321-355). Madrid: Tecnos.

Rodrigo Hernández, A. J. (2018). Los criterios de identificación de las normas imperativas de Derecho Internacional General. En Díez-Hochleitner, J. et al. (eds.). *Principios y Justicia en el Derecho Internacional. Libro Homenaje al Profesor Antonio Remiro Brotóns* (pp. 123-131). Madrid: Dykinson.

Rodrigo Hernández, A. J. (2021). Los Actos de las Organizaciones Internacionales: Entre el soft-law y el hard-law. En Badia Martí, A. M. y Huici Sancho, L. (dirs.). *Las Organizaciones Internacionales en el Siglo XXI* (pp. 103-129). Madrid: Marcial Pons.

Rodríguez Mendoza, M. (2005). La Solución de Controversias en la OMC: Evolución y Reforma. En Faramiñan Gilbert (coor.). *Globalización y Comercio Internacional: Actas de las XX Jornadas de la Asociación Española de Profesores de Derecho Internacional y Relaciones Internacionales* (pp. 43-60). Madrid: BOE.

Rodríguez-Piñero y Bravo-Ferrer, M. (2011). La Libertad de Trabajo y la Interdicción del Trabajo Forzoso. *Relaciones Laborales: Revista Crítica de Teoría y Práctica*, 1, 3-16.

Rodrik, D. (1997). *Has Globalisation Gone Too Far?* Washington D. C.: Institute for International Economics.

Rojo Torrecilla, E. (2017). Nueva Esclavitud y Trabajo Forzoso. Un Intento de Delimitación Conceptual desde la Perspectiva Laboral. En Pérez Alonso, E. (dir.). *El Derecho ante las Formas Contemporáneas de Esclavitud* (pp. 721-756). Valencia: Tirant Lo Blanch.

Roldán Báez, A. M. (2016). El Tratado Trasatlántico de Libre Comercio en el Contexto de la Globalización Capitalista, *TSN*, 2, 137-146.

Sagar, J. V. (2004). The Labor and Environment Chapters of the United States-Chile Free Trade Agreement: An Improvement over the Weak Enforcement Provisions of the NAFTA Side Agreements on Labor and the Environment? *University of Arizona Journal of International and Comparative Law*, *21*(3), 913-949.

Salem, S. y Rozental, F. (2012). Labor Standards and Trade: A Review of Recent Empirical Evidence. *Journal of International Commerce and Economics*, 1-36.

Sampson, G. P. (2018). Challenges Facing the World Trade Organization: An Overview. *Australian Economic Review*, *51*(4), 453-473.

Sánchez Arnau, J. C. (2002). *The Generalized System of Preferences and the World Trade Organization*. London: Cameron May.

Saner, R., Keith, A. y Yiu, L. (2015). Labour Rights as Human Rights: Evaluating the Policy Coherence of USA, EU and Australia through Trade Agreements and Their Participation in the Universal Periodic Review. *Trade, Law and Development*, 7(2), 195-299.

Santaolalla Montoya, C. (2018) Tratados de Libre Comercio y Afección a Derechos Fundamentales: ¿Mito o Realidad? En Salinas de Frías, A. y Martínez Pérez, E. J. (dirs.). *La Unión Europea y la Protección de los Derechos Fundamentales* (pp. 139-148). Valencia: Tirant Lo Blanch.

Santos Azuela, H. (2012). Tipología y Estructura de los Derechos Humanos del Trabajo. *Alegatos*, 80, 7-26.

Sanz Serrano, A. (2019). Estados Unidos y el Sistema Multilateral de Comercio. *Boletín Económico de ICE*, 3110, 75-84.

Sapir, A., y Lundberg, L. (1984). The U.S. Generalized System of Preferences and Its Impacts. En Baldwin, R. E. y Krueger, A. O. (eds.). *The Structure and Evolution of Recent U.S. Trade Policy: Vol. I* (pp. 195-229). Chicago: University of Chicago Press.

Saura Estapà, J. (2013a). Implicaciones de Derechos Humanos en el Tratado de Libre Comercio entre Colombia y la Unión Europea. *InDret*, 4, 1-25.

Saura Estapà, J. (2013b). La Exigibilidad Jurídica de los Derechos Humanos: Especial Referencia a los Derechos Económicos, Sociales y Culturales. En Bonet Pérez, J. y Saura Estapà, J. (eds.). *El Derecho internacional de los Derechos Humanos en Periodos de Crisis: Estudios desde la Perspectiva de su Aplicabilidad* (pp. 53-70). Madrid: Marcial Pons.

Savage, L. (2008). Labour Rights as Human Rights? A Response to Roy Adams. *Just Labour: A Canadian Journal of Work and Society*, 12, 68-75.

Schultz, J. (1995). The GATT/WTO Committee on Trade and Environment: Toward Environmental Reform. *The American Journal of International Law*, *89*(2), 423-439.

Segura Serrano, A. (2015). El Acuerdo de Libre Comercio entre la UE y Canadá (CETA): Una Evaluación de la Política Comercial de la UE. *Revista Electrónica de Estudios Internacionales*, 30, 1-22.

Segura Serrano, A. (2019). The Comprehensive Economic and Trade Agreement (CETA): Trade and Regulatory Issues. En Hinojosa Martínez, L. M. y Martín Rodríguez, P. (eds.). *International Markets Regulation and the Erosion of the European Political and Social Model* (pp. 115-137). Pamplona: Thomson Reuters Aranzadi.

Sepúlveda, C. (1976). La Nueva Ley de Comercio Exterior de Estados Unidos y los Países en Desarrollo. *El Trimestre Económico*, *43*(169), 215-224.

Servais, J. M. (1989). The Social Clause in Trade Agreements: Wishful Thinking or an Instrument of Social Progress? *International Labour Review*, *128*(4), 423-432.

Sheppard, C. (2012). Normas Antidiscriminatorias Internacionales y Desigualdad Laboral: la Igualdad, un Concepto en Expansión. *Revista Internacional Del Trabajo*, *131*(1-2), 1-22.

Shuterland, P. y Sewell, J. (2001). Challenges Facing the WTO and Policies to Address Global Governance. En Sampson, G. P. (ed.). *The Role of World Trade Organization in Global Governance* (pp. 81-111). Tokio, Nueva York, París: United Nations University Press.

Sibbel, L. y Borrmann, P. (2007). Linking Trade with Labor Rights: the ILO Better Factories in Cambodia Project. *Arizona Journal of International and Comparative Law, 24*(1), 235-249.

Sil, R. (2017). Child Labour: A Critical Legal Analysis. *Indian Journal of Law and Justice, 8*(1), 10-28.

Siles-Brügge, G. (2011). Resisting Protectionism after the Crisis: Strategic Economic Discourse and the EU-Korea Free Trade Agreement. *New Political Economy, 16*(5), 627-653.

Simma, B. (1994). From Bilateralism to Community Interest in International Law. En *Recueil des Courts (Volumen 250).* La Haya : Martinus Nijhoff Publishers.

Simmons, B. (1999). In search of Balance: An Analysis of the WTO Shrimp/ Turtle Appellate Body report. *Columbia Journal of Environmental Law, 24*(2), 413-454.

Simpson, W. R. (2004). Standard-Setting and Supervision: A system in Difficulty. En Javillier, J. C. y Gernigon, B. (dirs.). *Les Normes Internationales du Travail: un Patrimoine pour l'avenir Mélanges en l'honneur de Nicolas Valticos* (pp. 47-74). Ginebra: Bureau international du Travai.

Sinha, M. (2013). An Evaluation of the WTO Committee on Trade and Environment. *Journal of World Trade, 47*(6), 1285-1322.

Siröen, M. (2013). Disposiciones Laborales en los Tratados de Libre Comercio: Balance y Perspectivas. *Revista Internacional del Trabajo, 132*(1), 99-122.

Siröen, M. *et al.* (2008). The Use, Scope and Effectiveness of Labour and Social Provisions and Sustainable Development Aspects in Bilateral and Regional Free Trade Agreements. Executive Summary. Comisión Europea, Bruselas. Disponible en: http://ec.europa.eu/social/BlobServlet?docId=2112&langId=en

Slok-Wodkowska, M. (2013). The Revised EU GSP+: New Rules to Promote Sustainable Development. P*olish Review of International and European Law, 2*(4), 51-74.

Slominska, B., y Wasinski, M. (2017). The Prospects for U.S. Trade Policy under the Trump Administration. *The Polish Quarterly of International Affairs, 26*(1), 83-98.

Smith, A. (1776). *La Riqueza de las Naciones.* Edición de 2011. Madrid: Alianza Editorial.

Smith, A. *et al.* (2021). *Free Trade Agreements and Global Labour Governance: The European Union´s Trade-Labour Linkage in a Value Chain World.* Londres y Nueva York: Routledge.

Smolin, D. M. (2000). Strategic Choices in the International Campaign Against Child Labor. *Human Rights Quarterly, 22*(4), 942-986.

Snyder, M. G. (2012). GSP and Development: Increasing the Effectiveness of Nonreciprocal Preferences. *Michigan Journal of International Law, 33*(4), 821-861.

Sobrino Heredia, J. M. (2016a). El Estatuto Jurídico de las Organizaciones Internacionales. En Díez de Velasco, M. (dir.) *Las Organizaciones Internacionales,* 16ª Edición (pp. 57-72). Madrid: Tecnos.

Sobrino Heredia, J. M. (2016b). Los Medios Jurídicos de Acción: El Derecho de las Organizaciones Internacionales. En Díez de Velasco, M. (dir.) *Las Organizaciones Internacionales,* 16ª Edición (pp. 133-152). Madrid: Tecnos.

Speece, L. D. (2007). Beyond Borders: CAFTA's Role in Shaping Labor Standards in Free Trade Agreements. *Seton Hall Law Review, 37*(4), 1101-1126.

Standing, G. (2008). The ILO: An agency for Globalization? *Development and Change, 39*(3), 355-384.

Suciu, D. (2019). El Acuerdo entre la Unión Europea y Japón relativo a una Asociación Económica: una Gran Apuesta por el Libre Comercio. Revista General de Derecho Europeo, 48, 98-131.

Supiot, A. (2010). *L'Esprit de Philadelphia. La Justice Social face au Marché Total.* París: Editions du Soleil.

Swepston, L. (1982). Child Labour: Its Regulation by ILO Standards and National Legislation. *International Labour Review, 121*(5), 577-594.

Swepston, L. (1992). The Convention on the Rights of the Child and the ILO. *Nordic Journal of International Law,* 61, 7-18.

Swepston, L. (1998). Human Rights Law and Freedom of Association: Development through ILO Supervision. *International Labour Review, 137*(2), 169-194.

Swepston, L. (2002). La OIT y los Derechos Humanos: del Tratado de Versalles a la Nueva Declaración relativa a los Principios y Derechos Fundamentales en el Trabajo. *Diario La Ley,* 5816, 1-5.

Swepston, L. (2014). *Forced and Compulsory Labour in International Human Rights Law.* Ginebra: ILO Publishing.

Szymanski, M. y Smith, M. E. (2005). Coherence and Conditionality in European Foreign Policy: Negotiating the EU-Mexico Global Agreement. *Journal of Common Market Studies,* 43, 171-192.

Tanaka, K. (2020). The EU EBA Scheme and the Future of Cambodia Garment Industry. *ISEAS,* 14, 1-11.

Tarasofsky, R. G. (1999). The WTO Committee on Trade and Environment: Is it Making a Difference? En Von Bogdandy, A. y Wolfrum, R. (eds.). *Max Planck Yearbook of United Nations Law* (pp. 471-488). Heidelberg: Max Planck Foundation.

Tavernier, P. (2005). L´identification des règles fondamentales, ¿un problème résolu? En Tomuschat, C. y Thouvenin, J. M. (eds.). *The Fundamental Rules of the International Legal Order: Jus Cogens and Obligations Erga Omnes* (pp. 1-20). Leiden/Boston: Martinus Nijhoff Publishers.

Teklé, T. (2018). ILO Convention 100: Equal Remuneration Convention, 1951 (No. 100). En Ales, E. Bell, M., Deinert, O. y Robin-Olivier, S. (eds.). *International and European Labour Law* (pp. 602-611). Baden Baden: Nomos Verlagsgesellschaft.

Teklé, T. (2018). ILO Convention 111: Discrimination (Employment and Occupation) Convention, 1951 (No. 111). En Ales, E. Bell, M., Deinert, O. y Robin-Olivier, S. (eds.). *International and European Labour Law* (pp. 612-630). Baden Baden: Nomos Verlagsgesellschaft.

Thomann, L. (2011). *Steps to Compliance with International Labour Standards: The International Labour Organization (ILO) and the Abolition of Forced Labour.* Bremen: VS Research.

Thomas, C. (2004). Should the World Trade Organization Incorporate Labor and Environmental Standards? *Washington and Lee Law Review, 61*(1), 347-404.

Thomas, C. (2019). Freedom from Child Labour: A Fundamental Right. En Bellace, J. R. y Haar B. T. (eds.). *Research Handbook on Labour, Business and Human Rights Law* (pp. 253-273). Cheltenham: Edward Elgar.

Ting, G. (2018). Developments in US Trade Policy toward China and Outlook for China-US Trade Relations. *China International Studies,* 71, 151-168.

Tirado Robles, C. (2020). El Acuerdo Unión Europea – Japón. En Blanc Altemir, A. (dir.). *La Unión Europea, Promotora del Libre Comercio: Análisis e Impacto de los Principales Acuerdos Comerciales* (pp. 51-73). Pamplona: Thomson Reuters Aranzadi.

Tomei, M. (2003). Análisis de los Conceptos de Discriminación y de Igualdad en el Trabajo. *Revista Internacional Del Trabajo, 122*(4), 441-459.

Tomuschat, C. (2005). Reconceptualizing the Debate on Jus Cogens and Obligations Erga Omnes – Concluding Observations. En Tomuschat, C. y Thouvenin, J. M. (eds.). *The Fundamental Rules of the International Legal Order: Jus Cogens and Obligations Erga Omnes* (pp. 425-436). Leiden/Boston: Martinus Nijhoff Publishers.

Tomuschat, C. (2014). *Human Rights: Between Idealism and Realism.* Oxford: Oxford University Press.

Trebilcock, A. (2002). La Declaración de la OIT relativa a los Principios y Derechos Fundamentales en el Trabajo y su Seguimiento. En OIT. *Las Normas Internacionales del Trabajo. Un enfoque global* (pp. 715-725). Ginebra: Oficina Internacional del Trabajo.

Trebilcock, A. (2010). Putting the Record Straight about International Labor Standard Setting. *Comparative Labor Law Policy Journal, 31*(3), 553-570.

Truyol y Serra, A. (1982). *Los Derechos Humanos.* Madrid: Tecnos.

Tsogas, G. (2000). Labour Standards in the Generalized Systems of Preferences of the European Union and United States. *European Journal of Industrial Relations, 6*(3), 349-370.

Twinomukunzi, C. (1979). The Generalized System of Preferences: A Scheme with Little Value. *Zambia Law Journal,* 11, 1-22.

Tzevelekos, V. (2010). The Use of Article 31(3)(C) of the VCLT in the Case Law of the ECtHR: An Effective Anti-Fragmentation Tool or a Selective Loophole for the Reinforcement of Human Rights Teleology? *Michigan Journal of International Law, 31*(3), 621-690.

Ushakova, T. (2016). Hacia la Justicia Social: Vías de Intervención de la OMC. *Revista Internacional y Comparada de Relaciones Laborales y Derecho Del Empleo, 4*(2), 1-38.

Ushakova, T. (2017). Eficiencia Econímica vs. Protección Laboral: Análisis a Partir de la Cláusula Social. *Revista de Derecho Social y Empresa,* 7, 1-28.

Van Boven, T. C. (1984). Criterios Distintivos de los Derechos Humanos. En Vasak, K (ed.). *Las Dimensiones Internacionales de los Derechos Humanos* (Volumen III) (pp. 77-99). París: Serbal/UNESCO.

Van Daele, J. (2008). The International Labour Organization (ILO) in Past and Present Research. *International Review of Social History, 53*(3), 485-511.

Van Den Putte, L. (2015). Involving Civil Society in Social Clauses. *Global Labour Journal, 6*(2), 221-235.

Van Den Putte, L. *et al.* (2013). Social Norms in EU Bilateral Trade Agreements: A Comparative Overview. *Cleer Papers,* 4, 35-48.

Van Den Putte, L. y Orbie, J. (2015). EU Bilateral Trade Agreements and the Surprising Rise of Labour Provisions. *International Journal of Comparative Labour Law and Industrial Relations, 31*(3), 263-283.

Van Dervort, T. R. (1997). *International Law and Organization: An Introduction.* Berlag: Sage.

Vandenberghe, J. (2008). On carrots and sticks: the social dimension of EC trade policy. *European Foreign Affairs Review, 13*(4), 561-581.

Vanneste, F. (2010). *General International Law before Human Rights Courts: Assessing the Specialty Claims of International Human Rights Law.* Amberes, Oxford y Portland: Intersentia.

Vasak, K. (1974). Le Droit International de Droits de l´Homme. En *Recueil des Cours* (Volumen 140). La Haya: Martinus Nijhoff Publishers.

Vega Ruiz, M. L. (2004). Algunos Aspectos Jurídicos de las Disposiciones Laborales de los Tratados de Libre Comercio en las Américas. *Cuadernos de Integración Andina,* 8.

Velluti, S. (2014). The Trade-Labour Linkage in the EU's Generalized System. *Studia Diplomatica, 67*(1), 93-106.

Velluti, S. (2016a). Human Rights Conditionality in the EU GSP Scheme: "A Focus on those in Need or a Need to Refocus? En Ferreira, N. y Kostakopoulou, D. (eds.). *The Human Face of the European Union: Are EU Law and Policy Humane Enough?* (pp. 342-366). Cambridge: Cambridge University Press.

Velluti, S. (2016b). The Promotion of Social Rights and Labour Standards in the EU´s External Trade Relations. *Cleer Papers,* 5, 83-113.

Von Potobsky, G. (1998). Freedom of Association: The Impact of Convention No. 87 and ILO Action. *International Labour Review, 137*(2), 195-221.

Von Schöppenthau, P. (2001). Trade and Labour Standards: Harnessing Globalisation? En Günter Deutsch, K. y Speyer, B. (eds.). *The World Trade Organization Millenium Round: Freer Trade in the Twenty-first Century* (pp. 224-236). Londres y Nueva York: Routledge.

Ward, H. (1996). Common but Differentiated Debates: Environment, Labour and the World Trade Organization. *International and Comparative Law Quarterly, 45*(3), 592-632.

Wardhaugh, B. (2013). GSP+ and Human Rights: Is the EU's Approach the Right One? *Journal of International Economic Law, 16*(4), 827-846.

Warikandwa, T. V., y Osode, P. (2014a). Human Rights, Core Labour Standards and the Search for a Legal Basis for a Trade-Labour Linkage in the Multilateral Trade Regime of the World Trade Organisation. *Law, Democracy and Development,* 18, 240-263.

Warikandwa, T. V., y Osode, P. C. (2014b). Forging Institutional Cooperation to Protect Core Labour Standards in Trade: are a World Trade Organisation and an International Labour Organisation Joint Dispute Settlement System Practical? *Comparative and International Law Journal of Southern Africa, 47*(3), 490-508.

Warikandwa, T. V., y Osode, P. C. (2017). Exploring the World Trade Organisation's Trade and Environment/Public Health Jurisprudence as a Model for Incorporating a Trade–Labour Linkage into the Organisation's Multilateral Trade Regime: Should African Countries Accept a Policy Shift? *African Journal of International and Comparative Law, 25*(1), 47-65.

Weisband, E. (2000). Discursive Multilateralism: Global Benchmarks, Shame, and Learning in the ILO Labor Standards Monitoring Regime. *International Studies Quarterly, 44*(4), 643-666.

Wisskirchen, A. (2005). El Sistema Normativo de la OIT. Cuestiones jurídicas y Experiencias. *Revista Internacional Del Trabajo, 124*(3), 277-316.

Wu, M. (2016). The "China, Inc." Challenge to Global Trade Governance. *Harvard International Law Journal, 57*(2), 261-324.

Youngdahl, J. (2009). Solidarity First: Labor Rights Are Not the Same as Human Rights. *New Labor Forum, 18*(1), 31-37.

Yukins, C. R. (2021). Assessing the Trade Agenda for Government Procurement in the Biden Administration. *The George Washington University Law School Legal Studies Research*, 10, 77-89.

Zada, M., y Kansi, M. A. (2003). Ensuring Domestic Compliance with International Legal Ideals on Child Labour: An Analysis of Pakistan' s Child Labour Legislation. *Journal of Law and Society (University of Peshawar), 28*(41), 69-83.

Zapatero, P. (2003). Derecho del Comercio Global. Madrid: Civitas

Zúñiga Schroder, H. (2016). La Organización Mundial del Comercio y el Medio Ambiente: Algunos Alcances. *THĒMIS Revista de Derecho*, 70, 249-262.

JURISPRUDENCIA

CIDH

Almonacid Arellano y otros vs Chile (Excepciones Preliminares, Fondo, Reparaciones y Costas), Serie C, núm. 154, de 26 de septiembre de 2006.

Condición Jurídica y Derechos de los Migrantes Indocumentados, Opinión Consultiva OC-18/03, 17 de septiembre de 2003.

Trabajadores de la Hacienda Brasil Verde vs. Brasil (Excepciones Preliminares, Fondo, Reparaciones y Costas), Serie C, núm. 318, de 20 de octubre de 2016.

CIJ

Armed Activities on the Territory of the Congo (Democratic Republic of the Congo v. Uganda), Sentencia de 3 de febrero de 2006, I.C.J. Reports 2006.

Barcelona Traction, Light and Power Company, Limited (Belgium v. Spain), Sentencia de 5 de febrero de 1970, I.C.J. Reports 1970.

Legal Consequences for States of the Continued Presence of South Africa in Namibia (South West Africa), Opinión Consultiva de 21 de junio de 1971, I.C.J. Reports 1971.

Gab⊠íkovo-Nagymaros Project (Hungary vs. Slovakia), Sentencia del 25 de septiembre de 1997, I.C.J. Reports.

Military and Paramilitary Activities in and against Nicaragua (Nicaragua v. United States of America), Sentencia de 26 de noviembre de 1984, I.C.J. Reports 1984.

North Sea Continental Shelf (Alemania v. Dinamarca / Alemania v. Países Bajos), Sentencia de 20 de febrero de 1969, I.C.J. Reports 1969.

South West Africa (Liberia v. South Africa), Sentencia de 18 de julio de 1966, I.C.J. Reports 1966.

OMC

Informe del Grupo Especial de la OMC: Comunidades Europeas – Condiciones para la concesión de preferencias arancelarias a los países en desarrollo (WT/DS246/R, de 1 de diciembre de 2003).

Informe del Grupo Especial de la OMC: Estados Unidos – Medidas relativas a la importación, comercialización y venta de atún y productos de atún (WT/DS29/R, de 16 de junio de 1994).

Informe del Órgano de Apelación de la OMC: Comunidades Europeas – Condiciones para la concesión de preferencias arancelarias a los países en desarrollo (WT/DS246/AB/R, de 7 de abril de 2004).

Informe del Órgano de Apelación de la OMC: Comunidades Europeas – Medidas que afectan al amianto y a los productos que contienen amianto (WT/DS135/AB/R, de 12 de marzo de 2001).

Informe del Órgano de Apelación de la OMC: Comunidades Europeas – Medidas que prohíben la importación y comercialización de productos derivados de las focas (WT/DS401/AB/R, de 22 de mayo de 2014).

Informe del Órgano de Apelación de la OMC: Comunidades Europeas — Medidas que afectan a la carne y los productos cárnicos (hormonas) (WT/DS26/AB/R y WT/DS48/AB/R, de 16 de enero de 1998).

Informe del Órgano de Apelación de la OMC: Corea – Medidas que afectan a las importaciones de carne vacuna fresca, refrigerada y congelada (WT/DS161/AB/R y WT/DS169/AB/R, de 11 de diciembre de 2000).

Informe del Órgano de Apelación de la OMC: Estados Unidos – Medidas que afectan al suministro transfronterizo de servicios de juegos de azar y apuestas (WT/DS285/AB/R, de 7 de abril de 2005).

Informe del Órgano de Apelación de la OMC: Estados Unidos – Pautas para la gasolina reformulada y convencional (WT/DS2/AB/R, de 29 de abril de 1996).

Informe del Órgano de Apelación de la OMC: Estados Unidos – Prohibición de las importaciones de determinados camarones y productos del camarón (WT/DS58/AB/R, de 12 de octubre de 1998).

Solicitud de celebración de consultas presentada por Turquía ante la OMC: Unión Europea – Medidas de Salvaguardia sobre determinados Productos del Acero (WT/DS595/1, G/L/1355, G/SG/D64/1, de 19 de marzo de 2020).

ONU

Comunicación núm. 2/2014: Dictamen aprobado por el Comité de Derechos Económicos Sociales y Culturales en su 55° período de sesiones, 1 a 19 de junio de 2015 (E/C.12/55/D/2/2014, de 13 de octubre de 2015, p. 13).

TC

STC 140/2018, de 20 de diciembre de 2018 (Tol 6978681).

TEDH

Siliadin vs. Francia, núm. 73316/01, § 545, ECHR 2005 (Tol 9086073).

Young, James and Webster vs. United Kingdom, núm. 7601/76 y 7806/77, § 29, ECHR 1982 (Tol 9051916).

TPIY

Fiscal vs. Kunarac, núm. IT-96-23-T y IT-96-23/1-T, de 22 de febrero de 2001.

UE

Sentencia del Tribunal de Justicia de 13 de diciembre de 1973, Indiamex, 37-38/73, ECLI:EU:C:1973:165.

Sentencia del Tribunal de Justicia de 16 de julio de 1998, Silhouette International Schmied, 355/96, ECLI:EU:C:1998:374 (Tol 103656).

Sentencia del Tribunal de Justicia de 26 de marzo de 1987, Comisión c. Consejo, SPG I, 45/86, ECLI:EU:C:1987:163.

Sentencia del Tribunal de Justicia de 29 de marzo de 1990, Grecia c. Consejo, 62/88, ECLI:EU:C:1990:153.

Dictamen 1/75 del Tribunal de Justicia de 11 de noviembre de 1975, ECLI:EU:C:1975:145.

Dictamen 1/78 del Tribunal de Justicia de 4 de octubre de 1979, ECLI:EU:C:1979:224.

Dictamen 2/92 del Tribunal de Justicia de 24 de marzo de 1995, ECLI:EU:C:1995:83.

Dictamen 1/94 del Tribunal de Justicia de 15 de noviembre de 1994, ECLI:EU:C:1994:384.

Dictamen 2/15 del Tribunal de Justicia de 16 de mayo de 2017, EU:C:2017:376.

INSTRUMENTOS NORMATIVOS

CdE

Convenio de Roma para la Protección de los Derechos Humanos y de las Libertades Fundamentales, 4 de noviembre de 1950 (ETS núm. 005).

EEUU

Acuerdo de Cooperación Ambiental de América del Norte, 14 de septiembre de 1993, 32 I.L.M. 1480.

Acuerdo de Cooperación Laboral de América del Norte, 14 de septiembre de 1993, 32 I.L.M. 1499.

Acuerdo de Libre Comercio entre EEUU e Israel, 22 de abril de 1985. Disponible en: https://ustr.gov/trade-agreements/free-trade-agreements/israel-fta

Acuerdo de Libre Comercio entre EEUU y Australia, 18 de mayo de 2004. Disponible en. https://ustr.gov/trade-agreements/free-trade-agreements/australian-fta

Acuerdo de Libre Comercio entre EEUU y Bahréin, 14 de septiembre de 2005. Disponible en: https://ustr.gov/trade-agreements/free-trade-agreements/bahrain-fta

Acuerdo de Libre Comercio entre EEUU y Canadá, 22 de diciembre de 1987, 27 I.L.M. 281

Acuerdo de Libre Comercio entre EEUU y Centroamérica y la República Dominicana, 5 de agosto de 2004. Disponible en: https://ustr.gov/trade-agreements/free-trade-agreements/cafta-dr-dominican-republic-central-america-fta

Acuerdo de Libre Comercio entre EEUU y Chile, 6 de junio de 2003. Disponible en: https://ustr.gov/trade-agreements/free-trade-agreements/chile-fta

Acuerdo de Libre Comercio entre EEUU y la República de Corea, 30 de abril de 2007. Disponible en: https://ustr.gov/trade-agreements/free-trade-agreements/korus-fta

Acuerdo de Libre Comercio entre EEUU y Marruecos, 15 de junio de 2004. Disponible en: https://ustr.gov/trade-agreements/free-trade-agreements/morocco-fta

Acuerdo de Libre Comercio entre EEUU y Omán, 19 de enero de 2006. Disponible en: https://ustr.gov/trade-agreements/free-trade-agreements/oman-fta

Acuerdo de Libre Comercio entre EEUU y Singapur, 6 de mayo de 2003. Disponible en: https://ustr.gov/trade-agreements/free-trade-agreements/singapore-fta

Acuerdo de Promoción Comercial entre EEUU y Colombia, 22 de noviembre de 2006. Disponible en: https://ustr.gov/trade-agreements/free-trade-agreements/colombia-tpa

Acuerdo de Promoción Comercial entre EEUU y Panamá, 28 de abril de 2007. Disponible en: https://ustr.gov/trade-agreements/free-trade-agreements/panama-tpa

Acuerdo de Promoción Comercial entre EEUU y Perú, 12 de abril de 2006. Disponible en: https://ustr.gov/trade-agreements/free-trade-agreements/peru-tpa

Acuerdo para establecer un área de libre comercio entre EEUU y Jordania, 24 de octubre del 2000. Disponible en: https://ustr.gov/trade-agreements/free-trade-agreements/jordan-fta

Acuerdo relativo al comercio de algodón, lana, fibra sintética, hortalizas sin algodón, mezcla de fibra y seda, textiles y productos textiles entre el Gobierno de los Estados Unidos de América y el Real Gobierno de Camboya, 20 de enero de 1999. Disponible en: http://www.tcc.mac.doc.gov/cgi-bin/doit.cgi?204:64:189233445:25

Bipartisan Agreement on Trade Policy, 10 de mayo de 2007. Disponible en: https://ustr.gov/sites/default/files/uploads/factsheets/2007/asset_upload_file127_11319.pdf

Consolidated Appropiations Act, 2018, H.R. 1625, 115th Congress. Disponible en: https://www.congress.gov/bill/115th-congress/house-bill/1625

Constitución de los Estados Unidos, 17 de septiembre de 1787. Disponible en: https://constitutionus.com/

Federal Register, "Generalized System of Preferences: Bangladesh; suspension of preferences (Proc. 8997)", Vol. 78, núm. 127, pp. 39543-39956, de 2 de julio de 2013.

Federal Register, "Generalized System of Preferences: Chile; suspension of preferences (Proc. 5758)", Vol. 52, núm. 250, pp. 49129-49340, de 30 de diciembre de 1987.

Federal Register, "Generalized System of Preferences: Pakistan; suspension of preferences (Proc. 6942)", Vol. 61, núm. 204, pp. 54719-54725, de 21 de octubre de 1996.

Omnibus Trade and Tariff Act, 1984, H.R. 3398, 98th Congress. Disponible en: https://www.congress.gov/bill/98th-congress/house-bill/3398

Título 15 del Código de Regulaciones Federales de EEUU, 2020. Disponible en: https://www.govinfo.gov/content/pkg/CFR-2020-title15-vol3/pdf/CFR-2020-title15-vol3-subtitleC-chapXX.pdf

Título 19 del Código de Leyes de EEUU, 2018. Disponible en: https://www.govinfo.gov/content/pkg/USCODE-2018-title19/pdf/USCODE-2018-title19.pdf

Trade Act, 1974, H.R. 10710, 93th Congress. Disponible en: https://www.congress.gov/bill/93rd-congress/house-bill/10710

Trade Act, 2002, H.R. 3009, 107th Congress. Disponible en: https://www.congress.gov/bill/107th-congress/house-bill/3009

Trade Act, 2008, H.R. 6180, 110th Congress. Disponible en: https://www.congress.gov/bill/110th-congress/house-bill/6180

Trade and Development Act, 2000, H.R. 434, 106th Congress. Disponible en: https://www.congress.gov/bill/106th-congress/house-bill/434

Trade Preferences Extension Act, 2015, H.R. 1295, 114th Congress. Disponible en: https://www.congress.gov/bill/114th-congress/house-bill/1295

Tratado de Libre Comercio de América del Norte, 17 de diciembre de 1992, Disponible en: https://ustr.gov/trade-agreements/free-trade-agreements/north-american-free-trade-agreement-nafta

ESPAÑA

Constitución Española, 6 de diciembre de 1978 (BOE núm. 311, de 29 de diciembre de 1978).

Real Decreto 463/2020, de 14 de marzo, por el que se declara el estado de alarma para la gestión de la situación de crisis sanitaria ocasionada por el COVID-19 (BOE 67, de 14 de marzo de 2020, pp. 25390-25400).

OIT

Constitución de la Organización Internacional del Trabajo (Parte XIII del Tratado de Paz de Versalles), Versalles, 28 de junio de 1919. Disponible en: https://www.ilo.org/dyn/normlex/es/f?p=1000:62:0::NO:62:P62_LIST_ENTRIE_ID:2453907:NO

Convenio núm. 10 sobre la Edad Mínima (Agricultura), adoptado por la Conferencia Internacional del Trabajo en su 3ª reunión, Ginebra, 16 de noviembre de 1921. Disponible en: https://www.ilo.org/dyn/normlex/es/f?p=NORMLEXPUB:12100:0::NO:12100:P12100_INSTRUMENT_ID:312155:NO

Convenio núm. 100 sobre Igualdad de Remuneración, adoptado por la Conferencia Internacional del Trabajo en su 34ª reunión, Ginebra, 29 de junio de 1951. Disponible en: https://www.ilo.org/dyn/normlex/es/f?p=NORMLEXPUB:12100:0::NO::P12100_ILO_CODE:C100

Convenio núm. 105 sobre la Abolición del Trabajo Forzoso, adoptado por la Conferencia Internacional del Trabajo en su 40ª reunión, Ginebra, 25 de junio de 1957. Disponible en: https://www.ilo.org/dyn/normlex/es/f?p=NORMLEXPUB:12100:0::NO::P12100_INSTRUMENT_ID:312250

Convenio núm. 111 sobre la Discriminación (Empleo y Ocupación), adoptado por la Conferencia Internacional del Trabajo en su 42ª reunión, Ginebra, 25 de junio de 1958. Disponible en: https://www.ilo.org/dyn/normlex/es/f?p=1000:12100:0::NO::P12100_ILO_CODE:C111

Convenio núm. 138 sobre la Edad Mínima, adoptado por la Conferencia Internacional del Trabajo en su 58ª reunión, Ginebra, 26 de junio de 1973. Disponible en: https://www.ilo.org/dyn/normlex/es/f?p=NORMLEXPUB:12100:0::NO::P12100_INSTRUMENT_ID:312283

Convenio núm. 15 sobre la Edad Mínima (Pañoleros y Fogoneros), adoptado por la Conferencia Internacional del Trabajo en su 3ª reunión, Ginebra, 16 de noviembre de 1921. Disponible en: https://www.ilo.org/dyn/normlex/es/f?p=NORMLEXPUB:12100:0::NO:12100:P12100_INSTRUMENT_ID:312160:NO

Convenio núm. 155 sobre seguridad y salud de los trabajadores, adoptado por la Conferencia Internacional del Trabajo en su 67ª reunión, Ginebra, 22 de junio de 1981, Disponible en: https://www.ilo.org/dyn/normlex/es/f?p=NORMLEXPUB:12100:0::NO::P12100_ILO_CODE:C155

Convenio núm. 16 sobre el Examen Médico de los Menores (Trabajo Marítimo), adoptado por la Conferencia Internacional del Trabajo en su 3ª reunión, Ginebra, 16 de noviembre de 1921. Disponible en: https://www.ilo.org/dyn/normlex/es/f?p=NORMLEXPUB:12100:0::NO:12100:P12100_INSTRUMENT_ID:312161:NO

Convenio núm. 182 sobre las Peores Formas de Trabajo Infantil, adoptado por la Conferencia Internacional del Trabajo en su 87ª reunión, Ginebra, 17 de junio de 1999. Disponible en: https://www.ilo.org/dyn/normlex/es/f?p=NORMLEXPUB:12100:0::NO::P12100_INSTRUMENT_ID:312327

Convenio núm. 187 sobre el marco promocional para la seguridad y salud en el trabajo, adoptado por la Conferencia Internacional del Trabajo en su 95ª reunión, Ginebra, 15 de junio de 2006. Disponible en: https://www.ilo.org/dyn/normlex/es/f?p=NORMLEXPUB:12100:0::NO::P12100_ILO_CODE:C187

Convenio núm. 190 sobre la Violencia y el Acoso, adoptado por la Conferencia Internacional del Trabajo en su 108ª reunión, Ginebra, 21 de junio de 2019. Disponible en: https://www.ilo.org/dyn/normlex/es/f?p=NORMLEXPUB:12100:0::NO:12100:P12100_INSTRUMENT_ID:3999810:NO

Convenio núm. 29 sobre el Trabajo Forzoso, adoptado por la Conferencia Internacional del Trabajo en su 14ª reunión, Ginebra, 28 de junio de 1930. Disponible en: https://www.ilo.org/dyn/normlex/es/f?p=NORMLEXPUB:12100:0::NO::P12100_ILO_CODE:C029

Convenio núm. 5 sobre la Edad Mínima (Industria), adoptado por la Conferencia Internacional del Trabajo en su 1ª reunión, Washington, 28 de noviembre de 1919. Disponible en: https://www.ilo.org/dyn/normlex/es/f?p=NORMLEXPUB:12100:0::NO:12100:P12100_INSTRUMENT_ID:312150:NO

Convenio núm. 6 sobre el Trabajo Nocturno de los Menores (Industria), adoptado por la Conferencia Internacional del Trabajo en su 1ª reunión, Washington, 28 de noviembre de 1919. Disponible en: https://www.ilo.org/dyn/normlex/es/f?p=NORMLEXPUB:12100:0::NO:12100:P12100_INSTRUMENT_ID:312151:NO

Convenio núm. 7 sobre la Edad Mínima (Trabajo Marítimo), adoptado por la Conferencia Internacional del Trabajo en su 2ª reunión, Génova, 9 de julio de 1920. Disponible en: https://www.ilo.org/dyn/normlex/es/f?p=NORMLEXPUB:12100:0::NO:12100:P12100_INSTRUMENT_ID:312152:NO

Convenio núm. 87 sobre la Libertad Sindical y la Protección del Derecho de Sindicación, adoptado por la Conferencia Internacional del Trabajo en su 31ª reunión, San Francisco, 9 de julio de 1948. Disponible en: https://www.ilo.org/dyn/normlex/es/f?p=NORMLEXPUB:12100:0::NO::P12100_INSTRUMENT_ID:312232

Convenio núm. 98 sobre el Derecho de Sindicación y de Negociación Colectiva, adoptado por la Conferencia Internacional del Trabajo en su 32ª reunión, Ginebra, 1 de julio de 1949. Disponible en: https://www.ilo.org/dyn/normlex/es/f?p=NORMLEXPUB:12100:0::NO:12100:P12100_INSTRUMENT_ID:312243:NO

Protocolo de 2014 relativo al Convenio sobre el Trabajo Forzoso, 1930, adoptado por la Conferencia Internacional del Trabajo en su 103ª reunión, Ginebra, 11 de junio de 2014. Disponible en: https://www.ilo.org/dyn/normlex/es/f?p=NORMLEXPUB:12100:0::NO::P12100_ILO_CODE:P029

Recomendación núm. 111 sobre la discriminación (empleo y ocupación), adoptada por la Conferencia Internacional del Trabajo en su 42ª reunión, Ginebra, 25 de junio de 1958. Disponible en: https://www.ilo.org/dyn/normlex/es/f?p=NORMLEXPUB:55:0:::55:P55_TYPE,P55_LANG,P55_DOCUMENT,P55_NODE:REC,es,R111,/Document

Recomendación núm. 146 sobre la Edad Mínima, adoptada por la Conferencia Internacional del Trabajo en su 58ª reunión, Ginebra, 26 de junio de 1973. Disponible en: https://www.ilo.org/dyn/normlex/es/f?p=NORMLEXPUB:12100:0::NO::P12100_ILO_CODE:R146

Recomendación núm. 190 sobre las Peores Formas de Trabajo Infantil, adoptada por la Conferencia Internacional del Trabajo en su 87ª reunión, Ginebra, 17 de junio de 1999. Disponible en: https://www.ilo.org/dyn/normlex/es/f?p=NORMLEXPUB:12100:0::NO::P12100_ILO_CODE:R190

Recomendación núm. 90 sobre Igualdad de Remuneración, adoptada por la Conferencia Internacional del Trabajo en su 34ª reunión, Ginebra, 29 de junio de 1951. Disponible en: https://www.ilo.org/dyn/normlex/es/f?p=NORMLEXPUB:12100:0::NO::P12100_ILO_CODE:R090

Reglamento de la Conferencia Internacional del Trabajo, adoptado por la Conferencia Internacional del Trabajo en su primera reunión, Suiza, 21 de noviembre de 1919. Disponible en: https://www.ilo.org/ilc/Rulesfortheconference/lang–es/index.htm

Reglamento relativo al procedimiento para la discusión de reclamaciones presentadas con arreglo a los artículos 24 y 25 de la Constitución de la OIT, adoptado por el Consejo de Administración en su quincuagésimo séptima reunión, 8 de abril de 1932. Disponible en: https://www.ilo.org/wcmsp5/groups/public/—ed_norm/—normes/documents/meetingdocument/wcm_041901.pdf

Resolución sobre el recurso generalizado al trabajo forzoso en Myanmar, Ginebra, 17 de junio de 1999. Disponible en: https://www.ilo.org/public/spanish/standards/relm/ilc/ilc87/com-myan.htm

Resolución relativa a las medidas recomendadas por el Consejo de Administración en virtud del artículo 33 de la Constitución de la OIT con respecto a Myanmar, Ginebra, 14 de junio de 2000. Disponible en: https://www.ilo.org/public/spanish/standards/relm/ilc/ilc88/resolutions.htm#II

OMC

Acuerdo de Marrakech por el que se establece la Organización Mundial del Comercio, Marrakech, 15 de abril de 1994 (LT/UR/A/2, de 15 de abril de 1994).

Acuerdo General sobre Aranceles Aduaneros y Comercio (GATT de 1947), 30 de octubre de 1947 (LT/UR/A-1A/1/GATT/2, de 15 de abril de 1994).

Acuerdo General sobre Aranceles Aduaneros y Comercio (GATT de 1994), 15 de abril de 1994 (LT/UR/A-1A/1/GATT/1, de 15 de abril de 1994).

Acuerdo sobre Salvaguardias, 15 de abril de 1994 (LT/UR/A-1A/8, de 15 de abril de 1994).

Acuerdo sobre Subvenciones y Medidas Compensatorias, 15 de abril de 1994 (LT/UR/A-1A/9, de 15 de abril de 1994).

Carta de la Habana para una Organización Internacional del Comercio, Lake Succes, Nueva York, abril de 1948. Disponible en: http://www.wto.org/spanish/docs_s/legal_s/havana_s.pdf

Decisión sobre Comercio y Medio Ambiente, 14 de abril de 1994 (LT/UR/D-6/2, de 15 de abril de 1994).

Decisión sobre el Sistema de Preferencias Generalizadas sin reciprocidad ni discriminación que redunde en beneficio de los países en desarrollo, 5 de junio de 1971 (L/3545, de 28 de junio de 1971).

Decisión sobre Trato diferenciado y más favorable, reciprocidad y mayor participación de los países en desarrollo, 28 de noviembre de 1979 (L/4903, de 4 de diciembre de 1979).

Entendimiento relativo a las Normas y Procedimientos por los que se rige la Solución de Diferencias, 15 de abril de 1994 (LT/UR/A-2/DS/U/1, de 15 de abril de 1994).

Entendimiento relativo a las Notificaciones, las Consultas, la Solución de Diferencias y la Vigilancia, 28 de noviembre de 1979 (IBDD 26S/210, de 28 de noviembre de 1979). Disponible en: https://www.wto.org/spanish/docs_s/legal_s/tokyo_notif_s.pdf

Extension of waiver concerning Kimberley Process Certification Scheme, 26 de julio de 2018 (WT/L/1039, de 30 de julio de 2018).

Waiver concerning Kimberley Process Certification Scheme, 15 de mayo de 2003 (WT/L/518, de 27 de mayo de 2003).

ONU

Convención Americana sobre Derechos Humanos (Pacto de San José de Costa Rica), 22 noviembre 1969 (U.N.T.S., vol. 1144, p. 1979).

Convención de Viena sobre el Derecho de los Tratados, 23 de mayo de 1969 (U.N.T.S., vol. 1155, p. 451).

Convención sobre los Derechos del Niño, 20 de noviembre de 1989 (A/RES/44/25, de 20 de noviembre de 1989).

Convención suplementaria sobre la Abolición de la Esclavitud, la Trata de Esclavos y las Instituciones y Prácticas Análogas a la Esclavitud (A/RES/608/(XXI), de 30 de abril de 1956).

Pacto Internacional de Derechos Civiles y Políticos, adoptado en la 1496ª sesión plenaria de la Asamblea General de las Naciones Unidas, 16 de diciembre de 1966 (A/RES/2200A(XXI))

Pacto Internacional de Derechos Económicos, Sociales y Culturales, adoptado en la 1496ª sesión plenaria de la Asamblea General de las Naciones Unidas, 16 de diciembre de 1966 (A/RES/2200A(XXI)).

Protocolo para modificar la Convención sobre la Esclavitud firmada en Ginebra el 25 de septiembre de 1926 (A/RES/794/(VIII), de 23 de octubre de 1953).

Protocolo para Prevenir, Reprimir y Sancionar la Trata de Personas, especialmente Mujeres y Niños, que complementa la Convención de las Naciones Unidas contra la Delincuencia Organizada Transnacional, 15 de noviembre de 2000 (A/RES/55/25, de 8 de enero de 2001).

Proyecto de artículos sobre responsabilidad del estado por hechos internacionalmente ilícitos, adoptado por la Comisión de Derecho Internacional en su 53° período de sesiones (A/56/10) y anexado por la Asamblea General en su Resolución 56/83, de 12 de diciembre de 2001.

SN

Convención sobre la Esclavitud, 60 L.N.T.S. 253.

UE

Acuerdo de Asociación Económica entre la Unión Europea y sus Estados miembros, por una parte, y los Estados de la Comunidad para el Desarrollo del África Meridional, por otra (DO L núm. 250, de 16 de septiembre de 2016).

Acuerdo de Asociación Económica entre los Estados del CARIFORUM, por una parte, y la Comunidad Europea y sus Estados miembros, por otra (DO L núm. 289, de 30 de octubre de 2008).

Acuerdo de Asociación Económica, concertación política y cooperación entre la Comunidad Europea y sus Estados miembros, por una parte, y los Estados Unidos Mexicanos, por otra (DO L núm. 276, de 28 de octubre del 2000).

Acuerdo de Asociación entre la Unión Europea y la Comunidad Europea de la Energía Atómica y sus Estados miembros, por una parte, y Ucrania, por otra (DO L núm. 161, de 29 de mayo de 2014).

Acuerdo de Asociación entre la Unión Europea y la Comunidad Europea de la Energía Atómica y sus Estados miembros, por una parte, y la República de Moldavia, por otra (DO L núm. 260, de 30 de agosto de 2014).

Acuerdo de Asociación entre la Unión Europea y la Comunidad Europea de la Energía Atómica y sus Estados miembros, por una parte, y Georgia, por otra (DO L núm. 261, de 30 de agosto de 2014).

Acuerdo de Asociación entre los Estados de África, del Caribe y del Pacífico, por una parte, y la Comunidad Europea y sus Estados miembros, por otra firmado en Cotonú el 23 de junio de 2000 (DO L núm. 317, de 15 de diciembre del 2000).

Acuerdo de Cooperación entre la Comunidad Europea y la República Islámica de Pakistán sobre colaboración y desarrollo (DO L núm. 378, de 23 de diciembre de 2004).

Acuerdo de libre comercio entre la Unión Europea y sus Estados miembros, por una parte, y la República de Corea, por otra (DO L núm. 127, de 14 de mayo de 2011).

Acuerdo Económico y Comercial Global (CETA) entre Canadá, por una parte, y la Unión Europea y sus Estados miembros, por otra (DO L núm. 11, de 14 de enero de 2017).

Acuerdo en materia de comercio, desarrollo y cooperación entre la Comunidad Europea y sus Estados miembros, por una parte, y la República de Sudáfrica, por otra (DO L núm. 311, de 4 de diciembre de 1999).

Acuerdo entre la Unión Europea y Japón relativo a una asociación económica (DO L núm. 330, de 27 de diciembre de 2018).

Acuerdo Euromediterráneo por el que se crea una asociación entre las Comunidades Europeas y sus Estados miembros, por una parte, y el Estado de Israel, por otra (DO L núm. 147, de 21 de junio del 2000).

Acuerdo Euromediterráneo por el que se crea una asociación entre la Comunidad Europea y sus Estados miembros, por una parte, y el Reino de Marruecos, por otra parte (DO L núm. 70, de 18 de marzo del 2000).

Acuerdo Euromediterráneo por el que se crea una asociación entre la Comunidad Europea y sus Estados miembros, por una parte, y el Reino Hachemita de Jordania, por otra parte (DO L núm. 129, de 15 de mayo de 2002).

Acuerdo Euromediterráneo por el que se crea una asociación entre la Comunidad Europea y sus Estados miembros, por una parte, y la Organización de Liberación de Palestina (OLP) en beneficio de la Autoridad Palestina de Cisjordania y la Franja de Gaza, por otra parte (DO L núm. 187, de 16 de julio de 1997)

Acuerdo Euromediterráneo por el que se crea una asociación entre la Comunidad Europea y sus Estados miembros, por una parte, y la República Árabe de Egipto, por otra parte (DO L núm. 304, de 30 de septiembre de 2004).

Acuerdo Euromediterráneo por el que se crea una asociación entre la Comunidad Europea y sus Estados miembros, por una parte, y la República de Líbano, por otra parte (DO L núm. 143, de 30 de mayo de 2006).

Acuerdo Euromediterráneo por el que se crea una asociación entre la Comunidad Europea y sus Estados miembros, por una parte, y la República Popular Democrática de Argelia, por otra parte (DO L núm. 265, de 10 de octubre de 2005).

Acuerdo por el que se establece una Asociación entre la Comunidad Europea y sus Estados miembros, por una parte, y la República de Chile, por otra (DO L núm. 352, de 30 de diciembre de 2002).

Acuerdo que establece una asociación entre la Unión Europea y sus Estados miembros, por una parte, y América Central, por otra (DO L núm. 346, de 15 de diciembre de 2012).

Carta de los Derechos Fundamentales de la Unión Europea (DO C núm. 364, de 18 de diciembre del 2000).

Decisión (CE) núm. 23/2004 de la Comisión, de 29 de diciembre de 2003, por la que se establece la apertura de una investigación con arreglo al apartado 2 del artículo 27 del Reglamento (CE) no 2501/2001 del Consejo con respecto a la violación de la libertad de asociación en Bielorrusia (DO L núm. 5, de 9 de enero de 2004).

Reglamento (CE) núm. 1256/96, del Consejo de 20 de junio de 1996 relativo a la aplicación de un plan plurianual de preferencias arancelarias generalizadas durante el período comprendido entre el 1 de julio de 1996 y el 30 de junio de 1999 a determinados productos agrícolas originarios de países en vías de desarrollo. (DO L núm. 160, de 29 de junio de 1996).

Reglamento (CE) núm. 1933/2006 del Consejo, de 21 de diciembre de 2006, por el que se suspende temporalmente el acceso de la República de Belarús al sistema de preferencias generalizadas (DO L núm. 405, de 30 de diciembre de 2006).

Reglamento (CE) núm. 2501/2001 del Consejo, de 10 de diciembre de 2001, relativo a la aplicación de un sistema de preferencias arancelarias generalizadas para el periodo comprendido entre el 1 de enero de 2002 y el 31 de diciembre de 2004 (DO L núm. 346, de 31 de diciembre de 2001).

Reglamento (CE) núm. 2820/98 del Consejo, de 21 de diciembre de 1998, relativo a la aplicación de un plan plurianual de preferencias arancelarias generalizadas durante el periodo comprendido entre el 1 de julio de 1999 y el 31 de diciembre de 2001 (DO L núm. 357, de 30 de diciembre de 1998).

Reglamento (CE) núm. 3281/94, del Consejo, de 19 de diciembre de 1994, relativo a la aplicación de un plan plurianual de preferencias arancelarias generalizadas para el período 1995-1998 a determinados productos industriales originarios de países en vías de desarrollo (DO L núm. 48, de 31 de diciembre de 1994).

Reglamento (CE) núm. 552/97 del Consejo, de 24 de marzo de 1997, por el que se retira temporalmente a la Unión de Myanmar el beneficio de las preferencias arancelarias generalizadas (DO L núm. 85, de 27 de marzo de 1997).

Reglamento (CE) núm. 732/2008 del Consejo, de 22 de julio de 2008, por el que se aplica un sistema de preferencias arancelarias generalizadas para el período del 1 de enero de 2009 al 31 de diciembre de 2011 y se modifican los Reglamentos (CE) núm. 552/97 y núm. 1933/2006 del Consejo y los Reglamentos (CE) núm. 1100/2006 y núm. 964/2007 de la Comisión (DO L núm. 211, de 6 de agosto de 2008).

Reglamento (CE) núm. 980/2005 del Consejo, de 27 de junio de 2005, relativo a la aplicación de un sistema de preferencias arancelarias generalizadas (DO L núm. 169, de 30 de junio de 2005).

Reglamento (CEE) núm. 1308/71 del Consejo, de 21 de junio de 1971, relativo a la apertura, reparto y modo de gestión de contingentes arancelarios comunitarios para ciertos productos originarios de países en vías de desarrollo (DO L núm. 142 de 28 de junio de 1971).

Reglamento (CEE) núm. 1309/71 del Consejo, de 21 de junio de 1971, relativo a la concesión de preferencias arancelarias para ciertos productos originarios de países en vías de desarrollo (DO L núm. 142 de 28 de junio de 1971).

Reglamento (CEE) núm. 1310/71 del Consejo, de 21 de junio de 1971, relativo a la apertura, reparto y modo de gestión de contingentes arancelarios comunitarios para ciertos productos textiles originarios de países en vías de desarrollo (DO L núm. 142 de 28 de junio de 1971).

Reglamento (CEE) núm. 1311/71 del Consejo, de 21 de junio de 1971, relativo a la concesión de preferencias arancelarias para ciertos productos textiles originarios de países en vías de desarrollo (DO L núm. 142 de 28 de junio de 1971).

Reglamento (CEE) núm. 1312/71 del Consejo, de 21 de junio de 1971, relativo a la apertura, reparto y modo de gestión de contingentes arancelarios comunitarios para ciertos productos textiles y de calzado originarios de países en vías de desarrollo (DO L núm. 142 de 28 de junio de 1971).

Reglamento (CEE) núm. 1313/71 del Consejo, de 21 de junio de 1971, relativo a la concesión de preferencias arancelarias para ciertos productos textiles y de calzado, originarios de países en vías de desarrollo (DO L núm. 142 de 28 de junio de 1971).

Reglamento (CEE) núm. 1314/71 del Consejo, de 21 de junio de 1971, por el que se establece, para ciertos productos de los capítulos 1 a 24 del arancel aduanero común, un sistema de preferencias generalizadas en favor de los países en vías de desarrollo (DO L núm. 142 de 28 de junio de 1971).

Reglamento (UE) núm. 2017/2321 del Parlamento Europeo y del Consejo, de 12 de diciembre de 2017, por el que se modifica el Reglamento (UE) 2016/1036, relativo a la defensa contra las importaciones que sean objeto de dumping por parte de países no miembros de la Unión Europea, y el Reglamento (UE) 2016/1037, sobre la defensa contra las importaciones subvencionadas originarias de países no miembros de la Unión Europea (DO L núm. 338, de 19 de diciembre de 2017).

Reglamento (UE) núm. 607/2013 del Parlamento Europeo y del Consejo, de 12 de junio de 2013, que deroga el Reglamento (CE) no 552/97 del Consejo, por el que se retira temporalmente a Myanmar/Birmania el beneficio de las preferencias arancelarias generalizadas (DO L núm. 181, de 29 de abril de 2013).

Reglamento (UE) núm. 978/2012 del Parlamento Europeo y del Consejo, de 25 de octubre de 2012, por el que se aplica un Sistema de Preferencias Arancelarias Generalizadas y se deroga el Reglamento (CE) no 732/2008 del Consejo (DO L núm. 303, de 3 de octubre de 2012).

Reglamento de Ejecución (UE) núm. 143/2010 del Consejo, de 15 de febrero de 2010, por el que se suspende temporalmente el régimen especial de estímulo del desarrollo sostenible y la gobernanza establecido mediante el Reglamento (CE) núm. 732/2008 por lo que respecta a la República Socialista Democrática de Sri Lanka (DO L núm. 45, de 20 de febrero de 2010).

Reglamento Delegado (UE) núm. 1083/2013 de la Comisión, de 28 de agosto de 2013, por el que se establecen normas relativas al procedimiento de retirada temporal de preferencias arancelarias y al procedimiento de adopción de medidas generales de salvaguardia con arreglo al Reglamento (UE) núm. 978/2012 del Parlamento Europeo y del Consejo, por el que se aplica un sistema de preferencias arancelarias generalizadas (DO L núm. 293, de 5 de noviembre de 2013).

Reglamento Delegado (UE) núm. 2020/550 de la Comisión, de 12 de febrero de 2020, por el que se modifican los anexos II y IV del Reglamento (UE) núm. 978/2012 del Parlamento Europeo y del Consejo en lo relativo a la retirada temporal de los regímenes contemplados en el artículo 1, apartado 2, del Reglamento (UE) núm. 978/2012 en lo que respecta a determinados productos originarios del Reino de Camboya (DO L núm. 127 de 22 de abril de 2020).

Versiones consolidadas del Tratado de la Unión Europea y del Tratado de Funcionamiento de la Unión Europea (DO C núm. 202, de 7 de junio de 2016).

UNCTAD

Conclusiones Convenidas de la Comisión Especial de Preferencias (TD/B/AC.5/36).

Decisión 75 (IV) sobre el Sistema de Preferencias Generalizadas, de 13 de octubre de 1970 (TD/B/332).

OTROS DOCUMENTOS

COMITÉ DE LOS DERECHOS DEL NIÑO

Observaciones finales sobre los informes periódicos cuarto a sexto combinados de Túnez (CRC/C/TUN/CO/4-6, de 2 de septiembre de 2021).

EEUU

2018 Trade Policy Agenda and 2017 Annual Report of the President of the United States on the Trade Agreements Program, USTR, 2018. Disponible en: https://ustr.gov/sites/default/files/files/Press/Reports/2018/AR/2018%20Annual%20Report%20FINAL.PDF

Comunicado de prensa del Departamento de Trabajo de EEUU, "La Oficina de Asuntos Laborales Internacionales emite un informe en respuesta a la comunicación presentada bajo el Acuerdo de Cooperación Laboral de América del Norte", de 8 de julio de 2016. Disponible en: https://www.dol.gov/node/68062

Informe final del Panel Arbitral en relación al caso "Guatemala – Issues Relating to the Obligations Under Art. 16.2.1(a) of the CAFTA-DR". Disponible en: https://ustr.gov/issue-areas/labor/bilateral-and-regional-trade-agreements/guatemala-submission-under-cafta-dr

Ongoing Country Reviwes, diciembre de 2019. Disponible en: https://ustr.gov/issue-areas/preference-programs/generalized-system-preferences-gsp/current-reviews/ongoing-country

Proclamación 9887, de 16 de mayo de 2019, "*To Modify the List of Beneficiary Developing Countries Under the Trade Act of 1974*" 84 Federal Register 23425, de 20 de mayo de 2019.

Proclamación 9902, de 31 de mayo de 2019, "*To Modify the List of Beneficiary Developing Countries Under the Trade Act of 1974*", 84 Federal Register 26393, de 5 de junio de 2019.

Proclamación 9955, de 25 de octubre de 2019, "*To Modify Duty-Free Treatment Under the Generalized System of Preferences and for Other Purposes*", 84 Federal Register 58567, de 31 de octubre de 2019.

U.S. Statements at the June 22, 2018, DSB Meeting. Disponible en: https://geneva.usmission.gov/wp-content/uploads/sites/290/Jun22.DSB_.Stmt_.as-delivered.fin_.public.rev_.pdf

GATT

Reports of Committees and Principal Sub-Committees, United Nations Conference on Trade and Employment, held at Havana, Cuba, from 21 November 1947 to 24 March 1948, published in Geneva, September 1948 (ICITO/I/8, de septiembre de 1948).

Secretariat Note on Article 17, Second-Session of the Preparatory Committee of the United Nations Conference on Trade and Employment (E/PC/T/W/97, de 19 de mayo de 1947). Disponible en: https://docs.wto.org/gattdocs/q/UN/EPCT/W97.PDF

Working Party on Technical Articles, Second-Session of the Preparatory Committee of the United Nations Conference on Trade and Employment (E/PC/T/WP.1/SR/8, de 19 de mayo de 1947). Disponible en: https://docs.wto.org/gattdocs/q/UN/EPCT/WP1-SR8.PDF

IDI

Obligations and rights erga omnes in international law, Fifht Commission, Krakow session, 2005.

OCDE

Líneas Directrices de la OCDE para Empresas Multinacionales, 2013. Disponible en: http://dx.doi.org/10.1787/9789264202436-es

Trade, Employment and Labour Standards: A Study of Core Workers´ Rights and International Trade, París, 1996. Disponible en: https://www.oecd-ilibrary.org/docserver/9789264104884-en.pdf?expires=1606731710&id=id&accname=ocid56029563&checksum=B25E3D0822156FF4ED3FC0173EC8C549

OEA

Declaración de Punta del Este, de 20 de septiembre de 1986. Disponible en: http://www.sice.oas.org/trade/Punta_s.asp

OIT

A Global Alliance Against Forced Labour, Global Report under the Follow-up to the ILO Declaration on Fundamental Principles and Rights at Work, adoptado por la Conferencia Internacional del Trabajo en su 93ª reunión, Ginebra, 2005. Disponible en: https://www.ilo.org/public/english/standards/relm/ilc/ilc93/pdf/rep-i-b.pdf

Alto al trabajo forzoso. Informe global del Director General con arreglo al seguimiento de la Declaración de la OIT relativa a los Principios y Derechos Fundamentales en el Trabajo, adoptado por la Conferencia Internacional del Trabajo en su 89ª reunión, Ginebra, 2001.

Aplicación de las normas internacionales del trabajo: Informe de la Comisión de Expertos en Aplicación de Convenios y Recomendaciones, adoptado por la Conferencia Internacional del Trabajo en su centésimo novena reunión, 2020 (ILC.109/III(A)).

Aplicación de las normas internacionales del trabajo: Informe de la Comisión de Expertos en Aplicación de Convenios y Recomendaciones, adoptado por la Conferencia Internacional del Trabajo en su centésimo décimo primera reunión, 2023 (ILC.111/III(A)).

Application of International Labour Standards 2019: Report of the Committee of Experts on the Application of Conventions and Recommendations. Report III (Part A), 2019, Ginebra. Disponible en: https://www.ilo.org/wcmsp5/groups/public/—ed_norm/—relconf/documents/meetingdocument/wcms_670146.pdf

Assesment of Labour Provisions in Trade and Investment Agreements, Ginebra, 2016. Disponible en: https://www.ilo.org/wcmsp5/groups/public/—dgreports/—inst/documents/publication/wcms_498944.pdf

Comisión de Aplicación de Normas de la Conferencia: Actas 2022, adoptadas por la Conferencia Internacional del Trabajo en su centésimo décima reunión, Ginebra, junio de 2022. Disponible en: https://www.ilo.org/wcmsp5/groups/public/—ed_norm/—normes/documents/publication/wcms_724771.pdf

Control de Cumplimiento de las Normas Internacionales del Trabajo: El Papel Fundamental de la Comisión de Expertos en Aplicación de Convenios y Recomendaciones de la OIT, Ginebra, 2019. Disponible en: https://www.ilo.org/wcmsp5/groups/public/—ed_norm/—normes/documents/publication/wcms_730880.pdf

Declaración de la OIT relativa a los Principios y Derechos Fundamentales en el Trabajo y su Seguimiento, adoptada por la Conferencia Internacional del Trabajo en su 86ª reunión con Anexo revisado, 15 de junio de 2010, Ginebra, 18 de junio de 1998.

Declaración de la OIT sobre la justicia social para una globalización equitativa, adoptada por la Conferencia Internacional del Trabajo en su nonagésima séptima reunión, Ginebra, 10 de junio de 2008.

Declaración del Centenario de la OIT para el Futuro del Trabajo, adoptada por la Conferencia Internacional del Trabajo en su 108ª reunión, 21 de junio de 2019.

Declaración referente a la Política de "Apartheid" de la República Sudafricana, adoptada por la Conferencia Internacional del Trabajo en su 48ª reunión, Ginebra, 8 de julio de 1964.

Declaración relativa a los Fines y Objetivos de la Organización (Declaración de Filadelfia), adoptada por la Conferencia Internacional del Trabajo en su 26ª reunión, Filadelfia, 10 de mayo de 1944.

Declaración relativa a los Principios y Derechos Fundamentales en el Trabajo y su Seguimiento, adoptada por la Conferencia Internacional del Trabajo en su 86ª reunión, Ginebra, 18 de junio de 1998.

Declaración tripartita de principios sobre las empresas multinacionales y la política social de la OIT, adoptada por el Consejo de Administración de la Oficina Internacional del Trabajo en su 204.ª reunión (Ginebra, noviembre de 1977) y enmendada en sus 279.ª (noviembre de 2000), 295.ª (marzo de 2006) y 329.ª (marzo de 2017) reuniones, Ginebra, marzo de 2017.

Defending Values, Promoting Change: Social Justice in Global Economy: An ILO Agenda. Informe del Director General para la Conferencia Internacional del Trabajo en su 81ª reunión, Ginebra, 7 a 24 de junio de 1994.

Derecho sindical de la OIT: normas y procedimientos, Ginebra, 1995. Disponible en: https://www.ilo.org/wcmsp5/groups/public/—ed_norm/—normes/documents/publication/wcms_087999.pdf

Dimensiones Sociales de los Acuerdos de Libre Comercio, Ginebra, 2015. Disponible en: https://www.ilo.org/wcmsp5/groups/public/—dgreports/—inst/documents/publication/wcms_340866.pdf

Global Wage Report 2020-21: Wages and Minimum wages in the time of COVID-19. Disponible en: https://www.ilo.org/wcmsp5/groups/public/@dgreports/@dcomm/@publ/documents/publication/wcms_762534.pdf

Handbook on Assesment of Labour Provisions in Trade and Investment Agreements, Ginebra, 2017. Disponible en: https://www.ilo.org/wcmsp5/groups/public/—dgreports/—inst/documents/publication/wcms_564702.pdf

Informe de la Comisión de Expertos en Aplicación de Convenios y Recomendaciones, Informe III (Parte 1A), adoptado por la Conferencia Internacional del Trabajo en su 89ª reunión, Ginebra, 5 a 21 de junio de 2001. Disponible en: https://www.ilo.org/public/libdoc/ilo/P/09663/09663(2001-89-1A).pdf

Informe del Comité Especial sobre Trabajo Forzoso, Estudios y Documentos, núm. 36 (Nueva Serie), Oficina Internacional del Trabajo, Ginebra, 1953.

Informe del Director General "La igualdad en el trabajo: afrontar los retos que se plantean", Informe global con arreglo al seguimiento de la Declaración de la OIT relativa a los Principios y Derechos Fundamentales en el Trabajo, Ginebra, 2007. Disponible en: https://www.ilo.org/wcmsp5/groups/public/—americas/—ro-lima/—ilo-brasilia/documents/publication/wcms_226900.pdf

Informe del Director General a los miembros del Consejo de Administración sobre las medidas adoptadas por el Gobierno de Myanmar a raíz de las recomendaciones de la Comisión de Encuesta instituida para examinar la queja relativa a su observancia del Convenio sobre el trabajo forzoso, 1930 (núm. 29), Ginebra, 21 de mayo de 1999 (GB. 276/6, Anexo I). Disponible en: https://www.ilo.org/public/spanish/standards/relm/gb/docs/gb274/dg-myanm.htm

La Comisión de Aplicación de Normas de la Conferencia Internacional del Trabajo. Dinámica e impacto: décadas de diálogo y persuasión, Ginebra, 2011. Disponible en: https://www.ilo.org/wcmsp5/groups/public/—ed_norm/—normes/documents/publication/wcms_154194.pdf

Memoria del Director General, 85ª reunión de la Conferencia Internacional del Trabajo, Ginebra, 3 a 20 de junio de 1997.

Memoria del Director General, 88ª reunión de la Conferencia Internacional del Trabajo, Ginebra, 30 de mayo a 15 de junio del 2000.

Memoria del Director General, 89ª reunión de la Conferencia Internacional del Trabajo, Ginebra, 5 a 21 junio del 2001.

Observaciones de la Comisión de Expertos en Aplicación de Convenios y Recomendaciones en 2018 y publicados en la 108ª reunión de la Conferencia Internacional del Trabajo de 2019 en relación a la aplicación del Convenio núm. 98 sobre el derecho de sindicación y de negociación colectiva por Pakistán. Disponible en: https://www.ilo.org/dyn/normlex/es/f?p=1000:13100:0::NO:13100:P13100_COMMENT_ID:3340287

Observaciones de la Comisión de Expertos en Aplicación de Convenios y Recomendaciones en 2018 y publicados en la 108ª reunión de la Conferencia Internacional del Trabajo de 2019 en relación a la aplicación del Convenio núm. 29 sobre el trabajo forzoso por Pakistán. Disponible en: https://www.ilo.org/dyn/normlex/es/f?p=1000:13100:0::NO:13100:P13100_COMMENT_ID:3327274

Observaciones de la Comisión de Expertos en Aplicación de Convenios y Recomendaciones en 2018 y publicados en la 108ª reunión de la Conferencia Internacional del Trabajo de 2019 en relación a la aplicación del Convenio núm. 100 sobre igualdad de remuneración por Pakistán. Disponible en: https://www.ilo.org/dyn/normlex/es/f?p=NORMLEXPUB:13100:0::NO::P13100_COMMENT_ID:3340632

Observaciones de la Comisión de Expertos en Aplicación de Convenios y Recomendaciones en 2018 y publicados en la 108ª reunión de la Conferencia Internacional del Trabajo de 2019 en relación a la aplicación del Convenio núm. 111 sobre la discriminación (empleo y ocupación) por Pakistán. Disponible en: https://www.ilo.org/dyn/normlex/es/f?p=1000:13100:0::NO:13100:P13100_COMMENT_ID:3340639

Observaciones de la Comisión de Expertos en Aplicación de Convenios y Recomendaciones en 2018 y publicados en la 108ª reunión de la Conferencia Internacional del Trabajo de 2019 en relación a la aplicación del Convenio núm. 138 sobre edad mínima por Pakistán. Disponible en: https://www.ilo.org/dyn/normlex/es/f?p=1000:13100:0::NO:13100:P13100_COMMENT_ID:3327224

Observaciones de la Comisión de Expertos en Aplicación de Convenios y Recomendaciones en 2018 y publicados en la 108ª reunión de la Conferencia Internacional del Trabajo de 2019 en relación a la aplicación del Convenio núm. 182 sobre las peores formas de trabajo infantil por Pakistán. Disponible en: https://www.ilo.org/dyn/normlex/es/f?p=1000:13100:0::NO:13100:P13100_COMMENT_ID:3327217

Por la reconciliación nacional y la justicia social en la República Bolivariana de Venezuela. Informe de la Comisión de Encuesta instituida en virtud del artículo 26 de la Constitución de la Organización Internacional del Trabajo para examinar la observancia por parte del Gobierno de la República Bolivariana de Venezuela del Convenio sobre los métodos para la fijación de salarios mínimos, 1928 (núm. 26), del Convenio sobre la libertad sindical y la protección del derecho de sindicación, 1948 (núm. 87) y del Convenio sobre la consulta tripartita (normas internacionales del trabajo), 1976 (núm. 144), Ginebra, 2019. Disponible en: https://www.ilo.org/wcmsp5/groups/public/---ed_norm/---relconf/documents/meetingdocument/wcms_722037.pdf

Proposed resolution on the inclusion of a safe and healthy working environment in the ILO's framework of fundamental principles and rights at work, adoptada por la Conferencia Internacional del Trabajo en su 110ª reunion, Ginebra, 3 de junio de 2022.

Report of the Committee on the Declaration of Principles, adoptado en la 86ª reunión de la Conferencia Internacional del Trabajo, Ginebra, junio de 1998.

Resolution concerning the 75th anniversary of the ILO and the promotion of international labour law, submitted by the following Workers' delegates: Mr. Ba (Burkina Faso); Mr. Melgarejo (Uruguay); Mr. Ould Brahim (Mauritania); and Mr. Peirens (Belgium), adoptada por la Conferencia Internacional del Trabajo en su 81ª reunión, Ginebra, 7 a 24 de junio de 1994.

Reunión tripartita de expertos sobre trabajo forzoso y trata de personas con fines de explotación laboral: Informe para la discusión en la Reunión tripartita de expertos sobre la posible adopción de un instrumento de la OIT que complemente el Convenio sobre el trabajo forzoso, 1930 (núm. 29), Ginebra, 11 a 15 febrero de 2013 (TMELE/2013).

Seguimiento de la Declaración de la OIT relativa a los Principios y Derechos Fundamentales en el Trabajo: prioridades y programas de acción en materia de cooperación técnica, adoptado por el Consejo de Administración en su 282ª reunión, Ginebra, 2001 (GB 282/TC/5).

Technical note of clarification regarding joint WHO/ILO Joint Estimates of the Work-related Burden of Disease and Injury. Disponible en: https://www.ilo.org/global/topics/safety-and-health-at-work/resources-library/publications/WCMS_819804/lang--en/index.htm

Trabajo forzoso en Myanmar (Birmania): Informe de la Comisión de Encuesta instituida en virtud del artículo 26 de la Constitución de la Organización Internacional del Trabajo para examinar la observancia por Myanmar del Convenio sobre el trabajo forzoso, 1930 (núm. 29), Ginebra, 2 de julio de 1998. Disponible en: https://www.ilo.org/public/libdoc/ilo/P/09648/09648(1998-81-serie-B-supl-especial).pdf

Trabajo forzoso en Myanmar (Birmania): Informe de la Comisión de Encuesta instituida en virtud del artículo 26 de la Constitución de la Organización Internacional del Trabajo para examinar la observancia por Myanmar del Convenio sobre el trabajo forzoso, 1930 (núm. 29), Ginebra, 23 de septiembre de 1998 (GB.273/5). Disponible en: https://www.ilo.org/public/spanish/standards/relm/gb/docs/gb273/gb-5.htm

Trabajo Infantil: Estimaciones mundiales 2020, tendencias y camino a seguir. Disponible en: https://www.ilo.org/wcmsp5/groups/public/---ed_norm/---ipec/documents/publication/wcms_800301.pdf

WHO/ILO Joint Estimates of the Work-related Burden of Disease and Injury, 2000–2016, Ginebra, 2021, p. v. Disponible en: https://www.ilo.org/wcmsp5/groups/public/---ed_dialogue/---lab_admin/documents/publication/wcms_819788.pdf

OMC

Comunicación de la Unión Europea, China, el Canadá, la India, Noruega, Nueva Zelandia, Suiza, Australia, la República de Corea, Islandia, Singapur y Méjico al Consejo General, 23 de noviembre de 2018 (WT/GC/W/752, de 26 de noviembre de 2018).

Comunicación del Presidente del Órgano de Solución de Diferencias, 10 de diciembre de 2019 (WT/DSB/79, de 12 de diciembre de 2019).

Declaración de la Secretaria de Estado de Comercio de España, la Sra. María Luisa Poncela García, en la Conferencia Ministerial de Buenos Aires de 2017 (WT/MIN(17)/ST/57, de 15 de diciembre de 2017).

Declaración de Sir Leon Brittan Q.C., Vicepresidente de la Comisión Europea, en la Conferencia Ministerial de Singapur, celebrada del 9 al 13 de diciembre de 1996 (WT/MIN(96)/ST/2, de 9 de diciembre de 1996).

Declaración del Ministro de Comercio de la India, el Dr. B. B. Ramaiah, en la Conferencia Ministerial de Singapur de 1996 (WT/MIN(96)/ST/27, de 9 de diciembre de 1996).

Declaración del Ministro de Comercio Internacional de Canadá, el Sr. Arthur C. Eggleton, en la Conferencia Ministerial de Singapur de 1996 (WT/MIN(96)/ST/1, de 9 de diciembre de 1996).

Declaración del Ministro de Economía, Finanzas e Industria de Francia, el Sr. Laurent Fabius, en la Conferencia Ministerial de Doha de 2001 (WT/MIN(01)/ST/15, de 10 de noviembre de 2001).

Declaración Ministerial de Doha, 20 de noviembre de 2001 (WT/MIN(01)/DEC/1, de 20 de noviembre de 2001).

Declaración Ministerial de Singapur, 18 de diciembre de 1996 (WT/MIN(96)/DEC, de 18 de diciembre de 1996).

Discurso del Sr. Roberto Azevedo, Director General de la OMC, 13 de diciembre de 2017 (WT/MIN(17)/74, de 22 de enero de 2018).

Examen de Políticas Comerciales de Estados Unidos, Informe de la Secretaría de la OMC (WT/TPR/S/382, de 12 de noviembre de 2018).

Informe de la reunión celebrada el 15 de mayo de 2019 del Comité sobre Comercio y Medio Ambiente: Nota de la Secretaría (WT/CTE/M/67, de 24 de octubre de 2019).

Informe de la reunión celebrada el 3 de julio de 2020: Nota de la Secretaría (WT/CTE/M/69, de 29 de septiembre de 2020).

Nombramiento de Miembros del Órgano de Apelación, 17 de mayo de 2018 (WT/DSB/W/609/Rev.4, de 18 de mayo de 2018).

Preparativos para la Conferencia Ministerial de 1999: Programa de Trabajo Prospectivo de la OMC: Propuesta de establecimiento de un grupo de trabajo sobre el comercio y el trabajo Comunicación de los Estados Unidos (WT/GC/W/382, de 1 de noviembre de 1999).

Procedimientos de trabajo para el examen en apelación, 16 de agosto de 2010 (WT/AB/WP/6, de 16 de agosto de 2010).

OMS

Alocución de apertura del Director General de la OMS en la rueda de prensa sobre la COVID-19 celebrada el 11 de marzo de 2020. Disponible en: https://www.who.int/es/dg/speeches/detail/who-director-general-s-opening-remarks-at-the-media-briefing-on-covid-19—11-march-2020

ONU

Declaración de Johannesburgo sobre el Desarrollo Sostenible de 2002 (A/CONF.199/20 y A/CONF.199/20/Corr.1).

Declaración del Milenio, aprobada por la Asamblea General de las Naciones Unidas en el año 2000 (A/RES/55/2, 13 de septiembre de 2000).

Declaración Ministerial del Consejo Económico y Social de la ONU sobre la "creación de un entorno a escala nacional e internacional que propicie la generación del empleo pleno y productivo y el trabajo decente para todos, y sus consecuencias sobre el desarrollo sostenible" (E/2006/L.8, de 5 de julio de 2006).

Declaración Universal de los Derechos del Hombre, 183ª sesión plenaria de la Asamblea General de las Naciones Unidas, 10 de diciembre de 1948 (A/RES/217(III)).

Fragmentación del Derecho internacional: Dificultades derivadas de la Diversificación y Expansión del Derecho internacional. Anuario de la Comisión de Derecho internacional, 2006, vol. II, 2ª Parte (A/CN.4/L.702).

Fragmentación del Derecho internacional: Dificultades Derivadas de la Diversificación y Expansión del Derecho internacional: Informe del Grupo de Estudio de la Comisión de Derecho internacional, elaborado por Martti Koskenniemi, 58º período de sesiones, Ginebra, 1 de mayo a 9 de junio y 3 de julio a 11 de agosto de 2006 (A/CN.4/L.682, de 13 de abril de 2006)

Informe de la Comisión de Derecho internacional, 52º periodo de sesiones (1 de mayo a 9 de junio y 10 de julio a 18 de agosto de 2000), Suplemento núm. 10 (A/55/10).

Informe de la Comisión de Derecho internacional, 73° período de sesiones (18 de abril a 3 de junio y 4 de julio a 5 de agosto de 2022), Suplemento núm. 10 (A/77/10).

Informe de la Comisión de Derecho internacional, 70° período de sesiones (30 de abril a 1 de junio y 2 de julio a 10 de agosto de 2018), Suplemento núm. 10 (A/73/10).

Informe del Alto Comisionado de las Naciones Unidas para los Derechos Humanos (E/2007/82, de 25 de junio de 2007).

Intervención de Sr. Eduardo Suarez, representante de México. Actas resumidas de las sesiones plenarias y de las sesiones de la Comisión Plenaria. Conferencia de las Naciones Unidas sobre el Derecho de los Tratados, Primer período de sesiones, Viena, 26 de marzo al 24 de mayo de 1968 (A/CONF.39/11).

Observación General núm. 3 del Comité de Derechos Económicos, Sociales y Culturales: "La índole de las obligaciones de los Estados Partes (párrafo 1 del artículo 2 del Pacto)". Disponible en: https://tbinternet.ohchr.org/_layouts/15/treatybodyexternal/TBSearch.aspx?Lang=en&TreatyID=9&DocTypeID=11

Paris Agreement: United States of America Withdrawal, de 4 de noviembre de 2019 (C.N.575.2019.TREATIES-XXVII.7.d, de 4 de noviembre de 2019).

Programa de Acción de la Cumbre Mundial sobre el Desarrollo Social. En el Informe de la Cumbre Mundial sobre Desarrollo Social, Copenhague, 6 a 12 de marzo de 1995 (A/CONF.166/9, Distr. General, 19 de abril de 1995).

Proyecto de Pacto Internacional de Derechos del Hombre y medidas de aplicación: labor futura de la Comisión de Derechos del Hombre, 417ª sesión plenaria de la Asamblea General de las Naciones Unidas, 4 de diciembre de 1950 (A/RES/421(V)G).

Secretary-General Remarks on COVID-19: A Call for Solidarity, de 19 de marzo de 2020. Disponible en: https://www.un.org/sites/un2.un.org/files/sg_remarks_on_covid-19_english_19_march_2020.pdf

OTROS

Acta General de la Conferencia Antiesclavista de Bruselas, para Reprimir la Trata, Proteger las Poblaciones Aborígenes del África y Asegurar a dicho Continente los Beneficios de la Paz y la Civilización. Firmada en Bruselas el 2 de julio de 1890.

Declaración de Quito acerca de la Exigibilidad y Realización de los Derechos Económicos, Sociales y Culturales en América Latina y el Caribe, 24 de julio de 1998.

Informe Brundtland: Nuestro futuro en común, 1987, disponible en: https://web.archive.org/web/20111201061947/http://worldinbalance.net/pdf/1987-brundtland.pdf

Informe de la Confederación de Trabajadores de Pakistán "GSP Plus and Labour Standards in Pakistan: The chasm between conditions and compliance", *FES*, 2017. Disponible en: https://library.fes.de/pdf-files/bueros/pakistan/13797.pdf

Joint Communiqué of the Ottawa Ministerial on WTO Reform, de 24 y 25 de octubre de 2018. Disponible en: https://www.canada.ca/en/global-affairs/news/2018/10/joint-communique-of-the-ottawa-ministerial-on-wto-reform.html

Kimberley Process Certification Scheme, Core Document, 5 de noviembre de 2002. Disponible en: https://www.kimberleyprocess.com/en/system/files/documents/KPCS%20Core%20Document.pdf

Trade Union Congress *et al.* (2010). Trading Away Human Rights. Why EU-Colombia Free Trade Agreement is a Step in the Wrong Direction. Disponible en: http://www.justiceforcolombia.org/downloads/FT_EU_trade_report_May_2010.pdf

TEDH

Factsheet – Slavery, servitude and forced labour, diciembre de 2021. Disponible en: https://www.echr.coe.int/Documents/FS_Forced_labour_ENG.pdf

UE

Comunicación de la Comisión al Consejo, al Parlamento Europeo y al Comité Económico y Social: "Promover las normas fundamentales del trabajo y mejorar la gobernanza social en el contexto de la mundialización" (COM (2001) 416 final, Bruselas, de 18 de julio de 2001).

Comunicación de la Comisión al Consejo, al Parlamento Europeo y al Comité Económico y Social Europeo: "Países en desarrollo, comercio internacional y desarrollo sostenible: la función del sistema de preferencias generalizadas (SPG) de la Comunidad para el decenio 2006/2015" (COM (2004) 461 final, Bruselas, de 7 de julio de 2004).

Comunicación de la Comisión al Parlamento Europeo y al Consejo "Una Europa global: competir en el mundo" (COM (2006) 567 final, Bruselas, de 4 de octubre de 2006).

Comunicación de la Comisión al Parlamento Europeo, al Consejo y al Comité Económico y Social Europeo "Comercio, crecimiento y desarrollo: Una política de comercio e inversión a medida para los países más necesitados" (COM (2012) 87 final, Bruselas, de 27 de enero de 2012).

Comunicación de la Comisión al Parlamento Europeo, al Consejo, al Comité Económico y Social Europeo y al Comité de las Regiones "Próximas etapas para un futuro europeo sostenible: Acción europea para la sostenibilidad" (COM (2016) 739 final, Bruselas, de 22 de noviembre de 2016)

Comunicación de la Comisión al Parlamento Europeo, al Consejo, al Comité Económico y Social Europeo y al Comité de las regiones "Comercio para todos: hacia una política de comercio e inversión más responsable" (COM (2015) 497 final, Bruselas, de 14 de octubre de 2015).

Comunicación de la Comisión al Parlamento Europeo, al Consejo, al Comité Económico y Social Europeo y al Comité de las Regiones "El poder de las asociaciones comerciales: juntos por un crecimiento económico ecológico y justo" (COM (2022) 409 final, Bruselas, de 22 de junio de 2022).

Comunicación de la Comisión al Parlamento Europeo, al Consejo, al Comité Económico y Social Europeo y al Comité de las Regiones "Una política comercial equilibrada y progresista para encauzar la globalización" (COM (2017) 492 final, Bruselas, de 13 de septiembre de 2017).

Comunicación de la Comisión al Parlamento Europeo, al Consejo, al Comité Económico y Social Europeo y al Comité de las Regiones "Revisión de la política comercial: una política comercial abierta, sostenible y firme" (COM (2021) 66 final, Bruselas, de 18 de febrero de 2021).

Comunicación de la Comisión al Parlamento y al Consejo de 1 de junio de 1994 para la integración de los países en vías de desarrollo en el sistema de comercio internacional "El rol del SPG de la UE para 1995-2004" (COM (94) 212 final, Bruselas, de 1 de junio de 1994).

Comunicación de la Comisión la Consejo sobre la relación entre el sistema comercial y las normas laborales internacionalmente reconocidas (COM (96) 402 final, de 24 de julio de 1996).

Concept paper "WTO modernisation: Introduction to future EU proposals", 2018. Disponible en: https://trade.ec.europa.eu/doclib/docs/2018/september/tradoc_157331.pdf

Conclusiones adoptadas por el Consejo Europeo en la reunión extraordinaria del Consejo Europeo del 17, 18, 19, 20 y 21 de julio de 2020 (EUCO 10/20, CO EUR 8, CONCL4, Bruselas, 21 de julio de 2020).

Declaración Conjunta de la 4º reunión del Comité de CDS creado por el ALC UE-República de Corea, celebrada en Seúl, Corea, el 9 de septiembre del año 2015. Disponible en: file:///C:/Users/USUARIO/Downloads/20150909_EU-Korea_4th_CTSD_Joint_Statement%20FINAL%20Formatted.pdf

Dictamen del Comité Económico y Social Europeo sobre "Capítulos sobre comercio y desarrollo sostenible en los acuerdos de libre comercio" (DO C núm. 227, de 28 de junio de 2018).

Documento de reflexión de la Comisión Europea sobre el encauzamiento de la globalización (COM (2017) 240 final, Bruselas, de 10 de mayo de 2017).

Draft Council Conclusions on the Negotiation and Conclusion of EU Trade Agreements, (8622/18, Bruselas, de 8 de mayo de 2018).

Implementation of the Bangladesh Compact – Technical Status Report, septiembre de 2018. DIsponible en: https://trade.ec.europa.eu/doclib/docs/2018/september/tradoc_157426.pdf

Informe Conjunto al Parlamento Europeo y al Consejo sobre el sistema de preferencias arancelarias generalizadas relativo al período 2018-2019 (JOIN (2020) 3 final, Bruselas, de 10 de febrero de 2020).

Informe de la Comisión al Parlamento Europeo, al Consejo, al Comité Económico y Social Europeo y al Comité de las Regiones sobre la aplicación de los acuerdos de libre comercio para el periodo 1 de enero de 2017 - 31 de diciembre de 2017 (COM (2018) 728 final, Bruselas, de 31 de octubre de 2018).

Instrumento Interpretativo Conjunto sobre el Acuerdo Económico y Comercial Global (AECG) entre Canadá y la Unión Europea y sus Estados miembros, de 27 de octubre de 2016, Anexo al Documento del Consejo 13541/16. Disponible en: http://data.consilium.europa.eu/doc/document/ST-13541-2016-INIT/es

International trade dispute settlement WTO: Appellate Body crisis and the multiparty interim appeal arrangement. European Parliament Briefing 690.521, abril de 2021. Disponible en: https://www.europarl.europa.eu/RegData/etudes/BRIE/2021/690521/EPRS_BRI(2021)690521_EN.pdf

Mid-Term Evaluation of the EU's Generalised Scheme of Preferences (GSP), Final Report. Disponible en: http://trade.ec.europa.eu/doclib/docs/2018/october/tradoc_157434.pdf

Non-Paper elaborado por la Comisión Europea sobre los capítulos de CDS en los ALC de la UE, disponible en: https://trade.ec.europa.eu/doclib/docs/2017/july/tradoc_155686.pdf

Non-Paper elaborado por la Comisión Europea sobre los diferentes caminos a seguir para mejorar la implementación y el cumplimiento de los capítulos de CDS en los ALC de la UE. Disponible en: www.trade.ec.europa.eu/doclib/docs/2017/july/tradoc_155686.pdf

Propuesta de Texto de la UE en relación al Comercio y Desarrollo Sostenible en el TTIP, de 19-23 de octubre de 2015. Disponible en: https://trade.ec.europa.eu/doclib/docs/2015/november/tradoc_153923.pdf

Propuesta de Texto de la UE en relación al Comercio y Desarrollo Sostenible en el TTIP, 19-23 de octubre de 2015. Disponible en: https://trade.ec.europa.eu/doclib/docs/2015/november/tradoc_153923.pdf

Report of the Committee on External Economic Relations on the introduction of a social clause in the unilateral and multilateral trading system (A3-0007/94, de 6 de enero de 1994).

Report of the Panel of Experts: Proceeding constituted under Article 13.15 of the EU–Korea Free Trade Agreement, 25 January 2021. Panel: Dr Jill Murray (Chair), Professor Laurence Boisson de Chazournes and Professor Jaemin Lee. Disponible en: https://trade.ec.europa.eu/doclib/docs/2021/january/tradoc_159358.pdf

Summary of the discussions of the 6th Committee on Trade and Sustainable Development under the Korea-EU FTA, Seoul, Republic of Korea, April 13th 2018. Disponible en http://trade.ec.europa.eu/doclib/docs/2018/july/tradoc_157105.PDF

UNCTAD

Informe del Secretario General de la Conferencia de Naciones Unidas sobre Comercio y Desarrollo, Ginebra, 23 de marzo – 16 de junio de 1964, vol. II (E/CONF.46/141, Vol. II).

Informe del Secretario General de la Conferencia de Naciones Unidas sobre Comercio y Desarrollo, Nueva Delhi, 1 de febrero – 28 de marzo de 1968, vol. I (TD/97, Vol. I).

Trade and Development Report, 2014: Global Governance and Policy Space for Development. Disponible en: https://unctad.org/en/PublicationsLibrary/tdr2014_en.pdf

UNICEF

UNICEF's 1997 State of the World's Children. Disponible en: https://www.unicef.org/media/84761/file/SOWC-1997.pdf

VATICANO

"*Rerum Novarum: Encyclical of Pope Leo XIII on Capital and Labor*", 15 de mayo de 1891. Disponible en: https://www.vatican.va/content/leo-xiii/en/encyclicals/documents/hf_l-xiii_enc_15051891_rerum-novarum.html